한국신약해설주석 9A

에베소서

이승현 지음

KECOT/KECNT 김상훈 총괄 편집

KECNT 신현우 책임 편집

한국신약해설주석 9A
에베소서

지음   이승현
총괄편집   김상훈
책임편집   신현우
교정교열   이찬혁

발행처   감은사
발행인   이영욱
전화   070-8614-2206
팩스   050-7091-2206
주소   서울시 강동구 암사동 아리수로 66, 401호
이메일   editor@gameun.co.kr

종이책
초판1쇄   2023.10.31.
ISBN   9791193155165
정가   39,000원

전자책
전자책1쇄 2023.10.31.
ISBN   9791193155196
정가   29,200원

Korean Exegetical Commentary on the New Testament 9A

The Epistle to the Ephesians

Simon S. Lee

KECOT/KECNT General Editor, Sang-Hoon Kim

KECNT Editor, Hyeon Woo Shin

KECNT/KECOT
총괄 편집자 서문

많은 주석서들이 나와 있지만 여러모로 신뢰할 만한 주석을 만나는 일은 쉽지 않습니다. 이 시대에 필요한 한국 교회를 위한 주석 편찬을 위해 다음의 다섯 가지를 생각해 왔습니다.

첫째, 건실한 개혁신학과 성경적 복음주의의 입장에 바로 서 있는 좋은 주석이 필요합니다. 하나님의 말씀인 성경에 대한 권위(authority)와 진정성(authenticity)을 학문(신학)이라는 이름으로 훼손할 수 없습니다. 성경의 권위(*sola scriptura*, "오직 성경으로")를 중시한 종교개혁의 건실한 개혁신학과 성경의 영감적 특성을 존중하는 복음주의 관점에서 쓴 주석이 필요합니다. 하나님의 말씀인 성경에 대한 존중과 바른 해석에 기반한 주석은 주님의 교회를 새롭게 하고 생명력 있는 말씀 사역을 하도록 지원할 수 있습니다. 독자는 바른 신학과 성경에 대한 신뢰를 가지고 본문을 깊이 연구할 수 있습니다.

둘째, 국내 저자에 의한 국제적 수준의 주석 집필이 요구되고 있습니다. 성경적 복음주의에 기초한다고 해서 학문적 특성이 배제되면 신뢰할 만한 주석이라 할 수 없을 것입니다. 주석의 학문성은 저자의 학문적 자질과 능력에서 비롯됩니다. KECNT(한국신약해설주석)의 집필진은 학문적으로 국제적인 교류를 해온 학자들이 중심이 됐습니다. 해외 신학계와 신약 해석학계에 학문적 목소리를 낼 수 있는 (그리고 내어온) 학자들이 주석 집필진이 된 것입니다. 주석의 학문적 수준을 신뢰할 수 있을 것입니다. 본문의 논쟁적 문제를 다룰 때도, 개혁신학과 복음주의에 뿌리를 두되, 진지한 학문적 태도로 연구되고 있는 것을 볼 수 있을 것입니다. 또한 신앙과 학문의 조화를 발견할 수 있습니다.

각 주석은 독자적인 연구를 바탕으로 된 것입니다. 신학적으로나, 학문적으로 신뢰할 만한 저자들의 단권 주석은 해당 분야에 대한 철저한 연구 성과를 토대로 집필됐습니다. 대표되는 주석들과 학자들의 견해들이 주석 안에 포함되면서도, 동시에 집필자 자신의 깊은 본문 연구를 토대로 주해가 이루어졌습니다. 이 주석 집필진은 각자의 영역에서 뚜렷한 학문적인 논의를 개진할 수 있는 저자들로 구성됐기 때문입니다.

셋째, 단권 주석의 강점은 각 권의 전문성이 인정된다는 것입니다. 저자 한 사람이 성경 전권을 주석하는 방식은 학문적인 한계를 가질 수밖에 없습니다. 이는 점차 전문화되어가는 학문적 흐름에는 맞지 않습니다. 해당 분야의 전문적 식견을 갖춘 저자에 의한 단권 주석 집필은 그런 점에서 의미가 큽니다. 해당 분야의 전문적 식견을 갖춘 저자에 의한 단권 주석 집필은 그런 점에서 의미가 큽니다. 각 권은 전문적인 식견을 가진 각 저자의 적지 않은 시간과 노력을 담은 주석서입니다. 개혁신학과 복음주의 신앙을 가진 각 저자의 학문적 노력이 담긴 주석입니다. 신학적으로, 학문적으로 검증된 저자들이 함께 어울려 성경 전체의

주석을 쓰고 있습니다. 함께 힘을 모아, 사랑하는 한국 교회와 이 땅의
하나님 나라를 위해 노력하고 있습니다.

넷째, 성경 주석은 본문 중심의 주석일 필요가 있습니다. 개혁신학
과 복음주의 전통의 문법적-역사적 해석은 하나님의 말씀인 성경 본문
을, 역사적 맥락과 문법적 특징에 따라 세밀히 살펴, 본문의 계시적 의
미를 밝히려는 해석입니다. 따라서 원어를 기초로 한, 각 절과 각 단원
의 치밀한 주해에 집중합니다. 본문을 중시하는 문법적-역사적 해석의
전통은 최근 언어적, 문학적, 구조적, 수사적 연구 등에 의해 더욱 발전
되어 왔습니다. 하나님의 말씀 중심인 문법적-역사적 전제에 기초하는
한, 이들 연구는 본문 해석에 유익한 면이 있습니다. 문법적-역사적 해
석이 여러 갈래로 발전되고 있는 것입니다. KECNT에서, 각 권의 저자
가 어떤 특징과 강점을 가지고 성경 본문을 세밀히 해석하고 있는지 볼
수 있을 것입니다.

다섯째, 교회와 목회자의 필요에 맞는 주석이어야 합니다. 교회가
신뢰할 만한 신학적 토대를 가지고 있다는 점과 함께, 이 주석은 철저한
본문 중심 해석이라는 특징 때문에 우리 한국 교회와 교회 사역자(설교
자), 그리고 성경을 깊이 연구하고자 하는 분들에게 실제적인 도움이
될 것입니다. 특히 설교를 준비할 때, 본문에 대해 깊이 있고 정확한 해
석의 기반이 가장 중요하다는 점에서 KECNT는 설교자의 좋은 동반자
가 될 수 있을 것입니다. 하나님의 말씀이 제대로 전해지면, 교회는 회
복됩니다. 교회의 진정한 개혁은 하나님의 말씀으로 이루어집니다. 한
국 교회에 말씀의 뿌리가 깊이 내려지고 그 위에 갱신과 부흥의 나무가
서야 합니다.

KECNT 편찬에 관계된 저희 모두는 이 일을 영예로 생각합니다. 좋

은 주석서들이 활용되면 주의 교회가 힘을 얻게 될 것이기 때문입니다. 오직 하나님만이 영광을 얻으시기에 합당하십니다(*soli Deo gloria*, "오직 하나님께만 영광이").

2023년 7월 26일

김상훈

KECNT/KECOT 총괄 편집자

KECNT
책임 편집자 서문

한국신약해설주석(KECNT)은 성경을 하나님의 말씀으로 받아들이고 신앙의 규범으로 삼는 정통 신학의 틀 속에서 종교 개혁자들의 문법적-역사적 해석 방법을 사용하여 신약성경을 연구하는 주석 시리즈입니다.

한국의 신학계는 그동안 비약적으로 발전하여 세계 신학의 한 축을 형성하는 단계로 진입하고 있습니다. 특히 한국의 신약학계는 이미 세계적인 수준에 도달했습니다. 그리하여 이 주석 시리즈의 저자들은 국제 학계(총서 및 학술지 등)에 출판 실적이 있는 학자들 중에서 정통 신학을 추구하는 학자들로 구성되어 있습니다.

이 주석 시리즈는 간단명료한 문체를 추구하며, 제한된 지면에 알찬 내용을 담고자 했습니다. 또한 문법적-역사적 해석 방법에 따라 원어의 용례, 역사적 배경과 본문의 문맥에 토대한 의미 파악에 주력하여 성경 각 권 저자가 의도한 본문의 의미가 잘 드러나도록 했습니다. 그리하여 우리 시대에 성경 본문을 적용하기 위한 튼실한 출발점을 얻을 수 있도록 했습니다.

이 주석은 단락별 번역, 절별 주해, 단락 해설로 구성하여 설교자들과 성도들이 성경을 연구하다가 필요한 구절을 쉽게 찾을 수 있도록 했고, 단락 해설을 통해서는 심층 주해, 전체적인 흐름 파악, 또는 적용을 위한 통찰을 얻을 수 있도록 했습니다. 성경 원어 본문 번역은 헬라어 본문 번역에서 출발하여 주해의 성과까지 반영한 결정체입니다. 이 부분은 모아서 추후 새로운 성경 번역본으로 출판하게 될 것입니다.

이 주석 시리즈는 주해 부분에서 헬라어를 음역할 경우에는 자음은 경음(ㄲ, ㄸ, ㅃ)을 활용했습니다. 이것은 고대 및 현대 헬라어 발음과 유사할 뿐 아니라, 격음(ㅋ, ㅌ, ㅍ)과 함께 사용하여 유사한 발음의 헬라어 자음들을 한글로 명확히 구분하여 표기할 수 있기 때문입니다. 모음의 경우에도 영미식이나 독일식 발음이나, 현대 헬라어 발음도 따르지 않고 고대 헬라어의 발음으로 추측되는 방식으로 음역했습니다.

에베소서 주석을 저술하신 이승현 교수님은 매우 성실하고 탁월한 신약학자로서 그의 하버드대학교 박사 학위 논문(*Jesus' Transfiguration and the Believers' Transformation*)은 국제적으로 최고의 학술총서 중에 하나로 인정받는 WUNT 시리즈에 채택되어 독일에서 출간된 바가 있고, 그후에도 계속 활발한 연구 저술 활동을 하고 있습니다. 이번 KECNT 에베소서 주석은 개혁신학의 역사적-문법적 해석 방법을 토대로 하고, 최근 국제 학계의 많은 연구를 두루 섭렵하여 소개하면서, 연구자의 방대한 지식, 탁월한 통찰, 친절한 설명을 통하여 풍성하고 정확한 본문 해석을 독자들에게 제공해 줄 것입니다.

이 시리즈의 출판을 흔쾌히 수락하여 목회자들과 교회를 위한 주석서를 세상에 내놓는 수고를 감당해 주신 감은사의 이영욱 대표님께 감사를 드립니다. 아울러 한국교회와 목회자/성도들을 위하여 KECOT/ KECNT 총괄편집장을 맡아주시어 여러모로 섬기시는 김상훈 교수님께 감사드립니다.

교회의 왕이시며 온 우주의 통치자이신 예수께 감사의 송영을 올립니다. 이 주석 시리즈도 우리의 주되신 예수께 드리는 예배의 일부입니다. 십자가의 길을 가심으로 마귀의 세력을 무너뜨리고 고난의 십자가 위에서 온 세상을 통치하시는 주 예수여, 영원토록 영광과 찬양을 받으소서. 아멘.

2023년 7월 26일

신현우

KECNT 책임 편집자

저자 서문

복음을 전하다가 감옥에 갇히게 된 바울은 자신이 세우고 돌보던 교회들에게 편지를 써서 그들의 안부를 묻고, 그들이 직면한 다양한 문제들에 대한 가르침을 전달한다. 바울의 여러 편지들 중, 특별히 감옥에서 쓴 네 개의 편지들(에베소서, 빌립보서, 골로새서, 그리고 빌레몬서)을 우리는 옥중서신이라 칭한다. 비록 옥중서신은 바울이 쓴 다른 긴 편지들(예, 로마서, 고린도전·후서)에 비해서 분량은 적지만, 바울의 이방인 교회들과 후대 교회들에게 미친 영향력은 결코 무시할 수 없다. 옥중서신은 바울의 후기 신학을 반영하면서, 한층 더 성숙해진 그의 목회적 태도를 잘 보여주고 있다. 옥중서신에 담긴 바울의 신학적 영감들은 4차산업혁명 시대의 여러 도전들에 직면한 21세기 한국 교회들에게도 많은 도움을 줄 수 있을 것으로 보인다.

첫 번째, 에베소서는 로마서와 함께 바울 신학의 진수를 가장 잘 보여주는 서신으로 간주되어 후대 교회들에게 큰 사랑을 받아 왔다. 특히, 에베소서는 바울의 후기 신학에 속한 교회론과 기독론을 잘 집대성해서 매우 깔끔하고 간결한 형태로 전달해 주고 있다. 에베소서가 전하는 예수 그리스도가 성취한 구원의 우주적 의미와 교회론은 어디에서도 찾아볼 수 없는 바울 신학의 깊이를 잘 표현해 주고 있다. 그리스도를 통한 만물의 통일과 하나님의 경륜은 매우 정교한 신학적 언어와 개념들로 함축적으로 묘사되고 있다. 그리고 에베소서에서 발견되는 영적 전투와 성도 가정의 규례에 대한 가르침은 타의 추종을 불허할 정도로 상세하게 묘사되고 있다.

두 번째, 기쁨의 편지로 알려진 빌립보서는 교회들의 문제로 씨름하는 바울의 일반적 모습과는 달리, 어려운 상황 속에서도 항상 기뻐하는 그의 또 다른 모습을 보여주고 있다. 이 기쁨의 편지를 쓸 당시 바울이 감옥에 갇혀 있었다는 사실은 우리로 하여금 그와 함께 하신 하나님의 평강의 능력에 대해서 깊이 생각해 보게 한다. 빌립보서는 감옥에서 마지막 재판을 앞두고 있는 바울의 영적 상태에 대한 중요한 정보를 제공해 준다. 특히, 2:6-11에 인용된 케노시스 시는 예수의 선재와 하강을 통한 그의 겸손함과 높아짐을 시의 형태로 노래하고 있다. 이 시는 가장 오래된 초대 교회 전통에 속한다.

세 번째, 골로새서는 우주를 창조하고 유지하는 하나님의 아들의 사역에 대해서 잘 알려 준다. 예수의 사역에 근거하여 어떻게 온 우주가 하나님과 화목하게 됐고, 또 원수 됐던 이방인들과 유대인들이 서로 화평을 이루게 됐는지에 대한 가르침을 전달한다. 물론 이 가르침은 에베소서의 핵심 교리의 내용이기도 하다. 그리고 골로새서는 우주를 창조하고 다스리는 예수 그리스도를 향한 믿음에 굳게 뿌리를 내려야 할 성도와 교회의 책임에 대해서도 강조한다. 바울에게 믿음은 은혜의 선물로 주어졌지만, 성도들의 삶에서 계속해서 성장해 가야 할 역동적 실체이다.

마지막으로, 빌레몬서는 바울이 회심시킨 복음의 동역자들인 빌레몬과 오네시모의 사회적 관계 변화에 대한 혁신적인 가르침을 담고 있다. 바울은 주인과 종이라는 빌레몬과 오네시모의 사회적 관계가 예수 안에서 함께 형제가 됐다는 영적 관계에 근거하여 새롭게 재정립되어야 한다고 가르친다. 예수에게 속하게 된 성도들의 새로운 신분적 변화는 그들의 모든 사회적 관계들에 영향을 미치는 가장 근본적인 변화임을 빌레몬서는 증거한다. 바울에게 예수 그리스도가 가져온 하나님의 복음은 성도들의 존재와 삶 그리고 그들이 속한 온 우주를 변화시키는 하나님의 능력을 그 안에 담고 있다(비교, 롬 1:16-17). 바울의 옥중서신은 예수 복음에 담긴 하나님의 능력이 성도들의 다양한 삶 속에서 어떻게 능력 있게 역사했는지에 대한 중요한 증거가 된다.

옥중서신을 통해서 드러나는 바울과 그의 신학의 특징들은 다음과 같이 몇 가지로 나누어 생각해 볼 수 있다. 첫 번째, 예수-복음에 근거한 바울의 신학함은 학자들을 위한 그의 사유의 결과물이 아니라, 예수-복음이 어떻게 성도들의 삶과 교회를 규정해 가야 하는지에 대한 그의 지혜와 영감을 담고 있다(이승현, 2019a: 853-908). 구약 성서를 읽고 해석함에 있어서, 바울은 단순히 자신의 신학적 호기심을 충족하기 위해서가 아니라, 자신의 교회들이 처한 문제들을 해결하고자 하는 매우 실질적인 목적을 소유하고 있었다. 따라서 바울 신학의 중심에는, 예수 그리스도를 통해서 성취된 하나님의 구원에 합당한 성도와 교회의 본질에 대한 근본적 질문이 존재한다. 두 번째, 이 사실은 바울의 정체성이 단순히 신학자로만 규정되어서는 안 되고, 목회자와 선교사 그리고 그리스도의 증인됨 등을 모두 포함해야 함을 알려 준다. 따라서 바울서신에 대한 바른 해석은 이 모든 호칭들을 다 포함하는 바울의 복합적 정체성을 잘 설명할 수 있어야 한다. 세 번째, 바울의 신학적 사고를 돕는 중요한 요소들로는 구약성경, 예수 그리스도의 가르침을 담은 예수 전통, 초대 교회의 해석 전통, 그리고 지속되는 성령의 감동과 계시의 활동 등을 들 수 있다(이승현, 2019a: 867-71). 바울은 학자로서 끊임없이 자신의 성경과 초대 교회의 전통을 묵상하고 연구했을 뿐만 아니라, 자신 안에 거하는 성령의 해석학적 감동과 인도에 전적으로 의지했다(비교, 고전 2:9-15). 네 번째, 이 사실은 바울서신을 제대로 해석하고자 하는 성도와 목회자들이 취해야 할 한 가지 중요한 자세에 대해서 알려 준다. 바울서신은 바울처럼 성경과 해석학적 전통에 대하여 지속적으로 연구함과 더불어, 성령의 유기적 감동을 계속해서 경험할 것을 요구한다. 마지막으로, 바울과 그의 편지를 읽는 독자들은 하나님의 말씀을 아는 지식에 깊이 뿌리를 내리고, 그리스도의 장성한 분량에까지 이르는 성도의 영적 성숙을 성경 해석의 목적으로 삼아야 한다. 왜냐하면 바울은 말씀을 쓰고 읽고 묵상하고 가르치고 배우는 일의 목적은 성도의 신앙 인격이 그리스도처럼 완전해지는 것이라고 전제하기 때문이다. 이 사실은 바울이 왜 자신의 서신을 항상 성도가 살아야 할 부르심에 합당한 삶에 대한 윤리적 가르침으로 마무리하는지를 잘 설명해 준다. 우리의 바울 해석은 이런 바울의 신학적 전제를 진지하게 받아들이는 가운데 이루어져야 한다.

한국교회는 비교적 짧은 시간에 비약적인 양적 성장을 이루는 은혜를 경험했다. 그러나 그에 비해 성도들의 삶으로 나타나는 내면적·영적 성숙은 다소 부족하다. 한국교회는 바울의 이방인 교회들처럼 복음의 풍성한 은혜와 성령의 은사들을 경험했다. 그럼에도 불구하고, 한국 교회는 영적으로 더 성숙해져야 할 큰 숙제를 안고 있다. 특히, 코로나 이후 세상은 교회와 성도들에게 복음의 참된 본질과 능력을 새롭게 증명할 것을 요구하고 있다. 그러나 안타깝게도, 세상 사람들에게 기독교의 선호도는 불교와 가톨릭에 비해 상대적으로 낮을 뿐만 아니라, 한국교회에 대한 세상의 평가도 다소 부정적이다. 만약 바울이 살아서 이 사실을 접했다면, 그는 한국교회에 보내는 장문의 편지를 쓰고 싶었을지도 모른다. 이에 본 저자는 현대 교회가 바울서신에 대한 깊은 묵상을 통해서 그가 전하는 지혜와 영감을 다시 한번 체험하고, 그가 꿈꿨던 충만한 그리스도의 몸 된 교회로 복음 위에 견고하게 세워지기를 소망한다. 그리고 이 일을 위해서 본 저서가 조금이라도 기여할 수 있기를 기대해 본다.

　본 저서가 탄생하기까지 격려해 주신 여러 분들께 감사의 인사를 드리고자 한다. 본 저자가 교수로 섬기는 호서대학교는 2023학년도 1학기를 연구년으로 허락하여 본서를 마무리할 수 있게 해 주었다.[1] 한국신약해설주석 총괄 편집자이신 김상훈 교수님과 신약부분 책임 편집자이신 신현우 교수님의 격려와 봉사에 깊이 감사드린다. 본서를 포함하여 한국신약해설주석을 기꺼이 출판해 주신 감은사 이영욱 대표님께도 감사드린다. 그리고 항상 함께 교제하고 격려하는 바울학당 식구들, 본서의 원고를 읽고 교정해 준 김은정 전도사님, 김신광 목사님, 이승대 목사님, 김기홍 목사님, 허민 권사님, 양주희 자매님, 정민준 집사님, 서범석 목사님 그리고 유대웅 목사님께 감사드린다. 마지막으로, 늘 함께하며 기도와 사랑으로 격려해 주시는 어머니 이영애 권사님, 아내 심현정, 그리고 아들 이사야에게 이 책을 바친다.

2023년 7월, 태조산 연구실에서

이승현

1.　이 저서는 2023년도 호서대학교 연구년 결과물로 제출됐다.

ABD	*Anchor Bible Dictionary*
BAGD	Walter Bauer, *A Greek-English Lexicon of the New Testament and Other Early Christian Literature*, ed. by William F. Arndt, F. Wilbur Gingrich, and Frederick W. Danker, Chicago: University of Chicago Press, 1979.
BBR	*Bulletin for Biblical Research*
C. Apion	*Against Apion* by Josephus
CBQ	*Catholic Biblical Quarterly*
CPR	*Corpus papyrorum Raineri* (Vienna: Kaiserl. Konigl. Hof- und Staatsdrukerei, 1895-)
DPL	G. W. Hawthorne, R. P. Martin, and D. G. Reid, eds., *Dictionary of Paul and His Letters*
ET	*Expository Times*
HTR	*Harvard Theological Review*
ICCNT	International Critical Commentary on New Testament
IG	*Inscriptiones graecae*, editio minor (Berling, 1924-)
JBL	*Journal of Biblical Literature*
JSNT	*Journal for the Study of the New Testament*
JSNTS	Journal for the Study of the New Testament Supplent Series
JSOT	*Journal for the Study of the Old Testament*
JTS	*Journal of Theological Studies*
Let. Arist.	*Letter of Aristeas*
LSJ	*A Greek-English Lexicon* by H. G. Liddell, R. Scott and H. S. Jones, Oxford: Oxford University, 1940.
NovT	*Novum Testamentum*
NTS	*New Testament Stduies*
PGM	*Papyri graecae magicae: Die griechischen Zauberpapyri.* Edited

	by K. Preisendanz. Berlin, 1928.
Pol.	*Politics by Aristotle*
Ps.-Phoc.	The Sentences of Pseudo-Phocylides
RQ	*Restoration Quarterly*
Sib. Or.	*Sibylline Oracles*
TB	*Tyndale Bulletin*
TDNT	*Theological Dictionary of the New Testament*
ThWNT	*Theologisches Wörterbuch zum Neuen Testament*
T. Reu.	*Testament of Reuben*
WBC	Word Biblical Commentary
ZNW	*Zeitschrift für die neutestamentliche Wissenschaft und die Kunde der älteren Kirche*

I. 서론

서론

1. 저자와 수신자

전통적 견해에 따르면, 바울이 처음 로마에 있는 감옥에 갇혔을 당시, 곧 기원후 62년경 옥중에서 바울은 빌레몬서, 골로새서, 빌립보서 그리고 에베소서를 기록했다고 전해진다(Thielman, 2010: 5). 그러나 에베소서와 골로새서 간의 많은 유사성과 더불어, 특정한 교회의 문제들 그리고 바울 특유의 여러 성도들에 대한 상세한 인사말이 결여되어 있다는 이유로 에베소서에 대한 바울의 저작설은 일부 학자들에 의해 의문시됐다.[1] 그러나 바울과 그의 신학적 경향성에 대해서 이미 잘 알고 있는 소아시아의 이방인 교회들이 바울이 아닌 타인의 저작을 바울의 것으로 주장하고 받아들였을 것이라는 그들의 주장에는 많은 어려움이 있다.[2] 에베소서의 저자는 자신을 분명하게 바울이라고 칭하고(예, 1:1;

---

1. 참조, Hoehner, 6; Lincoln, 1990: lxv-lxvi.
2. 1세기 평균 로마인들처럼, 바울의 이방인 교회 성도들도 바울의 이름으로 쓰여진

3:1; 4:1; 5:32), 자신이 현재 처한 상황을 감옥에 갇힌 것으로 분명하게 전달하고 있다(3:1; 4:1; 6:19-20). 에베소서에 관한 바울 저작설을 부정할 만한 분명한 근거가 없고, 그의 다른 서신과도 신학적 경향성이 매우 유사하다면, 에베소서의 저자를 바울로 간주하는 데 그리 큰 어려움은 없어 보인다.[3] 어쨌든지 간에, 바울의 저작설에 대해서 비판적인 학자들조차도 에베소서는 로마서와 함께 후대 교회들에게 가장 큰 신학적 영향을 미친 서신 중 하나였다는 사실은 부인하지 못한다. 에베소서는 로마서와 함께 바울 신학의 핵심을 가장 잘 대변하고 있다는 사실에 대해서도 대부분의 학자들은 동의하고 있다.

에베소서는 바울서신 중에서도 가장 비개인적인 성향을 띤 회람 서신이라고 볼 수 있다. 왜냐하면 에베소서의 저자는 수신자들의 특별한 역사적 상황이나 그들 교회에서 현재 논란의 대상이 되고 있는 특정 신학적 문제들에 대해서 아무런 언급을 하지 않기 때문이다. 또한 에베소서의 저자는, 비록 자신이 옥에 갇힌 사실에 대해서 간략하게 언급하고 있지만(비교, '사슬에 매인 사자', 6:21), 자신이 처한 특별한 삶의 환경과 옥중생활에 대해서 그 어떤 설명도 제공하지 않고 있다. 이 사실은 빌립보서 1장에서 바울이 옥에 갇힌 자신의 현재 상황과 복음 사역에 대해서 상세히 설명해 주고 있다는 것과 매우 대조된다. 그리고 에베소서의 저자는 자신의 편지를 받는 에베소 교회에 대한 어떤 개인적 정보도, 그리고 개인적 환영 인사도 표현하지 않는다. 오직 이 편지를 전달하는 두기고(Tychicus)의 이름만을 언급하고 있을 뿐이다(6:21-22). 그

가짜 편지를 진짜로 쉽게 받아들이고 주장했을 리는 없다라고 전제하는 것이 더 설득력 있다. 참조, Terry L. Wilder, 2004: 35-63.

3.   참조, Thielman, 2010: 5; Arnold, 2010: 46-50. 비교, MacDonald, 15-17.

러나 만약 바울이 자신의 형편에 대해서 글로 장황하게 설명하기보다
는 두기고를 통해서 구두로 상세하게 보고하기를 원했다면, 이 문제는
의외로 쉽게 해결된다. 그리고 감옥에서 마지막 재판을 앞두고 경황이
없는 중에, 자신의 신학적 입장을 정리해서 에베소의 여러 이방인 교회
들에게 회람서신으로 보내고자 했다면, 개인적인 정보나 인사를 생략
한 채 간결한 편지를 쓴 이유도 잘 설명된다.

　사도행전에 따르면, 바울은 에베소에서 2년 이상의 시간을 보낸 것
으로 추정된다(행 19:10, 20; 20:31).[4] 바울은 기원후 52-54년경 에베소
에서 2-3년의 시간을 보내면서 행한 이방인 선교에서 상당한 성공을 거
두었던 것으로 보인다.[5] 따라서 바울이 자신의 다른 서신에서와 달리,
에베소 교회의 상황에 대해서 어떤 구체적 언급도 하지 않는다는 사실
은 많은 독자들로 하여금 이 편지의 목적에 대해서 추정해 보게 한다.
물론, 에베소서의 저자는 수신자들의 예수 그리스도에 대한 믿음과 성
도들을 향한 사랑에 대해서 이미 듣고 알게 됐다고 선포한다(엡 1:15).
그리고 그들이 예수의 여러 가지 교훈적 가르침에 대해서 이미 듣고 배
웠음에 대해서도 언급한다(4:21). 그러나 에베소서 1:2에서 밝히고 있듯
이, 에베소서는 소아시아에 위치한 바울의 여러 가정 교회들을 위하여
그가 전한 복음의 요약과 사역의 의미에 대해서 설명해 주는 것을 그
목적으로 삼고 있다.[6] 다시 말하면, 에베소서는 한 특정한 교회에게 보

4.　물론 사도행전에 대한 우리의 해석은 바울서신과의 비교를 통해서 수행될 필요가
　　있다. 참조, Barrett, 1999: 515-34.
5.　참조, Schnabel, 1220; Trebilco, 2004: 134-52.
6.　에베소서의 수신자들의 정체에 대한 자세한 논의를 위해서는 다음을 참조하라. 참
　　조, Thielman, 2010: 11-16; Arnold, 2010: 23-29; O'Brien, 1991: 47-48; MacDo-
　　nald, 9-10.

내겨 그들의 특별한 문제를 해결하고자 하는 바울의 개인적 편지였다기보다는, 소아시아의 여러 교회들에게 바울의 주요 가르침을 전달하고자 하는 회람서신이었다. 회람서신인 에베소서의 목적은 소아시아의 많은 교회들이 돌려가면서 읽는 것이었다. 아마도 바울이 감옥에서 임박한 재판에 직면해 있었다면, 개개의 교회들을 향한 개인적 편지보다도 소아시아의 많은 교회들을 향한 회람서신을 통해서 자신의 신학적 가르침을 다시 한번 요약된 형태로 전달하기 원했을 것이다. 그럼에도 불구하고, 에베소서는 가장 먼저 에베소에 있는 교회들에게 보내어졌을 것으로 추정된다(Metzger, 543; Sellin, 66). 그러나 바울의 사후, 에베소서를 포함한 바울의 모든 서신들은 함께 모아져 바울의 이방인 교회들에서 회람됐다. 아이러니하게도, 말시온의 성경은 이 사실에 대한 매우 중요한 증거로 기능한다.

2. 역사적인 배경

에베소서에 따르면, 바울이 이 편지를 쓸 당시 그는 감옥에 있었다(3:1, 13; 4:1; 6:20). 편지의 마지막 6:19-20에서 바울은 자신을 위한 성도들의 중보 기도를 요청하고 있다. 여기서 바울은 자신을 '쇠사슬에 매인 사도'라고 칭하면서, 복음의 비밀을 담대히 전할 수 있도록 기도해 줄 것을 요청한다. 중보 기도에 대한 그의 간절한 요청을 고려해 볼 때, 아마도 그는 로마 황제가 주관하는 마지막 재판을 앞두고 있었을 것으로 추정된다(비교, 빌 1:12-22). 바울은 로마 관원들 앞에서 위축되지 않고, 그리고 재판 결과에 대해서도 두려워하지 않으며, 담대하게 예수-복음을 증거할 수 있기를 소망한다. 사도행전에 따르면, 바울은 크게 두 번 감옥에 갇혔다. 한 번은 바울이 에베소에서 3년간의 사역을 시작하기 전 빌립보에서 경험했고(행 16:23-34), 또 다른 한 번은 가이사랴에서 2년간 감금당한 이후(24:27), 몰타 섬에서 겨울을 보내고 도착한 로마에서의 2년간의 감금 생활이다(행 28:30-31).[7] 비록 사도행전 기록의 역사적 진위성을 의문시하는 학자들의 비판이 있지만, 사도행전 본문 이상의 더 확실한 정보가 우리에게는 없다. 따라서 우리는 사도행전에 담긴 누가의 서술에 관한 비판적인 관점을 인식하면서도, 사도행전 본문을 역사적 사실성이 있는 것으로 간주할 것이다. 특히 바울의 행적에 관하여 바울서신과 사도행전의 기록이 일치한다면, 최소한 그 부분의 역사적 사실성은 다중증언을 통해서 학문적으로도 입증된다고 볼 수 있을 것이다.

로마에서의 바울의 행적에 관한 사도행전 기록에 따르면, 바울이 로마에서 감금되어 있는 동안 그는 한 병사와 함께 쇠사슬에 묶여 있었다. 그러나 동시에 바울은 그를 방문하는 자들과 자유롭게 만나고 교제할 수 있도록 허락됐다(행 28:17-30). 이 사실은 쇠사슬에 묶인 상태에서도 바울은 자유롭게 복음을 전할 수 있었음을 알려 준다(28:20-31). 이러한 사도행전의 기록은 에베소서 6:20에서 바울이 스스로를 칭하는 '쇠사슬에 매인 사신'이라는 표현의 의미를 잘 설명해 준다. 결론적으로 옥중서신을 쓸 당시 바울은, 비록 로마에서 쇠사슬에 묶여 재판을 앞두고 있

---

7. 물론 학자들은 바울이 로마에 갇혀 있던 2년의 기간을 기원후 57-59년, 59-60년, 혹은 60-62년 등으로 추론하곤 한다. 비록 역사적 판단을 결정할 정확한 정보가 우리 손에 없지만, 기원후 60년대 초반이 가장 무난한 것으로 보인다. 교회 전승에 따르면, 기원후 62-64년경 로마 황제 네로가 바울과 베드로를 처형했다고 전해지고 있다. 참조, Rapske, 182.

었으나, 자유롭게 방문객들을 맞이할 수 있었다. 이 과정에서 바울은 그가 만나는 자들에게 복음을 전할 수 있는 부분적인 자유가 허락됐다. 그러나 바울은, 비록 옥에 갇혀 제한된 복음 선포의 기회만이 허락됐지만, 그가 세운 여러 이방인 교회들에게 편지를 써서 이방인 성도들을 가르치고 목양하는 일을 멈추지 않았다. 바울은 두기고와 같이 신뢰할 만한 일꾼들을 선택하고, 그들을 통해서 자신의 옥중 서신을 소아시아의 교회들에게 전달했다. 에베소서를 포함한 바울의 옥중서신은 바울의 이러한 목회적 저술 활동의 결과이다.

3. 저술의 목적과 배경

그렇다면 옥에 갇힌 바울이 에베소서를 기록해서 소아시아의 교회들에게 자신의 가르침을 전달하고자 한 이유는 무엇이었을까? 이 질문에 대해 학자들은 다양한 의견들을 제시하고 있다.[8] 에베소서 본문 내용을 근거로 학자들의 의견을 종합해 보면, 에베소서의 저술 목적과 배경은 대략 다음과 같은 세 가지 주요 문제들과 연관된 것으로 보인다. 첫번째, 1세기의 소아시아 특히 에베소는 여신 다이애나로 종종 묘사되는 에베소의 여신 아테미스의 숭배로 유명했다. 많은 가슴을 소유한 다산의 여신 아테미스 숭배는 소아시아인들의 삶의 중심부에서 그들을 통제하고 영향을 미치는 주요소로 기능했다.[9] 그리고 에베소의 이방인들

---

8.   이에 대한 다양한 해답들에 대해서는 다음을 참조하라. 참조, Thielman, 2010: 19-28; O'Brien, 1991: 51-57; Arnold, 2010: 41-46; MacDonald, 18-21.

9.   그러나 Trebilco, 2004: 21-24는 아테미스는 다산의 여신이 아니라 축복의 여신이었다고 주장한다.

은 갖가지 마술들을 통해서 인간의 운명과 역사를 통제하려 했다. 에베소인들의 마술 행위는 다양한 신들 혹은 귀신들이 사람들이 거주하는 세상뿐만 아니라, 영적 세상도 지배하고 있다는 믿음에 근거하고 있었다.[10] 그들은 자신들의 이익을 위해서 다양한 주술 행위로 신들을 움직이거나, 아니면 신들을 경배하여 그들의 마음을 만족시킴으로써 자신들의 필요를 채우고자 했다. 에베소의 성도들은 이러한 영적 세계에 대한 일반인들의 믿음과 우주의 왕이신 하나님과 주 예수에 대한 자신들의 믿음 사이에서 갈등과 혼란을 경험했을 것이다. 이에 에베소서에서 바울은 이방인들이 믿고 숭배하는 신들을 '하늘의 정사와 권세 잡은 자들'(3:10; 2:2; 6:12)이라고 부르면서, 그들은 우주의 왕이신 하나님과 주 예수 그리스도의 권위 아래 놓인 열등한 영적 존재들에 불과함을 강조한다. 바울은 하나님께서 우주의 모든 존재들을 다 주 예수 그리스도의 발 아래 복종시키고, 그리스도 안에서 만물을 통일했음을 분명히 한다(1:10, 20-23). 바울은 소아시아의 성도들이 이러한 영적 지식을 통해서 자신들의 문화와 삶 그리고 신앙을 재정립할 것을 요청한다.

두 번째, 당시 에베소를 포함한 소아시아의 이방인들에게 가장 많은 영향력을 행사한 로마 왕국의 정책들 중 하나는 바로 황제 숭배(imperial cult)였다.[11] 로마 황제들의 흉상과 동상들은 도시 곳곳에 높이 세워져 있었고, 로마 제국의 지배 아래 놓인 모든 이방인들은 황제를 신 혹은 신의 아들로 믿고 경배하도록 요청됐다.[12] 특히 로마 황제들은 전쟁의 신들로 간주됐고, 그들의 원수들을 제압함으로써 세상에 평화와 질

---

10. 참조, Strelan, 86-88; Schnabel, 1206-14; Trebilco, 2004: 19-37; Thielman, 2010: 20.
11. 이에 대한 심도 깊은 논의를 위해서는 Thielman, 2010: 20-23을 참조하라.
12. Friesen, 2001: 61, 128.

서를 가져온 자들로 선포됐다(Price, 1984: 182). 로마인들은 로마 황제에 대한 소식이 지중해의 여러 이방인들에게 복된 소식, 즉 복음임을 강조했다. 그리고 로마인들은 소아시아 사회의 제반 운영을 규정하는 달력을 아우구스투스 황제의 생일을 중심으로 재구성했다. 로마인들의 달력은 당시 사회를 지배하던 축제와 공휴일 등을 제정하여, 소아시아인들의 삶에 강력한 영향력을 발휘했다. 이처럼 당시 사회의 시간적 흐름을 지배했던 로마의 달력은 지중해 국가들을 향한 로마의 통치가 영원할 것이라고 주장했다(Friesen, 130). 이러한 로마 황제 숭배의 배경 속에서, 바울은 에베소 성도들에게 로마의 황제조차도 하나님의 권세 아래 놓인 여러 권세들 중 하나에 불과함을 강조한다. 나아가 바울은 우주를 다스리는 궁극적인 주권자가 하나님과 주 예수 그리스도임을 강조함으로써, 주께 속한 성도들의 믿음과 정체성을 견고히 하고자 한다(O'Brien, 1991: 57).

소아시아에 만연했던 황제 숭배 사상은 단순히 소수의 지배자들이 다수의 대중들에게 강요하던 불합리한 의무로 간주되지 않았다. 일반 대중들도 황제 숭배 사상을 적극적으로 환영하며 수용했고, 기존의 전통적 신들에 관한 믿음과 연관하여 황제를 신들의 자녀들로 믿고 숭배했다.[13] 로마 황제는 신의 특별한 아들로 간주되어 인간 사회를 통치할 권한을 소유한 자로 믿어졌다. 이에 당시 소아시아 지역을 지배하던 엘리트들은 로마 황제에 대한 충성과 긴밀한 연대를 통해 자신들의 입지를 더 견고히 하고자 했다. 이런 사회적 분위기에서, 에베소의 성도들은 자신들이 날마다 사용하는 동전과 눈앞에 서 있는 황제의 동상들, 그리고 신전들을 통해서 선포되던 '황제의 복음'에 대해 매일 반복해서 들

---

13. 참조, Thielman, 2010: 21-22; Friesen, 123-30.

어야 했다. 이 과정에서 성도들은 로마 황제가 세상에 가져온 복음과 하나님의 메시아인 주 예수가 가져온 복음 간의 충돌과 그 충돌이 유발하는 많은 갈등과 혼란을 내외적으로 경험해야만 했다(Thielman, 2010: 22; Arnold, 2010: 39-41). 이에 바울은 하나님께서 예수 그리스도에게 세상의 모든 권세와 정세들을 제압할 주권과 승리를 주셨음을 변론적으로 선포한다(엡 1:21; 4:8). 하나님은 로마의 황제들뿐만 아니라, 영적 세상을 다스린다고 믿어졌던 모든 신들과 권세자들을 예외 없이 다 예수 그리스도의 발 아래 복종시켰다(1:22). 또한 바울은 세상의 시간적 흐름을 지배하면서 세상을 영원히 통치하는 자는 로마의 황제와 그의 생일을 중심으로 재편된 달력이 아니라 하나님임을 지적하고, 하나님의 영원한 통치는 그의 아들 주 예수 그리스도를 통해 실행되는 것임을 강력하게 주장한다(1:9, 21). 결론적으로, 바울은 세상의 궁극적 주인은 신의 아들로 불리는 로마의 황제와 그의 아버지 아폴로 혹은 제우스가 아니라, 하나님과 하나님의 아들인 주 예수 그리스도라고 선포한다. 이러한 바울의 선포는 예수를 통해서 하나님이 만물을 통일한다는 믿음에 근거한 에베소서의 독특한 우주론적 기독론이다(1:10).[14] 에베소서의 우주론적 기독론을 통해서, 바울은 정치적인 전복이 아니라 영적인 전복을 통해서 로마 사회의 질서를 재형성하려 한다(Arnold, 2010: 41).

세 번째, 소아시아 교회들은 기존 유대교와 새롭게 탄생한 이방인

---

14. 이 사실은 바울이 전한 예수-복음이 로마인들에게 굉장히 도전적이고 혁명적인, 따라서 위험한 메시지로 다가왔음을 암시해 준다. 그러나 바울은 그리스도인들이 당시 로마 정권에 정치적으로 반기를 드는 것을 반대했다. 예를 들면, 로마서 13:1-7에서 바울은 세상의 권세자들을 세운 분은 하나님임을 강조한다. 세상 권세 잡은 자들의 존재는 하나님이 이 세상에서 선을 권장하고 칭찬하기 위한 방편임을 바울은 강조한다.

교회들 간의 연관성 문제에 대한 분명한 해답이 필요했다(비교, 3:1-
13).[15] 바울의 선교 사역에서, 유대인들 혹은 유대인 출신 성도들과 이방
인 출신 성도들 간에 상당한 갈등과 충돌이 발생했음은 주지의 사실이
다. 특별히 갈라디아서와 로마서에서 비중 있게 다루어지는 율법과 할
례 등의 문제들은 이방인 출신 성도들과 유대인 출신 성도들 간의 첨예
한 분쟁을 잘 보여주고 있다. 이에 바울은 이 두 서신에서 하나님의 백
성 됨을 의미하는 아브라함의 자손 됨을 혈통적 유대인들이 아니라, 믿
음을 통해서 난 이방인 성도들과 연관시킨다(비교, 갈 3; 롬 4).[16] 한편,
일반적인 측면에서 로마 사회가 유대교의 오래된 전통을 존중하고 그
들의 유일신 사상을 인정해 주었던 것에 반하여, 1세기에 반복해서 일
어난 로마의 통치에 대한 유대인들의 반역은 유대교에 대한 혐오를 유
발했다. 유대인들을 향한 로마인들의 견제와 혐오를 접하면서, 로마 사
회에 속한 이방인 성도들은 자신들을 유대교로부터 더 분리시키려는
경향을 보였다. 왜냐하면 로마인들의 관점에서 볼 때, 유대인들과 이방
인 성도들은 동일한 하나님을 섬기고 동일한 구약성경을 사용하기에
상호 명확하게 구분되지 않았기 때문이다. 이에 이방인 성도들은 자신
들의 믿음과 정체성을 유대인들의 그것들과 더 분명하게 구분하여 제
시하기 원했다. 물론 이러한 이방인 성도들의 반유대적 정서에 바울이
다소 기여했음을 우리는 부인할 수 없다. 유대인들의 관점에서 볼 때,
구약과 율법에 대한 바울의 기독론적 재해석은 경악할 만한 것이었고,
십자가에 달린 예수를 하나님의 아들이요 메시아로 제시하는 바울의
선포는 유대인들이 보기에는 신성 모독의 행위였다(비교, 갈 3:13).

---

15.   참조, Arnold, 2010: 36-39. 비교, Thielman, 2010: 23.
16.   참조, 이승현, 2020a: 143-67; 이승현, 2020c: 229-69.

이러한 유대교에 대한 이방인 성도들의 갈등과 긴장에 대해서 에베소서 저자도 침묵할 순 없었다. 그러나 바울은 성도들의 새로운 믿음은 유대교의 오래된 전통에 그 기반을 두고 있음을 먼저 상기시킨다(엡 2:11-22).[17] 여기서 바울은, 비록 이방인 성도들로 새롭게 형성된 '기독교'가 유대교와 동일시될 수는 없으나,[18] 유대교의 오래된 믿음에 그 뿌리를 두고 있음을 인정한다. 예를 들면, 하나님의 약속의 백성인 이스라엘은 이제 이방인 성도들을 포함하는, 따라서 혈통의 개념이 아닌 영적인 개념이다. 믿지 않는 이방인들은 이스라엘과 그들에게 주어진 모든 약속과 축복들 바깥에 거하는 저주받은 외인들이다. 반면에, 회심한 이방인 성도들은 이제 이스라엘의 약속과 축복들을 경험할 수 있게 된 하나님의 백성이다. 그리고 이방인 성도들을 회복시키는 하나님의 구원 행위는 과거 유대인들에게 주어졌던 하나님의 오래된 구원 계획의 실현이다. 이 사실은 바울이 이방인들의 빛이 된 예수 그리스도를 구약의 오래된 약속의 성취로 이해한다는 사실에서 가장 잘 설명된다. 따라서, 비록 이방인 성도들이 할례와 율법의 문자적 성취를 통해 유대교로 개종할 필요는 없지만, 하나님에 대한 유대교의 오래된 믿음이 그들의 신앙적 뿌리임을 인정하고 받아들여야 한다(2:11-13). 그리고 여전히 자신들을 유대인으로 간주하고 있는 유대인 출신 성도들을 함부로 핍박하거나 배척해서도 안 된다(2:14-22; 3:6). 하나님이 제시한 구원의 궁극

---

17. 유대교와 기독교의 상관관계 속에서 에베소서를 해석하는 시도에 대해서는 Thielman, 2010: 24, Arnold, 2010: 36-39, Lincoln, 1990: lxxxv-lxxxvi, 그리고 MacDonald, 234-37을 참조하라.

18. 역사적인 관점에서 평가할 때, 바울 당시에 기독교는 존재하지 않았다. 바울을 포함한 초대 교회를 우리는 메시아적 유대교라고 부를 수 있다. 그러나 유대교와 메시아적 유대교를 구분하기 위하여, 우리는 편의상 '기독교'라는 용어를 사용할 것이다.

적 목표는 유대인과 이방인 출신 성도들로 구성된, 그리고 그리스도를 머리로 하는 우주적 교회의 탄생이기 때문이다. 이 우주적 교회의 탄생은 이방인들이 하나님과 화해될 뿐만 아니라, 유대인 성도들과도 화해됨을 통해서 가능해진다. 여기서 우리는 에베소서가 소아시아 교회들의 복잡한 정치적, 종교적, 사회적 상황에 대한 사도 바울의 목회적 해답을 담고 있음을 보게 된다. 특별히 에베소서의 독특한 우주적 기독론과 교회론은 이러한 복잡한 배경에 대한 바울의 독특한 신학적 해결책이다.

4. 구조

에베소서는 서신의 일반적인 형식을 따라 인사말로 시작하여 작별의 말씀으로 끝을 맺는다. 인사말에서 저자는 자신과 수신자의 정체에 대해서 간략하게 언급한 후, 축복과 감사의 말씀과 더불어 기도를 올려드린다(1:1-23). 이처럼 에베소서는 바울의 다른 서신에서 발견되는 전형적인 시작을 잘 보여주고 있다. 그러나 에베소서의 축복의 말씀과 감사의 기도에 담긴 신학적 내용은 매우 함축적이고 간결한 형태로 후기 바울 신학의 정수를 잘 보여주고 있다. 단어 하나하나의 선택과 간결한 문장에 담긴 신학적 깊이는 타의 추종을 불허한다. 그리고 에베소서는 간략한 마침말을 통하여 수신자들에게 작별을 고한다(6:21-24). 바울의 다른 서신과는 달리, 에베소서의 마침말은 매우 간결하고, 두기고 이외에 다른 형제 자매들의 이름은 언급하지 않는다. 그리고 바울의 전형적인 인사말인 은혜와 평화 이외에도, 믿음을 동반하는 사랑이 추가로 언급되고 있다. 편지를 마치면서, 저자는 자신의 서신을 전달하는 두기고를 언급하고, 그를 보내는 이유에 대해서 간략하게 설명한다(6:21-24; 비교, 행 20:4; 골 4:7; 딛 3:12; 딤후 4:12).

에베소서의 인사말과 마침말 사이에 위치한 본론 부분은 크게 세 부분으로 나누어진다.[19] 첫 번째 본론 부분은 우주적 교회의 탄생에 대한 바울의 설명을 담은 교리적 가르침이다(엡 2:1-3:13). 우주적 교회의 탄생은 예수 그리스도를 통한 하나님의 구원과 화해 사역의 최종적 결과물이다(2:11-22). 그리스도를 통한 화해와 교회의 탄생은 사도들이 수행한 이방인 선교사역을 통해서 현실화됐다(3:1-13). 바울은 우주적 교회를 탄생시킨 구원과 화해의 사역의 기원을 인류를 향한 하나님의 자비와 사랑에서 발견한다. 두 번째 본론 부분은 성도들의 내적 강건함에 대한 기도와 그것을 가능하게 해 주시는 하나님의 은혜에 대한 바울의 송가를 담고 있다(3:14-21). 바울의 기도와 송가를 담은 두 번째 본론 부분은 첫 번째 교리 부분에 대한 결론으로 기능하면서, 세 번째 윤리적 본론 부분 곧 성도의 삶에 대한 가르침으로 독자들을 인도하는 전이 기능을 한다(4:1-6:20). 세 번째 본론 부분은 성도의 부름에 합당한 삶에 대한 바울의 윤리적 가르침을 담고 있다. 이 본문은 성령 안에서 하나되게 하심을 굳게 지키고, 그리스도의 장성한 분량에까지 이르는 성숙을 경험해야 할 필요성에 대해서 강조한다(4:1-16). 바울은 성도들의 성숙에 이르는 삶을 삼위 하나님과 연관하여 삼중적으로 자세히 풀어서

---

19. 에베소서의 구조에 대한 학자들의 견해는 큰 틀에서 매우 유사하다고 보인다. 물론, 본문에 대한 세부적인 나눔에 있어서는 학자들의 다양한 견해들에 따른 다양성이 존재한다. 에베소서의 구조에 대한 대표적인 견해들에 대해서는 다음을 참조하라. 참조, Arnold, 2010: 59-61; Hoehner, 64-69; Thielman, 2010: vii-viii; O'Brien, 1991: vi-vii; MacDonald, vi.

설명한다: (1) 하나님을 본받는 삶(4:17-5:2), (2) 주 예수를 기쁘게 하는 삶(5:3-14), 그리고 (3) 성령의 지혜를 따라 사는 삶(5:15-21). 마지막으로, 바울은 성령 안에서 사는 성도의 성숙한 삶을 성도 가정의 세 가지 관계들에 대한 실질적인 가르침(5:22-6:9)과 영적 전투(6:10-20)에 대한 가르침으로 마무리한다.

위의 분석을 근거로 해서 본 에베소서의 구조는 다음과 같다.

1. 편지를 시작하며(1:1-23)

　　가. 인사말(1:1-2)

　　나. 축복의 말씀(1:3-14)

　　다. 감사와 기도(1:15-23)

2. 교리적 가르침: 우주적 교회의 탄생(2:1-3:13)

　　가. 예수 그리스도를 통한 구원과 새 창조(2:1-10)

　　나. 예수 그리스도를 통한 화해와 교회의 탄생(2:11-22)

　　다. 사도직과 선교(3:1-13)

3. 기도와 송가(3:14-21)

　　가. 성도들의 내적 강건함을 위한 기도(3:14-19)

　　나. 강건하게 하시는 하나님에 대한 찬양(3:20-21)

4. 윤리적 가르침: 성도의 부르심에 합당한 삶(4:1-6:20)

　　가. 하나 됨과 성숙을 향한 교회의 성장(4:1-16)

　　　　① 성도의 하나 됨과 그 신학적 근거(4:1-6)

II. 본문 주석

제1장
에베소서 1:1-23
편지를 시작하며

에베소서의 시작은 크게 인사말(1:1-2), 축복의 말씀(1:3-14) 그리고 감사와 기도(1:15-23) 등의 세 부분으로 나누어진다. 첫 번째, 바울은 당시 통용되던 서신의 일반적 형식을 따라, 저자와 수신자를 언급한 후, 환영의 인사말을 전달한다. 바울은 자신의 사도됨을 통해서 자신에 대해 소개하고, 수신자들의 정체는 예수 안에 속한 성도들로 정의한다. 다른 서신에서와 마찬가지로, 바울의 인사말은 하나님과 주 예수로부터 오는 은혜와 평화에 대한 기원을 담고 있다. 두 번째, 이어지는 축복의 말씀에서 바울은 유대인들의 기도 형식을 빌려 하나님을 찬양하고, 그 찬양에 대한 이유를 성도들이 경험한 은혜를 통해서 설명해 준다. 성도들이 경험한 은혜는 예수 안에서 만물을 통일하려는 하나님의 뜻의 비밀을 따라 구원의 체험을 통해 성도들에게 값없이 주어졌다. 성도들이 경험한 하나님의 구원의 은혜는 예수를 향한 믿음을 통해서 왔고, 현재는 내주하는 성령이 그 구원을 보증하고 있다. 성도의 구원은 하나님의 특별한 역사 속에서 하나의 통일된 구원 사건으로 준비됐고, 구분된 삼위 하나님의 개별적 사역을 통해서 실현되고 경험되고 있다. 세 번째, 바울은 성도들이 소유한 믿음과 사랑을 인하여 하나님께 감사하고, 성도들을 위한 자신의 기도를 올려 드린다. 성도들을 위하여 드리는 바울 기도의 핵심 내용은 '지혜와 계시의 영'인 성령을 통해서 그들의 영안이 열리는 것이다. 바울은 영안이 열린 성도들이 그들에게 주어진 부르심의 소망과 하나님의 기업의 영광의 풍성함을 깨닫게 되기를 원한다. 그리고 이에 더하여, 하나님의 은혜로운 구원의 선물을 가능하게 한 측량할 수 없는 하나님의 능력에 대해서도 깨닫게 되기를 원한다. 결론적으로, 편지의 시작에서 바울은 자신이 본문에서 자세히 다루기 원하는 우주적 기독론과 교회론에 대한 핵심 내용을 간략하게 축약된 형태로 언급하고 있다.

1. 인사말(1:1-2)

에베소서의 인사말은 바울서신에서 발견되는 그의 전형적인 인사말의 세 가지 내용을 잘 보여주고 있다: (1) 저자, (2) 수신자 그리고 (3) 환영 인사.[1] 바울의 인사말은 당시의 서신에서 통용되던 서신의 일반적인 형식을 잘 따르고 있으나, 인사말의 내용에 있어서는 다소 상이함을 보여준다. 그리고 위의 세 내용들 모두에서 예수 그리스도가 언급되고 있다는 사실은 바울 신학에서 예수가 차지하는 중요성을 다시 한번 강조해 준다. 바울은 먼저 자신을 "하나님의 뜻으로 말미암은 예수 그리스도의 사도"라고 칭한다. 그리고 자신의 수신자들을 (1) 에베소에 살고 있는 많은 성도들과 (2) 에베소서를 함께 나누어 읽을 "예수 그리스도에게 속한 모든 성도들"이라고 부른다. 이 표현은 에베소서가 모든 성

1.   참조, O'Brien, 1991: 83. 비교, MacDonald, 193-95.

도들에게 보내어져 복음의 핵심에 대해서 설명해 주는 공통 서신임을 알려 준다(비교, 6:24). 다른 많은 바울서신들은 특정 교회들에게 보내어져 그들의 특별한 문제들을 다루기 위해 작성됐다. 마지막으로, 인사말에서 바울은 자신의 전형적 인사말인 "하나님 아버지와 주 예수 그리스도로부터 오는 은혜와 평화"를 성도들에게 기원한다. 당시 로마 사회의 인사말이 주로 건강에 관한 축복이었던 것에 반하여, 바울은 하늘로부터 오는 은혜와 평화를 성도들에게 기원한다.[2] 바울에게 은혜와 평화는 단순한 말치레가 아니라, 예수 그리스도를 통해서 성도들에게 임한 하나님의 구원이 주는 혜택을 함축적으로 표현한다. 이에 대해서 바울은 이어지는 본문에서 자세히 설명할 것이다.

번역

1 하나님의 뜻으로 말미암아 예수 그리스도의 사도 된 바울은 에베소에 있는 성도들과 그리스도 예수에게 속한 신실한 자들에게 편지를 씁니다. 2 하나님 우리 아버지와 주 예수 그리스도로부터 오는 은혜와 평강이 여러분에게 임하기를 기원합니다.

주해

1절 (사도 바울과 에베소의 성도들) 편지를 시작하면서, 바울은 자신을 '하나님의 뜻으로 말미암은 예수 그리스도의 사도'(비교, 갈 1:1; 고전

2.　이에 대한 자세한 논의를 위해서는 Thielman, 2010: 31과 Fitzmyer, 189-93을 참조하라.

1:1; 고후 1:1)라고 칭한다. 이 표현은 골로새서와 고린도전서에서 발견
되는 바울의 사도직에 대한 표현과 동일하다. 바울은 자신의 사도직이
사람에 의해서 세워진 것이 아니라, 하늘로부터 기인한 것임을 갈라디
아서 1:10-16에서 자세히 설명하고 있다. 갈라디아서 1장과 사도행전 9,
22, 26장에 따르면, 바울은 부활한 예수를 만난 후 예수를 핍박하던 바
리새인에서 예수를 위해서 핍박받는 이방인의 사도로 부르심을 받았
다. 일반적인 의미에서 사도는 '보냄을 받은 자'를 뜻한다. 따라서 바울
을 포함하여 지칭할 때 '사도들'은 '하나님에 의하여 복음을 전하도록
보냄을 받은 자들'을 의미한다. 그러나 에베소서에서 사도는 단순히 복
음을 전달하는 자를 넘어서, 교회의 기초로서 교회를 세우기 위하여 주
예수가 교회에게 허락한 '첫 번째 은사'를 의미한다(엡 2:20-21; 4:11-
13).[3] 그런데 바울은 탁월한 은사나 능력이 아니라, 복음을 위해서 받는
고난을 사도됨의 참된 증거로 제시한다(3:1, 13; 4:1; 6:20; 비교, 고전
4:8-15; 살전 2:1-2, 7, 9). 고린도후서 11-12장에서 바울은, 고린도를 방
문한 거짓 사도들이 자신들의 능력과 영광을 참된 사도됨의 증거로 제
시한 반면에, 자신이 예수를 위해서 받은 고난을 자신의 사도직의 참된
증거로 제시하고 있다. 바울은 예수의 제자들은 예수와 함께, 그리고 예
수처럼 복음을 위해서 고난 받아야 한다는 예수의 가르침 속에서 자신
의 사도직을 이해한다(비교, 막 8:34-38). 바울에게 복음을 위한 고난은
스스로를 '예수 그리스도의 사도'라고 이해하는 핵심적인 근거이다.

　갈라디아서 1장에서와 마찬가지로, 에베소서 1:1에서 바울은 자신의

3.　물론, 에베소서에서 바울은 사도들과 함께 선지자들을 교회의 또 다른 기초로 특별
　하게 언급하고 있다(2:20; 3:5; 4:11; 비교, 고전 12:28-29). 여기서 선지자들은 구약
　의 선지자들이 아니라 초대 교회의 선지자들로서, 말씀을 가르치고 전달하도록 부
　름 받은 은사자들을 지칭한다.

사도됨을 하나님의 '텔레마'(θέλημα, '뜻')에로 돌린다. 이 단어를 통해
서 바울은 자신의 사도직이 하나님으로부터 온 신성한 사명임을 다시
한번 강조한다.[4] '텔레마'는 이어지는 1:5, 9, 11에서 세 번 연속해서 발견
된다. 5절에서 하나님의 뜻은 성도들이 하나님의 자녀로 입양되는 사건
을, 9절에서는 예수를 통해서 만물을 통일하려는 하나님의 의도를, 그
리고 11절에서는 만물을 경영하는 하나님의 측량할 수 없는 지혜를 수
식한다. 이처럼 에베소서에서 하나님의 뜻은 일반적이고 추상적인 의
미에서의 하나님의 의지가 아니라, 예수 그리스도 안에서 만물을 회복
하고 구원하기 원하는 하나님의 구체적 구원 계획을 의미한다. 이 우주
적 구원 계획 속에서 하나님의 뜻은 이방인들을 구속하고, 유대인들과
하나 되게 하여 그리스도에게 속한 우주적 교회를 창조하게 한다. 하나
님의 뜻은 그리스도의 종들인 사도들을 통하여 하나님의 구원 계획을
실행하도록 이끈다. 이어지는 송축 말씀에서 바울은 하나님의 뜻에 담
긴 구체적인 의미들을 좀 더 자세히 설명해 줄 것이다(1:3-14).

에베소서의 저자로 자신을 공개한 사도 바울은 자신의 수신자들로
'에베소에 거하고 있는 성도들과 예수 그리스도 안에서 신실한 자들'을
지칭한다(τοῖς ἁγίοις τοῖς οὖσιν [ἐν Ἐφέσῳ] καὶ πιστοῖς ἐν Χριστῷ
Ἰησοῦ).[5] 여기서 우리는 바울이 이 두 표현을 통해서 두 개의 다른 수신

---

4.   바울의 사도직은 유대인 출신 성도들에 의해서 여러 번 도전받았다. 이에 바울은
     갈라디아서 1장과 고린도전서 9장, 그리고 고린도후서 3장에서 자신의 사도직을
     적극적으로 변호하고 있다. 바울의 사도직의 독특한 점은 그 복음 전파의 대상이
     유대인이 아니라 이방인들이라는 것이다(롬 1:5; 11:13; 갈 1:1, 15-16). 이 사실은 누
     가의 기록을 담은 사도행전 9장에서 묘사되는 바울의 회심과 소명에서도 잘 발견
     된다. 부활한 예수는 바울에게 자신의 복음을 특별히 이방인들에게 전할 것을 요구
     한다. 따라서 바울은 '이방인들의 사도'라고 불린다.
5.   두 개의 헬라어 단어 '엔 에페소'(ἐν Ἐφέσῳ, 에베소에 있는)는 오래된 헬라어 사본

자 모임을 생각하고 있는지 질문해 볼 수 있다. 이 질문에 대한 긍정적인 해답으로 두 가지 이유가 제시됐다.[6] 첫 번째, 만약 성도들과 신실한 자들이 동일한 대상을 지칭한다면, 이 두 표현들은 중복되는 것처럼 보인다. 두 번째, 위 표현의 두 번째 정관사 '또이스'(τοῖς)는 헬라어 표현 '엔 에페소'('에베소에 있는')를 앞의 '하기오스'('거룩한')에 연결시켜 한 모임으로 만든다. 그러면 '예수에게 속한 신실한 자들'은 이들과 구분되는 또 다른 모임이 된다. 그러나 바울에게 이 두 모임들 간의 차이가 불분명하다는 사실과 첫 번째 정관사 '또이스'가 두 형용사('거룩한'과 '신실한', 즉 ἁγίοις와 πιστοῖς)를 동시에 수식한다는 사실은 이러한 이중적 구분이 불필요함을 알려 준다. 오히려 여기서 바울은 '성도들'(거룩한 자들)을 에베소에 거하고 있는 예수 안에서 신실한 자들로 이해하고 있다고 보는 것이 더 옳다.[7]

바울은 성도들이라는 표현을 위해서 '하기오스'(ἁγίοις, '거룩한')라는 헬라어 형용사를 사용한다. '하기오스'는 문자적으로 '거룩한 자들'을 의미한다. 구약성경에서 이 단어는 세상으로부터 구분되어 부름 받은 하나님의 거룩한 백성을 지칭할 때 쓰이던 단어이다(예, 출 19:5-6; 레 11:44-45). 이 용어는 하나님의 가장 중요한 본성이 거룩함이기에, 그에 의해 택함 받은 백성들도 거룩해야 한다는 사실을 알려 준다. 그러

들에서 종종 생략되어 있다. 한 예로, 가장 오래된 에베소서 문헌인 3세기 사본 P[46]은 '엔 에페소'를 포함하고 있지 않다(τοῖς ἁγίοις τοῖς οὖσιν καὶ πιστοῖς Χριστῷ Ἰησοῦ). 그리하여 에베소서의 수신자들이 예수 그리스도에게 속한 모든 성도들임을 암시한다. 그러나 이 짧은 헬라어 표현은 원래 문서에 기록됐던 '엔 에페소'를 제거함으로써 다른 지역에 있는 교회들도 이 편지의 직접적인 수신자들임을 분명히 하고자 한 후대 필사자들의 시도로 보인다. 참조, Thielman, 2010: 33.

6. 참조, Thielman, 2010: 33.
7. 참조, MacDonald, 191; Thielman, 2010: 34; Hoehner, 142.

나 바울은 '예수 그리스도에게 속한 신실한 자들'이라는 표현을 '하기오스'에 더함으로써, 이제 하나님의 백성 됨이 단순히 유대인의 혈통을 통한 것이 아니라, 예수 그리스도를 향한 믿음과 신실한 신뢰에 근거하고 있음을 강조한다.[8] 왜냐하면 바울에게 성도의 거룩함은 오직 예수-복음이 가져다주는 죄 씻음을 통해서만 가능하기 때문이다(엡 2:1-6; 5:26). 물론 바울에게 거룩함은 회심의 때에 주어지는 단 한 번의 선물이라기보다는, 택함 받아 거룩하게 구분된 성도들이 계속해서 이루어 가야 할 윤리적 의무 사항이기도 하다(비교, 1:4; 5:3). 그리고 에베소서에서 헬라어 단어 '삐스또이스'(πιστοῖς, '신실한 자들에게')는 선포된 예수-복음에 대한 인식론적 동의와 긍정적 수용을 주로 의미하지만,[9] 그 인식론적 믿음에 근거한 하나님을 향한 성도들의 신실한 신뢰도 배제할 수 없다(1:15; 2:8; 3:12, 17; 4:5, 13; 6:16). 성도들이 하나님의 사랑을 지속적으로 경험하고 또 하나님을 향한 자신들의 사랑을 지속적으로 표현해야 하듯이, 성도들의 믿음도 예수-복음에 대한 인식론적 동의와 긍정적 수용을 넘어서 지속적으로 신실한 삶으로 표현되어야 하기 때문이다.[10]

2절 (인사말) '하나님 우리 아버지와 주 예수 그리스도로부터 오는 은혜와 평화'라는 표현은 바울서신에서 공통적으로 사용되는 인사말이다(비교, 롬 1:7; 고전 1:3; 고후 1:2; 갈 1:3; 빌 1:2; 살후 1:2; 몬 3). 여기서 은혜를 의미하는 '카리스'(χάρις)는 헬라인들의 일반적 인사말이고,

---

8. '에베소에 있는 성도들'은 유대인 출신 성도들을 의미하고, '예수 안에 있는 신실한 자들'은 이방인 출신 성도들을 의미한다는 주장은(Kirby, 170; Kümmel, 355) 별로 신빙성이 없다. 참조, MacDonald, 191; Thielman, 2010: 32-33.
9. 참조, Thielman, 2010: 34; O'Brien, 1991: 87; Hoehner, 142; Arnold, 2010: 69.
10. 참조, 이승현, 2021a: 168-95.

평화를 의미하는 '에이레네'(εἰρήνη)는 유대인들의 인사말이다.[11] 이 두 표현을 동시에 사용함으로써, 바울은 유대인 출신 성도들과 이방인 출신 성도들을 동시에 환영할 수 있다(Thurston, 93). 민수기 6:23-26을 보면 제사장들의 축복 기도가 등장한다. 이 본문에서 아론과 그의 자손들은 이스라엘 백성들에게 하나님이 은혜를 베풀고 평강을 줄 것을 간청하며 기도하도록 요청받는다. 만약 바울이 이 구약 본문을 마음에 품고 있었다면, 바울은 자신의 사도적 인사를 제사장적 축복 기도로 의도했을 수 있다. 예수 그리스도의 사도인 바울은 은혜와 평강이 자신의 편지의 수신자들에게 임하기를 간절히 원했다는 데에는 의심의 여지가 없다. 바울은 구약의 하나님 이해에 적극 동의하면서, 하나님이 은혜로운 분임을 당연하게 받아들인다(비교, 출 34:6-7; 민 14:17-19; 시 118:1-4).[12] 그러나 구약의 제사장적 축도와 달리, 바울은 은혜와 평강의 축복이 아버지 하나님뿐만 아니라, 주 예수 그리스도로부터도 기인함을 분명히 한다. 바울에게 하나님의 은혜가 그 백성들에게 전달되는 궁극적 통로는 바로 예수 그리스도이기 때문이다. 이에 이어지는 에베소서 본문에서 바울은 하나님의 은혜의 통로인 예수의 역할을 자세하게 묘사하며 강조할 것이다.

사실 바울에게 은혜와 평화라는 표현은 단순한 형식적 인사말을 뛰어넘는다. 이 표현은 성도의 삶의 모든 영역에 영향을 미치는 하나님의 신성한 은혜와 평화의 중요성에 대한 그의 개인적 신앙 고백을 담고 있다. 바울은 사도로서의 사명을 완수하기 위하여 온 이방 땅을 여행했고, 그 과정에서 하나님과 예수 그리스도로부터 오는 은혜와 평화의 중요

---

11.   참조, Thielman, 2010: 34-35.
12.   은혜의 구약적 배경에 대한 논의를 위해서는 Arnold, 2010: 69-70을 참조하라.

성에 대해서 몸소 체험했다. 고린도전서 15:9-10에서 바울은 교회를 핍박하던 자신을 사도로 불러 세운 것은 하나님의 은혜요, 자신의 부족한 사역을 통하여 복음이 풍성하게 열매를 맺게 된 것도 하나님의 은혜라고 고백한다. 고린도후서 11장에서 바울은 자신이 사도로서 복음을 전하면서 겪어야 했던 수많은 고난들에 대해서 언급한다. 바울은 유대인들로부터 39대의 매질을 다섯 번 당했고, 세 번 몽둥이질 당했으며, 한 번 돌로 맞았고, 세 번 파선했으며, 일주일을 깊은 바다에서 지냈고, 여러 번 강도질을 당했으며, 여러 번 춥고 헐벗었다고 고백한다(11:24-27). 그러나 이어지는 고린도후서 12:9에서 바울은 고난 중에 처한 자신의 약함을 통해 역사하는 예수의 능력과, 자신에게 임한 예수의 은혜의 충분함에 대해서 고백한다. 이처럼 하나님과 주 예수 그리스도로부터 오는 은혜와 평화라는 표현은 바울의 사도로서의 전 생애를 지탱해온 하나님의 능력에 대한 그의 개인적 신앙 고백을 담고 있다.

앞에서 이미 언급됐지만, 바울에게 하나님의 은혜가 임하는 궁극적인 통로는 바로 예수 그리스도이다.[13] 에베소서 2:17에서 바울은 예수 그리스도를 유대인들과 이방인들에게 '평화를 선포하는 분'이라고 칭한다.[14] 평화를 주는 분 예수 그리스도를 통해서, 이방인 성도들과 유대인 성도들은 하나님과 화목한 관계 속에 거하게 된 하나님의 자녀들이 됐

---

13. 바울서신에서 '은혜'는 95번 정도 등장한다. 바울 신학을 집대성한 로마서에서 하나님의 은혜는 죄인들의 칭의를 통해서 표현되고, 칭의를 가능케 한 하나님의 은혜는 예수 그리스도의 희생의 죽음을 통해서 표현된다. 이에 바울은 예수를 통해서 표현된 하나님의 사랑과 구원을 값없이 주어진 선물이라고 부른다(롬 5:1-10, 15-17). 참조, Arnold, 2010: 69-70.

14. 이사야 선지자는 새 시대를 열 하나님의 메시아를 '평화의 왕'이라고 칭한다(사 9:6). 이사야를 통해서 예수-복음을 이해하는 바울에게 이 표현이 매우 중요했다는 사실에는 의심의 여지가 없다.

고, 상호 간의 오랜 질시와 반목을 끝내고 서로 화목하게 됐다(2:14). 또
한 바울은 자신이 전하는 예수-복음을 '평화의 복음', 즉 이 땅에 하나님
의 평화를 가져온 복음이라고 부른다(6:15). 그런데 하나님이 이 땅에
평화의 주를 보낸 이유는 죄로 말미암아 죽어 있던 자들을 예수를 통해
서 살리기 원했기 때문이다.[15] 그러므로 평화의 주인 예수의 희생과 그
가 가져온 구원은 인류를 향한 하나님의 은혜로운 사랑의 결과이다
(1:15; 2:5). 성도들이 경험한 구원은 하나님의 은혜로운 선물이기에, 그
들은 측량할 수 없는 하나님의 은혜의 부요함을 찬양할 의무가 있다
(2:7-8). 하나님의 은혜의 부요함은 예수 그리스도를 이 땅에 보내어 희
생한 하나님의 자기 희생에서 발견되므로, 예수 그리스도는 인류에게
허락된 하나님의 최고의 비밀이라고 불린다(3:4). 이에 바울은 예수-복
음을 이방인들에게 전할 자신의 사명을 '하나님의 은혜의 경륜'(τὴν
οἰκονομίαν τῆς χάριτος τοῦ θεου, 3:2)이라 칭하고, 자신의 사도직을
"하나님의 은혜의 선물에 따라 주어진 일꾼됨"(διάκονος κατὰ τὴν
δωρεὰν τῆς χάριτος τοῦ θεοῦ, 3:7)으로 이해한다. 결론적으로 에베소
서 전반에 걸쳐서 바울은 성도의 삶과 구원에 있어서 하나님의 '평화'
와 '은혜'의 중요성을 반복해서 언급하고(1:6, 7; 2:5, 7, 8; 4:7, 29; 2:14,
15, 17; 4:3; 6:15), 마치는 말에서도 평화와 은혜를 언급함으로써 자신의
편지를 마무리한다(6:23-24). 바울에게 하나님의 은혜와 평화는 성도들
의 삶의 시작과 끝이며, 자신의 사도로서의 삶의 알파와 오메가이다.

---

15.   누가에 따르면, 흥미롭게도, 예수께서 탄생할 때 하늘로부터 내려온 천사들은 하늘
       에는 영광이, 그리고 땅에서는 평화가 임했다고 선포한다(눅 2:14). 누가가 바울의
       제자로서 바울 신학을 잘 반영하고 있다는 사실은 이미 잘 알려져 있다.

해설

에베소서를 여는 인사말에서 바울은 자신의 사도직을 하나님의 뜻으로 말미암은 신성한 소명이라고 주장한다. 이를 근거로 바울은 사도된 자신이 에베소와 소아시아에 있는 성도들을 권면하고 가르칠 수 있는 하늘로부터 온 권위를 소유하고 있음을 알려 준다. 그러나 바울은 자신을 향한 성도들의 무조건적 복종을 요구하기보다는, 자신을 '예수 그리스도의 사도'라고 부름으로써 자신은 예수를 주로 섬기는 예수의 종에 불과함을 분명히 한다. 바울은 자신의 사도직의 목적을 하나님께서 예수를 통해서 이 땅에 가져온 하나님의 은혜를 계속해서 전달하고 확장하는 것으로 이해한다. 하나님의 은혜는 예수 그리스도를 통해서 성취된 세상을 향한 구원이기에, 바울은 자신이 행하는 복음 전파 사역을 통해서 계속해서 하나님의 은혜가 세상으로 퍼져나가야 한다고 믿는다. 하나님의 은혜를 담은 복음은 죄로 말미암아 죽어 있던 자들을 살려 하나님과 화해하게 하고, 서로 반목하던 유대인들과 이방인들을 화목하게 하여 하나의 교회로 세워준다. 그러므로 하나님의 은혜와 평화는 동전의 양면처럼 함께 가는 개념들이다. 그러나 여기서 바울은 하나님의 은혜와 평화가 임하는 궁극적인 통로는 사도인 자신이 아니라, 예수 그리스도임을 분명하게 강조한다. 하나님의 은혜와 평화가 이 땅에 임한 실체가 된 것은 이 땅에 온 주 예수 그리스도의 사역을 통해서이기 때문이다.

바울은 자신의 사도직의 본질을 예수를 통해 성취되고 현실화된 하나님의 은혜와 평화를 온 세상의 이방인 성도들에게 전하는 것으로 본다. 사도 바울은 예수 그리스도의 종으로서 예수가 행한 사역을 계속해야 할 책임 아래 놓여 있다. 바울은 자신을 비롯한 사도들의 사명은 스스로가 만들어낸 것이 아니라, 하나님으로부터 말미암은 신성한 책무임을 분명히 한다. 그런데 바울이 자신의 사도직의 신성한 기원을 강조하는 이유는 자신의 개인적인 권위를 견고히 하고자 함이 아니다. 오히려 바울은 자신의 사도직의 신적 기원을 강조하여 자신이 전한 복음이 하나님으로부터 기인했음을 강조하고자 한다. 이를 통해서 바울은 자신이 전한 복음을 이방인들이 믿고 성도가 된 사건도 역시 하나님으로부터 말미암은 사건임을 알려주고자 한다.

그러므로 예수-복음을 믿고 구원받은 성도들은 이제 더 이상 세상에 속하여 세상을 따라 사는 자들이 아니다. 대신 그들은 예수 안에서 하나님의 은혜와 평화를 경험하여 하나님께 속한 자들이 됐고, 앞으로도 계속해서 하나님의 은혜와 평화를 경험해 갈 것이다. 그리고 성도들은, 과거 구약 시대 이스라엘이 그러했던 것처럼, 세상과 구분되어 따로 불러 모아진 하나님의 '거룩한 자들'이다. 하나님의 거룩한 성도들의 삶은 하나님으로부터 오는 신적인 은혜와 평화를 통해서 유지된다. 이 신성한 은혜와 평화는 하나님과 인간의 유일한 중재자인 예수 그리스도를 믿고 영접한 자들에게 허락되는, 그리고 오직 예수 그리스도를 통해서만 경험할 수 있는 하나님의 선물이다. 바울은 자신의 사도로서의 생애 전반에 걸쳐서 임한 하나님의 은혜와 평화가 주는 놀라운 효과를 몸소 경험했다. 그러므로 바울은 자신의 편지를 받고 읽을 에베소의 성도들에게도 동일한 하나님의 은혜와 평화가 임할 것을 편지의 시작에서부터 간절히 기원한다.

2. 축복의 말씀(1:3-14)

바울의 다른 서신과 마찬가지로(비교, 고후 1:3-7), 에베소서는 간략한 인사의 말씀을 전한 후, 축복과 감사의 말씀으로 편지를 이어간다. 에베소서의 축복의 말씀은 유대인들의 기도 형태("blessed be")를 잘 반영하면서, 기도의 세 가지 요소를 그 안에 담고 있다:[16] (1) 하나님을 송축(1:3), (2) 이 송축에 대한 이유, (3) 하나님을 찬양함(1:6, 12, 14).[17] 하나님의 백성에게 베풀어진 구원을 인하여 하나님을 찬양하고 송축하는 것은 구약에서 빈번하게 나타난다.[18] 물론 신약의 성도들도 하나님을 향한 찬양을 자신들이 경험한 구원에 대한 당연한 반응으로 간주한다. 그런데 에베소서 1:3-14에서 하나님에 대한 찬양이 세 번 반복되고 있다는 사실은 굉장히 인상적이다. 그리고 수신자들에 대한 감사의 말씀이 1:15-23에서 자세히 설명되는 것도 매우 인상적이다. 그런데 송축의 말씀에서 바울은 에베소서를 통해서 가르칠 자신의 중요한 논지에 대해서도 간략하게 언급한다. 에베소서의 핵심 논지는 하나님께서 그의 뜻과 목적을 따라 충만한 때를 정하고, 아들 예수의 구속의 죽음을 통해서 만물을 통일하고자 하는 비밀이다(1:5, 7, 9, 11). 이 비밀 안에서 우주의 모든 존재들을 다 예수 그리스도 안에서 연합시키기 원하는 하나님의 계획이 계시됐고, 이 비밀이 성취되는 과정에서 하나님의 구원이 인류에게 값없이 제시됐다(1:10). 하나님의 구원의 비밀이 이 땅에서 실현되

---

16. 참조, Dahl, 1976: 279-308; Hoehner, 162-63; Thielman, 2010: 37-38; MacDonald, 206.

17. 유대인들의 축복의 예로서, 다윗이 하나님의 능력으로 원수들을 이기고 드린 송축의 말씀과(삼하 22:47-49), 성전을 건축하고 드린 솔로몬의 송축의 말씀(왕상 8:56-61) 등을 들 수 있다. 참조, Hoehner, 162.

18. 참조, Arnold, 2010: 72; MacDonald, 205-06; Thielman, 2010: 37-39.

는 가장 결정적인 때, 즉 충만한 때는 성육신한 예수가 이 땅에 등장했을 때이다. 그러므로 하나님의 구원의 비밀은 그리스도의 비밀이라고 불린다. 그런데 성도들의 관점에서 하나님의 비밀이 그리스도 안에서 실현됐다는 가장 명백한 증거는 바로 그들에게 임한 성령의 인치심이다(1:13). 현재, 성도들 안에 거하면서 역사하고 있는 성령의 존재는 성도들이 미래에 경험할 하나님 나라의 유산, 곧 그들의 영원한 구속에 대한 보증이다(1:14). 이처럼 송축의 말씀을 담은 에베소서 1:3-14에서 바울이 강조하는 구원의 비밀은 삼위 하나님의 다양한, 그러나 매우 긴밀한 사역에 그 근거를 두고 있다.

번역[19]

3 그리스도 안에서 하늘에 속한 모든 신령한 복들로 우리를 축복하신 예수 그리스도의 아버지 되신 하나님께서 찬양 받으시기를 원합니다. 4 왜냐하면 그는 우리로 하여금 사랑 안에서 그 앞에서 거룩하고 흠이 없도록 창세 전에 우리를 그리스도 안에서 선택하셨기 때문입니다. 5 그는 자신의 기쁘신 뜻을 따라 예수 그리스도를 통하여 우리가 그의 자녀들이 되도록 예정하셨습니다. 6 이는 우리로 하여금 사랑받은 자[20] 안에서 값없이 주신 그의 은혜로우신 영광의 찬송이 되고자 함입니다. 7 그 안에서 우리는 그의 피로 말미암아 그의[21] 은혜의 부요함을 따라

---

19. 엡 1:3-14는 헬라어 원문에서 하나의 긴 문장으로 되어 있다. 본 저자는 보다 명확한 한국어 번역을 위하여, 여러 곳에서 문장들을 나누었다.
20. '사랑받은 자'에 대한 헬라어 표현은 여격의 '또 에가뻬메노'($\tau\tilde{\omega}$ $\dot{\eta}\gamma\alpha\pi\eta\mu\acute{\epsilon}\nu\omega$)이다. 물론, 이 단어는 하나님의 독생자이신 예수 그리스도를 의미한다.
21. 여기서 '그'는 예수 그리스도가 아니라 하나님 아버지를 지칭한다.

우리의 구속과 죄 사함을 경험하였습니다. 8 그의 은혜는 모든 지혜와 총명을 따라 우리에게 풍성하게 부어졌으며, 9 그리스도 안에서 의도된 그의 기뻐하심을 따라 그의 뜻의 비밀을 우리에게 알려주셨습니다. 10 그 비밀은 곧 때가 차서 만물, 즉 하늘에 있는 것들과 땅에 있는 것들을 다 그리스도 안에서 통일하는 것입니다. 11 그리스도[22] 안에서 우리도 모든 일을 하나님의 뜻의 결정대로 일하시는 분의 계획을 따라 예정함을 입고 그의 기업이 되었습니다. 12 이는 이미 그리스도에게 소망을 둔 우리로 하여금 하나님의 영광의 찬송이 되게 하고자 하심입니다. 13 그리스도 안에서 여러분들도 진리의 말씀 곧 여러분들의 구원의 복음을 듣고, 그 안에서 또한 믿어 약속의 성령으로 인침을 받았습니다. 14 성령은 하나님의 영광의 찬양을 위하여 하나님의 소유된 자들의 구속이라는 우리의 기업의 보증이 되십니다.

주해

3절 (하나님의 축복에 대한 찬양) 3절을 시작하는 헬라어 단어 '율로게또스'(Εὐλογητὸς, '찬양받으시는')는 구약 전통에서 특별히 하나님께 드려지는 찬양에서 종종 발견되는 단어이다(창 14:20; 왕상 8:15, 56; 시 41:13; 72:18-20). 신약에서는 세례 요한의 아버지 사가랴가 예수의 탄생을 앞두고 하나님께 드린 기도에서 발견된다(눅 1:68-79). 바울은 로마서 1:25(비교, 9:5)와 고린도후서 1:3, 11:31에서 하나님을 찬양 받으

---

22. 헬라어 본문에서 '그'가 반복되어 나타나고 있다. 한국어 번역의 가독성을 향상시키기 위하여, '그'가 하나님을 나타내는지, 아니면 예수를 가리키는지 밝혀 번역한다. 물론, 이 번역은 헬라어 단어에 대한 해석과 문맥에 따른 저자의 판단에 근거한다.

실 분이라고 칭한다.[23] 현재의 본문에서도 바울의 찬양 대상은 구원의 주가 되시며 '우리 주 예수 그리스도의 아버지'라고 불리는 하나님이시다. 빌립보서에 담긴 찬양시에 따르면, 승천한 예수 그리스도는 하나님 보좌 우편에 앉도록 높여진 후, 하나님의 이름인 '주'라고 불리면서 만물을 다스리는 우주의 주인이 됐다(빌 2:9-12).[24] 우주 만물이 예수를 단순히 복종해야 할 그들의 주로 섬기는 반면에, 성도들은 예수를 '우리 주'라고 부른다. 이 표현은 주 예수와 그에게 속한 성도들 간에 존재하는 특별하고 긴밀한 관계를 알려 준다. 성도들에게 예수는 단순히 복종해야 할 '그들을 통치하는 분'으로서의 주인이 아니라, 그들에게 구원을 허락하여 하나님의 가족 구성원이 되게 한 '그들을 돌보는 목자'로서의 주다. 물론, 주 예수의 가장 중요한 정체성은 그가 하나님의 아들이요, 하나님이 그의 아버지라는 친밀한 가족 관계에서 발견된다. 예수에게 속한 성도들도 그를 통해서 하나님의 자녀들로 입양된다. 그러나 하나님의 가정에서 예수는 단순히 성도들의 형제가 아니라, 그들의 주로서의 위치도 차지하고 있다. 예수는 창조주 하나님으로부터 나온 본질상 신적인 아들인 반면에, 성도들은 창조주 하나님의 자녀들로 입양된 본질상 피조물들이다.

　이어지는 본문에서 바울은 하나님이 찬양 받아야 할 이유들을 제시한다. 그 첫 번째 이유는 하나님이 성도들을 '하늘에 속한 모든 신령한 복들'로 축복했기 때문이다. 여기서 '신령한'에 해당하는 헬라어 단어 '프뉴마띠꼬스'(πνευματικός)는 이 축복들이 모두 성령의 임재와 사역

23.　롬 9:5에서 찬양 받으실 하나님이 하나님 아버지를 지칭하는지, 아니면 예수 그리스도를 지칭하는지에 대한 논쟁이 있었다. 참조, Fitzmyer, 1993: 548-49; Longenecker, 2016: 788-92.

24.　참조, 이승현, 2019b: 215-56.

에 긴밀하게 연관되어 있음을 알려 준다(비교, 1:13-14).[25] 그리고 이 신령한 축복들이 '하늘에 속한' 이유는 그 기원이 하나님으로부터 말미암았기 때문이다(1:20; 2:6; 3:10; 6:12). 하늘을 의미하는 헬라어 단어 '엪우라니오스'(ἐπουράνιος)는 신약성서에서 하나님이 거하는 장소를 의미하면서, 이 땅과 그에 속한 것들과 대조되는 개념으로 이해된다(비교, 고전 15:48-49; 빌 3:19; 히 8:5; 12:18-22). 그런데 에베소서에서는 악한 영적 존재들도 역시 하늘에 거하고 있는 것으로 묘사된다(엡 1:20; 6:12). 따라서 악한 영들과의 영적 전쟁은 불가피해 보인다(6:12). 그러나 예수의 부활과 높아짐은 그들과의 영적 전쟁이 이미 승리한 전쟁이 됐음을 알려 준다(1:20-22).[26] 어쨌든지 간에 바울이 여기서 강조하는 바는, 비록 성도들은 이 땅에 거하고 있지만, 성령을 통하여 하늘에 속한 신령한 축복들을 경험할 수 있다는 것이다.

그렇다면 바울이 '축복'이라는 단어를 통해서 의미하는 바는 무엇일까? 에베소서 1:4-14에서 바울은 '하나님의 선택'(4절), '양자됨의 은혜'(5절), '예수의 피로 말미암는 죄 용서와 구속'(7절), '하나님의 뜻에 대한 비밀의 계시'(9절), 그리고 '성령의 인치심'(13절) 등을 성도들이 받은 신령한 축복들의 내용으로 제시한다. 그런데 바울은 이 하늘에 속한 신령한 축복들이 성도들에게 허락되는 유일한 근거는 '예수 그리스도 안에서'임을 분명히 한다. 바울 신학의 핵심은 이 짧은 헬라어 기독론적 표현 '예수 안에서'(ἐν Χριστῷ)를 통해서 한마디로 요약될 수 있

---

25. 이 헬라어 단어는 벧전 2:5와 계 11:8을 제외하고는 모두 바울서신에서만 발견되고 있다. 이 사실은 이 단어가 바울 신학의 특징을 표현해 주는 단어임을 암시한다. 참조, Thielman, 2010: 46; Fee, 1994: 28-32.
26. 참조, Thielman, 2010: 47; Arnold, 2010: 78-9; Hoehner, 168.

다.[27] 이 사실은 에베소서 1:3-14의 짧은 축복의 말씀 안에서 '예수 안에서', '그 안에서', '사랑받는 자 안에서', 그리고 '그리스도 안에서'라는 표현이 십여 번 등장하고 있다는 점에서 잘 발견된다. 그러나 '예수 안에서'라는 표현은 하나님의 구원의 성취를 위해서 예수가 궁극적인 방편이 됐다는 사실 이외에도(instrumental dative), 성도들이 그 구원을 경험하는 영역이 바로 '예수 안에서'임을 의미한다(locative dative).[28] 이 표현은 이제 성도가 속한 새 아담의 영역을 의미하면서(비교, 롬 5:12-21), 성도의 새로운 존재론적 가치와 정체성 그리고 영적 체험이 발견되는 곳이다(비교, 갈 3:27-28).[29] 나아가, 에베소서에서 바울은 이 기독론적 표현을 '예수를 통해서 만물을 통일'하는 것으로 확장해서 설명한다(엡 1:10). 바울에게 하나님의 모든 구원 계획은 예수를 통해서 계획되고 성취된다. 그리고 그 구원 계획은 성도들뿐만 아니라, 전 피조 세계를 다 아우르는 우주적인 현상이다. 현재의 본문이 보여주는 놀라운 바울 신학의 특징은 성도의 구원과 축복을 성부, 성자, 그리고 성령의 사역을 통해서 삼위일체론적으로 표현하고 있다는 점이다.[30]

4절 (하나님의 주권적 선택) 바울은 성도들을 향한 하나님의 첫 번째 축복으로 하나님의 '주권적인 선택'을 든다. 성도들을 향한 하나님의 주권적 선택의 목적은 그들이 하나님 앞에서 거룩하고 흠이 없는 자녀들이 되는 것이다. 놀랍게도, 하나님의 주권적 선택이 발생한 시점은 성도들이 이 세상에 존재하기 훨씬 전, 그리고 세상의 기초가 세워지기 전이었다(비교, 살후 2:13; 롬 8:29). 여기서 4절을 시작하는 헬라어 접속사

27. 참조, Arnold, 2010: 79; Dunn, 1998: 396-401.
28. Thielman, 2010: 47; W. Hall Harris, III, 1991: 72-89.
29. 참조, Arnold, 2010: 79; Thielman, 2010: 47; 이승현, 2020b, 239-62.
30. 참조, O'Brien, 1991: 91; Hoehner, 64, 159; Thielman, 2010: 44.

'까토스'(καθὼς)는 주로 비교를 의미하지만('마치~처럼'), 현재의 본문에서는 이유를 소개하는 것으로 이해하는 것이 더 문맥에 적합하다(비교, 롬 1:28; 고전 1:6; 빌 1:7).[31] 그리고 헬라어 단어 '엑셀렉사또'(ἐξελέ-ξατο, '선택했다')는 성도의 구원에의 동참은 전적으로 하나님의 선택에 의한, 곧 하나님께서 자신의 거룩한 뜻에 근거하여 시작하신 일임을 분명하게 알려 준다.[32] 이 헬라어 단어는 구약에서 하나님이 특정한 목적을 위하여 특별한 개인들을 선택할 때, 그리고 하나님의 백성 이스라엘을 선택할 때 주로 사용되던 단어다.[33] 에베소서에서 바울은 성도 개인의 선택과, 이렇게 선택된 개인들이 모여 예수 그리스도의 몸 된 교회를 구성한다는 공동체적 선택의 의미를 동시에 함께 강조하고 있다(엡 2:11-3:13).[34]

그런데 성도들을 향한 하나님의 예정과 선택에는 분명한 시기와 목적이 존재한다. 하나님의 선택은 세상이 창조되기 전, 그리고 성도들이 존재하기 전 '예수 안에서' 발생한 사건이다. 바울에게 예수는 선재한 하나님의 아들로서 하나님의 창조의 동역자였기에, 하나님의 선택에도 역시 참여한 분임을 알 수 있다.[35] 그리고 예수의 참여는 5절에서 잘 설명되고 있듯이, 하나님의 뜻을 따라 자신을 희생한 그의 구속의 사역을 포함하고 있다. 이런 면에서, '예수 안에서'라는 표현은 성도들의 택함이 발생한 영역인 동시에, 그 택함을 가능하게 한 방편을 의미한다.[36]

---

31. 참조, Arnold, 2010: 79; Hoehner, 175. 비교, Thielman, 2010: 47.
32. 놀랍게도, 이 단어가 엡 1:4-14 전체의 유일한 주동사이다.
33. 아론(시 105:26); 아브라함(느 9:7); 다윗(왕상 11:34); 야곱/이스라엘(사 41:8); 이스라엘(신 7:7; 9:4, 6).
34. 참조, Arnold, 2010: 90; Newman, 1996: 237-47. 비교, Thielman, 2010: 48.
35. 참조, Dunn, 1998: 266-93; Fee, 2007: 344-45; Pokorný, 1992: 57.
36. 참조, Hoehner, 176-77.

바울에 따르면, 하나님의 선택의 목적은 성도들이 '하나님 앞에서 거룩하고 흠이 없게 되는' 것이다. 거룩함은 구약에서 하나님의 본성을 나타내고, 따라서 하나님께 구분되어 부르심을 받은 그의 백성들의 거룩한 상태를 의미하기도 한다(예, 출 29:1, 38; 레 1:3, 10; 신 7:1-6). 그리고 '흠이 없는'(ἀμώμους) 상태는 구약에서 하나님께 드려지는 희생 제물의 온전한 상태를 지칭할 때 쓰이던 단어다(출 29:37-38; 민 6:14; 19:2). 그런데 에베소서에서 하나님의 백성 자격으로서의 거룩하고 흠이 없는 상태는 성도 개인의 영적 상태를 의미할 뿐만 아니라, 그리스도에게 신부로 드려지는 교회 전체의 특징을 의미하기도 한다(엡 5:27). 에베소서에서 바울은 성도들이 예수의 희생의 죽음을 통하여 이미 거룩한 존재들이 됐다고 가르친다(1:15, 18; 2:19; 3:8, 18; 4:12). 이 사실은 예수의 희생의 죽음이 그들의 죄씻음을 위한 대속의 죽음이었음을 의미한다(1:7). 그러나 동시에, 바울은 성도들이 자신들의 부르심에 합당하게 살아야 함을, 즉 거룩하고 흠이 없는 모습이 되도록 수고해야 함을 당부한다(4:1). 바울 신학에서 의로움과 거룩함과 같은 신령한 축복들은 반드시 성도들 편에서의 본질적인 변화를 요청한다(비교, 롬 12:1-2).

5-6절 (아들됨의 예정) 바울은 성도를 향한 하나님의 선택을 하나님의 사랑에 근거한 예정하심(προορίσας, '쁘로오리사스')에 돌린다. 헬라어 단어 '쁘로오리사스'는 하나님의 선택이 우리의 존재가 시작되기 전, 심지어는 온 세상이 존재하기 전 미리 예정된 사건임을 알려 준다. 이 흔하지 않은 강력한 헬라어 단어는 바울에 의해 로마서 8:29-30과 고린도전서 2:7에서 이미 사용됐다. 고린도전서 2:7에서 하나님의 예정은 십자가의 비밀을 향하고 있고, 로마서 8:29-30에서는 그 십자가의 비밀을 따라 예수의 형상대로 변화되도록 예정되고 부름 받은 성도들을 향

하고 있다.[37] 하나님의 선택과 예정은 성도들의 구원과 하나님의 백성됨
에 인간이 그 어떤 기여를 할 수 있다는 사실을 완전히 배제시킨다. 하
나님의 구원과 백성됨은 전적으로 하나님의 결정과 선택에 의해서 발
생하여 값없이 선물로 주어진 것들이기 때문이다(ἥς ἐχαρίτωσεν ἡμᾶς,
6절).

그런데 하나님의 예정하심에는 특별한 목적이 존재한다. 그 목적은
바로 예수 그리스도를 통하여 성도들을 하나님의 양자들로 삼는 것이
다. 그리고 이 양자 삼음의 궁극적인 목적은 죄인들을 향하여 베풀어진
하나님의 '은혜의 영광'을 인하여, 성도들이 하나님을 찬양하기 위함이
다. '하나님의 영광을 찬양함'을 의미하는 헬라어 전치사구(εἰς ἔπαινον
δόξης ... αὐτου)는 1:4-14에서 세 번 발견되고 있다(6, 12, 14절). 성도들
의 부르심의 궁극적인 목적은 하나님의 영광에 합당한 찬양을 그에게
돌리기 위함이다. 하나님의 백성들을 향하여 베풀어진 은혜를 찬양하
는 행위는 구약 시편에서 가장 중요하게 다루어지는 주제이다(시
34:28; 63:3). 그런데 양자됨을 의미하는 헬라어 단어 '휘오테시아'(υἱο-
θεσία)는 구약 70인역에서는 발견되지 않는 단어이다.[38] 그러나 구약에
서 다윗과 같은 왕들은 하나님의 자녀들로 입양되어, 하나님을 대신해
서 그 백성을 다스리는 왕들이 됐다고 이해된다(삼하 7:14; 시 2:8). 바
울 당시 그리스 로마 법에서 이 단어는 입양된 자녀들의 새로운 권리와
가족관계를 의미하는 중요한 단어였다(Arnold, 2010: 82). 바울서신에
서는 이 단어가 갈라디아서 4:5과 로마서 8:15, 23, 그리고 9:4에서 발견

---

37. Byrne, 272-73.
38. 이 헬라어 단어에 대한 상세한 논의를 위해서는 다음을 참조하라. 참조, Scott,
    1992.

된다. 이 단어를 통하여 바울은 성도들의 새로운 자녀 됨의 신분을 강조하고, 그 자녀 됨을 보증하는 증거로 내주하는 성령을 제시한다. 이 단어는 바울 신학에 속한 매우 중요한 단어로서, 성도들이 이제 하나님이 아버지인 그리고 예수가 장자인 그 신적인 가족의 상속자들이 됐다는 놀라운 신분 변화를 나타낸다(Thielman, 51). 이 사실을 바울은 갈라디아서 3:23-4:7과 로마서 8:15-17에서 자세히 설명하고 있다.

　　그런데 바울은 다시 한번 성도들의 양자됨과 그로 인하여 하나님께 돌려지는 영광의 행위는 오직 예수 그리스도를 통해서만 가능함을 두 기독론적 헬라어 표현들을 통해서 상기시킨다: '예수 그리스도를 통해서'(διὰ Ἰησοῦ Χριστοῦ, 5절)와 '사랑받은 자 안에서'(ἐν τῷ ἠγαπημένῳ, 6절). 바울에게 예수는 하나님의 구원의 경륜을 하늘과 땅의 모든 영역에서 실행시키는 유일한 실행자이다. 그런데 6절에서 바울은 예수 그리스도를 '또 에가뻬메노'(τῷ ἠγαπημένῳ, '사랑받은 자')라고 부른다. 구약에서 이 표현은 하나님의 사랑받는 백성 이스라엘(신 32:15; 33:5; 사 44:2)과 아브라함의 독생자 이삭(창 22:1-14)을 지칭할 때 쓰인 표현이다.[39] 그리고 복음서에서 이러한 표현은 예수가 세례를 받고 하나님에 의하여 '나의 사랑하는 아들'이라고 불렸던 사건과 변화산상 사건에서 발견된다(막 1:11; 9:7).[40] 마치 아브라함이 그의 사랑하는 아들 이삭을 희생해야 했던 것처럼, 하나님은 자신이 사랑하는 아들 예수를 희생함으로써 성도들의 구원을 향한 자신의 뜻을 성취했다. 이 사실을 바울은 이어지는 7-8절에서 자세히 설명하고 있다. 골로새서 1:13에서도 바울

---

39. 구약과 제2성전시대 유대인들의 용례에 대해서는 Thielman, 2010: 53-54를 참고하라.
40. 참조, Simon Lee, 9-48.

은 예수를 하나님의 사랑받은 자로 부르고, 다른 곳에서는 하나님의 백
성인 성도들을 하나님의 사랑받은 자들로 칭한다(살전 1:4; 살후 2:13;
롬 9:25; 골 3:12). 바울의 이해에서 예수와 그로 말미암아 하나님의 자
녀들로 입양된 성도들은 모두 '하나님의 사랑받음'을 통하여 다시 한번
긴밀하게 연결되고 있다.[41]

　7-8절 (예수 안에서 경험할 하나님의 은혜: 구속과 죄 용서) 6절 후반부
에서 바울은 성도들이 찬양해야 할 하나님의 은혜가 '사랑받은 자' 예
수를 통해서 성도들에게 값없이 주어졌다(ἐχαρίτωσεν)고 선포했다. 이
제 7-8절에서 바울은 예수 안에서 성도들에게 주어진 하나님의 은혜를
두 가지 사건을 통해서 설명한다:[42] (1) 구속(ἀπολύτρωσις)과 (2) 죄 용
서함. 구속으로 번역된 헬라어 단어 '아뽈뤼뜨로시스'는 일반적인 의미
에서 구속 혹은 해방을 의미하지만, 보다 구체적인 의미에서는 값을 지
불하고 노예들에게 자유를 부여하는 행위를 지칭한다(BAGD, 96). 따
라서 성도들의 경험과 연관하여 일반적인 측면에서 볼 때, 이 단어는 하
나님이 예수를 통해서 죄라는 원수들로부터 성도들을 해방시켜 주었다
는 의미가 된다. 그러나 보다 구체적인 의미에서는, 성도들의 죄 용서를
위하여 예수 그리스도의 희생이라는 값이 지불됐고, 이를 근거로 하나
님께서 성도들을 죄의 노예 됨으로부터 자유하게 해 주었다는 것을 의
미한다(비교, 롬 8:21-23).[43] 후자의 구체적인 의미는 노예제도에 익숙한

41.　참조, Lincoln, 1990: 26-27; O'Brien, 1991: 105; Thielman, 2010: 54.

42.　앞에서 하나님의 행동들이 과거형의 동사로 묘사된 반면에, 성도들이 받은 은혜는
　　현재형의 동사로 묘사되고 있다. 이 사실은 이 은혜가 성도들의 현재적 경험을 가
　　리키고 있기 때문이다. 참조, Arnold, 2010: 85.

43.　이 두 의미들에 대한 해석학적 논쟁을 위해서는 Thielman, 2010: 58을 참조하라.
　　Hoehner, 205-06는 구체적인 의미를 선호하는 반면에, Best는 일반적인 의미를 선
　　호한다. 참조, Best, 1998: 130.

에베소의 이방인들이 쉽게 생각해 볼 수 있는 개념이고, 전자의 일반적인 의미는 구약에서 나타나는 하나님의 구원 행위를 생각나게 한다(출 6:6; 신 13:6; 15:15; 24:18). 현재 에베소서 본문에서 바울은 전자의 일반적 의미를 강조하면서도, 후자의 구체적 의미가 부차적으로 표현되는 것을 원한다.[44] 그러나 여기서 바울이 정말로 강조하고 싶은 점은 하나님의 구속 행위가, 일반적인 의미이든 구체적인 의미이든지 간에, 예수의 희생을 통해서 이루어졌다는 사실이다. 이 사실을 바울은 7-8절을 헬라어 표현 '엔 호'(ἐν ᾧ, '그 안에서/그를 통하여')로 시작함으로써 분명히 한다.

그런데 성도들의 자유를 위해서 예수의 희생이라는 값이 지불되어야 했던 이유는 그들이 죄를 지어 죄와 사망의 노예가 됐기 때문이다(비교, 롬 5:12-14). 에베소서 2:1-3에서 바울은 죄를 통해서 성도들을 통치한 주인들을 '공중 권세 잡은 자'와 '불순종의 자녀들 가운데서 역사하는 영'이라고 칭한다. 따라서 바울에게 죄는 윤리적인 개념인 동시에, 영적인 권세들의 능력 있는 통치 수단이다. 물론, 예수 그리스도의 희생과 그로 말미암는 성도들의 구속은 인간의 업적을 통하지 않고, 전적으로 하나님의 '은혜의 부요함'(τὸ πλοῦτος τῆς χάριτος αὐτοῦ)으로부터 말미암았다. 예수의 희생은 하나님께서 자신의 아들을 희생한 사건이므로, 인류를 향한 하나님의 사랑의 은혜를 가장 잘 표현해 준다. 이에 바울은 하나님의 은혜를 언급하면서 측량할 수 없는 부요함이라는 표현을 사용한다. 하나님의 '은혜의 부요함'이라는 표현은 인간 죄의 무게에 비해서 희생된 예수의 가치가 비교할 수 없을 정도로 더 크다는 사

---

44. 고전 7:21-23에서 바울은 성도들이 값을 치르고 자유인이 됐음을 선포하고 있다. 참조, Theilman, 2010: 59-60; Arnold, 2010: 85.

실을 알려 준다(비교, 롬 5:15-21).[45]

　　바울은 하나님의 은혜의 부요함을 이어지는 표현 '모든 지혜와 총명'을 통하여 다시 한번 더 강조한다. 문법적인 측면에서 볼 때, '모든 지혜와 총명'이라는 표현은 앞의 '하나님의 은혜가 부어진 사건'을 가리킬 수도 있고(ἐπερίσσευσεν, 8절),[46] 뒤의 '하나님의 뜻의 비밀이 계시된 사건'을 가리킬 수도 있다(γνωρίσας, 9절).[47] 6절에서 발견되는 유사한 표현 '값없이 주신'은 8절과의 문법적 대칭성을 인하여 전자의 의견을 더 선호하게 만든다. 그러나 헬라어 분사 '그노리사스'(γνωρίσας, '알려주었다')가 주동사 '에뻬리쓔센'(ἐπερίσσευσεν, '넘치도록 부어주었다')과 긴밀하게 연결되어 있으므로, 의미적인 측면에서 '모든 지혜와 총명'은 이 두 동사들을 다 수식할 수 있다.[48] 다시 말하면, '모든 지혜와 총명'을 통해서 하나님의 은혜가 성도들에게 부어졌지만, 그 은혜가 부어진 사건이 곧 하나님의 뜻의 비밀(τὸ μυστήριον τοῦ θελήματος)을 의미하기에, 하나님의 뜻의 비밀이 '모든 지혜와 총명'을 통해서 성도들에게 계시됐다고 볼 수 있다. 지혜와 총명은 본래 하나님께 속한 하나님의 속성들이다.[49] 따라서 하나님이 은혜의 부요함을 허락하는 방식도 역시 그의 지혜와 총명이라는 속성을 통해서이다. 그러나 예수를 통해서 허락된 하나님의 은혜의 부요함이 바로 하나님의 비밀이기에, 그 비밀에 대한 명확한 이해를 위해서는 하나님의 지혜와 총명을 필요로 한다.

45.　참조, 이승현, 2020b: 239-60.

46.　참조, Thielman, 2010: 62-63; O'Brien, 1991: 107; MacDonald, 200.

47.　참조, Hoehner, 213; Best, 1998: 132-33; Arnold, 2010: 86.

48.　참조, Sellin, 99-100.

49.　지혜와 총명은 구약의 전통에서 주로 동시에 반복해서 발견되고 있다(잠 1:2; 3:19; 10:23; 렘 10:12; 단 2:21).

따라서 1:17에서 바울은 하나님께서 성도들에게 '지혜와 계시의 영'을 허락해 주실 것을 간절히 기도한다.

9-10절 (하나님의 뜻의 비밀: 예수 안에서 만물을 통일함) 하나님이 성도들에게 부여한 또 다른 풍성한 축복의 내용으로 바울은 하나님의 뜻의 계시를 제시한다. 문법적인 측면에서, 하나님의 뜻의 계시를 가리키는 과거분사형 동사 '그노리사스'(γνωρίσας)는 8절의 주동사 '에뻬리쓔센'(ἐπερίσσευσεν)에 의존한다. 그러므로 '그노리사스'는 여기서 어떤 새로운 사건을 독자들에게 소개하는 것이 아니라,[50] '에뻬리쓔센'과 시간적으로 동시에 혹은 선행하여 발행한 사건을 가리킨다.[51] 구원받은 성도들에게 하나님의 지혜와 총명을 통해서 풍성하게 허락된 것은 하나님의 은혜이고, 그 은혜는 하나님의 뜻의 비밀에 대한 계시를 포함한다. 바울은 성도들에게 계시된 하나님의 고귀한 뜻의 비밀은 만물을 그리스도 안에서 통일하는 것이라고 선포한다(ἀνακεφαλαιώσασθαι τὰ πάντα ἐν τῷ Χριστῷ, 10절). 그런데 만물을 통일하고자 하는 하나님의 비밀은 하나님이 정하신 '때가 차매'(τοῦ πληρώματος τῶν καιρῶν, 10절) 성도들에게 은혜로 계시될 수 있었다. 이 사실은 그 계획이 오랫동안 감추어져 있었다는 것을 의미한다. 그리고 감추어졌던 하나님의 구원의 비밀이 현재 성도들에게 계시됐다는 사실은 그들이 '특별한 때'에 '특별한 하나님의 은혜'를 경험하도록 선택됐음을 알려 준다(1:4-5; 3:3-6). 10절에서 바울은 이 특별한 때를 '충만한 때' 혹은 '때가 차매'(τοῦ πληρώματος τῶν καιρῶν)라고 칭한다.[52]

---

50. 참조, Best, 1998: 133.
51. 참조, Thielman, 2010: 63. 과거분사형 동사 '그노리사스'는 시간적 분사(temporal participle)로 이해된다. 참조, Arnold, 2010: 86; Daniel Wallace, 1996: 625.
52. 일부 학자들은 이 표현을 인도하는 전치사 '에이스'(εἰς)를 시간의 의미인 '때'가 아

바울 당시 에베소를 비롯한 소아시아에는 그리스 전통의 신비주의 종교가 널리 퍼져 있었다. 신비주의자들은 자신들의 종교적 진리를 '비밀'(μυστήριον)이라고 부르곤 했다. 그들은 종종 비밀스런 예식을 통해서 신들과의 연합과 그에 따른 특별한 영적 진리가 계시로 주어진다고 주장했다.[53] 그러나 이들의 주장에 반하여, 바울은 자신이 전한 예수-복음 즉 하나님이 예수를 통해서 완성한 구원 사건이 바로 참된 비밀이라고 변증적으로 선포한다. 바울에게 예수 그리스도와의 연합 의식은 믿음의 세례이고(비교, 롬 6:1-3; 갈 3:27-28), 그리스도에 관한 비밀의 계시는 지혜와 계시의 영인 성령을 통해서 온다(엡 1:17). 신약 전통에서 비밀은 세상 끝과 관련된 특별한 하나님의 계획에 관한 지식을 의미하곤 한다. 이러한 종말론적 비밀 이해는 유대인들의 묵시전통에 그 뿌리를 두고 있다(비교, 단 2:18).[54] 다니엘의 경우, 하나님의 비밀은 느부갓네살 왕이 본 꿈의 내용과 매우 연관이 깊으며(비교, 단 2), 하늘로부터 온 '종말론적 심판관'인 인자를 통해서 하나님이 회복할 하나님 나라의 완성에서 발견된다(비교, 7:13-14).[55] 바울에게 하나님의 종말론적 심판관은 바로 예수 그리스도이다. 따라서 숨겨진 하나님의 비밀과 지혜는 항상 종말론적 심판관인 예수 그리스도 안에서 발견된다(고전 2:1, 7; 살전 1:9-10; 비교, 골 1:26, 27; 2:2). 그러나 다니엘의 인자는 하나님의 능력과 권세로 이방 국가들을 정복하고 하나님의 백성 이스라엘을 회복시키는 역할을 하는 반면에, 바울에게 하나님의 비밀인 예수는 하나

니라, 목적인 '~를 위하여'로 해석하기도 한다. 참조, Thielman, 2010: 64. 비교, Hoehner, 217.

53. 참조, Arnold, 2010: 86.
54. 참조, Perkins, 40; Lincoln, 1990: 30; MacDonald, 201.
55. 참조, Moloney, 719-38; Malbon, 2003: 373-85; Kirk, 170-95.

님의 의도를 따라 만물을 통일하고(ἀνακεφαλαιώσασθαι, 10절) 유대인
들과 이방인들을 화목시킨 후, 그들로 구성된 하나님의 새 백성 교회를
탄생시킨다(엡 3:3-9).

통일에 해당하는 헬라어 단어 '아나께팔라이오오'는 흔하지 않은
단어이다. 이 단어의 의미로, 첫 번째, 성육신하신 예수 그리스도를 통
해서 파괴된 세상이 다시 회복되어진 사건이 제시됐다(McHugh, 308).
피조 세계의 파괴는 아담과 인류의 죄가 그 궁극적 원인이므로, 예수의
구원 사역은 인류의 죄 문제의 해결을 포함해야 한다(1:7). 그러나 에베
소서에서는 피조 세계의 회복보다도 더 빈번하게 그리스도의 머리 되
심이 반복해서 강조되고 있다(1:22; 4:15; 5:23). 이런 면에서, 두 번째,
만물의 통일은 머리 되신 예수 그리스도 아래 모든 피조물들이 다시 연
합되어진다는 것을 의미한다.[56] 다시 말하면, 피조 세계의 회복의 절정
은 하나님이 우주의 주로 높인 예수 아래 만물이 다시 복종하는 것이다
(1:20-22; 비교, 빌 2:9-11; 고전 15:23-28).[57] 이 두 개념들은 모두 하나님
의 피조 세계가 아담의 타락 후 파괴됐음을 전제로 하고 있고, 예수 그
리스도의 주권 아래서 그 피조 세계가 '다시' 회복되는 것이 하나님의
비밀한 구원 계획임을 강조한다. 예수를 통한 회복 혹은 새 창조는 '아
나께팔레이오오'에 포함된 전치사 '아나'를 통해서 더욱 강조된다. 그러
나 이에 더하여, 에베소서에서 바울은 하나님의 통일 계획이 세상이 파

---

56. 참조, Thielman, 2010: 66-67; Barth, 1:91; Lincoln, 1990: 33. '아나께팔라이오오'
    는 신약성경에서 롬 13:9에서 한 번 더 발견되고 있다. 이 본문에서 바울은 모든 모
    세의 율법들은 '이웃을 네 몸처럼 사랑하라'는 계명을 통해서 '요약'된다고 주장하
    기도 한다. 그러나 이러한 요약의 의미는 엡 1:10의 문맥과 잘 어울리지 않는다. 비
    교, Arnold, 2010: 88.
57. 이 본문들에서 예수의 사역과 주권을 아담과의 비교를 통해서 설명하는 해석을 위
    해서는 다음을 참조하라. 이승현, 2020b: 100-38, 380-404.

괴된 이후에 세워진 것이 아니라, 세상이 존재하기 전 그리고 세상이 타락하기 전 미리 계획되어진 사건임을 강조한다(엡 1:4-5). 바울에게는 이 세상에서 발생하는 그 어떤 일도 하나님의 계획과 의도를 벗어날 수 없다. 왜냐하면 하나님은 시간과 공간을 초월하여 모든 것을 다 아시고 모든 것을 다 계획하시고 모든 것을 다 성취하시는 분이기 때문이다.

피조 세계를 향한 하나님의 구원 곧 만물의 통일의 중심에는 성도들을 위하여 자신을 희생한 예수 그리스도가 서 있다. 그리스도 안에서 만물을 통일하는 것도 하나님께서 자신의 기쁘신 뜻을 따라 창세 전에 미리 예정하신 것이다(비교, 1:4). 그러나 그리스도 안에서 만물을 통일하시는 하나님의 계획의 성취는 시간이 무르익어 하나님의 '때가 찰 것'(τοῦ πληρώματος τῶν καιρῶν, 10절)을 기다려야만 했다. 이 헬라어 표현은 에베소서 외에 오직 갈라디아서 4:4에서만 발견되고 있다.[58] 갈라디아서 4:1-6에서 바울은 만물의 통일은 구약의 선지자들을 통해서 먼저 예언됐고, 예수 그리스도의 탄생과 죽음이라는 역사적 사건을 거친 후 부활하여 높아진 예수를 통해서 비로소 역사 속에서 현실적인 실체가 됐다고 가르친다. 이 두 본문들에서 바울은 하나님이 창세 전에 예정하시고 준비하신 비밀의 계획이 '예수를 통해서' 역사 속에서 현실화됐음을 강조한다.

11-12절 (하나님의 기업과 영광) 이 부분의 논의에서 바울은 앞에서 언급된 만물의 통일이 성도들에게 가져온 구속사적 효과에 대해서 논하기 원한다. 이 구속사적 효과에 대해서, 바울은 만물을 통일한 예수 그

---

58. 갈 4:4에서 바울은 시간의 단수형(χρόνου)을 사용하여 적고(τὸ πλήρωμα τοῦ χρόνου), 엡 1:10에서는 시간의 복수형(καιρῶν)을 사용하여 적는다(τοῦ πληρώματος τῶν καιρῶν).

리스도 안에서 모든 성도들은 하나님의 기업이 됐다고 선포한다. 여기에 사용된 헬라어 수동태 동사 '에끌레로테멘'(ἐκληρώθημεν)은 우리가 하나님으로부터 받은 상속을 의미할 수도 있으나,[59] 우리가 하나님의 기업 즉 상속자들이 됐다는 사실을 더 강조하는 표현으로 보인다.[60] 구약에서 하나님의 백성 이스라엘은 하나님이 소유한 기업으로 종종 표현된다(신 4:20; 7:6; 9:26, 29; 14:2). 마찬가지로, 에베소서 1:5에서 바울은 성도들을 입양된 하나님의 자녀들 즉 상속자들이라 칭했다. 그러나 1:18에서는 부름 받은 성도들을 하나님의 상속(κληρονομία)이라고 칭했다. 성도들이 하나님의 기업을 무를 상속자들이 됐다는 사실은 그들에게 하나님으로부터 받을 상속이 있음을 의미한다. 따라서 1:13-14에서 바울은 성도들이 하나님으로부터 받은 상속으로 그들이 받은 구원에 대해서 자세히 설명할 것이다.

바울에게 구원은 하나님의 자녀들을 위하여 하나님이 미리 자신의 뜻을 따라 예정하신 선물이다. 로마서 8:17에서 바울은 성도들을 하나님의 상속자들이라 칭하는 동시에, 그들에게 영생이라는 상속을 물려받을 영광의 소망이 있음을 가르친다. 흥미롭게도, 로마서 8:28-30에서와 마찬가지로, 현재의 에베소서 본문에서 바울은 '예정', '목적', '뜻', '결정' 그리고 '일하심' 등의 단어들을 통하여, 성도의 상속자 됨과 구원의 상속이 우연히 발생한 사건이 아니라, 하나님의 주도면밀한 계획에 따라 성취된 사건임을 강조한다. 이를 통하여 바울은 구원을 주도하는 하나님의 우주적 주권과 더불어, 성도들로 하여금 그들이 얼마나 큰 은

---

59. 이 헬라어 단어는 오직 신약에서 단 한 번 여기서만 나타난다. 골 1:12에는 어원이 같은 명사 '끌레로스'(κλῆρος, '기업')가 언급된다.

60. 참조, Arnold, 2010: 89; Thielman, 2010: 72; Hoehner, 227; Lincoln, 1990: 35-36; O'Brien, 1991: 115-16. 비교, MacDonald, 203.

혜와 특권을 하나님으로부터 받았는지에 대해서 분명하게 알려주고자 한다.[61] 하나님은 모든 것을 자신의 뜻의 결정을 따라 성취하시는 그리고 성취하실 수 있는 전능자이시다.[62]

그러나 에베소서 1:5-6에서 이미 선포되어진 것처럼, 성도들이 하나님의 상속 혹은 상속자들이 된 궁극적 이유는 바로 그들로 하여금 하나님의 영광에 대한 찬송이 되고자 함이다(εἰς ἔπαινον δόξης αὐτου, 12절). 하나님의 영광은 원래 그의 신적인 본질과 위엄이 인간의 눈에 시각적으로 보일 때 관찰되는 그의 신적 외모를 의미한다(비교, 출 24:17; 33:22; 롬 3:22; 고후 3:18). 그러나 현재의 본문에서 영광은 창조주 하나님이 하나님으로서 마땅히 받아야 할 그의 명성(honor)과 더 연관이 깊다.[63] 구약에서 하나님은 이스라엘을 자신의 백성으로 택하시고 대적들로부터 그들을 구원함으로써 자신이 신실한 그들의 구원자가 됨을 증명했다(출 14:4, 18; 15:7; 시 21:5; 145:12). 이에 이스라엘은 하나님의 신실함과 은혜가 그의 구원 행위를 통해서 표현됐음을 인정하고 찬양함으로써, 하나님이 마땅히 받아야 할 그의 명성에 합당한 영광을 하나님께 돌려 드렸다. 하나님은 이제 예수 그리스도를 통해서 만물을 통일했고, 그 과정에서 성도들에게 상속자 됨과 구원의 상속을 함께 제공했다. 만물의 통일과 구원은 우연히 발생한 사건이 아니라, 하나님이 창세 전에 미리 정하신 그의 뜻의 결정에 따라 진행된 사건이다 (προορισθέντες κατὰ πρόθεσιν, 11절). 이에 성도들은 자신들의 구원자

---

61. Arnold, 2010: 90; Thielman, 2010: 74.
62. 흥미롭게도, 롬 8:31-39에서 바울은 이와 유사한 생각을 매우 강력하고 다양한 수사학적 질문들을 통해서 잘 표현하고 있다.
63. 헬라 사회에서 통용되던 용법과 구약 70인역에서 사용되는 용법 간의 차이를 위해서는 Hoehner, 199-200을 참조하라.

되신 하나님께 그의 명성에 합당한 영광과 찬송을 돌려 드려야 한다.

여기서 성도들을 지칭하는 '우리 이미/먼저 그리스도에게 소망을 둔 자들'이라는 표현에서 발견되는 헬라어 단어 '쁘로엘삐꼬따스'(προ-ηλπικότας, 먼저 소망을 둔, 12절)는 신약에서 단 한 번 발견되는 단어이다. 이 단어는 하나님의 우주적 구원 계획과 연관된 인간의 반응을 담고 있는데, 하나님이 계획한 구원의 실행자요 만물을 통일하는 주체인 예수 그리스도에 대한 성도들의 소망을 표현한다.[64] 과거에 이 단어는 이방인들에 앞서 예수를 믿고 회심한 유대인 성도들을 지칭하는 것으로 이해됐다.[65] 그러나 현재까지 바울이 '우리'라는 단어를 10여 번 사용하고 있는데, 이 '우리'는 유대인과 이방인 성도들을 모두 아우르는 '교회론적 우리'(ecclesiological 'we')라고 보는 것이 더 설득력이 있다.[66] 그렇다면 헬라어 완료형 분사 '쁘로엘삐꼬따스'는 에베소서의 수신자가 된 성도들이 편지를 받기 전, 이미 예수 그리스도를 믿고 그가 가져올 구원에 소망을 두었다는 사실을 가리킨다.[67]

13-14절 (성령의 인치심) 축복의 말씀(1:3-14)의 마지막 논의에서, 바울은 '너희도 역시'(καὶ ὑμεῖς)라는[68] 표현을 통하여, 성도들에게 주어진

---

64. 이런 측면에서, '그리스도에게 먼저 소망을 둔 자들'은 바로 바울을 비롯한 유대인 출신 성도들을 의미한다고 볼 수 있다. 13절에서 바울은 '너희들'이라는 표현을 통하여 에베소의 이방인 출신 성도들을 지칭하고 있기 때문이다. 참조, Barth, 92, 130-33. 그러나 현재의 본문에서 바울은 성도의 구원에 대한 일반적인 논의를 전개하고 있고, 아직 유대인과 이방인들 간의 구분을 만들지 않았다는 측면에서, 이 견해를 수용하기는 어렵다고 주장하는 의견도 있다. 참조, MacDonald, 203.

65. 참조, Barth, 132; O'Brien, 1991: 116-17; MacDonald, 203-04.

66. 참조, Thielman, 2010: 75; Arnold, 2010: 91; Hoehner, 232.

67. 이 단어에 대한 다양한 설명들에 대해서는 Hoehner, 23-33을 참조하라.

68. 바울이 자신의 경험과 구분되는 이방인들의 특별한 경험을 논의하고 싶을 때, 그는 '너희 이방인들'(ὑμεῖς τὰ ἔθνη, 2:11)이라는 구체적 표현을 쓴다. 참조, Arnold,

하나님의 구원의 기업이 에베소의 이방인 성도들의 체험 속에서도 이미 경험된 것임을 강조한다.[69] 바울과 유대인 그리고 이방인 성도들의 체험이 본질상 동일한 것임을 바울은 '예수 안에서'(ἐν ᾧ)라는 표현을 통해서 강조하고 있다. 이미 바울은 성도들이 경험한 모든 하늘의 신령한 축복들(3절), 하나님의 은혜(6절), 구속(7절), 그의 뜻의 비밀(9절), 그리고 기업(11절) 등을 '예수 안에서'만 경험할 수 있다고 선포했다. 이제 바울은 이러한 성도들의 일반적 경험을 토대로, 자신의 편지의 수신자인 에베소의 이방인 성도들의 경험에 대해서 논하기 시작한다. 여기서 바울은 사도된 자신이 선포한 메시지를 '구원의 복음'(τὸ εὐαγγέλιον τῆς σωτηρίας)이 담긴 '진리의 말씀'(τὸν λόγον τῆς ἀληθείας)이라고 부른다.[70] 수많은 신들에 대한 믿음이 관용적으로 허용되던 그리스-로마 사회에서 바울은 자신이 전하는 예수-복음만이 하나님의 진리를 담고 있다고 선포한다(비교, 갈 2:5, 14; 5:7; 고후 4:2; 11:10; 롬 15:8; 딤후 2:15). 이 표현 이면에는, 자신이 전한 예수-복음 이외의 메시지는 진리가 아니라는 바울의 평가가 담겨 있다(비교, 골 2:3, 8).

13절에서 바울의 복음 선포를 통해서 구원을 경험한 이방인 성도들의 두 가지 반응은 '들음'(ἀκούσαντες)과 '믿음'(πιστεύσαντες)으로 표현된다. 하나님이 예정하신 구원은 예수 그리스도에 대한 복음 메시지의 선포라는 사도들의 행위를 전제로 하여, 그 복음을 듣고 믿은 이방인들의 긍정적 반응을 통해서 그들의 체험 안에서 현실화된다. 성도의 구

2010: 91.
69. 12절까지 성도들의 일반적인 경험에 대해서 교회론적 우리로 설명한 바울은 13절에서는 특별하게 에베소의 이방인 성도들의 경험에 더 초점을 맞춘다. 참조, Hoehner, 234-35.
70. '진리의 말씀'이라는 표현은 골 1:5과 딤후 2:15에서도 발견된다.

원과 칭의에 관한 바울의 설명 중, 복음 선포와 들음 그리고 믿음 간의
역동적 상관 관계를 가장 잘 보여주는 본문은 로마서 10:8-18일 것이
다.[71] 이 로마서 본문에서 바울은 이사야와 하박국을 인용하고 해석하면
서, 성도의 들음과 믿음 행위가 하나님의 구원 사건에서 어떤 역할을 하
고 있는지에 대해서 자세히 설명한다.[72] 물론, 들음과 믿음의 역동성 속
에서 우리는 하나님의 예정과 인간의 행위 간에 존재하는 긴장을 보게
된다. 구원은 하나님의 예정과 선택을 통하여 미리 계획된 대로 성도들
에게 허락된 사건이다. 그러나 동시에, 복음을 전한 사도와 그 복음을
수용한 성도들의 믿음을 통하여 구원은 현존하는 실체가 됐다. 이 두 가
지 사실은 그 안에 존재하는 긴장을 제거한 채, 쉽게 교리화 해 버릴 수
없는 '하나님의 비밀'에 속한다(엡 1:9).

그러나 "성도들이 보인 믿음이 하나님으로부터 오는 구원을 경험할
참된 믿음인지에 대한 증거는 무엇인가?"라고 우리는 질문해 볼 수 있
다. 바울은 성도들의 구원 얻는 믿음의 증거로 '약속된 성령의 인치심'
을 든다.[73] 여기서 '인을 치다'에 해당하는 헬라어 동사 '스프라기
조'(σφραγίζω, 13절)는 도장을 통하여 정체를 표현한 고대 의식과 연관
이 깊은 단어이다. 예를 들면, 짐승들에게 특정한 도장으로 표시를 남김
으로써 그 짐승들에 대한 소유권이 공개적으로 표시된다(BAGD, 796).
이런 맥락에서, 성도들은 성령의 도장으로 인치심을 통하여 하나님의
소유로 공개적으로 표시된 존재들이다.[74] 그런데 여기서 '약속'(τῆς ἐπα-

---

71. 참조, Byrne, 319-26.
72. 참조, 이승현, 2021a: 643-87.
73. 참조, Fitzmyer, *TDNT* 7:943-48.
74. 구약을 포함한 유대인들의 문서에서도, 미래의 구원을 위하여 하나님이 인치시는
    사건이 빈번하게 발생한다. 참조, 겔 9:4; 솔로몬의 시편 15:6; 에스라4서 6:5.

γγελίας)의 성령이라는 표현은 구약에서 약속된(겔 36:26-27; 37:14; 욜 2:28-30) 하나님의 성령을 자신들의 구원을 통해서 경험하게 됐다는 초대 교회의 믿음을 잘 반영해 준다(행 2:17; 눅 24:49; 갈 3:14).[75] 바울은 갈라디아서 3:1-5에서 이방인 성도들이 복음을 듣고 믿어 의롭다고 칭함을 받은 사실에 대해서 강조한다. 여기서 바울은 복음을 듣고 믿음을 통해서 성령이 갈라디아인들에게 증거로 주어진 사건을 상기시킨다. 이처럼 성령은 성도들의 현재적 경험에서 예수를 통해서 성취한 하나님의 구원을 현실화하는 주체자로 기능한다.

그리고 약속의 성령은 14절에서 성도들의 구속을 의미하는 그들의 기업의 '보증'(ἀρραβὼν)이라고도 불린다. 보증에 해당하는 헬라어 단어 '아라본'은 '선불금'이라고도 번역될 수 있다. 이 단어는 어떤 계약을 맺을 때, 가장 먼저 지불되는 첫 번째 대금을 의미한다. 이 선불금은 그 계약이 유효하다는 것을 법적으로 보장해 주면서, 반드시 나머지 잔금이 지불될 것이라는 사실을 확증하는 기능을 한다(BAGD, 109). 다시 말하면, 성령의 선불금을 통해서 하나님은 성도들에게 선재적으로 주어진 구원이 종말의 때 곧 예수의 재림의 때에 완전한 형태로 그들에게 주어질 것을 보증한다. 성도들의 구원에 대한 성령의 보증이 필요한 이유는 성도들의 기업 곧 구속의 완성이 아직 그들의 경험 속에서 현실화되지 않았기 때문이다. 성도 구원의 완성이 최종적으로 현실화되는 시점은 만물이 그리스도 안에서 통일되는 때, 즉 예수 그리스도의 재림의 때이다(비교, 롬 8:18-25; 고전 15:20-28). 이 사실은 왜 바울이 에베소서 1:12에서 성도들을 예수 안에서 '소망'하는 자들이라고 칭하는지를

---

75. 약속의 성령을 표현하는 소유격은 성질의 소유격(genitive of quality)으로 보인다. 참조, Daniel Wallace, 1996: 86-88.

잘 설명해 준다. 소망은 미래에 받을 것을 그 대상으로 한다. 그러나 하나님은 자신의 영인 성령의 인치심을 성도들에게 허락하여 줌으로써, 성도들의 구원의 완성에 대해서 분명하게 확증해 주었다.[76] 여기서 바울은 믿고 회심한 성도들이 내주하는 성령의 확증을 경험하는 이상, 그들의 미래 구원은 하나님이 보증하는 현실적 실체라는 사실을 강조하고자 한다. 성도의 구원에 대해서 성령의 인치심으로 확증해 주는 분이 하나님이라는 사실은 성도의 구원이 하나님의 경륜 속에 존재하는 현재적 실체임을 다시 한번 강조한다.[77] 흥미롭게도, 에베소서 4:30에서 바울은 이방인 성도들에게 그들을 구속의 날까지 인친 '성령을 근심시키지 말라'고 경고한다.

해설

에베소서 1:3-14은 성도 구원에 대한 설명 중 가장 신학적으로 완성된 본문들 중 하나이다. 이 본문에서 사도는 성도들의 구원에 어떻게 성부, 성자, 그리고 성령 하나님이 관여하셨는지에 대해서 자세히 설명해주고 있다. 성부는 창세 전에 성도의 구원을 미리 계획하시고 예정하셨다. 구원은 죄로 죽었던 성도들을 향한 하나님의 자비로운 은혜를 담고 있기에, 하나님의 선한 뜻의 비밀이라고 불린다. 그러나 창세 전에, 그리고 성도가 탄생하기도 전에 의도된 하나님의 구원 계획의 완성과 실행은 역사의 흐름 속에서 하나님이 정한 때가 차기를 기다려야 했다. 마

---

76. 고후 1:21-22에서도 바울은 하나님이 성도들을 예수 안에서 세우고 기름 부은 후, 성령으로 인쳤다고 선포하고 있다.
77. 고후 5:5에서 바울은 성령이 성도들의 부활의 보증이라고 가르치고 있다.

침내 하나님이 정한 충만한 때가 찼을 때, 성자 예수는 이 땅에 내려와 자신을 희생 제물로 드림으로써 하나님의 구원 계획을 성취했다. 아들 예수의 희생은 성도들을 향한 그의 사랑뿐만 아니라, 그를 보내신 하나님 아버지의 은혜의 부요함을 계시해 주는 사건이다. 마지막으로, 예수의 부활 승천 후, 하나님은 성령을 성도들에게 보내어 그들을 인치셨다. 성령은 성도들 안에 거하면서, 성도들에게 허락된 구원에 대한 하나님 자신의 증거로 기능한다. 이에 성령은 미래에 완성될 하나님의 구원의 부인할 수 없는 보증이 된다. 이 사실은 성령의 인침을 받은 성도들의 구원을 하나님께서 완성하시겠다는 신적 의지를 표현해 준다.

현재의 에베소서 본문에서 성도의 구원은 죄의 노예가 된 인류에게 그리스도의 희생이라는 값을 지불하고, 그들을 자유롭게 해 준 하나님의 구속 사건으로 표현된다. 그런데 성도 구원의 궁극적인 목적은 그들로 하여금 하나님의 찬양이 되고, 하나님께 영광을 돌리기 위함이다. 또한 예수 그리스도가 성취한 하나님의 구원은 인류의 구속과 더불어, 피조된 온 세상의 회복과 통일을 그 안에 포함하고 있다. 그러므로 하나님의 구원의 비밀은, 한마디로, 만물을 예수 안에서 통일하는 것이다. 예수는 만물의 주인으로서 성도들로 구성된 하나님의 백성인 교회의 머리가 된다. 따라서 하나님의 구원은 성도 한 사람 한 사람을 향한 개인적 구원 사건인 동시에, 모든 피조물들에게까지 그 영향을 미치는 전 우주적 구원 사건이다. 이 광대한 하나님의 구원이 참된 진리라는 증거는 무엇일까? 이 질문에 대한 해답으로, 바울은 성도들 안에 거하면서 하나님의 모든 지혜와 총명으로 그들을 인도하는 성령의 보증 사역을 든다. 성령의 임재는 부인할 수 없는 하나님의 구원 사역에 대한 성도들의 믿음을 지탱하는 가장 강력한 증거가 된다. 바울을 포함한 초대 교회 성도들은 복음을 듣고 믿을 때, 부인할 수 없는 강력한 성령 체험을 모두 경험했다.

3. 감사와 기도(1:15-23)

이어지는 감사의 말씀에서 바울은 에베소서의 수신자들이 소유한 주 예수를 향한 믿음과 다른 성도들을 향한 그들의 사랑을 인하여 하나님께 깊이 감사한다. 바울이 감사하는 이유는 성도들이 소유한 믿음과 사랑은 그들을 향한 하나님의 자비와 능력이 효과적으로 역사했음에 대한 부인할 수 없는 증거이기 때문이다. 감사에 이어 바울은 자신의 수신자들에게 지혜와 계시의 영이 주어질 것을 위해서 기도한다. 바울은 지혜와 계시의 영이 성도들의 마음의 눈을 밝혀서 그들에게 허락된 세 가지 특별한 은혜에 대해서 깨닫게 되기를 원한다: (1) 성도들의 부르심의 소망, (2) 성도들에게 주어진 하나님의 기업에 담긴 영광의 부요함, 그리고 (3) 성도들을 위해 역사하는 하나님의 능력의 측량할 수 없는 위대함. 이 세 가지 은혜는 성도들이 받은 하나님의 구원의 선물과 그 구원을 가능하게 한 하나님의 능력 있는 사역의 깊은 의미를 담고 있다(1:17-18).

성도들의 부르심의 소망은 성도들이 장차 소유할 그들의 유산에 대한 소망이다. 이 소망은 성도들이 경험할 미래를 향하고 있다. 그러나 성도들을 향한 하나님의 측량할 수 없는 능력은 과거 예수 안에서 구원의 완성을 위하여 크게 역사했지만, 현재에도 성도들을 향하여 계속해서 역사하고 있다(1:19). 성도들을 향하여 역사하는 하나님의 능력은 과거 예수 그리스도를 죽은 자들 가운데서 살리시고, 모든 만물들을 예수 그리스도의 발 아래 복종시킨 후, 그로 하여금 교회의 머리가 되게 하심을 통해서 역사했다(1:20-23). 하나님의 능력은 현재에도 계속해서 예수의 몸 된 교회를 충만하게 채우고, 또 교회를 통해서 만물을 통치하고 채워가는 사역을 지속하고 있다. 이처럼 놀라운 에베소서의 감사 말씀은 빌립보서 2:6-11에 담긴 케노시스 시와[78] 고린도전서 15:20-28에서 묘사되는 예수 그리스도의 부활과 만물 위에 높아진 사건을 상기시켜 준다.[79]

번역

15 그러므로[80] 주 예수를 향한 여러분의 믿음과 성도들을 향한 여러분의 사랑에 대해서 들은 저는 16 저의 기도 중에 여러분을 기억하면서,[81] 여러분을 인하여 감사드리는 것을 멈추지 않고 있습니다. 17 영광의 아버지이신 우리 주 예수 그리스도의 하나님께서 여러분에게 지혜와 계시의 영을 주어 그를 알게 하시고, 18 여러분의 마음의 눈을 밝혀주어 그의 부르심의 소망이 무엇인지, 성도 안에서 그의 기업의 영광의 부요함이 무엇인지, 19 그의 힘의 위력으로 역사하심을 따라 믿는 우리를 위한 그의 능력의 측량할 수 없는 위대함이 무엇인지에 관해서 알게 해

---

78. 참조, 이승현, 2019b: 215-56; Ralph P. Martin, 1997: 1-23; John Henry Paul Reumann, 2008: 342-77.
79. 참조, Thiselton, 1222-41.
80. Διὰ τοῦτο는 문자적으로 해석하면 '이를 인하여'이나, 전후 문맥을 자연스럽게 연결해 주는 역할을 하므로 '그러므로'라고 번역했다. 참조, Thielman, 2010: 92-93; Muddiman, 82; Lincoln, 1990: 54; Hübner, 145.
81. 헬라어 단어 μνείαν은 기억을 의미할 수도, 혹은 언급을 의미할 수도 있다. 혹은 기억하며 언급한다는 뜻으로 이해될 수도 있다. 뒤에서 바울이 감사한다는 사실을 언급하고 있기에, 현재의 번역에서는 기억으로 해석한다.

주시기를 기도합니다. 20 그의 능력이 그리스도 안에서 역사하여 죽은 자들 가운데서 그를 다시 살리시고, 하늘에서 그의 우편에 앉히시어 21 이 세상과 오는 세상에서 모든 통치와 권세와 능력과 주권과 이름 위에 뛰어나게 하셨습니다. 22 그리고 만물을 그의 발 아래에 복종시키고 교회를 위하여 그를 만물 위의 머리로 삼으셨습니다. 23 교회는 그의 몸이며 만물 안에서 만물을 충만하게 하시는 분의 충만함입니다.

주해

15-16절 (감사와 기도) 사도가 자신의 기도 중에 하나님께 감사드리는 이유는 에베소 교회 성도들이 소유한 탁월한 믿음과 사랑에 대해서 들었기 때문이다.[82] 첫 번째, 그들의 믿음(πίστιν ἐν τῷ κυρίῳ Ἰησοῦ)은 예수 그리스도를 향하고 있고(object of faith), 예수 그리스도 안에서 (sphere of faith) 역사하고 있다(비교, 갈 5:6; 딤전 1:14; 3:13; 딤후 1:13).[83] 여기서 '예수 안에서'라는 표현은 성도들의 믿음과 사랑이 예수를 통해서 계시된 하나님의 사역의 결과임을 알려 준다. 이에 대해 바울은 19-22절에서 좀 더 자세히 설명할 것이다. 바울서신 중, 특별히 로마서와 갈라디아서에서 반복해서 발견되는 헬라어 표현 '삐스띠스 크리스뚜'(πίστις Χριστοῦ, '예수-믿음', 갈 2:16-20)는 최근 바울 학자들 사

---

82. 과거분사형 동사 '아꾸사스'(ἀκούσας)는 원인(causal)을 제공하는 분사로 해석하거나, 시간 정보(temporal)를 제공하는 것으로 해석할 수 있다(참조, Arnold, 2010: 102).

83. 그리스도가 성도의 믿음의 목적인지 아니면 믿음이 작동하는 영역인지에 대한 학문적 논의가 있었다(참조, Lincoln, 1990: 55; Thielman, 2010: 94-95). 아마도 사도는 둘 다를 의미하는 듯하다.

이에서 논란의 대상이 됐다. 옛 관점과 새 관점 간의 팽팽한 해석학적 대립 속에서, 옛 관점이 주장하는 목적어적 소유격 견해('예수를 믿음')에 반하여, 새 관점은 주어적 소유격 견해('예수 자신의 믿음/신실함')를 주장했다.[84] 그러나 에베소서에서 바울은 예수를 향한 성도들의 믿음을 헬라어 표현 '삐스띤 엔 또 뀌리오 이에수'(πίστιν ἐν τῷ κυρίῳ Ἰησοῦ)로 표현함으로써, '삐스띠스 크리스뚜'에 관한 학자들의 논쟁을 종식시킨다. 이 헬라어 표현에서 주 예수는 믿음의 주체가 아니라, 성도들이 소유한 믿음의 대상으로 기능하고 있다. 물론, 헬라어 전치사 '엔'(ἐν)은 영역을 의미하는 여격을 받을 수 있으므로, 예수 그리스도가 성도들의 믿음이 작동하는 영역이 됨은 의심의 여지가 없다. '주 예수 안에서'로 해석되는 헬라어 표현 '엔 또 뀌리오 이에수'는 바울 신학의 기독론적 핵심으로서, 하나님의 구원과 성도의 체험이 발생하는 영역이 예수임을 강조해 준다(비교, 엡 1:3, 9, 10, 13). 예수는 성도들이 믿은 복음의 핵심 내용인 동시에, 성도들의 믿음과 체험이 발생하는 궁극적인 영역이다.

바울이 감사하는 두 번째 이유는 에베소 성도들의 사랑이 모든 성도들을 향하여 실천되고 있기 때문이다. 바울의 다른 서신에서와 마찬가지로, 에베소서에서 사랑은 성도들의 삶에서 매우 특별한 위치를 차지한다(1:4; 3:17; 4:2, 15; 5:2, 25, 28, 33; 6:23, 24). 사랑은 하나님의 성품과 구원의 근거로서 성도들의 삶의 모든 영역을 규정하는 가장 기본적 덕목이다. 사랑 안에서 하나님은 성도들을 예정하고 택하고 자비의 대상으로 삼으셨다(1:4). 예수의 성육신 사건은 성도들을 향한 하나님과 예수 자신의 사랑의 표현이므로, 예수를 모시고 살게 된 성도들은 하

---

84. 참조, 이승현, 2021a: 168-95; Morgan, 2015.

나님과 예수의 사랑을 경험한 자들이다. 그리고 사랑은 예수의 장성한
분량의 가장 중요한 특징으로서, 모든 면에서 예수를 닮아가야 할 성도
들의 목표들 중 하나이다(4:15). 그러므로 성도들은 하나님의 사랑 안에
굳게 거하면서, 타인들에게 예수의 사랑을 증거해야 할 의무 아래 놓인
다(3:17-19; 4:2; 5:2). 그런데 여기서 사도가 언급하는 성도들의 믿음과
사랑은, 한편으로는, 성도들 개인의 신앙적 자질을 의미하지만, 또 다른
한편으로는, 에베소 교회 공동체 전체가 보여주는 영적 특징을 표현한
다. 그런데 사도는 성도들의 사랑이 지닌 공동체적 특징을 더 강조하고
자 한다. 사도는 에베소 성도들 개인이 사랑을 소유했다는 사실 자체보
다도, 서로를 향하여 그 사랑이 표현되고 있다는 점에서 하나님께 감사
하고 있기 때문이다. 이처럼 사도가 자신의 수신자들을 인하여 하나님
께 감사드리며 기도하는 행위는 사도의 서신에서 빈번하게 발견되는
그의 글쓰기 특징이다(비교, 롬 1:8-10; 고전 1:4; 골 1:3-4; 몬 4-5).

17절 (간구의 내용) 성도들의 사랑과 믿음을 인하여 감사를 올려 드린
사도는 17-19절에서 성도를 위한 간구를 올려 드린다. 17절을 시작하는
헬라어 접속사 '히나'(ἵνα)는 현재의 본문에서 바울이 간구하는 목적이
아니라, 바울이 간구하는 내용을 가리킨다.[85] 여기서 사도는 자신의 간
구를 들으시는 하나님을 '우리 주 예수 그리스도의 하나님, 영광의 아버
지'라고 부른다.[86] 영광의 아버지라는 표현은 유대인들이 자주 사용하던
표현인데(고전 2:8; 행 7:2; 시 26:8), 여기서 영광은 하나님의 신적 본질

---

85. 참조, Thielman, 2010: 95.
86. 헬라인들에게 영광은 불명예(shame)에 반하는 명성(honor)이라는 중요한 의미를
     가지고 있었다. 이런 맥락에서, '하나님께 영광을 돌린다'라는 표현은 하나님이 받
     으시기에 합당한, 즉 하나님의 명성에 걸맞은 대우를 해드린다는 의미를 가진다.
     참조, Harrison, 2016: 63-86.

의 외면적 표출을 의미한다(출 24:17; 사 4:2; 35:2). 인간이 하나님을 그
의 눈으로 목도할 때 그들은 하나님의 영광을 인식하게 되는데, 그 영광
은 하나님의 내적 본질과 신적 능력이 시각적으로 표현된 것이다.[87] 그
러나 영광의 아버지라는 표현에 더하여, 사도는 하나님이 '우리 주 예
수'와 성도들의 아버지임을 분명히 한다. 이 땅에 성육신한 예수 그리스
도는 하나님과 아들과 아버지라는 가족관계 속에 놓여 있다. 그리고 예
수 그리스도를 자신들의 주로 모시고 약속된 하나님의 구원을 경험한
성도들도 하나님과의 가족관계 속에 놓이게 됐다. 그러나 예수 그리스
도는 하나님의 독생자이고, 성도들은 하나님의 입양된 자녀들이다.

　사도가 영광의 아버지께 드리는 간구는 크게 네 가지 내용을 포함
하고 있다. 그의 첫 번째 간구의 제목은 '지혜와 계시의 영'($\pi\nu\epsilon\hat{u}\mu\alpha$
$\sigma o \phi i \alpha\varsigma\ \kappa\alpha\grave{i}\ \dot{\alpha}\pi o\kappa\alpha\lambda\acute{u}\psi\epsilon\omega\varsigma$)을 성도들에게 허락해 달라는 것이다. 여기
서 '쁘뉴마'($\pi\nu\epsilon\hat{u}\mu\alpha$, '영')가 인간의 영을 의미하는지, 아니면 하나님의
영을 의미하는지는 일견 분명하지 않다.[88] 그러나 바로 앞에서 사도가
성도의 기업의 보증인 성령의 인치심에 대해서 설명했고(1:13-14), 성령
이 바로 하나님의 지혜와 계시를 전달하는 분이라는 측면에서 볼 때
(3:4-5),[89] '쁘뉴마'는 하나님의 영인 성령을 지칭한다고 보는 것이 옳
다.[90] 사도에게는 하나님의 영인 성령이 하나님의 마음 가장 깊숙한 곳

---

87. 따라서 바울은 예수의 부활 사건을 하나님의 영광과 연관시키기도 하고(롬 6:4), 하
　　나님의 능력에 연관시키기도 한다(고전 6:14).
88. 문법적인 측면만을 고려한다면, 여기서 영을 단순 형용사구로 보아 '영적인 지혜와
　　계시'로 이해할 수도 있다. 참조, Daniel Wallace, 1996: 90-91. 비교, Arnold, 2010:
　　104.
89. 구약에서 하나님의 영이 소유한 중요한 기능 중 하나는 하나님의 지혜와 능력, 지
　　식과 두려움을 전달하는 것이다(참조, 사 11:2).
90. 참조, Fee, 2007: 676; Best, 1998: 163; Thielman, 2010: 96; O'Brien, 1991: 131-33;

에 존재하는 그의 지혜와 계시를 전달하는 분이기 때문이다(비교, 고전 2:9-15). 여기서 바울의 성령 이해는 이사야의 성령 이해에 토대하고 있음을 알 수 있다.[91] 이사야서 11:2에서 성령은 '지혜와 이해 그리고 능력의 영'으로서 주 하나님에 관한 지식과 경외를 가져오는 분이다. 결국, 사도의 기도는 성도들이 자신들의 마음 안에 이미 모시고 사는 성령이 그들 마음의 눈을 밝혀, 더 많은 지혜와 계시를 허락해 달라는 것이다. 성령이 성도들에게 지혜를 주고 계시를 허락하는 이유는 그들이 하나님을 아는 지식을 통하여 하나님을 '더 잘 알도록' 하기 위함이다(ἐν ἐπιγνώσει αὐτοῦ).[92] 여기서 헬라어 명사 '에삐그노시스'는 일반적인 지식을 의미하지 않고, 앞에서 사도가 설명한 구원의 주이신 하나님에 관한 구원 얻는 특별한 지식, 즉 하나님의 뜻의 비밀에 대한 지식을 의미한다(엡 1:9-11).[93] 에베소서 3:4-5에서 바울은 '하나님의 비밀'이 그리스도 안에서 발견되기에 그 비밀을 '그리스도의 비밀'이라고 칭하고, 그 비밀에 대한 계시가 성령을 통해서 자신들의 때에 이루어졌다고 선포하고 있다.

18-19절 (사도의 간구) 18-19절에서 사도는 성도들을 위한 그의 간구에 포함된 나머지 세 가지 내용들에 대해서 설명해 준다. 그 세 가지 간구의 내용은 '지혜와 계시의 영'인 성령을 통해서 먼저 그들의 마음의

Lincoln, 1990: 57.

91. 이사야의 영은 먼저 메시아 예수에게 임했고, 예수는 그의 제자들에게 동일한 영을 선물로 허락해 주었다(비교, 롬 5:1-5; 요 14:26; 16:13). 참조, Arnold, 2010: 104.

92. 이 표현에서 그(하나님)는 성도들의 지식이 발견되고 연관되는 영역이라고 Hoehner, 259는 주장한다.

93. 흥미롭게도, 헬라어 단어 '에삐그노시스'는 옥중서신의 간구 부분에서 공통적으로 발견되고 있다(비교, 빌 1:9; 골 1:9-10; 몬 6). 이에 대한 자세한 분석을 위해서는 O'Brien, 1991: 133을 참조하라.

눈이 밝아진 후,[94] (1) 하나님의 부르심의 소망, (2) 성도 안에 있는 하나님의 기업의 영광의 풍성함, 그리고 (3) 하나님의 능력의 위대함에 대해서 깨닫게 되는 것이다. 마음의 눈이 밝아진다는 표현은 바울 당시 유대교와 그리스-로마 종교들에서 흔히 발견되는 표현이었다. 쿰란 공동체는 자신들의 마음의 영안이 열려 생명을 볼 수 있게 해 달라고 기도했다(1QS 2.3). 그리고 에베소의 이방인들은 아폴로의 이름을 부르면서, 자신들의 영적 개안을 요청하곤 했다(*PGM* II.119-170). 그들은 자신들이 주장하는 신비한 의식 속에서 영안이 열려, 그들이 주장하는 종교적 진리를 볼 수 있게 된다고 믿었다.[95] 그러나 바울은 성도들의 마음의 눈이 밝아지는 것은 오직 성령을 받음을 통해서라고 강조한다.[96] 성령은 하나님의 영이요 마음으로서 하나님의 깊은 생각들을 이해할 수 있기에, 성도들에게 하나님에 관한 참된 진리를 계시할 수 있는 가장 좋은 선생이다(비교, 고전 2:9-16). 영안이 열린다는 측면에서, 사도는 뒤에서 성도들의 구원을 영적 어두움에서 영적 빛으로 이동하는 것으로 묘사할 것이다(엡 5:8-14; 비교, 4:18-20; 골 1:13). 바울에게 구원받은 성도들의 가장 현저한 특징들 중 하나는 영안이 열려 그들의 영적 과거와 현재를 하나님의 관점에서 볼 수 있게 된 것이다.

영안이 열린 성도들이 깨달아야 할 하나님에 관한 세 가지 지식들

---

94. 영안이 열린 것을 의미하는 과거 수동태 분사형 동사(πεφωτισμένους)는 목적격으로 발견되고 있다는 사실 때문에 그 해석이 용이하지 않다. 이에 대한 네 가지 해석 가능성에 대해서는 Arnold, 2010: 105-06와 Thielman, 2010: 97-98을 참조하라. 본 저자는 이 분사가 목적격으로 발견된 이유가 이어지는 목적격 대명사 '휘마스'(ὑμᾶς, '너희들')를 수식하기 때문이라고 생각한다.
95. 이 부분에 대해서는 Arnold, 2010: 107을 참조하라.
96. 참조, Thielman, 2010: 97; Arnold, 2010: 107; Lincoln, 1990: 47. 비교, Best, 1998: 164-65.

중 첫 번째는 '하나님의 부르심의 소망'에 관한 것이다.[97] 하나님의 부르심(κλῆσις)은 1:3-14에서 설명된 성도의 구원을 향한 하나님의 예정하심에 근거한 부르심을 의미한다.[98] 이 본문에서 사도는 성도에게 허락된 하나님의 은혜로운 구원을 과거 창세 전에 발생한 하나님의 선택과 결정, 그리고 현재 성도들이 경험하고 있는 하나님의 은혜의 계시를 통해서 자세히 설명했다. 이제 18절에서 사도는 성도들의 구원이 그들의 미래 삶과 관련하여 함축하고 있는 바에 대해서 더 알아갈 것을 촉구한다.

그런데 사도는 왜 18절에서 하나님의 구원으로의 부르심을 소망(ἐλπίς, '엘삐스')이라고 부르는 것일까? 그 이유는 성도들의 체험적 측면에서 그들 구원의 완성이 미래에 속해 있기 때문이고, 따라서 현재는 성도들이 소망해야 할 대상이기 때문이다. 미래에 발생할 성도 구원의 완성은 하나님이 모든 악한 권세들을 예수의 발 앞에 복종시키는 것(1:10)을 필두로, 예수 그리스도의 장성한 분량에 이르는 것(4:15), 성도들이 자신들의 마지막 구속을 경험하는 것(1:4; 4:30), 그리고 교회가 흠 없는 신부로 예수에게 드려지는 것(5:27) 등을 포함한다. 그러나 사도에게 있어서 성도 구원의 소망은 그 성취를 장담할 수 없는 불확실한 미래 일에 대한 막연한 소망을 의미하지 않는다. 성도 구원은 이미 하나님께서 그리스도를 통하여 성취하신 사역을 근거로 성령이 인치고 보증한 확실한 사건이기 때문이다. 성도 구원을 보증한 하나님은 우주의

---

97. 바울의 기도와 그 내용에 대한 구조적 분석을 위해서는 Arnold, 2010: 107과 Hoehner, 252-53을 참조하라.

98. '부르심'은 에베소서에서 3번 등장하고 있다(1:18; 4:1, 4). 이 단어는 바울 신학에서 하나님의 백성 됨을 의미하는 굉장히 중요한 단어이다. 1:18과 4:4에서 '부르심'은 성도의 소망으로 이해되고, 4:1에서는 부르심에 합당한 삶을 살라는 권면의 말씀이 등장한다. 참조, Thielman, 2010: 98.

모든 일들을 자신의 계획과 의도를 따라 완벽하게 성취할 수 있는 분이
시다(1:13; 2:12-13; 롬 4:16-18; 5:5). 그러므로 하나님의 관점에서 보면,
성도들은 이미 다 그리스도와 함께 부활하여 하늘 나라에 함께 앉혀진
바 된 자들이다(엡 2:6). 그러나 이러한 성도 구원의 확실성에도 불구하
고, 바울은 그 부르심의 소망을 경험하기 위하여 성도들이 믿음으로 인
내해야 한다고 가르친다(비교, 롬 8:24-25). 종말론적 결론을 향하여 나
아가는 현재는 종말론적 산고의 고통을 체험해야 하는 시기이기 때문
이다.

　성령을 받고 영안이 열린 성도들이 깨달아야 할 두 번째 하나님에
관한 지식은 '성도들 안에 존재하는 하나님의 기업의 영광의 풍성함'이
다. 기업(14절), 영광(6, 12, 14절), 그리고 풍성함에(7절) 대해서 사도는
이미 앞에서 자세히 설명했다. 1:14에서 기업은 성도들이 받을 구원을
의미했던 것에 반해, 1:18에서 기업은 '그(하나님)의 기업'이라고 불린
다. 다시 말하면, 사도는 여기서 하나님의 기업에 대해서 이야기하고 있
으며,[99] 그 기업은 바로 구원을 얻은 성도들, 곧 하나님의 백성을 일컫는
다.[100] 이런 측면에서 볼 때, '그의 기업의 영광의 풍성함'은 구원받은 성
도들을 하나님이 자신의 영광과 부로 간주하면서 얼마나 소중히 여기
는지를 의미한다고 볼 수 있다.[101] 그러나 이런 일반적 해석에 더하여, 기
업은 하나님의 기업인 성도들이 경험할 하나님의 영광 혹은 영광스러

---

99. 어떤 이들은 18절의 그의 기업을 14절의 우리의 기업과 동일한 것으로 간주한다.
　　참조, Best, 1998: 167; Schnackenburg, 75. 비교, Arnold, 2010: 108.
100. 참조, Lincoln, 1990: 59; Thielman, 2010: 99; Arnold, 2010: 108; O'Brien, 1991:
　　135. 구약에서 하나님의 백성 이스라엘은 종종 하나님 자신의 기업으로 불렸다. 참
　　조, 신 9:29; 32:9; 삼상 10:1; 26:19; 삼하 14:16; 20:19; 21:3; 왕하 21:14; 시 28:9;
　　33:12; 78:62; 사 19:25; 47:6; 욜 2:17.
101. Arnold, 2010: 108; Thielman, 2010: 100.

운 상태의 부요함을 의미한다고도 볼 수 있다(O'Brien, 1991: 136). 성도들의 아버지인 하나님이 '영광의 아버지'시니(1:17), 그의 자녀들도 '영광의 자녀들'이 될 것이다. 로마서 8:18-25에서 바울은 영광을 불멸의 하나님의 영광으로 이해하고, 장차 성도들이 경험할 신적 불멸성으로 해석한다. 성도들이 영광의 자녀들로 등장할 때, 그들의 죽을 몸이 썩음으로부터의 자유를 경험할 것이기에, 그들의 몸의 구속은 '영광의 소망'이라고 불린다.[102]

영안이 열린 성도들이 깨달아야 할 세 번째 하나님에 관한 지식은 성도들을 향한 '하나님의 능력($\delta\acute{\upsilon}\nu\alpha\mu\iota\varsigma$, '뒤나미스')의 측량할 수 없는 위대함'에 대해서 깨닫는 것이다. 헬라 철학에서 '뒤나미스'는 잠재적인 능력을 의미하고, 그 능력이 겉으로 표현되어 나타날 때 능력은 '에네르게이아'($\acute{\epsilon}\nu\acute{\epsilon}\rho\gamma\epsilon\iota\alpha$, '역사')가 된다. 현재의 본문에서 바울은 헬라 철학적 전통을 따라 두 단어를 구분하여 사용하고 있다.[103] 그러나 바울은 능력에 대한 헬라 전통의 이해를 뛰어넘어, 하나님의 능력을 '측량할 수 없는'($\acute{\upsilon}\pi\epsilon\rho\beta\acute{\alpha}\lambda\lambda o\nu$) 능력이라고 부른다.[104] 유대인들의 전통에서 '능력의 위대함'이라는 표현은 구원자 하나님을 묘사하기 위해서 가장 빈번하게 사용된 표현이다(비교, 사 40:25-26; 1QS 11.19-20; 1QH 12:32; 23:8; 에녹1서 1.4). 하나님의 능력의 위대함이 측량할 수 없기 때문에,

---

102. 참조, 이승현, 2020b: 301-26.
103. 참조, Urmson, 47; Arnold, 2010: 109; Thielman, 2010: 100.
104. 바울서신에서 이 단어는 네 번 정도 하나님과 그의 은혜를 지칭하면서 사용되고 있다. 고후 4:7에서 바울은 하나님의 측량할 수 없는 능력을 성도들이 몸 안에 보유하고 있는 하나님의 영광으로 본다. 고후 9:14에서 이 헬라어 단어는 성도들 안에 있는 하나님의 은혜를 지칭한다. 고후 12:7에서는 바울이 경험한 삼층천의 계시를 지칭한다. 빌 3:8에서 바울은 주 예수를 아는 지식의 가치를 측량할 수 없는 것으로 간주한다.

그것은 인간의 눈으로 보거나 분석할 수 있는 대상이 아니다. 오직, 바울이 17-18절에서 기도하고 있듯이, 지혜와 계시의 영이 성도들의 영안을 밝혀줄 때에라야 비로소 성도들은 그 위대함을 부분적으로나마 이해할 수 있게 된다.

그렇다면 하나님의 능력의 측량할 수 없는 위대함은 어디에서 드러나고 있을까? 19절에서 바울은 하나님의 능력의 위대함은 '우리 믿는 자들'(εἰς ἡμᾶς τοὺς πιστεύοντας)을 향하고 있다고 선포한다.[105] 성도들을 향한 하나님의 과거 선택과 그들이 누리는 현재 구원의 삶, 그리고 미래 구원의 성취에서, 하나님의 능력은 측량할 수 없는 분량으로 역사했고 또 계속해서 역사할 것이다. 그런데 19절에서 성도들을 지칭하는 헬라어 표현 '뚜스 삐스뜌온따스'는 초대 교회 성도들의 자기 정체성을 가장 잘 보여주는 표현이다.[106] 성도들은 무엇보다도 믿는 자들이다. 그러나 흥미롭게도 이 표현에서는 성도들의 믿음이 가리키는 목적 대상이 생략되어 있다. 이 사실은 그들 믿음의 목적 대상이 설명이 필요 없을 정도로 모든 성도들이 다 동의하는 명백한 것이었음을 알려 준다. 바울에게 성도들의 믿음은 '예수-믿음', 이 한마디로 정의되는데, 예수-믿음은 하나님이 예수 그리스도를 통해서 성취한 구원 사건을 의미한다 (비교, 갈 2:16-20; 롬 10:8-10). 앞의 축복의 말씀에서 바울은 하나님의 측량할 수 없는 능력이 성도의 예정과 선택 그리고 구원에서 역사했고, 만물의 통일을 위하여 역사하신 예수 그리스도를 통해서 성도들에게 계시됐다고 선포했다. 사도는 이어지는 20-22절에서 하나님의 측량할

---

105. 이 표현에서 헬라어 전치사 '에이스'(εἰς)는 이익(advantage)를 의미한다(BDAG, 290).

106. 이 표현에 대한 상세한 내용을 위해서는 다음을 참조하라. 참조, Trebilco, 2012; 이승현, 2021a: 229-69.

수 없는 능력의 역사를 예수 그리스도의 부활과 높아짐을 통해서 좀 더 자세히 설명할 것이다.

20-22절 (하나님의 능력의 나타남) 이제 바울은 하나님의 능력이 과거 능력 있게 역사했던 사실에 대해서 좀 더 자세하게 설명하기 원한다. 하나님의 능력이 가장 측량할 수 없을 정도로 능력 있게 역사했던 사건은 예수 그리스도와 연관된 네 가지 사실을 통해서 설명된다(21-23절):[107] (1) 부활시키심, (2) 하나님 보좌 옆에 앉도록 높이심, (3) 만물을 그의 발 아래 복종시키심, (4) 교회에게 머리로 주심. 바울이 여기서 성도들을 향하여 역사하는 하나님의 능력을 증거하기 위하여, 예수 그리스도에게 역사한 하나님의 능력의 행사를 언급하는 이유는 예수께서 경험한 것을 성도들이 동일하게 경험할 것이기 때문이다(2:4-7). 하나님의 능력은, 먼저, 그리스도를 죽은 자들 가운데서 살리신 일에서 가장 잘 나타난다(ἐγείρας, 20절).[108] 유대인들의 묵시 전통과 초대 교회 전통에서 죽음은 인간이 맞이해야 할 가장 강력한 능력으로 간주된다. 죽음은 아무도 이길 수 없는 치명적 능력으로서 모든 인간들을 다스리는 폭군이기 때문이다(참고, 롬 5:14, 17). 따라서 죽음은 하나님의 성도들이 극복해야 할 마지막 원수이다(고전 15:26). 그러나 하나님의 능력은 죽음이라는 폭군의 치명적인 능력을 파괴하고, 그의 손아귀에서 예수 그리스도를 부활시키셨다. 그리고 예수 그리스도의 부활을 시작으로 죽음의 능력을 극복한 하나님의 생명의 능력이 인류를 다스리기 시작했다

---

107. 1:20-23이 초대 교회의 오래된 시인지에 대한 논의가 있었다. 참조, Lincoln, 1990: 50-52; Best, 1998: 157.

108. 과거분사형 동사 ἐγείρας는 시간적 표현(temporal)으로 볼 수도 있으나, 방편(means)으로 보는 것이 더 좋아 보인다. 왜냐하면 예수를 죽은 자들로부터 일으킴을 통하여 하나님의 능력이 역사했기 때문이다. 참조, Hoehner, 274.

(롬 5:17). 이에 초대 교회는 시작부터 자신들의 신앙고백의 가장 중요한 내용으로 예수의 부활을 선포했다(예, 롬 1:4; 4:24-25; 6:4-9; 8:11, 34; 10:9-10; 고전 15:2-4; 6:14; 갈 1:1).[109] 바울을 포함한 초대 교회 성도들은, 만약 예수의 부활이 없다면, 자신들의 믿음이 헛되다는 사실을 잘 알고 있었다(비교, 고전 15:12-19).

두 번째, 측량할 수 없는 하나님의 능력의 역사는 예수 그리스도를 높여주심을 통해서 계시됐다. 하나님의 높여주심은 부활한 예수를 하늘 위 자신의 보좌 우편에 앉힘으로 표현됐다(참조, 빌 2:9-12). 하나님의 보좌 우편에 앉히셨다는 표현은 예수께서 이제 하나님의 주권과 권세를 함께 공유하면서, 우주를 다스리는 '우주의 주'가 되셨다는 것을 의미한다. 초대 교회 전통에서 예수의 주로 높아짐은 시편 110편에 대한 기독론적 해석을 통해서, 그가 하나님 보좌 우편에 앉은 우주의 왕으로 세워진 사건으로 묘사된다(롬 8:34; 골 3:1; 막 14:61-62; 눅 20:41-44; 행 2:32-33; 히 1:3).[110] 그런데 예수께서 우주의 주가 되셨다는 사실 이면에는, 하나님께서 자신의 능력으로 '모든 정사와 권세와 능력들과 뛰어난 이름들'을 다 제압하신 후, 예수 그리스도의 발 아래 복종시켰다는 사실이 존재한다. 이 후자의 표현은 특별히 시편 8:6에서 발견되고 있다. 이처럼 바울은 시편 8:6과 110:1을 기독론적으로 해석한 후 함께 인용함을 통하여 예수 그리스도의 주권을 표현한다(고전 15:24-26; 비교, 막 12:35-37). 우주의 왕으로 높아진 예수의 지위와 만물의 복종과 경배에 대한 바울의 이해는 빌립보서 2:6-11의 케노시스 시에서 가장

---

109. 참조, Dunn, 2003: 820-80.
110. 참조, Murray J. Smith and Ian J. Vaillancourt, 2022: 513-32; Bateman, 1992: 438-53; Watts, 2007: 307-22.

잘 묘사되고 있다.[111]

세 번째, 하나님의 측량할 수 없는 능력은 모든 만물을 예수의 발 아래 복종시킨 사실에서 발견된다. 빌립보서에서 예수에게 복종하는 자들은 '하늘과 땅 그리고 땅 아래 있는 모든 자들'이었다(빌 2:10). 여기서 하늘의 존재들은 천사들을 포함한 영적 존재들을, 땅 위의 존재들은 인간들을, 그리고 땅 아래에 있는 존재들은 죽은 자들을 의미한다. 그러나 에베소서에서 예수에게 복종된 모든 권세들은 특별히 하나님의 권력에 도전하는 '이 세대와 오는 세대의 악한 영의 세력들'을 의미한다(엡 1:21; 3:10; 6:12).[112] 이 세력들은 과거 예수의 부활 시 하나님이 예수의 발 앞에 복종시켰으나, 이 세대 가운데서 여전히 어두움의 영역에서 영향을 미치고 있다. 그러므로 이들은 현재 성도들이 계속해서 싸워가야 할 하나님의 영적 원수들이다(6:10-19).[113] 예수의 부활과 높아짐을 통해서 악한 영들에 대한 하나님의 승리가 발생했으나, 그 최종적인 완성은 미래에 이루어질 것이다(1:10; 2:7; 비교, 고전 15:24-26).[114] 이 사실은 왜 바울이 에베소서를 성도들이 치러야 할 영적 전투에 대한 교훈으

---

111. 참조, 이승현, 2019b: 215-56.
112. 이 세대와 오는 세대라는 표현은 유대 묵시전통에서 종말론적 세대 구분을 반영하는 기술적 표현이다(참조, Lincoln, 1990: 65).
113. Arnold는 위의 영적 세력들을 천사와 악한 영들 둘 다를 포함하는 것으로 본다(Arnold, 2010: 56). 반면에 Perkins는 천사들만을 의미한다고 주장한다(Perkins, 51). Thielman, 2010: 108과 Arnold, 2010: 111은 악한 영적 세력들을 주 대상으로 본다.
114. 이 부분의 해석에 대해, Schnackenburg, 78-79와 Best, 1998: 174는 승리의 완성에 초점을 맞추면서 미래의 완성에 대해서는 부정적인 견해를 보인다. 그러나 O'Brien, 1991: 143, Hoehner 281-82, 그리고 Thielman, 2010: 108-09는 본 저자의 견해와 동일하게 하나님의 승리에 담긴 현재적 실체와 미래적 완성 간의 종말론적 긴장을 강조한다.

로 마무리하는지를 잘 설명해 준다. 에베소서에서 예수의 발 앞에 복종
된 악한 영적 존재들은 '모든 통치, 권세, 능력, 주권, 이름'(πάσης ἀρχῆς
καὶ ἐξουσίας καὶ δυνάμεως καὶ κυριότητος καὶ παντὸς ὀνόματος, 21절)
이라고 불린다. 이 긴 헬라어 표현은 악한 영적 존재들을 지칭하는 유대
인들의 기술적 표현으로 보이고, 헬라인들의 마술에서도 종종 등장하
여 에베소인들에게 이미 익숙한 표현이었을 것이다.[115] 특별히 헬라인들
의 마술에서 이름에 대한 지식은 그 이름을 지닌 영적 존재들을 통제할
수 있는 권한을 의미했다. 그러나 부활한 예수가 이제 모든 이름 위에
뛰어난 이름, 즉 하나님의 이름인 '주'로 불린다는 사실은 그가 이 모든
권세들 위에 존재하는 우주적 주권자가 됐다는 사실을 강조해 준다(비
교, 빌 2:9-11).

　네 번째, 하나님의 측량할 수 없는 능력은 예수를 만물의 머리로 세
운 사실에서 발견된다. 만물을 예수 그리스도의 발 아래 복종시켰다는
표현은, 바꾸어 말하면, 예수께서 만물의 머리(κεφαλή)가 되셨다는 것
을 의미한다.[116] 머리로 번역된 헬라어 단어 '께팔레'는 권위를 의미하는
동시에 통치를 의미한다. 그러나 흥미로운 사실은 하나님이 예수를 만
물의 주와 머리로 세우신 후, 예수를 '주신'(ἔδωκεν) 대상은 바로 교회
라는 것이다.[117] 이 사실은 교회가 우주의 주권자인 예수의 몸이 됐다는
사실을 의미한다(23절). 그런데 여기서 예수께서 만물의 머리가 되신다

115.　참조, Arnold, 2010: 112-14; Arnold, 1992.
116.　발과 머리는 고대 용법에서 종종 '머리부터 발끝까지'라는 표현으로 함께 쓰이곤
　　　했다(레 13:12; 욥 2:7; 호머, 일리아드 23.169). 참조, Schlier, *TDNT* 3:674-5.
117.　Barth, 157-58는 ἔδωκεν을 '임명하다' 혹은 '세우다'의 의미로 해석한다(Barth, 157-
　　　8). 그러나 에베소서에서 이 단어는 일반적인 의미로 사용되면서 '주다'라는 의미를
　　　내포한다(3:2, 7, 8, 16; 4:7, 8, 11, 27, 29; 6:19). 비교, MacDonald, 220.

는 사실은 두 가지 중요한 교회론적 함의를 발생시킨다. 첫 번째 교회론적 함의는 예수께서 만물의 머리가 된 것은 '교회를 위해서'(τῇ ἐκκλησίᾳ)라는 점이다. 머리 된 예수의 우주적 주권 행사가 목표로 하는 바는 그의 몸 된 교회의 탄생과 발전 그리고 완성이다. 교회를 의미하는 헬라어 단어 '엑끌레시아'는 고대 그리스인들의 이해에서 정치적 집단, 즉 투표권을 소유한 자유인들로 구성된 독립적 시민 공동체를 의미한다(예, 아리스토텔레스, *Pol.* 3.14; 헤로도토스, *Hist.* 3.142).[118] 그러나 70인역에서 이 헬라어 단어는 히브리어 קָהָל의 번역어로서, 하나님의 회중을 지칭하는 종교적 의미로 쓰인다(신 23:3; 삿 20:2; 21:5; 삼상 17:47; 대상 13:2, 4; 29:1, 20; 대하 28:8; 미 2:5). 바울을 포함한 초대 교회 성도들은 '엑끌레시아'를 예수를 믿는 성도들로 구성된 교회에게 적용함으로써, 교회가 이제 하나님의 참된 백성 공동체 즉 하나님의 회중이 됐음을 선포한다(비교, 고전 1:2; 10:32; 11:16; 고후 1:1; 갈 1:13; 살전 2:14).[119] 현재의 에베소서 본문에서 바울은 예수께서 우주의 주권자로 세워지고, 머리로 교회에 선물로 주어진 것은 성도들로 구성된 하나님의 백성인 교회를 위해서라고 주장한다(비교, 골 2:10). 이 주장은 우주의 주가 되시는 예수의 가장 중요한 사역이 교회의 탄생과 성장 그리고 완전한 성숙이라는 놀라운 사실을 내포하고 있다.[120]

그리고 예수의 만물의 머리 됨이 보여 주는 두 번째 교회론적 함의는 성도들로 구성된 하나님의 백성 교회는 이제 주 예수의 우주적 몸이 됐다는 사실이다. 추후에 4:15-16에서 바울이 자세히 설명하겠지만, 머

---

118. 참조, Bultmann, 1951: 94-98; Dunn, 1998: 537.
119. 참조, Gehring, 2004: 160; 이승현, 2016a: 229-59.
120. 비교, Hoehner, 289-90.

리 된 예수는 몸 된 교회의 모든 구성원들에게 성장에 필요한 양분을
공급하는 분이다.[121] 이러한 이해의 배경이 되는 머리와 몸을 통한 유기
적 단일체 사상은 바울 당시 헬라 정치철학에서 매우 중요한 개념이었
다. 헬라 도시들은 자신들을 하나의 몸처럼 유기적 단일체로 이해하면
서, 그 도시의 모든 구성원들이 자신들에게 주어진 소임을 다해야만 도
시가 건강하게 유지될 수 있다고 주장했다.[122] 이런 헬라인들의 공동체
이해를 바탕으로, 바울은 자신의 서신 여러 곳에서 예수 그리스도의 몸
으로서의 교회의 정체와 신분에 대해 논의한다(엡 5:23; 골 1:18, 24;
2:10; 비교, 고전 12:14-26). 바울에게 몸 된 교회는 그의 머리 된 예수와
함께 가는 운명 공동체로서 전 우주와 그 안에 거하는 모든 존재들을
다스리는 우주적 교회이다(비교, 고전 6:2-3)(MacDonald, 221). 예수의
우주적 주권은 우주에 포함된 모든 존재들을 향하고 있지만, 특별히 에
베소서에서는 하나님의 원수들인 악한 영적 세력들을 주 대상으로 한
다(비교, 엡 1:21; 6:10-19). 예수께서 머리로 몸 된 교회에게 주어졌다는
사실은 이제 교회에게 악한 영적 세력들을 저항하고 통치하며 극복할
수 있는 예수의 권세가 주어졌다는 사실을 의미한다.

　23절 (몸 된 교회) 에베소서에서 그리스도의 몸 된 교회는 단순한 지
교회들의 총합이라기보다는 우주를 통치하는 주이신 예수 그리스도의
단일한 우주적 교회라고 주장된다.[123] 에베소서에서 사도 바울은 고린도

---

121. 머리가 몸에 영양분을 공급하는 기원이라는 생각은 헬라의 의학 저자들에 의해서
종종 주장되곤 했다. 참조, Galen, *De Usu Partium* 1.454.1-14.
122. 참조, Michelle V. Lee, 27-103.
123. 23절의 모든 세부적인 내용들은 학자들의 해석학적 논쟁의 대상이 됐다. 주요 세
가지 문제들과 그에 대한 학자들의 논의를 위해서는 Arnold, 2010: 116-20,
O'Brien, 1991: 149-52, 그리고 Thielman, 2010: 113-16을 참조하라.

전서 12:14-26에서처럼 성도 개인의 지체 됨에 대해서 논의하기보다는 (비교, 롬 12:4-8), 우주를 다스리는 머리 되신 예수의 통치와 권위를 통하여 우주에 영향을 미치는 교회의 역할에 주목하고 있다.[124] 그런데 우주적 교회에게는 특별한 정체성이 부여된다. 교회의 특별한 정체성은 바로 '만물 안에서 만물을 충만하게 채우시는' 머리 된 예수의 '충만함'(τὸ πλήρωμα, 23절)이라는 사실에서 발견된다. '충만하게 채우는'이라고 번역된 헬라어 현재 분사형 '쁠레루메누'(πληρουμένου)는 수동태일 수도 있고, 중간태일 수도 있다. 수동태일 경우 예수 그리스도가 채워진다는 의미이고, 중간태일 경우 예수 그리스도가 스스로 채운다는 의미를 띠게 된다. 에베소서에서 만물을 충만하게 채우시는 분은 예수 그리스도이므로(4:10), '쁠레루메누'를 중간태로 보는 것이 옳은 선택인 것 같다.[125] 그리고 헬라어 명사 '쁠레로마'는 문자적으로 무엇인가를 채워서 완전하게 됨을 의미한다. 그러나 '쁠레로마'도 능동의 의미로 '무엇을 채움'으로 해석될 수 있고, 혹은 수동의 의미로 '충만해진 것'으로 해석될 수도 있다. 교회가 그리스도의 충만함이라는 표현은 능동적인 의미에서 예수를 완전하게 채움을 뜻하기보다는, 수동적인 의미에서 예수의 충만함으로 채워진 상태를 의미한다.[126]

그러므로 교회와 예수 그리스도 간의 관계에 대한 사도의 생각은 '만물을 충만하게 하시는 예수의 충만함으로 채워진 예수의 우주적 몸

---

124. 일부 학자들은 이러한 우주적 머리 되신 예수 그리스도의 몸으로서의 교회에 대한 이해는 에베소와 골로새에 있는 교회들이 직면한 거짓 교사들, 곧 2세기 영지주의자들의 조상들과의 논쟁에서 비롯됐다고 주장한다(Bruce, 421; O'Brien, 1991: 49-50; Murphy-O'Connor, 246).

125. 참조, MacDonald, 221; Lincoln, 1990: 77. 비교, Thielman, 2010: 115.

126. 참조, Hoehner, 298; O'Brien, 1991: 150; Lincoln, 1990: 74-75; Thielman, 2010: 114. 비교, Schnackenburg, 81; Best, 1998: 188.

으로서의 교회'라고 요약해 볼 수 있다. 여기서 충만함과 충만하게 채움을 의미하는 헬라어 단어들은, 과거 일부 학자들이 주장했던 것처럼, 영지주의자들과의 논쟁의 흔적이 아니라, 하나님의 성전과 백성 그리고 온 세상을 채우는 하나님의 임재와 영광에 대한 구약 70인역의 논의를 그 배경으로 하고 있다.[127] 예를 들면, 열왕기상 8:11은 솔로몬의 성전을 하나님의 영광이 '채웠다'는 것을 묘사하면서 헬라어 과거형 동사 '에쁠레센'($\check{\epsilon}\pi\lambda\eta\sigma\epsilon\nu$)을 사용한다. 이사야와 에스겔은 하나님의 성전을 '채우고 있는' 하나님의 영광에 대해서 증거한다($\pi\lambda\acute{\eta}\rho\eta\varsigma$, 사 6:1; 겔 43:5; 44:4).[128] 마찬가지로, 에베소서에서 사도는 하나님의 새로운 성전인 교회가 하나님의 임재로 충만하게 채워져 있다고 믿고 선포한다. 그러나 70인역과 달리, 사도는 만물을 채우는 분을 우주의 주인으로 세워진 예수 그리스도로 제시하고, 하나님의 성전인 교회를 채우고 있는 분은 하나님의 성령이라고 가르친다(엡 2:20-22). 우주의 주로 높아진 예수 그리스도가 충만하게 채우는 창조주 하나님의 역할을 대신하고, 하나님의 성전인 교회는 단순히 하나님의 영광이 아니라 하나님의 인격적인 영에 의해서 채워진다. 바울에게 성령은 하나님의 영이요 예수 그리스도의 마음이면서, 하나님과 부활한 예수의 이 땅에서의 능력 있는 임재를 의미한다(비교, 고전 2:9-16).[129]

　그렇다면 교회가 상징하는 혹은 품고 있는 예수 그리스도의 충만함은 무엇을 지칭하는 것일까?[130] 골로새서 2:9는 예수 그리스도 안에 하

---

127. 참조, Arnold, 2010: 118; O'Brien, 1991: 149; 2000: 252-59.
128. 시편 기자는 온 세상을 '채우고 있는' 하나님의 의로움에 대해서 찬양한다(119:64).
129. 참조, 이승현, 2018b: 21-56, 158-68.
130. 이에 대한 상세한 논의와 다양한 의견들에 대한 분석을 위해서는 Hoehner, 294-304를 참조하라.

나님의 신성이 충만하게 거한다고 선포한다. 그리고 에베소서 3:19에서
사도는 성도들이 하나님의 충만함으로 채워질 것을 간절히 기도한다.
이런 맥락에서 이해한다면, 예수의 충만함은 하나님의 충만한 영광과
신성을 의미하기에, 예수의 몸 된 교회는 머리 된 예수가 소유한 하나님
의 영광과 능력 그리고 임재를 그 안에 소유하고 있다는 의미가 된다.[131]
1:18에서 사도는 이미 성도들이 하나님의 유산의 '영광의 부요함'을 증
거하는 존재들이라고 선포했다. 그러나 동시에, 현재의 에베소서 본문
에서 강조되는 충만함은 만물에 대한 예수의 머리 되심 곧 주권과 통치,
그리고 예수 안에서 역사하는 하나님의 능력(1:20-22)을 통하여 만물을
통일하는 예수 그리스도의 구원 사역의 충만함과 연관이 깊어 보인다
(1:10).[132] 하나님의 측량할 수 없는 능력으로 만물을 통치하고 통일하는
예수의 구원 사역이 효과적으로 실행됐고, 그 결과 교회는 탄생했으며
그 안에 부활한 예수의 영으로 충만하게 채워지게 됐다. 성령은 성도들
이 소유한 구원의 보증으로서 하나님의 능력 있는 임재가 교회 안에 충
만히 임한 상태를 나타낸다. 이처럼 교회는 예수 그리스도의 우주적 통
치와 구원 사역의 절정을 의미한다는 측면에서, 그리고 그 사역을 가능
케 한 하나님의 능력을 충만히 경험하고 또 계시한다는 측면에서 그의
충만함이다. 1:23은 1:19에 기록된 바울의 기도, 즉 성도들을 위해서 역
사하는 하나님의 측량할 수 없는 능력을 수식하고 있기 때문에, 충만함

---

131. 만물을 충만케 하시는 하나님의 충만함이 예수를 채우고, 만물을 충만케 하는 주
    예수가 그 하나님의 충만함으로 다시 교회를 충만하게 채우게 된다(Hoehner,
    299). 따라서 4:13에서 바울은 모든 성도들이 예수의 충만한 분량에까지 성장해야
    한다고 권면한다.
132. 참조, Hoehner, 300. 예수는 만물의 머리 됨으로 만물을 통치하는 주권자로서 만물
    과 관계하지만, 교회는 그의 몸으로서 그와 특별하고도 친밀한 관계 속에 놓이게
    된다. 참조, Dawes, 1998: 157.

은 하나님의 능력과의 연관성 속에서 이해되어야 한다.[133] 물론, 교회가 예수의 우주적 몸이라는 사실은 온 세상을 통치하고 채우는 머리 된 예수의 사역에 교회가 능동적인 주체로 동참하고 있다는 사실을 의미한다(Arnold, 2010: 119). 교회는 예수의 구원 사역의 대상이요 결과물인 동시에, 복음선포를 통하여 그 구원 사역을 전개해가는 능동적 주체이다.[134]

해설

이 본문에서 사도는 에베소 교회를 향한 자신의 감사와 기도를 길게 표현하고 있다. 사도가 감사하는 두 가지 이유는 에베소 교회 성도들이 주 예수를 향하여 품고 있는 믿음과 모든 성도들을 향한 사랑이다. 첫 번째, 예수를 향한 믿음은 하나님의 구원이 예수를 통해서 완성됐다는 사실과 이제 부활한 예수를 하나님이 우주의 주로 삼으셨다는 내용을 긍정적으로 받아들인다는 것을 의미한다. 앞에서 사도는 하나님의 구원을 측량할 수 없는 은혜 속에서 성도들을 예정하시고, 택하시고, 부르시고, 구속하신 것으로 설명했다. 그런데 이 모든 구원의 계획들이 예수를 통한 만물의 통일 속에서 이루어졌다. 예수를 통한 만물의 통일은 하나님의 뜻의 가장 고귀한 비밀이다. 예수께서 성취한 하나님의 비밀은 이제 성령을 통해서 성도들에게 계시되어 하나님을 찬양하도록 유

---

133. 충만함에 대한 심도 깊은 논의를 위해서는 Hoehner, 301-04를 참조하라.
134. 바울이 견지하는 하나님의 구원사적 관점에서 보면, 교회의 구성원들인 성도들은 이미 천사들과 함께 하늘에 앉힌 바 된 하늘의 시민들이다(엡 2:6). 그러나 종말론적 긴장 속에서, 성도들은 여전히 이 땅에서 악한 영들과의 영적 전투를 치러가야 한다.

도한다. 그런데 예수를 통한 하나님의 구원의 비밀의 시작은 바로 하나님의 사랑이다. 따라서 예수를 믿는다, 혹은 예수를 통해서 이루어진 하나님의 구원을 믿는다는 것은 그 안에 담긴 하나님의 사랑을 깨닫는다는 것을 의미한다. 그러므로 두 번째, 하나님의 비밀과 사랑의 동기를 깨달은 성도들은 이제 하나님의 사랑의 성품을 자신들의 성품으로 삼아야 하고, 다른 이들을 향하여 하나님의 사랑을 계시해야만 한다. 바울은 에베소 성도들이 서로를 향하여 보이는 사랑을 목격하면서, 그들이 믿음의 본질 즉 하나님의 성품과 구원의 근본적인 배경이 되는 사랑을 잘 이해하고 실천하고 있음에 크게 감사한다.

감사에 뒤이어, 사도는 자신이 에베소 성도들을 항상 기도 속에서 기억하고 있다고 고백한다. 바울은 자신의 기도에서 성도들이 '지혜와 계시의 영'인 성령을 받아 그들의 영안이 밝아지고, 하나님에 대한 지식에서 큰 진보가 있도록 간구한다. 사도가 간구하는 하나님에 대한 지식은 크게 세 가지를 포함하고 있다: (1) 성도들을 향한 하나님의 부르심의 소망, (2) 성도들 안에 존재하는 하나님의 기업의 영광의 풍성함, 그리고 (3) 믿는 자들을 향하여 역사하는 하나님의 측량할 수 없는 능력. 성도들을 향한 하나님의 부르심은 미래에 속한 소망을 담고 있다. 비록 성도들은 현재 예수와 함께 하늘에 앉힌 바 된 자들이지만, 높아진 예수와 함께 하나님의 자녀들로 높아지는 것을 체험하는 때는 미래로 연기되어 있다. 그런데 사도는 성도들이 하나님의 백성으로서 하나님의 기업 즉 유산이 됨을 강조하면서, 하나님의 풍성함을 따라 완성될 그의 백성들의 미래에 대해서 크게 기대할 것을 요청한다. 측량할 수 없는 능력으로 역사하는 하나님이 자신의 영광, 즉 명성에 걸맞게 성도들의 구원을 완성할 것이기 때문이다. 이에, 마지막으로, 사도는 성도들을 향하여 역사하는 측량할 수 없는 하나님의 능력의 위대함에 대해서 깨닫게 될 것을 간구한다.

하나님의 측량할 수 없는 능력은 죽음을 제압하고 극복한 예수 그리스도의 부활 사건과 만물을 그의 발 아래 복종시키고 예수를 자신의 우편에 앉도록 높여주신 사건에서 가장 잘 계시됐다. 하나님의 보좌 우편에 앉는다는 것은 우주의 왕이신 하나님의 주권을 공유한다는 것을 의미한다. 이를 위해서 하나님은 하늘에 존재하는 모든 정사와 권세와 능력과 통치와 이름들을 다 예수의 발 아래 복종시켰다. 예수에게 복종된 영적 존재들은 현 세대와 오는 세대에 속한 모든 존재들을 다 아우른다. 그런데 예수의 부활과 높아짐에서 역사한 하나님의 측량할 수 없는 능력의 계시는 성도들, 혹은 성도들의 집합체인 교회를 위해서라고 사도는 강조한다. 사도는 먼저 예수가 경험한 부활과 높아짐, 그리고 그 경험 속에서 역사한 하나님의 능력을 성도들이 동일하게 경험할 것을 알려 준다. 그리고 두 번째, 사도는 머리 되신 예수께서 교회에게 주어져 교회를 충만하게 채웠다고 가르친다. 이 사실은 교회가 이제 머리 된 예수의 몸으로서 우주를 통치하는 우주적 존재임을 알려 준다. 만물을 통치하고 채우는 예수의 사역에 몸 된 교회가 그의 동역자로 동참하게 됐다. 그러므로 사도는 교회를 만물을 충만하게 채우는 분의 충만함이라고 부른다. 이제 이어지는 본문 2:1-3:13에서 사도는 우주적 교회의 탄생과 선교적 사명에 대해서 좀 더 자세히 가르쳐 줄 것이다.

제2장
에베소서 2:1-3:13
교리적 가르침: 우주적 교회의 탄생

에베소서 2:1-3:13에서 바울은 앞선 자신의 기도와 감사의 근거가 됐던 내용들에 대한 교리적 가르침을 자세히 설명해 준다. 앞선 기도와 감사에서, 바울은 하나님의 비밀을 따라 예정되고 선택되고 부름 받은 성도들의 구원과 그 성도들로 구성된 우주적 교회의 탄생에 대해서 언급했다. 성도들이 보여주는 믿음과 사랑은 그들에게 임한 성부와 성자와 성령의 구원 사역의 효과성을 증명한다. 이에 사도는 에베소 성도들의 믿음과 사랑에 대해서 들은 후, 하나님께 깊이 감사했다. 교회의 탄생은 성부와 성자, 그리고 성령의 특별한 사역을 근거로 발생한 놀라운 사건이다. 교회의 탄생을 가져온 하나님의 특별한 사역을 바울은 다음과 같이 세분화해서 열거한다: (1) 구원을 계획하고 실행한 하나님의 지혜와 비밀, 그리고 측량할 수 없는 능력, (2) 구원을 완성한 예수 그리스도의 부활과 우주의 주로 높아짐, 그리고 (3) 구원의 확실성을 증거하는 성령의 보증 사역. 특별히, 에베소서에서 교회는 만물의 머리로 세워진 예수 그리스도의 우주적 몸으로 제시된다. 예수의 주권이 전 우주와 그 안에 존재하는 모든 영적 실체들을 다 포함하기에, 예수의 몸 된 교회도 그의 주권이 행사되는 통로로서의 우주적 존재가 된다. 이에 바울은 현재의 본문 에베소서 2:1-3:13에서 우주적 교회가 어떻게 탄생했는지에 대해서 상세히 설명하고자 한다. 우주적 교회의 탄생에 대한 바울의 교리적 가르침은 크게 세 부분으로 구성된다: (1) 예수 그리스도를 통한 구원과 새 창조(2:1-10), (2) 예수 그리스도를 통한 화해(2:11-22), 그리고 (3) 예수 그리스도가 세운 사도직과 선교적 사명(3:1-13).

1. 예수 그리스도를 통한 구원과 새 창조(2:1-10)

첫 번째 교리적 가르침으로, 바울은 먼저 인류를 위한 선물로 주어진 예수 그리스도의 희생의 사역이 어떻게 죄로 죽은 인간들을 다시 살리고 구원했는지에 대해서 설명한다(2:1-10). 로마서 1:18-3:20과 5:12-21에서처럼, 에베소서에서 바울은 구원을 경험하기 전 모든 인류는 예외 없이 다 죄 안에서 죽었고, 악한 영적 세력에 복종하여 종 노릇하던 자들이었다고 선포한다(엡 2:1-2). 율법을 소유한 유대인들이나 율법을 소유하지 못한 이방인들 모두 동일한 육체의 정욕에 따른 불순종을 통하여, 동일한 죄 속에서 죽고 동일한 하나님의 진노 아래 놓여 있었다. 그러나 세상 권세 잡은 자의 노예들에 불과한 죄인들을 위하여 하나님께서는 친히 자신의 아들을 희생 제물로 제공했다. 하나님께서 인류를 향하여 자신의 위대한 사랑을 먼저 보이신 것이다. 하나님은 예수의 죽음을 통하여 인류의 죄를 먼저 사하시고, 예수의 부활과 높아짐 속에서 예수 믿는 자들을 하나님과 함께 거하는 자녀들로 높여주셨다(2:5-10).

그러므로 에베소서 2:1-10에서 믿는 자들에게 주어진 하나님의 구원은 죄인들을 향한 하나님의 사랑과 은혜의 표현을 의미한다. 그리고 이 은혜는 원수된 인류로 하여금 하나님과 화해하게 만들고, 하나님의 자녀들로 회복시켜준 근거가 된다. 인류와 하나님을 화해시킨 하나님의 은혜는 자신의 아들 예수를 대속의 죽음으로 내어준 하나님의 자비로움의 결과이다. 따라서 성도들의 죄 용서와 하나님의 자녀들로 높아지는 구원의 경험은 '인간의 선한 행위들'을 통해서가 아니라, 예수 그리스도를 통해서 구원을 성취한 하나님을 믿는 믿음을 통해서라고 바울은 강조한다(2:8-10). 이제 바울은 구원을 선물로 받은 모든 성도들을 '새롭게 창조된 피조물들'(2:10)이라고 부른다. 하나님이 성도들을 새롭게 창조한 청사진은 하나님의 형상, 즉 그의 의롭고 선한 본성이고, 성도들을 새롭게 창조한 목적은 그들이 '하나님의 선한 일들'을 위하여 사는 것이다.

번역

1 여러분은 여러분의 허물과 죄를 인하여 죽었었습니다. 2 여러분은 자신의 허물과 죄 안에서 이 세상의 세대와[1] 공중의 권세 잡은 자, 곧 현재 불순종의 자녀들 안에서 역사하는 영의[2] 권세자를 따라 살았습니다. 3

---

1. 세대를 의미하는 헬라어 단어 '아이온'(αἰών)은 2세기 이후에 발생한 영지주의에서 영적 존재를 의미하는 전문용어로 쓰였다(Perkins, 56). 따라서 일부 학자들은 '아이온'을 뒤에 나오는 공중 권세 잡은 자와 연관된 영적 존재 혹은 능력으로 해석했다(Kobelski, 887; Gnilka, 114; Barth, 212). 그러나 바울서신에서 '아이온'은 시간적 측면에서의 세대를 의미한다(Perkins, 58; Lincoln, 1990: 94; MacDonald, 229). 이런 측면에서 볼 때, 현재의 에베소서 본문에서 사도가 의미하는 바는 공중 권세 잡은 자가 이 세대도 지배하고 있다는 것이다.
2. 여기서 헬라어 표현 τοῦ πνεύματος는, τῆς ἐξουσίας τοῦ ἀέρος와 마찬가지로, '권세자'(τὸν ἄρχοντα)를 수식한다.

전에는[3] 우리도[4] 다 그들 가운데서 우리 육체의 욕심을 따라 살면서 육체와 마음의 생각들이[5] 원하는 것들을 행하였습니다. 우리는 다른 이들과 마찬가지로 본질상 진노의 자녀들이었습니다. 4 그러나 자비가 풍성하신 하나님은 우리를 사랑하신 그 큰 사랑을 인하여 5 심지어[6] 우리가 죄로 인하여 죽어 있을 때에 우리를 그리스도와 함께 살리셨고 - 여러분은 은혜로 구원받았습니다.[7] - 6 그와 함께 부활시키셨고 그리스도 예수 안에서 하늘에 함께 앉히셨습니다. 7 이는 예수 그리스도 안에서 우리에게 자비하심 속에서 베푸신 그의 은혜의 측량할 수 없는 부요함을 오는 세대들에게 확증해 주기 원하셨기 때문입니다. 8 여러분이 믿음을 통하여 은혜로 구원을 받았으므로, 결코 이것은 여러분으로부터 말미암은 것이 아니라 하나님의 선물이며, 9 행위로 말미암은 것도 아닙니다. 그러므로 아무도 자랑하지 못할 것입니다. 10 우리는 우리의 삶의 방식이 되도록 하나님께서 미리 준비하신 선한 일들을 위하여 예수 그리스도 안에서 창조된 그의 피조물들입니다.

---

3. '전에는'으로 번역된 헬라어 표현 ποτέ는 성도의 회심 전 과거 경험을 가리키면서, 현재 성도들의 경험과 강한 대조를 이루고 있다.

4. 1-2절에서 바울은 '여러분'이라는 표현을 통해서, 에베소의 수신자들을 주대상으로 가르침을 전달했다. 그러나 3절에서는 '우리도'라는 표현을 통해서, 자신도 과거 회심 전 인류의 경험을 공유했음을 고백한다.

5. 여기서 헬라어 단어 τῶν διανοιῶν는 생각하는 주체로서의 마음을 의미할 수도, 생각의 결과 발생한 여러 가지 생각들을 의미할 수도 있다. 현재의 본문에서 복수형이 쓰였다는 사실은 후자를 더 적합한 해석으로 만든다. 참조, Thielman, 2010: 126; Hoehner, 320-21; Arnold, 2010: 133-34.

6. 여기서 헬라어 접속사 καί는 강조로 보는 것이 옳다. 참조, Thielman, 2010: 133; Hoehner, 329.

7. 갑작스럽게 삽입된 이 짧은 문장은 본문의 흐름을 다소 끊어버리는 것처럼 보인다. 그러나 이 삽입구는 이어지는 8-9절에서 바울이 자세하게 설명하고 싶은 중요한 진리를 그 안에 담고 있다.

주해

1-3절 (성도들의 회심 전 상태) 앞에서 사도는 예수를 죽은 자들로부터 살리시고 높여주신 하나님의 놀라운 능력에 대해서 언급했다(1:20-21). 그리고 자신의 수신자들이 이 하나님의 능력의 측량할 수 없는 부요함을 깨닫도록 간절히 기도했다. 왜냐하면 예수의 몸 된 교회는 그들의 머리 되신 예수가 경험한 부활과 높아짐, 그리고 하나님의 측량할 수 없는 능력을 동일하게 경험할 것이기 때문이다. 이에 사도는, 먼저, 구원받기 전 죄와 허물 안에서 '죽어 있던' 성도들의 과거 상태에 대해서 언급한다. 성도들의 죽음을 언급한 후에라야 비로소 바울은 그들의 부활과 하늘로 높아짐을 설명할 수 있기 때문이다. 물론, 무고한 예수의 희생의 죽음과는 달리, 과거 성도들의 회심 전 죽은 상태는(νεκρός) 하나님 앞에서 그들의 죄에 대한 심판으로서의 영적 죽음을 의미한다(Hoehner, 307).[8] 그들의 영적인 죽음은 하나님을 대적하는 그들의 '죄와 허물'(τοῖς παραπτώμασιν καὶ ταῖς ἁμαρτίαις)로 말미암아 생명을 주는 하나님으로부터 완전히 격리된 상태를 의미한다.[9] 생명의 하나님으로부터의 격리는 곧 생명이 존재하지 않는 죽음을 의미하고, 이 죽음은 그들

---

8. 죄와 죽음에 대한 바울의 논의 이면에는 아담과 인류의 타락을 담은 창세기 1-3장이 전제되고 있다. 이러한 아담의 타락 이야기를 배경으로 바울은 자신의 아담 기독론을 발전시킨다. 예수 새 아담 혹은 마지막 아담에 대한 논의는 로마서 5장과 고린도전서 15장에서 자세히 설명되고 있다. 그리고 빌립보서 2:6-11의 케노시스 시는 예수의 인생 여정을 아담의 인생 여정과 비교하며 노래하고 있다. 참조, 이승현, 2020b: 143-262.
9. 참조, Arnold, 2010: 129. 골 2:13에서 바울은 그들의 죄의 원인을 죄악된 본성의 할례 받지 못한 사실로 든다.

의 죄에 대한 마땅한 형벌을 의미한다(비교, 롬 6:23). 여기서 죄와 허물을 의미하는 헬라어 표현은 여격으로 등장하는데, 이 여격은 원인(causal) 및 영역(locative)을 표현하는 것으로 보인다. 이런 맥락에서, 과거 성도들은 그들의 죄와 허물 때문에, 그리고 죄와 허물 안에서 죽음을 경험하게 됐다.[10] 죄와 허물은 상호 다른 실체라기보다는, 인간의 죄성을 강조하기 위한 중언법(hendiadys)으로 보인다(Thielman, 2010: 122).

죄에 대한 영적 죽음의 선포를 바울은 로마서 5:12-21과 7:9-24에서 자세히 설명하고 있다.[11] 로마서에서 영적 죽음을 가져온 가장 근본적인 죄악은 탐욕이다(비교, 롬 7:7-10). 마찬가지로, 에베소서 2:3에서 바울은 영적으로 죽은 자들의 죄와 허물의 근원을 "육체의 욕심을 따라 육체와 마음이 원하는 것을 행하며 사는 것"이라고 선포한다. 여기서 '욕심'(ἐπιθυμία)은 하나님을 모르는 자들을 묘사하는 가장 중요한 특징으로서(비교, 살전 4:5), 자연인의 육체와 마음의 기본적 의지와 뜻(θέλη-μα)을 결정하는 요소이다. 그리고 육체(σάρξ)는 인간의 영적 상태와 대비되는 '중립적 의미에서의 육적 상태'를 지칭한다기보다는, '하나님을 대적하는 죄된 경향성을 지닌 자연인의 타락한 존재 상태'를 지칭한다(비교, 롬 8:8).[12] 따라서 바울에게 '육체의 욕심'은 하나님의 의지와 뜻을 추구하는 '성령의 욕구'와 강력하게 대치되고(갈 5:16-24), 하나님의 의지와 뜻과 대조되는 인간의 이기적인 의지와 뜻을 형성하게 된다. 인

---

10. 여기에 사용된 여격은 원인 및 영역을 동시에 의미하는 것으로 보인다. 참조, Arnold, 2010: 130; O'Brien, 1991: 157; Lincoln, 1990: 93; Best, 1998: 202; Barth, 213. 그러나 Hoehner, 308은 영역을 더 선호한다.
11. 참조, Byrne, 215-25; Longenecker, 2016: 584-98.
12. 참조, Lincoln, 1990: 98-99.

간의 이기적인 의지와 뜻은 하나님의 의지와 뜻을 거역하므로, 그들은 본질상 '불순종의 자녀들'(τοῖς υἱοῖς τῆς ἀπειθείας, 엡 2:2)이라고 불린다.

바울에 따르면, 육체의 욕심을 따라 사는 자연인의 삶은 세 가지 부정적인 결과를 초래한다. 첫 번째, 회심 전 자연인의 삶은 '이 세상의 악한 세대'(κατὰ τὸν αἰῶνα τοῦ κόσμου τούτου, 2절)의 영향력 아래서 '걷는'(περιεπατήσατε, 2절; 비교, 고후 10:2; 골 3:7) 삶이 된다. 여기서 헬라어 전치사 '까따'(κατά)는 단순히 세상 기준에 합한 모습으로 사는 것을 넘어서, 세상을 통치하는 악한 영의 '통제/통치 아래서' 사는 것을 의미한다.[13] 세상과 세대는 모두 인류의 억압받는 삶의 원인이 되는 현재의 악한 시대를 일컫는다(비교, 갈 1:4). '현재의 악한 시대'는 세상이 중요하게 생각하는 악한 가치들을 숭배하고 좇기에, 하나님의 가치가 완전하게 실현될 '오는 세대/시대'와 종말론적으로 대치된다.[14] 이 사실은 현재의 악한 시대가 종말론적 새 시대에 의하여 대체될 것임을 암시한다. 그런데 에베소서에서 세상은 단순히 피조된 세상을 일컫는 것을 뛰어넘어서, 하나님에 대한 적극적인 반역과 불순종으로 점철된 하나님의 원수된 세상을 의미한다(비교, 고전 3:19; 요 15:18-19).[15] 그리고 '걷는다'라는 표현은 고대의 유대인들에게 율법의 기준을 따라 사는 삶, 즉 그들의 일상에서 벌어지는 율법에의 순종, 혹은 불순종의 행위들을

---

13. 참조, Arnold, 2010: 130; Best, 1998: 202. 바울은 골 2:8에서 과거 회심 전 성도들은 세상의 기초적인 요소/영들 아래서 통제 받는 삶을 살았다고 선포한다. 이와 반대로, 롬 8:4에서 바울은 현재 성도들은 성령의 영향력 아래서 살고 있다고 가르친다. 갈 4:9-10에서 바울은 율법이 요구하는 절기와 규정들을 과거 인류를 통제했던 세상의 기초적인 것들 속에 포함시키고 있다.

14. 참조, Hoehner, 310; Bruce, 281.

15. 참조, Arnold, 2010: 131; Thielman, 2010: 123.

지칭하는 은유적 표현이었다(Arnold, 2010: 130). 하나님의 백성 이스
라엘은 가나안의 이방 족속들처럼 율법을 모른 채 불순종 가운데 '걷지
말아야' 했다. 그런데 바울에게 걷는다는 표현은 하나님의 뜻을 거스르
거나, 혹은 순종하는 특별한 형태의 삶을 의미하는 은유적 표현이다(엡
2:10; 4:1, 17; 5:2, 8, 15; 골 1:10; 2:6; 3:7).[16] 물론 바울에게 하나님의 뜻
은 율법 안에 기록된 계명들이라기보다는, 율법이 궁극적으로 지향하
는 하나님의 선한 요구들을 의미한다. 바울에게 율법에 담긴 하나님의
선한 요구들은 성령을 따라 걸음으로써, 즉 성령 안에서 삶으로써만 성
취할 수 있다(비교, 롬 8:1-4). 그러나 회심 전 자연인들은 세상의 원리
에 순종하며 살았기에 하나님의 법과 선한 요구에 불순종할 수밖에 없
었다.

　두 번째, 회심을 경험하지 못한 자연인의 삶은 공중 권세 잡은 자,
곧 지금 불순종의 자녀들 가운데서 역사하는 악한 영의 권세 아래 놓이
게 된다. 바울은 로마서 5:12-21에서 죄를 통해서 사망이 왕 노릇했다고
선포한다. 그러나 에베소서 2:2에서 사도는 사망이 아니라, 공중과 이
세대의 권세를 잡은 악한 영들이 불순종의 자녀들을 종으로 다스리고
있다고 선포한다. 로마서에 비해 에베소서는 인류를 다스린 권세를 죄
와 사망에서 공중 권세 잡은 자로 훨씬 더 인격화하고 있다. 여기서 '공
중 권세 잡은 자'(τὸν ἄρχοντα τῆς ἐξουσίας τοῦ ἀέρος, 2절)라는 표현
은 공중이라는 영역에서 통치를 실행하는 자를 의미한다. 공중(ἀήρ)은
하나님의 영역인 하늘/천국과 인간의 영역인 땅의 중간으로 볼 수 있다

---

16. 신구약 성서에서 발견되는 이 용어의 의미와 용례에 대해서는 Hoehner, 309를 참
　　조하라.

(비교, 필로, *On Giants* 1.6, 8; *PGM* IV.2699).[17] 고린도전서 2:6에서 바울은 이 세대의 통치자들은 다 멸망 당할 존재들이라고 선포한다. 예수는 복음서에서 이 통치자를 '악령들의 통치자', '바알세불', 혹은 '세상의 통치자'라고 부른다(마 9:34; 12:24; 막 3:22; 눅 11:15; 요 12:31). 에베소서에서 바울은 이 공중 권세 잡은 자를 현재 '불순종의 자녀들 가운데서 역사하는 영의 통치자'라고 부르면서, 그를 '악마'(διάβολος, 4:27; 6:11)와 동일시한다. 자신의 서신 다른 곳에서 바울은 이 악마를 사탄이라고도 부른다(살전 2:18; 살후 2:9; 고전 5:5; 7:5; 고후 2:11; 11:14; 딤전 1:20).[18]

여기서 공중 권세 잡은 자가 다스리는 '영'은 다양한 방식으로 이해됐다.[19] 이 영은 마귀의 통제 아래 놓인 인간의 영을 의미할 수도 있다(Hoehner, 315). 그러나 6:12에서 바울이 권세 잡은 자와 권세들과 더불어 다양한 악한 영적 존재들을 언급한다는 측면에서, 마귀의 통치를 받는 악한 영들을 의미한다고 보는 것이 더 옳다.[20] 1세기 당시 유대인들 및 헬라인들과 마찬가지로, 바울은 공중에 거하는 악령들이 땅에 살고 있는 자연인들을 통제하거나 그들의 삶에 큰 영향을 미칠 수 있다고 믿는다. 비록 마귀는 십자가에서 결정적으로 패배했으나(엡 1:20-22; 골 2:14-15), 종말의 심판 때까지는 성도들과 자연인들의 삶에 여전히 영향

---

17. 고대인들에게 공중은 달 아래, 그리고 지구 위에 위치한 영역을 의미했다. 참조, Urmson, 10. 바울 당시 유대인들과 헬라인들은 대체로 악령들이 공중에서 배회하고 있다고 믿었다. 참조, Arnold, 2010: 132; Thielman, 2010: 123.
18. 참조, Thielman, 2010: 124.
19. 이에 대한 다양한 해석들과 그에 대한 비판을 위해서는 Hoehner, 313-15를 참조하라.
20. Thielman, 2010: 124; O'Brien, 1991: 160; Arnold, 2010: 132; MacDonald, 229-30.

을 미칠 수 있다(엡 4:27; 롬 8:38-39). 결과적으로, 회심 전 자연인들은 이 시대의 세상 풍조와 가치의 노예가 되어 살 뿐만 아니라, 이 악한 세상을 다스리는 마귀의 통치 아래서 살고 있다. 그러나 회심한 성도들은 마귀와 악령들의 통치로부터 벗어난 존재들이기에, 그들로부터 오는 계속적인 도전을 영적 전투를 통해서 극복해 가야 한다(엡 6:10-20; 비교, 벧전 5:8-9).

세 번째, 육체의 욕심을 따라(ἐν ταῖς ἐπιθυμίαις τῆς σαρκὸς, 3절) 사는 자들은 다 하나님의 진노의 대상인 '진노의 자녀들'이 된다. 현재의 본문에서 '육체'는 회심 전 성도들과 자연인들에게 영향을 미친 악한 존재들 중 하나이다.[21] 이 세상과 공중 권세 잡은 자와 함께 육체는 인류를 노예로 삼은 세 주인들 중 하나로 이해된다. 여기서 바울은 육체를 단순히 하나님 앞에서 불완전하고 약한 자연인의 상태로 보는 구약적 이해를 넘어서(비교, 욥 34:15; 시 78:39; 사 31:3; 40:6; 렘 17:5),[22] 하나님께 적극적으로 불순종하는 인격적 존재로, 그리고 인간을 통제하며 다스리는 영적 존재로 인격화시킨다(비교, 롬 8:5-8; 갈 3:3).[23] 구약에서 육체는 그에 대한 윤리적 판단을 배제한 채, 주로 인간의 물질적 구성을 지칭하는 용어로 쓰였다. 마찬가지로, 에베소서 2:14-15에서 육체는 중립적인 의미에서 성육신한 예수의 물질적인 몸을 지칭하는 데 사용되고 있다. 그러나 현재의 에베소서 본문과 다른 서신에서 바울은 '육체'라는 단어로 하나님의 뜻을 이루는 성령과 대치되는 악한 존재를 종종 묘사한다(갈 5:13-19; 롬 7:5-6, 14-25). 바울과 유사하게, 쿰란 공

---

21. 육체에 대한 다양한 해석들과 구약과 신약에서의 용례에 대한 분석을 위해서는 Hoehner, 319-20를 참조하라.
22. 이 성서적 예들은 Arnold, 2010: 133로부터 빌려왔다.
23. 참조, Dunn, 1998: 111-14.

동체도 '육체'라는 단어로 단순히 윤리적인 약함을 넘어서, 인간으로 하여금 죄를 짓고 죄의 노예가 되게 하는 영적 권세를 가리켰다(예, 4Q416 1:10-16; 4Q417 2.16-18; 4Q418 81:1-2).[24]

그런데 육체가 회심 전 인류를 노예화시키는 방법은 그 육체 안에 거하는 욕심(ἐπιθυμία)을 통해서이다. 욕심이라고 해석된 헬라어 단어 '에삐튀미아'는 중립적, 긍정적, 혹은 부정적 갈망을 모두 표현할 수 있다.[25] 그러나 바울의 이해에서 '육체가 생산하는 욕망'은 하나님을 대적하는 가장 부정적인 현상이다. 이에 바울은 성령을 대적하는 육체의 욕망을 따라 살지 말고, 성령을 따라 걸으라고 권면한다(갈 5:16-17). 모든 욕심은 제2성전시대 유대인들의 사상에서 인류를 지배하는 '악한 마음' 혹은 '악한 경향성'으로 이해된다(에스라4서 3:20-27; 4:30; 바룩2서 18:1-2; 23:1-7; 24:1; 비교, 롬 1:24).[26] 이 악한 마음은 아담과 그에게 속한 모든 인류로 하여금 하나님 앞에서 타락하게 만든 근본적인 원인으로 간주된다. 그리고 악한 마음은 모든 인류가 물려받은 독특한 유전적 현상인 동시에, 인류가 사는 피조 세계 전체에도 영향을 미치는 우주적 현상이다(비교, 창 8:21; 에스라4서 3:7; 7:48; 7:68-69; 8:35; 롬 5:12-21; 8:19-22).[27] 이 악한 마음을 극복하는 방법으로 유대인들은 율법을 제시한다. 그러나 바울은 율법 안에는 인간의 악한 마음을 극복할 능력이 결여되어 있다고 믿는다(비교, 롬 7:5-24). 바울에게 인간의 욕심을 품은 악한 마음과 육체의 권세를 극복할 수 있는 유일한 길은 하나님의

24. 참조, Frey, 1999: 45-77.
25. 이 단어에 대한 포괄적인 이해를 위해서는 Hoehner, 317-19를 참조하라.
26. 참조, 이승현, 2020b: 500-01.
27. 참조, 이승현, 2020b: 499-503.

성령을 통해서이다(롬 7:25-8:9).[28]

육체의 욕심을 따라 산다는 것은 하나님의 진노를 유발하므로, 회심 전 자연인을 바울은 '본질상 진노의 자녀들'(τέκνα φύσει ὀργῆς,[29] 엡 2:3)이라고 칭한다. 진노의 자녀들이라는 표현은 불순종의 자녀들과 거의 동의어로 사용되는 히브리적 표현이다(비교, 1QH 1:25; 1QS 1:10; 3:21)(Hoehner, 315). 이 표현은 그들이 종말의 때에 경험하게 될 종말론적 심판을 전제로 하고 있다. 바울은 자연인들에게 임할 종말의 심판을 통해서 하나님 앞에 선 그들의 본질적 정체성을 규정하고 있다(살전 1:10; 5:9; 롬 2:5; 3:5; 골 3:6). 본질(φύσει)이라는 표현을 통해서 바울은 인간이 유전적으로 가지고 태어난 죄성과 그 결과 그들이 경험할 하나님의 진노가, 만약 하나님의 사랑이 개입하지 않았다면, 당연한 인간의 운명이었음을 알려 준다(비교, 롬 5:12-21; 1:18-3:20).[30] 이미 2:1에서 바울은 인간은 죄와 허물로 죽은 상태에서 태어난다고 선포했다. 그러나 곤경에 처한 피조물을 향한 창조주 하나님의 신실하심은 인류의 역사에 놀라운 반전을 만들어 낸다. 이 사실을 바울은 이어지는 4-6절에서 하나님의 은혜의 개념을 통해서 상세하게 설명한다.

4-6절 (하나님의 은혜가 가져온 반전) 1-3절에서 묘사된 인류의 절망적인 삼중적 노예 됨의 상황에도 불구하고, 사도는 '그러나 하나님께서'(ὁ

---

28. 참조, 이승현, 2018b: 287-95.

29. 여기서 소유격 ὀργῆς는 목적을 나타내는 소유격이다. 즉 '진노의 자녀들'은 이 자녀들이 궁극적으로 경험할 내용이 진노임을 표현하는 것으로 보인다. 참조, Arnold, 2010: 134; Daniel Wallace, 1996: 101.

30. 갈 2:15에서 바울은 이 헬라어 단어 φύσει를 통해서 회심 전 유대인과 이방인을 구분한다. 그러나 예수-믿음을 통하여 이 자연적·인종적 구분은 극복되고, 하나님의 백성 공동체로 연합하게 된다. 이 사실을 바울은 엡 2:11-22에서 자세히 확장해서 설명하고 있다.

δὲ θεὸς)라는 표현을 통해서 인류의 운명에 전혀 새로운 반전이 발생했음을 알려 준다. 은혜와 자비가 풍성하신 하나님이 인류를 향한 사랑으로 인하여, 죄와 허물 가운데 죽어있던 인류에게 새로운 생명의 기회를 부여했다. 은혜와 자비 그리고 사랑은 모세에게 계시됐던 하나님의 자기계시의 핵심적 내용들이다(출 34:6-7; 비교, 시 103:8; 욘 4:2; 미 7:8). 과거 이스라엘의 역사에서 하나님의 은혜와 자비 그리고 사랑은 출애굽의 사건을 통해서 이스라엘에게 분명하게 계시됐다.[31] 그러나 바울에게 하나님의 사랑은 이 땅에 보내진 독생자 예수를 통해서 가장 결정적으로 표현됐다(엡 1:6-7; 롬 5:1-10; 8:39; 비교, 눅 1:78; 막 5:19; 요 3:16). 하나님의 사랑받은 아들 예수께서는 인류의 죄에 대한 희생의 제물로 드려짐으로써 인류를 향한 하나님의 사랑을 분명하게 계시하셨다. 바울에게 예수 그리스도는 만물을 그 안에서 통일할 하나님의 뜻의 비밀이다(엡 1:9-10). 그리스도를 통한 하나님의 비밀의 성취 결과, 예수 그리스도 안에서 하나님의 백성 교회가 탄생하게 됐다.

　그러므로 하나님의 뜻의 경륜이 예수를 통해서 가장 효과적으로 실행됐다는 증거는 바로 하나님의 백성인 교회의 탄생이다(1:22-23). 하나님의 교회는 예수를 머리로 하는 몸 된 성도들의 연합체이므로, 2:4-6에서 바울은 '우리'라는 교회론적 표현을 통하여 하나님의 사랑이 가져온 구원을 상세하게 설명한다. 특별히 바울은 하나님의 구원을 성도들이 1-3절에서 묘사된 인류의 삼중적 노예 됨을 어떻게 극복하게 됐는지를 중심으로 상세히 설명한다: (1) 죄 가운데 죽은 '우리'를 예수 그리스

---

31. 구약에서 하나님의 사랑과 자비는 다분히 조상들과의 언약에 근거한 언약적 특색을 띠고 있다. 참조, Arnold, 2010: 134. 비교, Thielman, 2010: 132-33; Hoehner, 326-27.

도와 함께 살리시고(συνεζωοποίησεν, 5절), (2) 함께 부활시킨 후
(συνήγειρεν, 6절), (3) 함께 하늘에 앉게 해 주셨다(συνεκάθισεν, 6절).[32]
이 세 동사들은 믿는 자들을 위해서 역사한 '하나님의 능력의 측량할
수 없는 부요함'(1:19)이 어떻게 그들을 억압하던 영적 세력들과 세상
그리고 육체의 노예 됨으로부터 그들을 구원(ἐστε σεσῳσμένοι,[33] 5절)
했는지에 대한 자세한 설명을 그 안에 담고 있다(2:1-3). 사실, 하나님의
능력은 이미 앞에서 예수를 살리고, 높이고 하늘에 앉힌 사실에서 그 측
량할 수 없는 힘이 발현된 것으로 선포됐다(1:20-22). 현재의 본문에서
바울은 믿음으로 예수와 연합된 성도들은 예수께서 경험하신 하나님의
능력의 여러 효과들을 자신들의 체험 속에서 재경험하게 된다고 가르
치고 있다.

첫 번째, 하나님은 먼저 죄를 인하여 영적으로 죽어 있던 성도들을
예수 그리스도와 함께 살리셨다(5절). '함께 살리심'을 뜻하는 헬라어
단어 '쉬조오뽀이에오'(συζωοποιέω)는 영적 부활을 상징하는 성도들의
세례의식과 깊은 연관이 있는 단어이다(비교, 골 2:11-13; 벧전 3:18; 고
전 15:22-23; 롬 6:1-3).[34] 로마서 6:1-3에서 바울은 예수와 연합한 성도
들은 예수의 죽음 안에서 함께 죽고, 예수의 부활 안에서 함께 살아남을

---

32. 여기서 '함께'를 의미하는 헬라어 전치사 '쉰'(συν)은 성도들에게 임한 하나님의 구
원이 예수와 함께 발생한 기독론적 사건임을 알려 준다. 이처럼 바울에게 예수는
성도들에게 임한 모든 구원의 결정적인 통로이다(비교, 롬 6:3-11). 참조, Thielman,
2010: 134.
33. 이 우언적 표현(periphrastic construction) 안에 현재 완료형 동사 σεσῳσμένοι가
분사의 형태로 등장하고 있다. 이 완료형 동사는 성도들이 과거 경험한 구원이 현
재 그들의 경험의 일부임을 강조한다. 즉, 구원은 현재 성도들이 경험하고 있는 실
체이다. 참조, Thielman, 2010: 135; Arnold, 2010: 136; Fanning, 319.
34. 참조, Barth, 232-38. 비교, O'Brien, 1991: 167.

입었다고 가르친다. 성도들이 경험하는 새로운 삶은 바로 예수께서 경험하신 부활의 새로운 삶에 그 기반을 두고 있다. 특별히, 에베소서에서 예수와의 연합은 성도들로 하여금 예수께서 경험하신 하나님의 측량할 수 없는 능력을 함께 경험하게 해 준다. 하나님의 능력에 대한 성도들의 첫 번째 경험은 예수와 함께 하나님을 향하여 살아나는 영적 부활이다.[35] 이 살아남의 경험은 죄 가운데서 죽어 있던 그들의 회심 전 상태인 영적 죽음에 대한 하나님의 해결책이다(2:1). 여기서 바울은 죄인이었던 성도들을 다시 살린 유일한 동기는 그들을 향하여 자비가 풍성하신 (πλούσιος ὢν ἐν ἐλέει) 하나님의 사랑이었다고 선포한다. 이 사실을 바울은 '우리를 사랑하신 그의 위대한 사랑 때문에'(διὰ τὴν πολλὴν ἀγάπην αὐτοῦ ἣν ἠγάπησεν ἡμᾶς, 4절)라는 표현을 통해서 분명히 한다. 죄인들을 향한 아버지 하나님의 자비와 사랑은 예수의 가르침 중에서 탕자의 비유에서 가장 잘 드러난다(눅 15:11-32).[36] 결국 하나님의 자비와 사랑은, 첫 번째, 진노의 자녀들을 향한 형벌 대신 구원을 제공했고, 두 번째, 그들을 억압하던 영적 세력들로부터의 구원을 가져다주었다. 에베소서에서 사랑은 하나님 아버지와 아들 예수(1:6), 하나님과 성도들(1:4, 6; 2:4), 예수 그리스도와 성도들(3:17, 19; 5:1-2, 25), 그리고 성도들 간의 관계(5:2, 25, 28; 4:2, 15-16)를 규정하는 가장 핵심적인 개념이다.[37]

---

35. 예수께서 육체적으로 죽고 부활을 경험하신 반면에, 성도들은 아직 육체적 죽음을 경험하지 않았다. 그러므로 성도들의 죽음과 다시 살아남은 모두 영적인 현상이다. 참조, Hoehner, 330.

36. 바울은 자신의 회심과 사도직을 모두 하나님의 자비로 돌린다(고전 7:25; 15:9-10; 고후 4:1).

37. 이런 면에서, 바울은 독자들을 3-6장에서 전달할 윤리적 가르침에 대해서 미리 준비시켜 주고 있다. 참조, Thielman, 2010: 133.

그리스도와 함께 다시 살아남을 경험하게 된 성도들은, 하나님의 구원의 두 번째 효과로서 그리스도와 함께 하늘나라로 올려짐을 경험했고, 세 번째로는 그리스도 안에서 하나님과 함께 앉게 되는 특권을 경험하게 됐다(6절). 이 사실은 이제 성도들이 그들을 억압하던 악한 영의 권세로부터 자유로워졌을 뿐만 아니라, 그리스도와 함께 그들보다도 더 높은 존재들이 됐다는 것을 의미한다. 물론 성도들의 부활과 높아짐의 완성은 아직 실현되지 않은 미래의 사건이지만, 에베소서에서 사도는 이 사건이 '이미' 하늘 나라에서 완성된 사건이라고 선포한다(골 3:1; 비교, 고전 1:21; 7:16; 9:22; 롬 11:14). 이처럼 성도의 부활과 높아짐을 과거형의 동사들을 통해서(συνήγειρεν, συνεκάθισεν, 6절) 이미 발생한 사건으로 주장하는 에베소서의 가르침은 매우 특이하다.[38] 물론 바울에게 구원은 이미 예수 사건을 통해서 완성된 사건이기에, 현재는 구원받을 때이고(고후 6:2; 롬 8:24), 또 구원이 진행되고 있는 때이다(고전 1:18; 15:2-4; 고후 2:15). 그러나 대체적으로 바울은 자신의 다른 서신에서 구원을 성도가 미래에, 즉 주 예수의 재림의 날에 경험할 가장 결정적인 사건으로 묘사한다(살전 1:9-10; 2:16; 고전 3:15; 10:33; 롬 5:9-10; 8:24; 10:9). 주 예수의 날에 종말의 심판관 예수께서 원수들을 향하여 베푸실 심판과 더불어, 성도들에게 영생의 구원이 제시될 것이다(비교, 고전 15:23-27, 52-53; 고후 4:16-5:10; 롬 8:23, 29; 빌 3:21).[39] 이에 바울은 구원을 성도들의 영광의 소망이라고 칭한다(롬 8:24-25). 그러나 에베소서 1:5-14에서 바울은 하나님께서 '이미' 성도들을 택하시고,

---

38. Thielman, 2010: 135. 그러나 바울의 저작설이 논쟁의 대상이 되는 서신들에서는 이러한 현상이 그리 특이해 보이지 않는다. 참조, 딤후 1:9; 딛 3:5.

39. 참조, Dunn, 1998: 487-98.

구원하시고, 구속하셨음을 인하여 하나님을 찬양하고 있다. 비록 구원의 마지막 선포가 미래에 속했다 할지라도, 하나님이 그 구원을 예수를 통해서 성취하고 자신의 영을 통해서 인치고 보증한 사건이기에(엡 1:14), 하나님의 관점에서 구원은 이미 과거에 완성된 실체이다. 그러므로 에베소서에서 바울은 성도의 구원 경험이 포함하고 있는 종말론적 미래성을 희생시키지 않으면서도, 그 구원 경험의 현재성을 크게 부각시키고 있다.[40]

그러나 이러한 영적 특권은 성도들이 스스로 경험할 수 있는 개인적 체험이라기보다는, '오직 그리스도와 함께'(τῷ Χριστῷ), 혹은 '그리스도 안에서'(ἐν Χριστῷ)만 체험할 수 있는 것이다.[41] 이 두 헬라어 표현들은 성도들과 예수 그리스도 간에 존재하는 긴밀한 연합을 상징하면서,[42] 성도들의 구원과 그 안에 포함된 다양한 특권들이 모두 예수의 사역과 그와의 관계에 전적으로 의존하는 것임을 알려 준다. 성도들의 구원 경험은 그들이 연합한 예수의 경험을 재경험하는 것이기 때문이다. 사실, 성도들의 구원을 묘사하는 위의 세 과거형 동사들(συνεζω-οποίησεν, 5절; συνήγειρεν, 6절; συνεκάθισεν, 6절)은 예수의 부활, 승천, 그리고 높아짐을 분명하게 암시하고 있다.[43] 이미 1:19-21에서 바울은 하나님의 측량할 수 없는 능력이 예수의 부활, 하나님의 우편으로 앉히심, 그리고 만물을 그 발 아래 복종시킴에서 능력 있게 역사했다고 선

---

40. 이에 대한 더 상세한 논의를 위해서는 Thielman, 2010: 135-37, O'Brien, 1991: 169, 그리고 Arnold, 2010: 145-49를 참조하라. 비교, Lindemann, 137.

41. 참조, Allen, 1986: 103-20.

42. 위의 헬라어 기독론적 표현들과 예수와 성도들 간의 연합에 대해서는 다음을 참조하라. 참조, Dunn, 1998: 390-412; Campbell, 2012.

43. 참조, O'Brien, 1991: 170.

포했다. 그리고 머리이신 예수의 높아짐은 몸 된 교회를 위함이고, 예수를 향해서 역사한 하나님의 능력이 성도들을 위해서도 동일하게 역사한다고 강조했다. 이 사실은 예수의 경험을 교회를 구성하는 성도들이 동일하게 경험할 것임을 의미한다. 성도들의 구원 체험은 오직 예수 그리스도 안에서, 예수 그리스도를 통해서만 경험될 수 있다.

현재의 본문 2:4-6에서 바울은 이 점을 상세하게 설명하고 있다. 로마서에서도 바울은, 비록 부활의 미래성을 여전히 강조하고 있지만(롬 6:5, 8), 성도들이 자신들을 하나님 앞에서 이미 살아난 자들로 믿고 새 생명 안에서 걸으라고 가르친다(6:4; 8:11, 13; 12:1-2). 그러나 에베소서는 다른 서신들과 비교해 볼 때 한 가지 점에서 매우 특이하다.[44] 에베소서 2:6에서 바울은 하나님이 성도들을 이미 부활시켰다고 선포하는 것을 넘어서, 이미 하늘에서 그리스도와 함께 하나님 보좌 우편에 앉히셨다고 선포한다.[45] 이 선포를 통해서 바울은 성도들이 주 예수의 부활과 새로운 생명뿐만 아니라, 그와 함께 높아짐을 현재 공유하고 있다는 점을 분명히 강조한다(비교, 골 3:1-3; 갈 4:26; 빌 3:20).[46] 이처럼 에베소서의 종말론은 바울의 다른 서신에서보다도 더 현재성을 강조한 실현된 종말론을 보여주고 있다. 그럼에도 불구하고, 에베소서의 종말론은 여전히 미래지향적인 종말론이다.[47] 성도들이 예수의 높아짐과 그 높아짐을 가능하게 한 하나님의 능력을 예수와 함께 경험하고 있기에(엡

---

44. Arnold, 2010: 136; Harris, 77-78.
45. 2:6에서는 '하나님 우편에'라는 표현이 빠져있다. 그러나 동일한 표현이 여기에 함축되어 있다고 보는 것이 옳다. 예수 안에서 성도들은 영적 권세들에 대한 예수의 능력과 주권을 다소 공유하며 누리고 있다. 참조, Arnold, 2010: 137. 비교, O'Brien, 1991: 171.
46. 참조, O'Brien, 1991: 171; Arnold, 2010: 148.
47. 참조, Hoehner, 336; O'Brien, 1991: 171-72; Arnold, 2010: 136-37.

2:10; 4:1, 17; 5:2, 8, 15), 성도들은 현재 이 땅에서 역사하는 악한 영들과 적극적으로 맞서 싸우도록 권면받는다(6:11-12). 악한 영들과의 영적 전투가 여전히 필요하다는 사실은 성도들의 경험적인 측면에서 여전히 미래에 경험할 구원의 요소가 남아 있음을 알려 준다.

7절 (하나님의 은혜가 의도하는 궁극적 목적) 그렇다면 성도들에게 영적인 생명과 더불어 하늘로 높아짐을 허락한 하나님의 구원의 궁극적인 의도는 무엇일까? 사도는 이 질문에 대한 해답을 '오는 세대들에게 증거해 주고자 하는 하나님의 은혜의 측량할 수 없는 부요함'에서 찾는다. 하나님의 은혜는 1장에서 반복해서 등장하면서, 사도로 하여금 하나님께 감사를 드리게 했던 가장 중요한 이유이다(1:4-6, 11-12). 그러나 2:7에서 사도는 하나님의 은혜의 놀라움을 강조하기 위하여 세 가지 헬라어 표현들을 추가한다: '휘뻬르발론'(ὑπερβάλλον, '측량할 수 없는'), '쁠루또스'(πλοῦτος, '부요함'), 그리고 '크레스또떼스'(χρηστότης, '자비/친절').[48] 사도는 '측량할 수 없음'이라는 단어를 하나님의 은혜 이전에 이미 하나님의 능력의 위대함에 대해서 적용했다(1:9). 그리고 지식을 뛰어넘는 예수 그리스도의 사랑에 대해서도 이 단어를 적용할 것이다(3:19). 이처럼 성도의 구원을 창출한 성부와 성자의 사랑과 은혜의 가장 중요한 특성을 사도는 '측량할 수 없음'이라고 정의한다.

그런데 이 세 가지 은혜의 특징들에 더하여, 7절에서 바울은 하나님의 은혜의 네 번째 특징을 추가한다. 하나님의 은혜는 과거와 현재뿐만 아니라, '오는 (모든) 세대들'(ἐν τοῖς αἰῶσιν)에게까지 그 영향을 미칠

---

48. 바울 당시 로마 황제들은 자신들이 백성들에게 베푼 은혜에 대한 찬양을 강조했고, 또 자신들의 업적에 대해서 인정받기를 원했다. 이런 면에서, 하나님의 은혜에 대한 바울의 강조에는 다소 변론적인 측면이 존재한다. 참조, Harrison, 2003: 231; Whitlark, 325-57.

것이다. 2절에서와 마찬가지로, 7절에서 역시 세대를 의미하는 헬라어 단어 '아이온'은 영적 존재를 의미한다기보다는(Lindemann, 121-29), 시간/세대를 지칭하는 것으로 보는 것이 옳다.[49] 그리고 '아이온'이 지칭하는 시간은 제한이 없는 무한대의 시간일 수도(비교, 갈 1:5; 요 6:51), 혹은 특정한 기간을 의미할 수도(엡 1:21; 2:2; 3:9; 갈 1:4) 있다.[50] 그런데 여기서 세대를 지칭하기 위하여 복수형 헬라어 명사가 사용되는 이유는 영원을 구성하는 끝없는 세대들을 다 포함하여, 하나님의 은혜가 미치지 않는 시간이 존재하지 않음을 강조하기 위함이다.[51] 물론 사도에게 하나님의 측량할 수 없는 은혜가 증거되는 혹은 증명되는 (ἐνδείκνυμι)[52] 것은 우주의 모든 존재들에게 공개적으로 계시되는 전 우주적 사건이다(비교, 엡 1:15-23).[53] 그리고 이 우주적 계시는 오직 예수 그리스도를 통해서 실행된다. 이 사실을 사도는 '예수 그리스도 안에서'(ἐν Χριστῷ Ἰησοῦ)라는 기독론적 표현을 통해서 분명히 한다. 이미

---

49. Perkins, 62; Lincoln, 1990: 110-1; MacDonald, 233; Thielman, 2010: 138.
50. '오는 세대들'을 예수의 재림 때까지의 시간들로 보는 견해가 제시됐다(비교, Hoehner, 337 n.6). 그러나 이 표현은 영원을 구성하는 모든 세대들로 보는 것이 더 옳다. 왜냐하면 예수의 재림 이후에도 하나님의 은혜에 대한 찬양은 영원히 지속될 것이기 때문이다.
51. 참조, Arnold, 2010: 138; O'Brien, 1991: 173; Hoehner 337-38; O'Brien, 1994: 140-41.
52. 이 헬라어 단어는 신약에서 15번 정도 등장하는데, 히 6:10-11을 제외하고는 모두 바울서신에서 등장하고 있다. 이 단어는 주로 사람들이 자신에 대해서 계시하는 그 어떤 것들을 지칭하기 위해 사용된다. 그러나 바울은 하나님에 관한 자기계시를 위해서도 이 단어를 사용하고 있다(비교, 롬 9:17, 22; 3:25-26; 딤전 1:16). 참조, Thielman, 2010: 138.
53. Barth는 이 단어를 법률적 용어로 이해하여, 하나님과 우주가 교회를 통하여 법률적 송사를 진행하고 있다고 해석한다(Barth, 238-42). 그러나 에베소서 본문은 이에 대한 어떤 증거도 제공하지 않고 있다. 참조, Hoehner, 337.

1:10에서 사도는 하나님의 뜻의 비밀은 '그리스도 안에서 하늘과 땅의 만물을 통일'하는 것이라고 선포했다. 결국, 사도는 예수 안에서 성도들에게 구원이 허락된 궁극적 목적은 하나님의 은혜가 시공간 축들을 통하여 전 우주에 증거되기 위함임을 분명히 한다.

　　8-9절 (인간 행위의 결과물이 아니라, 하나님의 선물인 구원) 위에서 사도는 성도의 구원은 영광을 받기 원하는 자비로운 하나님의 은혜의 결과였다고 선포했다. 이제 바울은 하나님의 은혜가 성도 구원의 유일한 근거가 됨을 하나님의 선물과 인간의 행위 간의 대조를 통해서 다시 한번 강조하고자 한다. 그러나 비록 구원이 전적으로 하나님의 은혜에 의해서 제공되지만, 그 구원을 체험하는 통로는 믿음을 통해서(διὰ πίστεως, 8절)이다. 믿음은 하나님의 자비의 구원을 담은 '진리의 메시지', 즉 '구원의 복음'을 들었을 때, 성도들이 그 복음을 향하여 보이는 긍정적 수용 반응이다(1:13). 성도들이 보인 믿음의 반응은 미래의 구원을 현재 보증하는 성령의 인치심을 가져온다(비교, 갈 3:1-5). 로마서와 갈라디아서에서 바울은 이러한 믿음에 대한 깊은 이해를 한마디로 '예수-믿음'이라고 칭한다(비교, 롬 3:22; 갈 2:16-20).[54] 성도의 믿음은, 첫 번째, 예수의 정체와 사역, 두 번째, 예수를 통해서 이룬 하나님의 구원, 그리고 세 번째, 그 구원을 필요로 하는 인간의 죄인 됨에 대한 하나님의 평가와 해결책을 긍정적으로 수용하는 것이다(비교, 롬 10:9-10).[55]

---

54. 이 표현은 크게 '목적어적 소유격'(objective genitive)과 '주어적 소유격'(subjective genitive)의 두 견해로 이해됐다. 이 두 견해들에 대한 가장 전형적인 예들로 James Dunn과 Richard Hays의 견해들을 들 수 있다. 대다수의 학자들은 두 사람의 견해에 크게 의존하고 있다. 이 두 견해들의 특징과 연관된 논쟁에 관해서는 다음을 참조하라. 참조, Hay and Johnson, 35-92.

55. 참조, Arnold, 2010: 139; Dunn, 1998: 834-42.

그러나 사도는 이 믿음조차도 성도들로부터 난 것이 아니라(οὐκ ἐξ ὑμῶν), 성도들에게 선물로 주어진 하나님의 구원 패키지에 속했다라고 주장한다. 이 사실은 중성 지시대명사 '뚜또'(τοῦτο, 8절)가 '믿음을 통해서 성도들이 은혜로 구원을 경험했다'는 사실 전체를 가리킨다는 점에서 잘 드러난다.[56] 바울의 이해에서는, 구원을 제시한 하나님은 '능동적인 주체'(active agent)로, 그리고 그 구원을 믿음으로 수용한 성도들은 '수동적인 주체'(passive agent)로 기능한다.[57] 이에 사도는 예수-복음에 대한 영접을 의미하는 인간의 긍정적 반응으로서의 믿음과 하나님의 구원은 인간의 행위의 결과물이 아니라(οὐκ ἐξ ἔργων), 전적으로 '하나님으로부터 온 선물'(θεοῦ τὸ δῶρον)임을 다시 한번 선포한다(비교, 롬 3:21-26). 이 사실은 왜 아무도 자신의 구원에 대해서 자랑할 수 없는지에 대한 이유를 알려 준다(비교, 롬 4:2-5). 대신, 성도들은 오직 예수의 희생을 통해서 구원을 제공한 하나님만 자랑해야 한다(롬 5:9-11). 그리고 자신들이 하나님으로부터 오는 선물을 은혜로 받았다는 것만 자랑해야 한다.

하나님의 구원은 믿음을 통해서만 경험할 수 있는 하나님의 선물이라는 사실은 인간 구원의 문제에 있어서 인간의 행위가 그 어떤 기여도 하지 않는다는 사실을 알려 준다. 사실, 에베소서에서 나타나는 바울의 인간 이해에 따르면, 회심 전 인간은 그 어떤 선한 행위도 창출해 낼 수

---

56. 참조, MacDonald, 233; Hoehner, 343; Lincoln, 1990: 112; Best, 1998: 226; O'Brien, 1991: 175. 그러나 Arnold, 2010: 139는 하나님의 선물은 은혜의 구원만을 포함할 뿐, 믿음을 배제한다고 주장한다. 비교, Thielman, 2010: 143. 그러나 엡 1:15에서 헬라어 단어 '뚜또'는 1:3-14 전체를, 3:1에서는 2:11-22 전체를, 그리고 3:14에서는 3:1-13 전체를 수식하고 있다.
57. 이 둘 간의 역동적 관계에 대해서는 다음을 참조하라. 참조, Barclay, 2015; Barclay, 2020; Barclay and Gathercole, 2006.

없다. 왜냐하면 회심 전 자연인은 죄와 허물 가운데서 죽어 있는 존재들이기 때문이다(엡 2:1-3). 그들은 공중 권세 잡은 자의 노예들로서, 그가 다스리는 세상의 풍습과 가치에 복종하는 진노의 자녀들에 불과하다. 영적으로 죽어 있는 자들은 그 어떤 선한 행위도 창출해 낼 수 없을 뿐만 아니라, 자신들의 구원에 그 어떤 선한 기여도 할 수 없다. 바울서신에서 '행위들'(ἔργων)은 종종 성도들의 믿음과 정면으로 대치되는, 유대인들이 행하는 율법의 계명들과 연관지어 설명되곤 한다(비교, 갈 2:16; 3:2-5, 9-10; 롬 3:27-28).[58] 이 본문들에서 바울은 하나님의 선택받은 백성이 율법에 대한 순종을 통해서 종말론적 의를 성취할 수 있다는, 혹은 유지할 수 있다는 유대주의자들의 견해를 정면으로 반박한다.[59] 그러나 에베소서에서 행위들은 율법과 그 계명들에 대한 충성이라는 구체적 의미가 아니라, 일반적 측면에서 본 인간의 모든 업적들을 가리킨다.[60]

사실 사도는 이어지는 2:11-22에서 유대인과 이방인의 화해를, 그리고 그 화해의 결과 탄생한 우주적 교회에 대해서 논하고 있다. 그러기에 사도는 이 두 무리들을 첨예하게 가르는 율법에 대한 논의를 삼가고 있다. 물론 에베소서에서 바울이 율법의 행위들과 칭의와 같은 주제들에 대해서 침묵하는 주된 이유는 에베소서의 주요 대상이 이방인들이기 때문이고, 그들의 현재적 상황에서 율법은 더 이상 논란의 대상이 아니

---

58. 참조, Dunn, 1998: 334-89; 이승현, 2021a: 168-95.
59. 율법의 행위들과 하나님의 의는 예수-믿음과 함께 옛 관점과 새 관점 간의 최근 학문적 논의의 주요 대상이었다. 참조, Gathercole, 2002: 248-50.
60. 참조, O'Brien, 1991: 177. 따라서 Lincoln, 1990: 627-28은 에베소서가 쓰여질 당시의 배경은 유대인 출신 성도들과 이방인 출신 성도들 간의 갈등이 다 해소된 시점으로 본다. 참조, Thielman, 2010: 144.

기 때문이다. 이 사실은 에베소서가 쓰여질 당시 에베소의 상황은 유대인과 이방인 출신 성도들 간의 첨예한 갈등이 다소 진정된 후기 바울 교회의 상황임을 알려 준다.[61] 그럼에도 불구하고, 2:8-9에서 발견되는 논의는 구원에 대한 바울의 신학적 입장을 가장 잘 요약된 형태로 보여 주고 있다.[62]

10절 (선한 일을 위한 하나님의 피조물) 이처럼 성도의 구원은 전적으로 하나님의 은혜로운 선물의 결과이므로, 구원받은 성도는 하나님의 '작품' 혹은 '피조물'(ποίημα)이라고 불린다.[63] 마치 하나님이 어떤 인간의 도움 없이 주도적으로 첫 하늘과 땅을 창조했듯이, 새 생명 속에서 탄생한 성도들의 존재도 전적으로 하나님의 새 창조의 결과이다. 따라서 성도의 구원은 사람의 선한 행위나 업적의 결과가 아니라, 하나님 자신의 창조 행위의 결과이다. 이 사실을 사도는 10절을 시작하는 원인을 의미하는 접속사 '가르'(γάρ)를 통해서 분명히 한다. 뒤에서 사도는 이 사실을 그리스도 안에서 하나님께서 이루신 새 창조의 개념으로 좀 더 자세히 설명할 것이다(2:14-15; 4:13, 22-24). 예수에게 속한 성도들은 바울에게 '의와 거룩함 속에서 창조된 새 인류'이고(엡 4:24), 또 '새로운 피조물'이다(고후 5:17; 갈 6:15).

10절에서 사도는 하나님의 새 창조 행위를 두 가지 측면에서 첫 번째 창조와 구분하여 설명한다: (1) 하나님의 새 창조는 '예수 그리스도 안에서'(ἐν Χριστῷ Ἰησοῦ) 이루어지고, (2) '하나님의 선한 일들'이라는 (ἔργοις ἀγαθοῖς) 분명한 목적이 있는 창조이다. 말씀으로서의 예수의

---

61. 참조, Arnold, 2010: 140.
62. 참조, MacDonald, 233; Hoehner, 350; Lincoln, 1983: 617-30.
63. 헬라어 단어 ποίημα는 70인역에서 하나님의 창조를 묘사하기 위해서 주로 사용됐다(시 142:5; 전 3:11; 8:9; 비교, 롬 1:20).

선재가 암시되는 첫 번째 창조와 달리(창 1; 요 1:1-18), 새 창조에서 예수 그리스도의 역할은 바울에 의하여 좀 더 분명하게 부각된다. '예수 그리스도 안에서'라는 표현에서 헬라어 전치사 '엔'(ἐν)은 창조가 발생한 영역을 의미할 수도 있고, 창조가 실행된 방편을 의미할 수도 있다. 이 두 가지 생각들은 에베소서 2:14-15에서 동시에 발견되면서, 예수를 회심한 유대인들과 이방인들로 구성된 새 인류의 창조자로 제시한다. 고린도전서 8:6에서 바울은 하나님이 의도하고 계획한 창조를 예수가 창조의 동역자로서 실행했음을 강조한다.[64] 그런데 흥미롭게도, 에베소서 2:9에서 구원 얻는 문제에 있어서 인간의 선한 행위들의 역할을 완전히 부인했던 사도는 10절에서 인간의 선한 행위들이 '구원의 필수적인 열매요 목표'임을 강조한다. 여기서 선한 행위들은 구원받은 성도가 따라야 할 율법의 일들이 아니라,[65] 그들이 취해야 할 거룩한 삶의 방식(περιπατέω)을 의미한다. 데살로니가전서 1:3에서 사도는 성도들의 믿음은 반드시 '선한 일들'을 창조해야 하고, 갈라디아서 5장에서는 그 선한 일들이 '성령의 열매들'이라고 가르친다.[66] 사도는 에베소서 4:1-

---

64. 여기서 바울은 유대인들의 쉐마를 기독론적으로 재해석하고 있다. 참조, Mindiola, 1-27; C. John Collins, 2017: 55-68.

65. 던과 라이트가 주도하는 새 관점에서 율법의 일들은 주로 유대인들의 정체성을 결정하는 할례, 안식일, 정결법, 그리고 음식법과 같은 좁은 의미로 사용됐다. 그러나 율법의 일들, 혹은 행위들은 율법에 대한 순종을 의미하는 인간의 모든 행위들을 지칭하는 일반적 용례로 보는 것이 더 옳다. 참조, Owen, 2007: 553-77; Dunn, 1992: 99-117; Cranfield, 1991: 89-101.

66. 바울서신에서 선한 일들은 구원의 자연스런 열매로 표현되고 있다. 그러나 일부 주석가들은 '선한 일들'이라는 표현을 에베소서의 저자가 바울이 아니라는 증거로 간주한다. 왜냐하면 '선한 일들'이라는 표현은 에베소서를 제외하고는 오직 목회 서신에서만 발견되고 있기 때문이다(딤전 2:10; 5:10, 25; 6:18; 딛 2:7, 14; 3:8, 14). 참조, Lincoln, 1990: 115; Best, 1998: 231; MacDonald, 234. 비교, Thielman, 2010: 145-46.

6:20에 담긴 윤리적 가르침에서 구원받은 성도의 삶의 방식으로서의 선한 일들의 본질에 대해서 자세히 설명해 줄 것이다.

바울에게 성도가 행하는 선한 일들은 구원을 가져오는 선행 조건이 아니다. 오직 구원은 하나님의 자비하심으로 말미암는(물론 하나님의 구원 제시에 대한 긍정적 수용의 반응으로서의 인간의 믿음이 요구되지만), 따라서 전적으로 하나님 자신의 새 창조의 행위의 결과이기 때문이다. 그러나 선한 행위들, 곧 거룩한 삶의 형태는 하나님의 '구원의 궁극적 목적'일 뿐만 아니라,[67] 구원받은 성도들의 삶에서 반드시 발견되어야 할 '구원의 증거'이다. 선한 행위들은 구원을 가져오는 원인은 아니지만, 구원받았음을 증명하는 열매요 하나님의 새 창조가 지향하는 분명한 목표이다. 따라서 선한 행위들은 하나님께서 성도들을 창조하시기 전 미리 계획한 것들(οἷς[68] προητοίμασεν)에 속한다. 1:4에서 사도는 세상이 창조되기 전 하나님이 성도들을 미리 택하시고 예정했다고 선포했다. 그런데 그 예정과 택하심의 목적은 성도들로 하여금 '거룩하고 흠이 없도록' 하기 위함이었다. 이 사실은 2:10에서 언급되는 선한 행위들이 성도의 거룩함과 윤리적 완전함과 깊은 연관이 있음을 알려 준다. 이 선한 일들은 성도들이 그 안에서 걷도록(ἐν αὐτοῖς περιπατή-σωμεν, 10절; 비교, 2:2; 4:1, 17; 5:2, 8, 15), 즉 그들의 삶의 방식이 되도록 하나님에 의해서 미리 준비된 것이다(προητοίμασεν).[69] 이에 사도는

---

67. 이 사실을 강조하기 위해서 사도는 목적을 의미하는 헬라어 접속사 '히나'(ἵνα)를 차용한다.

68. 이 헬라어 관계 대명사에 대한 다양한 해석들과 분석을 위해서는 Hoehner, 348과 Arnold, 2010: 141을 참조하라.

69. '미리 준비됨'을 의미하는 이 헬라어 단어는 오직 사 28:24와 롬 9:23에서만 발견되고 있다. 롬 9:23에서 하나님이 미리 준비한 것은 "자비의 토기들," 즉 하나님의 영광을 드러내기 위해서 하나님이 미리 예정하고 선택한 성도들을 가리킨다. 참조,

하나님을 향한 송가와 성도들을 위한 기도에 이어, 4:1-6:20에서 자신이 언급한 선한 일들이 의미하는 바를 상세하게 설명할 것이다(비교, 빌 2:12-13).

해설

2:1-10에서 사도는 성도의 구원받기 전과 후의 상태를 강력하게 비교하고 있다. 하나님의 구원이 임하기 전 성도의 상태는 죄와 허물로 죽은 암울한 상태인 동시에, 공중의 권세 잡은 자들에게 붙잡힌 노예 상태였다. 그들은 공중 권세 잡은 자가 지배하는 세상의 원리 아래서 아무런 희망이 없는 노예의 삶을 살아야 했다. 그들의 노예 됨은 그들 육체 안에 있는 욕심 때문이었고, 그 욕심의 결과 발생한 죄와 허물은 그들을 통치하는 마귀의 하수인으로 기능했다. 그러나 그들이 영적으로 죽어 있고 세상 권세 잡은 자의 노예에 불과했을 때, 즉 하나님 없이 아무런 소망이 존재하지 않았을 때, 하나님은 자신의 자비로운 구원을 죄인들에게 허락했다. 그 결과, 예정함을 입고 택함을 받은 자들은 믿음으로 구원을 경험하게 됐다. 이 과정에서 구원을 경험한 성도들은 그리스도와 함께 살리심을 입고, 그와 함께 하늘로 높여져, 하나님의 보좌에 그리스도와 함께 앉힌 바 됐다. 이 삼중적 높아짐은 구원받은 성도들이 놓인 새로운 영적 상태와 하나님의 자녀로서의 새로운 신분을 의미한다. 에베소서의 본문에서 성도들의 구원이 초래한 이 새로운 높아짐의 상태는 악한 영들과 죽음의 권세로부터의 완전한 자유뿐만 아니라, 이제 성도들이 주 예수와 함께 악한 영들 위에 놓인 우월한 존재들이 됐음을

Moo, 608.

의미한다. 이처럼 영적으로 죽어 있는 죄인들에게 하나님이 구원을 제시한 궁극적인 이유는 오는 세대들에게 '예수를 통해서 임한 하나님의 자비의 측량할 수 없는 부요함'을 증거하기 위해서이다(2:7).

하나님의 구원은 전적으로 예수 안에서, 그리고 예수를 통해서 행해진 하나님의 새 창조의 행위로 말미암는다. 인간의 그 어떤 행위도 인류 구원에 기여하지 않았고, 오직 영적으로 죽은 인류를 향한 하나님의 측량할 수 없는 사랑과 자비함만이 인류 구원의 근거로 기능했다. 이 과정에서 필요한 인간의 믿음조차도 인간이 만들어낸 선한 행위가 아니라, 하나님께서 주신 구원의 선물에 포함된다. 그러나 사도는 강조하기를, 하나님의 새 창조의 구원에는 분명한 목적이 있다: '선한 일들을 위해서'(2:10). 하나님은 예수 안에서 새롭게 창조한 자신의 백성들이 거룩하고 흠 없는 존재들이 되기를 원했기에, 거룩함에 이르는 방편인 선한 일들을 미리 계획하셨다. 그리고 구원받은 성도들이 그 선한 일들 안에서 걷도록, 즉 그 선한 일들이 성도들의 삶의 특징이 될 것을 요청하셨다. 그러므로 예수에게 속한 성도들은 자신들의 선한 행위들을 인하여서 구원받는 것은 아니지만, 그들의 선한 삶의 행위들이 바로 하나님의 구원의 목적이라는 사실을 명심해야 한다. 회개하지 않는 마음과 불의한 행위들에 빠져 있으면서 "나는 예수를 향한 믿음으로 인하여 구원받았다"라고 주장하는 사람에게 바울은 쉽게 동의하지 않을 것이다. 왜냐하면 하나님의 새 창조의 행위의 결과인 구원은 선한 일들을 통하여 성도들이 하나님 앞에서 거룩한 존재가 되도록 의도하고 있기 때문이다.

2. 예수 그리스도를 통한 화해와 교회의 탄생(2:11-22)

에베소서 2:11-22에서 바울은 그의 두 번째 교리적 가르침인 예수 그리스도를 통한 증오의 극복과 화해에 대해서 설명한다. 영적으로 죽어 있던 인류의 진정한 문제는 하나님과의 관계의 단절에 있었다. 하나님과 인류의 깨어진 관계는 인간들 간에 존재하는 깨어진 관계들을 통해서 표현되고, 이 깨어진 관계들에 대한 가장 명백한 증거는 바로 유대인과 이방인 간에 존재하던 상호 간의 증오였다(2:15-16). 과거에 하나님은 이스라엘에게 율법과 할례 그리고 아브라함과의 언약의 약속을 주시면서, 그들을 자신의 백성 삼으셨음을 선포하셨다. 하나님은 이스라엘을 통해서 하나님의 축복이 온 세상으로 흘러가기를 원하셨고(창 12:3), 아브라함의 자손을 통해서 온 인류가 축복받기를 원하셨다. 그러나 유대인들은 자신들에게 주어진 하나님의 축복을 이방인들과 공유하는 대신, 자신들과 이방인들을 구분하는 장벽으로 만들어 버렸다. 그 결과, 이방인들은 언약 바깥에 거하는 저주받은 자들로, 하나님의 백성들로부터 멀리 떨어져 있는 자들로, 그리고 하나님 없이 소망 없이 사는 자들로 남게 됐다. 결국, 아브라함에게 주어졌던 언약은 그 언약 안에 거하는 자들과 바깥에 거하는 자들을 첨예하게 구분하는 분리의 장벽으로 기능하고, 이방인들과 유대인들로 하여금 서로 미워하며 증오하는 깨어진 관계 속에 살게 했다.

그러나 하나님께서는 예수 그리스도를 희생의 제물로 십자가에 내어줌으로써 하나님과 인간들 간에 존재하던 증오를 제거하고 화해를 이루셨다. 그뿐만 아니라, 예수 그리스도 안에서 인간들 상호 간에 존재하던 증오도 파괴해 버리시고 평화를 선포하셨다. 과거 서로를 증오하던 유대인들과 이방인들은 더 이상 증오가 아니라 예수가 가져온 평화 가운데 함께 살면서, 예수 안에서 새롭게 창조된 새 인류가 된다. 이렇게 창조된 새 인류는 예수 그리스도를 모퉁이 돌로 하는, 그리고 사도와 선지자들의 반석 위에 세워진 하나님의 처소요 가정이 된다(2:18-20). 따라서 성도들은, 유대인이냐 이방인이냐에 상관없이, 모두 성령 안에서 하나님을 아버지라 부르며, 하나님의 존전으로 나갈 수 있는 자녀 됨의 특권을 소유하게 된다. 그리고 주 예수를 믿고 예수에게 속한 모든 자들은 예수를 머리로 하는 한 예수의 몸 된 교회를 구성하게 된다. 예수를 머리로 하는 몸 된 교회는 이제 하나님이 거하시는 거룩한 성전, 즉 성령 안에서 하나님의 거룩한 처소가 된다(2:21-22).

번역

11 그러므로 기억하십시오. 여러분은 과거 손으로 육체에 행해지던 할례를 받은 무리로부터 할례를 받지 못한 무리라고 불리며, 육체로는 이방인들이었습니다. 12 그때 여러분은 그리스도 밖에 있었고, 이스라엘 나라[70] 바깥에 거하며, 약속의 언약들에 관해서는 외인이었고, 세상에서 소망도 없고 하나님 없이 사는 자들이었습니다. 13 그러나 과거 멀리 있던 여러분은 이제 그리스도 안에서 그리스도의 피를 인하여 가까이 거하는 자들이 되었습니다. 14 그는[71] 우리의 평화입니다. 왜냐하면 그는 두 무리를 하나로 만들고, 자신의 육체 안에서 장벽이 되었던 두 무리 간의 증오를 파괴하고, 15 규례들 안에 있는 계명들의 율법을 폐하였

---

70. '나라'를(Pokorný, 1992; Hoehner, 256-7) 의미하는 헬라어 단어 πολιτεία는 '시민권'을 의미할 수도 있다(Lincoln, 1990: 137; O'Brien, 1991: 189; MacDonald, 242). 그러나 이 두 가지 의미를 명확하게 분리하는 것에는 약간의 어려움이 존재한다. 한 국가에 속한다는 것은 그곳의 시민권을 비롯한 모든 특권을 다 소유한다는 것이기 때문이다. 비교, Thielman, 2010: 155.
71. 바울은 여기서 인칭 대명사 αὐτός를 추가하여 다름 아닌 예수께서 바로 성도들의 평화의 원인이 되셨음을 강조한다.

기 때문입니다. 이렇게 평화를 만듦으로써 그는 자신 안에서 둘로 하나
된 새로운 인류를 창조하고, 16 십자가를 통하여 증오를 파괴함으로써
이 둘로 한 몸을[72] 만들어 하나님과 화목하게 하려 하였습니다. 17 그는
오셔서 먼 데 있던 여러분에게 평화를 선포하시고, 가까이 있던 자들에
게도 평화를 선포하셨습니다. 18 이는[73] 그로 말미암아 우리 두 무리가
한 성령 안에서 아버지께 나아감을 얻게 하려 하셨기 때문입니다. 19 그
러므로 여러분은 이제 더 이상 외인도 아니고 나그네도 아니며, 성도들
과 동일한 시민이요, 하나님의 가족의 구성원들입니다. 20 여러분은 예
수 그리스도께서 모퉁이 돌이 되는 사도들과 선지자들의 반석 위에 세
움을 입었습니다. 21 그 안에서[74] 전체 건물이 서로 연결되고, 주 안에서
거룩한 성전으로 자라가며, 22 그 안에서 여러분도 성령 안에서 하나님
의 처소가 되도록 함께 지어져 갑니다.

주해

11-12절 (과거 이방인 성도들의 분리된 상태) 11-12절에서 바울은 '과
거'(ποτὲ) 회심 전 에베소 성도들의 저주받은 이방인 상태에 대해서 말
해 주고 있다. 바울이 여기서 이방인 성도들의 과거 상태에 대해서 언급

---

72. 여기서 사도는 몸을 위하여 헬라어 단어 '사륵스'(σάρξ)가 아니라, 보다 중립적인
    의미를 지닌 '소마'(σῶμα)를 사용하고 있다. 바울은 1:23에서 이미 예수의 몸 된 교
    회를 지칭하기 위하여 이 단어를 사용했다.
73. 18절을 시작하는 헬라어 접속사 '호띠'(ὅτι)는 여기서 17절에 대한 이유를 제공하는
    것으로 이해할 수도 있고, 그 결과 혹은 목적을 제공하는 것으로 이해할 수도 있다.
    Hoehner, 388은 후자의 견해를 취하고, Thielman, 2010: 174는 전자의 견해를 취
    한다. 참조, Daniel Wallace, 1996: 677.
74. 여기서 헬라어 관계 대명사 '호'(ᾧ)는 모퉁이 돌 되는 예수 그리스도를 가리킨다.

하는 이유는 그들이 현재 누리고 있는 구원의 축복에 대해서 더 잘 이해하도록 돕기 위해서이다. 바울은 에베소 성도들이 예수를 만나기 전, 그들은 저주받은 이방인의 상태에 있었음을 6가지 이유들을 들어 상세히 설명한다. 비록, 모든 인류가 죄 가운데서 죽어 있는 상태에 머물러 있었지만(2:1-3), 하나님은 이스라엘에게 구약과 메시아 그리고 언약의 축복들을 먼저 허락하셨다. 이런 면에서 볼 때, 하나님의 축복을 아직 경험하지 못한 이방인들의 처지는 유대인들의 처지에 비해 훨씬 더 절망적인 상황이었다(비교, 롬 9:1-5; 빌 3:1-5).[75] 이처럼, 에베소서 2:1-10에서 바울은 회심 전후 성도들의 변화에 대한 자신의 일반적 가르침을 전달해 준 것에 비해, 2:11-22에서는 이방인 성도들(ὑμεῖς τὰ ἔθνη)의 경험에 더 초점을 맞추어 그들의 회심 전후 변화에 대해 좀 더 구체적으로 가르치기 원한다.[76] 이에 바울은 자신의 가르침을 '기억하라'(μνημο- νεύετε)라는 명령의 말로 강조하며 시작한다. 구약에서 이 단어는 이스라엘이 과거 이집트에서 노예였던 것을 기억하면서, 현재 그들이 경험하고 있는 하나님의 구원의 축복을 제대로 이해하라는 권면에서 종종 사용됐다(비교, 출 13:3; 신 5:15; 7:18; 15:15; 시 77:11; 78:42). 마찬가지로, 바울은 에베소 성도들이 자신들의 과거 이방인이었던 상태를 기억하면서, 현재 그들에게 임한 하나님의 구원의 축복을 제대로 이해할 것을 요청하고 있다(Arnold, 2010: 153).

회심하기 전 에베소 성도들의 삶에 소망이 없었음을 11-12절에서 바

---

75. 엡 2:17에서 바울은 유대인들을 "가까이 있던 자들"이라고 칭하고, 이방인들을 "멀리 있던 자들"이라고 칭한다. 여기서도 바울은 이방인들에 비해 유대인들의 다소 더 축복받은 상황을 하나님과 그의 언약의 축복과의 거리를 통해서 설명한다.

76. 여기서 바울은 자신과 유대인 출신 성도들을 제외한 이방인 출신 성도들에게 자신의 가르침의 초점을 맞추고 있다. 참조, Arnold, 2010: 153.

울은 여섯 가지 구체적 이유들을 들어 설명한다. 그 여섯 가지 이유들은
회심 전 에베소 성도들의 이방인 됨과 그 이방인 됨이 함축하는 다섯
가지 부정적 상황들로 구성되어 있다. 먼저, 회심 전 에베소의 성도들은
'육체의 관점'(ἐν σαρκί)에서[77] 볼 때 이방인들이었다. 이방인들은 아브
라함의 자손이 아니요 언약의 증표인 할례를 소유하지 못했으므로, 유
대인들에 의하여 '할례 받지 못한 자들'이라는(ἀκροβυστία) 조롱의 대
상이 됐다.[78] 사실, 육체의 할례는 자연인으로 하여금 하나님의 백성이
되게 만드는 힘은 없었다.[79] 그러나 아브라함과 세운 언약 속에서, 하나
님은 그의 백성 된 자들은 모두 다 예외 없이 그들의 몸에 할례를 소유
할 것을 명령했다(창 17:2, 9-14). 따라서 할례는 그 할례를 소유한 자가
아브라함의 자손이요, 하나님의 언약의 백성이라는 '언약의 표시'로 기
능했다. 그러므로 할례를 그 몸에 소유하지 못했다는 것은 하나님의 백
성인 이스라엘 국가에 속하지 못했으며, 아브라함의 언약의 축복을 경
험할 대상이 아니라는 것을 의미한다. 그리고 하나님의 백성이 아니라
는 사실은 그들 안에 하나님이 거하시지 않으므로, 그들은 하나님 없이
소망 없는 삶을 살아가야 한다는 것을 의미한다. 이 사실은 이방인들이
하나님의 백성들에게 약속된 특권들로부터 철저히 배제됐음을 알려 준

---

77. 에베소서의 맥락에서 이 표현은 성도들의 현재 상태를 규정하는 '예수 그리스도 안
    에서'(ἐν Χριστῷ, 13절)와 대조를 이룬다(참조, Hoehner, 353; Barth, 254).
78. 바울은 ἀκροβυστία라는 단어를 때로는 문자적으로 '육체적 할례'를 의미하기도 하
    고, 또 때로는 믿음으로 새로워진 '마음의 영적 할례'를 의미하기도 한다(비교, 롬
    2:25-29; 4:10-12; 5:6). 바울의 관점에서, 할례 받지 못한 마음은 하나님의 뜻을 이
    룰 수 없다(비교, 롬 7). 바울은 고린도후서 3장에서도 하나님이 찾는 참된 할례는
    마음의 할례, 곧 새 언약의 성령의 거듭남이라고 자세히 설명하고 있다.
79. 바울 당시 유대인들의 할례는 헬라인들에게 조롱의 대상이 됐다. 이에 어떤 유대인
    들은 할례를 되돌리는 시술을 행하기도 했다. 참조, Barclay, 1996: 438-39.

다. 그리고 하나님의 백성들에게 허락된 최고의 특권은 이스라엘의 구원자 메시아이기에, 하나님의 백성이 아닌 이방인들의 가장 소망 없는 상태는 바로 그리스도를 통한 하나님의 구원 사역에서 배제되는 것이다(비교, 롬 9:5). 사도는 에베소서 전반에 걸쳐서 하나님의 구원은 오직 그리스도를 통해서 온다고 반복해서 강조하고 있다(엡 1:3-12; 2:5-6).

바울은 할례를 때로는 문자적인 의미에서, 그리고 또 때로는 비유적인 의미에서 사용한다. 문자적 의미의 경우에는, 이방인들과 유대인들을 인종적으로 구분하는 육체의 할례를 의미한다(롬 3:30; 4:9; 갈 2:7). 그리고 비유적 의미의 경우에는, 새 언약의 핵심인 마음의 할례를 의미한다. 이 후자의 의미를 통해서 바울은 종종 육체의 할례를 소유한 유대인들의 완고하고 할례 받지 못한 마음을 공격한다(비교, 고후 3장; 롬 2:28-29; 빌 3:2-3; 골 2:11). 바울에게 육체의 할례는 하나님의 백성이 되는 권세를 지닌 것이 아니라, 단순히 하나님의 백성됐음을 증거하는 선택적 표시에 불과하다. 왜냐하면 할례는 '인간의 손으로'(χειρο-ποιήτου, 11절) 육체에 행해진 상징적 의식에 불과하기 때문이다. '인간의 손으로 행해진'을 의미하는 헬라어 단어 '케이로뽀이에뚜'는 구약에서 종종 우상들을 조롱하기 위해 사용됐다(비교, 레 26:1, 30; 사 2:8, 18; 10:11; 19:1; 31:7; 46:6; 단 5:4, 23; 6:28). 신약에서는 성전 건축에 대한 문제에서, 하나님이 만든 참 성전과 대조되는 인간의 손으로 만든 불완전한 성전이라는 부정적 의미로 사용되고 있다(막 14:58; 행 7:48; 17:24; 히 9:11, 24).[80] 할례 받은 사실을 자랑하던 바리새인 출신 바울이 이런 식으로 할례를 이해한다는 사실은 부활한 예수를 만나고 회심한 이후 그의 신학적 전제에 엄청난 변화가 있었음을 알려 준다(비교, 빌

---

80. 참조, Lohse, "χειροποίητος, ἀχειροποίητος," 1974: 436.

3:5-10; 행 9; 22; 26).[81] 이제 바울에게 있어서 하나님의 백성 됨은 하나님의 구원을 성취한 예수 그리스도를 믿고 그와 연합하여, 그와 같이 살아남과 높아짐을 경험함을 통해서만 가능하다(엡 2:4-6). 그리고 이제 바울에게 영적 생명의 탄생과 하나님 백성 됨에 대한 가장 확실한 증거는 성령의 인치심이다(1:13). 그러므로 바울은 구원 얻은 자의 참된 표식은 이제 더 이상 육체의 할례가 아니라, 그들이 믿을 때에 받았던 성령의 인치심 곧 마음의 할례라고 주장한다(비교, 롬 2:28-29; 갈 4:1-6; 고후 3:1-10).[82] 바울에게 육체의 할례는 이제 불필요한 선택적 옵션에 불과하다(비교, 고전 7:17-20).

12절에서 바울은 '기억하라'(μνημονεύετε)라는 동사를 다시 한번 사용하면서, 할례 받지 못한 이방인 됨이 의미했던 다섯 가지 불행에 대해서 언급한다: (1) 그리스도 밖에 있었고, (2) 이스라엘 국가 바깥에 거했으며, (3) 약속의 언약들에 관해서 외인이었고, (4) 소망이 없었으며, (5) 세상에서 하나님 없이 살았음. 흥미롭게도, 여기서 언급된 이방인의 불행은 로마서 9:4-5에서 언급된 유대인의 축복과 정확하게 대조를 이루고 있다.[83] 이방인의 다섯 가지 불행들 중에서 첫 번째는 그들이 '예수 그리스도 바깥'(χωρὶς Χριστοῦ, 12절)에 있었다는 사실이다. 이 사실이 이방인들에게 가장 치명적 불행인 이유는 성도들에게 허락된 모든 영적 축복들이 예수 그리스도를 통해서 오고(1:4-12), 영적 죽음의 극복과 악한 영들로부터의 해방도 예수 그리스도를 통해서만 가능하기 때문이

---

81. 바울의 회심과 그가 경험한 신학적 변화에 대한 다양한 견해들에 대해서는 다음 저서에 포함된 여러 논문들을 참조하라. 참조, Longenecker, 1997.
82. 이 사실은 바울이 왜 유대인들과 유대주의자 성도들 둘 다로부터 끝없이 괴롭힘을 당했는지에 대한 이유를 제공해 준다.
83. 참조, Byrne, 287-88; Moo, 563.

다(2:1-6). 이방인들은 구약성서에 대해서 무지했기에, 약속된 이스라엘의 메시아가 이스라엘에 가져올 구원의 축복에 대해서 도무지 알 수 없었다(비교, 창 49:10; 신 18:15; 사 7:14; 9:1-7; 11:1-10; 42:1-4; 삼하 7; 시 2; 45:3-5, 17; 89:22-25; 110; 미 5:1-4; 단 7:13-14; 슥 9:9-10). 유대인들은, 비록 그들이 예수를 자신들의 메시아로 영접하지 않았다 할지라도, 메시아에 대한 약속을 성서를 통해서 접할 수 있었다(롬 3:2).

바울을 포함한 유대인들에게 메시아는 유대인 혈통으로부터 나와서 이스라엘에게 먼저 구원을 제시할 것이라고 약속됐다(롬 1:3-4; 9:4-5; 11:1-22).[84] 그러므로 메시아에 대한 소망이 없는 이방인들은 하나님의 백성 이스라엘 바깥에 거하면서,[85] 이스라엘에게 약속된 특권과 축복들과 전혀 무관한 '외인'(ξένοι, 12절)으로 살아야 했다. 여기서 이스라엘에게 속한 시민이라는 사실은 아브라함의 축복의 자손이라는 말과 동의어다. 따라서 이방인이 이스라엘에 속한 시민이 아니라는 사실은 그가 아브라함의 축복의 자손이 아니며, 아브라함의 자손에게 약속된 축복의 언약들과 전혀 무관하다는 말이 된다.[86] 여기서 축복의 언약들에 대해서 바울은 '디아테께'(언약)의 복수형 명사(τῶν διαθηκῶν, 12절)를 사용한다. 구약을 통해서 볼 때, 이스라엘에게 약속된 언약들은 그들에

---

84. 메시아에 대한 제2성전시대 유대인들의 기대에 대해서는 다음을 참조하라. 참조, John J. Collins, 2010.

85. 여기서 바울이 언급하는 이스라엘 '나라' 혹은 '시민권'(πολιτεία, 12절)에 대한 논의를 위해서는 Best, 1998: 241, Hoehner, 356-57, Arnold, 2010: 154, MacDonald, 17, Lincoln, 1990: 137, 그리고 Thielman, 2010: 156을 참조하라. Thielman은 이 단어의 세 번째 의미인 성서에 의해서 지도받는 '삶의 방식'을 가장 강조한다.

86. 물론 로마서 4장과 갈라디아서 3-4장에서 바울은 아브라함의 자녀 됨을 육체의 혈통이 아니라, 믿음의 혈통을 통해서 다시 재정립하고 있다. 참조, 이승현, 2020c: 229-69; 이승현, 2018c: 795-930.

게 주어질 땅과 씨/자손, 그리고 새 언약의 축복을 포함한 크게 네 가지 언약들이다: (1) 아브라함 언약(창 12:1-4; 13:14-18; 15:1-21; 17:1-14), (2) 모세 언약(출 14:1-8), (3) 다윗 언약(삼하 7:12-17; 23:5; 시 89:3-4, 27-37, 49; 132:11-12), 그리고 (4) 새 언약(렘 31:31-34; 32:38-40; 겔 36:23-36).[87] 물론, 바울은 이 모든 언약들은 예외 없이 예수 그리스도와 그의 영인 성령을 통해서 예수에게 속한 성도들에게 실현됐다고 믿는다(비교, 롬 1:3-4; 4:1-25; 8:1-4; 고후 3:1-18). 바울에게 예수는 구약의 모든 예언의 말씀들이 향하고 성취되는 종말론적 절정을 의미한다(비교, 갈 3:22-25).

결국, 바울에게 이 모든 언약적 축복들이 결여된 이방인들의 총체적 불행은 한마디로 '세상에서 소망이 없고 하나님 없이 사는 상태'(ἐλπίδα μὴ ἔχοντες καὶ ἄθεοι ἐν τῷ κόσμῳ, 12절)로 요약될 수 있다.[88] 하나님과 그의 축복이 담긴 언약들로부터 철저히 분리되어 있었기에, 이방인들은 그 축복들을 경험할 것에 대해서 결코 소망할 수 없었다. 회심 전 이방인들은 하나님과 그 어떤 언약적 관계 속에 거하지 않았기에, 하나님이 그들을 위해서 어떤 구원의 축복을 이루어줄 것도 기대할 수 없었다. 그런데 안타깝게도, 하나님 없이 사는 이방인들의 소망 없는 삶의 마지막 종착역은 하나님의 진노이다(1:13; 2:2; 5:6). 물론, 1세기 다신론 사회에서 여러 신들을 모시고 살던 이방인들의 귀에 하나님 없이 소망 없

---

87. 이 네 가지 언약들에 대한 자세한 분석을 위해서는 Arnold, 2010: 155와 Heohner, 359를 참조하라.
88. 구약의 일부 본문에서 이스라엘은 이방인들에게 하나님에 관한 지식을 전달하여, 그들로 하여금 하나님을 경배하는 일에 참여하도록 촉구할 의무를 가지고 있는 것으로 선포된다(비교, 출 19:5-6; 12:48; 왕상 8:41-43; 사 11:10).

는 삶을 살았다고 선포하는 것은 모순처럼 들릴 수 있다.[89] 그러나 바울
의 관점에서는, 참된 하나님은 오직 한 분 이스라엘의 하나님이시고, 다
른 소위 신들은 모두 하나님 아래 놓인 하등한 영적 존재들에 불과하다
(4:18; 고전 8:5-7). 이 영적 존재들은 하나님을 섬기는 선한 천사들이거
나, 혹은 하나님을 대적하는 타락한 사탄과 그의 졸개들이다. 에베소서
2:1-3에서 바울은 이방인들이 섬기는 신들은 하나님을 대적하는 공중
권세 잡은 자와 그의 졸개들임을 분명히 했다(비교, 갈 4:3, 9-10). 그리
고 이 악한 권세들이 현재 이 세상을 통치하고 있다고 선포했다. 이 사
실은 하나님을 알지 못한 채 살면서 이 세상에 속한 이방인들의 상태는
단순히 소망 없는 상태를 넘어서, 하나님을 적극적으로 대적하는 원수
된 상태임을 알려 준다(비교, 롬 1:18-23).

13절 (현재 이방인 성도들의 연합된 상태) 그러나 사도는 이제 이방인
성도들의 회심 전 절망적인 과거와 강력하게 대조되는 그들의 현재 축
복받은 상태에 대해서 논하기 원한다. 이에 사도는 '뉘니 데 엔 크리스
또 이에수'(νυνὶ δὲ ἐν Χριστῷ Ἰησοῦ, '그렇지만 이제 그리스도 예수 안
에서')라는 헬라어 표현을 통해서 13절을 희망에 찬 목소리로 시작한다.
여기서 헬라어 표현 '뉘니 데'는 이제 이방인들의 상황에 결정적인 반
전이 왔음을 강조해 준다.[90] 그리고 '엔 크리스또 이에수'는 그 변화가
예수를 통해서 왔음을 알려 준다. 이와 유사하게, 2:4에서 사도는 '그러

---

89. 사실, '신이 없다'(ἄθεοι, 12절)라는 단어는 이방인들이 다신적 종교 행사에 참석하
   는 것을 거부했던 유대인들과 기독교인들을 향하여 경멸조로 사용했던 단어이다.
   참조, Thielman, 2010: 157; Hoehner, 360-61; Arnold, 2010: 156; MacDonald,
   430-32.
90. '뉘니 데'(νυνὶ δὲ)는 바울서신에서 16번 정도 등장하는데, 상황의 변화를 의미하는
   전형적인 바울식 표현이다(롬 7:15-17; 15:23, 25; 고전 12:17-18; 13:12-13; 15:19-20;
   고후 8:10-11, 22). 참조, Thielman, 2010: 158.

나 하나님께서는'(ὁ δὲ θεὸς)이라는 표현을 통해서, 영적으로 죽어 있던 인류에게 임한 새로운 생명의 가능성이 하나님을 통해서 왔음을 선포 했다. 13절에서 사도는 하나님의 구원이 예수를 통해서 실행되고 완성 됨을 다시 한번 강조한다. 사도는 '예수 그리스도 안에서'(dative of location), 그리고 '예수 그리스도를 통해서'(dative of means), 과거 이 스라엘의 특권과 하나님의 축복으로부터 '멀리 떨어져 있던'(μακρὰν, 13절) 이방인들이 이제는 '가까이 거하는'(ἐγγύς, 13절) 자들이 됐다고 선포한다. 이 두 표현들은 과거 이방인들이 처했던 하나님으로부터의 영적 거리를 상징적으로 표현해 준다.

이사야 57:19에는 멀리 있는 자들과 가까이 있는 자들 모두에게 베 풀어질 하나님의 치료와 평화에 대한 예언의 말씀이 담겨 있다. 사실 이 사야의 문맥에서 멀리 있는 자들은 멀리 망명을 떠난 유대인들을 지칭 했다. 그러나 1세기 유대교에서는 하나님으로부터 멀리 떠나 있는 이방 인들에게도 이 표현을 적용했다(비교, 행 2:39; 22:21; *Mekilta on Exod.* 18:5).[91] 이사야는 이방인들을 향한 열린 마음속에서 시온으로 돌아오는 이방인들의 회복을 꿈꾸었고, 하나님의 성전이 모든 족속들이 기도하 는 집이 될 것을 예언했다(사 56:7; 비교, 5:26; 막 11:15-19).[92] 이사야의 후대 해석가들은 이사야의 이런 열린 마음을 강조하면서 이사야를 이 방인 친화적으로 재해석했다. 물론 1세기 유대교는 여전히 유대인들을 시온의 중심에 두고 이방인들을 변두리에 위치시켰다. 그러나 바울은 이러한 유대인들의 모든 특권을 폐지하고, 예수 안에서 유대인과 이방

---

91. 참조, Lincoln, 1982: 27-28.
92. 이사야서는 초대 교회 성도들이 가장 선호했던 구약성서이다. 이사야서가 그들에 게 매력적으로 다가왔던 이유는 이방인 선교에 대한 포용적 자세와 더불어, 이사야 의 고난 받는 종의 노래가 예수에 대한 예언을 담고 있다고 믿었기 때문이다.

인이 동등한 조건으로 하나님의 백성 됨을 강조하고 있다. 사도가 현재의 본문에서 이사야 57:19를 마음에 두고 있다는 사실은 에베소서 2:17에서 이 본문을 인용하고 있다는 사실에서 잘 드러난다.[93] 그런데 신명기 28:49와 29:22, 그리고 열왕기상 8:41은 이방인 국가들을 멀리 있는 자들로 부르고, 시편 148:14은 이스라엘을 가까이 있는 자들로 묘사한다.[94] 멀리 있던 이방인들이 이제는 가까이 거하는 존재들이 됐다는 사실은 그들도 '이제'(νυνί) 하나님의 백성에 소속되는 영적 신분의 변화를 경험했다는 것을 의미한다.

그러나 이방인들을 향한 바울의 선포에는 좀 더 강조해야 할 두 가지 대조점이 존재한다. 첫 번째, 유대인들의 관점에서 이방인들이 가까이 가야 할 장소는 하나님의 성전이 위치한 시온인 반면에, 바울에게는 아버지 하나님의 참된 임재가 발견되는 예수 그리스도이다. 바울에게 하나님의 임재는 더 이상 인간의 손으로 지어진 예루살렘 성전에서 발견되지 않고, 그의 아들 예수 안에서 발견되기 때문이다. 요한복음 2:19에서 예수께서는 예루살렘의 성전을 헐라고 명령하시면서, 사흘 만에 자신이 그 성전을 다시 일으키겠다고 선포하신다. 여기서 예수께서 사흘 만에 다시 일으킬 성전은 자신의 몸을 가리킨다.[95] 두 번째, 유대인들에게 시온으로 가는 방법은 유대교로의 회심을 의미했으나, 바울에게 하나님의 임재 앞으로 나아가는 방법은 예수 그리스도를 믿고 그와 연합하여 세례 받음을 통해서이다(롬 6:1-4).[96] 하나님의 임재는 이 땅으로 보내진 그의 아들 예수 안에서 발견됐고, 현재는 그의 아들의 영인 성령

93. 참조, Moritz, 1996: 32-34, 45-52.
94. 참조, Lincoln, 1990: 138-39; Hoehner, 362.
95. 참조, Welzen, 1-8; Coloe, 368-81; Hooker, 2017: 347-61.
96. 참조, Lincoln, 1990: 138-39; O'Brien, 1991: 191.

안에서 발견되고 있다. 요한복음에서 예수는 자신을 본 자들은 자신을 보낸 아버지 하나님을 보았다고 반복해서 선포한다(요 14:7-11). 따라서 이방인들이 예수 안에서 그리고 예수를 통해서 하나님의 임재 앞으로 나아간다는 것은 에베소서 2:11-12에서 언급된 이방인들의 다섯 가지 재난을 극복한다는 것을 의미한다. 예수에게 속한 이방인들은 이제 하나님의 언약의 축복들을 경험할 수 있게 된다. 물론, 에베소서의 맥락에서 이방인들이 가까이 거하는 자들이 됐다는 것은 이제 그들과 원래 가까이 거하던 유대인들과의 관계에도 큰 변화가 오게 됐음을 의미한다.[97] 이에 대해 바울은 14-18절에서 그들 간에 존재하던 증오의 제거와 평화적 관계 설정을 통해서 자세히 설명할 것이다.

13절에서 사도는 '예수 그리스도 안에서'라는 기독론적 강조점에 더하여 '그리스도의 피를 통해서'라는 표현을 추가함으로써, 이방인들의 획기적인 신분 변화가 예수 그리스도를 통해서 가능해졌음을 다시 한번 강조한다. 이방인들의 신분 변화에 대한 예수 그리스도의 중요성을 담고 있는 이 두 가지 표현들은 1장에서 사도가 설명한 성도들을 향한 감사와 간구의 근원이 되는 예수의 사역을 다시 한번 우리에게 상기시켜 준다. 사도의 이해에서 성도들의 모든 영적 축복(1:3), 하나님의 예정과 선택 그리고 구속(1:4, 7), 하나님의 영광의 기업(1:11), 그리고 성령의 인치심(1:13) 등은 모두 '예수 그리스도 안에서', 그리고 '예수 그리스도

---

97. 바울 당시 유대인들은 회심한 이방인들이 시온으로 돌아와 하나님의 백성인 자신들을 섬길 것으로 기대했다. 그러나 바울에게 회심하지 않은 유대인들은 이방인들과 동일한 죄인들에 불과하다(비교, 롬 3:22). 바울의 관점에서, 인류의 운명을 가르는 궁극적인 기준은 그가 예수 안에 거하느냐 그렇지 않느냐의 여부이다. 참조, Dunn, 1998: 396-400.

를 통해서'만 가능하다.[98] 왜냐하면 예수는 하나님이 이 땅에 보낸 유일
무이한 종말론적 구원의 실행자이기 때문이다. 바울의 이해에서 이방
인들의 모든 재난의 근본적인 원인은 그들이 하나님과 멀리 떨어져 있
었다는 사실에서 발견된다. 그러나 이제 이방인들이 예수 안에서 하나
님께 나아감을 얻었으므로 그들의 모든 재난은 다 사라지게 됐다(2:12).

그런데 여기서 사도는 '예수 안에서'라는 기독론적 핵심 표현에 더
하여, '그리스도의 피를 통해서'라는 또 다른 표현을 더하고 있다. 이 후
자의 표현을 통해서 사도는 "사람의 손으로 행해진 육체의 할례와 그에
따른 피흘림"을 "하나님의 손으로 행해진 영적 할례와 예수 그리스도
의 피흘림"과 대조하고 있다. 사람의 손으로 행해진 사역은 필연적으로
불완전할 수밖에 없다. 그러나 하나님의 손으로 행해진 모든 사역은 반
드시 완전함을 이룬다. 그러므로 하나님의 결정에 의해서 흘려진 예수
의 피는 하나님의 모든 구원 사역을 반드시 완성하게 된다. 여기서 그리
스도의 피라는 표현은 예수의 십자가 상에서의 희생의 죽음을 직접적
으로 지칭한다(2:16). 예수의 죽음 이면에는 예수의 자기희생과 아들을
내어준 하나님의 희생이 동시에 존재한다(롬 3:22-26; 5:1-10; 고전
10:16; 히 9:12, 14).[99] 비록 사람의 손으로 행해진 할례에서 흘려진 피는
아브라함의 언약적 징표의 기능을 하지만, 이방인들과 유대인들의 죄
를 사해 주는 권세는 그 안에 없다. 그러나 하나님의 아들인 예수 그리
스도의 피는 죄 용서와 더불어, 구속함을 가져다주는 하나님의 측량할

---

98. Arnold, 2010: 157은 '엔 크리스토'를 단지 영역적(locative) 의미로 이해하나, 도구
   적(instrumental) 의미도 그 안에 포함되어 있다고 보는 것이 더 옳다. 왜냐하면 에
   베소서에서 예수의 역할은 단순히 하나님의 은혜가 경험되는 영역을 뛰어넘어, 그
   은혜의 구원을 성취하는 능동적 실행자(active agent)로 기능하고 있기 때문이다.
99. 참조, 이승현, 2018a: 45-67.

수 없는 능력을 담고 있다. 에베소서 1:7에서 사도는 이 사실을 이미 기쁨에 찬 목소리로 선포했다(비교, 1:19-20).

14-16절 (우리의 평화인 예수 그리스도) 14-16절에서 사도는 위에서 언급된 예수의 피가 어떻게 이방인들을 하나님께로 가까이 인도하게 됐는지에 대한 상세한 이유를 제공한다. 1:7에서 사도는 예수 그리스도의 피가 인류의 죄를 사하고 구속을 그들에게 허락해 주었다고 이미 선포했다. 이제 사도는 예수의 피가 두 단계에 걸쳐서 평화를 인류에게 허락했다고 첨언한다. 첫 번째, 예수의 희생의 피는 하나님과 인류 간에 존재하던 증오를 제거하고 그 둘 간의 화해를 가져왔다(고후 5:16-21; 롬 5:10; 골 1:20). 그리고, 두 번째, 그의 피는 인간들 상호 간에, 즉 이방인들과 유대인들 간에 존재하던 증오도 제거함으로써 이 두 무리를 화해시키는 평화를 가져왔다.[100] 예수 그리스도의 사역을 증오를 제거하고 평화를 가져오는 것으로 이해하는 바울의 기독론적 주장은 이사야 9:6과 52:7에 담긴 '평화의 왕'으로서의 메시아 이해에 그 뿌리를 두고 있다.[101] 바울은 이사야가 약속한 평화의 왕 메시아의 도래가 예수를 통해서 성취됐다고 믿는다. 이 믿음 속에서 바울은 메시아 예수가 가져오는 평화를 인류와 하나님 간의, 그리고 이방인들과 유대인들 간의 이중적 화해와 평화로 설명한다. 물론, 14-16절에서 바울은 메시아가 가져오는 평화를 하나님과 유대인들에 대한 이방인 출신 성도들의 경험을 중심

---

100. 예수의 피를 인간들 간의 증오에 대한 해결책으로 보는 에베소서의 견해는 매우 독특하다.
101. 참조, Arnold, 2010: 158. 요한도 예수의 사역들 중 핵심 내용을 세상에 평화를 가져온 것으로 이해하고 있다(비교, 요 14:27). 요한과 바울은 서로 신학적으로 영향을 주고받은 것으로 추정되지 않지만, 이처럼 신학적으로 매우 유사한 경향을 여러 곳에서 보여주고 있다.

으로 묘사하고 있다.[102]

첫 번째, 평화의 왕 예수 그리스도가 유대인과 이방인들에게 가져온 평화는 그들 상호 간에 존재하던 증오를 제거함으로써 이루어졌다. 유대인과 이방인들 간의 증오는 그들을 '나누는 장벽'(τὸ μεσότοιχον τοῦ φραγμοῦ, 14절) 때문에 발생했다. 이 두 무리들을 나누던 장벽은 할례와 정결법 등을 포함한 '규례들 안에 있는 계명들의 율법'(τὸν νόμον τῶν ἐντολῶν ἐν δόγμασιν)이었다(15절).[103] 명령과 규례들은 율법의 선한 윤리적 가르침과 대조되기에 폐기되어야 할 율법의 일부분이 아니라, 율법을 구성하는 상세한 내용물들을 지칭한다.[104] 유대인들의 관점에서 보면, 율법에 대한 지식도 없이 하나님의 규례들을 무시하는 이방인들의 법 없는 삶은 가증하고 불결한 것이었다. 따라서 유대인들은 종종 이방인들을 '개'라고 부르면서 비하하고(비교, 마 15:22-28), 자신들을 이방인들로부터 격리하기 위해 최선을 다했다. 그러나 이방인들의 관점에서 보면, 율법의 세세한 항목들에까지 지나치게 신경쓰며 사는 유대인들의 삶의 방식은 조롱거리에 불과했다(타키투스, *Hist.* 5.1-13;

---

102. 바울 당시 그리스 로마 사회의 구성원들은 아우구스투스 황제가 가져온 평화의 복음 메시지에 대해서 잘 알고 있었다. 학자들의 일반적 견해에서, 바울의 예수-복음은 팍스 로마나(*Pax Romana*)에 대한 변론적 메시지로 간주된다. 그러나 현재의 에베소서 본문에서는 이러한 변론적 의미가 그리 두드러지지 않고 있다. 참조, Arnold, 2010: 158. 비교, Faust, 1993: 360-426.
103. MacDonald는 바울이 의미하는 장벽을 이방인들과 유대인들을 구분하던 예루살렘 성전에 있던 칸막이를 지칭하는 것으로 이해한다(MacDonald, 243; Arnold, 2010: 159-70; 비교, Muddimann, 128). 그러나 에베소서의 문맥상, 두 무리를 나누는 장벽은 모세의 율법을 적용하는 여러 유대인들의 규례들로 보는 것이 더 옳다(Lincoln, 1990: 141; Perkins, 71; Thielman, 2010: 165; Hoehner, 368-71; O'Brien, 1991: 196). 사도는 2:15에서 분명하게 그리스도께서 율법과 관련된 증오를 파괴하셨다고 말하고 있기 때문이다.
104. 참조, Arnold, 2010: 162; Thielman, 2010: 169.

비교, 요세푸스, *C. Apion* 2.146; Hoehner, 374). 사실, 1세기 헬라 사회
에서 유대인들은 외모나 옷차림 혹은 언어에 있어서 그들과 함께 살던
이방인 이웃들과 전혀 구분되지 않았다. 오직 그들이 목숨 걸고 지키는
할례와 정결법을 포함한 율법을 적용하는 유대 전통에 대한 엄격한 준
수만이 이방인들로 하여금 그들이 유대인임을 알게 해 주었다(Cohen,
53-62). 일부 유대인들은 자신들의 율법 적용 전통(할라카)을 하나님이
이스라엘을 보호하고 이방인들과 섞이는 것을 방지해 주는 '철의
벽'(iron wall)이라고 불렀다(*Let. Aristeas*, 139-42).[105] 그러나 이 철의 벽
은 단순히 유대인과 이방인을 가르는 울타리로서의 기능을 넘어서, 그
둘 간에 서로를 향한 첨예한 증오를 생산해 내는 부작용을 낳았다. 이
에, 이방인과 유대인으로 자신의 몸 된 교회를 창조하기 원하는 예수 그
리스도는 자신의 죽음을 통해서 이 철의 벽을 구성하는 모든 규례와 명
령들의 율법을 폐하고(καταργήσας), 두 무리 간의 증오와 나눔을 완전
히 제거해 버렸다(15절).[106]

　그렇다면 예수가 자신의 죽음을 통해서 철의 벽을 구성한 율법을
그 안에 포함된 규례와 명령들과 함께 '폐했다'(καταργήσας, 15절)는 것
의 의미는 무엇일까? 이 질문에 대한 답으로, 과거 주석가들은 윤리적
측면에서의 규례들을 제외한 예식적 측면에서의 율법적 요구들이 파기

---

105. 이에 관한 흥미로운 분석에 관해서는 Arnold, 2010: 160을 참조하라.
106. 율법에 대한 바울의 이해는 신약에서 가장 어려운 논제들 중 하나이다. 바울은 율
　　법이 하나님으로부터 온 선물이라는 것을 믿기에, 율법을 지키지 못하는 인간의 악
　　함이 인류의 문제라고 설명한다(롬 7). 그리고 동시에 율법의 참된 목적은 예수 그
　　리스도를 가리키고, 예수가 이 땅에 와서 율법의 참된 의미를 지킴으로써 율법의
　　완성과 마침이 됐다고 주장한다(갈 3). 그러나 에베소서는 바울의 율법에 대한 설
　　명에 대해서 별다른 특별한 언급이 없다.

됐다고 주장하곤 했다.[107] 이들의 주장처럼, 율법 안에는 거룩한 하나님의 백성들이 소유해야 할 거룩함에 대한 하나님의 분명한 기대와 가르침이 존재한다(레 11:44-45). 그러나 바울은 에베소서를 포함한 자신의 여러 서신에서 율법 안에 이러한 구분을 만들고 있지 않다. 따라서 예수가 율법을 폐했다는 것은 율법이 과거 가지고 있던 언약적 관계의 규례로서의 기능, 그리고 하나님의 백성들의 삶의 궁극적 원칙으로서의 기능을 무효화시켰다고 볼 수 있다.[108] 그렇지만 여기서 '율법'이 '규례들 안에 있는 계명들의 율법'이라고 자세히 수식된 것을 볼 때, 바울이 주 공격대상으로 삼고 있는 것은 유대인들의 율법 적용 전통(할라카)이라고 볼 수도 있다. 이에 대한 보다 정확한 이해를 위해서, 우리는 바울서신의 다른 본문들을 함께 조사해 볼 필요가 있다.

복음서에서 예수는 율법의 외면적 요구가 아니라, 율법이 요구하는 내면적 본질을 충족할 것을 명령한다(예, 안식일; 막 3:1-6). 예수는 안식일이라는 율법의 규정 그 자체보다도, 안식일이 목표로 하는 인간들의 쉼과 안식이라는 하나님의 의도에 더 집중했다. 예수는 죄와 사망과 질병 아래 놓인 인간들을 치료를 통해서 진정으로 안식하게 해 주는 것이 하나님의 뜻이라고 믿었기 때문이다. 바울은 다른 서신에서 율법은 몽학선생으로서 예수가 오기까지만 사람들을 인도하는 제한적 기능을 했다고 가르친다(갈 3:23-25). 바울은 율법이 그 안에 하나님의 뜻에 대한 계시가 담긴 하나님으로부터 온 선한 선물임을 부정하지 않는다. 그러나 율법을 완성한 예수의 도래를 통해서 인간을 하나님의 언약백성

---

107. 이에 대한 다양한 분석을 위해서는 Arnold, 2010: 162-64을 참조하라.
108. 대다수의 주석가들은 이 견해를 견지한다. 참조, Hoehner, 374-77; Best, 1998: 259-60; O'Brien, 1991: 196-97; Lincoln, 1990: 142-43; Thielman, 2010: 168.

으로 규정하던 율법의 예표적 기능은 이제 그 수명이 다하게 됐다(롬 8:3-4).[109] 바울에게는 옛 언약의 율법이 바라보던 새 언약의 시대가 예수가 보낸 성령을 통해서 성도들 가운데서 완성됐기에, 이제 성도들은 다시 옛 언약의 율법 아래로 돌아갈 필요가 없다(고후 3:1-18; 롬 6).[110] 바울의 관점에서 볼 때, 예수를 믿어 마음의 할례인 성령을 받은 갈라디아인들이 다시 육체의 할례로 돌아가는 것은 예수의 사역을 완전히 부정하는 어리석은 행위이다(갈 3:1-5). 그러므로 이제 예수 안에 거하는 성도들은 자신들의 삶의 원칙을 율법의 문자 안에서, 혹은 유대인들의 율법 해석 전통에서 발견하지 않는다. 대신 성도들은 그 율법의 궁극적 지향점을 계시해 주는, 그리고 율법에 담긴 하나님의 뜻을 이룰 수 있게 해 주는, 자신들 안에 거하는 예수의 영인 성령 안에서 경건한 삶의 원칙을 발견해야 한다(비교, 갈 5:14-18).[111]

그러나 예수 그리스도가 각종 규례들과 명령들의 율법을 파괴하고 두 무리 간의 증오를 제거한 데에는 또 다른 숭고한 목적이 존재했다. 예수는 두 무리 간에 평화를 이루어 하나의 새로운 인류를 창조하고 (κτίση, 14절), 그 새로운 인류가 하나님과 화해하기를 원했다(16절). 이방인과 유대인들은 예수 안에서 단순히 화해했다는 사실을 넘어서, 전혀 새로운 인류로 재창조됐다(ἕνα καινὸν ἄνθρωπον, 15절; 비교, 고후 5:17; 갈 6:15). 이제 예수 안에서 새롭게 창조된 인류에게는 인종, 성별,

---

109. 바울의 율법 이해는 오랫동안 바울에 대한 옛 관점과 새 관점 간의 첨예한 논쟁의 중심에 서 있었다. 이에 대한 다양한 학자들의 견해를 보기 위해서는 다음을 참조하라. 참조, Dunn, 1996.
110. 지난 30-40여 년 동안, 율법과 율법의 행위들의 기능에 대한 논쟁들이 새 관점과 옛 관점의 이름으로 진행됐다. 이 두 견해들의 특징들에 대한 개론적 소개를 위해서는 다음을 참조하라. 참조, Westerholm, 2004.
111. 참조, 이승현, 2018b: 287-95.

그리고 사회적 구분들과 그에 따른 모든 차별들이 원칙적으로 모두 폐기된다(갈 3:27-28).[112] 여기서 우리는 예수를 새로운 아담으로 제시하면서, 그 안에서 하나의 새로운 인류를 창조하는 하나님의 새 창조 사역에 대한 바울의 선포를 기억하게 된다(비교, 롬 5:11-20; 12:5; 고전 12:12-13; 15:22; 갈 3:27-28; 골 3:10-11).

그러나 다른 아담 기독론적 본문들과 비교해 볼 때, 에베소서에서 바울은 두 가지 중요한 요점들을 새롭게 추가한다. 첫 번째, 신구약성경에서 창조의 최우선적 주체는 하나님이시다. 물론, 잠언이 언급하는 지혜(잠 8)와[113] 요한복음이 언급하는 말씀(요 1:1-18)은 하나님을 돕는 창조의 동역자로 제시되지만, 그들의 역할은 창조의 주체자인 하나님을 돕는 것에 머문다.[114] 동일한 맥락에서, 고린도전서 8:6에서 바울은 예수를 하나님의 창조 사역의 동역자 혹은 실행자로 제시한다. 그러나 에베소서 2:15에서 사도는 예수를 창조를 의미하는 헬라어 동사 '끄띠새'(κτίση)의 직접적인 주어로 제시하면서, 창조 사역에서의 그의 역할을 크게 부각시킨다.[115] 두 번째, 서로 간의 증오를 극복하게 된 두 무리가 하나의 인류 곧 한 몸을 이루게 되고, 그렇게 하나 된 새 인류는 하나님과 다시 화목하게 된다. 한 몸 됨은 그리스도를 머리로 하는 한 공동체 곧 교회를 의미하기에(1:22), 교회는 하나님의 새 창조의 결과로 탄생한 새 인류와 동일시된다.[116] 이 새 인류는 더 이상 율법의 유무, 인종

112. 참조, Yuh, 478-500; Harrill, 2002: 252-77.
113. 참조, Bakon, 222-30; Webster, 63-79.
114. 참조, Waetjen, 265-86; Edwards, 67-96.
115. Hoehner, 378; O'Brien, 1991: 200.
116. 이 새 인류는 유대교로 회심한 인류를 의미하지 않고, 혹은 유대인들이 자신들의 유대교적 배경을 버리고 이방인들이 되는 것을 뜻하지도 않는다. 새 인류는 완전히 새롭게 창조된 예수에게 속한 제3의 새로운 인류이다. 참조, Hoehner, 378-79; 비

적 차이, 그리고 성별 혹은 국적에 상관없이, 예수 그리스도에게 속했다
는 단 한 가지 사실만을 근거로 탄생하게 됐다. 1:10에서 바울은 예수의
사역을 만물을 통일하는 것으로 보았다. 그런데 바울은 이 사역의 최종
적 결론으로 증오하던 인간 무리들이 서로 화해하여 예수 안에서 하나
의 새로운 인류를 구성하게 되는 것으로 본다. 바울의 이해에서는 예수
그리스도가 행한 새 인류의 창조는 아담의 타락과 그 결과로 말미암아
발생한 하나님과 인류 간의 모든 갈등을 극복하는 새 창조 사역이다.[117]
이처럼 우주적 교회의 탄생과 새 인류의 창조를 동일시하는 에베소서
의 견해는, 바울의 다른 서신의 가르침들과 비교해 볼 때, 매우 독특한
신학적 발전을 보여준다.

　　17-18절 (평화의 선포) 사도는 이제 이방인들과 유대인들 간에, 그리
고 하나님과 인간들 간에 존재하게 된 평화를 가져다준 예수의 사역을
이사야를 인용하면서 다시 한번 반복한다. 이사야 57:19와 52:7을 인용
하면서, 사도는 이 땅에 평화를 가져온 예수가 바로 이사야가 예언했던
'평화를 선포할 메시아'라고 선언한다(17절; 비교, 2:14). 여기서 언급되
는 '예수 그리스도의 오심'과 '평화의 메시지의 선포'의 내용에 대해서
학자들은 다양한 방식으로 해석했다.[118] 이 표현들은 예수의 공생애 사
역 중에 행한 특정한 설교를 지칭한다기보다는(예, 산상수훈), 성육신과
고난, 죽음 그리고 부활을 포함한 그의 전 생애가 주는 의미를 지칭하는
것으로 보인다(MacDonald, 247). 물론 에베소의 이방인 성도들은 부활
한 예수의 명령을 따라 복음을 전한 바울을 통해서 예수의 평화의 메시

　　교, Dunn, 1991: 149.
117.　참조, 이승현, 2020b: 191-262.
118.　이 표현의 해석에 대한 다양한 견해들과 그에 대한 비판을 위해서는 Arnold, 2010:
　　　166과 O'Brien, 1991: 206-7을 참조하라.

지를 듣게 됐다. 이런 면에서, 이방인 성도들은 예수의 평화의 메시지를 성령을 통한 예수의 사도들의 선포를 통해서 경험하게 됐다.[119] 이에 사도는 이어지는 19-20절에서 사도와 선지자들을 성령이 거하는 교회가 세워진 반석으로 제시할 것이다. 물론 교회의 반석 중에서도 제일 중요한 돌은 건물의 모든 하중을 견디는 모퉁이 돌인 예수이다. 예수와 다른 사도와 선지자들 간의 협력관계를 설명하면서, 3:5에서 사도는 예수 그리스도의 비밀이 사도와 선지자들에게 계시됐다고 가르친다. 흥미롭게도, 6:15에서 사도는 이제는 모든 성도들도 예수의 평화의 복음의 메시지를 선포할 책임이 있다고 전제하면서, 그들이 항상 이 평화의 메시지의 선포를 위해서 준비하는 삶을 살아야 한다고 가르친다.

그런데, 이미 앞에서 자세히 설명됐지만(11-12절), 여기서 예수 그리스도가 전한 평화는 단지 하나님과 인간들 간에 존재하던 증오에 대한 해결책일 뿐만 아니라, 유대인들과 이방인들 간에 존재하던 증오에 대한 해결책이라는 이중적 의미를 담고 있다. 원래 이사야의 문맥에서 멀리 거하던 자들은 망명을 떠난 유대인들을 주로 지칭했으나, 바울은 이 표현을 팔레스타인 땅 바깥에 거한 이방인들에게 적용시킨다(비교, 사 57:19).[120] 이사야는 자신의 비전 속에서 하나님의 구원이 이방인들에게 전달될 것이고, 그의 고난 받는 종이 이방인들의 빛이 될 것으로 보았다(비교, 사 49:6; 56:6-8). 바울은 이러한 이사야의 이방인 선교에 대한 비전을 예수에게 직접적으로 적용하면서, 자신의 이방인 선교에 대한

---

119. 참조, Hoehner, 385; Arnold, 2010: 166; O'Brien, 1991: 207; Schnackenburg, 118. 비교, Lincoln, 1990: 148-49.
120. 에베소서에서 인용된 이사야의 해석에 대해서는 다음을 참조하라. 참조, Lincoln, 1990: 146-48; Lincoln, 1982: 16-57.

하나님의 예언의 말씀으로 이해한다.[121] 이러한 해석 속에서, 바울은 멀리 있던 이방인들이 가까이 있던 유대인들과 함께 하나님 아버지께로 다가올 때, 그 둘 간에 먼저 화해가 이루어져야 한다고 본다. 유대인들과 이방인들이 서로 화해하여 예수 안에서 한 몸을 이룬 후에라야 비로소 이 두 무리로 이루어진 한 새로운 인류가 탄생하고, 그 한 새로운 인류는 한 성령 안에서 하나님께 나아갈 수 있게 된다. 이처럼 예수가 자신의 사역을 통하여 아담의 타락 이후 깨어진 하나님과 인간들 간의 관계와 인간들 상호 간의 깨어진 관계들을 다 회복한다는 측면에서, 예수의 사역은 첫 아담의 타락과 저주를 극복하는 사역으로 볼 수 있다.[122]

　그러나 17-18절에서 사도는 두 가지 중요한 사실들을 새롭게 언급한다. 첫 번째, 서로 화목하게 된 유대인들과 이방인들이 이제는 하나님을 자신들의 아버지라고 부른다는 사실이다(비교, 갈 4:6; 롬 8:15-16). 이 사실은 그들이 예수의 화목하게 하는 사역을 통해서 하나님의 자녀로의 신분 변화를 경험하게 됐다는 것을 알려 준다. 앞에서 사도는 죄와 허물로 죽어 있던 성도들이 하나님으로부터 격리됐을 뿐만 아니라(2:1-3), 하나님의 진노의 대상이었다고 선포했다(2:13, 16). 그러나 이제는 원수 됐던 하나님과 인류의 관계가 예수가 가져온 평화를 통해서 하나님의 가족 간의 관계로 재정립됐다. 그 결과, 예수 안에서 화목하게 된 이방인과 유대인들이 하나님께 나아가는 것은 아버지를 만나기 위해서 나아가는 자녀들의 행동이다. 여기서 '나아감'을 의미하는 헬라어 단어 '쁘로스아고게'(προσαγωγή,)는 신약에서 단 세 번 등장한다(롬 5:2; 엡

---

121. 참조, Oss, 1992: 105-12; Qualls and Watts, 249-59; Novenson, 357-73; Walters, 29-39; Gignilliat, 98-124.
122. 참조, 이승현, 2020b: 191-262.

2:18; 3:12). 일반적 의미에서 이 단어는 왕과 같이 권세 잡은 자들에게 로 나아감을 의미할 때 쓰이던 정치적 단어였다(크세노폰, *Cyr.* 1.3.8; 7.5.45; Fee, 2007: 685). 그러나 70인역에서 이 단어는 하나님의 거룩한 임재가 거한 성전으로 제물을 들고 나가는 하나님의 백성들의 모습을 묘사할 때 종종 쓰이곤 했다(레 1:2, 3, 10; 3:1, 3, 7, 12; 4:14).[123] 그러나 로마서 5:1-5에서 바울은 이 단어를 통해서 예수-믿음을 통하여 의로워 진 성도들이 하나님과의 '평화'를 경험하고, 영광의 하나님의 자녀가 되 는 은혜 속으로 나아감을 표현한다. 에베소서의 용례에서 사도는 로마 서 5:1-5의 내용을 함축적으로 요약하면서, 하나님의 자녀들이 일상적 으로 경험하는 하나님 아버지께로의 '계속적인 나아감'의 특권을 표현 하고 있다.[124]

그리고 바울이 더하는 두 번째 새로운 사실은 이제 화목하게 된 이 방인들과 유대인들이 아버지 하나님께로 나아감은 '한 성령 안에서' (ἐν ἑνὶ πνεύματι, 18절), 혹은 '한 성령을 통해서' 이루어진다는 것이다.[125] 사 도는 1:23에서 회심한 성도들이 머리 된 예수의 몸 된 교회를 구성하게 됐다고 선포했다. 그리고 성도들의 구원의 확실성이 성령에 의해서 인 친 바 됐다고 가르쳤다(1:13).[126] 그리고 현재의 본문에서 성령은 성도들 의 현재적 신앙생활을, 특별히 하나님과의 관계를 유지하고 인도해가

---

123. 이 두 의미들에 대한 논의를 위해서는 Lincoln, 1990: 149, Arnold, 2010: 167, 그리 고 O'Brien, 1991: 209를 참조하라.
124. 참조, Hoehner, 388-89; Best, 1998: 273; O'Brien, 1991: 208-09.
125. 헬라어 전치사 '엔'(ἐν)은 영역을 의미할 수도, 혹은 방법을 의미할 수도 있다. 아마 도 현재의 본문에서 바울은 둘 다를 의미하고 있는 듯하다. 참조, Arnold, 2010: 167; Fee, 1994: 682 n.80. 반면에 Hoehner, 389는 이 전치사를 영역만을 지칭하는 것으로 이해한다.
126. 참조, Woodcock, 139-63; Turner, 2013: 187-205.

는 분으로 묘사된다. 예수를 믿고 하나님의 자녀가 된 성도들의 삶이 이 제는 성령 안에서, 그리고 성령을 통해서 진행됨을 바울은 강조한다. 이 와 유사하게, 고린도전서 12장에서 바울은 이방인들이 예수를 주라 고 백하며 회심을 경험하고 몸 된 교회를 구성하는 것을 성령의 사역에 돌 린다(고전 12:3). 그리고 회심한 성도들이 자신들의 인종적, 혈통적, 성 적 그리고 신분적 구분을 극복하면서 예수의 몸 된 교회를 구성하는 방 법은 한 성령 안에서 세례를 받고, 한 성령을 마심을 통해서라고 가르친 다(고전 12:13; 비교, 롬 5:1-5).[127] 바울은 이 몸 된 교회의 성장을 위하여 성령의 은사들이 각 지체들에게 주어진다고 선포한다.

그런데 에베소서에서 사도는 한 걸음 더 나아가, 예수 안에서 한 몸 이 된 유대인과 이방인들이 이제 하나님이 거하시는 성전으로 지어져 간다고 선포한다(2:19-22). 그리고 성도들로 이루어진 성전 안에는 하 나님의 임재를 의미하는 성령이 거하시게 된다.[128] 이 본문들에서 '한 성 령'이라는 표현은 이방인과 유대인 성도들이 소유하게 된 경험적 실체 인 통일성과 연합성을 다시 한번 강조해 준다(엡 4:4; 고전 12:13; 비교, 빌 2:1-4).[129] 이미 사도는 유대인과 이방인들은 예수의 새 창조 사역을 통하여 한 새 인류를(2:15), 그리고 예수를 머리로 하는 한 몸을 구성하 게 됐다(2:16)고 선포했다. 결론적으로, 하나님 아버지께 나아가는 것은 예수가 가져온 평화를 통해서, 그리고 성령 안에서 가능해지는 성도의 특별한 경험이요 자녀 됨의 특권이다. 이처럼 바울의 이해에서는, 삼위 하나님의 통일성과 연합성 속에서 성부와 성자 그리고 성령의 특별한

---

127. 참조, Turner, 187-205.
128. 참조, Fee, 2008: 2-7; de Jong, 375-95; Schuele, 16-28.
129. 참조, Hoehner, 389; Dunn, 1998: 561-62.

역할들이 성도들의 경험에서 다양한 방식으로 역사한다(1:4-14, 17; 2:22; 3:4-5, 14-17; 4:4-6; 고전 12:4-6).

19절 (새로운 시민권과 하나님 가정의 권속 됨) 19-22절에서 사도는 자신의 편지의 수신자들인 이방인 출신 성도들에게 그리스도가 가져온 평화가 그들의 삶에 가져온 결과에 대해서 설명해 준다. 사도가 보는 결과는 크게 세 가지이다: (1) 새로운 시민권(19절), (2) 하나님 가정의 권속 됨(19절), 그리고 (3) 새 성전(20-22절). 19절의 시작에서 사도가 차용하는 헬라어 표현 '아라 운'(ἄρα οὖν, 그러므로, 19절)은 앞에서 언급된 내용을 중심으로 내려진 결론을 소개할 때 주로 사용되는 표현이다 (비교, 롬 5:18; 7:3, 25; 8:12; 9:16, 18; 갈 6:10; 살전 5:6).[130] 이 단어는 19-22절에서 바울이 이전 논의를 마무리짓는 결론을 제시하고 있음을 알려 준다.

과거 이방인 성도들은 하나님 나라에 속하지 않은 '나그네들'(πά-ροικοι)이었고 언약 바깥에 거하던 '외인들'(ξένοι)이었다(12절). 나그네와 외인은 잠시 동안, 혹은 긴 시간 동안 특정한 나라에 머물 것이 허락됐지만, 그 지역 시민으로서의 특권과 권리는 허락되지 않았다.[131] 여기서 나그네를 의미하는 '빠로이꼬이'(πάροικοι)는 구약에서 이스라엘 땅에 살게 된 이방인들을 지칭하거나(비교, 출 12:45; 레 22:10; 25:23, 40), 이방 땅에 거하던 유대인들의 상태를 지칭하는 데 사용되던 단어이다(창 23:4; 출 2:22). 과거 이방인 성도들은 하나님의 구원 약속과 아

---

130. 신약에서 이 헬라어 표현은 12번 등장하는데, 오직 바울서신에서만 발견되고 있다. 이 사실은 이 표현이 바울의 글쓰기 표현의 특징임을 알려 준다(참조, Hoehner, 391; Thielman, 2010: 178).

131. 참조, Hoehner, 391-92. Lincoln, 1990: 150은 이 두 단어 사이에 그 어떤 차이도 존재하지 않는 동의어로 본다. 그러나 Hoehner는 그 사실에 대해서 반대한다.

무런 상관이 없는 자들이었으므로, 하나님 나라에 속하지 못하고 언약 바깥에 거하던 소망 없던 자들이었다. 그러나 그리스도의 평화를 통해서 하나님께 가까이 오게 된 이방인 출신 성도들은 이제 새로운 신분상의 변화를 경험하게 됐다. 그들은 다른 모든 성도들(τῶν ἁγίων)과[132] 함께 '하나님 나라의 시민들'(συμπολῖται, 19절)을 구성하게 됐고, 그리스도에게 속한 '하나님 가족의 구성원들'(οἰκεῖοι τοῦ θεοῦ, 19절)이 됐다.[133] 1:5에서 사도는 이미 예수를 통해서 영적으로 죽어있던 죄인들이 하나님의 자녀들로 '입양'됐음을 인하여 하나님을 찬양했다. 여기서 하나님 나라의 시민이라는 새로운 신분은 과거 이방인 성도들이 이스라엘 국가와 시민권으로부터 배제됐던 상황을 극복하게 한다(2:12). 1세기 당시 헬라인들에게 로마 제국의 시민이 되고 권세 있는 왕족의 구성원이 된다는 것은 그들이 상상할 수 있는 최고의 특권이었다.[134] 투표권과 더불어 사회적 안전망이 주는 보호를 경험할 수 있었기 때문이다. 그러나 바울은 성도들이 이제 모든 나라들 위에 존재하는 하나님 나라의 시민들이 됐고, 우주의 주인이 되시는 예수의 가족 구성원들이 되는 특권을 누리게 됐다고 선포한다.

20-22절 (사도와 선지자, 그리고 예수 그리스도 위에 세워진 하나님이 거

---

132. 여기서 성도들은 누구를 의미하는 것일까? 구약에서와 마찬가지로 유대인들을 지칭하는 개념일까? 아니면 그리스도에게 속하게 된 유대인 성도들과 이방인 성도들 모두를 지칭하는 영적 개념일까? 아니면 천사들일까? 아마도 바울은 이제 육체적 나누어짐이 더 이상 의미가 없는 그리스도에게 속한 모든 성도들을 지칭하고 있는 듯하다. 참조, Arnold, 2010: 168; Perkins, 402; O'Brien, 1991: 211; Lincoln, 1990: 150-51; Hoehner, 393; Thielman, 2010: 179. 비교, Sellin, 233.
133. 갈 6:10에서 바울은 이에 대한 동의어로서 '믿음의 가정의 구성원들'(τοὺς οἰκείους τῆς πίστεως)이라는 표현을 사용하고 있다.
134. 이 특권들은 새로운 정체성뿐만 아니라, 위험한 상황 속에서 안전성을 제공해 주었다. 참조, O'Brien, 1991: 212.

하시는 성전) 이제 바울은 성도들의 모임을 하나님의 가정 이미지에서 반석 위에 세워진 하나님의 성전 이미지로 전환하여 설명하기 원한다. 20-22절에서 바울은 (1) 성전의 기초(20절), (2) 성전의 형성(21절), 그리고 (3) 성전의 기능(22절)에 대해서 자세히 설명할 것이다. 이방인들이 하나님 나라의 구성원이 되고 주 예수 그리스도의 권속이 된 것은 예수 그리스도의 복음에 바탕을 둔 사도들과 선지자들의 선교 사역을 통해서이다(20절). 그러므로 성전의 기초는 예수를 모퉁이 돌로 하는 사도와 선지자들이다. 성전의 형성은 예수 안에서 전체 건물이 연결되면서 거룩한 성전으로 지어져 가는 과정을 통해서 이루어진다. 그리고 마지막으로, 성전의 기능은 성령 안에서 하나님이 거하시는 거룩한 장소가 되는 것이다.

첫 번째, 성전의 기초로 바울은 예수를 '모퉁이 돌'로 하는 '사도와 선지자들의 반석'을 제시한다(20절).[135] 여기서 바울이 지칭하는 사도는 열두 사도들에게만 한정되는 좁은 의미가 아니라(비교, 행 1:21-22), 부활한 예수를 만나고 복음을 이방인들에게 전하도록 부름 받은 바울, 바나바, 디모데, 실바누스 그리고 아폴로와 같은 자들을 다 포함하는 광의의 개념이다(행 14:1, 4; 살전 1:1; 2:7; 고전 4:6-9; 9:5-6; 15:1-10; 롬 11:13; 15:18-21; 엡 3:4-9).[136] 비록 바울은 성육신한 예수를 그의 공생애 중에 만나지는 못했지만, 부활한 예수를 만나고 소명을 받은 '이방인들의 사도'로 자신의 사도직을 이해한다(롬 11:13; 갈 1:10-16). 그리고 여

---

135. 헬라어 표현 τῷ θεμελίῳ τῶν ἀποστόλων καὶ προφητῶν에 담긴 소유격은 기원 (genitive of source)이 아니라, 동격(genitive of apposition)을 뜻한다고 보는 것이 더 설득력 있다. 참조, Schnackenburg, 122-23; Lincoln, 1990: 153; Best, 1998: 280; Arnold, 2010: 213. 참조, Daniel Wallace, 1996: 100.
136. Arnold, 2010: 170; Hoehner, 399-400.

기서 선지자들은 구약의 선지자들을 지칭한다기보다는, 에베소서 3:5 와 4:11에서 바울이 분명히 하고 있듯이, 초대 교회가 인정한 직분들 중 하나로서의 선지자들을 의미한다(비교, 고전 12:28; 롬 12:6).[137] 초대 교 회의 선지자들은, 성령이 주시는 감동에 근거하여, 개인들과 교회들에 게 그들의 특별한 상황에 대한 하나님의 명령을 전달하여 그들을 세워 주는 역할을 한 직분자들이다(고전 14:3-4, 24-25, 30-31; 행 11:27-30; 15:32; 21:10-11).[138] 그리고 초대 교회의 선지자들은 사도들과 더불어 이 방인들을 향한 선교 사역에서 아주 중요한 역할을 담당했다(3:5-6; 행 13:1-3). 예수 그리스도에 대한 사도와 선지자들의 증거를 통해서 이방 인들이 하나님의 가족을 이루는 구성원들이 됐으므로, 이제 성도들은 사도와 선지자들의 반석 위에 세워진 하나님의 건물이라고 불리게 된 다.

물론, 하나님의 성전에서 예수 그리스도는 그 건물을 지탱하는 모퉁 이 돌로서, 사도와 선지자들을 불러 파송한 그들의 주인이시다. 사도와 선지자들의 권위와 반석으로서의 기능은 그들의 본질에 속한 특성이 아니라, 그들에게 은사를 주고 그들을 파송한 예수로부터 파생된 이차 적 현상이다(비교, 갈 1:1; 고전 15:8-10; 롬 1:1).[139] 그리고 예수가 하나님 의 성전 모퉁이 돌이 된다는 사실은 "시온의 돌"에 대한 이사야 28:16 의 예언이 그를 통해서 성취됐음을 의미한다(비교, 벧전 2:6). 이사야는 종말의 때에 시온에서 이루어질 이스라엘과 열방들의 평화에 대해서 예언했다(사 2:1-4; 66:19-23; 미 4:3). 현재 바울은 멀리 있던 이방인들

---

137. MacDonald, 249; Thielman, 2010: 180; Best, 1998: 281-83; Hoehner, 399-403; O'Brien, 1991: 214; Yee, 202-3.
138. 참조, Forbes, 188-250.
139. 참조, Best, 1986: 3-25; Paretsky, 621-31; Sumney, 71-91.

과 가까이 있던 유대인들 간에 증오가 제거되고 예수 안에서 화평을 이 룬 후, 하나님이 거하시는 성전으로 지어져 간다고 선포하고 있다. 이러 한 바울의 선포는 예수와 교회의 탄생을 통해서 시온의 돌에 대한 이사 야의 종말론적 예언이 성취됐다는 그의 믿음을 잘 보여준다.[140] 보통 거 대한 모퉁이 돌은 건물 전체의 하중을 감당하기 위해서 가장 먼저 놓는 돌로서, 그 위에서 연결되는 벽들을 견고하게 잡아주는 핵심적인 돌이 다.[141] 다른 모든 돌들이 모퉁이 돌을 중심으로 잘 배치되어야만, 건물이 견고하게 지어질 수 있다. 시온의 돌인 예수를 모퉁이 돌로 하는 사도와 선지자들의 반석 위에서,[142] 성도들은 하나님이 거하시는 성전으로 서로 연결되고 계속해서 지어져 간다. 성도들로 구성되는 하나님의 새 성전 은 현재 '주 예수 안에서'(ἐν κυρίῳ, 21절) 계속해서 지어져 가는 과정 중에 있다.

　　두 번째, 바울은 성전의 형성을 이미 완성된 실체가 아니라, 주 예수 안에서 성도들이 함께 맞추어져 자라가는 과정 속에 놓인 역동적인 실 체로 묘사한다(21절). 여기서 바울은 앞에서 자신이 설명한 그리스도의 화평의 사역과 그 사역에 근거하여 이루어진 이방인들과 유대인들로 세워진 교회를 현재 지어져 가고 있는 하나님의 성전으로 제시한다. 교 회의 모퉁이 돌이 되는 예수께서는 성도들의 모임인 교회가 존재하는 영적 영역을 제공하신다. 흥미로운 사실은, 과거 건축물들이 모퉁이 돌

140.　O'Brien, 1991: 213; Thielman, 2010: 184; Beale, 2004: 259-63.
141.　Arnold, 2010: 171. Arnold에 따르면, 1990년대에 발견된 예루살렘 성전의 기초석 들 중 하나는 17미터 길이에 3.5미터 높이, 그리고 4미터 너비에 570톤 정도의 무게 를 지니고 있었다고 한다. 고대인들이 생각하는 반석과 모퉁이 돌의 개념은 현대인 들의 기대 이상일 수 있다.
142.　고전 3:10-17에서 바울은 예수 그리스도를 새 성전의 반석으로 제시한다. 사도들은 하나님의 성전에서 섬기는 일꾼들에 불과하다.

을 근거로 하여 기초석을 깔고 벽을 세워가듯이, 교회도 그리스도의 모퉁이 돌 위에 세워진 사도와 선지자들의 터 위에서 계속해서 자라가고 있다(αὔξει, 21절)는 것이다.[143] 마치 건물의 기둥과 벽들이 서로 맞추어져 끼워져 감(συναρμολογουμένη, 21절)으로써 점차 완성된 모습을 띠게 되듯이, 성도들도 주 안에서(ἐν κυρίῳ, 21절) 다른 성도들과 함께 하나님의 거룩한 성전 건물로 만들어져 간다. 여기서 '맞추어져 끼워져 감'을 의미하는 헬라어 수동태 동사 '쉰아르몰로구메네'는 신적인 수동태이기에, 그 주어는 바로 하나님이시다. 이 사실은 성도들이 서로 맞추어져 끼워져 가는 과정을 주도하는 분이 바로 하나님임을 의미한다.[144] 이 헬라어 단어 속에 포함된 전치사 '쉰'(σύν)은 성도들 간에 존재하는 친밀성과 연합성, 그리고 통일성을 강조해 준다(비교, 4:4-6). 그리고 헬라어 표현 '엔 퀴리오'는 성도들 간에 놓인 이러한 연합의 특징들과 하나님의 성전으로서의 거룩함은 오직 주 예수 안에 거할 때만, 그리고 주 예수를 통해서만 가능함을 알려 준다.[145] 하나님의 성전인 교회는 이미 예수 그리스도와 그의 사도들 그리고 선지자들의 사역을 통해서 1세기에 세워지게 됐다. 그러나 하나님의 성전인 교회는 아직도 그 완성체를 이루기 위하여 성장하는 과정에 있다.[146] 이 사실은 성도들이 하나님 나

---

143. 현재의 본문에서 하나님의 성전, 즉 교회의 성장은 양적인 측면에서의 성장을 의미할 수도 있고, 영적인 측면에서의 성숙을 의미할 수도 있다. 이에 대해 Arnold, 2010: 172와 Best, 1998: 287는 양적 성장을 더 강조한다. 그러나 4:16에서 바울은 예수의 장성한 분량에까지 이르러야 하는 성도들의 영적 성숙을 강조하고 있다.

144. 참조, Hoehner, 409, 413.

145. 에베소서에서 '주'는 바울의 일반적 용례를 따르면서, 하나님이 아니라 주 예수 그리스도를 가리킨다(4:1, 17; 5:8; 6:1, 10, 21). 참조, Thielman, 2010: 184; Arnold, 2010: 172.

146. 바울은 때로 성도들 개인을(고전 3:16-17), 혹은 자신을 포함한 성도들의 모임인 교회를(고후 6:16) 하나님의 성전이라고 부른다. 에베소서에서 바울은 예수를 머리로

라 사역에 계속해서 동참해야 할 책임과 의무를 소유하고 있음을 알려
준다.

세 번째, 성도들의 모임인 교회가 계속해서 지어져 가는 과정의 궁
극적인 기능과 목적은 바로 '하나님께서 거하시는' 거룩한 성전이 되기
위함이다(κατοικητήριον[147] τοῦ θεου, 22절). 에베소서에서 사도는 이방
인 성도들의 과거와 현재를 하나님과의 관계를 통해서 극적으로 묘사
하고 있다. 과거 그들은 메시아로부터 분리됐고, 언약백성 바깥에 머물
렀으며, 하나님 없이 사는 소망 없는 존재들에 불과했다(2:11-12). 그러
나 현재 그들은 예수 그리스도 안에서 하나님의 백성으로 불러 모아졌
고, 하나님의 언약이 가져오는 축복의 수혜자들이 됐으며, 성령 안에서
하나님이 거하시는 성전으로 지어져 가고 있다. 여기서 "주 안에서 거
룩한 성전"(21절)과 "성령 안에서 하나님이 거하시는 집"(22절)이라는
표현들은 현재 성도들의 완전히 뒤바뀐 신분을 하나님과의 관계를 통
해서 효과적으로 설명해 주고 있다.

여기서 우리는 사도가 전제하고 있는 중요한 두 가지 사실에 대해
서 주목할 필요가 있다. 첫 번째, 하나님의 성전은 아름다운 교회 건물
을 지칭하는 것이 아니라, 성도들의 모임 그 자체를 의미한다. 다양한
성도들이 바로 하나님의 성전을 구성하는 주요 요소들이다. 과거 구약
에서 하나님은 손으로 지어진 성전 건물 그 자체를 자신의 영광의 임재
로 채웠으나(사 6:1; 겔 1; 43:5), 이제는 성도들로 구성된 예수의 몸 된

하는 성도들의 모임, 즉 우주적 교회 공동체를 하나님의 성전이라고 부른다. 그러나
O'Brien, 1991: 219는 우주적 교회가 아니라, 하늘에 있는 영적 실체로서의 하나님
의 거주지를 하나님의 성전으로 제시한다.

147. 신약성서에서 이 헬라어 단어는 현재의 본문과 계 18:2에서만 발견된다. 후자의 본
문에서 이 단어는 바벨론을 사탄들의 거주지로 지칭하는 데 사용되고 있다.

공동체를 자신의 임재인 성령으로 채운다. 따라서 교회에게 임한 성령의 임재는 하나님의 백성들 가운데 거하신 하나님 자신의 임재를 의미한다. 그리고 두 번째, 하나님의 성전은 단순히 함께 모여 있는 사람들의 집합체를 의미한다기보다는, 하나님의 성령이 그 안에 거하시는 모임을 의미한다. 하나님의 성령은 거룩하신 하나님의 능력 있는 임재를 의미하므로, 하나님의 성령 안에서 모일 때에라야 비로소 성도들의 모임이 하나님이 거하시는 성전이 된다(비교, 고전 3:16; 6:19-20). 원수 됐던 이방인들과 유대인들이 믿음으로 하나님의 자녀들이 된 것은 예수 그리스도의 희생의 사역을 통해서이다. 그리고 예수의 부활 승천 후, 성령은 이 땅에서 사도와 선지자들을 통해서 예수의 평화의 복음 사역을 계속해서 진행해가고 있다(엡 3:5). 이런 면에서, 하나님의 성령은 이제 부활한 예수의 영으로서 교회에 임한 부활한 예수의 임재를 동시에 의미한다(1:23).[148]

결론적으로, 사도는 과거 하나님과 원수 됐던 그리고 서로를 증오했던 이방인들과 유대인들이 서로 화목하여 한 공동체를 이루게 된 것은 전적으로 예수 그리스도의 사역을 통해서라고 가르친다. 그리고 화목하게 된 교회 공동체가 하나님이 거하시는 거룩한 성전으로 지어져 가는 것은 성령 안에서, 그리고 성령의 능력 있는 사역을 통해서라고 강조한다. 그럼에도 불구하고, 사도에게 이 모든 일들을 미리 계획하고 실행한 궁극적인 구원의 주체는 바로 하나님 아버지이다. 이처럼 에베소서에서 성도의 구원 사역은 삼위 하나님의 긴밀하게 연결된, 그러나 상호 간에 구분된 역할들을 통해서 역사하는 삼위 하나님의 놀라운 작품이

---

148. 부활 후 예수가 성령의 주가 되고, 성령이 부활한 예수의 영으로서 기능하는 것에 대해 더 보기 위해서는 이승현, 2018b: 151-70을 참조하라.

다(1:4-14, 17; 2:18-22; 3:4-6, 14-19; 4:3-6, 21-23; 5:18-20)(Hoehner, 415).

해설

2:11-22에서 사도는 평화의 왕 예수 그리스도의 사역이 이방인 성도들에게 미친 영향에 대해서, 하나님과 유대인들과의 관계를 중심으로 자세히 설명하고 있다. 첫 번째, 이방인 출신 성도들은 과거 회심 전, 하나님의 언약 바깥에 거하며 소망 없는 삶을 살았다. 이방인들이 보여준 하나님의 선한 뜻과 율법에 대한 무지로 인하여, 그들은 하나님에게는 진노의 자녀들이었고 유대인들에게는 증오의 대상이었다. 그러나 예수 그리스도의 등장은 소망 없는 이방인들의 삶에 획기적인 변화를 가져왔다. 예수가 흘린 희생의 피가 하나님과 인류, 그리고 유대인과 이방인 상호 간의 증오를 제거하고 평화를 가져왔기 때문이다. 예수의 평화 사역은 이방인과 유대인의 두 무리로 나누어졌던 인류가 상호 간의 증오를 극복하고, 예수 안에서 한 몸 된 교회가 되게 했다. 나아가, 예수의 희생의 피는 인류의 죄를 사하여 줌으로써, 하나님의 진노의 대상에 불과했던 인류를 하나님의 사랑받는 자녀들이 되게 했다. 이제 예수에게 속하게 된 인류는 하나님을 아버지로 부르며 그의 임재로 나아가는 특권을 소유할 수 있게 됐다. 그러므로 예수 안에서 화목하게 된 성도들은 하나님의 가정을 이루고, 하나님이 거하시는 거룩한 성전으로 계속해서 지어져 간다. 이처럼 바울에게 있어 예수의 평화를 통하여 상호 간의 증오를 극복한 유대인과 이방인 출신 성도들은 예수의 몸 된 교회가 되고, 하나님의 가정을 이루며, 하나님이 거하시는 거룩한 성전으로 지어

져 간다.

두 번째, 사도에게 예수의 몸 된 교회의 탄생과 하나님의 성전으로의 성장은 전적으로 예수 그리스도의 평화 사역에 근거하고 있다. 이 사실을 사도는 "그리스도의 비밀"(3:4)이라고 부르며, 그의 기독론적 핵심 표현인 '예수 그리스도 안에서'(ἐν Χριστῷ Ἰησοῦ)를 통해 반복해서 강조하고 있다. 먼저, 성육신한 예수는 아버지 하나님의 예정하신 계획을 따라, 자신을 십자가에서 희생했다. 이렇게 흘려진 예수의 희생의 피는 영적으로 죽은 죄인들을 향한 하나님의 진노와 이방인과 유대인 상호 간의 증오의 문제를 동시에 해결했다. 이에 사도는 예수의 희생을 담은 그에 관한 소식을 평화의 복음이라고 칭한다. 그리고 부활한 예수는 성령 안에서 사도와 선지자들을 불러내어, 자신의 평화의 복음을 전하는 사역을 진행하도록 인도한다. 사도와 선지자들의 복음 사역을 통하여 예수의 몸 된 교회는 계속해서 성장하고, 하나님의 성전은 계속해서 지어져 간다. 따라서 바울은 성도들의 모임인 교회를 모퉁이 돌인 예수와 사도와 신지자들의 반석 위에 세워진 거룩한 하나님의 성전이라 칭한다. 지금도 예수의 평화의 복음은 교회를 통해서, 그리고 성도들을 통해서 계속해서 선포되고 있다. 아직도 하나님의 건물은 계속해서 지어져 가는 과정 중에 있기 때문이다.

세 번째, 하나님이 거하시는 집, 곧 그의 거룩한 성전은 인간의 손으로 지어진 화려한 건물을 의미하지 않는다. 인간의 손으로 지어진 예루살렘의 성전과 달리, 하나님의 참된 성전은 하나님 자신의 손으로 세워진 것이기 때문이다. 하나님의 성전은 하나님의 예정하심 속에서, 예수의 흘리신 피를 근거로, 성령 안에서 완성된다. 성령 안에 거하며 성부와 성자와 교제하는 성도들의 모임 공동체가 바로 하나님의 참된 성전이다. 부활하고 승천한 예수의 사역을 지속하는 성령은 부활한 예수가 아버지 하나님으로부터 받아서 이 땅에 보낸 분이다. 따라서 하나님의 성전을 구성하는 성도들은 성령 안에서 하나님과 부활한 예수의 임재를 경험할 수 있다. 그러므로 하나님과 화해한 자녀들이 한 성령 안에서 모여 하나님을 경배하는 그곳이 하나님의 성전이 되고, 성도들이 구성한 그 영적 성전에 하나님의 임재와 부활한 주 예수의 임재가 동시에 임한다. 여기서 우리는 참된 성전, 곧 참된 교회의 여부는 성도들 안에 하나님의 임재가 머물러 있느냐의 여부에 달려 있음을 알 수 있다. 하나님의 임재는 교회 안에 능력 있게 임하는 성령의 존재를 통해서 증거된다. 성령의 능력 있는 임재는 성도 개인의 삶과 공동체 전체를 힘 있게 통치하는, 부인할 수 없는 하나님과 주 예수의 능력 있는 현존이다.

3. 사도직과 선교(3:1-13)

하나님의 비밀(μυστήριον, 1:9; 3:3, 4, 9)인 예수 그리스도의 사역은 하나님과 인간들 그리고 인간들 상호 간에 존재하던 적의와 증오를 끝내고, 하나님의 평화 가운데 존재하는 하나님의 가정과 하나님이 거하시는 그의 성전을 창조했다. 따라서 화해케 된 성도들의 모임인 교회는 하나님과 인류가 화해하고 사람들이 서로 화해하는 평화의 장소인 동시에, 하나님이 거하시는 거룩한 처소가 된다. 앞에서 바울은 사도와 선지자들의 사역이 예수 그리스도의 사역을 근거로 교회를 세워가는 사역이라고 선포했다. 바울에게 예수는 하나님의 성전 전체를 지탱하는 모퉁이 돌이고, 사도와 선지자들은 그 모퉁이 돌에 연결된 기초석들이다. 이제 이어지는 3:1-13에서 바울은 자신에게 허락된 사도직의 본질에 대해서 좀 더 자세히 설명한다. 바울은 자신의 사도로서의 사역이 어떻게 하나님의 비밀, 곧 예수가 행한 새 창조의 화해 사역과 교회 형성에 기여하게 됐는지에 대해서 자세히 설명한다. 특별히 바울은 자신이 경험한 옥에 갇힌 고난의 숨겨진 의미에 대해서 알려주고자 한다. 바울이 옥에 갇힌 고난 이면에는 이방인들에게 영광의 구원을 전달해가는 하나님의 비밀스런 경륜이 존재한다. 이처럼 바울의 사도직에 대한 설명은, 예수 그리스도의 구원과 새 창조 그리고 그의 화해 사역을 뒤이어, 바울이 에베소 성도들에게 전하고자 하는 세 번째 교리적 가르침이다.

번역

1 그러므로 여러분 이방인들을 위하여 예수 그리스도의 갇힌 자 된 저 바울은 말합니다. 2 여러분은 여러분을 위하여 제게 주어진 하나님의 은혜의 경륜에 대해서 틀림없이[149] 들었을 것입니다. 3 곧 제가 앞서 간단하게 기록한 바와 같이, 비밀이 계시를 통해서 제게 알려졌습니다. 4 그것을 읽으면 그리스도의 비밀에 대한 저의 깨달음에 대해서 여러분도 이해할 수 있을 것입니다. 5 그 비밀은 이제 그의 거룩한 사도들과 선지자들에게 성령으로 나타내신 것 같이 다른 세대들에서는 인간들에게 계시되지 않았습니다. 6 그 비밀은 바로 이방인들이 그리스도 안에서 복음으로 말미암아[150] 함께 상속자가 되고 함께 지체가 되며 약속

---

149. 헬라어 표현 εἴ γε는 긍정의 답변을 전제하는 단순 가정으로 이해된다. 그러나 필자는 헬라어 단어 γε가 강조점을 더하고 있다고 보아 '틀림없이'라고 해석했다(비교, 4:21; 고후 5:3; 갈 3:4; 골 1:23). 참조, Hoener, 421; Arnold, 2010: 186; Thrall, 1962: 88.

150. "그리스도 안에서 복음으로 말미암아"(ἐν Χριστῷ Ἰησοῦ διὰ τοῦ εὐαγγελίου)는 이어지는 세 명사들을 모두 수식하는 것으로 보인다. 참조, O'Brien, 1991: 236; Hoehner, 448.

에 함께 참여하는 자가 되는 것입니다. 7 이 복음을 위하여 저는 그의 능력의 역사를 따라 제게 주어진 하나님의 은혜의 선물을 따라 일꾼이 되었습니다. 8 모든 성도들 중에 지극히 작은 자보다 더 작은 저에게 이 은혜가 주어졌습니다. 그 은혜는 제가 그리스도의 측량할 수 없는 부요함을 이방인들에게 복음으로 선포하고, 9 만물을 창조하신 하나님 안에 영원부터 감추어졌던 그 비밀의 경륜이 무엇인지에 대해서 밝혀주는 것입니다. 10 이는 하나님의 다양한 지혜가 교회를 통하여 하늘에 있는 통치자들과 권세들에게 알려지기 위함입니다. 11 이것은 우리 주이신 예수 그리스도 안에서 하나님이[151] 정하신 영원한 뜻대로 하신 것입니다. 12 예수[152] 안에서 우리는 믿음으로 말미암아 담대함과 하나님께 확신을 가지고 나아감을 이제 소유하고 있습니다. 13 그러므로 저는 간구합니다. 여러분들을 위한 저의 고난을 인하여 낙심하지 마십시오. 저의 고난은 여러분들의 영광입니다.

주해

1절 (들어가는 말) 앞에서 사도는 예수 그리스도 안에서 한 건물로 지어져 가는 이방인들과 유대인들로 구성된 한 몸에 대해서 설명해 주었다. 이제 사도는 그 사역에 대한 자신의 역할에 대해서 간략하게 설명한다. 1절을 시작하는 '뚜뚜 카린'(τούτου χάριν, '그러므로')은 새로운 문장을 소개하기 위해 사용하는 일반적 헬라어 표현이다.[153] 그런데 1절에

---

151. 여기서 동사(ἐποίησεν)의 주어는 하나님이다.
152. 여기서 관계대명사(ᾧ)는 성도들의 주이신 예수 그리스도를 가리킨다.
153. 사실, 앞에서 설명된 내용에 대한 이유를 제공하기 위해서 바울이 더 자주 사용하는 표현은 '디아 뚜또'(διὰ τοῦτο)이다(1:15; 5:17; 6:13; 롬 1:26; 4:16; 5:12; 13:6; 고

서는 '예수 그리스도의 갇힌 자 된 나 바울'이라는 주어를 수식하는 서술형 동사가 발견되지 않고 있다. 흥미롭게도 '뚜뚜 카린'이라는 표현은 바울의 기도와 송가를 담은 3:14-21을 시작할 때 다시 차용되고, 거기에 주 동사 '깜쁘또'(κάμπτω, 무릎 꿇는다, 14절)가 발견된다. 이 사실은 1절의 '나 바울'이 14절의 '무릎 꿇는다'의 주어이고, 12-13절에 담긴 그의 사도직에 대한 설명은 다소 급작스러운 부가 설명임을 알려 준다.[154]

1절에서 바울은, 4:1에서와 마찬가지로, 자신을 이방인들을 위한 '예수 그리스도의 갇힌 자'(δέσμιος, '데스미오스')라고 부른다. 헬라어 단어 '데스미오스'는 에베소서를 쓰고 있는 현재 바울이 감옥에 처했다는 사실에 대해서 알려 준다(비교, 4:1; 6:20; 몬 1, 9; 딤후 1:8). 그러나 예수 그리스도의 갇힌 자라는 표현을 통해서, 바울은 자신의 갇힘이 예수 그리스도의 계획과 사역을 위하여 그의 능력의 허락하심 아래서 벌어진 일임을 알려 준다. 다시 말하면, 바울이 옥에 갇히게 된 것은 그의 범죄에 대한 로마인들의 주체적 결정 때문이 아니라, 우주를 다스리는 주 예수 그리스도가 자신의 복음 사역을 위하여 허락한 신적 결정의 결과였다는 것이다(비교, 행 9:15-16; 22:21; 26:17-18; 갈 1:16; 2:7-9). 그리고 바울은 '너희 이방인들을 위하여'(ὑπὲρ ὑμῶν τῶν ἐθνῶν)라는 표현을 통하여, 자신이 갇힌 바 됨이 이방인들의 구원을 위한 자신의 사도적 사명 때문임을 분명히 한다(비교, 행 26:19-23). 아마도 일부 이방인 성도들과 바울의 대적들은 그가 옥에 갇히게 된 사실을 근거로 그의 사도적 권위와 사명에 대해서 의문을 제기했을 것이다(비교, 빌 1:12-18).[155]

전 4:17; 11:10; 고후 4:1; 7:13; 살전 2:13; 3:5, 7).

154. 대부분의 주석가들이 1-14절의 구조를 이런 방식으로 분석하고 있다. 참조, Hoehner, 419; Jeal, 164-75.

155. 참조, Arnold, 2010: 185.

이에 사도는 자신의 갇힌 바 됨이 주 예수 그리스도의 주권적 계획 속에서 이방인들의 선교를 위하여 발생한 것임을 분명히 한다.

2절 (하나님의 은혜의 경륜) 이방인들을 위하여 옥에 갇히게 된 자신의 형편을 사도는 자신에게 주어진 하나님의 은혜의 경륜과 연결시킨다. 첫 번째, 경륜을 의미하는 헬라어 단어 '오이꼬노미아'(οἰκονομία)는 일차적으로 이방인의 사도로 바울을 부르신 하나님의 우주적 가장으로서의 결정을 의미한다.[156] 앞에서 사도는 이 결정을 포함한 하나님의 경륜을 만물을 예수 안에서 통일하고자 하는 우주를 향한 하나님의 위대한 계획으로 묘사했다(비교, 1:10; 3:9). 이 헬라어 단어를 통해서 사도는 하나님을 하늘과 땅을 포괄하는 그의 우주적 가정을 다스리고 통치하는 한 가정의 세대주로 제시한다. 이미 2:17-22에서 사도는 하나님의 우주적 가정의 탄생과 성장을 건축물의 비유를 통해서 상세히 묘사했다. 그러나 두 번째, '오이꼬노미아'는 하나님의 경륜을 따라 그 경륜을 실행하도록 임명된 바울의 사도적 책임 혹은 의무를 이차적으로 지칭한다.[157] 바울은 하나님의 경륜을 실행하도록 자신이 선택받은 사실을 하나님의 은혜라고 부른다.[158] 여기서 우리는 하나님의 위대한 구원 계획 속에서 자신이 옥에 갇힌 상황과 자신의 사도적 사역을 이해하는 바울의 깊은 영성을 접하게 된다. 바울은 자신이 사도로서 복음을 전하는 일과 그 과정 중에 옥에 갇힌 상황을 하나님의 우주적 경륜의 일부로 설명함으로써(비교, 고전 4:1; 9:17; 골 1:25),[159] 현재 자신의 갇힘에 대해서 듣고(ἠκούσατε) 상심하고 있는 이방인 성도들을 위로하고자 한다.

---

156. 참조, Johnson, 298-99.
157. 참조, Arnold, 2010: 186; Hoehner, 422; Thielman, 2010: 193; O'Brien, 1991: 228.
158. Best, 1998: 298-99; Thielman, 2010: 192-93.
159. 참조, O'Brien, 1991: 227; Arnold, 2010: 186.

여기서 우리는 성도들을 향한 사도의 목회적 마음을 엿볼 수 있다.

사도직을 수행하다 옥에 갇힌 바울은 자신에게 하나님의 은혜가 '주어졌다'(δοθείσης μοι)고 고백한다.[160] 여기서 바울이 언급하는 하나님의 은혜는 바로 하나님의 감추어진 지혜인 예수 그리스도의 부요함을 이방인들에게 선포하라고 바울에게 허락된 신성한 사도적 사명을 의미한다(비교, 갈 2:9; 고전 3:10; 15:10; 롬 1:5; 12:3, 6; 15:15; 행 20:24). 앞에서 사도는 하나님의 은혜 개념을 통해서 죄인들의 용서를 포함한 하나님의 구원 계획을 설명했다(엡 2:5-8). 그러나 현재의 본문에서 사도는 하나님의 은혜의 구원의 복음을 전달하는 사명조차도 하나님의 은혜의 구원의 일부분으로 제시한다. 사도는 자신의 서신 여러 곳에서 자신의 사도직을 하나님의 은혜가 자신에게 주어진 것으로 이해한다(갈 1:15-16; 롬 1:5; 12:3; 15:15; 고전 3:10; 15:8-10).[161] 그러나 바울은 자신에게 주어진 은혜의 사명은 특별히 이방인들을 향하고 있음을 '너희를 위하여'(εἰς ὑμᾶς)라는 표현을 통해 강조한다. 6절에서 사도는 이방인 성도들을 "복음으로 말미암아 함께 상속자가 되고 함께 지체가 되며 그리스도 안에 있는 약속에 함께 참여하는 자"라고 칭한다. 그리고 이어지는 3:7-10에서 바울은 하나님이 은혜로 계시해 주신 이방인들을 향한 자신의 사명의 본질에 대해서 좀 더 자세히 설명해 줄 것이다.

3-5절 (비밀의 계시와 이해) 이제 바울은 자신이 수행하도록 맡겨진 하나님의 은혜의 경륜에 대해서 좀 더 자세히 설명하기 원한다. 이방인

---

160. 헬라어 동사 δοθείσης(주어진)는 οἰκονομίαν(경륜)을 수식한다기보다는, 가까이 있는 χάριτος(은혜)를 수식한다고 보는 것이 더 옳다. 이에 대해 Hoehner, 424는 네 가지 이유를 제시한다.

161. 참조, Lincoln, 174; Arnold, 2010: 187. 비교, Hoehner, 423.

들을 향한 바울의 사명의 핵심에는 언제나 예수 그리스도가 존재한다. 따라서 바울은 이방인들을 향한 예수 그리스도의 사역의 의미와 그가 성취한 하나님의 구원에 대한 계획을 '비밀'(μυστήριον)이라고 부른다.[162] 바울 당시 소아시아의 수많은 이방 종교들은 자신들의 가르침을 비밀이라고 부르며, 자신들의 종교적 가치를 대중에게 광고했다. 그러나 바울은 예수 그리스도를 창조주 하나님의 참된 비밀이라고 칭함으로써, 다른 모든 종교들이 광고하는 비밀에 대한 배타적 주장들을 일축해 버린다. 바울은 앞에서 그리스도의 비밀을 "하늘과 땅에 존재하는 모든 만물을 그리스도 안에서 통일하는 것"이라고 가르쳤고(1:9-10), 이 과정 속에서 이방인들과 유대인들로 한 몸을 만들어 하나님의 거룩한 성전을 짓는 것으로 설명했다(2:11-22).[163] 3:6에서 바울은 그리스도의 비밀을 이방인 성도들에게 특별히 적용한 후, 그리스도의 사역의 결과 탄생한 그들의 새로운 신분을 설명하는 방식으로 그의 논의를 전개할 것이다.

현재의 본문에서 바울은 그리스도의 비밀에 대한 자신의 사역에 대해 두 가지 더 흥미로운 사실을 알려 준다. 첫 번째, 바울은 그리스도의 비밀에 대한 영감을 사람들로부터 배운 것이 아니라, 성령을 통한 계시를 통해서 얻었다고 선포한다(κατὰ ἀποκάλυψιν ... ἐν πνεύματι, 3절, 5절; 비교, 갈 1:10-16; 롬 16:25).[164] 사도는 이방인들에 대한 이 하나님의

---

162. 비밀이라는 단어에 대한 포괄적인 이해를 위해서는 Hoehner, 428-34를 참고하라.
163. 어떤 학자들은 에베소서의 비밀을 롬 16:25-27과 에베소서 이외의 편지들을 통해서 설명해 보려 시도했다(MacDonald, 261-2). 그러나 사도가 엡 3:3에서 주장하고 있듯이, 이 비밀은 에베소서 전반부에서 사도가 설명하고 있는 비밀을 의미한다고 보는 것이 더 옳다.
164. 여기서 바울은 다메섹 도상에서 부활한 예수를 만난 사건을 암시하고 있다. 대부분의 주석가들은 이 사실에 동의한다. 참조, Arnold, 2010: 187; O'Brien, 1991: 228-

비밀이 과거 다른 세대들(ἑτέραις γενεαῖς, 5절)에게는 감추어져 있었다고 주장한다.[165] 다른 세대들이라는 표현은 과거 구약의 선지자들만이아니라, 과거에 속한 모든 사람들을 일반적으로 지칭하는 표현이다.[166] 이방인들에 대한 그리스도의 비밀은 오직 바울의 세대인 현재에 그를포함한 사도들과 선지자들에게 성령에 의하여 계시됐다(νῦν ἀπεκαλύ-φθη, 5절). 이에 대한 한 성경적 예로 이방인 백부장 고넬료와 그의 가정의 회심에 대해서 베드로에게 주어진 계시를 들 수 있다(행 10:9-48). 이미 바울은 하나님의 구원사에 존재하는 과거와 현재 간의 대조를 여러 번 언급했다(엡 2:1-10, 11-22). 여기서 중요한 점은 바울에게 하나님의 구원사의 과거와 현재를 가르는 시금석은 바로 예수의 등장과 사역이라는 것이다. 1:3-14에 담긴 축복의 말씀에서, 바울은 성육신한 예수의 등장이 내포한 종말론적 중요성을 찬양의 형태로 표현했다. 바울에게 인류의 역사는 예수가 이 땅에 등장하기 전후로 나뉘고, 인류 역사의마지막은 예수의 재림이 될 것이다.

물론 예수의 도래가 의미하는 종말론적 구분과 대조는 구약과 신약간의 엄격한 구분을 의미하지 않는다(비교, 롬 1:2; 3:21; 갈 3:8). 왜냐하면 이미 구약 안에 이방인들의 구원에 대한 예수의 사역이 예언의 형태로 주어지고 있기 때문이다(비교, 창 12:3; 22:18; 26:4; 레 19:34; 신10:18-19; 왕상 8:41-43; 사 2:1-4; 11:10; 49:6; 60:1-3; 슥 8:20-23).[167] 성

29; Lincoln, 1990: 175. 물론, 이 체험에 대한 바울의 이해는 시간이 갈수록 더 깊어졌을 것이다. 참조, Best, 1998: 300-01.

165. 롬 16:25-27에서 동일한 요점이 축복의 말씀의 형태로 전달되고 있다.

166. 이에 대한 여러 학자들의 다양한 견해들에 대한 평가와 결론에 대해서는 Hoehner, 438을 참조하라.

167. 참조, Arnold, 2010: 189-90.

육신한 예수의 등장이 의미하는 종말론적 획기성은 예수가 과거에 존재하지 않았던 전혀 새로운 것을 이루었다는 점에서가 아니라, 과거의 예언을 현재 그가 성취했다는 측면에서 발견된다. 그러나 두 가지 점에서 구약의 예언과 예수의 성취 간의 질적 차이점이 존재한다(Hoehner, 440-41). 첫 번째, 구약의 예언자들이 본 이방인들의 축복은 유대인들과의 연합이 아니라 상호 구분 속에서 경험되는 축복이다. 반면에, 예수의 몸 된 교회는 이방인들과 유대인들 간의 구분 없는 연합을 통해서 탄생한다(비교, 고전 12:12-25; 갈 3:27-28). 두 번째, 구약에서 언약적 축복은 율법을 통해서 오지만, 예수의 사역에서 이방인들의 축복은 부활한 예수의 영인 성령을 마시고 성령을 통해서 세례 받는 경험을 통해서 온다(비교, 고전 12:3, 13). 바울에게 신약의 사도들과 선지자들에게 계시된 새로운 비밀은 바로 이 질적 차이점들과 매우 연관이 깊다.[168]

흥미롭게도 바울은 사도직과 선지자직의 기원을 성령의 선택과 계시의 은혜로 돌린다. 바울의 관점에서 사도들과 선지자들에게 주어진 가장 중요한 사명은 이방인들을 향한 하나님의 구원 계획에 대해서 영감을 받고, 그 구원 계획을 이방인들에게 선포하고 가르치는 것이다. 이 사실은 2:20에서 바울이 왜 사도들과 선지자들을[169] 이방인들과 유대인들로 구성된 그리스도의 몸, 즉 하나님의 성전의 기초석이라고 칭했는지를 잘 설명해 준다. 하나님의 성전이 하나님이 거하시는 거룩한 집이기에, 그 성전의 반석이 되는 사도들과 선지자들도 모두 '거룩하다'(τοῖς ἁγίοις ἀποστόλοις αὐτοῦ καὶ προφήταις, 5절). 여기서 '거룩하다'라는

---

168. 이에 대한 좀 더 상세한 설명을 위해서는 O'Brien, 1991: 232-33을 참조하라.
169. 여기서 언급되는 선지자들은 구약의 선지자들이 아니라, 사도들과 함께 등장하는 신약의 선지자들을 지칭한다.

표현은 사도들과 선지자들을 다른 성도들과 구분되는 더 특별한 인물들로 만들지 않는다. 왜냐하면 바울에게 믿는 자들은 모두 성도들, 즉 거룩한 자들이기 때문이다(1:1; 롬 1:7; 고전 1:2; 고후 1:1).[170] 8절에서 바울은 자신을 '모든 성도들 중에서 가장 작은 자'라고 칭하고 있다. 현재의 본문에서 거룩함은 단지 이방인 선교를 위해서 사도들과 선지자들이 하나님에 의하여 특별하게 구분되어 부름 받은 자들임을 강조한다. 교회의 성숙을 위해서 주어진 예수의 선물들에 대해서 논하는 4:11-12에서, 바울은 예수의 몸 된 교회가 건강하게 세워지도록 주 예수께서 사도들, 선지자들, 복음을 선포하는 자들, 그리고 목사들과 선생들을 친히 세우셨다고 가르친다. 이들은 사사로운 목적으로 교회를 다스리거나 이용하는 자들이 아니라, 성도들을 향한 봉사의 일들을 위하여 성령에 의하여 특별하게 세워진 직분자들이다.

두 번째, 바울은 이 계시에 대한 자신의 깨달음을 글로써 기록하여 이방인들에게 전달해 주고 있다고 고백한다(προέγραψα ἐν ὀλίγῳ, 3절). 여기서 언급되는 바울이 기록한 글은 골로새서를 비롯한 바울의 다른 서신이라기보다는,[171] 에베소서 1-2장에서 바울이 이미 기록한 내용을 가리키는 것으로 보인다.[172] 사도는 자신에게 계시된 하나님의 은혜의 경륜에 대한 자신의 역할을 그리스도의 비밀에 대해서 먼저 깨닫고,[173] 그 깨달음이 포함한 영감을 이방인 성도들에게 가르쳐주는 것으

---

170. 참조, O'Brien, 1991: 233; Hoehner, 443-44.

171. Bruce, 2020: 312.

172. 참조, Arnold, 2010: 187; Hoehner, 427-28.

173. 5절에서 계시와 깨달음에 해당하는 동사들은 모두 수동태의 형태도 등장하고 있다 (ἀπεκαλύφθη, ἐγνωρίσθη). 이 수동태 동사들은 신적인 수동태로서, 그 주어가 바로 하나님이시다. 참조, Hoehner, 441; Lincoln, 1990: 177; O'Brien, 1991: 229.

로 이해한다. 흥미롭게도 바울은 이방인 성도들이 자신의 서신을 읽음
으로써 자신이 깨달은 비밀에 대한 영감을 동일하게 경험할 것이라고
가르친다. 그러나 여기서 우리는 바울이 1:17에서 언급한 그의 기도의
내용을 떠올리지 않을 수 없다. 지혜와 계시의 영인 성령이 이방인 성도
들에게 주어져 하나님의 비밀인 예수를 아는 지식을 얻도록 바울은 기
도했다. 바울에게 성령은 사도와 선지자들에게 하나님의 비밀인 예수
에 대해서 '계시를 제공'해 주는 분인 동시에, 그들의 증거를 접한 후대
의 성도들의 마음의 눈을 밝혀 그 '계시를 이해하게' 해 주는 분이다(비
교, 요 14:25-26).[174]

6절 (새롭게 계시된 비밀의 내용) 바울은 자신에게 주어진 사명은 하나
님이 새롭게 계시한 비밀에 대해서 선포하는 것이라고 고백한다. 바울
이 선포해야 할 하나님의 새 비밀은 이제 이방인들이 유대인들과 함께
하나님의 언약의 축복에 동참한다는 사실이다. 이 사실을 바울은 세 가
지 핵심 명사들과 그 명사들을 수식하는 헬라어 전치사 '쉰'('함께')을
통하여 삼중적으로 표현한다: "이방인들이 그리스도 안에서 복음을 통
하여 함께 상속자가 되고(συγκληρονόμα) 함께 지체가 되며(σύσσω-
μα)[175] 약속에 함께 참여하는 자가 됨(συμμέτοχα)." 사실 이 선포는 바울
이 2:11-22에서 이미 자세히 설명한 하나님의 비밀에 대한 요약을 담고
있다. 여기서 헬라어 전치사 '쉰'은 이제 이방인과 유대인의 모든 구분

---

174. 바울과 요한은 서로 교류한 적이 없으나, 여러 면에서 유사한 신학적 경향성을 보
여주고 있다. 그중에서도, 진리의 영으로 이해되는 성령이 이 둘의 가르침에서 공
통적으로 발견되고 있다.
175. 이 헬라어 단어는 고대 헬라어 문헌에서 전혀 발견되지 않고 있다. 따라서 저자가
독창적으로 고안해 낸 단어인 것으로 추정된다(Lincoln, 1990: 180; MacDonald,
264). 그러나 Thielman은 이와 유사한 단어가 바울 당시에 사용되고 있었을 것이
라고 주장한다(Thielman, 2010: 205).

이 사라지고, 그들이 예수 안에서 연합하게 됐으며, 함께 하나님의 백성을 구성하게 됐다는 점을 강조한다. 언약 바깥에 거하며 하나님 나라에 속하지 못했던 이방인들이 언약 안에 거하는 하나님의 친 백성이 됐고, 유대인들과 함께 상속자요, 지체며, 약속에 참여하는 자가 됐다. 그러므로 이방인들이 듣고 믿은 예수 그리스도에 대한 소식은 '복음'(τοῦ εὐαγγελίου, 6절)이라고 불린다.[176] 이방인들이 유대인들과 동등하게 하나님의 백성 됨의 권리와 축복에 동참하게 된 것은 할례나 율법, 혹은 다른 종교적 의식들을 통해서가 아니다. 오직 그들이 듣고 믿은 예수-복음을 통해서다.

　바울과 사도들에게 계시된 하나님의 새 비밀은 세 가지 내용을 포함하고 있다. 첫 번째, 에베소서에서 이방인들이 유대인들과 함께 지체가 됐다는 사실은 예수를 머리로 하는 몸 된 교회(1:23; 4:4, 12, 16; 5:23, 30)와 예수 안에서 탄생한 새 인류의 구성원들이 됐다는 것을 의미한다(2:15-16).[177] 이 둘을 하나 되게 한 근거는 그들 간에 존재하던 증오를 제거한 예수의 희생 사역임을 바울은 앞에서 자세히 설명했다(2:13-14). 두 번째, 이방인들이 함께 경험할 상속에 대해서 바울은 이미 1:14에서 성도들이 기업으로 받을 것은 영광의 구원임을 분명히 밝혔다. 그런데 그 구원은 성도들의 경험에서 '미래'에 속한 것이기에, 성도들이 모시고 사는 성령이 '현재' 그 구원의 확실성을 보장하고 있다. 추후에 5:5에서 바울은 성도들이 경험할 기업을 예수 그리스도와 하나님의 나라라고 칭한다. 세 번째, '그리스도 안에 있는 약속'은 무엇을 지칭

---

176. 참조, O'Brien, 1995: 77-81; Dunn, 1998: 164-68.
177. 앞에서 이미 언급됐지만, 바울은 '축복의 말씀'(1:3-14)에서 언급한 내용들을 에베소서 전반에 걸쳐서 자세히 설명하고 있다. 참조, O'Brien, 1991: 236.

하는 것일까? '약속'이라는 단어는 앞에서 언급된 구원의 유산과 언약 백성 됨이 구약을 통해서 이미 예언된 실체였음을 알려 준다.[178] 2:12에서 바울은 약속의 언약들로부터 배제됐던 이방인들의 회심 전 상태에 대해서 언급했다. '그리스도 안에'라는 표현은 그 약속들의 성취와 경험함의 축복이 이제 예수 그리스도를 통해서 옴을 알려 준다. 2:12-13에서 바울은 멀리 있던 이방인들이 믿음으로 예수와 연합함을 통하여 하나님께 가까이 나아가고,[179] 하나님 백성 됨의 축복과 약속된 언약들에 동참하게 됐다고 선포했다. 그리고 1:13에서는 '약속의 성령'이라는 표현을 통해서 그리스도 안에 있는 모든 약속들에 대한 보증이 성령을 통해서 옴을 강조했다. 다시 말하면, 현재 성령을 선물로 받은 이방인 성도들은 그리스도 안에서 약속된 모든 구약의 축복들을 상속할 것이 확실하다.[180] 갈라디아서 3:1-8과 로마서 4:13에서 바울은 이 약속을 이방인들에게 임할 아브라함의 자손 됨의 축복(창 12:2-3)과 그 약속의 성취의 증거로 주어진 종말론적 성령 체험으로 설명한다(비교, 엡 1:13; 사 32:15; 겔 36:26-27; 욜 3:1-2; 행 1:4; 2:33). 구약에서 성령은 새 언약의 핵심 내용으로 제시되는데, 바울은 이 새 언약의 성령이 예수를 통해서 성도들에게 성취됐다고 굳게 믿는다(고후 3; 비교, 겔 36:26-27; 37:14; 렘 34).[181]

7절 (복음의 일꾼으로의 은혜로운 부르심) 이제 바울은 자신을 그리스

---

178. 참조, Best, 1998: 312; Arnold, 2010: 192; Hoehner, 447-48.

179. 예수와의 연합을 통한 이방인과 유대인 간의 하나 됨은 매우 바울다운 표현 방식이다(Hoehner, 445).

180. 일부 학자들은 성령을 약속의 직접적인 대상으로 본다. 그러나 바울에게 성령은 약속을 보증하는 분으로 이해하는 것이 더 옳다. 비교, O'Brien, 1991: 235.

181. 참조, 이승현, 2018b: 269-98.

도의 비밀을 계시할 직분을 맡은 자들 중 하나로 간주하면서, 자신을 그리스도의 '디아꼬노스'(διάκονος, '일꾼')라고 부른다.[182] '디아꼬노스'는 현재 집사로 번역되면서 교회의 직분을 의미하지만, 과거 바울 당시에는 높은 신분의 사람을 대신하여 그의 일을 실행하던 중간자를 지칭하던 단어이다.[183] 이 헬라어 단어를 통해서 바울은 자신과 다른 많은 복음의 일꾼들을 '그리스도를 대신하여 그리스도의 일을 실행하는 자들'로 이해하고 있다(고전 3:5; 고후 3:3, 6; 4:1; 5:18; 6:3-4; 딤전 1:12). 그러나 복음서의 전통에서 예수께서는 자신의 제자들이 타인을 겸손하게 섬기는 일꾼들이 되어야 함을 가르친다(막 10:42-45). 따라서 바울은 예수의 가르침을 따라 자신과 동역자들을 복음의 일꾼들/노예들이라고 칭한다(고전 3:5; 고후 3:6; 6:4; 11:23; 빌 1:1; 골 1:7, 23, 25; 4:7).[184] 그러나 하나님의 일꾼 됨은 인간 개인의 선택이 아니라, 하나님의 은혜의 선물로 온 부르심의 결과다(비교, 4:7, 12). 그리고 하나님의 은혜는 자신이 세운 일꾼들이 그들에게 주어진 사명을 완수할 수 있도록 능력으로 역사한다(κατὰ τὴν ἐνέργειαν τῆς δυνάμεως αὐτοῦ).[185] 이처럼 바울에게 하나님의 은혜는 (1) 죄인들을 향해서 하나님의 구원이 제공되는 것(1:7; 2:8; 롬 3:23-24)과 (2) 하나님이 부여한 책무를 완수하도록 능력이 부여되는 것(엡 4:7, 29; 고전 15:10)에서 동시에 발견된다.

그런데 바울은 하나님의 부르심이 올 때, 하나님의 능력이 함께 역

---

182. 자신의 자격 없음을 겸손하게 표현하기 위하여 바울은 여기서 사도라는 단어 대신 일꾼이라는 단어를 사용하고 있다. 참조, Arnold, 2010: 193.
183. 참조, MacDonald, 264; Thielman, 2010: 206.
184. 일꾼에 해당하는 헬라어 '디아꼬노스'와 노예에 해당하는 헬라어 '둘로스'는 거의 유사어로 볼 수 있다. 전자는 활동을, 그리고 후자는 주인과의 관계를 강조해 준다. 참조, Hoehner, 449.
185. 이 표현에 대한 자세한 논의를 위해서는 Hoehner, 453을 참조하라.

사한다고 고백한다. 여기서 바울은 자신의 회심, 곧 교회를 핍박하는 자에서 이방인들에게 복음을 전하는 자로의 변화에 대해서 생각하고 있다(갈 1:10-16; 행 9:1-19; 22:1-21; 26:1-32).[186] 하나님의 능력이 아니고서는 그러한 회심이 도무지 불가능하기 때문이다. 바울은 앞에서 이미 성도들의 회심에서 두드러지게 나타나는 능력이 바로 하나님의 능력이라고 선포했다(1:19). 물론 하나님의 능력은 바울과 성도들의 회심 사건에만 관여하는 것이 아니라, 이어지는 성도들의 삶과 사역에 지속적으로 관여하여 그들의 삶을 지탱하는 힘의 원천으로 기능한다.[187] 특별히 바울은 복음의 일꾼으로서의 자신의 사도적 사명을 완수하는 일에 효과적으로 역사한 하나님의 능력을 결코 부인할 수 없다.[188] 왜냐하면 바울은 자신의 지극히 약함 속에서 예수 그리스도의 능력이 완전하게 발현되는 것을 깊이 체험했기 때문이다(고후 12:9; 롬 15:19; 고전 2:4-5). 그러므로 바울은 자신의 사도로서의 현재 모습과 이방인 선교에서의 성공의 원인을 자신의 인간적 자격이나 노력에서가 아니라, 능력으로 역사한 하나님의 은혜에서 찾는다(고전 15:9-10; 롬 1:5; 12:3; 15:15; 갈 2:9).

8-9절 (부름 받은 일꾼의 책무) 바울은 자신이 하나님의 일꾼으로 부름 받은 사실을 전적으로 하나님의 은혜의 결과로 돌린다. '하나님의 은혜'라는 표현은 3:2, 7, 8에서 발견되는데, 3:2-8의 내용 전체를 감싸는

---

186. 참조, Arnold, 2010: 192; Thielman, 2010: 207; Kim, 254-55. 물론 바울은 자신의 회심의 때에 그 부르심의 모든 의미를 단번에 깨닫지는 못했을 것이다. 바울은 시간이 흐름에 따라 자신의 부르심의 의미에 대해서 더 깊이 이해할 수 있었을 것이다.
187. 참조, Bruce, 317; O'Brien, 1991: 239; Thielman, 2010: 207.
188. 참조, Arnold, 1989: 73-74, 161-62.

괄호처럼 기능한다.[189] 이 표현을 통해서 바울은 3:2-8에 담긴 이방인들을 위하여 하나님이 새롭게 계시한 비밀의 내용과 그 계시를 전해야 할 복음의 일꾼 됨이 모두 하나님의 은혜로 말미암았음을 강조한다. 8절에서 바울은 스스로를 '모든 성도들 중 가장 작은 자'($τῷ$ $ἐλαχιστοτέρῳ$ $πάντων$ $ἁγίων$)라고 칭한다. 이 표현을 통하여 바울은 자신이 하나님의 부름을 받을 아무런 자격을 소유하지 못한 자임을 고백한다. 이 고백 속에는 교회를 핍박하던 자신에게, 도저히 하나님의 사도로 부름 받을 자격이 없는 자신에게 사도라는 직무의 특권을 부여한 하나님의 은혜에 대한 바울의 놀라움이 담겨 있다.[190] 고린도전서 15:8-10에서 바울은 자신을 '칠삭둥이요 사도들 중에 가장 작은 자'라고 칭한다. 이 고백에는 제자들을 옥에 가두며 교회를 핍박하던 자신의 과거에 대한 안타까운 회상이 담겨 있다(비교, 갈 1:13-14; 행 9:1-2). 그러나 이 본문에서도 바울은 자신의 자격 없음을 강조함으로써, 자신을 사도로 세우고 이방인 선교사역에서 큰 성공을 가져온 하나님의 은혜의 놀라움을 찬양한다.

8-9절에서 바울은 하나님이 자신을 일꾼으로 부르신 데에는 분명한 목적이 있다고 가르친다. 하나님의 일꾼 된 바울이 행해야 할 사역은 (1) 이방인들에게 측량할 수 없는 '그리스도의 부요함'을 복음으로 선포하는 것이고($εὐαγγελίσασθαι$, 8절),[191] (2) 창조주 하나님 안에서 영원부터 감추어졌던 '비밀의 경륜'에 대해서 밝혀주는 것이다(9절). 여기서

---

189. 참조, O'Brien, 1991: 237; Hoehner, 452; Arnold, 2010: 192; Reynier, 61-68.
190. 참조, Arnold, 2010: 194; O'Brien, 1991: 240.
191. 바울이 이 헬라어 동사를 사용할 때 보통 목적어를 생략한다(롬 1:15; 15:20; 고전 1:17; 고후 10:16). 이 경우, 예수-복음이 그 목적어로 이해된다(고전 15:1; 고후 11:7; 갈 1:11, 23). 그러나 흥미롭게도 현재의 에베소서 본문에서는 예수 그리스도의 부요함이 그 목적어로 언급되고 있다. 비교, Best, 1998: 318; O'Brien, 1991: 241.

비밀의 경륜은 비밀을 수행할 직분이 아니라(2절), 그 비밀의 내용인 그리스도의 부요함을 가리킨다. 바울은 복음의 일꾼 됨의 자격적인 측면에서 자신을 '성도 중에 가장 작은 자'로(τῷ ἐλαχιστοτέρῳ)[192] 낮춘다. 그러나 자신이 전하는 복음에 담긴 그리스도의 부요함에 대해서 바울은 '측량할 수 없다'(ἀνεξιχνίαστον, '아네크시크니아스똔')라는 표현을 사용하여 그 부요함을 극도로 높인다.[193] '측량할 수 없다'를 의미하는 헬라어 단어 '아네크시크니아스똔'은 오직 성서 헬라어(Biblical Greek)에서만 발견된다. 욥기는 창조주 하나님의 역사 방식에 대해서 측량할 길이 없음을 묘사하기 위해 이 단어를 사용한다(욥 5:9; 9:10). 흥미롭게도 현재 에베소서 본문에서 바울은, 욥기와 마찬가지로, 하나님을 만물을 창조하신 분으로(θεῷ τῷ τὰ πάντα κτίσαντι, 9절) 특별하게 언급하고 있다. 그런데 로마서에서 바울은 이방인과 유대인의 구원에 대한 하나님의 비밀스런 계획의 측량할 수 없음을 이 단어를 통해서 표현한다(롬 11:33). 바울에게 측량할 수 없다라는 표현은 하나님의 계획과 역사가 인간의 상상과 이해의 능력을 초월함을 의미한다. 그러므로 측량할 수 없는 하나님의 비밀은 오직 '계시됨'을 통해서만 사도가 접할 수 있고(엡 3:3), '밝혀 줌'을 통해서만 타인에게 전달될 수 있다(φωτίσαι, 3:9). 바울에게 하나님의 비밀의 계시와 이해는 오직 지혜와 계시의 영인 성령을 통해서만 가능하다(1:18). 따라서 바울은 하나님의 비밀 앞에 선 성도들에게 성령으로 충만해질 것을 권면한다(5:18).

앞에서 바울은 부요함을 '하나님의 은혜의 부요함'이라고 이미 선

---

192. 이 헬라어 단어는 ἐλάσσων의 최상급을 다시 한번 비교급으로 변형시킨 바울의 신조어다. 이 단어에 대한 자세한 논의를 위해서는 Hoehner, 452, Arnold, 2010: 194, 그리고 O'Brien, 1991: 240을 참조하라.
193. 이와 유사한 생각이 골 2:2-3에서도 발견되고 있다.

언했다(1:7; 2:7). 그리고 3:16에서는 '하나님의 영광의 부요함'을 언급
할 것이다. 그런데 현재의 본문에서 바울은 이 부요함을 '그리스도의 부
요함'이라고 칭하고 있다.[194] 이 사실은 바울에게 그리스도가 바로 하나
님의 은혜의 부요함을 의미한다는 사실과[195] 그리스도의 사역을 통해서
하나님의 부요함이 표현됐다는 사실 둘 다를 의미한다.[196] 그런데 바울
은 측량할 수 없는 그리스도의 부요함이 하나님의 비밀의 경륜에서 잘
나타난다고 말한다. 이미 6절에서 바울은 이방인들을 유대인들과 더불
어 함께 후사와 유업을 이을 자로 만드는 것이 바로 하나님의 숨겨진
구원의 비밀이었다고 설명했다. 따라서 이방인의 구원이라는 하나님의
비밀의 경륜은 이제 예수 그리스도를 통해서 성취됐고, 자신은 그 비밀
의 경륜을 이방인들에게 선포할 이방인들의 사도로 세움을 받았다고
바울은 선포한다(갈 1:10-15; 2:8-9; 롬 11:13; 행 9:15; 22:21). 9절에서
바울은 하나님의 창조주 되심을 언급하고 있는데, 이는 그리스도의 부
요함과 그 부요함을 선포할 바울의 책무가 모두 창조주 하나님의 측량
할 수 없는 계획으로부터 말미암았음을 강조한다.[197] 사실 창조주 하나
님은 세상의 기초를 놓기 전에 이미 자신의 백성을 예수 그리스도 안에
서 창조할 계획을 세웠다(1:4-5). 이 땅에 등장한 성육신한 예수와 바울

194. 학자들은 그리스도를 부요함의 목적 그 자체라고 주장하기도 하고(objective genitive), 그리스도가 부요함을 제공하는 주체라고 주장하기도 한다(subjective genitive; 혹은 possessive genitive). 그러나 구원의 궁극적 근원은 하나님이므로 그리스도가 부요함의 객체가 되기도 하고, 또 그리스도가 자발적으로 참여하여 구원을 이루어 갔으므로 구원의 부요함의 주체이기도 하다. 바울은 둘 다를 의미하고 있다. 참조, Arnold, 2010: 194; Hoehner, 454. 비교, Lincoln, 1990: 183-84.
195. 참조, Lincoln, 1990: 183-4.
196. 참조, Pokorný, 144-5; Hübner, 188
197. 이에 대한 좀 더 자세한 논의를 위해서는 Hoehner, 457-58을 참조하라.

의 복음 선포는 모두 창세 전에 하나님이 미리 예정한 뜻의 결정에 따라 실행됐다(1:11).

10-11절 (바울의 부름 받은 책무의 궁극적 목적: 하나님의 지혜의 계시) 이 방인의 사도 바울은 자신의 사역의 본질이 무엇인지에 대해서 정확하게 인지하고 있다: "이방인들을 향한 하나님의 자비의 풍성함에 대한 비밀이 어떻게 그리스도를 통해서 성취됐는지에 대해서 깨닫고 선포하고 알려주는 것."[198] 그런데 이러한 사도의 사역에는 보다 궁극적인 목적이 존재한다. 그것은 바로 하나님의 다양한(πολυποίκιλος, 10절)[199] 지혜가 하늘에 있는 권세들과 정사들에게 계시되는 것이다. 하나님의 측량할 수 없는 지혜의 계시는 이제 이방인들과 유대인들로 구성된 교회를 통해서 이루어진다(διὰ τῆς ἐκκλησίας).[200] 전에 원수 됐던 두 무리가 화해하여 한 몸을 이루고, 성령과 그리스도 안에서 하나님과 화해하여 하나님의 성전으로 지어져 가는 교회가 바로 하나님의 '측량할 수 없는 다양한 지혜'의 증거이다(2:19-22). 교회의 탄생과 성장은 하늘과 땅의 모든 영적 영역들에게까지 영향을 미치는 창조주 하나님의 지혜를 담

---

198. 여기서 헬라어 단어 '그노리스테'(γνωρισθῇ)의 문법적 위치와 기능에 대한 다양한 이해를 위해서는 Hoehner, 458-59를 참조하라.

199. 여기서 바울은 '뽈뤼뽀이낄로스'(πολυποίκιλος)를 통해서 하나님의 지혜의 다양성에 대해서 강조하고 있다. 이 헬라어 단어는 "다양한 측면의," 혹은 "다양한 색깔의," 혹은 "포괄적인" 등의 의미로 해석될 수 있다. 바울은 이 단어를 통해서 하나님의 지혜가 품은 심오하고 아름다우며 복잡한 깊이에 대해서 전달하고자 한다. 비교, MacDonald, 266; Thielman, 2010: 215.

200. 여기서 바울은 교회가 정사와 권세들에게 직접 하나님의 지혜를 선포해야 한다고 주장하지 않는다. 왜냐하면 교회는 그 자체로 하나님의 지혜의 증거이기 때문이다. 참조, Arnold, 2010: 196-97; Best, 1998: 324-25; O'Brien, 1991: 246; Lincoln, 1990: 186-87. 비교, Wink, 89.

은 우주적 사건이다(비교, 1:10).[201] 고린도전서 2:6-8에서 바울은 교회를 탄생시킨 예수의 십자가 사건을 하나님의 비밀스런 지혜의 절정으로 제시한다. 에베소서에서 바울은 예수의 희생의 피가 유대인들과 이방인들 간의 증오를 제거하고 하나 된 몸 된 교회를 탄생시켰다고 선포한다(1:15-16). 예수의 십자가 상에서의 희생이 교회의 탄생을 이끈 궁극적 근거이다.

그렇다면 왜 하나님은 자신의 다양한 지혜를 굳이 하늘의 정사와 권세들에게 알려주고자 하는지 우리는 질문해 볼 수 있다. 6:12에서 이들은 하나님을 대적하는 악한 세력들로 묘사되고 있다. 이들을 향한 하나님의 지혜의 계시는 이 영적 세력들에 대한 하나님의 우월한 능력을 증명해 보인다.[202] 여기서 바울이 전제하고 있는 바는 예수의 십자가 상에서의 죽음과 유대인들과 이방인들 간에 존재하는 증오를 통해서 악한 영들은 자신들이 승리했다고 생각했다는 점이다. 이에 하나님은 자신의 비밀한 계획의 성취를 통하여, 악한 영들이 승리했다고 생각하는 사건들이 사실은 하나님의 승리임을 알려주고자 한다. 11절에서 바울은 하나님의 지혜의 계시가 예수 그리스도 안에서 실행된 하나님의 '영원한 계획'(κατὰ πρόθεσιν τῶν αἰώνων)의 성취를 따라 이루어졌다고 말한다. 1:10-11에서 바울은 하나님의 영원한 계획은 하늘과 땅의 만물을 예수 안에서 통일하는 것이라고 선포했다. 이 계획의 성취는 하나님께서 죽은 예수 그리스도를 다시 살리시고, 부활하신 예수 그리스도를 만물 위에 주로 높이시며(ἐν τῷ Χριστῷ Ἰησοῦ τῷ κυρίῳ ἡμῶν, 11절; 비교,

---

201. 바울이 에베소서에서 언급하는 지혜는 하나님의 비밀의 경륜으로서 구약과 유대인들의 문서에서 종종 등장하는 하나님의 창조의 동역자로서의 인격적 존재인 지혜와 구분된다(비교, 잠 8:27-30; 지 8:4, 6; 9:9).
202. 참조, MacDonald, 266; Arnold, 2010: 197.

빌 2:9-11), 만물을 그 발 아래 복종시키신 후, 교회의 머리로 삼으심을
통해서 이루어졌다(1:20-23). 그리스도를 머리로 하는 몸 된 교회의 탄
생은 악한 영들이 유대인들과 이방인들 간에 뿌려 놓은 증오를 제거하
고, 그 둘 간에 화평을 이룸으로써 가능했다.[203] 주로 높아진 예수 그리
스도와 교회의 탄생은 하늘의 정사와 권세들에게 하나님의 측량할 수
없는 지혜의 위대함을 분명히 증거해 준다.

하나님의 은혜를 품은 비밀의 계획이 진행됨에 따라, 십자가 상에서
죽은 예수의 부활과 승천이 이루어지고, 서로 증오하던 유대인들과 이
방인들이 화해하여 예수의 몸 된 교회가 탄생하게 됐다. 교회라는 새로
운 우주적 실체는 증오로 세상과 인류를 통치하는 영적 세력들에게 숨
겨진 하나님의 지혜와 하나님의 승리를 반증하는 증거로 기능한다.[204]
만물을 예수 그리스도 안에서 통일시키고, 예수를 따르는 새 백성 교회
를 창조하고, 그 교회의 머리로 예수를 내어준 사건을 통해서 하나님은
악한 영들의 반란과 술수를 극복했음을 온 우주에 공개적으로 증명한
다. 그런데 이 증거는 악한 영들에게는 그들의 궁극적 패배를 알려주는
나쁜 소식이다. 그리고 여기서 중요한 사실 한 가지는 바울이 복음을 선
포하고 있는 '현재'(νῦν, 10절)에 오랫동안 감추어져 있던(τοῦ ἀποκεκ-
ρυμμένου ἀπὸ τῶν αἰώνων, 9절) 하나님의 지혜가 계시되고 있다는 것
이다. 바울에게 예수의 죽음과 부활 그리고 교회의 탄생은 하나님의 비
밀이 계시되는 종말론적 새 시대의 시작이다.[205]

---

203. 여기서 우리는 인류가 품고 있던 증오가 악한 영들의 술수의 결과였음을 알 수 있
   다(Hoehner, 462). 이 관찰은 아담의 타락과 그에 따른 아담과 이브 간의 증오에 대
   한 이야기를 상기시킨다.
204. 이 점에 대해서는 Hoehner, 462를 참조하라.
205. 참조, Arnold, 2010: 198.

12절 (예수를 통해 하나님께 담대히 나아갈 수 있는 확신) 사도는 복음의 일꾼으로서의 자신의 사역과 교회의 탄생을 전 우주를 향한 하나님의 구원 계획 속에서 이해한다. 하나님의 구원 계획은 영원 전부터 계획됐는데, 이제 그 계획은 성육신한 예수 그리스도를 통해서 완성됐다. 예수의 사역의 결과 교회가 탄생하고, 그 교회는 하나님의 놀라운 비밀의 결과물인 동시에 하나님의 지혜를 증거하는 증인이다. 이처럼 놀라운 우주적 교회의 탄생과 기능에 대해서 설명한 사도는 이제 12절에서 교회의 구성원들인 성도들이 소유하게 된 특권에 대해서 알려주기 원한다. 헬라어 동사 '에코멘'(ἔχομεν)에 포함된 교회론적 '우리'를 통해서, 바울은 예수 그리스도의 몸 된 교회의 구성원들은 그리스도를 믿는 믿음 안에서 하나님을 향하여 담대하게 나아갈 수 있는 특권을 소유하고 있다고 선포한다. 2:18에서 이미 바울은 한 성령 안에서 연합된 성도들이 그리스도를 통해서 하나님께 나아갈 수 있다고 선포했다. 여기서 담대함을 의미하는 헬라어 단어 '빠레시아'(παρρησία)는 고대 로마 시민들이 대중 앞에서 자유롭게 말할 수 있는 자유인으로서의 권리를 의미했다.[206] 그리고 친구들 간에 이루어지던 대화의 특징인 솔직함을 의미하기도 했다. 이제 바울에게 이 단어는 성도들이 하나님과의 대화에서 경험하는 솔직하고 제약 없이 말할 수 있는 특권을 가리킨다(비교, 히 4:16; 10:19).[207] 그런데 그리스도를 통해서 성도들에게 주어진 담대함은 언제든지 하나님 앞으로 나아갈 수 있다는 '확신'(πεποιθήσει)과[208] 함께

---

206. 엡 6:19에서 바울은 자신이 복음을 선포할 때 담대하게 선포할 수 있게 해 달라고 기도한다. 참조, Hoehner, 465; Arnold, 2010: 198; Fredrickson, 163-83.

207. 이에 대한 구약적 배경에 대해서는 O'Brien, 1991: 209를 참조하라.

208. 흥미롭게도 신약성서에서 이 단어는 오직 바울서신에서만 여섯 번 발견되고 있다 (고후 1:15; 3:4; 8:22; 10:2; 엡 3:12; 빌 3:4).

주어졌다. 하나님께 나아감은 성도들과 하나님 간의 물리적·영적 거리
가 완전히 좁혀졌음을 의미한다. 2:13에서 바울은 과거 이방인 성도들
은 하나님과 그 백성들로부터 멀리 떨어져 있던 자들이라고 말했다. 그
러나 이제는 한 성령 안에서, 그리고 중재자 예수를 통해서 하나님과 화
해하고 하나님께 담대히 나아갈 수 있게 됐다(2:18).

성도들이 하나님께 언제든지 담대하게 나아갈 수 있다는 확신은 하
나님과 인류를 중재한 예수의 희생의 피가 이미 완전하게 드려졌고, 예
수를 통해서 하나님의 계획이 이미 완성됐다는 사실에 근거한다.[209] 하
나님께 나아갈 수 있는 성도들의 특권은 하나님과 예수께서 보증하시
기에, 성도들이 경험할 수 있는 가장 완전한 확신에 속한다. 이 사실을
강조하기 위해서 바울은 예수의 사역에 대한 헬라어 표현을 두 번 사용
한다: '그 안에서'(ἐν ᾧ), 그리고 '그를 믿음을 통해서'(διὰ τῆς πίστεως
αὐτοῦ). '그 안에서'라는 표현은 하나님의 유일하고도 완전한 중재자가
예수임을 알려주는 동시에, 그와의 연합을 통해서만 성도들이 하나님
께 나아갈 수 있다는 사실을 알려 준다. 두 번째 헬라어 표현 '그를 믿음
을 통해서'는 예수를 주어로 볼지, 아니면 목적어로 볼지에 따라 크게
두 가지로 해석될 수 있다: (1) '예수의 신실함을 통해서'(주어적 소유격
견해),[210] 혹은 (2) '예수를 믿음으로'(목적어적 소유격 견해).[211] 현재 에베
소서 본문이 보여주는 문맥은 성도들의 믿음의 반응을 강조하고 있기

---

209. Bruce, 322는 하나님의 임재 앞에서 예수의 위치가 변할 수 없을 정도로 확고하기
에, 그에게 속한 성도들의 위치도 변할 수 없는 확고한 것이라고 말한다.
210. 이 견해는 Hays와 그를 추종하는 학자들에 의해서 최근 강력하게 주장됐다. 참조,
Hays, 2002.
211. Gathercole, 2007: 22-28; Dunn, 1991: 730-44; Easter, 33-47; 이승현, 2021a: 168-
69.

에, 후자의 목적어적 소유격 견해가 더 옳은 것으로 보인다.[212] 이미 앞에서 바울은 성도들이 선포된 복음을 듣고 믿음으로 반응함으로써 성령의 인치심을 경험했다고 선포했다(1:13). 그리고 성도들은 그들의 행위가 아니라 믿음을 통해서 은혜의 구원을 경험할 수 있었다(2:8-9).

13절 (권면의 말씀) 이방인들에게 주어진 이러한 성도의 특권은 다름 아닌 바울의 사도로서의 사역을 통해서 가능해졌다. 이에 바울은 자신의 사도직에 대한 가르침을 마무리하면서, 자신이 현재 옥에 갇힌 사실로 인하여 그들이 슬퍼하지 말아야 함을 최종적으로 권면한다.[213] 바울이 옥에 갇히는 사도적 고난(ἐν ταῖς θλίψεσίν μου)을 통하여 이방인들에게 성도 됨의 특권이 허락됐으므로, 바울의 고난은 그들을 하나님의 영광으로 인도하는 은혜의 통로가 됐다. 일반적인 경우, 옥에 갇히는 일은 갇힌 자와 그의 가족들 모두에게 수치를 안겨주는 사건이다. 그러나 바울의 경우에는, 하나님의 구원 약속이 이방인들에게 전해지는 축복의 사건이다. 유사한 맥락에서, 빌립보서에서 바울은 자신이 옥에 갇힌 상황을 인하여 복음이 널리 전파되고 성도들이 위로받게 됐음을 인하여 크게 기뻐한다고 고백한다(빌 1:19-26; 2:17). 그리고 골로새서 1:24에서는 교회를 위한 '그리스도의 남은 고난'을 자신이 채우고 있다고 선포한다. 바울에게는 복음을 전하다가 경험하는 고난은 그가 사도로 부름 받았다는 사실에 대한 참된 증거이다(비교, 고전 4:9-13; 고후

---

212. 참조, Hoehner, 466-67; MacDonald, 267; Lincoln, 1990: 190-91; Arnold, 2010: 199. 비교, O'Brien, 1991: 249; Barth, 347; Best, 1998: 330; Foster, 75-96.
213. 바울이 에베소서를 기록할 당시 어떤 고난과 어려움을 경험하고 있었는지에 대한 자세한 기록은 없다. 바울은 다른 곳에서 자신의 옥에 갇힌 상황을 "사슬에 묶인 상황"이라고 칭하고 있다(비교, 빌 1:7, 13, 14, 17; 골 4:18). 참조, Arnold, 2010: 199-200.

11:23-33; 12:9-10; 갈 6:17; 살전 1:5-6; 3:3-4). 바울은 옥에 갇힌 자신에 대한 염려보다도, 자신의 상황 때문에 이방인 성도들이 시험에 들고 구원의 확신을 잃어버릴까 더 염려하고 있다. 여기서 우리는 사도 바울의 목회자적 염려와 자질을 본다.

바울은 자신이 현재 경험하고 있는 고난은 그 고난과 비교할 수 없는 찬란한 미래의 영광(δόξα ὑμῶν)으로 성도들을 인도한다고 선포한다. 이 선포를 통해서 바울은 성도들이 자신의 고난 이면에서 역사하는 하나님의 비밀과 능력에 대해서 깨닫기를 바란다. 일반적인 측면에서 영광은 자격에 걸맞은 명성 혹은 영예를 의미한다. 그런데 바울에게 성도들이 경험할 미래의 영광은 단순히 그들이 받을 명성이나 영예를 넘어서, 예수가 재림할 때 성도들이 경험할 영광스러운 변화와 영생을 의미한다(롬 8:17-18).[214] 따라서 바울은 성도들이 현재 경험하는 고난을 미래에 그들이 경험할 영광의 중함에 견주어 지극히 작은 것이라고 칭한다(고후 4:16-17). 유대인들의 종말론적 사상에 따르면, 현 세대의 고난은 미래 하나님의 종말론적 영광을 경험하기 위하여 필수적으로 경험해야 하는 산고의 과정이다.[215] 비록 바울은 이러한 유대인들의 종말관에 동의하지만, 고난에 대한 자신만의 가르침을 하나 더 추가한다. 고난에 대한 바울의 종말론적 이해에서 특이한 점 하나는 그의 사도적 고난이 그를 영광으로 인도하는 것이 아니라, 성도들을 영광으로 인도한다는 것이다. 물론 바울은 자신의 고난에 대한 하나님의 종말론적 보상으로 자신에게 주어질 영광스런 변화와 영생을 믿고 소망하고 있다(비교,

214. 참조, Lincoln, 1990: 192; Best, 1998: 331-32; O'Brien, 1991: 251. 비교, Hoehner, 469-70.
215. O'Brien, 1991: 252; Lincoln, 1990: 192; Arnold, 2010: 200.

고전 15:40-47).[216] 그럼에도 불구하고, 바울은 자신의 사도적 고난이 예수의 메시아적 사역이 가져온 영광의 구원을 성도들에게 적용하는 주요 통로로 기능하고 있음을 본다(비교, 고후 1:6; 4:12; 딤후 2:10). 이 사실은 왜 3:1에서 바울이 자신을 '예수 그리스도의 갇힌 자'(ὁ δέσμιος τοῦ Χριστοῦ)로 칭하는지를 잘 설명해 준다.

해설

바울은 자신의 사도직을 자신에게 계시된 하나님의 구원의 비밀을 이방인들에게 선포해야 할 책임이라고 한마디로 정의한다(3:1-3, 7-8). 하나님의 구원의 비밀은 이방인들이 예수 그리스도의 복음을 통하여 유대인들과 함께 하나님의 언약의 후손이요 상속자들이 되는 것이다. 바울은 이 비밀이 과거 세대들에게는 계시되지 않았으나, 자신을 포함한 성령 안에 있는 사도들과 선지자들에게 이제 계시됐다고 주장한다(3:5). 이 사실은 왜 바울이 2:20에서 사도와 선지자들을 이방인들과 유대인들로 구성된 교회의 반석이라고 칭하는지를 잘 설명해 준다. 따라서 이제 이방인과 유대인들로 구성된, 곧 하나님의 새 인류를 상징하는 예수의 몸 된 교회는 세상을 향한 하나님의 화해 메시지를 경험하고 선포하는 장소가 된다. 교회 내에서 서로 적의를 품고 미워하던 자들 간에 화해가 이루어지고, 동시에 이 화해의 메시지는 교회를 통해서 세상으로 전파된다. 세상이 교회 안에 존재하는 하나님의 화평의 선물을 보게 될 때, 세상은 교회로 와서 교회를 통하여 하나님과의 화평을 경험하게 될 것이다. 이처럼 사도에게 교회는 하나님과 인류 간에 존재하는 화해

---

216. 참조, 이승현, 2018b: 325-54.

를 통하여 하나님의 비밀인 예수와 예수-복음 안에 담긴 측량할 수 없는 은혜와 사랑의 부요함을 경험하는 신앙 공동체이다(3:10). 그러므로 바울의 사도직의 본질은 하나님의 비밀인 예수 그리스도와 그의 측량할 수 없는 은혜의 부요함을 이방인들에게 선포하여 하나님의 교회가 형성되고 성장하도록 돕는 것이다(3:8-9).

현재의 본문에서 바울은 자신의 사도직을 복음의 일꾼으로서의 자신의 사명과 연관하여 설명하고 있다. 사도의 사역은 교회 위에 군림하여 다스리는 자가 되는 것이 아니라, 하나님의 비밀인 그리스도를 증거하여 교회를 세우는 것이다. 그리스도를 통하여 이루어진 하나님의 계획 안에서 증오 가운데 거하던 자들이 서로 화목하게 되고, 하나님과 더불어 화목함을 이루어 하나님의 성전으로 자라가게 된다. 따라서 바울은 교회를 하나님의 심오한 지혜의 계시의 결과로 이루어진 하나님의 사역의 결정체라고 부른다. 또한 교회는 모든 정사와 권세들에게 그들의 지혜와 능력을 뛰어넘는 창조주 하나님의 지혜와 능력의 부요함을 계시하는 가장 강력한 증거이다. 악한 영들이 아담을 유혹하고 죄와 사망 아래 모든 인류를 가두어 하나님의 원수가 되게 했지만, 하나님은 그들의 악한 궤계를 뛰어넘는 지혜를 통하여 원수 된 인류가 다시 자신과 또 서로 간에 화목함을 이루는 새 인류로 창조하셨다. 하나님의 새 인류를 의미하는 교회의 탄생은 교회의 머리가 되시는 예수 그리스도의 사역을 통해서 이루어졌다. 따라서 바울은 자신을 예수 그리스도의 갇힌 자로 칭하면서, 자신의 사도직은 하나님의 영원한 계획이 예수를 통해서 실현되는 일에 동참하는 것이라고 선포한다. 심지어 바울은 옥에 갇히는 자신의 고난조차도 하나님의 사랑과 능력에 대한 의심이 아니라, 하나님의 지혜와 능력이 이방인들에게 실현되는 하나님의 비밀스런 경룬의 한 부분으로 이해한다. 이에 바울은 자신의 고난이 이방인들에게 영광스런 구원을 가져왔음을 인하여 기뻐하면서, 이방인 성도들에게 자신의 갇힘 때문에 슬퍼하지 말라고 격려한다.

앞에서 바울은 우주적 교회의 탄생에 대한 자신의 첫 번째 교리적 가르침을 전달했다. 이제 바울은 하나님께 기도하고 하나님을 찬양함으로써 그 첫 번째 가르침을 마무리하고자 한다. 바울은 먼저 하나님을 아버지로 둔 성도들이 성령의 능력으로 강건하여져서, 인간의 인식의 범위를 뛰어넘는 그리스도의 사랑의 넓이와 길이와 높이와 깊이를 이해할 수 있게 해 달라고 간구한다. 그리고 바울은 성령을 통하여 자신이 기도하는 것 이상으로 넘치도록 채워주실 하나님을 찬양하면서, 성도들을 향한 자신의 간절한 기도를 마친다. 이 부분은 성도들의 내적 강건함을 위한 바울의 기도와(3:14-19), 그 기도를 듣고 성도들을 강건하게 해 주실 하나님에 대한 찬양으로 나누어 이해할 수 있다(3:20-21). 그런데 3:14-21의 기도와 송가는 1:15-23에서 이미 드려진 바울의 감사와 기도를 한층 더 발전된 형태로 반복하고 있다. 두 기도들은 다음과 같은 주제들을 공통적으로 포함하고 있다: 아버지를 향한 간구, 성령, 새로운 지식과 충만함, 지식과 능력, 그리고 하나님께 드려지는 찬양과 영광.

현재의 본문에서 발견되는 기도와 송가는 첫 번째 교리적 가르침(2:1-
3:13)의 결론으로 기능하면서, 동시에 두 번째 윤리적 가르침(4:1-6:20)
으로의 전이로 기능한다.¹ 바울의 궁극적 기도 제목은 개개의 성도들이
하나님의 충만함으로 채워지는 것이다. 그런데 현재 하나님의 충만함
이 예수 안에서 발견되기에, 예수의 장성한 분량에 이르기까지 성도들
은 계속해서 성장해가야 한다. 충만함을 향한 성도들의 영적 성숙은 성
령 안에서 사는 윤리적으로 거룩한 삶을 통해서 온다고 바울은 가르친
다.

1. 성도들의 내적 강건함을 위한 기도(3:14-19)

이 부분은 성도들의 내적 강건함을 위한 바울의 사중적 기도를 담
고 있다(3:14-19). 기도의 시작에서 바울은 기도의 대상이 되는 분을 아
버지라고 칭한다. 이 사실은 바울과 성도들이 예수의 사역을 근거로 하
나님과 한 가정을 이루게 됐다는 사실을 잘 반영해 준다. 이제 바울과
성도들이 드리는 기도는 아버지께 요구하는 자녀들의 간청을 의미한
다. 현재의 본문에서 바울의 기도는 크게 네 가지 내용으로 구성되어 있
다. (1) 성령을 통하여 성도들의 속사람이 하나님의 능력으로 강건하게
되고(16절), (2) 믿음을 통하여 부활하신 주 예수가 성도들의 마음 안에
거하게 되며(17a절), (3) 예수의 사랑 안에서 깊이 뿌리내리고 견고하게
세워지는 것이다(17b-19a절). 그런데 이러한 성도들의 내적 강건함에는
보다 궁극적인 목적이 존재한다. 그것은 (4) 지식을 뛰어넘는 예수 그리
스도의 사랑의 넓이와 길이와 높이와 깊이를 알아 하나님의 모든 충만
함으로 채워지는 것이다(19b절).

1.　참조, O'Brien, 1991: 254; Best, 1998: 335.

번역

14 그러므로 저는 아버지 앞에 저의 무릎을 꿇습니다. 15 아버지는 하늘과 땅에 있는 모든 족속들에게 이름을 주신 분이십니다. 16 저는 기도하기를,[2] 그의 영광의 풍성함을 따라 그의 성령으로 말미암아 여러분의 속사람을 능력으로 강건하게 해 주시며, 17 믿음으로 인하여 그리스도께서 여러분의 마음에 거하시며, 여러분이 사랑 안에서 깊이 뿌리내리고 견고하게 세워지기를 간구합니다. 18 그리하여 여러분이 모든 성도들과 함께 그리스도의 사랑의[3] 넓이와 길이와 높이와 깊이를 깨닫고, 19 지식을 뛰어넘는 그리스도의 사랑을 알아 하나님의 모든 충만함으로 채워지기를 기도합니다.

주해

14-15절 (아버지 하나님께 드리는 기도) 14절을 시작하는 '그러므로'(τούτου χάριν)라는 헬라어 표현은 이미 3:1에서 바울이 사용했던 표현이다. 2:1-10에서 그리스도를 통한 구원과 새 창조에 대해서 가르치고, 2:11-22에서는 그리스도가 가져온 화해에 대해서 가르친 바울은 3:1

---

2. 16절을 시작하는 헬라어 접속사 '히나'(ἵνα)는 목적을 의미할 수도 있고, 결과를 의미할 수도 있다. 그러나 기도의 경우에는 그 기도의 내용을 지칭할 수도 있다(고전 14:13; 엡 1:17). 참조, Hoehner, 477; Wallace, 1996: 475; O'Brien, 1991: 256.

3. '그리스도의 사랑'(ἀγάπην τοῦ Χριστοῦ)은 19절에서 등장하지만, 18절의 '넓이와 길이와 높이와 깊이'가 지칭하는 직접적인 대상이다. 그러므로 필자는 보다 매끄러운 번역을 위하여 이 표현을 18절에 첨가한다.

에서 하나님에 대한 기도와 간구를 올려 드리기 원했다. 그러나 자신의
사도직과 선교에 대한 가르침을 갑작스레 전달하느라, 3:14에 이르러서
야 비로소 바울은 자신의 기도를 올려 드리게 된다.[4] 이 사실은 왜 3:14
에서 바울이 '그러므로'라는 표현을 다시 사용하고 있는지에 대한 이유
를 제공한다. 그러나 3:1-13에서 논의된 바울의 사도직과 선교에 대한
가르침은 본론을 벗어난 여담이 아니다. 오히려 현재 그가 성도들을 위
해서 올려 드리는 중보 기도의 이유와 내용을 더 잘 설명해 주기 때문
이다. 기도는 예수를 통해서 하나님과 화해하고(2:14, 15, 17), 성령을 통
해서 하나님께 담대히 나아가게 된 성도들이 하나님의 자녀로서 누리
게 된 새로운 특권이다(2:18; 3:12). 바울은 이 새로운 특권을 통해서 자
신의 안전과 필요가 채워지기를 비는 것이 아니라, 자신이 섬기는 이방
인 성도들의 영적 강건함을 위한 중보의 기도를 올려 드린다.

바울은 하나님께 기도를 드리면서 먼저 자신의 무릎을 꿇는다
(κάμπτω τὰ γόνατά μου, 14절). 바울 당시 고대인들은 기도할 때 대체
로 서서 기도를 드리곤 했다(비교, 삼상 1:26; 왕상 8:22; 마 6:5; 막
11:25; 눅 18:11, 13). 물론 고대인들은 종종 왕과 같이 권세 잡은 자들 앞
에서 무릎을 꿇고 간청하기도 했다(왕하 1:13; 대상 29:20; 시 95:6; 단
6:10; 막 1:40). 무릎 꿇는 행위는 복종과 공경 그리고 겸손의 의미를 그
안에 담고 있었다. 그러나 성경에서 하나님 앞에서 무릎을 꿇는다는 행
위는 기도에 앞서 창조주 하나님을 향한 경배를 상징하는 동작이다(롬
14:11; 빌 2:10). 창조주 하나님의 주권을 노래하는 이사야 45:23을 인용
하면서, 로마서 14:11에서 바울은 하나님을 모든 존재가 무릎 꿇어야 할

---

4.   이에 대한 문맥적 분석을 위해서는 Arnold, 2010: 208, Hoehner, 472, 그리고
     O'Brien, 1991: 252-54를 참조하라.

궁극적인 주권자로 제시한다. 흥미롭게도 하나님은 부활한 예수를 하
나님 보좌 우편에 앉은 우주의 주로, 그리고 만물이 무릎 꿇는 경배의
대상으로 높여 주셨다(빌 2:9-11).[5] 그러므로 현재의 본문에서 바울이 아
버지이신 하나님께 무릎을 꿇고 간구한다는 것은 창조주 하나님을 경
배함과 동시에, 아버지 하나님께 기도를 드리고 있다는 것을 의미한다
(단 6:10; 시 95:6; 눅 22:41; 행 7:60).[6]

　그런데 여기서 바울은 자신의 기도의 대상이 되는 하나님을 아버지
라고 부르고 있다.[7] 주기도문에서 예수께서는 자신의 제자들이 기도할
때 하나님을 '하늘에 계신 우리 아버지'라고 부를 것을 가르쳤다(마
6:9; 비교, 막 14:36). 여기서 우리는 바울이 예수의 가르침을 잘 따르고
있음을 알 수 있다. 그런데 바울에게 하나님을 아버지라고 부르는 것은
회심한 성도들에게 주어진 특권이요, 양자의 영인 성령을 받은 결과 발
생한 사건이다(롬 8:15; 갈 4:6). 하나님을 아버지라고 부른다는 것은 하
나님의 원수 됐던 자들이 하나님과 화해하고 그의 가정을 이루는 자녀
들이 됐음을 전제한다(엡 1:4-7). 그러나 여기서 바울은 한 가지 더 놀라
운 사실을 말해 준다. 하나님은 바울과 성도들의 아버지가 되실 뿐만 아
니라, 온 세상을 창조하고 모든 피조물들에게 이름을 지어주신 세상의
아버지가 된다는 것이다. 세상에 존재하는 모든 인간 무리들과 영적 존

5.　이에 대한 자세한 분석을 위해서는 다음을 참조하라. 이승현, 2019b: 215-56; 이승
현, 2016b: 203-22.

6.　참조, Lincoln, 1990: 202; MacDonald, 275.

7.　에베소서에서 바울은 하나님을 매우 빈번하게 아버지라고 부르고 있다(1:2, 3, 17;
2:18; 3:14; 4:6; 5:20; 6:23). 구약에서 하나님이 아버지로 불리는 경우는 단지 15번
정도밖에 되지 않는다. 구약의 경우에는 아버지의 사랑보다도, 아버지의 권위가 더
강조되고 있다.

재들은 다 하나님의 가족 혹은 족속(πατριά, 15절)이라고 불린다.[8] 아버지가 세상에 막 태어난 자녀들의 이름을 지어주듯이, 하나님은 인류의 모든 족속들과 영적 존재들의 이름을 지어주었다.[9]

고대인들에게 이름은 단순히 서로를 구분하기 위한 실용적 방편이 아니라, 한 사람의 삶과 내적 본질에 대한 중요한 정보를 계시하는 것이었다.[10] 특별히 구약성경에서 이름을 지어주는 행위는 그 사람에 대한 하나님의 소유와 주권적 통치, 그리고 그들에게 주어진 삶의 의미를 계시한다(시 147:4; 사 40:26; 창 25:26; 삼상 25:25).[11] 창조의 때에 아담은 하나님에 의해서 세상의 왕으로 세워졌다. 그리고 아담에게 부여된 첫 번째 하나님의 사역은 피조물들의 이름을 지어주는 것이었다(창 2:19-20). 이 사실은 아담이 하나님의 대행자로서 세상을 다스리는 주권자가 됐음을 의미한다. 그런데 '하늘과 땅 위에 있는 모든 족속들'(15절)이라는 표현을 통해서, 바울은 인간들뿐만 아니라 모든 영적 존재들이 다 하나님의 통치 아래 놓인 그의 소유임을 알려 준다.[12] 하나님이 그들을 창조한 창조주이기 때문이다. 이 사실은 하늘과 땅의 그 어떤 존재도 창조

---

8. 구약에서 이 단어는 한 아버지를 필두로 하는 가족을 의미하기도(출 12:3; 대상 23:11), 혹은 가족들의 연합인 부족을 의미하기도 한다(출 6:17, 19; 민 2:34; 4:22). 참조, Hoehner, 474-75.
9. 고대 마술사들은 다른 이들의 이름, 특히 영적인 존재들의 이름을 부름으로써 그들을 부릴 수 있다고 믿었다. 이름을 부른다는 것은 그 이름을 소유한 존재들에 대한 우월한 능력과 지위를 의미했기 때문이다. 참조, Arnold, 2010: 54-56, 58-59.
10. 한 좋은 예로, 구약의 아브라함이라는 이름은 과거 아브람이라 불리던 인물에게 주어진 하나님의 언약, 즉 모든 열방들을 축복하겠다는 하나님의 약속을 의미한다.
11. 참조, Lincoln, 1990: 203; Arnold, 2010: 209.
12. 일부 주석가들은 악한 영적 존재들과 회심하지 않은 자들은 이 표현 속에 포함되지 않는다고 보았다. 그러나 현재의 본문에서 바울은 하나님의 제한적인 아버지 됨과 주권이 아니라, 예외 없이 온 우주를 채우는 하나님의 우주적 주권과 아버지 됨을 강조하고 있다. 참조, Hoehner, 476; O'Brien, 1991: 256.

주 하나님께 드려지는 자신의 기도를 방해할 수 없다는 바울의 굳건한
믿음의 근거를 형성한다. 나아가 이 사실은 악한 영적 존재들과의 전쟁
에 임한 성도들에게 그들의 궁극적 승리에 대한 확신의 근거가 된다(엡
6:10-18).

　　16절 (속사람의 강건함에 대한 간구) 아버지 하나님께 드리는 바울의
중보 기도는 크게 네 가지 내용을 그 안에 담고 있다: (1) 성도들 속사람
의 강건함(16절), (2) 그리스도의 내주하심(17a절), (3) 그리스도의 사랑
을 깨닫고 그 안에서 견고하게 세워지는 것(17b-18절), 그리고 (4) 하나
님의 충만함으로 채워지는 것(19절).[13] 첫 번째, 바울은 먼저 성도들의
속사람(τὸν ἔσω ἄνθρωπον)이 성령을 통하여 능력으로 강건해질 것을
기도한다. 바울은 1:15-23에서 지혜와 계시의 영이 성도들에게 주어지
고, 그에 따른 이해와 계시가 주어질 것을 기도했다. 그러나 3:16에서
바울은 성도들의 속사람이 성령 안에서 능력으로 강건해질 것을 간구
한다. 여기서 성령은 하나님의 능력의 영을 의미하고(롬 1:4; 15:19; 고
전 2:4; 살전 1:5), 인간의 속사람 즉 마음속 깊은 곳을 만지고 변화시킬
수 있는 분으로 이해된다(고전 2:9-16; 비교, 롬 7:22-23).

　　그런데 흥미롭게도, 현재의 본문에서 바울은 성도들에게 강건함을
주는 하나님의 능력의 원천으로서 성령과 더불어 하나님의 영광을 제
시한다. 성서적 전통에서 하나님의 영광은 하나님이 이 땅에 임재할 때
그의 신적 능력과 본성이 시각적으로 힘있게 발현되는 것을 의미한다
(비교, 겔 1; 사 6). 인간의 눈에 하나님의 신성이 계시될 때, 인간의 눈
이 차마 감당할 수 없는 하나님의 찬란한 영광이 보인다. 골로새서 1:11

13.　이 네 가지 기도의 제목들 간의 상관관계와 구조적 분석을 위해서는 Hoehner, 476
　　을 참조하라.

에서 바울은 하나님의 영광의 능력으로 자신을 강하게 해 달라는 기도를 요청하고, 로마서 6:4에서는 그리스도께서 아버지의 영광에 의하여 살리심을 입었다고 선포한다. 현재의 본문에서 바울은 하나님의 능력의 강함을 강조하기 위하여 그의 '영광의 부요함'(τὸ πλοῦτος τῆς δόξης, 16절)이라는 표현을 쓴다.[14] 부요함은 인간이 기대하는 것을 뛰어넘어 채워주시는 하나님의 본성으로서, 하나님의 능력인 영광이 역사하는 은혜로운 방식을 의미한다(비교, 빌 4:19). 그런데 구약에서 성전을 채우는 하나님의 능력 있는 임재는 때로는 하나님의 영광을 통해서, 또 때로는 하나님의 영을 통해서 표현된다.[15] 그러므로 하나님의 영광과 성령은 이 땅에 임한 하나님의 능력 있는 임재를 이중적으로 강조하는 유사어로 볼 수 있다.[16] 그럼에도 불구하고, 바울에게 이제 성령은 성도들의 속사람 안에 거하면서 그들에게 지혜와 계시를 제공할 뿐만 아니라(1:15-23), 그들을 강하게 하는 하나님과 부활한 예수의 능력 있는 임재를 의미한다(3:17).[17]

속사람의 강건함에서 속사람은 육체와 구분되어 눈에 보이지 않는 인간의 가장 중요한 정체성이 담긴 자아를 의미한다(비교, 고후 4:6, 16).[18] 3:17에서 바울은 속사람을 인간의 마음과 동의어로 제시한다(비

---

14. 에베소서에서 바울은 부요함(πλοῦτος)이라는 단어를 하나님의 은혜(1:7; 2:7), 하나님의 영광의 기업(1:18), 그리고 측량할 수 없는 그리스도의 부요함(3:8)을 수식하기 위해서 사용하고 있다.

15. 참조, 이승현, 2018b: 21-56.

16. 1:19에서 잘 보이듯이, 바울은 종종 유사어들을 연합하여 함께 제시함으로써 그의 강조점을 표현하곤 한다(참조, Arnold, 2010: 209-10).

17. 참조, Fee, 1994: 695.

18. 참조, Thrall, 1994: 348-51. 비교, Harris, 359-60. 속사람에 대한 더 심도있는 논의를 위해서는 다음을 참조하라. 참조, Betz, 2000: 315-41; Jewett, 1971: 391-401; Fee, 1994: 695-96.

교, 롬 7:22).[19] 고대인들의 사상에서 마음은 인간의 생각과 판단 그리고
감정이 발생하는 인간 내면의 가장 깊은 곳으로 여겨졌다(Malina, 63-
67). 고린도후서 4:16에서 바울은 성도들의 겉사람이 낡아짐에 반하여,
그들의 속사람은 날로 새로워진다고 선포한다. 바울은 성도들의 속사
람은 그들이 경험하는 여러 가지 어려움에도 불구하고, 하나님의 능력
과 성령에 의하여 강건하여짐으로써 날마다 새로워질 수 있다고 믿는
다.[20] 고린도후서 12:9에서 바울은 자신의 선교사역 중 경험한 수많은
난관을 극복한 후, 자신의 약함 속에서 완전하게 역사한 예수의 능력에
대해서 찬양한다. 이 땅에서 역사하는 예수의 능력은 바로 성령을 지칭
한다. 그런데 바울의 고난과, 그리고 아마도 자신들도 동일하게 경험하
고 있는 핍박으로 인해 이방인 성도들의 속사람이 많이 낙심하고 상심
했던 것 같다(엡 3:13). 이에 바울은 아버지께서 그들의 속사람을 강건
하게 세워주시기를 가장 먼저 기도한다. 여기서 바울은 아버지의 영이
신 성령이 성도들의 속사람 안에 내주하면서, 그들의 마음과 생각을 지
켜주실 것을 기대하고 있다.

17a절 (그리스도의 내주하심에 대한 간구) 하나님이 인간의 속사람, 즉
마음을 강건하게 해 주시는 방법은 하나님의 영광의 풍성함을 따라 성
령의 능력 있는 역사를 통해서이다. 그런데 바울에게 하나님의 영인 성
령의 내주는 이제 부활한 예수의 능력 있는 임재를 의미한다(비교, 고
전 15:45; 고후 3:18; 롬 8:9-10; 갈 4:6). 이에 바울은 자신의 두 번째 기
도 제목으로 부활한 예수 그리스도가 성도들의 마음 안에 내주해 주시

---

19. 참조, Lincoln, 1990: 197; Schnackenburg, 145; Best, 1998: 341; O'Brien, 1991:
258; Arnold, 2010: 210.
20. 아마도 바울은 하나님의 능력으로 강건해진 속사람을 새사람 혹은 새 자아(τὸν
καινὸν ἄνθρωπον)라고 보는 듯하다(비교, 엡 4:24).

기(κατοικῆσαι, 17절)를 간구한다. 여기서 내주함을 의미하는 헬라어 동사 '까또이께오'는 여행 중에 행하는 일시적 머무름이 아니라, 항구적 거주함을 의미한다(비교, 눅 24:18; 히 11:9). 골로새서 1:19와 2:9에서 바울은 하나님의 신성의 충만함이 예수 그리스도 안에 항구적으로 머무르고 있다는 사실을 표현하기 위해서 이 단어를 사용하고 있다. 그런데 바울의 두 번째 기도 제목인 그리스도의 내주하심은 위의 첫 번째 기도 제목인 성도를 강건하게 해 주실 것에 대한 또 다른 해결책, 혹은 또 다른 표현으로 볼 수 있다.[21] 예수 그리스도의 내주하심은 멀리 있던 이방인들이 예수 안에서 그의 희생을 통하여 하나님 가까이 거하는 자들이 됐다는 그들의 새로운 특권을 반영한다(비교, 엡 2:13). 그리고 예수가 성도들 안에 내주한다는 사실은 모든 성도들이 다 예수에게 속했다라는 사실의 또 다른 측면이다. 성도들은 예수 안에서 예수의 주권과 높아짐을 함께 경험하는 존재들이 됐다(2:6). 그러나 17절에서 바울이 간구하는 예수의 내주하심은 성도들이 회심의 때에 경험하는 초기적 예수의 내주가 아니라, 성도들의 삶과 경험 속에서 계속해서 성장하고 완전해져 가는 과정으로서의 예수의 내주하심을 의미한다.[22] 회심한 성도들은 이미 성령의 인치심을 경험했고(1:13), 예수와 연합하여 그의 부활과 높아짐을 함께 경험하고 하늘에 함께 앉힌 바 됐다(2:5-6).[23] 바울은 현재의 경험적 측면에서 성도들이 이 놀라운 사실을 지속적으로 체

---

21. 참조, O'Brien, 1991: 258; Arnold, 2010: 210-11; Best, 1998: 341; Lincoln, 1990: 206; MacDonald, 276. 그러나 일부 학자들은 예수의 내주하심을 첫 번째 기도 제목의 결과로 발생한 사건으로 본다. 비교, Hoehner, 480-81.

22. 이에 대한 더 상세한 논의를 위해서는 Arnold, 2010: 211을 참조하라.

23. 갈 2:19-20에서 바울은 자신의 회심 이후의 삶은 예수 안에서 믿음으로 사는 새로운 삶이라고 고백한다. 에베소서에서는 갈라디아서의 신학적 선포가 경험적인 측면에서 더 깊이 논의되고 있다.

험해 갈 수 있기를 기도한다.

그런데 바울은 성도들의 마음 안에 그리스도가 내재하는 통로로 '성도들의 믿음'을 제시한다(διὰ τῆς πίστεως, 17절).[24] 성도들이 믿음으로, 곧 하나님의 구원과 도우심에 대한 절대적 신뢰를 기반으로 하나님을 바라볼 때, 성도들의 마음 안에 내주하는 주 예수는 그들의 마음을 강건하게 만들어 준다. 여기서 우리는 성도들의 영적 체험인 강건함이 어떻게 실질적으로 부활한 주 예수를 통해서 이루어지는가에 대해서 질문해 볼 수 있다. 경험적인 측면에서 볼 때, 현재 성도들을 인도하고, 보호하고, 강건하게 해 주는 분은 내주하는 성령이기 때문이다. 이에 대한 해답은 바울의 이해에서 성령과 예수 간의 관계가 예수의 부활 후 변화됐다는 사실에서 발견된다. 예수의 부활 후, 하나님의 영인 성령은 주 예수의 영으로도 불리고(비교, 빌 1:19; 고전 2:9-16; 행 16:7), 예수의 사역을 진행하고 증거하는 영으로 역사한다(고전 12:3; 비교, 요 16:13-15). 따라서 이제 성령은 부활한 주 예수 그리스도의 영으로서 예수의 임재와 능력을 성도들의 마음(καρδία) 안에서 경험하게 해 준다.[25] 성령의 임재 속에서 성도들은 부활한 주 예수 그리스도의 임재를 경험한다(비교, 고후 3:18). 그리고 성도들은 예수 그리스도의 임재 속에서 하나님의 임재를 경험하고, 하나님이 거하시는 성전으로 지어져 간다(엡 2:21-22). 바울은 에베소서 여러 곳에서 삼위 하나님을 동시에 언급하고 있다(1:4-14, 17; 2:18, 22; 3:4-5; 4:4-6; 5:18-20). 성도들의 강건함에 관한 현재의 간구에서도 바울은 성부(14절), 성자(17절), 그리고 성령(16

---

24. 여기서 믿음은 예수의 신실함이 아니라, 성도들이 하나님을 향하여 보이는 신뢰의 반응을 의미한다(비교, 1:13). 참조, Arnold, 2010: 259.

25. 부활한 예수와 성령 간에 존재하게 된 새로운 관계에 대한 세밀하고 다양한 논의를 위해서는 이승현, 2018b: 141-70을 참조하라.

절)을 함께 언급하고 있다.[26] 예수가 거하는 성도들의 마음은 하나님과
의 만남과 교제 그리고 윤리적 결정이 발생하는 인간 내면의 가장 중심
적인 영역이다.[27] 성도들의 마음이 내주하는 예수와 성령을 통해서 강건
해짐을 경험해야 하는 이유는 마음이 바로 죄의 권세와의 갈등과 영적
전쟁이 발생하는 장소이기 때문이다(4:18-19; 롬 7:22-23). 성도들의 마
음은 하나님을 기쁘시게 하기 위하여 날마다 새롭게 변화되어야 한다
(롬 12:2; 고후 4:16). 변화된 마음으로 살아가는 성도들의 새 삶이 그들
이 직면한 영적 전투의 본질이다.

**17b-19a절 (그리스도의 사랑을 알고 그 안에서 견고하게 세워질 것에 대한
간구)** 바울의 세 번째 기도 제목은 '사랑 안에서 깊이 뿌리내리고 견고
하게 세워지는 것' (ἐν ἀγάπῃ ἐρριζωμένοι καὶ τεθεμελιωμένοι, 17절)이
다.[28] 깊이 뿌리내린다는 표현은 농사 비유로서, 예수가 가르친 좋은 땅
에 뿌려져 깊이 뿌리내려야 할 씨앗의 비유를 생각나게 한다(마 13:6,
21; 막 4:6, 17; 눅 8:13). 그리고 견고하게 세워지는 것은 건축물의 비유
로서, 성도들의 견고한 삶의 기초가 하나님의 사랑임을 알려 준다. 앞선
1-2장에서 바울은 성도들의 새로운 삶과 존재 그리고 그들에게 허락된
모든 신령한 축복들의 기원이 하나님의 사랑임을 상세하게 묘사했다.
건축물의 견고함을 결정하는 견고한 반석의 필요성에 대해서 예수는
바위와 모래 위에 지은 집의 비유를 통해서 가르쳤다(마 7:24-27). 현재

---

26. 이에 대해서는 Hoehner, 482를 참조하라.
27. 참조, Behm, "καρδία," *TDNT* 3:612.
28. 이 표현의 문법적 분석과 그에 따른 다섯 가지 다양한 해석에 대해서는 Arnold,
    2010: 212를 참조하라. 본 저자는 Arnold, 2010: 212, Schnackenburg, 149, 그리고
    Lincoln, 1990: 197에 동의하면서, 현재의 본문을 바울의 세 번째 기도 제목으로 간
    주한다. 비교, Hoehner, 483.

의 본문에서 바울은, 2:20-22와 고린도전서 3:6-12에서와 마찬가지로, 건축물의 비유를 통해서 성도들의 속사람의 강건함을 설명하고 있다. 성도들의 마음이 하나님의 사랑 안에서 깊이 뿌리내리고 견고하게 세워져야 하는 이유는 그들이 '거짓된 가르침과 사람들의 술수'에 직면해 있기 때문이다(엡 4:14). 바울은 성도들이 거짓된 가르침과 술수를 극복하고 예수 그리스도의 장성한 분량에까지 자라가기를 원한다(4:13-15).

성도들의 견고한 상태는 그리스도께서 그들의 마음에 내주하신 결과이다. 예수 그리스도의 내주하심은 그의 사랑으로 성도들을 채우고, 그 사랑 안에서 성도들을 견고하게 세워주는 결과를 낳는다. 여기서 성도를 세워주는 사랑이 성도들 간의 사랑을 의미하는 것인지(1:15),[29] 아니면 그리스도를 통해서 표현된 하나님의 사랑을 의미하는 것인지에 대해서 논란이 있었다(2:5).[30] 3:19에서 사도는 그리스도의 사랑, 곧 그리스도를 통해서 표현된 하나님의 사랑을 성도의 세워짐의 근원으로 분명하게 지칭하고 있다.[31] 그리스도의 사랑이 곧 하나님의 사랑의 표현인 이유는, 첫 번째, 16-19절의 문법적 주어가 하나님이라는 사실과, 두 번째, 예수를 내어준 것이 아들을 희생한 아버지의 사랑이기 때문이다 (비교, 1:3-8; 롬 5:5). 바울은 이미 앞에서 하나님의 측량할 수 없는 위대한 사랑이 예수를 통해서 성도들에게 표현됐고(2:4-6), 그 결과 성도

---

29. 참조, Hoehner, 2002.
30. 참조, Best, 1998: 343; O'Brien, 1991: 250; Arnold, 2010: 213; Schnackenburg, 150. 그러나 Lincoln, 1990: 207은 여기에 언급된 사랑이 하나님과 성도들의 사랑 둘 다를 의미한다고 주장한다. 그는 하나님의 선물로서의 사랑과 성도들의 사랑의 행사 간에 너무 엄격한 구분을 만드는 것을 반대한다.
31. 바울의 이해에서 하나님의 사랑과 예수 그리스도의 사랑은 상호 엄격하게 구분되는 별개의 실체들이 아니라, 동전의 양면처럼 하나의 실체를 다른 각도에서 보여준다. 참조, Lincoln, 1990: 214; Arnold, 2010: 217; Bruce, 327.

들이 예수의 몸 된 공동체의 지체들이 됐으며(2:15-16) 하나님의 영광의 기업을 무를 상속자들이 됐다고 선포했다(1:18). 그리고 5:2, 25에서 바울은 그리스도가 하나님을 향한 희생제물로 성도들을 위하여 자신을 내어드림으로써, 성도들을 향한 자신의 사랑을 표현했다고 선포한다.[32] 현재의 본문에서 바울은 이러한 그리스도의 사랑이 단순히 성도들의 지식의 대상에만 머무르지 않고, 성도들의 내적 체험에서 살아 역사하는 능력으로 성도들을 세워줄 것을 간구한다. 바울에게는 하나님과 그리스도의 사랑이 바로 성도의 속사람을 견고하게 세워주는 궁극적 근거이다. 물론 하나님의 사랑은 예수의 몸 된 공동체에서 성도들 간의 사랑의 행위를 통해서 적극적으로 표현되어야 한다. 성도들을 향한 하나님의 사랑은 성도들이 서로 사랑해야 할 궁극적 이유이며 동기이기 때문이다. 이 사실은 왜 바울이 4:1-6:20에서 성도들을 향한 두 번째 윤리적 가르침을 길게 그리고 상세하게 전하는지를 잘 설명해 준다.

그러나 그리스도의 사랑, 곧 그리스도를 통해서 표현된 하나님의 사랑 안에서 견고하게 세워진다는 것은 단 한순간에 이루어지는 일회성 사건이 아니다. 그것은 그리스도의 사랑의 '넓이와 길이와 높이와 깊이'(τὸ πλάτος καὶ μῆκος καὶ ὕψος καὶ βάθος, 18절)를 충만하게 이해해야 한다는 분명한 목표를 향한 과정의 시작을 의미한다.[33] 성도들이 견고하게 세워지는 것은 측량할 수 없는 그리스도의 사랑이 능력으로 역사한다는 것을 이해함(καταλαβέσθαι, 18절)을 통해서 온다. 여기서 '넓

---

32. 바울에게 예수 그리스도의 사랑과 예수를 내어주신 하나님의 사랑은 하늘과 땅의 그 어떤 존재들, 혹은 과거와 현재와 미래의 그 어떤 사건들로부터 성도들을 완전하게 보호하는 능력이다(롬 8:35-39).

33. 이 표현의 다양한 해석에 대해서는 MacDonald, 277, Barth, 395-97, Lincoln, 1990: 208-13, Thielman, 2010: 234-35, 그리고 Arnold, 2010: 214-17을 참고하라.

이와 깊이와 높이와 길이'라는 표현은 삼차원 물체를 묘사하기 위해 사용되는 또 다른 바울의 건축물 비유이다.[34] 그런데 학자들은 이 표현이 지칭하는 대상이 정확하게 무엇인지에 대해서 토론했다. 현재 본문이 속한 문맥을 근거로 판단해 볼 때, 이 표현이 가리키는 대상은 하나님의 능력의 광활함이나[35] 하나님의 지혜[36] 혹은 하나님의 계획의 비밀이 아니라,[37] 우주를 다 아우르고 하나님의 충만함을 표현하는 그리스도의 사랑의 광대함이다.[38] 왜냐하면 이어지는 19절에서 바울은 그리스도의 사랑을 '인간의 지식과 이해를 뛰어넘는(ὑπερβάλλουσαν) 사랑'이라고 선포하고 있기 때문이다. 바울은 앞에서 이미 성도들을 향한 하나님의 능력의 측량할 수 없음과(1:19), 그의 은혜의 측량할 수 없는 부요함에 대해서 언급했다(2:7). 그리고 3:20에서는 하나님의 능력은 성도들이 간구하거나 생각하는 것을 초월하여 이룰 수 있는 힘이 있다고 선포한다. 그리스도와 하나님의 사랑과 은혜와 능력은 '측량할 수 없다'는 특징을 가지고 있으므로, 그것은 오직 하나님 자신의 계시, 곧 성도들 안에 거하는 성령의 계시를 통해서만 경험되고 이해될 수 있다(1:9; 3:3-5, 9; 4:13; 5:17). 그러므로 성도들은 이해할 수 없는 것을 이해하기 위해서 '하나님의 지혜와 계시의 영'을 받도록 기도해야 한다(비교, 1:17).

19b절 (하나님의 충만함으로 채워질 것에 대한 간구) 바울의 네 번째 그

---

34. 물론 삼차원 물체를 묘사하는 데 깊이는 필요하지 않다. 바울은 이 깊이라는 요소를 더함으로써 높이와 대칭되는 이미지를 만들고 있다(참조, Arnold, 2010: 214). 구약에서 위의 표현들은 언약궤를 묘사하기 위해서(출 37:1-2), 그리고 솔로몬의 성전을 묘사하기 위해서(왕상 6:2-3) 사용됐다.
35. 참조, Arnold, 1989: 89-96.
36. 참조, Barth, 1:395-97; Bruce, 327-28.
37. 참조, Schnackenburg, 1991: 151-52.
38. 참조, Hoehner, 488; O'Brien, 1991: 260-63; Dahl, 2000: 381; van Roon, 262-66.

리고 가장 궁극적인 기도 제목은 그리스도의 사랑 안에서 견고하게 세 워진 성도들이 '하나님의 모든 충만함(πᾶν τὸ πλήρωμα τοῦ θεου)으로 채워짐(πληρωθῆτε)을 입는 것'이다. 여기서 채워짐에 해당하는 수동태 동사 '쁠레로테떼'는 신적 수동태로서, 이 단어의 숨겨진 주어 즉 채우 시는 분은 바로 하나님이심을 알려 준다. 충만함이라는 단어가 영지주 의 문서에서 종종 발견되는 단어이기에 과거 에베소서를 영지주의 배 경 속에서 이해하려는 시도가 있었다. 그러나 2세기에 발생한 영지주의 가 이 단어의 직접적 배경이 된다고 보기는 어렵다. 이미 1세기 고대 사 회에서 널리 통용되고 있던 이 단어의 보편적 의미를 통해서 현재 본문 을 해석해야 한다. 하나님의 모든 충만함은 하나님의 성품, 능력, 그리 고 신적 자질의 '부족함이 없는 완전함'을 의미한다고 생각된다.[39] 2:11-22에서 바울은 멀리 있던 성도들이 하나님께 가까이 왔다고 가르쳤고, 그 결과 성도들은 예수 그리스도 안에서 성령을 통해서 하나님의 임재 가운데 거하게 됐다고 선포했다. 그리고 1:23에서는 교회가 만물을 채 우는 하나님의 충만함인 예수 그리스도의 몸으로서 하나님의 충만함에 이미 참여하고 있다고 가르쳤다. 그러므로 바울이 간구하는 이 기도의 목적은 그리스도의 사랑 안에 견고하게 세워진 성도들이 지식을 뛰어 넘어 측량할 수 없는 하나님의 사랑과 신적 능력의 임재로 계속해서 충 만하게 채워지는 것이다.

　여기서 우리는 바울의 종말론적 긴장을 다시 한번 엿볼 수 있다. 비 록 성도들은 이미 영적으로 예수 안에서 하늘의 모든 부요함과 하나님 의 임재를 경험하고 있지만(2:5-6), 이 모든 신령한 축복들은 미래의 완

39.　이 단어에 대한 포괄적인 논의를 위해서는 Hoehner, 301-3을 참조하라.

성을 향하여 계속해서 경험해가야 하는 실체들이다.[40] 이 사실은 왜 바울이 성도들의 영적 성숙을 향한 간구를 쉬지 않고 올려 드리며, 성도들이 적극적으로 행동하도록 권면하고 있는지를 잘 설명해 준다. 이러한 종말론적 긴장의 배경 속에서, 2:19-22에서 바울은 성도들이 하나님이 거하시는 거룩한 성전으로 '현재 지어져 가고 있다'고 선포했다. 하나님이 거하시는 성전은 하나님의 임재를 의미하는 하나님의 능력의 영광과 성령으로 채워지는 장소이기에, 하나님의 성전인 성도들은 하나님의 모든 충만함으로 계속해서 채워져 가야 한다.[41] 앞에서 사도는 예수 그리스도가 하나님의 충만함 그 자체이며, 예수의 몸 된 교회는 그의 충만함을 표현한다고 선포했다(1:23). 추후에 바울은 예수의 몸 된 교회를 구성하는 개개의 성도들도 그리스도의 충만함에 이르는 성숙함을 소유해야 한다고 가르칠 것이다(4:13).[42] 개개의 성도들이 그리스도의 충만함에 이르기까지 성숙하는 방편은 성령으로 충만하게 채워짐을 통해서이다(πληροῦσθε, 5:18). 이처럼 바울에게 하나님의 충만한 임재는 예수 안에서 성령의 중재 사역을 통해서 경험된다. 현재 하나님의 충만함이 예수 안에서 발견되기에, 예수 안에서 성령을 통하여 하나님의 충만함으로 채워진다는 것은 예수의 장성한 분량에 이르기까지 계속해서 성장해간다는 것을 의미한다. 예수의 장성한 분량에 이르도록 성장할 것에 대한 궁극적 기도제목을 통해서, 바울은 에베소 성도들이 이어지는

---

40. 성도들은 이미 그리스도와 연합하여 하늘에 높이 앉혀진 바 된 존재들이다(2:5-6). 그러나 종말론적 긴장 속에 놓인 성도들은 여전히 새로운 삶을 살면서 새 자아로 덧입혀지기 위해서 수고해야 한다(4:13; 5:18). 참조, Hoehner, 265; Arnold, 2010: 218.
41. 참조, Arnold, 2010: 218-19.
42. 참조, Carson, 1992: 195.

자신의 윤리적 가르침에 귀 기울일 것을 요청하고 있다(4:1-6:20).

해설

이 본문에서 바울은 에베소 성도들을 위한 자신의 사중적 기도를 전달하고 있다. 바울이 기도하는 대상은 물론 바울이 아버지라고 부르는 하나님이다. 바울의 기도는 마치 복음서에서 예수께서 하나님을 아버지라고 부르면서 친밀한 관계 속에서 기도하며 교제하시던 바로 그 장면을 연상시킨다. 바울과 예수의 아버지인 하나님은 만물을 창조하신 만물의 아버지이시다. 이 사실을 바울은 만물이 그 이름을 하나님으로부터 받았다는 사실을 통해서 강조한다. 그런데 바울이 아버지께 올려 드리는 기도 제목의 핵심은 성도들의 속사람이 강건하게 세워지는 것이다. 바울이 감옥에 갇혔다는 소식을 들은 에베소 교인들 가운데 일부는 마음에 큰 상심을 경험했다. 그들 중 일부는 예수를 향한 자신들의 믿음을 인하여 이방인들로부터 오는 핍박을 직접 경험하기도 했다. 이에 바울은 이들의 속사람이 강건하게 세워져야 할 목양적 필요를 보게 된다.

바울에 따르면, 성도의 속사람이 강건하게 세워지는 것은 그들 안에 거하시는 하나님의 성령을 따라, 그리고 내주하는 예수 그리스도의 측량할 수 없는 풍성한 사랑을 경험하고 이해함으로써 가능해진다. 그리스도의 사랑은 곧 그리스도를 성도들에게 허락하신 하나님의 측량할 수 없는 사랑을 의미하기에, 성도의 내면이 견고하게 세워지는 것은 그리스도를 보내신 하나님의 사랑의 충만한 깊이를 이해하고 경험함을 통해서 이루어진다. 바울은 자신의 삶의 무수한 도전과 어려움들에도 불구하고, 자신을 세우고 자신을 통해서 이방인들의 구원을 이루어 가시는 하나님의 측량할 수 없는 사랑을 이미 풍성하게 경험했다. 그러므로 바울은 하나님에 대해서 우리가 구하는 것이나 생각하는 것에 넘치도록 더 채워주실 수 있는 분이라고 증거할 수 있다. 바울은 그리스도의 사랑 안에서 성령의 능력 있는 중재를 통해서 성도들의 마음이 강건하게 되고, 궁극적으로는 하나님의 충만함으로 채워져 그리스도의 장성한 분량에까지 이르게 되기를 간구한다.

2. 강건하게 하시는 하나님에 대한 찬양(3:20-21)

성도들을 향한 간구를 올려 드린 바울은 이제 그 기도를 듣고 성도들을 강건하게 하실 하나님에 대한 찬양을 올려 드린다. 하나님을 향한 찬양은 앞서 올려 드린 기도에 대한 결론으로서뿐만 아니라, 2:1-3:13에서 전달된 교리적 가르침 전체에 대한 결론으로도 기능한다. 자신의 첫 번째 교리적 가르침에서 바울은 그리스도를 통한 우주적 교회의 탄생에 대해서 논했다. 우주적 교회의 탄생과 성도들의 지속적 강건함을 가져다줄 기원은 하나님의 은혜에서 발견되기에, 바울은 하나님에 대한 찬양을 통해서 자신의 첫 번째 가르침을 마무리한다.

번역

20 우리 가운데서 역사하는 능력을 따라 우리가 구하거나 생각하는 모든 것보다 더 넘치도록 능히 하실 수 있는 능력을 가진 분에게 21 교회 안에서와 그리스도 예수 안에서 영원토록 영광이 드려지기를 축원합니다. 아멘.

주해

20-21절 (하나님을 향한 찬양) 바울은 자신의 모든 간구를 마치면서 하나님께 영광 돌리는 것을 잊지 않는다.[43] 여기서 바울은 하나님을 "우리가 구하는 것이나 생각하는 모든 것보다 더 넘치도록 능히 하실 수 있는 능력을 가진 분"이라고 칭한다.[44] 바울은 '모든 것을 넘어'(ὑπὲρ πάντα, 20절)와 '넘치도록' (ὑπερεκπερισσοῦ, 20절)이라는 두 가지 표현을 통해서, '측량할 수 없는' 그리고 '지식을 뛰어넘는' 하나님의 능력을 표현하고자 한다. 여기서 모든 것은 성도들이 말로 표현할 수 있는 간구(αἰτούμεθα, 20절)의 대상과 말로 표현할 수 없어서 단지 생각만 (νοοῦμεν, 20절) 하는 대상들 모두를 의미한다.[45] 그리고 '넘치도록'에 해당하는 헬라어 부사는 신약에서 단지 세 번 등장하는데(살전 3:10; 5:13), 인간이 상상할 수 있는 최상의 비교를 의미한다.[46] 바울은 빌립보서 4:19에서도 하나님을 성도들의 모든 필요를 '넘치도록 채워주시는

---

43. 영광이라는 단어는 에베소서에서 굉장히 빈번하게 발견되는 바울 신학의 핵심 단어이다(1:6, 12, 14, 17, 18; 3:13, 16). 영광은 하나님의 신적인 본질이 인간의 눈에 계시될 때 자각되는 실체를 의미하거나, 혹은 하나님의 신적인 본성과 창조주의 주권에 합당한 명성을 의미한다. 현재의 본문에서는 후자의 의미로 보는 것이 옳다. 참조, O'Brien, 1991: 268. 비교, Hoehner, 494.
44. Arnold, 2010: 219는 대다수의 번역가들이 단순히 하나님을 '능히 할 수 있는 분'이라고 해석하는 것에 반대한다. 대신 그는 '능히 할 수 있는 능력을 가진 분'이라는 번역이 바울의 헬라어 본문을 더 정확하게 표현할 수 있다고 주장한다. 필자는 그의 주장에 동의한다. 비교, O'Brien, 1991: 267.
45. Hoehner는 νοοῦμεν을 말로 표현할 수 없어서 단지 투박하게 상상하는 것으로 해석한다. 비교, Hoehner, 493.
46. 참조, BAGD, 1033; Hoehner, 493.

분'이라고 부르고 있다. 바울이 찬양하고 있는 하나님의 측량할 수 없는 능력은 그가 앞에서 설명한 예수 안에서 성도들에게 허락된 모든 신령한 축복들의 기원이다(1:3). 바울은 1-3장에 걸친 자신의 교리적 가르침에서 능력의 하나님이 허락한 모든 신령한 축복들에 대해서 상세히 기술했다. 따라서 바울에게는 성도들의 모든 신령한 축복들을 가져온 하나님의 측량할 수 없는 능력에 대한 찬양이 그 첫 번째 가르침을 마무리하는 최고의 결론이 된다. 물론 바울은 이어지는 두 번째 윤리적 가르침이 목표로 하는 성도들의 윤리적 완전함도 하나님의 측량할 수 없는 능력이 이루어갈 것임을 굳게 믿고 있다.

여기서 하나님을 향한 바울의 송가는 네 가지 요소들을 그 안에 포함하고 있다[47]: (1) '우리 안에서 역사하시는 그의 능력을 따라'(κατὰ τὴν δύναμιν τὴν ἐνεργουμένην ἐν ἡμῖν, 20절), (2) '그리스도 예수 안에서'(ἐν Χριστῷ Ἰησοῦ, 21절), (3) '교회 안에서'(ἐν τῇ ἐκκλησίᾳ, 21절), 그리고 (4) '영원무궁토록'(εἰς πάσας τὰς γενεὰς τοῦ αἰῶνος τῶν αἰώνων, 21절). 첫 번째, 하나님의 능력은 바울의 찬양의 핵심 주제일 뿐만 아니라, 에베소서 전체에 걸쳐서 가장 중요하게 다루어지는 주제이다. 바울은 하나님의 능력을 지칭하기 위하여 헬라어 동사(ἐνεργουμένην, δυναμένῳ)와 명사(τὴν δύναμιν)를 반복해서 사용한다(1:19, 21; 3:7, 16). '능력'에 해당하는 헬라어 명사는 하나님이 소유한 능력을, 그리고 동사는 그 능력이 능력 있게 역사하는 방식을 강조해서 표현한다. 하나님이 소유한 측량할 수 없는 능력은 그의 뜻의 계획을 따라 우주 만물을 운영해가는 방식에서 계시됐다. 그리고 특별히 예수를 죽은 자들 가

---

47. 송가에 대한 예식적 그리고 문학적 분석에 대해서는 다음을 참조하라. 참조, Thielmann, 240-41; Aune, 43-46.

운데서 살리시고 그의 우편에 앉힌 사건에서 가장 결정적으로 계시됐다(1:19-23). 현재도 예수 그리스도 안에서 하나님의 능력은 온 세상과 교회를 향하여 능력 있게 역사하고 있다. 그러므로, 두 번째, 예수 그리스도 안에서 하나님께 영광이 돌려지고 있다.

그런데, 세 번째, 바울이 하나님을 찬양하면서 그에게 영광을 돌리는 이유는 하나님이 이 능력을 성도들을 위해서 사용하고 있기 때문이다(ἐν ἡμῖν, 20절).[48] 성도들을 지칭하는 '우리'가 교회론적 우리임을 바울은 21절에서 '교회'(ἐκκλησία)라는 표현을 씀으로써 분명히 알려 준다. 교회는 하나님의 구원 대상이요 측량할 수 없는 지혜의 결과물로서 하나님의 영광을 드러내는 주체가 된다. 신약성서 전반에 걸쳐서 하나님께 영광을 돌리는 분은 예수 그리스도이다. 오직 현재의 에베소서 본문에서만 교회가 하나님께 영광을 돌리는 통로로 분명하게 언급되고 있다(롬 16:27; 히 13:21; 벧전 4:11).[49] 그러나 에베소서에서 교회는 예수 그리스도를 통해서 만물을 통일하기 원하는, 그래서 태초부터 예정된 하나님의 지혜로운 계획의 궁극적 결과물이다(1:10).[50] 그리고 교회는 하나님의 새로운 창조물로서 하나님의 숨겨진 비밀의 가장 핵심적 내용이다(2:3-12). 교회는 만물을 충만케 하시는 하나님의 충만함 그 자체인 예수 그리스도의 몸이다(1:23; 2:16, 19). 그러므로 바울에게 교회는 예수를 통한 하나님의 능력과 지혜의 역사를 가장 잘 드러내는 실체로서 하나님께 영광을 돌리는 최고의 통로가 된다.

---

48. 여기서 사용되는 헬라어 단어 '헤민'('우리')은 바울과 모든 유대인 출신 성도들과 이방인 성도들을 포괄하는 교회론적 우리이다.
49. 참조, Lincoln, 1990: 217; Arnold, 2010: 220. 이 부분에 대한 더 깊은 논의를 위해서는 Hoehner, 494를 참조하라.
50. 참조, O'Brien, 1991: 268.

그런데 현재의 본문에서 바울이 강조하는 하나님의 능력이 역사하는 방식은 '성도들이 구하거나 생각하는 것을 훨씬 뛰어넘어'(3:20) 역사한다는 것이다. 여기서 바울은 교회의 탄생과 유지 그리고 성장에 역사하는 하나님의 능력을 성도 개인에게 적용해서 설명하기 원한다. '구하거나 생각하는 것을 훨씬 뛰어넘어 역사하는'이라는 표현은 인간이 측량할 수 없는 하나님의 능력과 그 능력이 역사하는 방식에 대한 최상급의 의미를 가진 비교급이다(비교, 1:19; 2:7; 3:8, 18).[51] 우리 성도들 안에서 역사하는 하나님의 능력은 성령을 지칭하고(3:16), 그리스도는 그의 구원과 지혜의 비밀을 표현하기에, 하나님에 대한 바울의 송영은 다시 한번 삼위일체론적 특징을 띠게 된다. 바울은 에베소서 전반에 걸쳐서 이러한 삼위일체론적 논의를 반복해서 제시하고 있다.

네 번째, 하나님은 모든 시간과 세대를 아울러 영원토록 영광을 받으셔야 할 분이다. 창세 전부터 예정된 계획을 따라, 하나님의 능력의 역사는 과거와 현재 그리고 미래에 속한 모든 일들을 자신의 뜻대로 운영해가시기 때문이다(1:4, 5, 11). 여기서 '영원토록'에 해당하는 헬라어 표현은 매우 복잡하면서도 독특하다(εἰς πάσας τὰς γενεὰς τοῦ αἰῶνος τῶν αἰώνων, 3:21). 이 헬라어 표현은 문자적으로 '영원에 속한 모든 세대들에게'로 번역될 수 있다. 여기서 바울은 영원에 해당하는 일반적 헬라어 표현(τοῦ αἰῶνος τῶν αἰώνων)에 '모든 세대들'(πάσας τὰς γενεὰς)이라는 표현을 추가했다.[52] 영원을 내포하는 이 두 표현들을 함께 통합하여 보여줌으로써, 바울은 하나님께 드려져야 할 영광의 영원성을 이

---

51. 참조, Arnold, 2010: 219.
52. 참조, 시 111:8; 119:44; 145:1, 2, 21; 단 7:18; 12:3; 미 4:5; 갈 1:5; 빌 4:20; 딤전 1:17; 딤후 4:18; 히 1:8; 13:21; 벧전 4:11; 5:11; 계 1:6, 18; 4:9, 10; 5:13.

중적으로 강조한다. 그러나 이 이중적 강조만으로는 부족했는지, 바울은 다시 한번 '아멘'(ἀμήν,[53] 21절)이라는 외침을 통하여 하나님의 영광의 영원성을 더 강조한다.[54]

해설

이 본문에 나타나는 짧은 송가는 1:3-14에서 바울이 전달한 축복의 말씀을 반복하면서, 2:1-3:13의 교리적 가르침을 마무리한다. 이렇게 해서 바울은 영원 전부터 계획되고 예수를 통해서 완성된 하나님의 비밀과 지혜로운 능력에 대해서 찬양한다. 이를 통해 바울은 하나님에 대한 찬양이 영원히 지속되어야 함을 강조한다. 그러나 이제 하나님의 비밀과 지혜는 하나님의 충만함 그 자체인 예수의 몸을 구성하는 교회에서 발견된다. 교회는 온 우주의 모든 존재들에게 하나님의 능력을 증거하는 부인할 수 없는 우주적 실체이다. 이에 바울은 예수 그리스도 안에서 그리고 교회 안에서 하나님께 영광을 돌린다. 그러나 바울은 우주적 실체인 교회를 향한 자신의 교리적 가르침을 전달하면서도, 그 교회를 구성하는 성도 개개인의 안녕과 강건함에 대한 염려를 잃어버리지 않는다. 이에 바울은 교회를 탄생시키고 완성시킬 제한이 없이 무궁한 하나님의 능력이 성도들 개개인을 지켜주실 수 있음을 인하여 다시 한번 하

---

53. 이 단어는 바울이 하나님에 대한 자신의 찬양이나 송가를 끝내는 전형적인 단어이다. 참조, 롬 1:25; 9:5; 11:36; 15:33; 16:27; 고전 14:16; 고후 1:20; 갈 1:5; 6:18; 빌 4:20; 살전 3:13.

54. 히브리어와 헬라어에서 아멘은 '확실히 이루어질 것입니다'라는 확신적 믿음을 동의하는 표현이다. 참조, Schlier, "ἀμήν," *TDNT* 1:335. 대상 16:36과 느 8:6에서 이 단어는 기도에 대한 사람들의 응답의 반응을 표현한다. 느 5:13에서는 선지자의 말에 대한 청중들의 동의를 의미하고 있다.

나님을 찬양한다. 바울은 성도들이 이 제한 없는 하나님의 능력이 그들이 말로 간구하거나 마음으로 생각하는 모든 요청들에 하늘의 신령한 축복들로 채워주실 것을 인하여 위로를 얻기를 바란다. 이 마지막 하나님에 대한 송가를 통해서 바울은 자신의 첫 번째 교리적 가르침을 마무리하고, 이어지는 본문에서 자신의 두 번째 윤리적 가르침을 전달하고자 한다.

제4장
에베소서 4:1-6:20
윤리적 가르침: 성도의 부르심에 합당한 삶

　　앞에서 바울은 증오와 적의 가운데 거하던 유대인들과 이방인들을 예수 안에서 화해시키고, 화해하게 된 그들을 통하여 교회를 창조하신 하나님의 비밀의 계획에 대해 설명했다. 이제 이어지는 후반부에서 (4:1-6:20), 바울은 이 하나님의 계획의 성취 결과 탄생한 교회, 즉 새 인류에게 합당한 삶이 무엇인지에 대한 윤리적 가르침을 전달하고자 한다. 이 사실을 바울은 자신의 논의 시작부터 분명하게 밝힌다.

　　　　그러므로 주님의 갇힌 자 된 저는 여러분으로 하여금 여러분이 부름 받은 부르심에 합당한 삶의 방식으로 살아가기를 권고합니다. (4:1)

바울에게 우주적인 교회에 대한 교리적 가르침과 부름 받은 성도의 삶에 대한 윤리적 가르침은 함께 긴밀하게 연결되어 '하나님의 부르심의 소망'의 핵심내용을 구성한다(1:18; 4:1). 이 부르심의 소망을 바울은 성령의 하나 됨과 예수 그리스도의 충만함에 이르기까지 성장해가야 할 부르심이라고 칭한다. 4:1-16에서 먼저 바울은 이 이중적 부르심의 내용에 대해서 설명한 후, 그 부르심에 합당한 삶을 살 것을 요청한다. 그리고 이어지는 4:17-6:20에서는 성도들의 부르심에 합당한 삶을 구성하는 다섯 가지 주제들에 대해서 상세히 논의한다. 이런 면에서 4:1-16은 1-3장의 논의를 마무리하면서, 4:17-6:20의 논의로 이동해 가는 전이로 기능하고 있다. 4:17-6:20에서 바울이 묘사하는 부름 받은 성도의 삶은 다음과 같은 다섯 가지 주제들로 구성되어 있다: (1) 하나님을 본받는 새사람의 삶(4:17-5:2), (2) 주를 기쁘시게 하는 삶(5:3-14), (3) 성령의 지혜를 따라 사는 삶(5:15-21), (4) 성도 가정의 세 가지 관계들에 대한 가르침(5:22-6:9), 그리고 (5) 영적 전투(6:10-20).

1. 하나 됨과 성숙을 향한 교회의 성장(4:1-16)

바울은 4:1-16에서 앞에서 자신이 가르친 성령의 하나 되게 하심(2:11-22)이 내포하는 윤리적 의미에 대해서 설명하고자 한다. 4:1-16은 크게 두 부분으로 나누어진다: (1) 성도의 하나 됨과 그 신학적 근거(4:1-6), 그리고 (2) 하나 된 교회의 성숙과 성장을 위한 그리스도의 선물들(4:7-16). 예수 그리스도를 통한 하나님의 위대한 구원 계획의 성취 결과, 그리스도를 머리로 하는 새로운 교회 공동체, 즉 새로운 인류가 탄생했다. 그리스도에게 속한 새 인류의 가장 중요한 특징은 이방인과 유대인 간에 존재하던 증오를 극복한 하나 됨이다. 이에 바울은 4:1-6에서, 첫 번째, 성도의 하나 됨에 대한 신학적 근거를 다시 한번 요약해 준다: "한 하나님, 한 주, 한 성령님, 한 세례, 한 교회, 한 믿음, 그리고 한 소망." 한 몸으로 지어진 새 인류의 삶의 방식은 하나님이 성취한 하나 됨을 보존하는 것을 그 목적으로 삼는다. 하나 됨의 보존을 위해서 성도들은 서로 겸손함과 친절함으로 인내하며, 사랑 안에서 평화의 매는 줄로 서로를 돌아보아야 한다. 성도들이 화평함 속에서 성령이 하나 되게 하신 연합을 유지하는 것은 "한 하나님, 한 주, 한 성령님, 한 세례, 한 교회, 한 믿음, 그리고 한 소망"의 진리에 대한 가장 강력한 증거가 된다.

하나님께서 허락하신 성령 안에서의 하나 됨을 유지할 것에 대해 강조한 바울은, 두 번째, 이 하나 된 교회가 그리스도의 충만한 분량에 이르기까지 계속해서 자라가야 함을 알려 준다(4:7-16). 새롭게 탄생한 그리스도의 몸 된 교회는 그리스도의 장성한 분량인 그의 충만함에 이르기까지 계속해서 성장해가야 한다. 그런데 하나 된 교회가 자라가도록 몸 된 교회를 구성하는 각 지체들에게 그들의 분량에 따라 그리스도의 영적 선물이 주어진다. 지체들에게 주어진 그리스도의 선물의 특징에 따라, 교회 안에는 사도들, 선지자들, 복음을 전하는 자들, 목사들, 그리고 선생들이 존재하게 된다(4:8-10). 그러나 교회에 세워진 이러한 다양한 직분들은 스스로를 높이기 위한 특권이 아니다. 직분자들의 책임은 모든 성도들이 봉사의 일을 할 수 있도록 구비시켜주고, 그리스도의 몸 된 교회를 세우도록 격려하는 것이다. 교회에게 주어진 목회적 사명의 궁극적 목표는 교회 안에서 믿음의 하나 됨이 이루어지고, 성도들이 그리스도를 아는 지식에서 계속 자라 그리스도의 장성한 분량에 이르는 것이다(4:11-13). 그리스도의 장성한 분량에 이른다는 것은 교회의 머리인 그리스도를 모든 면에서 닮아가는 것을 의미한다. 모든 지체들이 그리스도의 장성한 분량에 이르게 될 때, 그 지체들로 이루어진 그리스도의 몸은 머리인 그리스도의 몸이라고 불리기에 합당한 완전한 몸이 된다(4:14-16).

번역

1 그러므로 주 안에서 갇힌 자 된 저는 여러분에게 여러분이 부름 받은 부르심에[1] 합당하게 행하도록 권면합니다. 2 모든 겸손과 친절과 인내를 가지고 사랑 안에서 서로 용납함을 통하여 3 평안의 매는 줄로 성령이 하나 되게 하신 것을 힘써 지키십시오. 4 여러분의 부르심의 한 소망 안에서 여러분이 부름을 입었듯이, 몸도 하나요 성령도 한 분이시며 5 주도 한 분이시요 믿음도 하나며 세례도 하나요 6 만유의 아버지이신 하나님도 한 분이십니다. 그는 만물 위에 만물을 통하여 만물 안에 계시는 분입니다. 7 우리 각 사람에게 그리스도의 선물의 분량을 따라 은혜가 주어졌습니다. 8 그러므로 "그가 위로 올라가실 때에 사로잡혔던 자들을 사로잡으셨고 사람들에게 선물을 주셨다"고 기록되어 있습니다.[2] 9 "올라가셨다" 하였으니, 땅의 낮은 곳으로 내려오신 것이 아니면 무엇이겠습니까? 10 내려오셨던 그분이 바로 만물을 충만하게 하기 위하여 하늘 위로 올라가신 분입니다. 11 그는 어떤 이들을 사도로, 어떤 이들을 선지자로, 어떤 이들을 복음을 전하는 자로, 또 어떤 이들을 목사와 교사로 세우셨습니다. 12 이는 성도를 준비시켜 봉사의 일을 하게 함으로써 그리스도의 몸을 세우고자 함입니다. 13 그 궁극적인 목적은[3]

---

1. 바울은 여기서 '부르심'을 동사(ἐκλήθητε)와 명사(κλήσεως)를 통해서 두 번 강조하고 있다. 4:4에서 바울은 다시 부르심을 두 번 언급하고 있다.
2. 여기에 사용되는 헬라어 표현 '그러므로 기록된 바'(διὸ λέγει)는 바울이 구약을 인용하고 있다는 사실을 수신자들에게 알려주면서, 그들로부터 주의 깊은 관심을 요청하는 표현이다(비교, 5:14; 약 4:6). 참조, Arnold, 2010: 246-47; Hoehner, 523.
3. 13절의 시작은 헬라어 단어 μέχρι이다. 이 단어의 문자적인 의미는 '할 때까지'로서 마지막 목적을 그 안에 담고 있다. 이에 필자는 '그 궁극적인 목적은'이라고 번역했다.

우리 모두가 하나님의 아들에 대한 믿음과 지식의 연합을 이루고, 온전한 사람이 되며, 그리스도의 충만함의 장성한 분량에까지 이르는 것입니다. 14 이는 우리가 더 이상 어린 아이가 되지 아니하여 사람들의 속임수와 간사한 유혹을 위한 궤계에 빠져 온갖 교훈의 풍조에 요동하거나 흔들리지 않고, 15 대신 사랑 안에서 진리를 말하며 머리이신 그리스도에게까지 모든 면에서 자라가기 위함입니다. 16 그에게서 온 몸이 각 마디를 통하여 도움을 받음으로 연결되고 결합되어 각 지체들이 자신의 분량대로 역사함을 통하여 그 몸을 자라게 하여 사랑 안에서 스스로를 세우게 됩니다.

주해

1절 (부르심에 합당한 삶을 살 것에 대한 권면) 바울은 에베소서의 후반부를 장식하는 자신의 윤리적 가르침을 '빠라깔레오'(παρακαλέω)라는 헬라어 단어로 시작한다(비교, 롬 12:1). 이 단어는 위로, 요구, 그리고 권면/격려 등의 의미를 가지고 있으나, 현재의 본문에서는 권면을 의미하는 것으로 보인다.[4] 에베소서의 전반부에서 바울은 예수에게 속한 성도들에게 허락된 새로운 정체성에 대해서 자세히 설명했다. 이제 바울은 그 새로운 정체성을 반영하는 삶의 모습에 대해서 가르치고, 그 삶의 모습을 따라 살 것을 권면하고자 한다. 1절을 시작하는 '그러므로'(οὖν)라는 단어는 앞에서 전달한 교리적 가르침에 근거하여 윤리적 가르침을 전달하고자 하는 바울의 전형적 글쓰기를 반영하고 있다(고전 4:15-16;

---

4.   참조, Hoehner, 503; O'Brien, 1991: 274. 비교, Barth, 426.

롬 12:1; 살전 4:1; 5:5-6; 살후 2:15; 갈 5:1; 빌 2:1).[5] 그러나 이러한 바울의 글쓰기 스타일은 단지 수사학적 기교에 머물지 않는다. 바울에게 신학적 교리는 반드시 그 교리에 합당한 삶의 방식을 요구하기 때문이다. 다시 말하면, 예수 안에 존재하는 새로운 정체성은 반드시 그 정체성에 합당한 새로운 선한 열매들을 생산해 내어야 한다. 왜냐하면 바울의 신학적 이해에서는 행위가 결여된 믿음이나 믿음이 결여된 행위가 설 자리가 없기 때문이다. 성도의 삶에서 믿음과 행위는 동전의 양면처럼 항상 함께 가는 개념들이다. 이 사실을 바울은 '부르심에 합당하게 행하라'(1절)라는 권면을 통해서 강조한다(살전 2:12; 5:23-24).

여기서 다시 한번 바울은 자신을 '주 안에서 갇힌 자'(ὁ δέσμιος ἐν κυρίῳ)로 칭한다. '주 안에서'라는 표현은 바울과 주 예수 간에 놓인 연합을 강하게 표현해 준다. 그리고 '주 안에서'라는 표현은 바울의 갇힘이 로마인들의 결정이 아니라, 우주의 주인인 예수의 결정에 따른 결과임을 알려 준다. 바울은 자신이 옥에 갇힌 이유를 주 안에서 주의 복음을 전하다가 경험하는 사도적 고난으로 이해하고 있다(3:1, 13).

'행하라'에 해당하는 헬라어 단어 '뻬리빠떼오'(περιπατέω)는 문자적으로 '걷는다'를 의미한다. 그러나 구약에서 이 단어는 하나님 앞에서 합당한 삶의 방식 혹은 행위를 의미하곤 했다.[6] 유사한 맥락에서, 바울에게도 이 단어는 성도들이 믿는 믿음의 교리적 내용, 특별히 하나님의 택하심과 부르심(κλῆσις; 비교, 1:4, 5, 12)에 대한 전적 헌신의 표현으로서의 적극적 삶의 변화를 의미한다(4:17; 5:2, 8, 15; 살전 2:12; 4:1-2; 빌 3:17; 골 1:10). 성도들이 변화된 삶을 살아야 하는 이유로 바울은 그들

---

5.   참조, Thielman, 2010: 251; Hoehner, 502; Engberg-Pedersen, 2004: 63.
6.   참조, Arnold, 2010: 229.

이 경험한 부르심을 듣다(4:1, 4). 하나님의 부르심은 성도들이 선포된
복음을 듣고 회심한 경험을 가리킨다(1:13; 갈 1:15; 고전 1:26; 7:18, 20-
24)(Thielman, 252). 4:1, 4에서 바울은 성도들의 새로운 정체성에 대한
하나님의 부르심의 중요성을 헬라어 동사(ἐκλήθητε)와[7] 명사(κλήσεως)
를 통하여 네 번 반복해서 강조한다. 앞에서 바울은 하나님의 부르심에
앞서 하나님의 예정하심과 선택하심이 있었음을 언급했다(1:4-5; 1:18;
비교, 롬 8:29-30). 그리고 그 부르심은 예수 안에서 하나의 새로운 인
류, 즉 몸 된 교회로 창조되는 것임을 알려주었다(2:15-21).[8] 그러나 하나
님의 예정하신 부르심은 성도들에게 주어진 탁월한 특권뿐만 아니라,
성도들이 믿음(1:13) 및 합당한 삶의 방식으로 반응해야 할 책임을 포함
한다.[9] 성도들이 보여주는 합당하게 걷는 행위, 즉 합당한 삶의 방식은
부인할 수 없는 그들의 부르심과 믿음을 가장 객관적으로 증명해 주는
증거가 된다. 이러한 바울의 가르침은 좋은 나무는 좋은 실과를 내고,
악한 나무는 악한 실과를 낸다는 예수의 가르침을 상기시킨다(마 7:17-
18). 하나님의 부르심이 요청하는 그 부르심에 합당하게 살아야 할 삶의
필요성은 이어지는 구체적 요구사항들의 의미를 결정하는 해석학적 뼈
대로 기능한다.

2-3절 (성령의 하나 됨으로의 부르심과 다섯 가지 덕목들) 바울은 성도들
에게 허락된 하나님의 부르심을 한마디로 '성령이 하나 되게 하신

7.　이 동사는 현재 수동태로 등장한다. 이 사실은 성도의 부르심은 이 수동태 동사의
　　신적 주어인 하나님에 의해서임을 알려 준다. 참조, Hoehner, 505.
8.　다른 서신에서 바울은 성도의 부르심을 복음을 통한 하나님의 아들과의 교제(고전
　　1:9; 롬 8:30), 혹은 하나님의 나라와 영광으로의 부르심이라고 칭한다(살전 2:12).
　　하나님의 부르심은 미래의 영광스러운 변화를 포함하기에 영광의 소망에의 부르심
　　이라고도 불린다.
9.　이 요구를 바울은 헬라어 단어 ἀξίως를 통해서 표현한다. 참조, O'Brien, 1991: 275.

것'(τὴν ἑνότητα τοῦ πνεύματος, 3절)이라고 칭한다. 여기서 하나 됨은 성도 개인이 하나님과 하나로 연합되는 것을 넘어서, 모든 성도들이 한 인류로, 한 몸으로 하나 되는 것을 의미한다. 그러므로 바울에게 하나님의 부르심을 따라 행하는 것은 성령이 하나 되게 하신 것을 힘써 지키는 것이다. 성도들이 보여주는 하나 됨의 연합은 "한 하나님, 한 주, 한 성령, 한 소망, 한 부르심, 한 믿음, 그리고 한 세례"에 대한 진리의 가장 명백한 증거이다.[10] 그런데 바울이 성도들의 하나 됨을 '성령의 하나 되게 하심'이라고 부르는 이유는 2:22에서 그가 이미 선포한 내용과 매우 연관이 깊다. 2:22에서 바울은 성도들이 한 몸이 되어 하나님의 성전으로 지어져 가고 있고, 이 지어짐의 과정을 주도하는 분은 성령이라고 선포했다. 성령은 하나님과 화목하게 된 성도들이 담대함을 가지고 하나님 앞으로 나아갈 수 있게 해 준다(2:18). 그런데 2:12-17에서 바울은 하나님과 다른 성도들과의 회복된 관계에 기초한 교회의 하나 됨의 신학적 근거는 예수 그리스도의 사역임을 가르쳤다. 현재의 본문에서 바울은 경험적 측면에서 성도들이 체험하는 하나 됨은 전적으로 성령의 역사에 의존함을 알려 준다. 하나님의 영인 성령은 이제 부활한 예수의 영으로서 그가 완성한 사역을 적용해가는 분이다.[11]

그러나 바울에게 교회의 하나 됨은 이미 주어진 선물인 동시에 (2:18, 22), 계속해서 지키고 유지해가야 할 책임이다.[12] 이에 바울은 성령의 하나 되게 하심을 지키기 위해서는 다섯 가지 덕목들이 필요하다고 주장한다: '겸손, 친절, 인내의 사랑, 서로 용납함, 그리고 평안/평

10.   참조, O'Brien, 1991: 280; Thielman, 2010: 252-55.
11.   이에 대한 더 상세한 논의를 위해서는 이승현, 2018b: 158-68을 참조하라.
12.   Thielman, 2010: 254-55; Mayer, 64-66.

화'(2-3절; 비교, 골 3:12-15). 성령의 하나 되게 하심을 지키기 위하여 바울이 가장 중요하게 제시하는 덕목은 평화/평안(εἰρήνη)이다. 평화는 공동체 안에 존재하는 다툼과 분노와 분쟁과 미움들에 대한 가장 강력한 해결책이 된다. 이에 바울은 평화를 성령이 허락한 교회의 하나 됨을 꽁꽁 묶어 보존하는 '평화의 매는 줄'(τῷ συνδέσμῳ τῆς εἰρήνης, 3절)이라고 칭한다.[13] 여기서 바울은 자신이 줄에 의해 간수에게 매여 있는 것처럼, 성도들도 성령이 제공하는 평화의 매는 줄로 서로 묶여 있기를 원한다.[14] 그런데 평화는 이미 주어진 정적인 선물이 아니라, 계속해서 추구하고 이루어가야 할 동적인 실체이다. 바울은 평화를 얻고 유지하기 위해서는 성도들이 서로를 향하여 '겸손과 친절과 인내를 가지고 사랑 안에서 서로 용납해야 한다'고 선포한다.

두 번째, 성령이 평화의 줄로 묶고 있는 교회의 하나 됨을 지키기 위해서는 '겸손과 친절과 인내를 가지고 사랑 안에서 서로 용납함'(2절)이 필요하다. 공동체의 하나 됨에 대한 가장 위험한 도전은 자랑과 거만함에서 온다. 자랑과 거만함은 타인과의 평화로운 관계에 대한 심각한 도전이다. 이 자랑과 거만함을 극복하는 최선의 방법은 겸손과 친절함이다. 빌립보서에서 바울은 성도의 연합을 위한 겸손과 친절함의 가장 훌륭한 예로 예수의 모범을 든다(빌 2:1-11).[15] 복음서의 전통에서 예수는 자신을 마음이 친절하고 겸손한 분으로 제시한다(마 11:29). 바울은 자

---

13. 평안의 매는 줄이라는 표현은 당시 철학적 배경에서 도시를 하나로 묶는 줄, 윤리적인 덕목들을 하나로 묶는 줄, 혹은 온 우주를 하나로 묶는 우주적인 실체로서의 줄 등으로 해석되곤 했다. 참조, Bruce, 156; Thielman, 2010: 255; van Kooten, 30-53.
14. 참조, Arnold, 2010: 232.
15. 참조, 이승현, 2016b: 203-22; 이승현, 2019b: 215-56.

신이 예수의 모범을 따라 성도들을 대할 때 친절함과 겸손함으로 대하기 원한다고 고백한다(고후 10:1). 특히 잘못을 범한 다른 성도들을 대할 때, 바울은 친절함을 가지고 대하라고 권면한다(갈 6:1; 딤후 2:25). 그리고 성도들 간의 관계에 대한 또 다른 위협은 서로를 향한 분노에서 발견된다(엡 4:26, 31; 6:4). 이 분노는 유대인과 이방인이 상호 증오하던 관계에 있을 때 서로를 향하여 품었던 악한 마음의 특징이다. 이 분노에 대한 해결책은 서로를 향한 인내와 사랑 안에서 상호 용납하는 것이다(살전 5:14; 골 3:12; 고후 6:6; 딤후 3:10). 구약에서 사랑 안에서 인내하고 용납하는 것은 하나님의 가장 중요한 본성에 속한다(출 34:6; 민 14:18; 시 86:15; 욜 2:13). 바울에게도 교회의 연합을 지키기 위해서 성도들이 소유해야 할 기본적인 윤리적 덕목들은 그들이 본받아야 할 아버지 하나님과 아들 예수 그리스도의 성품에 속한다(고후 6:6; 골 3:12). 그리고 이 덕목들은 육체의 소욕을 대적하는 성령의 열매들을 구성한다(갈 5:22-23).[16] 이처럼 성도들의 윤리적 삶의 방식은 삼위 하나님과의 관계 맺음이 유발하는 자연적 결과이다.

하나님은 예수 안에서 서로 증오하던 유대인들과 이방인들을 화목하게 하시고, 그들로 하나의 몸, 곧 교회를 만드셨다. 하나님은 그렇게 한 몸 된 교회 안에 성령이 거하게 하시고, 성령 안에서 하나 됨의 연합을 계속해서 경험해가게 하신다(비교, 고전 12:13). 그러므로 현재 예수를 통해서 하나님이 성취한 성도의 하나 됨을 유지시키는 분은 바로 성령이다. 따라서 성령이 지키는 한 몸 됨을 유지하고자 하는 성도들은 자

---

16. 이 덕목들 하나 하나의 의미들에 대한 보다 자세한 설명을 보기 위해서는 Thielman, 2010: 253-55, Hoehner, 504-10, 그리고 Arnold, 2010: 229-30을 참조하라.

신들의 삶과 예배에서 성령을 의지하고, 성령의 열매들을 자신들의 신앙 덕목들로 삼아야 한다. 그런데 여기서 한 가지 주목할 점은 바울은 성도들에게 하나 됨을 이루라고 권면하지 않고, 이미 이루어진 하나 됨을 '유지하라'(τηρεῖν, 3절)고 권면하고 있다는 것이다.[17] 바울은 하나 됨을 유지하는 것을 성도들이 모든 수고와 노력을 통해서 '힘써 이루어야 할'(σπουδάζω, 3절) 책임이라고 강조한다. 이 표현에 사용된 헬라어 단어 '스뿌다조'는 바울에게 의식적으로 수행해야 할 최선의 노력을 의미한다(살전 2:17; 딤후 2:15; 4:9, 21; 딛 3:12-13).[18]

4-6절 (하나 됨에 대한 7중적 실체들) 성도의 하나 됨이 바울의 윤리적 가르침의 첫 번째 주제가 되는 이유는 바로 그 하나 됨이 하나님과 구원의 진리에 대한 가장 명백한 증거가 되기 때문이다. 이에 4-6절에서 바울은 하나 됨에 대한 자신의 권면의 근거로 성도들의 공통된 믿음의 고백을 요약해서 제시한다: "한 몸, 한 성령, 한 소망, 한 하나님, 한 주, 한 믿음, 한 세례." 4-6절에 담긴 이 7중적 실체들은 하나 됨에 대한 강조를 아름다운 시의 형태로 전달하고 있다. 이 시는 아마도 세례 때 새롭게 회심한 신자들이 고백하던 고백의 내용을 이루었을 것으로 추정된다.[19] 물론 이 시의 내용이 세례 때의 고백이었는지에 대해서 입증할 방법은 없다. 그렇지만 7가지 내용 전체,[20] 혹은 일부는 바울 당시 모든

17. 에베소서에서 하나 됨의 연합과 평화는 예수 그리스도가 십자가에서 자신을 희생함으로써 성취한 업적으로 제시된다(2:11-22). 물론 궁극적으로 예수 안에서 교회의 하나 됨을 성취한 분은 하나님이시다(2:15). 참조, Dunn, 1998: 562.
18. 참조, Hoehner, 511; Thielman, 2010: 254; BDAG, 939.
19. 참조, Schnackenburg, 160; Barth, 429; Pelikan and Hotchkiss, 34; Arnold, 2010: 232; Lincoln, 1990: 228-29; Best, 1998: 64-66. 비교, Hoehner, 513-14; O'Brien, 1991: 280-81.
20. Pelikan, 1:34.

성도들이 공통적으로 고백했던 그들 신앙의 핵심 내용이었다는 사실에
는 의심의 여지가 없다.[21] 이와 유사한 교리적 가르침은 고린도전서
12:13에서도 발견되고 있다(비교, 고전 12:4-6). 에베소서와 고린도전서
에서 바울은 성도와 교회의 하나 됨을 성삼위 하나님의 하나 됨과 긴밀
하게 연관시키고 있다. 그런데 여기서 한 가지 흥미로운 점은 초대 교회
의 신앙고백이 보통 하나님, 예수, 성령 그리고 교회의 순서로 흘러가는
반면에, 현재의 본문은 그 반대의 순서대로 흘러가고 있다는 것이다. 이
사실은 바울이 초대 교회의 여러 고백들을 모은 후, 현재의 본문에서는
자신의 목적에 맞게 자유롭게 인용하고 있음을 알려 준다.[22] 바울은 교
회와 성도들의 하나 됨에 대한 궁극적 이유로 하나님의 하나 됨을 제시
하고 있다. 흥미롭게도, 요한이 전달하는 대제사장적 기도에서 예수는
성도들을 하나님과 자신 안에 존재하는 하나 됨에 포함시켜 줄 것을 기
도한다(요 17:11, 21, 22).[23]

4-6절의 성도들의 신앙고백에 담긴 7중적 실체가 강조하는 핵심의
미는 오직 한 분 하나님과 한 구원만이 존재하기에, 몸 된 교회도 그 하
나 됨을 유지해야 한다는 사실이다. 이 사실은 교회 안에서 모든 분쟁과
다툼을 극복하고 하나 됨을 이루어야 할 궁극적 이유를 제공한다. 이 사
실을 강조하기 위해서, 바울은 7중적 신앙고백의 실체를 인용하면서 제
일 먼저 '한 몸'(ἐν σῶμα, 4절)을 언급한다. 앞에서 바울은 이 한 몸을

---

21.   참조, Lincoln, 1990: 228-29; Thielman, 2010: 255; Best, 1998: 64-66; Arnold,
      2010: 232. 비교, O'Brien, 1991: 280-81.
22.   Arnold, 2010: 232; Thielman, 2010: 255-56.
23.   요한과 바울은 서로 교제가 없었던 것으로 보인다. 그러나 이 둘은 모두 헬라파 유
      대인 무리에 속하여 안디옥 교회를 중심으로 한 신학 전통을 함께 공유한 것으로
      보인다. 참조, Dunn, 2008: 241-321, 762-79; Harding, 194-96.

예수의 십자가 희생을 통해서 하나님이 이방인과 유대인을 화목하게
한 결과 탄생한 몸 된 교회로 제시했다(2:16; 비교, 롬 12:4-5; 고전
10:17; 12:12, 13, 20). 예수의 우주적 한 몸으로서의 교회 이해는 바울의
독특한 교회관을 표현하면서, 에베소서에서 가장 강조되고 있는 바울
신학의 핵심 요소이다(1:22-23; 4:15-16; 5:29-30).[24] 물론 교회의 단일성
은 성도들의 사고에서 획일성을 요구하거나, 특정 지도자들의 가르침
에 대한 무조건적 복종을 의미하지 않는다. 바울이 4:7-16에서 잘 설명
하고 있듯이, 교회 안에는 성령이 주신 다양성과 그리스도의 다양한 선
물들이 존재한다. 그리고 교회의 하나 됨은 성령의 다양한 은사들과 그
리스도의 다양한 선물들을 통하여 다양한 성도들이 상호 섬긴 결과 탄
생한 단일성이다.[25]

바울에게 교회의 하나 됨은 교회 안에 존재하는 다양한 성도들의
다양한 은사들을 통해서 유지되는 실체이다. 이에 바울은 한 몸 됨에 뒤
이어 다양한 은사들을 제공하는 '한 성령'(ἓν πνεῦμα, 4절)에 대해서 언
급한다. 성령을 통해서 성도들은 이제 아버지 하나님께 나아갈 수 있게
됐다(2:18). 그리고 하나님이 거하시는 성전으로 지어져 가면서, 그 안
에 성령이 거하시는 하나님의 집이 된다(2:22). 이 과정에서 모든 지체
들에게는 예수의 선물의 분량에 따라 다양한 직분들이 주어지게 된다
(4:11-16). 그 다양한 직분들을 통한 섬김을 통해서 몸 된 교회가 그리스
도의 충만함에 이르는 성숙한 완전체가 된다. 그러나 이를 위해 모든 성
도들은 성령이 제공하는 평화의 매는 줄로 하나로 묶여 있어야 한다
(4:3). 이러한 교회와 성령에 대한 바울의 이해는 고린도전서 12장에서

---

24. 참조, Dunn, 1998: 533-64.
25. Thielman, 2010: 256; Dahl et al., 2000: 418.

상세히 설명되고 있다.[26] 바울은 성도들이 예수를 '저주받은 자'로 부르지 않고 주로 고백하게 해 주는 분이 성령임을 알려 준다(고전 12:3). 이렇게 회심한 성도들은 한 성령을 마시고, 세례를 통해 예수의 한 몸으로 연합하게 된다(고전 12:13). 그리고 한 몸을 구성하는 지체가 된 성도들에게는 다양한 은사들이 주어지고, 그 은사들을 통해서 모든 성도들은 예수의 몸 전체를 세우는 사역에 동참하게 된다(고전 12:4-31).[27] 고린도전서 12:4-31에서도 바울은 하나님, 예수, 그리고 성령의 연합 속에서 교회의 하나 됨을 강조하는 동시에, 성도들에게 주어진 은사들과 직분들의 다양성을 강조한다.

그런데 에베소서에서 바울은 성령에 관한 또 다른 강조점을 이미 제공했다. 그 강조점은 성도들의 부르심의 소망과 연관이 깊다. 성도들에게 허락된 부르심은 구원으로의 부르심이고, 하나님의 영광을 물려받을 하나님의 상속자로의 부르심이다(1:13). 여기서 성령은 미래에 완전하게 주어질 영원한 생명의 구원을 보증하는 분으로 기능한다.[28] 그러나 영원한 구원의 상속은 미래에 속한 사건이기에, 바울은 성도들의 부르심을 '한 소망의 부르심'(μιᾷ ἐλπίδι τῆς κλήσεως, 4절)[29]이라고 칭한다. 그리고 그 소망의 확실성을 보증하는 분으로서 성도들 안에 내주하는 성령을 든다. 바울은 성도들에게 허락된 부르심의 소망을 영광의 유산의 부요함을 상속하는 것이라고 가르치면서 영광의 소망이라고 칭한

---

26. 참조, Fee, 1994: 146-96.
27. 참조, 이승현, 2018b: 246-57.
28. 참조, Woodcock, 2001: 155-66.
29. 4:1에서 이미 강조됐듯이, 소망의 궁극적 기원은 하나님이시다. 하나님의 예정과 선택 속에서 성도들의 구원의 소망이 존재하게 됐기 때문이다. 참조, Arnold, 2010: 233.

다(1:18; 2:7; 롬 5:2; 빌 3:20-21). 이러한 에베소서의 가르침은 로마서 8장에서 더 상세히 전달되고 있다. 로마서에서 바울은 성도들이 예수 그리스도와 함께 하나님의 상속자로 택함 받고 부름 받은 존재들이라고 가르친다(롬 8:17). 바울에 따르면, 현재 고난 중에서 성도들은 미래에 올 하나님의 영광을 상속할 것을 간절히 기다리고 있다. 상속으로 주어질 하나님의 영광은 죽음과 썩어짐으로부터 성도들을 자유롭게 해줄 영생을 의미한다(8:21). 이에 바울은 성도들이 경험할 몸의 구속, 즉 영광스러운 변화를 '영광의 소망'이라고 부른다(8:23-24).[30] 로마서에서도 바울은 성도들이 미래에 경험할 영광의 소망의 확실성은 성령을 통해서 증거된다고 강조한다. 성령은 약함 중에 있는 성도들을 위해서 중보하면서(8:26), 그들이 하나님을 '아바 아버지'라고 부르게 함으로써 하나님의 자녀임을 증거해 준다(8:15-16).

바울에게 성령은 성도들의 부르심에 대한 보증으로서, 그들이 하나님의 자녀됐음을 증거해 주는 양자의 영이다(비교, 갈 4:4-6). 그러나 성도들의 부르심의 소망에 대한 현재적 증거가 성령을 통해서 제공되는 반면에, 그들의 부르심은 과거 주 예수가 행한 사역에 그 근거를 두고 있다. 이에 5절에서 바울은 성도의 부르심의 한 소망에 대한 언급에 뒤이어 '한 주'(εἷς κύριος, 5절)를 언급한다.[31] 에베소서와 로마서에서 성도들이 상속할 유산은 영생을 포함한 영광의 소망이라고 불린다. 그런데 에베소서 5:5에서 바울은 성도들이 상속할 유산을 하나님 나라라고도 칭한다. 영생은 죽음을 극복하고 하나님의 통치가 실현되는 완전함

---

30. 참조, 이승현, 2020b: 301-26.
31. 바울에게 주는 예수 그리스도에 대한 그의 기독론적 이해의 핵심이다. 이에 대한 더 자세한 내용을 위해서는 다음을 참조하라. Hurtado, 'Lord', *DPL*, 560-69.

의 한 부분을 구성한다는 측면에서 하나님 나라와 긴밀하게 연관된다. 하나님 나라는 하나님께서 만물을 예수의 발 아래 복종시키고 통일시키는 사건을 통해서 완성되고(1:10), 악한 영들과의 영적 전투에서의 승리를 통해서 경험된다(6:10-20). 그런데 악령들과의 영적 전투에서 예수께서 이미 승리하셨고, 그 결과 하나님 나라가 이미 성취됐다. 이 사실은 예수가 만물의 주로 불린다는 사실에서 가장 결정적으로 증거된다(1:2, 3, 15, 17, 21; 3:11; 5:20; 6:23, 24).[32] 구약의 핵심 선포인 쉐마에서 주는 한 분 창조주 하나님을 가리킨다(신 6:4). 그러나 하나님의 고유한 주권을 의미하는 주라는 이름은 이제 부활 후 하나님 보좌 우편에 앉도록 높아진 예수 그리스도에게 허락됐다(1:20-21; 빌 2:9-11; 고전 16:22; 행 2:34-39; 19:5). 이에 바울에게는 창조주 하나님과 더불어 하나님의 창조의 조력자인 예수께서 하나님과 함께 경배의 대상이 되신다(고전 8:6; 12:3; 빌 2:11; 롬 10:9). 그러므로 예수의 부활과 주권은 성도들의 신앙고백의 핵심 내용을 구성한다(롬 10:9-10; 고전 12:3).[33]

바울에게 주 예수와 성령 그리고 성도들의 부르심에 대한 동일한 고백은 모든 성도들이 함께 공유하고 있는 바이다. 따라서 바울은 성도들의 이 모든 고백을 한마디로 '한 믿음'(μία πίστις, 5절)이라고 칭한다.[34] 현재의 본문에서 믿음은 선포된 복음에 대한 성도들의 긍정적 반

32. 에베소의 이방인들에게 예수를 주라고 고백하는 것은 아르테미스 신을 비롯한 다양한 이방신들에 대한 변론적 의미를 내포했을 것이다. 참조, Arnold, 2010: 234-35.
33. 참조, Dunn, 1998: 244-51.
34. 최근 일부 신약 학자들은 초대 교회의 신학적 균일성에 반대하면서, 초대 교회 안에 다양한 신학적 경향성이 존재했다고 주장했다. 참조, Ehrman, 2012: 2-8; Ehrman, 2011: 3-54. 그러나 진실은 신학적 통일성 속에 존재하는 다양성에 더 가까울 것이다. 참조, Dunn, 1990.

응으로서의 주관적 믿음이 아니라(참조, 1:15; 2:8; 3:12, 17),[35] 그들이 공통적으로 믿고 있는 내용을 한마디로 요약해 주는 표현이다(4:13).[36] 다른 곳에서도 바울이 믿음을 선포한다고 고백할 때, 그는 성도들이 공통적으로 믿는 믿음의 내용인 복음을 가리키곤 한다(갈 1:23; 3:23; 롬 1:5; 골 1:23; 딤전 3:9). 성도들은 그들이 공유하는 '한 믿음'을 세례 때 공개적으로 선포하곤 했다(참조, 고전 15:3-4; 행 2:38, 41; 8:12, 13; 9:18; 10:47-48; 16:15; 22:16). 바울에게 세례는 예수와 연합하여 예수와 함께 죽고 예수와 함께 하나님을 향하여 살아나는 유일한 '한 세례'(ἐν βάπτισμα, 5절)의 경험이다(롬 6:1-4; 갈 3:27-28). 성도들이 실행하는 물 세례는 그들이 내적으로 경험하는 성령 세례를 통한 회심과 예수의 몸으로의 연합을 공개적으로 표현하는 예식이다(고전 12:13).[37] 그러므로 '한 세례'는 성도들의 공통된 믿음과 예수 그리스도의 한 몸으로의 연합을 그 의미 안에 내포하고 있다.

성도들의 믿음을 구성하는 여러 요소들의 하나 됨, 즉 '한 믿음'과 그들이 경험하는 '한 세례'는 그들이 궁극적으로 '한 하나님'(εἷς θεὸς, 6절)을 믿고 있기 때문에 발생한 현상이다. 하나님은 만물을 창조하시고, 만물의 오직 한 분 아버지가 되시며, 한 주이신 예수 그리스도를 통해서 만물을 통일하신 분이다(1:10, 20-23). 흥미롭게도, 6절에서 하나님은 단지 성도들만의 아버지가 아니라, '만물 위에 만물을 통하여 만물 안에

---

35. 참조, 이승현, 2021a: 168-95.
36. 참조, Arnold, 2010: 235; O'Brien, 1991: 283; Best, 1998: 368-69; Schnackenburg, 166; Lincoln, 1990: 240; Fee, 1994: 704. 그러나 Hoehner, 516-17은 여기서 믿음이 적극적인 믿음의 반응 혹은 행사라고 주장한다.
37. 참조, O'Brien, 1991: 284; Hoehner, 517-18; Dunn, 1998: 442-60.

계시는'($\dot{\epsilon}\pi\grave{\iota}$ $\pi\acute{\alpha}\nu\tau\omega\nu$ $\kappa\alpha\grave{\iota}$ $\delta\iota\grave{\alpha}$ $\pi\acute{\alpha}\nu\tau\omega\nu$ $\kappa\alpha\grave{\iota}$ $\dot{\epsilon}\nu$ $\pi\tilde{\alpha}\sigma\iota\nu$)[38] 모든 피조물들의 아버지라고 불린다. 바울은 이미 앞에서 하나님이 하늘과 땅의 모든 만물들을 창조하시고, 그들에게 이름을 지어준 아버지가 되신다고 선포했다(3:14-15). 하나님의 아버지 되심은 만물에 대한 그의 우주적 주권(sovereignty)과, 만물을 통해서 역사하는 그의 전능한 능력(omnipotence), 그리고 만물을 채우는 그의 편재함(omnipresence)을 모두 포함한다(비교, 롬 11:36).[39] 그러나 '만물 위에 만물을 통하여 만물 안에 계시는' 이라는 표현은 바울이 스토아 철학의 범신론을 통해서 하나님을 이해한다는 증거가 아니다. 대신 바울은 하나님의 창조주 되심에 대한 구약의 가르침을 토대로 이 새로운 표현을 만든 것으로 보인다(비교, 3:9, 15; 1:11).[40] 그런데 하나님은 그리스도를 만물을 통치하는 머리로 세우시고(1:22), 만물을 통일하여 충만하게 채우시는 분으로 삼으셨다(1:9-10). 이제 그리스도 예수는 만물의 주로서 한 교회의 머리가 되시고, 그 교회를 통해서 만물을 충만하게 채우고 있다(1:22-23; 4:10). 바울에게는 '한 하나님'이 '한 주' 예수를 통해서 만물을 통일하고 '한 교회'를 창조한 것이 하나님의 모든 지혜의 궁극적 비밀이다. 그러므로

---

38. 여기서 헬라어 단어 '빤똔'($\pi\acute{\alpha}\nu\tau\omega\nu$)은 모든 성도들을 지칭하는 남성 명사라기보다는, 만물을 지칭하는 중성 명사라고 보는 것이 더 옳다. 왜냐하면 에베소서에서 하나님의 주권과 아버지 되심은 성도들에게만 제한적으로 적용되지 않고, 전 우주에 대해 포괄적으로 적용되는 것이기 때문이다. 바울은 에베소서 1장과 고전 8:6, 11:12 등에서 이와 유사한 표현을 사용하고 있는데, 이 본문들에서도 '빤똔'은 만물을 의미한다. 참조, Thielman, 2010: 259-60; Barth, 470-72; O'Brien, 1991: 285; Lincoln, 1990: 240-41; Darko, 2008: 208. 비교, Bruce, 337-38; Schnackenburg, 166-68; Hoehner, 519-20.

39. 참조, Arnold, 2010: 236; Best, 1998: 370-71; O'Brien, 1991: 284-85; Lincoln, 1990: 240; Barth, 1:470-71.

40. Arnold, 2010: 237. 참조, 시 47:8; 103:22; 139:8-10; 사 66:1; 슥 14:9.

이러한 하나님의 지혜와 비밀을 이해하게 된 성도들은 그 지혜로운 비밀의 결과물인 교회의 하나 됨을 지키기 위하여 최선을 다해야 한다.

  7절 (교회의 성장을 위하여 은혜로 주어진 그리스도의 선물들) 4-6절에서 삼위 하나님과의 연관성을 통해서 교회의 하나 됨의 필요성에 대해 강조한 바울은 이제 교회에게 주어진 다양한 은사들과 그 사역들에 대해서 설명하기 시작한다. 교회에게 은사들과 사역들이 허락된 이유는 새롭게 탄생한 교회가 하나 됨의 완전함 속에서 그리스도의 장성한 분량에 이르기까지 계속해서 성장해가야 하기 때문이다. 7절의 시작에서 바울은 '우리 각 사람에게'(ἑνὶ ἑκάστῳ ἡμῶν)라는 표현을 사용한다. 바울은 이 표현 속의 '헤니'(ἑνί, '하나/각')를 통해서 4-6절의 7중적 하나 됨을 근거로 이어지는 논의를 전개할 것임을 분명히 한다. 여기서 '우리'는 바울을 포함한 모든 성도들을 지칭하는 교회론적 우리이다. 그러나 7절의 각 사람을 의미하는 하나는 교회 공동체의 하나 됨이 아니라, 교회 구성원 각 개인들을 지칭한다. 이러한 4-6절과 7절 간의 대조를 표현하기 위하여 바울은 헬라어 접속사 '데'(δέ, '그러나')를 사용한다.[41] 이제 바울은 교회의 하나 됨이 각 구성원 개개인들의 다양성을 통해서 유지되어야 함을 가르치고자 한다.[42] 교회의 개개의 구성원들에게는 그리스도의 선물의 분량에 따라 하나님으로부터 오는 다양한 은혜들이 주어진다.[43] 그 주어진 은혜를 따라 개개의 구성원들이 자신의 사역을 다

---

41. 여기서 우리는 '헤니'와 '데'를 통해서 자신의 논의를 전개해 나가는 바울의 놀라운 수사학적 기술을 볼 수 있다. 참조, Thielman, 2010: 263.
42. 참조, Arnold, 2010: 245-46; O'Brien, 1991: 286.
43. 주어짐에 해당하는 헬라어 동사(ἐδόθη)는 수동태로 등장하고 있다. 주어가 명시되지 않은 이 수동태 동사는 신적 수동태로서 하나님을 그 주어로 삼고 있다. 참조, Arnold, 2010: 246; Barth, 429-30; Best, 1998: 376. 비교, Hoehner, 522; O'Brien, 1991: 287.

양한 방식으로 감당하게 될 때, 그리스도의 전체 몸은 성장을 경험할 수 있게 된다(16절; 고전 12:12-31; 롬 12:3-8).

교회에 주어진 은사들과 사역들을 바울은 '은혜'(χάρις)라고 부르고, 바울 자신을 포함한 모든 사역자들을 은혜를 받은 자라고 칭한다(비교, 롬 12:3). 바울은 3:2, 7, 8에서 이방인들에게 복음을 전하는 자신의 사역을 하나님으로부터 온 은혜라고 불렀다. 그런데 하나님의 은혜는 그 은혜를 입은 자들에게 특별한 선물들(δωρεᾶς, 4:7)을 허락한다. 그들에게 주어진 선물들은 그들에게 맡겨진 특별한 사역을 수행하기 위한 은사들과 그 은사들을 통해서 역사하는 능력들이다(16; 롬 12:6).[44] 그런데 은혜를 수행하기 위한 은사로서의 선물들을 지칭하기 위하여, 바울은 종종 '은혜'와 어원이 같은 '카리스마따'(χαρίσματα, 롬 12:6; 고전 12:4, 9, 28, 30)를 사용한다.[45] 그러나 현재의 본문에서 바울은 '카리스마따'의 동의어인 '도레아스'(δωρεᾶς)를 사용하고 있다.[46] 바울은 은혜의 선물이 의미하는 은사들과 사역들은 그리스도가 사역자 개인들에게 그가 측정한 은사들의 적절한 분량에(κατὰ τὸ μέτρον) 따라 나누어 준 것들이라고 가르친다. 이 사실은 은사와 사역은 은혜의 선물로 주어진 책임이지 개인의 업적에 근거하여 주어지는 대가가 아니므로, 아무도 자신의 사역에 근거하여 스스로 자랑하지 말아야 함을 알려 준다.

흥미롭게도, 7절에서 바울은 그리스도가 교회에게 다양한 은사들을 선물로 나누어 주시는 분이라고 말한다. 고린도전서 12:5에서도 바울은

---

44. 참조, Pokorný, 169.
45. 참조, Thielman, 2010: 263; 비교, Best, 1998: 377.
46. 신약성경에서 이 두 단어는 성령의 선물을 지칭하는 유사어들이다(MacDonald, 289). 따라서 Lincoln은 여기서 성령의 중재하는 역할이 전제되고 있다고 본다 (Lincoln, 1990: 241).

예수 그리스도를 교회에게 다양한 사역들을 허락해 주시는 주라고 선포한다. 그러나 이어지는 고린도전서 12:6에서 바울은 주 예수가 허락한 사역들과 성령으로부터 온 은사들 이면에는 모든 것을 이루시고 역사하는 하나님이 계심을 강조한다. 이런 맥락에서 바울은 고린도전서 12:27-30과 로마서 12:3에서 그리스도의 몸 된 교회에 다양한 사역자들을 세우시는 분은 하나님이라고 가르친다. 에베소서 3:7에서 바울이 자신의 사도직을 '하나님의 은혜의 선물'이라고 지칭한 것을 근거로 하여 볼 때, 4:7에서 바울이 의미하는 그리스도의 선물은 바로 그리스도를 통해서 주어진 하나님의 은혜의 선물을 의미한다. 그럼에도 불구하고, 하나님의 선물을 각 개인의 적절한 분량에 따라 성도들에게 나누어 주시는 분은 바로 그리스도이다. 그리고 그리스도의 선물이 성도들에게 전달되는 방식은 성령이 제공하는 은사들을 통해서이다.

8-10절 (그리스도의 선물에 대한 성경적 근거와 해석) 자신의 몸 된 교회의 지체들에게 선물을 주는 그리스도의 사역에 대해서 바울은 시편 68:18을 인용하며 설명한다.[47] 원래 이 시편은 왕이신 하나님이 원수를 무찌르고 승리한 후, 시온으로 올라간 사실을 노래하는 찬양시이다. 그러나 바울은 이 시편을 그리스도에게 적용하면서,[48] 그리스도께서 원수들을 정복하고 하늘로 올라가신 사건에 대한 찬양으로 이해한다. 하늘 보좌에 앉도록 높아진 주 예수는 이제 이 땅에 남아 있는 그의 교회에

---

47. 이 시편에 대한 심도 있는 분석을 위해서는 Arnold, 2010: 247-50과 Thielman, 2010: 264-68을 참조하라.

48. 바울은 종종 부활 후 예수의 높아짐을 묘사하기 위하여 그가 하나님의 특권들을 물려받았음을 선포하곤 한다. 고전 8:6에서 예수는 하나님의 창조의 동역자로 묘사된다. 그리고 빌 2:9-11에서 예수는 하나님의 이름인 '주'로 불리며 만물의 경배의 대상으로 높아진다. 참조, 이승현, 2016b: 203-22; 이승현, 2019b: 215-56.

게 선물을 줄 수 있는 권한이 있다. 현대인들에게는 바울의 이러한 기독론적 시편 이해와 적용이 다소 억지스러운 해석으로 보일 수 있다 (O'Brien, 1991: 288-89). 그러나 바울에게 모든 영적 세력들에 대한 하나님의 궁극적 승리는 만물을 예수의 권위 아래서 통일하는 사건을 통해서 이루어지고, 만물의 통일은 예수 그리스도의 죽음과 부활 그리고 승천을 통해서 성취됐다(1:10, 20-22). 따라서 바울은 시편 68:18에서 하나님의 승리 이면에 놓인 예수의 승리와 승천에 대한 예언을 본다. 이에 바울은 이어지는 9-10절에서 이 시편에 대한 자신의 이해를 기독론적으로 상세히 풀어 설명한다. 바울의 시편 인용에 대해서 학자들은 크게 세 가지 주요 해석학적 질문들을 제기했다.[49] (1) 그리스도가 사로잡은 '사로잡힌 자들'(αἰχμαλωσίαν, 8절)의 정체는 누구인가? (2) 원래 시편 68:19은 '당신이 인간들로부터 선물을 받았습니다'라고 노래하는 데 반하여, 왜 바울은 현재 에베소서 본문에서 이 구절을 '사람들에게 선물을 주셨습니다'(ἔδωκεν δόματα τοῖς ἀνθρώποις, 8절)로 바꾸었는가? (3) 그리스도가 '땅의 낮은 곳으로 내려왔다'(κατέβη εἰς τὰ κατώτερα [μέρη] τῆς γῆς, 9절)는 사실은 이 땅에서의 그의 어떤 행적을 가리키고 있는가?

　첫 번째, 시편 68편의 원래 문맥이 하나님의 승리와 높아짐을 노래하고 있는 데 반하여, 바울은 이 시편을 예수 그리스도의 승리와 높아짐에 적용하고 있다.[50] 왜냐하면 바울에게는 부활한 예수가 하늘로 올라가 하나님 보좌 우편에 앉도록 높아졌다는 사실이 하나님의 궁극적 승리

---

49. 참조, Arnold, 2010: 247; Hoehner, 529-31. 시편 68편의 인용과 의미에 대한 포괄적인 해석사적 정보를 위해서는 Hoehner, 525 n.1을 참조하라.

50. 참조, Greever, 253-79; Taylor, 319-36; Gombis, 2005a: 367-80.

의 가장 명백한 증거이기 때문이다. 이미 1:20-22에서 바울은 예수의 부활 후 그가 하늘 보좌 우편에 앉도록 높아진 사실에 대해서 자세히 설명했다. 부활한 예수를 하나님은 만물의 머리 곧 주로 높이시고, 모든 정사와 권세와 능력과 통치와 이름들을 그의 발 아래 복종시켰다. 그의 발 아래 복종시켰다라는 표현은 모든 영적 권세자들에 대한 예수의 궁극적인 승리와 주권을 의미한다. 이러한 이해는 8절의 '사로잡힌 자들'의 정체에 대한 중요한 정보를 우리에게 제공한다. 유대인들의 해석전통에서 시편 68편은 하늘로 올라간 모세가 하나님으로부터 율법을 받은 사건을 설명할 때 인용되곤 했다.[51] 유대인들에게 '사로잡힌 자'는 율법을 의미하는 상징적 표현으로 이해됐다. 그러나 에베소서 문맥에서 그리스도가 사로잡은 '사로잡힌 자들'은 그가 복종시킨 원수들인 악한 영들과 권세 잡은 자들을 지칭한다.[52] 부활 후 하늘에 올라가 하나님 우편에 앉은 그리스도는 모든 권세와 정사와 통치자들과 이름들을 제압하고 그들을 자신의 발 아래 복종시켰다. 이 사실을 통해서 바울은 영적 전쟁 앞에 선 성도들에게 큰 위로와 확신을 전달하기 원한다(6:10-20). 성도들이 자신들의 주라 부르고 섬기는 예수가 바로 우주의 궁극적 승리자요 통치자이기 때문에, 주 예수 그리스도와 연합된 성도들의 승리는 당연히 보장되는 진리이다(비교, 롬 8:33-38).

두 번째, 원래 시편 68편이 전쟁에서 승리한 하나님이 인간들로부터 공물을 선물로 받았다고 함에 반하여, 에베소서에서 바울은 그리스도가 인간들에게 선물을 제공했다고 선포한다.[53] 언뜻 보기에 바울은 현

51. 참조, Thielman, 2010: 265; O'Brien, 1991: 291.
52. Schnackenburg, 179; Arnold, 2010: 251; Lincoln, 1990: 242.
53. 이 상이한 본문에 대한 다양한 해석들과 그에 대한 평가에 대해서는 O'Brien, 1991: 289-93을 참조하라. O'Brien은 다섯 가지 해석들에 대해서 상세하게 분석한 후, 그

재의 에베소서 본문에서 시편 기자의 의도를 완전히 뒤엎어 버리고 있는 듯 보인다. 그러나 자신의 구약 인용에서 바울은 구약의 원래 본문이나 의미에 관심을 기울이지 않은 채, 강제로 구약 본문의 의미를 왜곡하는 법이 없다(Arnold, 2010: 251). 바울은 전쟁의 승리자인 하나님이 인간들로부터 공물을 받은 후, 그 공물을 자신 편에 선 자신의 백성들에게 나누어줄 것이라고 믿는다. 이제 하나님의 궁극적 승리가 예수 그리스도를 통해서 실현됐기에, 주로 높아진 예수 그리스도를 통해서 하늘에 속한 신령한 축복들이 그에게 속한 성도들에게 선물로 제공된다.[54] 주 예수 그리스도가 성도들에게 제공한 선물은 그들이 받은 모든 신령한 축복들을 의미한다(엡 1:3). 그리스도가 악한 영적 존재들과의 전쟁에서 승리했기에, 그는 자신의 편에 속한 성도들에게 그들의 구원을 필두로 한 다양한 승리의 상급들을 제공할 수 있게 됐다. 성도들이 받은 신령한 상급들은 구속(1:7), 죄 용서(1:7), 영원한 유산(1:11), 성령의 보증(1:13), 영광의 기업(1:18), 그리스도의 충만함(1:22-23; 2:18-19), 새 생명과 하늘 보좌에 함께 앉게 됨(2:5), 증오를 극복하는 평화와 한 몸 됨(2:14-16), 그리고 하나님의 성전 됨(2:21-22) 등을 포함한다. 그러나 시편 68편을 인용하는 현재의 본문에서 바울은 특별히 성령의 은사들과 사역들에 초점을 맞춘다(엡 4:11-13). 그리스도를 통해서 온 성령의 은사들과 사역들의 목적은 몸 된 교회가 완전하게 세워져 그의 충만함에 이르기까지 성숙하게 되는 것이다(4:13). 복음서에서 예수께서는 자신

어떤 최종적 결론을 내리는 것을 유보한다.

54. Arnold는 탈굼 형태의 구약 본문이 원래 시편 기자의 의도를 가장 잘 반영한다고 보고, 그 본문을 현재 바울이 자신의 서신에서 인용하고 그에 대한 기독론적 해석을 제공하고 있다고 본다(Arnold, 2010: 251-52). 참조, Gombis, 2005a: 373; Taylor, 329.

이 하늘로 올라간 후 성령을 선물로 보내어 주겠다고 약속하셨다(눅 24:49-51; 행 1:8; 요 14:16-17). 사도행전 2장에서 베드로는 오순절 날 교회에 임한 성령을 승천하신 예수 그리스도께서 아버지로부터 받아 보내어 준 약속의 성령이라고 선포한다(행 2:32-33).[55] 바울에게 성령은 다양한 은사들을 성도들에게 허락하여 그리스도가 세운 봉사의 일들을 수행하고 몸 된 교회를 완전하게 세우는 분이다(고전 12:4-31).

세 번째, 바울의 이해에서 시편 68:18은 그리스도의 승리와 승천에 관한 사건을 설명하고 있다. 그런데 문제는 이 시편이 그리스도의 성육신에 대해서 침묵하고 있다는 것이다. 따라서 9절에서 바울은 '땅의 낮은 곳으로 그가 내려갔다'는 표현을 통해서, 그리스도의 승천은 그의 성육신을 전제로 하고 있음을 알려 준다. 여기서 '땅의 낮은 곳'(τὰ κατώ-τερα [μέρη] τῆς γῆς, 9절)이 가리키는 장소에 대해서 학자들은 다양한 해석을 내어 놓았다. 이 표현에 대해서 어떤 학자들은 땅 아래에 존재하는 죽은 자들이 거하는 하데스라는 의견을 제시했다(*decensus ad infernos*). 이 견해에 따르면, 십자가에서 죽음을 경험한 예수는 하데스에 거하는 악령들에게 자신의 승리를 선포하기 위하여 땅 아래 깊은 곳으로 내려갔다(비교, 벧전 3:19).[56] 이 표현에 대한 또 다른 해석으로 학자들은 예수의 죽음 후 장사지냄(Gombis, 2005a: 376), 혹은 오순절 날 성령이 보내진 사건을 제시했다.[57] 그러나 예수가 내려온 땅의 낮은 곳은

---

55. 그리스도의 승천과 성령의 오심에 대한 보다 자세한 설명을 위해서는 Lincoln, 1990: 244-47을 참조하라. 이 둘 간의 관계는 요한복음 14-17장에서 잘 설명되고 있다.
56. 참조, Thielman, 2010: 270-71; Muddiman, 192-93; Arnold, 2010: 252-53; W. Hall Harris, 1998: 1-45.
57. Lincoln, 1990: 246-47; Moritz, 56-86; Harris, 171-72. 비교, Hoehner, 532-33.

인간이 거주하는 이 세상을 지칭한다고 보는 것이 가장 설득력 있다.[58] 따라서 9-10절에서 바울이 묘사하는 그리스도가 내려오는 사건은 그의 승천에 앞서 발생한 그의 성육신을 가리킨다(비교, 요 3:13; 행 2:34).

바울은 그리스도가 성육신하고 승천한 사건의 궁극적인 목적은 '만물을 충만하게 채우기 위함'이라고 가르친다(10절; 1:23). 만물을 충만하게 채우는 사건은 예수의 우주적 주권 아래 만물을 복종시키는 것과 연관이 깊다(1:10, 22-23).[59] 예수가 성육신하기 전 이 땅의 상태에 관하여, 바울은 하나님의 충만함으로 채워졌던 창조의 세계가 아담의 타락 후 그 충만함을 상실했다고 전제한다. 1:23에서 바울은 만물의 머리로 세워진 그리스도를 만물을 충만하게 하시는 분이라고 지칭하면서, 교회가 바로 회복된 그의 충만함이라고 가르쳤다. 사도들의 복음 사역과 그에 따른 교회의 확장을 통하여, 그리고 성도 개인의 영적 성숙과 성장을 통하여(4:13), 현재 예수의 우주적 주권은 온 세상으로 퍼져나가고 있다. 그러므로 그리스도의 충만함인 교회가 완전하여지고 온 세상을 그의 충만함으로 채우기 위하여, 온 우주의 주권자요 승리자인 그리스도는 이제 자신의 선물들을 교회에게 허락하고 있다.[60]

11절 (은혜로 주어진 그리스도의 선물) 11절에서 바울은 7절에서 언급한 그리스도의 은혜의 선물에 대해서 다시 설명하기 시작한다. 그리스도가 은혜의 선물을 교회에게 제공하는 이유는 몸 된 교회를 건강하게 세우고, 그 교회를 통해서 만물을 충만하게 하는 자신의 사역을 완성하고

---

58. 대다수의 학자들이 이 견해를 취하고 있다. 참조, MacDonald, 290; Hoehner, 535-36; O'Brien, 1991: 295; Best, 1998: 386; Wallace, 1996: 99-100; Schnackenburg, 179.
59. O'Brien, 1991: 298; Hoehner, 537.
60. 참조, Hoehner, 538; Arnold, 2010: 252. 비교, 84-86.

자 함이다. 여기서 다시 한번 바울은 만물을 충만하게 채우는 그리스도의 우주적 사역과 그 사역의 중심에 선 우주적 교회의 역할에 대해서 알려 준다. 고린도전서 12:4-11은 은사들이 성령에 의해서 부여된다고 하지만, 에베소서에서는 은사들과 사역들의 세움에 있어서 그리스도의 역할이 훨씬 더 강조되고 있다.[61] 현재의 본문에서 바울은 그리스도의 다양한 은혜의 선물들 중에서도 특별히 교회를 세우기 위해서 주어진 다섯 가지 직분들을 언급한다: '사도들, 선지자들, 복음 전하는 자들, 목사들, 교사들.'[62] 이들은 모두 그리스도가 성도들을 구비하여 몸 된 교회를 섬기도록(εἰς ἔργον διακονίας, 12절) 세운 특별한 직분들이다. 여기서 바울이 제시하는 은사 목록은 교회 직분들 안에 존재하는 중요성이나 권위의 순서를 의미하지 않는다. 왜냐하면 이 직분들은 모두 그리스도가 자신의 권위와 선택에 따라 성도들에게 은혜로 부여한 직분들이기 때문이다. 그런데 흥미로운 사실은 바울이 언급하는 직분들은 모두 복음의 선포 및 가르침과 매우 밀접한 연관이 있다는 것이다. 바울은 4-6절에서 이미 교회의 근간을 이루는 공통된 믿음의 고백에 대해서 중요하게 언급했다. 이들의 말씀 사역은 거짓된 가르침 앞에서 공통된 믿음을 지켜 교회를 세우는 중요한 기능을 한다. 그리고 거짓된 가르침을 분별하고 참된 믿음을 지키기 위해서는 이들을 불러 세운 하나님의 아들에 관한 바른 지식이 필수적이다(4:13).

---

61. 은사를 허락한 분이 부활한 주 예수 그리스도임을 강조하기 위하여 바울은 11절의 시작에서 대명사 '아우또스'(αὐτός)를 사용하고 있다. 참조, O'Brien, 1991: 297; Turner, 187-205.

62. 은사 목록은 신약에서 다섯 번 정도 발견된다(롬 12:6-8; 고전 12:8-10, 28-30; 엡 4:11-12; 벧전 4:10-11). 여기에 등장하는 은사들은 대략 20여 가지이다. 이 목록들은 모든 은사들의 목록이 아니라, 일부 선택된 주요 은사들에 대한 정보를 담은 목록이다. 참조, O'Brien, 1991: 298.

첫 번째, 사도와 선지자들은 종종 초대 교회의 중요한 증인들과 능력 있는 복음의 선포자들로 함께 등장하면서 교회의 기초석이라고 불린다(2:20; 3:5).[63] 사도들은 이 땅에 성육신한 그리스도로부터, 혹은 부활한 그리스도로부터 그의 부활의 증인이 되도록 직접 부름을 받은 자들이다(행 1:21-22; 고전 15:1-11; 갈 1:10-16). 그러나 바울에게 사도들은 예수의 처음 열두 제자들에게만 한정되는 협의의 개념이 아니라, 바울과 오백여 형제들을 포함하는 광의의 개념이다(고전 9:6; 15:1-10; 롬 16:7; 행 1:21-22; 14:4).[64] 사도들은 본질상 예수에 의해서 직접 세워져 복음을 전하도록 보냄을 받은 자들이다(마 10:2; 28:19-20; 눅 6:13; 갈 1:10-16; 행 9:1-16). 그리고 사도들과 함께 언급되는 선지자들은 성령에 의하여 개인들과 교회들에게 특별한 하나님의 말씀을 전하도록 부름 받은 자들이다(고전 12:8-10, 28-30; 14:3-4, 24-25, 31; 롬 12:6-8; 행 11:27-30; 15:32; 21:10-11).[65] 선지자들이 전하는 예언의 말씀은 성도 개인들이나 교회 공동체들이 처한 특별히 중요한 순간에 성령을 통해서 주어지는 하나님의 뜻과 인도하심을 담고 있다. 선지자들의 말씀 선포는 성도들을 강하게 세워주고 격려하며 위로하는 역할(고전 14:3)과 교회를 세우는 역할을 한다(14:4-5). 바울에게 예언의 은사는 교회의 덕을 세우기에 적극적으로 추구해야 하는 직분이다(14:1). 그러나 거짓 예언의 가능성(벧후 2:1; 요일 4:1)과 하나님의 뜻에 대한 인간 해석의 제한

---

63. 참조, Gromacki, 2013: 5-32.
64. 참조, Arnold, 2010: 256.
65. 여기서 선지자들은 구약의 선지자들이 아니라, 신약에 등장하는 초대 교회의 선지자들, 곧 성령에 의하여 영감 받고 복음을 전하며 하나님의 뜻을 전달하는 자들을 가리킨다(비교, 고전 12:28). 참조, MacDonald, 291; Thielman, 2010: 274; Arnold, 2010: 257.

성 때문에, 예언의 진위 여부에 대해서 교회 공동체는 엄격하게 따지고 판단할 필요가 있다(고전 14:29-33).

이 두 무리와 함께 바울이 언급하는 복음 전하는 자들, 목사(목자)들, 그리고 교사들의 역할도 결코 무시되어서는 안 된다. 복음 전하는 자들(εὐαγγελιστάς, 11절)은 사도행전 21:8에 나타난 빌립 집사와 같이 복음의 메시지를 선포하고 가르치는 일에 능한 자들을 지칭한다.[66] 빌립은 교회들을 순회하며 가르치는 선생이라고도 불린다(행 8:5, 40). 복음을 전하는 것과 가르치는 사역 그리고 목자의 사역은 상호 구분되는 사역이지만, 그들의 사역 간에는 다소 중복되는 측면이 존재한다.[67] 디모데후서 4:1-5에서 바울은 디모데에게 그가 현재 목양하고 있는 교회의 목자로서 거짓된 가르침에 반하여 참된 복음의 진리를 선포하는 선생이 되라고 권면한다. 바울에게 목사/목자(ποιμένας, 11절)는 지역 교회 공동체의 양 무리를 치고 돌보는 자이다(비교, 살전 5:12; 롬 12:8; 벧전 5:2; 요 21:16). 그의 중요한 사역 중의 하나는 바로 거짓된 가르침으로부터 자신의 양 무리를 보호하고 지키는 일이다(행 20:28-29; 29:29-31; 벧전 5:2).[68] 목자라는 직분은 자신의 백성을 돌보는 하나님의 모습(창 49:24; 시 23:1; 80:1; 40:11)과 양 무리를 치는 목자로서의 예수의

---

66. Barth, 2:438는 복음 전하는 자들은 순회하며 복음을 전한 사도들과 달리 지역 교회 공동체 내에 머무르면서 복음을 전하고 가르치는 일에 전념한 자들이라고 추측한다. 디모데의 경우에는 Barth의 주장에 부합한다. 그러나 빌립의 경우는 순회하는 전도자였다.
67. 11절에서 발견되는 헬라어 표현(τοὺς ποιμένας καὶ διδασκάλους)에서 잘 나타나고 있듯이, 목자와 선생은 하나의 정관사로 묶여진 채 등장하고 있다. 이들은 구분된 사역자들이지만, 다소간의 중복적 역할을 통해서 상호 긴밀하게 연관되어 있다. 참조, O'Brien, 1991: 300. 비교, Barth, 438-39.
68. 이러한 직분자들의 사역에 대한 보다 자세한 설명에 대해서는 Thielman, 2010: 274-77과 Arnold, 2010: 255-61을 참고하라.

역할을 반영하고 있다(마 18:12-14; 눅 15:3-7; 요 10:11-18; 21:15-17). 거짓된 가르침으로부터 양 무리를 지켜야 할 참된 목자의 가장 중요한 자질은 하나님의 진리에 대한 바른 지식이다.

마지막으로, 교사들/선생들(διδασκάλους)은 특별하게 참된 믿음의 내용에 대해서 가르쳤던 자들을 가리킨다. 이들은 초대 교회의 성경인 구약, 예수의 가르침, 그리고 그 가르침에 대한 사도들의 묵상과 적용에 대해서 상세히 가르치는 역할을 담당했다(롬 2:20-21; 골 3:16; 행 15:35; 18:11, 25; 히 5:12).[69] 바울은 이 세 가지 내용들을 한마디로 교회의 연합을 가능하게 하는 '한 믿음'(엡 4:5)이라고 칭한다.[70] 특별히 1세기 중후반 사도시대의 종식을 맞이하면서, 선생들은 다음 세대들에게 사도들의 가르침을 신실하게 전달하는 중요한 기능을 담당했다(비교, 눅 1:1-4; 딤전 3:2; 4:13, 16; 5:17; 딛 1:9; 딤후 1:13-14; 2:1-2). 그러나 선생들의 역할은 단순히 성서와 예수 그리고 사도들의 가르침에 대한 지식을 전달하는 데 그치지 않고, 성도들로 하여금 그 가르침의 내용에 따라 살아가도록 권면하는 것이었다(엡 4:20-21). 따라서 복음을 전하는 자, 목자, 그리고 선생은 상호 명확하게 구분되는 다른 사역들을 지칭하지 않는다. 오히려 이 세 직분들은 하나님의 아들에 관한 지식을 담은 복음을 선포하고 가르침을 통해서, 거짓된 가르침에 대항하여 성도들의 믿음을 보호하고 세워주는, 따라서 상호 긴밀하게 연관된 초대 교회 사역들을 지칭하는 것으로 보인다(12-14절).[71]

12절 (그리스도의 선물이 주어진 목적) 하늘로 올라간 그리스도는 은혜

---

69. 참조, Thielman, 2010: 276-77; Arnold, 2010: 261.
70. 참조, Dunn, 1996: 142.
71. 참조, MacDonald, 292; Arnold, 2010: 260; Hoehner, 543-44; O'Brien, 1991: 300. 비교, Barth, 438-9.

로운 선물들, 즉 은사들을 특정인들에게 부여하여 만물을 채우는 자신
의 사역을 지속하게 한다. 이제 12절에서 바울은 그리스도의 선물들이
특정인들에게 주어진 직접적인 이유에 대해서 설명하기 원한다. 은사
를 받은 자들은 자신이 원하고 계획하는 목회를 하기 위해서가 아니라,
그리스도가 원하는 목회를 그리스도를 대신해서 진행해 가야 할 책임
이 주어진다. 12절에서 바울은 은사들이 주어진 목적을 다음과 같이 삼
중적으로 묘사한다: (1) 성도들을 준비시켜, (2) 봉사의 일을 하게 함으
로써, (3) 그리스도의 몸을 세워감. 그러나 여기서 두 번째 목적인 봉사
의 일을 하는 것이 은사자들의 책임인지, 아니면 은사자들이 돌보는 성
도들의 책임인지에 대한 논의가 있었다.[72] 전자의 견해는 주로 로마 가
톨릭 계열 혹은 고교회파(high church) 학자들이 견지하는 데 반하여,[73]
후자의 견해는 대다수의 프로테스탄트 교회 계열 주석가들이 주장하는
견해이다.[74]

먼저, 은사가 주어진 첫 번째 목적을 의미하는 헬라어 단어 '까따르
띠스몬'(καταρτισμόν, '구비함/준비함')은 문자적으로 어떤 일을 수행
할 수 있도록 잘 구비시켜준다는 의미이다.[75] 예수의 가르침에서 이 단
어의 동사형은 선생이 제자를 잘 구비시켜서 제자가 좋은 선생이 되는
것을 묘사하기 위해서 사용됐다(눅 6:40). 현재의 본문에서 이 단어는
은사와 직분을 맡은 자들이 모든 성도들을 구비시켜주어야 할 책임을

---

72. 이에 대한 네 가지 주요 견해들에 대해서는 Hoehner, 547-49를 참조하라.
73. MacDonald, 292; Lincoln, 1990: 253-54; Schnackenburg, 170.
74. Thielman, 2010: 279; Arnold, 2010: 262; Hoehner, 548-49; Best, 1998: 397-99;
    O'Brien, 1991: 301-03; Fee, 1994: 706; Bruce, 349.
75. 의학의 영역에서는 부러진 팔 다리를 고쳐서 회복시켜준다는 의미로 사용됐다. 참
    조, Soranus *Gynaeciorum* 4.16.3; 37.1; Apollonius Citiensis 1.1, 2; 2.1, 4; 3.4.

지칭하기 위해서 사용되고 있다. 그리고, 두 번째, 성도들이 구비되어야 할 직접적인 이유는 '봉사의 일'(εἰς ἔργον διακονίας)을 하기 위해서이다. 봉사의 일은 교회의 운영과 유지 그리고 성장을 위해서 필요한 모든 목회적 봉사들을 의미한다(비교, 롬 11:13; 고전 16:15; 고후 4:1; 5:18; 6:3; 딤전 1:12; 행 20:24; 21:29).[76] 성도들에게 맡겨진 봉사의 일은 위의 다섯 가지 직분자들이 담당해야 할 말씀 사역과는 다소 구분되는, 서로를 향한 포괄적 목회적 봉사로 보인다.

그러나, 세 번째, 특별한 은사들을 통해서 수행되는 말씀 사역(롬 11:13; 고후 3:6-8; 4:1; 5:18; 골 4:17)과 그 외의 모든 목회적 봉사들은 함께 몸 된 교회를 위한 목회를 구성한다. 그리고 이 목회적 봉사의 궁극적 목적은 직분자 개인들을 세우는 것이 아니라, '그리스도의 몸 된 교회를 세우는 것'이다(εἰς οἰκοδομὴντοῦ[77] σώματος τοῦ Χριστοῦ, 12절; 1:23; 2:16; 4:4).[78] 고린도전서 12장에서도 바울은 모든 성도들은 다 예외 없이 그리스도의 몸을 구성하는 지체들이 되고, 모든 지체들에게는 다 섬김을 위한 은사와 역할이 주어진다고 가르친다.[79] 모든 지체들이 참여하는 공통적 섬김과 목회를 통하여 그리스도의 몸 된 교회가 온전하게 세워진다. 이것이 그리스도의 은사의 선물들이 교회에게 주어진 궁극적 목적이다. 복음서에서 예수는 사도들과 그들을 통해서 전승되는 복음의 반석 위에 자신의 교회를 세우겠다고 약속했다(비교, 마

---

76. 참조, Arnold, 2010: 263. 비교, Schnackenburg, 183.
77. 헬라어 명사 '오이꼬도메'는 세워주는 행위를 의미할 수도 있고(롬 15:2; 고전 14:3, 12, 26; 고후 10:8), 혹은 그 세움의 결과 탄생한 건물을 의미할 수도 있다(마 24:1; 막 13:1-2). 현재의 본문에서는 전자의 의미를 띠고 있다(참조, BDAG, 558-59).
78. 참조, Page, 26-46; Breed, 37-58; Gromacki, 82-115.
79. O'Brien, 1991: 303; Hoehner, 550; Hemphill, 176-79.

16:18). 몸 된 교회를 세우는 궁극적 주체는 예수 그리스도이고, 그 세워짐의 과정은 예수로부터 온 은사의 선물들을 통해서 수고하는 그의 제자들을 통해서 진행된다. 교회의 세워짐이라는 궁극적 목표에 대해서 바울은 13-16절에서 상세히 설명할 것이다. 12절에서 바울은 2:20-22에서 자신이 사용한 건물 비유를 통해서 교회에게 주어진 은사와 사역과 목회의 봉사를 설명하고 있다. 2:20-22가 외적인 측면에서 교회의 세워짐을 묘사하고 있다면, 12절은 내적인 측면에서 교회의 세워짐을 묘사하고 있다. 14-16절에서 바울은 성도 개개인의 성장이라는 측면에서 교회의 세워짐에 대해서 설명할 것이다.

13절 (은사와 사역의 최종적 목표: 그리스도의 충만함에 이름) 13절에서 바울은 그리스도의 은사에 근거한 사역들이 지향하는 궁극적 목표를 삼중적으로 설명한다:[80] (1) 하나님의 아들에 대한 믿음과 지식의 연합, (2) 온전한 사람이 됨, 그리고 (3) 그리스도의 충만함의 장성한 분량에 이르는 것. 여기서 바울은 은사 사역의 삼중적 목표를 확실하게 표현하기 위하여 헬라어 전치사 '에이스'(εἰς)를 세 번 사용한다. 바울이 제시하는 삼중적 목표는 계단식으로 한 계단씩 다음 단계로 인도하는 특징을 보인다. 그리고 바울은 '우리 모두가 도달할 때까지'(μέχρι καταντήσωμεν οἱ πάντες)라는 표현을 통해서 이 목표를 위해 모든 성도들이 사역자들과 함께 힘써 수고해야 함을 강조한다.[81] '우리 모두'라는 표현은 교회를 완전하게 세우는 일에 있어서 모든 성도들이 다 예외

---

80. 이 세 가지 목표들은 세 가지 다른 목표들이 아니라, 동일한 목표에 대한 삼중적 묘사로 보는 것이 옳다. 참조, Thielman, 2010: 281; Arnold, 2010: 264; Best, 1998: 399; Lincoln, 1990: 255; Hoehner, 553; O'Brien, 1991: 553.

81. 여기서 다시 한번 우리는 바울 신학의 특징인 이미와 아직 사이의 종말론적 긴장을 본다. 참조, O'Brien, 1991: 413-14.

없이 목회적 대상인 동시에, 목회적 주체임을 분명히 한다. 바울은 앞에서 그리스도의 은혜의 선물에 대해서 논한 후, 그 선물을 부여받은 다섯 가지 사역자들에 대해서 언급했다. 이제 13-16절에서 바울은 그리스도의 목회 사역의 대상이 되는 성도들의 관점에서, 그리고 모든 성도들의 공통된 섬김을 통해서 그 사역이 어떻게 그리고 어디로 진행되어야 하는지에 대해서 설명하고자 한다.

그리스도의 사역이 지향하는 첫 번째 목회적 목표는 '하나님의 아들에 관한 믿음과 지식의 연합'에 도달하는 것이다(εἰς τὴν ἑνότητα τῆς πίστεως καὶ τῆς ἐπιγνώσεως τοῦ υἱοῦ τοῦ θεοῦ, 13절). 이 첫 번째 목적은 하나님의 아들에 관한 참된 지식과 그에 대한 한 믿음(4:5)이 성령이 교회에게 허락한 연합을 유지하는 일에 필수적임을 알려 준다(4:3). 그리고 연합된 교회가 지향하는 교회의 완전함과 성도들의 성장을 위해서도 아들에 관한 진리에 대한 지식과 믿음이 꼭 필요함을 알려 준다.[82] 이 사실은 바울에게 교회의 진정한 반석은 사도들이 아니라, 그들을 파송한 예수 그리스도임을 다시 한번 강조해 준다(고전 3:9-11; 롬 15:20; 비교, 엡 2:20; 마 16:18; 벧전 2:5). 성령이 교회에게 허락한 연합은 예수의 사역에 근거한 하나님의 선물이지만, 경험적인 측면에서 그 연합은 성도들이 지속적으로 추구해가야 하는 실체이다. 아들에 관한 지식은 성육신한 예수 그리스도가 하나님의 아들이고(엡 1:3), 이 아들을 통해서 하나님이 성도들에게 구원을 포함한 모든 신령한 축복들을 허락하시며(1:4, 9-10), 또 만물을 통일하기 원한다는 하나님의 비밀에 관한 지식이다(1:17; 2:11-22). 아들에 관한 참된 지식은 14절에서 언급되는 사람들의 거짓된 가르침으로부터 성도들을 지켜주는 기능을 한다. 그

---

82. 이에 대한 더 상세한 논의를 위해서는 Lincoln, 1990: 255-56을 참조하라.

런데 에베소서 전반에 걸쳐서 바울은 예수를 가리키기 위하여 고기독
론적(high Christological) 호칭인 '주'와 '머리 됨' 등을 주로 사용한다
(1:20-23; 2:4-6; 비교, 갈 2:20; 빌 2:9-11).[83] 그러나 13절에서는 하나님
의 아들(τοῦ υἱοῦ τοῦ θεοῦ)이라는[84] 흔치 않은 표현을 통하여 예수를
지칭하고 있다. 바울이 여기서 이 표현을 사용하는 이유는 8-10절에서
예수의 성육신과 승천에 대해서 미리 언급했기 때문으로 보인다. 이제
하늘의 주인이신 하나님과 주 예수와의 관계를 명확하게 규명해 주기
위해서, 바울은 예수의 신적 아들됨에 대한 정확한 가르침을 전달하기
원한다(롬 1:3-4; 갈 4:4-6).

　　과거에는 하나님의 아들에 관한 지식이 감추어져 있었으므로, 많은
추측과 혼란이 세상에 존재했다. 그러나 아들에 관한 참된 지식은 이제
성령 안에서 교회에게 명확하게 계시됐다. 성령은 아들에 대한 믿음과
지식을 사도와 선지자들을 통해서 교회에 전달해 주었고, 교사와 선생
과 복음 전하는 자들을 통해서 그 지식에 대해 가르쳐 주었다. 그러므로
13절에서 언급되는 하나님의 아들에 관한 지식은 초대 교회 전통 속에
서 교회에게 전달된 그에 관한 객관적 진리의 가르침을 의미한다.[85] 그
런데 아들에 관한 지식은 그 지식이 담긴 복음을 들은 성도들의 주관적
믿음의 반응을 통해서 회심한 성도들의 모임인 교회를 탄생시켰다. 따
라서 그 지식은 이제 모든 성도들이 공통적으로 공유하는 객관적 믿음
의 내용이 된다.[86] 이 객관적 믿음은 성도들로 하여금 개인적 해석의 차

83.　이 부분에 대한 논의를 위해서는 Arnold, 2010: 264-65를 참조하라. 이 표현은 구
　　약에서 종종 다윗과 같은 메시아를 지칭했다(비교, 삼하 7장).
84.　참조, Dunn, 1998: 204-05, 42-44.
85.　O'Brien, 1991: 306; Arnold, 2010: 264; Hemphill, 186.
86.　여기서 아들에 관한 지식은 성도들이 경험해야 할 예수와의 개인적이고도 친밀한

이를 뛰어넘어 하나의 공동체로 연합하게 하는 근거로 기능한다. 그러므로 13절이 언급하는 '믿음의 연합'(τὴν ἑνότητα τῆς πίστεως)은 성도들의 공통된 믿음의 대상이 되는 아들에 관한 객관적 지식에 근거한 하나 됨의 연합을 의미한다. 여기서 바울은 모든 성도들이 사도들과 목자들 그리고 선생들에 의하여 가르쳐지는 아들에 관한 지식을 이해하기위해서 자신들의 시간과 노력을 기울여야 함을 전제한다. 오순절 날 탄생한 초대 교회의 가장 중요한 특징은 성령충만함과 함께 사도들의 가르침에 대한 헌신이었다(비교, 행 2:42).

그리스도의 사역이 지향하는 두 번째 목회적 목표는 '온전한 사람'(εἰς ἄνδρα τέλειον)을 이루는 것이다. 여기서 온전한 혹은 완전한 사람은 성도 개인들의 완전한 성숙을 뛰어넘어, 그리스도의 한 몸 된 교회 전체의 완전한 성숙을 의미한다.[87] 한 몸 된 교회 전체를 '사람/인간'(ἄνδρα)이라고 부르는 것은 복음서 전통이나 다른 사도 전승에서 발견되지 않는 바울 신학의 독특성에 속한다.[88] 사도는 2:15에서 이미 하나님께서 이방인과 유대인 두 무리를 연합하여 새 인류/인간(ἕνα και-νὸν ἄνθρωπον, 2:15)을 창조하셨다고 선포했다. 예수 안에서 창조된 새 인류는 하나님과의 회복된 관계를 통하여 아담과 그에게 속한 옛 인류의 저주를 극복한다(참조, 롬 5:12-21).[89] 이러한 바울의 이해를 우리는 한마디로 아담 기독론이라고 칭할 수 있다. 그런데 이 두 무리로 구성된

경험적 지식을 배제하지 않는다. 그러나 현재의 본문이 더 초점을 맞추고 있는 것은 보다 객관적인 측면에서 성도들이 공통적으로 믿고 있는 믿음의 대상으로서의 아들에 관한 지식을 의미한다. 비교, Thielman, 2010: 281.

87. Hoehner, 555; Arnold, 2010: 265; Best, 1998: 401-02; O'Brien, 1991: 307; Lincoln, 1990: 256; Schnackenburg, 185.

88. 참조, Arnold, 2010: 265.

89. 이승현, 2020b: 191-262.

그리스도의 몸, 즉 새 인류는 더 이상 영적 어린아이(νήπιοι, 14절)에 머물지 말고, 완전한 몸과 생각을 가진 성인으로 성장해가야 한다(비교, 고전 13:11). 바울은 성인으로의 완전한 성장을 지칭하기 위하여 헬라어 단어 '뗄레이온'(τέλειον, '완전해짐', 13절)을 사용한다. 이 단어는 하늘의 아버지가 완전한 것처럼 자녀들도 완전해야 한다는 예수의 가르침을 상기시킨다(마 5:48; 비교, 롬 12:2; 고전 13:10; 히 9:11). 에베소서 1:4에서 바울은 성도들의 완전함을 하나님 앞에서 '거룩하고 흠이 없는 상태'라고 칭했다. 그리고 5:27에서 바울은 자신의 사역의 목적이 예수의 재림의 때에 교회를 '거룩하고 흠 없는 그리스도의 신부'로 드리는 것이라고 고백한다. 그런데 그리스도의 몸의 성장과 완전함은 상호 연결되는 모든 지체들의 성숙을 통해서만 가능하다(16절). 다시 말하면, 성도들 개개인이 완전해지지 않으면 성도들로 구성된 몸 된 교회도 결코 완전해질 수 없다. 이런 측면에서, 그리스도의 몸의 완전해짐은 지체된 성도들 개개인의 성숙과 완전해짐에 전적으로 의존한다.[90] 그럼에도 불구하고, 바울에게 영적인 성숙함과 완전함은 성도 개인의 영성 문제에만 머무르지 않고, 교회 전체의 영적 상태와 연관된 교회론적 문제이다(Hoehner, 556).

그리스도의 사역이 지향하는 세 번째 목회적 목표는 '그리스도의 충만함의 장성한 분량'에 이르는 것이다. 바울은 모든 성도들이 이르러야 할 성숙함의 기준으로 그리스도의 충만함(τοῦ πληρώματος τοῦ

---

90. 여기서 바울이 말하는 완전한 사람은 영지주의자들이 주장하는 하늘 보좌에 앉은 '태고의 그리스도'(primordial Christ)를 의미하지 않는다. 2-3세기에 흥왕한 영지주의 사상을 통해서 1세기 문서를 해석하는 것은 시대착오적 오류(anachronistic error)에 해당한다. 참조, Arnold, 2010: 7-13; Hoehner, 556; Perkins, 100-01. 비교, Barth, 489-96.

Χριστοῦ, 13절)의 장성한 분량을 든다. 하나님의 충만함인 예수 그리스도는 자신의 충만함을 의미하는 교회를 하나님의 충만함으로 채워서 자신의 장성한 분량에까지 성장시키는 분이다(1:23; 4:10). 그리스도는 교회가 자신의 완전한 충만함에 이르기까지 성장하도록, 모든 지체들에게 신령한 축복들과 은사들을 제공한다(1:3-4; 4:7). 그리고 그 은사들이 발휘되는 사역을 통해서 교회와 지체들의 필요를 충만하게 채워준다(4:16). 그런데 13절에서 바울은 그리스도를 성도들이 이르러야 할 충만함이 발견되는 최종적 목적지요 닮아가야 할 기준으로 제시한다. 충만함의 장성한 분량을 의미하는 헬라어 표현 '헬리끼아스 뚜 쁠레로마또스'(ἡλικίας τοῦ πληρώματος)는 공간적인 의미에서 예수 그리스도의 키/신장에 이르는 것으로 해석될 수 있다.[91] 그러나 현재의 본문에서 이 표현은 은유적인 의미로서 예수 그리스도가 소유한 영적 완전함에 이르는 영적 성장, 즉 성도가 모든 면에서 예수와 같아지는 것을 의미한다.[92] 이와 유사한 맥락에서, 갈라디아서 4:19에서 바울은 자신의 사역의 목적으로 그리스도가 성도들 안에서 형성되는 것을 제시한다. 바울에게 그리스도의 충만함, 즉 하나님의 충만함은 이미 교회에게 허락된 현재적 실체이지만(비교, 엡 1:23; 2:6; 4:10), 교회가 계속해서 경험하고 채워져야 할 종말론적 미래성을 그 안에 담고 있다(3:19).[93] 완전하게 성숙해진 성도들이 하나로 연합하게 될 때, 성도들로 구성된 그리스도의 몸은 그리스도의 충만함의 장성한 분량에까지 이르게 된다. 그리스도의 몸 된 교회가 머리인 그리스도의 충만함의 장성한 분량에 이르게

---

91. Thielman, 2010: 282; O'Brien, 1991: 307; Hoehner, 556.
92. Arnold, 2010: 266; Hoehner, 557.
93. 참조, Thielman, 2010: 282; Barth, 489-96; Hoehner, 558; Hemphill, 188.

될 때, 비로소 교회는 그리스도의 충만함이라고 온 우주에 공개적으로 선포될 수 있다(2:7-10; 3:10).

14-15절 (그리스도의 사역의 최종적 결과 - 개인적 측면) 주 예수 그리스도의 선물이 그가 세운 사역자들에게 주어지고(11절), 그들 사역의 결과 성도들이 모든 봉사 사역을 위해서 구비된다(12절). 성도들의 봉사 사역의 삼중적 목표는 모든 성도들로 구성된 그리스도의 몸 된 교회가 믿음의 연합과 하나님의 아들에 대한 지식의 연합, 그리고 그리스도의 충만함에 이르는 것이다(13절). 이제 바울은 그리스도의 은사들을 근거로 수행된 목회적 사역의 결과를 개인적(14-15절) 그리고 공동체적(16절) 측면으로 나누어 상세히 설명하고자 한다.[94] 모든 성도들이 수행하는 그리스도의 사역의 삼중적 목표의 결과로, 첫 번째, 성도들은 그리스도의 장성한 분량에까지 성장하고 진리의 지식에 도달하게 된다. 그리하여 성도들은 더 이상 사람들의 간교한 가르침과 거짓된 궤계에 의해서 좌지우지되지 않는다(14-15절).[95] 그리고 두 번째, 성도들로 구성된 전체 그리스도의 몸은 각 마디들이 건강하게 연결되고 성장하여, 사랑 안에서 완전한 몸으로 세워지게 된다(16절).

성도들이 수행하는 그리스도의 사역의 첫 번째 결과로서 개개의 성도들은 모든 면에서 그리스도의 충만함에 이르는 성장과 성숙을 경험

---

94. 14절을 시작하는 헬라어 접속사 '히나'(ἵνα)는 목적을 가리킬 수도, 혹은 결과를 가리킬 수도 있다. 그러나 대부분의 경우, 결과와 목적 둘 다 가능하여 어느 쪽인지 명백하게 구분되지는 않는다. 그리스도의 사역이 목표로 하는 목적은 반드시 결과로 이어진다. 그리스도 안에서 역사하는 하나님의 능력은 그 의도하는 목표를 반드시 성취한다. 참조, Arnold, 2010: 266. 비교, Hoehner, 559.

95. 초대 교회 전통에서 인간들의 간교한 가르침과 거짓된 궤계는 1세기 말과 2세기에 이단들의 거짓된 가르침을 지칭하는 표현으로 종종 쓰였다(비교, 딤전 4:1; 딤후 3:13; 벧후 2:18; 3:17).

하게 된다. 14-15절에서 바울은 성도들의 성장과 성숙을 부정적인 측면과 긍정적인 측면으로 나누어 이중적으로 설명한다.[96] 부정적인 측면에서 볼 때, 이제 성도들은 더 이상 영적으로 미성숙한 어린이들이 아니기에, 인간들의 기만적 가르침에 의하여 그들의 마음이 요동치지 않는다. 성도들이 소유하게 된 성숙함과 참된 지식 그리고 믿음의 완전함은 그들이 더 이상 인간적인 술수와 기만에 의해서 흔들리지 않도록 굳게 붙들어 준다. 14절에서 바울이 언급하는 어린이들(νήπιοι)은 아직 사춘기에 도달하지 않은 어린이들을 지칭하면서, 13절의 완전히 성숙한 사람(ἄνδρα τέλειον)과 강한 대조를 이룬다. 여기서 어린이들은 거짓이 없는 순수한 상태를 상징한다기보다는, 아직 완전함에 이르지 못한 미성숙함을 상징한다(비교, 고전 3:1; 13:11; 갈 4:3). 미성숙한 어린이들의 가장 큰 특징은 거짓말에 잘 속고 이용당하기 쉽다는 것이다. 이 사실을 바울은 사람들의 거짓과 기만의 가르침이라는 파도에 의해서 이리저리로 흔들리는 배의 비유로 묘사한다(비교, 약 1:6).[97] 바울에게 인간이 고안한 거짓과 기만적 가르침(διδασκαλία, 14절)은[98] 교회의 기초가 되는 그리스도에 관한 참된 지식(13절)과 믿음(6절)에 대한 가장 심각한 도전이다.[99] 왜냐하면 인간의 거짓된 기만의 가르침 이면에는 교회를 파괴

---

96. Hoehner, 559.
97. 흥미롭게도, 행 20:29-30에서 바울은 에베소 교회의 장로들에게 이와 유사한 가르침을 전달하고 있다. 사도행전에 따르면, 바울이 떠난 후 늑대들이 에베소 교회에 등장하여 거짓되고 왜곡된 가르침을 통하여 성도들을 미혹하려 할 것이다.
98. 보통 단수형으로 등장하는 가르침은 바울서신에서 기독교의 참된 가르침을 지칭하는 전문용어로 기능한다(롬 12:7; 15:4). 따라서 Schnackenburg, 186은 현재의 본문에 등장하는 가르침을 거짓으로 왜곡된 기독교적 진리로 이해한다. 그러나 현재의 문맥은 분명하게 참된 진리와 대조되는 거짓된 진리를 가리키고 있다. 참조, Lincoln, 1990: 258; Best, 1998: 405.
99. 바울은 에베소의 성도들이 직면한 특정한 위험들에 대한 정보를 제공하는 대신에,

하고자 하는 악한 영적 권세들이 존재하고 있기 때문이다(6:12; 갈 4:8-10; 고후 11:13-15; 골 2:8).[100] 이 사실은 11절에서 언급된 사역자들의 가장 중요한 책임이 왜 교회를 향하여 진리의 말씀을 정확하게 가르치는 것인지를 잘 설명해 준다.[101] 한 부정적인 실례로, 다른 곳에서 바울은 하와와 간교한 술수와 기만으로 그녀를 속인 뱀/사탄을 언급한다(고후 11:3).

그러나 긍정적인 측면에서 볼 때, 장성함에 이른 성도들은 이제 사랑 안에서 진리를 말할 수 있게 되고, 모든 면에서 머리 된 그리스도를 닮아가게 된다(15절). 위에서 언급된 어린아이와 달리, 성숙함에 이르게 된 성도들은 참된 진리에 대한 지식을 소유하게 되고, 거짓된 가르침에 의해서 미혹되거나 흔들리지 않는 안전함을 소유하게 된다. 성도들이 소유하게 된 참된 진리는 하나님의 아들에 관한 지식으로서, 그들이 공유하는 믿음의 객관적인 내용을 가리킨다(13절; 4-6절). 바울은 1:13에서 아들에 관한 지식을 진리의 말씀이요 구원의 복음이라고 칭했다. 이 진리의 말씀은 의와 거룩함 속에서 새롭게 창조된 성도들의 새 자아의 핵심 근거이다(4:23). 현재의 본문에서 바울은 성도들이 진리를 말할 수 있게 된다(ἀληθεύοντες, 15절)고 가르친다. 그런데 성도들의 말함은 진리에 대한 단순한 언급 이상의 의미를 그 안에 내포하고 있다. 성도들은 삶과 예배에서 진리의 복음의 말씀을 함께 고백하고 믿으며 선포하

포괄적인 형태로 모든 거짓된 가르침에 대한 경고를 전달하고자 한다. 참조, Arnold, 2010: 267; Best, 1998: 406; Lincoln, 1990: 258; O'Brien, 1991: 309. 비교, Schnackenburg, 186.

100. 이에 대한 더 풍부한 분석을 위해서는 다음을 참조하라. 참조, O'Brien, 1991: 308-10; Best, 1998: 403; Arnold, 1992: 141-42.

101. 연합을 위한 선생들의 역할에 대해서는 다음을 참조하라. Gosnell, 135-43.

고 증거한다(비교, 갈 4:16; 2:5, 14).[102] 에베소서에서 복음의 말씀은 영
적 전투에 임한 성도들에게 진리의 띠와 성령의 검으로 기능한다(엡
6:14, 17).

그러나 진리의 말씀에 대한 성도들의 고백, 믿음, 선포, 그리고 증거
는 인간들의 기만과 거짓됨과는 반대되는 형태로 진행되어야 한다. 바
울이 제안하는 진리의 말씀에 대한 대안적 행동 방식은 '사랑 안에
서'(ἐν ἀγάπῃ, 15절; 1:4; 3:17; 4:2, 16; 5:2)이다.[103] 거짓과 기만이 남을
속여 자신의 이익을 취하고자 하는 이기적 동기에 기반하고 있는 데 반
하여, 사랑은 나의 이익과 더불어 타인의 이익에도 진실한 관심을 기울
인다. 그리고 때로는 타인의 이익을 위해서 내가 희생하는 것도 감수한
다(2:4-5; 3:19; 5:2, 25). 사랑은 성도들의 부르심에 합당한 삶의 방식으
로서, 하나님과 그의 아들 예수가 성도들을 향하여 보여준 가장 중요한
신적 성품이다(3:17, 19; 4:1-2). 성도들의 모임이 하나의 몸으로 완전하
게 자라가도록 하나님이 허락한 핵심 양분도 바로 사랑이다(4:16). 5:2
에서 바울은 그리스도가 성도들을 향하여 보여준 희생을 가능케 한 사
랑 안에서 성도들이 살아가야 한다고 가르친다. 이처럼 성도들의 삶과
봉사의 모든 영역은 사랑에 의해서 규정된다(O'Brien, 1991: 312). 그러
나 특별히 거짓된 가르침과 영적 전투에 직면한 성도들은 전투 태세와
긴장 속에서 사랑 없는 냉정한 태도로 서로를 대할 위험이 높다. 그리고
실수를 범하거나 속이려는 자들을 향하여 냉혹한 복수의 형태로 진리
를 말할 수 있다. 반면에 교회 공동체 안에서 성도들은 서로를 향하여

---

102. O'Brien, 1991: 311; Barth, 2:444; Arnold, 2010: 269; Lincoln, 1990: 259-60;
    Schnackenburg, 187.
103. 이처럼 14절과 15절은 샌드위치 구조에 의해서 대조되고 있다. 참조, O'Brien,
    1991: 310; Hemphill, 190.

내적 온유함과 부드러운 마음으로 사랑을 표현해야 한다(Arnold, 2010: 269). 마치 하나님과 아들 예수께서 죄인이었던 성도들을 향하여 사랑으로 먼저 다가오셨던 것처럼 해야 한다.

바울은 성도들이 사랑 안에서 진리를 함께 믿고 고백하고 선포하고 증거하면, 놀라운 목회적 결과가 성도들 모두에게 이루어진다고 첨언한다. 바울이 보는 선한 결과는 바로 성도들이 모든 면에서[104] 머리 된 그리스도에게 이르기까지 성장하게 되는 것이다. 여기서 발견되는 헬라어 표현 '에이스 아우똔'(εἰς αὐτὸν, 15절)은 '그리스도에 관하여', 혹은 '그리스도 안에서'를 의미한다기보다는, '그리스도에게 이르기까지'라고 번역되는 것이 옳다.[105] 현재의 본문에서 바울은 성도들의 성장의 최종적인 목표로 머리 된 그리스도의 충만함의 장성한 분량을 제시한다(13절). 그리고 성도들이 성장하는 영역을 의미하는 '모든 면'은 앞에서 언급된 믿음, 지식, 성령의 연합, 하나 됨, 은사 그리고 사랑 등을 모두 포함한다. 여기서 성장에 해당하는 헬라어 단어 '아욱세소멘'(αὐξή-σωμεν, 15절)은 양적인 측면에서의 외면적 성장이 아니라, 질적인 측면에서의 내면적 성장을 의미한다(비교, 2:21). 물론, 그리스도는 성도들의 성장에 대한 기준이 되는 동시에, 성도들의 성장을 책임지고 그 성장에 필요한 모든 은혜들을 제공하는 분이다(4:7; 1:3-4).[106] 그러므로 그리스도는 교회를 지탱하는 머릿돌인 동시에(2:21), 그의 몸 된 교회의 성장을 가능하게 하는 궁극적 원인이요 책임자이다(4:7, 16). 성령은 이 땅에

---

104. 여기서 '모든 면'으로 번역된 헬라어 표현 '따 빤따'(τὰ πάντα)는 양상을 의미하는 부사적 목적격으로 보인다. 참조, Daniel Wallace, 1996: 203-04; Arnold, 2010: 269.
105. Thielman, 2010: 286; Hoehner, 566; Barth, 445.
106. 참조, Hoehner, 568; Köstenberger, 1991: 79-94; Dunn, 1998: 533-64.

서 그를 도와 교회를 세워가는 책임을 실행해 간다.

16절 (그리스도의 사역의 최종적 결과 - 공동체적 측면) 성도들을 통해서 수행된 그리스도의 사역의 두 번째 결과로서, 믿음과 지식에 연합하여 성숙해진 그리스도의 몸 된 교회는 이제 모든 지체들 하나하나가 강해지고 서로 연결됨을 통하여 튼튼한 몸을 완성하게 된다(16절). 여기서 그리스도는 몸 된 교회의 머리로서 성장에 필요한 모든 자양분을 제공하는 분이다. 그리고 개개의 성도들은 그의 몸을 구성하는 지체들로서 그로부터 오는 은혜의 자양분을 따라 각자에게 맡겨진 기능을 수행할 책임이 부여된다. 개개의 지체들은 자신의 분량대로 역사하여 자신에게 맡겨진 기능을 수행하고, 동시에 자신들에게 연결된 다른 지체들에게 그리스도의 자양분을 공급해 줌으로써 그리스도의 몸 전체를 건강하게 세워간다. 여기서 '함께 연결됨'에 해당하는 헬라어 분사 '쉰아르몰로구메논'(συναρμολογούμενον, 16절)은 성전으로 지어져 가는 성도들의 연결된 모습을 묘사하기 위하여 앞에서 이미 사용됐던 단어이다 (2:21). 현재의 본문에서 이 헬라어 분사는 신적 수동태로 등장하고 있다. 이 사실은 아들 예수와 그를 통해 역사하는 하나님이 성도들의 연합과 성장을 가능하게 해 주는 주체임을 알려 준다(Arnold, 2010: 270). '함께 결합됨'에 해당하는 헬라어 분사 '쉼비바조메논'(συμβιβαζό-μενον)은 위 단어의 동의어이다(비교, 골 2:19). 이 두 분사들이 현재형으로 함께 등장한다는 사실은 교회의 성장과 성숙이 현재 계속해서 진행되고 있는 중임을 알려 준다.[107]

그런데 여기서 각 지체들을 연결하여 '도움을 주는 마디들'(πάσης ἁφῆς τῆς ἐπιχορηγίας, 16절)의 정체가 무엇인지에 대해서 학자들은 열

---

107. O'Brien, 1991: 313 n.172; Hemphill, 191.

띤 논쟁을 벌였다. 어떤 학자들은 이들의 정체를 은사를 받은 특정한 소수의 지도자들로 이해하고,[108] 다른 학자들은 모든 연합된 성도들 전체를 지칭하는 것으로 이해한다.[109] 그러나 그리스도의 교회를 위한 사역은 일부 은사자들만의 특별한 봉사를 뛰어넘어(4:11), 모든 성도들에게 은혜가 주어지고 서로를 세우는 봉사의 일을 하도록 의도된다는 측면에서(4:7, 12) 후자의 견해가 더 옳다고 보인다. 개개의 지체들은 자신들과 연결된 다른 지체들에게 그리스도로부터 오는 도움의 공급원으로 기능하면서, 상호 간의 섬김을 통해 전체 몸을 세우는 기능을 한다. 이 사실을 바울은 '각 지체들이 자신의 분량대로 역사함을 통해서'(κατ' ἐνέργειαν ἐν μέτρῳ ἑνὸς ἑκάστου μέρους, 16절)라는 표현으로 강조하고 있다. 그리스도의 몸을 세우기 위한 은혜의 선물과 능력은 그리스도로부터 오지만, 그 은혜와 능력은 개개의 성도들의 사역을 통해서 온 몸으로 퍼져 나간다. 그러므로 고린도전서 12장에서 바울이 상세히 설명하고 있듯이, 그리스도의 몸 된 교회의 성장과 성숙에서 가장 강조되는 것은 모든 지체들이 자신들이 받은 은사의 분량을 따라 다른 지체들을 섬기는 것이다.

　바울이 보는 그리스도의 사역, 즉 성도들 상호 간의 섬김을 통한 목회적 봉사의 궁극적 목표는 개인적 성장과 완전함을 넘어서, 몸 된 교회 전체가 성장하여 그리스도의 충만함에 이르는 것이다.[110] 이 사실을 바울은 그리스도 안에서 탄생한 '한 인류/인간'의 개념으로 앞에서 상세

---

108. 참조, Lincoln, 1990: 263; O'Brien, 1991: 315; Schnackenburg, 189; MacDonald, 295; Muddiman, 209.

109. Arnold, 2010: 271, Hoehner, 572; Best, 1998: 411-12; Thielman, 2010: 287. 참조, van Kooten, 2003: 188-89.

110. 참조, O'Brien, 1991: 313; Barth, 446; Peterson, 209; Arnold, 1994: 362.

히 설명했다(2:15; 4:13). 바울은 단순히 그리스도가 교회를 자동적으로 성숙시켜주는 것이 아니라, 교회의 성장에 그 구성원들인 성도들의 수고가 필수적임을 '몸을 자라게 하여 스스로를 세움'(τὴν αὔξησιν τοῦ σώματος ποιεῖται εἰς οἰκοδομὴν ἑαυτοῦ, 16절)이라는 표현을 통해 알려 준다. 여기서 바울은 교회를 하나의 살아있는 유기체로 간주하면서, 성도들의 생명력 있는 활동을 통하여 몸 전체가 지속적으로 자라가야 함을 전제한다. 이 헬라어 표현에 담긴 주동사 '뽀이에이따이'(ποιεῖται)는 재귀 중간태(reflexive middle) 동사로서 성도들 스스로가 성장하도록 서로를 향해 수고하는 행위를 표현한다(Arnold, 2010: 272). 물론 헬라어 표현 '엑스 후'(ἐξ οὗ)는 성도들의 목회적 은사와 그 수행에 동반되는 능력이 모두 그들의 머리인 그리스도로부터 오고 있음을 알려 준다.[111] 그리스도의 머리 됨은 교회에 대한 그의 주권뿐만 아니라, 교회에 대한 그의 책임과 돌봄을 그 의미 안에 함께 내포하고 있다.

그런데 바울은 다시 한번 성도들의 목회적 수고와 교회의 성장이 가장 효과적으로 발생하는 영역으로 사랑(ἐν ἀγάπῃ)을 제시한다.[112] 사랑이라는 동기를 통해서 바울은 교회의 하나 됨과 성장에 대한 자신의 가르침을 시작하고 마무리한다(4:2, 16). 그런데 성도들의 목회적 수고가 발생하는 영역이요 동기인 성도들의 사랑조차도 그 기원은 바로 그리스도이다(3:17; 5:1-2; 1:4-5). 그리스도의 사랑 안에서 모든 지체들이 서로 맞추어지고 연결되어 견고한 건물로 완성된다. 그러나 동시에 사랑은 구원을 가능하게 한 그리스도의 성품의 핵심이기에, 머리 된 그리

---

111. 이 표현에 대한 상세한 분석과 참고문헌에 대해서는 다음을 참조하라. 참조, Thielman, 2010: 286; O'Brien, 1991: 313 n.168; Hoehner, 576-77.

112. 살전 3:6에서 바울은 데살로니가 교회 성도들이 서로를 향하여 품고 있는 사랑으로 인하여 크게 기뻐하고 있다고 고백한다.

스도에게까지 자라가야 할 교회의 최종적 성장 목표에 속한다(15절).[113]
그리스도의 몸 된 교회의 성숙은 머리 된 그리스도의 거룩한 성품과 능
력 그리고 아버지의 뜻에 대한 순종에 도달하는 것이다.[114] 그러므로 완
전한 교회 공동체의 성숙함의 증거는 그 안에 역사하는 그리스도의 은
사들과 능력뿐만 아니라, 그 능력의 은사들이 역사하는 방식인 사랑의
존재 유무이다(비교, 고전 13).[115] 본질적인 측면에서 교회는 유대인과 이
방인, 그리고 하나님과 인류 간에 존재하던 증오를 극복하고 탄생한 평
화의 공동체이기 때문이다(엡 2:11-22). 물론 이러한 그리스도의 몸 된
공동체의 성숙과 완전해짐은 각 개개의 지체들의 성숙과 완전해짐의
결과로 발생한 현상이다. 마치 인간 몸의 완전함이 그 몸을 구성하는 모
든 뼈와 근육과 신경들이 완전하게 상호 연결되고 정상적으로 기능함
을 통해서 가능해지듯이, 그리스도의 몸 된 공동체의 완성도 각 개개의
지체들의 완전해짐이 없이는 불가능하다. 그리고 개개의 지체들을 하
나의 몸으로 묶어주는 것은 성도들 상호 간의 섬김 속에서 역사하는 그
리스도의 사랑이다.

해설

4:1-16에서 바울은 자신의 첫 번째 윤리적 가르침으로 성도들이 이

---

113. Lincoln, 1990: 264; Hoehner, 568.
114. 바울의 교회론에 대한 놀라운 가르침을 전달하는 현재의 본문은 여전히 바울의 기
독론에 크게 의존하고 있다. 4:1-16에서 논의되는 교회의 교회다움은 다음과 같은
바울의 예수 이해에 의해서 설명되고 있다: 예수의 주되심(5절), 성도 개인들과 선
택된 사역자들에게 은사를 주시는 분(7절), 몸 된 교회의 머리(12-13절), 그리고 교
회를 성장시키는 분(15-16절). 참조, O'Brien, 1991: 317. 비교, Lincoln, 1990: 268.
115. O'Brien, 1991: 316; Hemphill, 192.

루어가야 할 하나 됨에 대해서 설명하고 있다. 2:11-18에서 바울은 서로 반목하고 증오하던 유대인들과 이방인들이 한 교회 공동체로 부름을 입고 화목을 이루었다고 선포했다. 이렇게 하나 된 두 무리들은 예수를 장자로 하는 하나님의 가정을 구성하게 됐다. 그리고 이 둘로 하나 된 공동체는 이제 예수를 머릿돌로 하는, 그리고 사도와 선지자들을 그 반석으로 삼은 하나님의 성전으로 지어져 간다. 이제 하나님의 성전인 성도들의 공동체 안에 하나님의 임재인 성령이 거하신다. 나아가 바울은 이 공동체가 그리스도를 머리로 하는 그의 몸으로서, 계속해서 그의 충만함에 이르기까지 성장해가야 한다고 가르친다. 물론 이 두 무리들 간의 화목은 그리스도의 희생과 성령의 지속적 사역을 통해서 하나님이 완성한 것이다. 그러나 그 결과물인 교회는 특별하게 선택된 일꾼들과 모든 지체들의 지속적 상호 섬김의 사역을 통해서, 그 완전함에 이르기까지 성장해가야 한다. 그런데 여기서 몸 된 교회가 탄생한 근거요 성장하는 영역은 바로 사랑임을 바울은 강조한다. 그리스도가 자신의 희생을 통해서 보여준, 그리고 아들을 내어줌을 통해서 하나님이 보여주신 사랑이 바로 교회의 근본적인 존재영역이다. 그러나 이러한 신학적 측면에서의 하나 됨의 선포에도 불구하고, 바울의 교회들의 현실에서는 여전히 유대인과 이방인 출신 성도들 간의 그리고 교회 내의 다양한 지체들 간의 분쟁과 다툼이 끊이지 않았다. 주님이 재림하기 전 이 땅에서는 그리고 하나님의 교회 공동체 안에서는 신학적 완성의 선포와 현실적 미완성이 종말론적 갈등 속에 함께 공존한다. 이에 바울은 현재의 본문에서 교회의 하나 됨에 대한 근거에 더하여, 그 하나 됨을 이루어가야 할 성도들의 책임에 대해서 상세히 설명하고 있다.

바울은 교회가 성령이 이루신 하나 됨을 유지하는 것이 교회의 가장 중요한 그리고 가장 시급한 사명임을 알려 준다. 왜냐하면 교회의 하나 됨은 한 분 하나님이 한 주 예수를 통해서 이루신 만물의 통일과 성령 안에서 이루신 그리스도의 한 몸 됨에 대한 가장 분명한 증거가 되기 때문이다. 현실적으로 교회 안에 다툼과 분쟁이 존재하지 않을 수는 없다. 성도들이 아직 죄와 육체를 지니고 이 땅에서 살아가는 동안에는 성령의 역사와 더불어, 악한 본성과 악한 영들의 도전을 동시에 경험하기 때문이다. 그럼에도 불구하고, 성도들이 교회 안에서 다투고 분쟁하는 것을 당연히 받아들이는 것은 한 몸 됨을 이루신 성삼위 하나님의 구원 사역에 대한 가장 심각한 대적 행위가 된다. 이에 바울은 성도들 서로 간에 존재할 수 있는 다양한 반목과 다툼에도 불구하고, 평화의 띠와 사랑과 친절과 인내와 겸손함으로 성령의 하나 되게 하심을 보존하기 위하여 그들의 모든 노력을 쏟아 부어야 한다고 가르친다. 하나 됨의 완성은 모든 성도들이 가장 먼저 이루어야 할 교회 공동체의 가장 중요하고도 긴급한 책임이자 사명이다.

그리스도의 충만함이요 하나님의 지혜로운 비밀의 결실인 교회는 이 땅에서 성육신한 그리스도의 사역을 근거로 탄생했다. 그가 부활하고 승천한 후, 교회는 예수가 부르고 파송한 사도와 선지자들의 반석 위에 세움을 입고, 현재 상호 간의 섬김을 통해서 계속해서 자라가는 과정 속에 놓여 있다. 이 자라가는 과정을 바울은 교회가 완전함을 향하여 성숙해지는 과정이라고 부른다. 교회의 성숙해짐의 목표는 머리 되신 그리스도의 충만함의 장성함에 이르는 것이다. 하나님의 충만함이신 그리스도의 장성한 분량에 걸맞게 그리스도를 머리로 하는 몸 된 교회도 계속해서 성장해 가야 한다. 교회는 하나님의 충만함인 예수 그리스도의 충만함이기 때문이다.

　　그런데 교회의 성숙해짐은 공동체적 측면과 개인적 측면을 동시에 포함하고 있다. 몸 된 공동체가 성숙해지기 위해서는 그 몸을 이루는 모든 개개의 구성원들이 건강하게 자라가야 한다. 그런데 바울은 교회의 지체들의 성숙은 사람들의 궤계와 거짓된 가르침을 극복하는 그리스도를 향한 진리의 가르침을 통해서 이루어진다고 가르친다. 이러한 진리의 가르침을 위해서 그리스도는 교회 내에 다양한 은사들을 허락하여 사역자들을 세워주었다. 그리스도는 사도와 선지자들과 목사와 교사와 복음 전하는 자들을 교회 안에 세우고, 그들에게 목양을 위한 은사와 진리의 말씀에 대한 지식을 허락했다. 이들의 수고를 통해서 그리스도는 자신의 몸 된 교회의 지체된 모든 성도들을 온전하게 세워가며, 그들로 하여금 서로를 섬기는 선한 일들을 하도록 준비시켜 준다. 각 지체들의 온전함은 모든 면에서 장성한 그리스도의 충만한 분량에 이르게 되는 것이다. 이렇게 온전해진 지체들이 모여 서로를 섬기면서 함께 그리스도의 충만한 분량에까지 성장하게 될 때, 그때에 비로소 교회는 그리스도의 장성함에 합당한 그리스도의 충만함을 소유한 몸이 된다. 이처럼 4:1-16은 바울의 교회론에 대한 놀라운 가르침을 우리에게 전달해 주고 있다.

2. 하나님을 본받는 새사람의 삶(4:17-5:2)

　　4:1-16에서 바울은 성도들과 그들이 구성하는 교회가 하나로 연합해야 하고 그리스도의 충만함의 장성한 분량에 이르도록 성장해야 할 필요성에 대해서 가르쳤다. 이 촉구를 근거로, 이제 4:17-6:20에서 바울은 그리스도의 충만함이 성도들의 삶에서 어떻게 이루어질 수 있는지에 대해서 자세히 가르치고자 한다. 그런데 먼저 4:17-5:21에서 바울은

성도들이 삶에서 피해야 할 부정적 요소와 추구해야 할 긍정적 요소를
중심으로, 성도들의 삶의 성장을 세 단계에 걸쳐 알려 준다:[116] (1) 하나
님을 본받는 새 피조물에게 합당한 삶(4:17-5:2),[117] (2) 빛의 자녀로서 주
를 기쁘시게 하는 삶(5:3-14), 그리고 (3) 성령 안에서 성령의 지혜를 따
라 사는 삶(5:15-21).[118] 흥미롭게도, 바울에게 성도의 성숙함은 그들이
입술로 행하는 믿음의 고백이 아니라, 그 믿음을 통해서 시작된 새로운
삶이 얼마나 선한 윤리적 가치와 행위들로 채워져 있는가에 의해서 결
정된다.

하나님을 본받는 새 피조물에게 합당한 삶에 대해 가르치기에 앞서,
바울은 먼저 과거 성도들이 언약 바깥에 거한 채 이방인으로 살았던 어
두운 삶을 상기시킨다(4:17-24). 성도들은 과거 그리스도를 알지 못한
채, 다른 이방인들과 마찬가지로 거짓, 증오, 도적질, 악한 비방, 진노,
분노, 악의, 비통함, 일하지 않는 게으름, 용서하지 못함 등으로 채워진

---

116. 세 단계에 걸친 성도들의 삶의 성장에 대해서 가르친 후, 바울은 성도들의 가정에
    관한 세 가지 규례들(5:22-6:9)과 영적 전투(6:10-20)에 대한 가르침을 전달할 것이
    다. 다소 뜬금없어 보이는 영적 전투는 이미 4:17-5:2에서 암시되고 있다. 악한 윤리
    적 행위들은 사탄에게 속임의 기회를 제공하는 동시에(4:27), 성령을 근심시킨다
    (4:30).
117. 5:2에서 문단을 끝내고 5:3에서 다시 시작하는 세 가지 이유들에 대해서는
    O'Brien, 1991: 335 n.262를 참조하라. 비교, Lincoln, 1990: 294; Best, 1998: 443.
118. 바울의 윤리적 가르침은 종종 스토아 철학에서 주장하는 윤리적 가르침과 비교되
    곤 했다. 문화 환경적인 측면에서, 스토아 철학이 바울의 사상체계에 다소간의 영
    향을 미쳤을 수는 있다. 그러나 스토아 철학과 바울 간에는 네 가지 근본적인 차이
    들이 존재한다. 바울은 자신의 가르침을 구약의 가르침에 근거한다. 바울에게 중요
    한 성령에 대한 강조는 스토아 철학에서 발견되지 않는다. 바울에게 윤리적 삶의
    모습은 성도들이 예수 안에서 소유하게 된 새로운 정체성의 결과로 요구된다. 반면
    에 스토아 철학은 윤리적 삶의 결과 새로운 자아를 성취할 수 있다고 믿었다. 마지
    막으로 바울의 구원관의 핵심인 자기 희생적 사랑은 스토아 철학에서 별로 중요하
    게 간주되지 않는다. 참조, Arnold, 2010: 295-96; Esler, 2004: 117.

소망 없는 삶을 살았다. 이러한 삶의 형태는 하나님의 생명에 대한 지식 없이 그들의 마음이 어두워지고 강퍅해진 결과로 온갖 종류의 허망한 정욕과 욕심을 좇은 결과다(4:17-18). 그러나 그들이 그리스도를 통해서 하나님을 만나고 하나님의 부름 받은 성도들이 될 때, 그들은 '거짓으로 가득 찬 정욕을 따라 썩어져 가는 옛 자아'를 버려야 한다(4:20-22). 대신 성도들은 '의와 진리의 거룩함을 따라 하나님의 형상으로 창조된 새로운 자아'를 덧입어야 한다(4:22-24). 성도들 안에 거하는 성령은 성도들이 과거의 삶의 방식을 따라 온갖 불의한 행위들을 행하게 될 때 심히 슬퍼한다(4:30; 비교, 1:13-14; 2:22; 5:18). 오직 새로운 자아에 합당한 사랑과 용서 그리고 부드러운 마음을 가지고 서로를 향하여 친절함을 베풀 때, 성령은 크게 기뻐한다. 사실 사랑의 동기 안에서 살아가는 새로운 삶은 죄인들을 위해서 자신을 희생한 예수와 아들 예수를 희생한 하나님 아버지의 사랑을 따라 사는 삶이다.[119] 이 새로운 삶의 모습은 하나님 나라를 유업으로 물려받을, 그리고 하나님을 닮아가야 할 하나님의 자녀 된 성도들이 이 땅에서 마땅히 살아가야 할 삶의 모습이다 (5:1-5).

번역

17 그러므로 저는 이것을 말하며 주 안에서 간청합니다. 이제 여러분은 더 이상 이방인들이 그들의 마음의 허망함에서 행하던 것처럼 행하지

---

119. 사랑은 에베소서 전체에 걸쳐서 바울의 논의를 주도하고 지탱하는 핵심 개념이다 (1:4, 6, 15; 2:4; 3:17, 19; 4:2, 15, 16; 5:25, 28, 33; 6:23-24). 당연히 바울에게 성도들의 삶에 대한 윤리적 가르침의 근거가 되는 핵심 개념도 역시 하나님과 예수가 보여주는 사랑이다.

마십시오. 18 그들은 총명이 어두워지고 그들 마음의 굳어짐에 따른 그들 안에 있는 무지함 때문에 하나님의 생명에서 떠나 있습니다. 19 그들은 감각 없는 자가 되어 욕심 안에서 모든 더러운 행위들을 위하여 자신들을 방탕에 방임하였습니다. 20 그러나 여러분은 그리스도를 그렇게 배우지 않았습니다. 21 진리가 예수 안에 있기에[120] 여러분은 진실로 그에 대하여 들었고 그 안에서 가르침을 받았습니다.[121] 22 유혹의 욕심을 따라 썩어져 가고 과거의 삶의 방식을 따르는 옛 사람을 벗어버리고, 23 여러분의 심령에서부터 새로워지며, 24 하나님을 따라 참된[122] 의로움과 거룩함으로 지음 받은 새사람을 입도록 가르침을 받았습니다. 25 그러므로 거짓을 버리고 각각 그 이웃과 더불어 참된 것을 말하십시오. 왜냐하면 우리는 서로의 지체들이기 때문입니다. 26 화를 내어도 죄를 짓지 말고, 해가 지도록 분을 품지 말며, 27 마귀에게 틈을 주지 마십시오. 28 도둑질하는 자는 다시 도둑질하지 말고, 대신 가난한 자들을 구제할 수 있도록 자신의 손으로 선한 일을 하면서 수고하여 일하십시오. 29 어떠한 더러운 말도 여러분의 입 밖으로 내지 말고, 오직 필요한 대로 세워주기 위하여 선한 말을 하여 듣는 자들에게 은혜를 끼치십시오. 30 하나님의 성령을 근심하게 하지 마십시오. 그를 통하여 여러

---

120. 21절의 헬라어 단어 '까토스'(καθώς)는 비교가 아니라 이유를 뜻한다고 해석하는 것이 더 좋아 보인다. 참조, Best, 1998: 428-29; Arnold, 2010: 285. 그러나 일부 학자들은 이 단어가 성도들이 배움받은 방식(manner)을 의미한다고 주장한다. 비교, Thielman, 2010: 301; Hoehner, 598.

121. 여기서 성도들의 가르침의 내용을 구성하는 목적어들은 22-24절에 등장하는 세 개의 부정사들이 지칭하는 내용들이다: '벗어버리고'(ἀποθέσθαι, 22절), '새로워지고'(ἀνανεοῦσθαι, 23절), 그리고 '입고'(ἐνδύσασθαι, 24절).

122. 본 저자는 헬라어 표현 τῆς ἀληθείας를 의와 거룩함을 수식하는 형용사구로 간주하여 '참된'이라고 번역했다.

분은 구원의 날까지 인치심을 받았습니다. 31 여러분은 모든 비통함과 노함과 분냄과 고함침과 비방하는 것을 모든 악한 것들과 함께 버리고, 32 서로에게 친절하며 불쌍히 여기며 서로 용서하기를 하나님이 그리스도 안에서 여러분을 용서하신 것처럼 하십시오. 5:1 그러므로 여러분은 사랑받는 자녀같이 하나님을 본받는 자가 되고, 2 그리스도께서 우리를 사랑하시고 우리를 위하여 자신을 내어주사 하나님께 향기로운 제물과 희생제물이 되셨듯이 여러분도 사랑 안에서 행하십시오.

주해

17-19절 (옛 자아의 본성과 행위) 바울은 이제 교회 공동체로 불러 모아진 이방인 출신 성도들에게 과거 그들이 이방인으로 살았던 때의 삶으로부터 분리된 삶을 살아야 한다고 가르친다. 과거 회심 전 삶의 형태로부터의 분리는 그리스도의 부르심에 합당한 새 삶을 살기 위한 첫 번째 단계이기 때문이다(4:1). 성도들은 주 예수와 함께 죽고 부활하여 하늘에 앉힌 바 됐기에, 이제 더 이상 이 세상에 속한 자들이 아니다(2:5-6, 10, 15). 대신 그들은 그리스도의 몸의 구성원들로서 예수 그리스도가 창조한 생명의 영역에 속한 새 피조물들이다. 예수에게 속한 성도들은 새롭게 창조된 자아를 소유하게 됐고, 새 자아가 살아가는 방식은 바로 그 자아의 원형이 되는 하나님의 본질인 사랑이다. 성도들의 새로운 정체성과 삶이 과거 이방인으로서 그들이 소유했던 옛 자아의 삶과 분리되어야 하는 당위성을 바울은 헬라어 접속사 '운'(οὖν, 그러므로, 17절)을 통해서 표현한다. 그리고 이 분리의 필요성에 대한 심각성을 강

조하기 위하여 바울은 '주 안에서 간청합니다'라는 표현을 더한다.[123] 여기에 사용된 헬라어 동사 '마르뛰로마이'($\mu\alpha\rho\tau\acute{u}\rho o\mu\alpha\iota$, 17절)는 보통 증거한다는 의미를 갖지만, 현재의 본문에서는 간청한다는 의미로 사용되고 있다(비교, 살전 2:12).[124] 그리고 주 안에서라는 표현을 통해서 바울은 '주 안에서 갇힌 자'(4:1)요 교회의 반석인 사도(3:5)로서의 자신의 권면을 주 예수의 권위와 연관시킨다(비교, 살전 4:1).[125]

현재의 본문에서 바울은 성도들의 옛 자아의 본질을 과거 그들이 이방인으로 살았던 때의 삶을 통해 묘사해 준다. 이방인들의 삶의 방식을 누구나 공개적으로 관찰할 수 있는 외형적 형태로 묘사하기 위하여, 바울은 다시 한번 헬라어 단어 '뻬리빠떼오'($\pi\epsilon\rho\iota\pi\alpha\tau\acute{\epsilon}\omega$, 17절)를 사용한다(2:2, 10; 4:1; 5:2, 8, 15). 그러나 이방인들의 외면적 삶의 방식은 그들의 내면 곧 옛 자아의 '마음의 허망함'($\mu\alpha\tau\alpha\iota\acute{o}\tau\eta\tau\iota$, 17절)을 잘 반영하고 있다.[126] 고대인들의 관점에서 인간의 마음은 뜻과 의지와 감정이 발생하는 기관이기에, 그들의 외면적 행동은 마음에서 생긴 뜻과 의지의 공개적 표현이다. 그런데 바울은 이방인들의 마음이 허망해진 이유는 '그들의 총명이 어두워지고 마음이 굳어져 하나님에 대해 무지해진 결과'라고 설명한다(18절). 바울은 로마서 1:21에서 이방인들의 마음이 어두

---

123. 바울은 여기서 이방인들과 함께 이방 문화 가운데 사는 성도들이 과거 이방인의 삶으로 돌아갈 수도 있다는 현실적·목회적 위험에 대해서 인지하고 있다. 참조, O'Brien, 1991: 319; Arnold, 2010: 280.

124. 참조, Arnold, 2010: 280; Thielman, 2010: 295-96. 비교, Hoehner, 582; MacDonald, 301.

125. Arnold, 2010: 281; O'Brien, 1991: 319; Lincoln, 1990: 276; Hoehner, 582.

126. 마음이 표현하는 생각은 단지 그 생각에만 머물지 않고, 그 마음의 주인 전체를 표현한다. 참조, Best, 1998: 417. 허망함은 구약에서 종종 우상숭배의 특징을 지칭하는 데 사용되거나, 인간의 힘으로 만족을 추구하는 헛된 시도를 가리키기 위해서 사용됐다(사 28:29; 30:15; 33:11; 전 1:2, 14; 2:1, 11, 15, 17).

워지고 허망함에 굴복한 이유는 하나님을 알고도 하나님을 경외하기를 거부했기 때문이라고 선포한다.[127]

이방인들의 총명이 어두워지고 그들의 마음이 굳어져 하나님에 대해 무지해진 결과, 이방인들에게는 하나님의 생명으로부터 격리되는 심판이 임했다(ἀπηλλοτριωμένοι, 18절).[128] 하나님의 생명으로부터의 격리는 곧 그들의 영적 죽음을 의미한다. 여기서 바울은 헬라어 전치사 '디아'(διά, 18절)를 통해서, 그들의 영적 죽음의 원인을 다음과 같이 이중적으로 제시한다: "그들의 마음이 굳어짐으로 인하여 하나님에 대한 무지함이 발생함."[129] 마음의 굳어짐이라는 주제는 구약에서 종종 발견되고 있다. 출애굽을 앞두고 바로의 마음이 굳어져 하나님의 심판의 대상이 됐고(출 4:21; 7:3; 8:32; 9:12; 13:15), 범죄한 이스라엘이 마음의 굳어짐으로 인하여 하나님의 진노를 경험하게 됐다(사 6:10; 63:17). 바울에게 마음의 굳어짐은 이방인들이 의지적으로 하나님에 관한 진리를 거부하고 거절했다는 것을 의미한다. 마음이 굳어져서 하나님을 거절하는 행위는 하나님의 창조주 되심을 자각하지 못하게 하고, 창조주와 피조물의 의미 있는 관계설정을 불가능하게 한다. 그 결과, 그들의 굳어진 마음은 영적 죽음이라는 결과로 이어진다. 로마서 1:21-31에서 바울은 이방인들의 마음이 굳어지고 어두워진 이유로 그들의 우상숭배의 죄, 즉 썩지 않을 하나님의 영광을 썩어질 피조물의 형상과 바꾸어버린 사건을 든다.[130] 하나님에 대한 바른 지식과 그에 따른 경배는 인간을 현

---

127. 참조, Byrne, 66-72; 이승현, 2020b: 163-86.

128. 2:12에서 바울은 이방인들이 이스라엘의 복지와 특권으로부터 배제됐다고 가르쳤다.

129. Lincoln, 1990: 278; O'Brien, 1991: 322; Arnold, 2010: 283; MacDonald, 302.

130. 로마서 1장에서 바울은 이방인들에 대한 유대인들의 전통적 비판을 다소 반영하고

명하게 만들고, 하나님에 대한 무지는 그들의 마음이 굳어져 허망한 상태에 계속해서 머물게 한다. 이 악순환의 과정의 끝은 하나님의 생명에서 분리된 채 욕망 속에서 죄를 짓고 살다가 하나님의 심판의 대상이 되는 것이다(엡 4:18-19, 22).

18-19절에서 바울은 성도들의 옛 자아와 새 자아, 그리고 그들의 상반된 운명을 크게 두 가지 면에서 대조하고 있다. 첫 번째, 옛 자아가 마음이 어두워지고 굳어져 하나님에 대해서 무지해진 데 반하여, 새 자아는 그 마음의 눈이 밝아져 하나님의 부르심의 소망과 영광의 유산의 부요함에 대해서 깨닫게 된다(18절).[131] 바울에게 마음이 어두워지고 무지해진다는 것은 단순히 지식적 측면에서의 정보 부족이 아니라, 구약에서 종종 강조하는 경험적 측면에서의 개인적 관계 맺음의 결여를 의미한다.[132] 따라서 바울에게 하나님을 알지 못한다는 것은 하나님과의 관계 맺음에서 실패하여, 하나님을 경배하고 그의 뜻에 순종하는 것을 거부한다는 의미이다. 그리고 두 번째, 옛 자아를 소유한 이방인들은 하나님의 생명, 그리스도 그리고 이스라엘의 시민권과 약속의 언약 등의 축복으로부터 분리된 채, 죄 가운데서 죽어 있는 상태에 머문다(2:1, 12; 4:18). 따라서 그들은 살아계신 하나님과 그 어떤 의미있는 언약적 관계를 맺을 수 없다(2:12). 반면에, 새 자아를 소유한 성도들은 예수 안에서 하나님과 가까이 거하는 하나님의 가족 구성원들이 되고, 성령 안에서 하나님이 거하시는 성전으로 계속해서 지어져간다(2:13, 19-22). 이미 성도들은 예수 안에서 하늘의 모든 신령한 축복들을 선물로 받았고

있다(비교, 지혜서 12-15; 18:10-19).

131. 마음의 눈은 종종 감정과 생각이 발생하는 곳으로 이해된다. 참조, MacDonald, 302.

132. O'Brien, 1991: 321. 참조, Schmithals, *EDNT* 1:21.

(1:3), 하늘 보좌 우편에 그와 함께 앉힌 바 됐다(2:3).

물론 하나님과 격리된 이방인들은 이제 더 이상 하나님과 그 안에 놓인 생명에 대해서 아무런 관심이 없다. 그들은 마음의 욕심이 원하는 대로 모든 불경건한 일들에 관심을 기울이고, 자신들을 온갖 방탕한 일들에 방임한다. 이처럼 하나님과 격리된 이방인들의 옛 자아는 영적으로 죽은 상태에 있으므로, 바울은 옛 자아의 가장 중요한 특징으로 '감각이 없음'(ἀπηλγηκότες, 19절)을 든다. 죽은 시체가 어떤 외부적 자극에도 반응할 수 없듯이, 영적으로 죽어 있는 옛 자아는 하나님과 그의 진리에 대해서 어떤 반응도 할 수 없다. 대신 죽어 있는 옛 자아는 좀비처럼 단지 그 마음의 욕심이 원하는 것에만 반응하면서, 온갖 방탕한(ἀσελγείᾳ, 19절) 것과 모든 불경건한(ἀκαθαρσίας, 19절) 것들에만 관심을 기울인다. 바울은 이에 대한 설명을 로마서 1:21-32에서 상세히 전달해 주고 있다.[133] 이방인들로 대변되는 인류의 죄와 타락에 대한 로마서 1:21-32의 가르침은 에베소서 4:18-19와 여러 면에서 공명한다: 허망한 생각(롬 1:21), 어두워진 마음(1:21), 불경건(1:24), 탐욕(1:29), 하나님에 대한 무지(2:4), 불경건한 삶의 방식(1:23, 25, 26), 그리고 하나님의 심판과 영적 죽음(1:24, 26, 28).[134] 그러나 로마서 1장에서 바울은 이러한 옛 자아의 삶의 방식이 우상숭배의 죄에 대한 하나님의 심판의 결과임을 강조한 반면에(1:24, 26, 28),[135] 현재의 에베소서 본문에서는 재귀대

---

133. 이방인들의 불경건한 삶을 그들의 죄에 대한 하나님의 심판으로 설명하는 로마서에 비하여, 에베소서에서 바울은 이방인들의 불경건한 행동들에 대한 책임과 원인을 이방인 자신들의 어두운 마음에 돌리고 있다. 참조, O'Brien, 1991: 321; Arnold, 283. 비교, Lincoln, 1990: 279.

134. 참조, 이승현, 2020b: 145-62; Byrne, 64-72.

135. Moo, 96; Byrne, 67-72; 이승현, 2020b: 163-65.

명사 '헤아우뚜스'(ἑαυτούς, 19절)를 통하여 옛 자아의 자발적인 동참과
책임을 더 강조한다.[136] 그러나 에베소서와 로마서의 강조점들은 상호
충돌하는 모순이 아니라, 상이한 문맥적 목표 속에서 강조되는 관점의
차이들을 반영하고 있을 뿐이다. 이 두 본문들에서 하나님은 옛 자아가
욕망을 채우기 위하여 자발적으로 선택한 악한 행동들에 그들을 넘겨
주는 심판을 행했다.[137] 이런 측면에서 볼 때, 범죄하는 성도들을 책망하
여 그들이 회개할 기회를 제공하는 것은 하나님의 은혜임을 알 수 있다.

흥미롭게도, 영적으로 죽어 있는 옛 자아는 단 한 가지에만 반응을
보인다. 그가 반응하는 유일한 동기는 욕심(πλεονεξίᾳ, 19절)이고, 그 욕
심은 모든 방탕함(ἀσελγείᾳ, 19절)과 불경건함(ἀκαθαρσίας, 19절)을 추
구한다. 바울에게 욕심은 옛 자아의 마음이 원하는 바를 무한대로 채우
고자 하는 만족되지 않는 욕망이다.[138] 욕심은 그 본질상 자신을 하나님
위에 세우는 우상숭배의 죄다(5:5; 롬 7:7-8; 골 3:5). 욕심이 추구하는
방탕함은 육체 안에 사는 저주받은 삶의 특징들 중 하나로서 성적 문란
함으로 대표된다(갈 5:19; 고후 12:21; 롬 13:13). 그리고 불경건함은 옛
자아의 굳어진 마음이 욕망하는 육체의 정욕(롬 1:24), 육체를 통해서
행하는 불의한 행위(6:19), 그리고 성적으로 비윤리적인 행위(고후
12:21)들로 대변된다(갈 5:19).[139]

---

136. O'Brien, 1991: 321; Aronld, 283; Hoehner, 587, 590; Barth, 501; MacDonald, 303.
137. Schnackenburg, 198; O'Brien, 1991: 323; Hoehner, 590.
138. 참조, Hoehner, 591-92.
139. 유대 전통에서 이 단어('불경건함')는 율법의 기준에 미치지 못한다는 측면에서의 의식적으로 정결하지 못함을 의미하곤 한다. 예를 들면, 죽은 몸을 만지는 것, 여인들의 피에 접촉하는 것, 손을 씻지 않고 먹는 것 등이 이에 해당한다. 복음서의 전통에서 예수는 정결함의 문제에 첨예한 관심을 가진 바리새인들과 참된 정결함의 문

그러나 욕망을 좇아 육체의 행위들을 추구하는 옛 자아는 결코 하나님의 나라를 유업으로 받을 수 없다(엡 5:5; 갈 5:21). 그러므로 하나님 나라를 유업으로 물려받을 성도들의 새 자아는 옛 자아가 추구하는 육체의 행위들을 버리고, 육체와 싸우는 성령의 열매들을 자신들의 삶에서 맺어가야 한다(갈 5:22-26; 엡 5:3-5). 결국 인간의 마음 안에 무엇이 들어차 있느냐에 따라서, 그 마음의 주인은 하나님을 향한 경건한 삶 혹은 불경건한 삶의 방식을 추구하게 된다. 따라서 주 예수 안에서 하나님을 모시고 사는 성도들은 더 이상 자신들의 마음을 불경건한 일들에 대한 욕심으로 채우지 말아야 한다. 대신 성도들의 마음은, 바울이 1:17-18에서 기도하고 있듯이, 항상 지혜와 계시의 영으로 채워짐으로써 마음의 눈과 귀가 밝아지고, 하나님을 아는 지식으로 충만하게 채워져 있어야 한다. 그럴 때 성도들은 옛 자아가 추구하는 육체의 욕심이 아니라, 하나님을 향한 경건한 지식을 따라 새 자아가 추구해야 할 경건한 삶을 살 수 있게 된다. 새 자아가 추구해야 할 삶의 모습을 바울은 이어지는 20-32절에서 자세히 묘사할 것이다.

20-21절 (옛 자아의 삶의 방식과 대치되는 예수 안에 있는 진리) 17-19절에서 이방인들의 옛 자아의 삶의 모습을 묘사했던 바울은 이제 성도로 부름 받은 자들의 새로운 삶을 그들의 삶과 비교하며 설명하고자 한다. 과거 옛 자아의 삶과 현재 새 자아의 삶 간에 놓인 대조를 강조하기 위하여, 바울은 20절의 시작에서 헬라어 접속사 '데'(δὲ, '그러나')를 사용한다. 바울은 먼저 성도로의 부름을 경험한 그들의 회심과 회심의 때 그

제로 종종 논쟁을 벌이곤 했다. 예수의 관점에서는 입 안으로 들어가는 외적인 것이 아니라, 입 바깥으로 나오는 마음에 든 것이 참된 정결함을 결정한다(비교, 막 7:20-23; 마 12:34; 15:11, 18).

들이 배운 예수 그리스도의 진리에 대해서 상기시킨다.[140] 이방인들이
이방인으로서의 삶을 멈추고 성도로 부름을 받은 때는 그들이 예수 그
리스도에 관한 진리에 대해서 듣고(ἐδιδάχθητε, 21절) 배우기(ἐμάθετε,
20절; ἐδιδάχθητε, 21절) 시작한 때와 정확히 일치한다. 그리스도에 대
해서 들은 것은 선포된 예수-복음을 듣고 믿음으로 반응한 성도들의 최
초 회심 경험을 가리킨다. 그리고 그리스도를 배운다는 독특한 표현은
에베소서에서 바울이 보여주는 기독론적 강조점을 한마디로 요약해 주
면서, 회심 후 사도와 선생들의 가르침에 따른 지속적인 배움을 가리킨
다(4:11; 2:20; 3:5).[141] 바울은 자신이 세운 교회들에게 설교와 서신을 통
해서 자신의 지속적인 가르침을 제공해 주었다(살전 4:2, 11; 살후 2:15;
3:6; 고전 11:2). 다른 이방인 교회들도 이 같은 방식으로 사도적 가르침
을 공급받고 있음을 알려 준다(롬 6:17).

그리스도를 듣고 배운다는 표현은 성도들이 그리스도와 개인적으
로 가지게 된 인격적 관계와 알아감, 그리고 사도와 선지자들과 복음을
전하는 자들을 통해서 전해진 그리스도의 복음에 대한 전통적 가르침
둘 다를 포함한다.[142] 바울은 이 전통적 가르침을 한마디로 '예수 안에
있는 진리'(ἀλήθεια ἐν τῷ Ἰησοῦ, 21절), 즉 진리의 말씀(1:13)이라고 칭

---

140. 에베소서에서 바울은 예수를 그리스도, 혹은 예수 그리스도, 혹은 주 예수 그리스
도라고 칭한다. 흥미롭게도 4:21에서만 예수라는 표현이 단독으로 등장하고 있다.
이곳에서 바울은 역사적인 예수와 그의 가르침을 강조하고자 한다. 참조, Arnold,
2010: 284; Thielman, 2010: 302; O'Brien, 1991: 422; Aletti, 236; Schnackenburg,
199. 비교, Lincoln, 1990: 281; MacDonald, 304.
141. O'Brien, 1991: 324-25; Hoehner, 301.
142. 참조, Arnold, 2010: 284-85; O'Brien, 1991: 324, 326; Schnackenburg, 199;
Thielman, 2010: 300; Best, 1998: 141; MacDonald, 304.

한다.[143] 이 표현은 하나님의 복음의 진리는 그리스도를 통하여, 그리고 그리스도 안에서 온전하게 발견된다는 바울의 그리스도 중심적 믿음을 잘 대변한다. 그리스도 안에서라는 표현은 성도들의 새로운 삶의 영역을 의미하면서, 그들이 현재 그리스도와 맺고 있는 인격적 관계를 잘 표현해 준다.[144] 성도들은 현재 하늘에서 그리스도와 함께 앉힌 바 됐고(2:6), 그리스도는 현재 성도들의 마음 안에 거하고 있다(3:17). 그러나 에베소서에서 믿음은 그리스도의 진리에 대한 성도들의 주관적 믿음의 반응을 넘어서, 그들 믿음의 대상이 되는 객관적 내용, 즉 예수 안에 있는 진리의 말씀을 포함한다. 사도와 선지자들이 전한 예수 안에 있는 진리에 대한 '한 믿음'이 교회를 굳건히 세운다(4:5).

그리스도가 세운 말씀의 사역자들이 복음을 위해서 한 사역은 선포와 가르침이고, 그들의 사역의 대상이 된 성도들의 행위는 그 가르침을 듣고(ἠκούσατε, 21절) 배운(ἐδιδάχθητε, 21절) 것이다. 사도와 복음 전하는 자들을 포함한 말씀의 사역자들이 가르친 것은 예수 안에 있는 진리, 즉 예수의 가르침과 그에 대한 사도들의 이해와 적용이다. 이것을 한마디로 우리는 예수 전통이라고 칭할 수 있다.[145] 그런데 예수의 가르침은 구전으로 전해지다가 복음서로 기록됐고(비교, 눅 1:1-4), 사도들의 이해와 적용은 서신으로 기록되어 성도들에게 전달되고 있다.[146] 예수의

---

143. Schnackenburg는 이 표현이 이 땅에서 예수 그리스도가 직접 전달한 자신의 가르침을 의미한다고 주장한다(199). 물론 바울은 이 표현을 통해서 그리스도 자신의 가르침을 포함하고 있다. 그러나 엡 1:13이 잘 보여주고 있듯이, 예수 안에 있는 진리는 좀 더 추상적이고 포괄적인 의미에서의 구원의 복음의 진리를 포괄한다. 비교, Thielman, 2010: 301-02.

144. Hoehner, 595; Thielman, 2010: 301; Best, 1998: 141; Arnold, 2010: 285.

145. 참조, O'Brien, 1991: 331.

146. 이처럼 바울과 초대 교회에게 사도적 계승과 전통은 복음의 메시지의 진실성을 보

가르침과 예수-복음에 대한 사도들의 가르침은 예수의 정체와 사역, 예수를 통해서 하나님이 이루신 구원, 그리고 하나님의 부름에 합당한 삶을 그 안에 담고 있다.[147] 에베소서에서 바울은 예수를 하나님의 메시아요 아들이며, 만물을 통일한 교회의 머리라고 가르친다(1:1-3, 10). 하나님은 성도들의 죄를 위한 희생의 죽음을 경험한 예수를 전 우주의 주권자로 높여주셨고, 예수 안에서 하늘과 땅에 있는 모든 만물을 하나로 통일하셨다(1:7, 20-22). 그리고 하나님은 예수 안에서 성도들을 미리 예정하시고 부르시고 구원하신 후(1:3-4), 만물의 머리 된 예수의 몸 된 교회로 세워주셨다(1:23; 2:19-22). 이제 성도들은 성령 안에서 거룩하신 하나님의 성전으로 지어져가고 있기에, 그 부름에 합당한 거룩한 삶을 살도록 요청된다. 이 사실을 바울은 4:1에서 '성도의 부르심에 합당하게 행하라'는 권면으로 강조했다.

바울과 에베소 성도들이 함께 공유하는 '한 믿음'에 따르면, 하나님의 진리는 예수 안에서 가장 온전한 형태로 발견된다.[148] 그런데 예수 안에 있는 진리는 성도들의 내면적 마음의 변화와 더불어, 외면적으로 관찰 가능한 변화된 경건한 삶을 요구한다. 이방인들은 그 마음이 허망함에 굴복하여 예수 안에 있는 진리를 거절했다. 그리고 그 진리에 대한 그들의 거절은 욕망을 추구하는 방탕한 삶으로 이어졌다(4:17-18). 그러나 성도들은 그들 마음의 눈이 진리와 계시의 영인 성령에 의하여 밝혀져 예수-복음 안에 있는 하나님의 진리를 보고 믿을 수 있게 됐다(1:13;

장해 주는 살아 있는 증인으로서의 기능을 한다. 참조, MacDonald, 304; 이승현, 2019a: 853-908.
147. 참조, Thielman, 2010: 302.
148. 바울은 자신의 다른 서신서에서도 예수를 자신의 선포와 가르침의 주 내용으로 제시하곤 한다(고전 1:23; 15:3-4, 12; 고후 1:19; 4:5; 11:4; 갈 1:16; 빌 1:15).

3:16-18). 따라서 성도들은 이어지는 본문에서 바울이 상세하게 묘사할 성도들의 합당한 삶의 모습에 대해서 배우고, 그가 전달한 가르침을 따라 진리에 합당한 삶을 살아가야 한다. 진리에 따라 의와 거룩함으로 사는 삶이 바로 성도들이 지음 받은 새사람의 본질이기 때문이다(23-25절).

22-24절 (옛 자아를 버리고 새 자아를 입어야 함) 그리스도에게 속한 진리를 듣고 배우고 믿어 성도가 된 자들에게는 그들의 새로운 자아에 합당한 근본적 삶의 방식의 변화가 요구된다. 이 사실에 대해 에베소의 이방인 성도들은 이미 사도와 선생들로부터 듣고 배웠다. 그러나 바울은 이 가르침을 다시 한번 상기시키기 원한다. 이에 바울은 22-24절에서 그들이 권면 받았던 새로운 삶의 방식을 세 개의 원형 부정사들을 통해서 표현한다: '벗어버리고'(ἀποθέσθαι, 22절), '새로워지고'(ἀνανεοῦσθαι, 23절), 그리고 '입고'(ἐνδύσασθαι, 24절).[149] 이 원형 부정사들은 회심의 때에 성도들에게 주어졌던 변화된 삶에 대한 가르침을 일차적으로 지칭하지만, 미래 완성의 날까지 성도들이 계속해서 순종해야 할 현재적 책임도 그 안에 포함하고 있다.[150] 바울의 종말론적 구원관에 따르면, 이미 예수 안에서 하나님은 모든 구원을 완성했지만, 성도들의 현재적 경험에서는 그 구원의 여러 효과들이 실질적으로 체험되기 위해 미

---

149. 흥미롭게도, 첫 번째와 세 번째 부정사가 과거형으로 등장하는 반면에, 두 번째는 현재형으로 등장한다. 이에 대한 자세한 논의를 위해서는 Hoehner, 599-601을 참조하라.

150. 이 세 원형 부정사들은 단순히 과거 사도적 가르침의 내용을 간접화법으로 표현하는 것이 아니라, 성도들의 현재적 삶에도 계속해서 영향을 미치는 사도적 명령 혹은 권고의 의미를 지닌다. 참조, O'Brien, 1991: 326-27; Best, 1998: 430-31; Arnold, 2010: 286; Lincoln, 1990: 283-84; Wallace, 1996: 605; Thielman, 2010: 303. 비교, Hoehner, 600.

래의 소망으로 남아 있다.[151] 예를 들면, 성도들은 이미 거룩한 자, 즉 성
도라고 불리지만, 그들은 지속적으로 하나님의 거룩함을 추구해야 한
다(1:1; 4:24; 살전 4:3, 4, 7; 롬 6:19, 22). 그리고 성도들은 이미 예수 그
리스도와 함께 살아나 하늘 보좌에 앉힌 바 됐지만(엡 2:5-6), 하나님 나
라와 거기에 속한 영광의 유업은 예수의 재림의 때에라야 비로소 성도
들이 경험할 수 있을 것이다. 따라서 미래의 소망을 체험하기 원하는 현
재의 성도들은 날마다 하나님을 본받으면서 그의 자녀다운 모습으로
변해가야 한다(5:1-2; 1:18). 또한 성도들은 이미 하나님의 충만함인 예
수 그리스도의 충만함인 교회에 속해 있지만, 그들은 하나님의 충만함
으로 채워지기 위하여 그리스도와 그의 사랑의 측량할 수 없는 부요함
을 더 온전히 알아가야 한다(1:23; 3:19). 종말론적 긴장 속에서, 그리스
도의 완전한 사역을 통해 성도들의 옛 자아는 이미 십자가에 못 박혔고
(갈 5:24; 롬 6:2-6) 그들은 이미 새로운 피조물로 창조됐지만(엡 2:15;
고후 5:17), 새 자아와 새로운 삶의 방식은 성도들의 현재적 체험에서
여전히 실체화되어야 한다.[152]

첫 번째, 새 자아에 합당한 새로운 삶의 방식을 체득하기 위해서 성
도들이 가장 먼저 해야 할 일은 과거 자신들이 살았던 옛 삶의 방식을
따르는 옛 사람을 완전히 '벗어버리는 것'이다(ἀποθέσθαι, 22절). 바울
은 성도들이 버려야 할 과거 삶의 방식을 '옛 사람'(παλαιὸν ἄνθρωπον,
22절)이 추구하던 옛 삶의 방식이라고 부른다. 여기서 옛 사람은 성도
들이 그리스도에게 속하기 전 그들의 과거 상태를 가리킨다. 그리스도
에게 속하기 전 성도들은 옛 인류의 대표자 아담에게 속하여 죄와 허물

---

151. 참조, O'Brien, 1991: 328; Arnold, 2010: 287.
152. 참조, Dunn, 1998: 461-98; Schreiner, 251-61.

가운데서 죽어 있었고(2:1-2; 롬 5:12-21), 육체와 마음의 욕망만을 추구
하며 사는 본질상 진노의 자녀들이었다(엡 2:3; 4:17-19).¹⁵³ 옛 사람은
단순히 세상적 삶의 방식에 대한 은유적 표현이 아니라, 하나님을 향한
적극적 불순종을 인하여 하나님의 저주 아래 놓인 인류의 상태를 지칭
하는 매우 강력한 표현이다.¹⁵⁴ 그러나 성도들은 하나님께 순종하는 새
인류의 대표자인 예수를 믿고, 예수 안에서 새로운 피조물로 새롭게 창
조됐다. 이 과정에서 성도들은 예수 안에서 예수와 함께 죽고 하나님을
향하여 다시 살아났다(롬 6:1-4; 갈 2:20). 그럼에도 불구하고 옛 사람의
죄된 본성은 여전히 성도들의 육체 안에서 살아 호흡하고 있음을 부인
할 수 없다(비교, 롬 7:14-25). 주 예수의 재림 시 성도들의 몸의 부활과
영광스러운 변화가 임할 때에라야 비로소 그들 안에 거하는 모든 옛 사
람의 흔적들, 즉 아담의 유전자가 완전하게 제거될 것이기 때문이다(고
전 15:40-49).¹⁵⁵ 이 영광스러운 변화의 때, 성도들의 자아는 옛 사람의
욕망으로부터 완전히 자유로워질 것이다.

　　이미 에베소서 4:17-19에서 자세히 설명된 것처럼, 옛 사람은 유혹
과 기만으로 가득찬 욕심을 추구하면서 썩고 부패한 삶의 방식을 추구
한다. 그리고 옛 사람은 그가 추구하는 옛 삶의 방식으로 돌아가도록 기
만으로 가득찬 욕심을 통해서 성도들을 유혹한다. 바울에게 욕심/욕망
(ἐπιθυμία, 22절)은 옛 사람의 가장 큰 특징으로서, 예수 안에 있는 복음
의 진리와 정면으로 충돌하는 거짓된 기만이다(ἀπάτης, 4:22; 4:5, 21).
왜냐하면 육체의 욕심은 밑 빠진 독처럼 결코 완전하게 채워지거나 그

153. 참조, 이승현, 2020b: 207-60; Byrne, 173-82; Longenecker, 577-85.
154. 참조, O'Brien, 1991: 328; Lincoln, 1990: 285; Arnold, 2010: 287. 비교, Best, 440-41; Schnackenburg, 200.
155. 참조, 이승현, 2020b: 380-404.

갈증이 해소될 수 없는 허상을 계속해서 갈망하기 때문이다. 그리고 욕심은 죄와 그 죄가 거하는 육체에 의하여 자극되는 우상숭배로 향하는 가장 근본적인 죄이며, 죄는 아담에게 속한 인류를 통치하는 가장 효과적인 수단이다(롬 1:24; 6:12; 7:11; 13:14; 갈 5:16, 24; 비교, 창 3:1-7). 이처럼 옛 사람의 가장 큰 특징이 욕심이므로, 성도들이 가장 먼저 버려야 할 옛 삶의 방식도 바로 욕심이다. 욕심을 버림으로써 성도들은 옛 사람/자아가 추구하는 욕망에 근거한 옛 삶의 방식으로부터 자신들을 분리시키고, 자신들이 입고 있던 옛 사람/자아를 완전히 벗어버려야 한다. 그리고 옛 사람을 '벗어버린' 성도들은 벌거벗은 상태로 발견되는 것이 아니라, 그리스도가 창조한 새사람을 덧 '입어야'(ἐνδύσασθαι, 24절) 한다. 여기에 사용된 두 헬라어 동사들은 의복을 입고 벗는 일상생활에 근거한 비유로 보인다.[156] 구약과 헬라파 유대교에서 이 두 표현들은 종종 강함, 의, 명예, 위엄, 그리고 특정 덕목들을 채택하는 행위를 은유적으로 표현하기 위해서 사용되곤 했다(욥 27:5; 29:14; 40:10; 시 18:12; 93:1; 104:1; 필로, *Drunkenness* 7, 86). 물론 바울도 입고 벗는 행위를 묘사하는 비유를 통해서, 성도들이 취해야 할 윤리적인 가치와 삶에 대해서 묘사하곤 한다. 그러나 바울이 인용하는 세례에 대한 초대 교회 전통에 따르면, 옛 옷을 벗고 새 옷을 입는 의식적 행위는 성도들의 새로운 자아인 예수로 옷 입는 특별한 사건을 상징한다(갈 3:27-28; 롬 13:14; 골 2:11-12; 3:9-10).[157]

두 번째, 그리스도의 진리를 접하고 믿은 성도가 욕심을 따라 사는

156. Best, 1998: 431; Schnackenburg, 200; Arnold, 2010: 287.
157. 참조, Dunn, 1998: 442-60; Meeks, 1983: 151; Dahl et al., 2000: 427-28. 비교, Arnold, 2010: 287; Thielman, 2010: 303; Starling, 2019: 289-307.

옛 사람과 옛 삶의 방식을 버리기 위해서는 자신들의 심령을 '새롭게 해야'(ἀνανεοῦσθαι, 23절) 한다.[158] 여기서 새로워짐에 해당하는 헬라어 원형 부정사 '아나네우스타이'(ἀνανεοῦσθαι)는 신적 수동태이기에, 성도의 심령을 새롭게 해 주시는 주체는 당연히 하나님이시다.[159] 그런데 여기서 새로워짐의 목적 대상을 가리키는 헬라어 표현 '또 쁘뉴마띠 뚜 노오스'(τῷ πνεύματι τοῦ νοός, 23절)에 대해서 두 가지 해석학적 질문이 제기됐다:[160] (1) 여기서 언급되는 영이 하나님의 영인가 아니면 인간의 영인가? 그리고 (2) 마음과 영의 관계는 무엇인가? 일부 학자들은 위의 헬라어 표현이 바울서신 어디에서도 발견되지 않고 있음을 근거로 위의 영을 하나님의 영, 즉 성령으로 이해한다. 에베소서 전반에 걸쳐서, 성도들의 삶에 영향을 끼치는 성령의 사역이 매우 강조되고 있다는 것은 분명한 사실이다(1:17; 3:16; 4:3; 5:18; 6:18; 비교, 딛 3:5). 따라서 학자들은 23절을 '너희 마음 안에 거하는 성령에 의해서 새로워져야 한다'라고 번역하거나,[161] 아니면 '성령에 의하여 너희 마음이 새로워져야 한다'라고 번역한다.[162] 그러나 마음이 새로워짐의 직접적 대상이 되기 위해서는, 마음이 원형 부정사 '아나네우스타이'의 주어가 되어야 한다. 그러기 위해서는 마음을 의미하는 헬라어 명사 '노오스'(νοός)가 현재

---

158. 여기서 심령에 해당하는 헬라어 표현(τῷ πνεύματι τοῦ νοός)에 담긴 영의 정체에 대한 토론이 있었다. "이 영은 하나님의 영인 성령을 지칭하는가, 아니면 인간의 영을 지칭하는가?"(Schnackenburg, 200). 그러나 현재의 본문에서 바울의 토론의 대상은 인간의 마음이므로, 이 영은 인간의 영 곧 인간의 가장 깊은 곳에 존재하는 속사람을 지칭한다고 보는 것이 옳다. 참조, 엡 3:16; Lincoln, 1990: 287; MacDonald, 305.
159. 참조, O'Brien, 1991: 329; Lincoln, 1990: 286.
160. 참조, Arnold, 2010: 288.
161. Fee, 1994: 710-12.
162. Schnackenburg, 200; Arnold, 2010: 288-89.

의 본문처럼 소유격이 아니라 목적격으로 등장해야 한다. 그리고 성령을 새로워짐의 직접적인 주체로 묘사하고자 한다면, 아마도 바울은 도구 혹은 방법을 의미하는 헬라어 전치사 '엔'(ἐν)을 '쁘뉴마띠'(πνεύματι) 앞에 위치시켰을 것이다(비교, 고전 6:11; 12:3, 9, 13; 롬 15:16). 이에 대다수의 학자들은 여기에 언급된 영을 인간의 영으로 보고, 인간의 마음과 함께 반복되는 동의어로 간주한다.[163] 이 해석을 따르면, 하나님이 새롭게 해 주시는 대상은 인간의 심령, 즉 그의 속사람이다(3:16). 물론 이 해석에서도 인간의 심령을 새롭게 해 주시는 주체는 여전히 그의 능력인 성령을 통해서 역사하시는 하나님이다.

회심 전 성도들은 그들 옛 사람이 소유한 마음의 허망함을 따라 걸었다(4:17). 그런데 그들의 마음이 허망한 것으로 채워지자, 욕심은 틈을 타서 옛 사람을 기만하여 속이고 욕심이 원하는 삶의 방식을 추구하도록 유혹했다(4:22). 그러나 이제 새사람이 된 성도들은 옛 사람을 벗어 버리고 옛 삶의 방식으로부터 분리되기 위해 최선의 노력을 기울여야 한다. 이를 위해 성도들은 허망함으로 가득 찬 그들의 속사람, 즉 마음의 변화를 가장 먼저 경험해야 한다.[164] 하나님의 성령에 의해서 새롭게 변화된 마음은 단순히 선악에 대해 분별할 수 있는 정도의 부분적 개선이 아니라, 죄에 의해서 파괴됐던 참된 판단을 내릴 수 있는 기능의 회복을 포함한 본질적이고도 완전한 변화를 의미한다.[165] 성도들의 새롭게 된 마음은 진리가 배제된 허망함과 거짓된 욕심을 완전히 버리고, 하

---

163. O'Brien, 1991: 330; Muddiman, 220; Hoehner, 608-09; Lincoln, 1990: 287; Aletti, 237; Thielman, 2010: 306; Fee, 1994: 712.
164. 마음은 인간이 이해하고, 생각하고, 느끼고, 윤리적인 결정을 내리는 가장 핵심적인 기관이다. 참조, Behm, "νοῦς," *TDNT* 4:951-59.
165. 참조, Dunn, 1998: 74.

나님의 선하시고 기뻐하시고 완전하신 뜻이 무엇인지에 대해서 분별하게 된다(비교, 롬 12:2). 하나님의 기뻐하시고 완전하신 뜻은 성도들이 참된 의와 거룩함 속에서 그의 형상을 따라서 창조된 새사람을 입는 것이다(엡 4:24). 새사람은 옛 사람의 허망한 마음이 추구하던 욕망을 버리고, 하나님의 의와 거룩함을 추구하며 산다.

세 번째, 옛 사람과 옛 삶의 방식을 버린 성도들은 이제 그들의 새로운 정체성, 즉 새사람을 입고(ἐνδύσασθαι, 24절), 새사람에게 합당한 새 삶을 살아야 한다. 성도들의 삶의 방식을 결정하는 새로운 정체성은 '하나님의 의와 거룩함을 따라 창조된 새사람'(καινὸν ἄνθρωπον, 24절)이다. 새사람으로의 변화는 이미 그들이 선포된 진리의 말씀을 믿고 회심한 때, 즉 예수와 함께 죽고 살아나 하늘에 앉힌 바 됐을 때 발생한 사건이다(1:13; 2:5-6). 공동체적인 측면에서, 성도들은 회심의 때에 아담에게 속한 옛 인류에서 예수를 통해서 창조된 새로운 인류, 즉 그의 몸 된 교회의 구성원으로의 소속 변경을 경험하게 됐다(2:15). 그러나 개인적인 측면에서도, 성도들은 옛 인류의 한 구성원인 옛 사람에서 새롭게 창조된 새사람으로의 변화를 경험하게 됐다.[166] 그럼에도 불구하고, 이미 그리스도의 충만함 그 자체인 교회가 계속해서 성장하면서 그의 충만함으로 채워져가야 하듯이(1:23; 3:19), 이미 그리스도 안에서 새로운 피조물이 된 성도들도 계속해서 새사람을 입어야 한다. 여기서 새사람을 입는다라는 표현은 계속적인 회심을 의미하는 것이 아니라, 새롭게 변화된 마음과 새 삶을 통하여 새사람으로의 정체성이 그들의 삶에서

---

166. 이미 앞에서 여러 번 논의됐듯이, 바울의 교회관은 항상 공동체적인 동시에 개인적이다. 그리스도의 충만함에까지 이른 성숙한 성도 개개인들이 모여 그리스도의 충만함인 완전한 교회를 이룬다. 참조, O'Brien, 1991: 249; Hoehner, 610; Lincoln, 1990: 287.

계속해서 실체화되어야 함을 의미한다.[167] 바울의 구원관에서 하나님의 신적인 성취는 성도들을 단순히 수동적 객체로 만들지 않고, 긍정적으로 반응하는 능동적 객체가 될 것을 요청한다(비교, 빌 2:12-13).[168]

　그런데 성도들이 입어야 할 새사람은 옛 사람을 개선한 좀 더 나은 버전(version)의 인간이 아니라, 완전히 새롭게 창조된 새로운 피조물을 의미한다. 이에 바울은 새사람의 탄생을 창조를 의미하는 헬라어 수동태 분사 '끄띠스텐따'(κτισθέντα, 24절)로 묘사한다. 이 분사는 신적 수동태이기에, 창조의 주체는 그리스도 안에서 성령을 통해서 역사한 하나님이시다(2:10, 15; 고후 3:6; 5:17). 창세기 1장에서 창조주 하나님은 자신의 형상을 따라 아담/인간을 창조한다(창 1:26; 비교, 골 3:10). 이 본문에서 하나님의 형상은 하나님의 외모와 더불어 그의 신적인 성품을 의미한다.[169] 바울에게 하나님의 신적 본질의 가시적 표현은 영광(3:16; 롬 1:23; 2:7; 3:23; 고전 15:40-43; 고후 3:18; 4:4)이고, 그의 신적 성품은 거룩함과 의로움이다. 에베소서 4:24에서 바울은 새사람의 창조의 청사진이 된 '하나님다움'(κατὰ θεὸν,[170] 24절)을 '참된 의로움과 거룩함'(δικαιοσύνη καὶ ὁσιότητι τῆς ἀληθείας)이라고 칭한다. 하나님다움이라는 표현은 하나님의 형상과 그 내용상 동의어로 볼 수 있다(비교, 골 3:10).[171] 여기서 소유격 헬라어 명사 '알레테이아스'(ἀληθείας, 24절)는 추상적인 의미에서 복음의 진리를 의미할 수도 있고(1:13; 4:21; 6:14), 의와 거룩함을 수식하는 형용사구로 보아 '참된'이라고 해석될

167.　Arnold, 2010: 290; O'Brien, 1991: 331, 333.

168.　O'Brien, 1991: 273-89.

169.　참조, 이승현, 2021b: 124-50.

170.　이 헬라어 표현은 문자적으로 '하나님처럼', 혹은 '하나님답게'라고 번역될 수 있다.

171.　참조, Hoehner, 611.

수도 있다.[172] 새사람의 성품을 구성하는 진리 혹은 참됨은 옛 사람의 성품의 특징인 기만 및 거짓됨과 강하게 대조된다.

그런데 24절에서 바울이 하나님의 영광스러운 외모가 아니라 그의 의롭고 거룩한 성품을 강조하는 이유는 새사람이 된 성도들이 살아야 할 삶의 방식에 대해서 논의하고 싶기 때문이다. 물론 다른 곳에서 성도들의 새로운 부활의 몸에 대해 논하고 싶을 때, 바울은 하나님의 영광스러운 외모를 중심으로 자신의 논의를 전개한다(1:17, 18; 고전 15:40-49). 의와 거룩함은 구약에서 종종 하나님의 성품을 지칭할 때 사용되는 용어들이다(출 15:11; 시 143:1, 11; 145:7, 17; 신 9:5; 32:4; 삼상 2:2; 비교, 눅 1:75). 그런데 하나님이 의롭고 거룩하다는 사실은 하나님의 백성도 의롭고 거룩해야 함을 요구한다(레 11:44-45; 19:2; 지혜서 9:3; 살전 2:10; 엡 5:9; 6:14). 성도가 입은 새사람은 하나님의 형상, 곧 하나님의 거룩하고 의로운 성품을 따라 새롭게 창조된 자아를 의미하기에, 성도들은 자신들의 행위와 삶의 방식에서 하나님을 본받는 자들이 되어야 한다(5:1; 골 3:10). 이미 2:10에서 바울은 하나님이 성도들을 창조하신 목적은 그들이 선한 일들을 위하여 살기 위해서라고 선포했다. 성도들의 새로운 정체성은 필연적으로 그들에게 새로운 삶의 방식을 요청한다. 새 관점과 옛 관점 간의 최근 논의에서 하나님의 의는 바울 학자들 사이에서 열띤 논란의 대상이 됐다.[173] 그러나 에베소서에서 하나님

---

172. 참조, Best, 1998: 438; Muddiman, 221. 그러나 Arnold, 2010: 290은 이 헬라어 명사를 의와 거룩함의 기원인 복음의 진리로 해석한다(비교, 1:13; 4:21). 반면에 O'Brien, 1991: 333은 의와 거룩함이 복음의 진리로부터 말미암았기에 참된 것이 된다라고 해석함으로써 두 견해들을 조화롭게 결합한다. 비교, Lincoln, 1990: 288; Hoehner, 613.
173. 참조, Oropeza, 2021: 102-24; Thielman, 2011: 35-48; Hooker, 2008: 358-75.

의 의(δικαιοσύνη)는 '관계적 측면'에서 창조주 혹은 이스라엘의 하나님이 보여야 할 언약적 신실함이 아니라, '윤리적 측면'에서 성도들의 삶의 근간이 되어야 할 그의 의로움을 의미한다(비교, 5:9; 6:14).[174] 이어지는 본문에서 바울은 하나님의 의와 거룩함이 성도들의 삶에서 어떻게 실질적으로 구현되어야 하는지에 대해서 자세히 설명할 것이다.

25-29절 (버려야 할 네 가지 악과 취해야 할 네 가지 선) 바울의 관점에서는, 하나님의 형상을 따라 지어진 새사람은 하나님의 의와 거룩함을 따라 지어졌기에, 그 의와 거룩함을 자신들의 삶을 통해서 표현해야 한다. 의와 거룩함으로 채워진 삶을 묘사하기 위해서, 25-29절에서 바울은 성도들이 버려야 할 네 가지 악한 행위들과 취해야 할 네 가지 의롭고 거룩한 행위들에 대해서 알려 준다. 성도들이 버려야 할 네 가지 악한 행위들은 거짓말, 분냄, 도둑질, 그리고 악한 말이다. 반면에, 성도들이 취해야 할 선한 행위들은 진실을 말함, 분을 버림, 자선, 그리고 세워주는 말이다. 이에 더하여 바울은 악을 버리고 선을 취해야 할 특별한 이유들로 네 가지를 제시한다: 상호 지체됨(25절), 마귀에게 기회를 주지 말아야 함(27절), 필요한 자에게 베풀 것을 소유해야 함(28절), 그리고 듣는 자에게 은혜를 끼쳐야 함(29절). 그리고 이어지는 30-32절에서 바울은 다섯 가지 추가적인 악과 세 가지 추가적인 선에 대해서도 알려 줄 것이다. 바울은 악을 버리고 선을 추구해야 할 주요 동기로 성령을 근심시키지 말아야 함을 든다(30절). 25-32절 전체의 문맥을 고려할 때, 마귀에게 틈탈 기회를 주지 않고 성령을 근심시키지 않는 것이 성도들이 악한 행위들을 피하고 선한 행위들을 추구해야 할 가장 근본적이고

---

174. O'Brien, 1991: 332n.256; Hoehner, 612.

도 영적인 이유이다.[175] 그리고 5:1-2에서 바울은 하나님을 닮아가는 것
과 그리스도가 보여준 사랑을 따라 행하는 것을 성도들의 윤리적 삶의
가장 궁극적 이유로 제시할 것이다. 여기서 우리는 다시 한번 바울이 삼
위 하나님과의 긍정적인 관계 속에서, 그리고 악한 영들과의 영적 전투
속에서 성도들의 윤리적 삶을 이해하고 설명하고 있음을 알 수 있다. 바
울의 구원관에서 성도들의 윤리적인 삶은 단지 선한 덕목들을 취득하
는 윤리적 성취에 그치지 않고, 그리스도 안에서 온 우주 만물을 통일하
고 채우는 하나님의 우주적 계획을 구성하는 핵심 요소이다(1:4-5,
9-10, 22-23; 3:10-11, 19).

첫째, 하나님의 새 피조물인 성도들은 거짓말을 '벗어 버리고'(ἀπο-
θέμενοι,[176] 25절) 상호 간에 '진리'(ἀλήθειαν, 25절)를 말해야 한다. 이
두 헬라어 단어들은 22절과 24절에서 각각 옛 사람과 새사람에게 적용
됐던 단어들이다. 25절에서 이 두 헬라어 단어들을 다시 사용함으로써,
바울은 이어지는 25-32절의 윤리적 가르침이 앞선 자신의 가르침에 대
한 상세한 설명을 담고 있음을 알려 준다.[177] 바울은 자신의 윤리적 가르
침에 대한 논의를 옛 사람의 특징을 버리고, 새사람의 특징을 취하는 형
태로 전개할 것이다. 그런데 새사람이 가장 먼저 버려야 할 거짓말(τὸ
ψεῦδος)과 그 거짓말 이면에 놓인 기만은 모두 옛 사람이 보여주는 가

---

175. Arnold, 2010: 298; MacDonald, 308-09.
176. 24절에서 바울은 옛 사람을 벗어 버리라는 명령을 위해서 이 헬라어 분사를 사용
    했다. 현재의 본문에서 이 헬라어 분사는 단순히 직접 화법의 의미가 아니라, 명령
    의 의미를 지닌다. 참조, Best, 1998: 445; O'Brien, 1991: 337; Lincoln, 1990: 300;
    Schnackenburg, 206; Barth, 2:511; Arnold, 2010: 299.
177. 물론 25절을 시작하는 헬라어 단어 '디오'(διό)는, 대부분의 주석가들이 동의하고
    있듯이, 이 두 본문들 간의 인과관계를 명확하게 해 주는 문법적 장치로 기능하고
    있다. 참조, Thielman, 2010: 310; Lincoln, 1990: 300; Hoehner, 615.

장 현저한 특징들이다(4:14, 22). 헬라어 단어 '프슈도스'(ψεῦδος)는 일반적으로 모든 형태의 거짓된 것을 지칭하지만, 현재의 본문에서는 진실을 말하는 것과 반대되는 거짓말이라고 해석하는 것이 더 옳다.[178] 따라서 그리스도에게 속한 새사람이 보여야 할 첫 번째 특징은 거짓말과 그 이면의 동기인 기만을 버리고, 그와 반대되는 진실을 말하는 것이다. 4:15에서 이미 바울은 사랑 안에서 진리를 말하는 것이 바로 공동체가 그리스도의 장성한 분량에 이르기까지 성숙해지는 방법이라고 강조했다. 여기서 진실을 말한다는 것은 좁은 의미에서 성도들의 공통적 신앙의 핵심인 예수 그리스도에 관한 진리를 고백한다는 것을 의미한다. 그러나 현재의 본문에서 진실을 말한다는 것은 넓은 의미에서 성도들의 삶에서 모든 진실된 것들만을 말한다는 의미이다.[179] 하나님(4:24)과 예수(4:21) 안에서 발견되는 진리가 예수 안에서 하나님의 새로운 피조물이 된 성도들의 말하기의 가장 중요한 표식이 되어야 한다.

　그런데 25절 후반부에서 바울은 거짓말을 하지 않고 참된 것을 말해야 하는 특별한 이유를 하나 더 첨언한다. 그 이유는 성도들이 다 교회를 구성하는 지체들이요(비교, 롬 12:5; 고전 12:12), 따라서 상호 간에 돌보아야 할 이웃들(πλησίον, 25절)이기 때문이다. 하나님의 백성들이 자신의 이웃들에게 진실을 말해야 할 필요성은 이미 구약에서 가르친 오래된 교훈이다(슥 8:16; 시 15:2; 사 45:19).[180] 바울에게 구약은, 비록

---

178. 참조, O'Brien, 1991: 337.
179. 참조, Arnold, 2010: 300. 흥미롭게도, 롬 1:25에서 이 헬라어 단어는 하나님에 관한 진리를 거짓으로 바꾸어 버린 이방인들의 우상숭배를 지칭하고 있다. 비교, Thielman, 2010: 311.
180. 참조, Lincoln, 1990: 300; Thielman, 2010: 312. 스가랴는 하나님이 추방된 남은 자들을 다시 모은 후 그들을 회복할 때, 예루살렘이 진리의 도시로 불리게 될 것이라고 예언한다(슥 8:3).

기독론적으로 재해석되어야 하지만, 자신의 신학을 규정하는 가장 권위 있는 성경 말씀이다. 특별히 현재의 본문에서 바울이 스가랴 8:16을 인용하고 있다는 사실은 종말의 때에 회복될 하나님의 백성에 대한 스가랴의 예언이 예수 안에서 새롭게 창조된 교회를 통해서 성취됐다는 바울의 구원사적 믿음을 반영한다.[181] 그러나 여기서 바울의 교훈은 이웃을 자신의 몸처럼 사랑하라는 예수의 가르침에 대한 적용으로 볼 수도 있다(막 12:30-31). 바울에게는 사랑 안에서 진리를 말하는 것이 성도들의 이웃, 즉 다른 성도들이 머리 된 그리스도의 장성한 분량에까지 이르도록 세워주는 최선의 방편이다(엡 4:15). 나아가 성도들의 공동체인 교회가 바로 서서 그리스도의 모든 충만함으로 채워지기 위해서도 성도들 상호 간의 신뢰는 필수적이다. 성도들 간의 신뢰는 성령이 만든 연합의 끈을 더 견고하게 만들어 주기 때문이다. 그런데 성도들 상호 간의 신뢰는 서로 진실을 말함을 통해서만 이루어질 수 있다. 만약 성도들 간에 진실이 결여되어 있다면, 그들 간의 관계가 무너지고 그들이 이루어가야 할 몸 된 교회의 완전한 성숙은 불가능해진다(비교, 고전 12:25-27).

추후에 영적 전투에 대한 자신의 가르침에서 바울은 성도들이 진리로 허리띠를 삼아야 한다고 권면할 것이다(6:14). 사탄은 거짓말쟁이요 거짓의 아버지이기 때문에, 그의 가장 큰 무기는 바로 거짓말이다(창 3:1; 요 8:44). 영적 전쟁이라는 측면에서 볼 때, 현재의 본문에서 바울이 중요하게 생각하는 거짓말은 하나님에 관한 진리를 왜곡하여 성도들을 미혹할 수 있는 신학적 거짓말일 수 있다(비교, 유 4; 벧후 2:2,

---

181. O'Brien, 1991: 337-38; Moritz, 88-89; Neufeld, 1997: 33-34. 비교, Thielman, 2010: 312.

18).[182] 그러나 하나님의 가장 중요한 본성은 의롭고 진리만을 말씀하시는 것이다(비교, 살전 1:9; 엡 4:21; 요 14:6; 17:3; 요일 5:20). 이 사실은 하나님의 자녀들인 성도들, 즉 새사람들이 삶의 모든 영역에서 모든 형태의 거짓말을 버리고 진리만을 말해야 함을 알려 준다.

두 번째, 새사람에게 화를 내는 것이 때로 용납될 수 있는 반면에, 새사람은 해가 지도록 분을 품어 죄를 짓지 말아야 한다(ὀργίζεσθε[183] καὶ μὴ ἁμαρτάνετε, 26절). 여기서 바울은 시편 4:4를 인용하면서, 화와 분노의 위험에 대한 자신의 두 번째 경고를 전달한다. 바울은 어떤 상황에서 성도들이 화를 내는 것이 다소 용납될 수 있는 감정의 표현임을 인정한다. 왜냐하면 현재의 본문에서 바울은 화를 내는 것 그 자체를 금하고 있지는 않기 때문이다(비교, 4:31). 그러나 어떤 경우들에 한해서 화를 내는 것이 허용될 수 있는지에 대해서 바울은 상세한 가르침을 전달하지 않고 있다.[184] 예수의 경우에서 잘 보이듯이, 악과 죄를 향해서 선한 분노를 표현하는 것은 너무도 당연한 것이다(비교, 막 3:5; 마 21:12-27; 23:25-32). 만약 현재의 본문에서 바울이 시편 4편의 문맥을 염두에 두고 있다면, 다윗처럼 무고하게 혐의를 쓴 경우에 한해 표현되는 선한 분노를 의미할 수도 있다.[185] 그러나 현재의 본문에서 바울이 더 심각하게 문제삼고 있는 것은 화가 통제되지 않고 지속적인 현상으로

---

182. Thielman, 2005: 512-16, 652-55.
183. 여기서 화를 내는 것에 해당하는 원형 부정사 ὀργίζεσθε를 조건절로 해석할지, 아니면 명령으로 해석할지에 대한 논의가 있었다. 앞에서 이미 언급된 것처럼 대다수의 주석가들은 이 단어를 명령으로 해석한다. 참조, Hoehner, 620-21; O'Brien, 1991: 339-40; Arnold, 2010: 301; Daniel Wallace, 1989: 353-72.
184. 화의 해로움과 정당성에 대한 토론은 바울 당시 헬라 철학에서 중요하게 다루어지던 주제였다. 참조, William V. Harris, 2001: 110-20.
185. 참조, Thielman, 2010: 313; Hoehner, 620-21.

성도들 마음 안에 남아 있을 때이다. 이 점에 대해 바울은 '해가 지도록 분을 품고 있지 말라'는 권면을 통해서 분명히 한다. 그런데 4:2에서 이미 바울은 성도들 상호 간에 오래 참고 인내할 것에 대해서 권면했다. 오래 참고 인내한다는 측면에서 볼 때, 바울이 용인하는 화를 낸다는 것은 더디 화를 내는 것이라고 볼 수 있다(비교, 약 1:19-20). 그러나 해가 지도록 분을 마음에 품지 말라는 교훈을 통해서 바울이 강조하고 싶은 바는 31-32절에 잘 나타나 있다. 31-32절의 가르침에 따르면, 성도들은 마음에 분노와 쓴 뿌리 그리고 증오를 모든 악감정과 함께 버리고, 부드러운 마음으로 상호 친절하게 대하고 서로의 잘못을 용서해 주어야 한다. 마치 주 안에서 하나님께서 성도들을 용서해 주신 것처럼 성도들도 서로 용서해야 한다.

성도들이 취해야 할 새 삶의 방식에서 화와 분을 버려야 할 이유로 바울은 세 가지를 제시한다. 첫 번째, 바울에게 화와 분노는 새사람의 청사진이요 가장 중요한 본질적 특징인 하나님의 의로움과 정면으로 대치한다(24절; 약 1:19-20; 비교, 마 5:21-22). 화와 분노는 성도들의 삶에서 하나님의 의로움이 요구하는 것들을 이루지 못한다. 두 번째, 바울은 해가 지도록 분을 품고 있지 말라는 특별한 경고를 제시한다. 왜냐하면 해가 지고 어둠이 왔을 때,[186] 해결되지 못한 분노는 종종 더 심각한 결과를 초래할 수 있기 때문이다. 세 번째, 화와 분노가 해가 지도록 해결되지 않고 남아 있을 때, 마귀가[187] 틈을 타 성도들로 하여금 죄를 짓도록 유도할 수 있다(27절). 해결되지 않은 분노가 유발하는 죄들에 대

---

186. 율법에서 해가 지는 시간은 일꾼들에게 삯을 지불해야 할 시간으로 간주된다(신 24:15).
187. 바울의 다른 서신에서 마귀는 종종 사탄이라고 불린다(롬 16:20; 고전 5:5; 7:5; 고후 2:11; 11:14; 12:7; 살전 2:18; 살후 2:9; 딤전 1:20; 5:15).

해서 바울은 31절에서 경고한다: '모든 악독과 노함과 분냄과 떠드는 것과 비방하는 것들과 모든 악한 것들'. 화와 분노가 죄가 되는 경우는 마음속에서 시작하는 단계에서 제거되지 않고, 자랑, 교만, 보복 그리고 개인적 이익을 위하여 타인을 공격하는 행동으로 발전할 때이다. 그리고 다른 지체들을 향하여 쓴 뿌리와 악감정을 품고 근거 없는 비방을 만들어 그들을 해하려 할 때이다. 아마도 이런 종류의 화가 바울이 31절에서 금하고 있는 분노일 것이다(Arnold, 2010: 302).

27절에서 사용되는 헬라어 명사 '또뽄'(τόπον, 27절)은 은유적인 의미에서 '기회'라고 번역될 수 있지만, 문자 그대로 '장소' 혹은 '거점'이라고 번역될 수 있다.[188] 하나님이 거하시고 그의 충만함으로 채워져야 할 성도들의 마음에 마귀가 분노를 자신의 거점 삼아 거하고, 그 근거지에서부터 성도들에게 해를 끼칠 수 있다(2:22; 3:17, 19; 4:10; 5:18). 마태복음 12:43에서 예수는 쫓겨난 악령이 사람 마음 안에서 쉴 장소(τόπων)를 찾아 떠돌아다닌다고 경고한다(비교, 눅 11:24). 때로 쫓겨난 악령은 다른 일곱 악령들과 그가 쫓겨난 곳으로 되돌아와서 그 사람의 상태를 더 악화시켜 버린다(마 12:45). 요한계시록 12:7-8에서도 이 헬라어 명사는 미가엘과 천사들에게 패한 용과 그의 졸개들이 잃어버린 그들의 터전을 묘사하기 위해서 사용되고 있다. 바울 당시 유대교는 분노가 마치 자석처럼 악령들, 즉 '분노의 영들'을 끌어 들인다고 경고한다(*T. Dan* 1:8; 2:1, 4; 4:7; 5:1).[189] 바울에게 마귀는 공중 권세 잡은 자로서 현재 불순종의 자녀들 가운데서 힘 있게 역사하고 있다(엡 2:2). 따라

---

188. 참조, Arnold, 2010: 302. 비교, Hoehner, 622; O'Brien, 1991: 340-41; Schnackenburg, 207; Barth, 2:514.

189. Arnold, 2010: 302-03. 비교, Page, 1995: 188-89.

서 영적 전투에 직면한 성도들은 마귀를 적극적으로 대항해야 하는데 (6:11), 그 영적 전투의 장은 바로 성도들의 마음과 삶이다. 영적 전투에서의 승리와 패배는 일상에서 성도들 마음에 발생하는 유혹들을 그들이 어떻게 다루는가에 달려있다.[190] 이 사실은 25-32절에서 바울이 분노를 필두로 한 모든 악한 행위들을 왜 그토록 강력히 금하는지에 대한 분명한 이유를 알려 준다. 성도들은 악한 행위들과 동기들을 통해서 모략꾼인 사탄에게 근거지를 제공하지 않아야 한다. 성도들이 사탄에게 근거지를 제공하는 순간, 사탄은 하나님이 거하시는 전인 교회 안에 들어와 활동할 수 있는 합법적 권리를 얻게 되기 때문이다.

세 번째, 새사람이 된 성도들은 도둑질하지 말고 제 손으로 열심히 일하여 벌고, 선한 일 곧 자선을 베푸는 삶을 살아야 한다(28절; 비교, 롬 12:13; 고후 9:6-12).[191] 바울 당시 그리스-로마 사회의 일꾼들은 농번기에 일감이 없기에 가족들을 부양하기 위해 도둑질의 유혹을 경험했을 수 있다.[192] 도둑질을 금하는 것은 십계명 중 여덟 번째 계명으로서, 하나님 백성 공동체의 연합을 유지하기 위한 필수적 명령이었다(출 20:15; 레 19:11, 13, 18; 신 5:19; 호 4:2; 렘 7:9). 복음서에서 이 명령은 하나님의 율법에 대한 예수의 가르침에서 반복해서 등장한다(마 19:18; 막 10:19; 눅 18:20). 로마서 13:8-9에서 바울은 이 명령을 인용하면서, 이웃을 제 몸과 같이 사랑하라는 예수의 사랑의 계명의 핵심 내용 중 하나로 간주한다. 바울은 도둑질하는 자들은 하나님 나라를 기업으로 무를 수 없다고 고린도인들에게 엄하게 경고한다(고전 6:10). 그러나

---

190. O'Brien, 1991: 341; Page, 1995: 189.
191. 바울은 자신의 봉사에 대한 보답을 받기보다는, 스스로 일함을 통해서 선한 일을 도모하는 좋은 실례를 제공하고 있다(살전 2:9; 고전 4:12; 9:1-18).
192. Thielman, 2010: 315; O'Brien, 1991: 342; Best, 1997: 182-83.

현재의 에베소서 본문에서 바울은 단순히 도둑질을 금하는 십계명의
명령을 인용하는 수준을 넘어서, 도둑질에 대한 성도들의 대안적 삶의
형태에 대해서도 알려 준다. 성도들은 자신들의 손으로 선한 일을 하면
서 수고하여 일해야 하고(κοπιάτω ἐργαζόμενος, 28절), 그 결과로 발생
한 소득을 통해서 구제의 선한 일을 도모해야 한다. '일하고'에 해당하
는 헬라어 단어 '꼬삐아또'(κοπιάτω)는 완전히 탈진될 지경까지 수고하
여 일하는 것을 의미한다.[193] 바울은 종종 자신의 사도적 목회를 묘사하
면서, 자신의 수고에 이 단어를 적용하곤 한다(고전 3:8; 15:58; 16:16;
살전 5:12).

데살로니가전서 4:11-12에서 바울은 임박한 주의 재림 앞에 선 성도
들의 종말론적 직업관에 대해서 가르친다. 주의 재림을 앞둔 성도들은
일상에서 자신들을 분리시킴으로써 교회에게 재정적인 부담이 되지 말
아야 한다.[194] 대신 성도들은 자신의 손으로 일하여 자신의 물질적 필요
를 직접 충족시켜야 한다. 바울은 스스로 일하여 자신의 재정적 필요를
충족함으로써, 이러한 자신의 가르침에 합당한 본이 됐다(살후 3:7-8;
비교, 행 20:34-36). 그러나 에베소서 4:28에서 바울은 성도들이 수고
하며 일해야 하는 동기로서 자급자족하는 삶에 더하여, 또 다른 교회론
적 이유를 제공한다. 그 이유는 교회 공동체 구성원들 중 도움이 필요한
자들을 돕는 '선한 일'(τὸ ἀγαθόν, 28절)을[195] 하기 위해서(ἵνα ἔχῃ μετα-
διδόναι τῷ χρείαν ἔχοντι, 28절)이다. 에베소서에서 바울은 성도들이
부름 받은 이유가 선한 일을 하기 위함이고(2:10; 갈 6:10), 그들이 행한

193. Hauck, "κοπός, κοπιάω," *TDNT* 3.827.
194. 참조, Malherbe, 201-18.
195. 에베소서에서 선한 일은 단순히 윤리적으로 옳은 일을 넘어서, 공동체와 다른 지체
들을 세워주는 역할을 하는 선한 일을 지칭한다. 참조, Hoehner 626.

모든 선한 일에는 주로부터 오는 상급이 있을 것이라고 약속한다(엡 6:8). 다른 곳에서 바울은 성도들이 선한 일을 행할 수 있도록 하나님께 서 필요한 모든 은혜를 풍성하게 주실 수 있다고 가르친다(고후 9:8). 주의 재림의 날, 성도들은 그리스도의 심판대 앞에 다 서게 될 것이고, 그들이 행한 선한 일 혹은 악한 일에 따른 보상과 심판을 경험할 것이 다(고후 5:10). 물론 바울에게 어떤 일이 선한지 악한지에 대한 궁극적 인 판단 기준은 하나님의 뜻과의 일치성이다(롬 12:2). 에베소서에서 바 울이 반복해서 강조하는 하나님의 궁극적인 뜻은 예수를 머리로 하는 몸 된 교회의 모든 지체들이 상호 연합하여 도움을 주고, 이를 통해서 그리스도의 장성한 분량에 이르기까지 건강하게 자라가며, 하나님이 거하시는 성전으로 완전하게 세워지는 것이다(엡 4:14-16). 그러므로 성도들이 자신의 손으로 수고하여 다른 지체들의 물질적 필요를 채워 주어 그들을 세워주는 것은 하나님 앞에서 가장 선한 일을 행하는 것이 다. 누가의 기록에 따르면, 오순절 날 세워진 예루살렘 교회의 가장 현 저한 특징은 바로 가난한 자들과 함께 물질을 공유하는 것이었다(비교, 행 2:44-45; 4:32-5:11; 6:1-7).[196] 이방인 교회와 유대인 교회의 연합을 위해서, 바울은 이방인 교회들에게 예루살렘으로 보낼 선교헌금을 적 극 장려했다(롬 15:26-27; 고후 8-9; 갈 2:10).

마지막으로, 하나님의 새로운 피조물인 성도는 더러운 말들을 그의 입 밖으로 내뱉지 말고, 대신 다른 이들을 세워줄 수 있는 선한 말들만 을 골라서 해야 한다(29절).[197] 바울이 전하는 말에 관한 권면은 선악에

196. 참조, Rosner, 2007.
197. 바울에게 더러운 말은 성적인 희롱의 말만을 지칭하는 것이 아니라(Muddiman, 228; Lincoln, 1990: 305), 선한 말과 대조되는 그리스도의 몸을 세우는 일을 방해 하는 모든 종류의 일반적인 측면에서의 더러운 말을 지칭한다(4:12, 14). 참조,

대한 표제어들을 통해서 행동에 관한 앞의 세 번째 권면과 연결된다. 말
에 관한 바울의 권면도 다른 지체들, 즉 교회 공동체의 연합에 심각한
영향을 미칠 수 있는 특별한 주제이다.[198] 여기서 더러운 말로 번역된 헬
라어 형용사 '사쁘로스'(σαπρός)는 그 기본적인 의미가 "썩은" 혹은
"부패한"이다. 이 단어는 복음서 전통에서 나쁜 나무가 맺는 썩은 열매
를 지칭하거나(마 7:17-18; 눅 6:43), 혹은 버려져야 할 상한 물고기를
지칭하는 데 사용되고 있다(마 13:48). 성도들이 내뱉지 말아야 할 더러
운 말들의 정체에 대해서, 바울은 에베소서 5:4에서 다음과 같이 밝힌
다: '더러운 말, 어리석은 말, 그리고 상스러운 농담'. 이런 더러운 말들
의 문제점은 듣는 자들에게 은혜를 끼치지(χάριν τοῖς ἀκούουσιν, 29절)
못하고, 특별한 상황에서 성도들에게 필요한 세워줌(οἰκοδομὴν τῆς
χρείας, 29절)을 제공하지 못한다는 것이다. 이에 새사람이 된 성도들은
상호 세워줄 수 있는 '선한 말'(τις ἀγαθός, 29절)을 해야 한다. 선한 말
은 다른 성도들의 감정적 필요에 민감하게 반응하여 그들에게 필요한
적절한 위로를 제공하는 말로서, 낙심한 성도들을 세워주는 언어적 봉
사이다.[199] 앞에서 언급된 구제의 선한 일(28절)과 더불어, 은혜를 끼치
는 선한 말은 에베소서에서 바울이 궁극적인 선으로 간주하는 목회적
사역, 즉 다른 지체들을 세워 공동체 전체가 완전해지는 것을 성취한다
(4:12, 16).

　　말에 대한 가르침은 신약성서에서 매주 중요하게 다루어지고 있다.
복음서에서 예수는 입을 통해서 속으로 들어가는 것들이 불결한 것이

Thielman, 2010: 316.

198. 참조, O'Brien, 1991: 344; Lincoln, 1990: 306.

199. Arnold, 2010: 305; Thielman, 2010: 317. 참조, Heine, Origen, and Jerome, 198-
　　99.

아니라, 마음속에서부터 입을 통해 나오는 것들이 불결하다고 경고한
다(마 15:11-20). 그리고 심판의 날에 사람들은 자신들이 내뱉은 모든 부
주의한 말들에 대해서 변론해야 할 것이라고 경고한다(마 12:36-37). 그
변론에 대한 심판에 따라 어떤 이들은 무죄로 선고되고, 또 다른 이들은
정죄당할 것이다. 야고보도, 큰 배를 움직이는 작은 키처럼 그리고 온
숲을 태워버리는 작은 불씨처럼, 세 치 혀에서 나오는 말은 성도들의 삶
을 지옥으로 만들고 교회 공동체 전체를 파괴할 수 있을 정도로 강력하
다고 경고한다(약 3:1-12). 야고보에게 완전한 자는 혀를 다스리고 제어
할 수 있는 자이다(3:2). 이러한 예수와 야고보의 가르침에 일치하게, 바
울은 성도들의 마음에 상처를 주고 연합됨을 파괴하는 말 대신에, 성도
들 하나하나를 세워주고 교회 공동체 전체를 굳건하게 일으켜 줄 수 있
는 선한 말, 곧 '은혜를 끼치는 말'(χάριν τοῖς ἀκούουσιν, 29절)을 해야
한다고 가르친다.[200] 은혜를 끼치는 말은 오직 성도들의 속마음에 하나
님의 진리와 은혜가 가득 차 있을 때에라야 나올 수 있는 말이다. 예수
의 가르침처럼, 입으로 나오는 말은 마음속에 있는 생각을 반영하기 때
문이다.

　바울에게 측량할 수 없이 부요한 하나님의 은혜는 그리스도를 통해
서 성도들에게 임하여 그들의 죄 용서와 구원을 허락했다(엡 1:6-7). 하
나님이 성도들에게 은혜의 구원을 허락한 이유는 그의 은혜의 측량할
수 없는 부요함을 오는 모든 세대들에게 증거하여 하나님께 영광을 돌
리기 위함이다(3:5-8). 부활한 주 예수도 자신의 몸 된 교회를 세우기 위

---

200. Arnold, 2010: 305는 은혜를 끼치는 말 속에 다른 성도들을 위한 축복과 중보의 기
　　도를 포함시킨다. 중보기도는 은혜로우신 하나님께서 도움이 필요한 성도들을 도
　　와주시기를 간구하는 언어적 목회 사역이다.

하여, 그 몸을 구성하는 지체들 하나하나에게 자신의 은사의 분량에 따른 다양한 은혜를 제공했다(4:7). 하나님의 은혜는 구원받은 자들의 마음 안에 거하다가, 그들의 입을 통해서 다른 이들에게 전달되어 구원을 더 확장해가는 능력이 있다.[201] 그러므로 성도들은 자신들의 입으로 내뱉는 말의 내용에 대해 크게 주의를 기울여야 한다.

30절 (성령을 근심시키지 말 것) 네 가지 선악에 대한 권면을 제공한 후, 30절에서 바울은 이사야 63:10을 인용하면서 성령을 근심케 하지 말라고 권면한다. 이사야의 맥락에서 선지자는 출애굽 때 하나님이 그의 백성들에게 보여준 사랑과 자비에 반하여(사 63:9, 11, 14) 이스라엘이 광야에서 하나님께 반역한 사건을 기억하면서 이스라엘을 비판하고 있다. 흥미롭게도, 이사야는 광야에서 이스라엘이 하나님께 반역한 사건을 '하나님의 성령을 근심케 한 사건'이라고 칭한다(63:10).[202] 마찬가지로 성도들도 하나님으로부터 오는 구원을 그의 사랑과 자비와 함께 경험한 존재들이기에(엡 1:7, 14; 2:4, 14-18), 그들의 말과 행위를 통해서 하나님께 반역하고 성령을 근심케 할 수 있다(비교, 고전 10:1-11).[203] 그러나 말에 대한 교훈을 전달하고 있는 현재의 에베소서 맥락에서 성령에 관한 이사야 63:10의 인용은 다소 급작스러워 보인다. 이에 학자

---

201. MacDonald, 308; O'Brien, 1991: 345.
202. 시편 기자를 포함한 대부분의 선지자들은 출애굽 때 이스라엘의 반역이 하나님 자신을 근심케 했다고 비판하고 있다(비교, 시 78:40). 성령은 하나님의 영으로서 하나님의 임재를 의미하기에, 이사야와 시편 기자는 단지 다른 신학적 표현들을 통해서 동일한 생각을 묘사하고 있다.
203. 여기서 O'Brien, 1991: 347과 Fee, 1994: 712-13은 이사야서와 에베소서 본문들 간에 놓인 매우 중요한 모형론적(typological) 연결점들을 본다. 참조, Arnold, 2010: 306; Thielman, 2010: 318. 그러나 현재 에베소서 본문의 초점은 성도들의 반역에 대한 가르침이 아니라, 부도덕하고 불완전한 말에 대한 것이다.

들은 이사야서를 인용하는 현재 바울의 권면이 문맥상에서 수행하는
기능에 대해서 다양한 의견들을 제시했다.[204] 30절을 시작하는 헬라어
접속사 '까이'(καί)는 성령을 근심시키는 것이 29절에서 언급된 악한 말
과 직접적으로 연관이 있음을 알려 준다. 그리고 화를 내고 죄를 지어
마귀에게 기회를 주지 말라는 26-27절의 교훈과 정면으로 대치된다. 바
울에게는 옛 사람의 삶의 방식이 마귀의 영향 아래 놓여 있음에 반하여,
새사람의 삶의 방식은 성령의 영향 아래 놓여 있다(비교, 갈 4:3-6). 그
러므로 성령을 근심시키지 말라는 30절의 교훈은 4:25-5:2에서 바울이
가르치는 말과 분노 그리고 죄를 피해야 할 새로운 삶의 방식의 주요
동기로 기능한다.[205]

　4:25-5:2에서 바울은 새사람이 버려야 할 악들과 취해야 할 선들에
대한 포괄적 가르침을 전달하고 있다. 그런데 그리스도 안에서 새사람
을 창조하고 그의 성품을 형성하는 실행자는 하나님의 창조의 영인 성
령이다.[206] 그러므로 새사람이 취해야 할 선들은 성령을 기쁘게 하는 것
들임에 반하여, 버려야 할 악들은 성령을 근심시키는 것들이다. 갈라디
아서 5:16-25에서 바울은 성령 안에서 새사람으로 창조된 성도들은 성
령을 따라 행하여 성령의 열매들을 맺어야 한다고 가르친다.[207] 성령을
따라 걸으며 성령의 열매를 맺는 삶은 과거 옛 사람이 육체의 욕망을
따라 걸으며 육체의 열매들을 맺던 삶과 대조된다. 바울에게 육체의 욕
망을 따라 걷는 삶은 옛 사람이 마귀와 죄의 노예 됐음에 대한 명백한
증거이다(엡 6:12; 갈 4:3; 롬 7:8-23). 마귀에게 틈을 주고 마귀를 기쁘

204. 참조, Arnold, 2010: 305.
205. O'Brien, 1991: 345-46; Lincoln, 1990: 307; Arnold, 2010: 306; Barth, 2:547-49.
206. 참조, 이승현, 2018b: 30-37, 269-281.
207. 참조, Beale, 2005: 1-38; Coulson, 77-96.

게 하는 삶은 성령을 근심시키고, 성령을 따라 걸으며 성령의 열매를 맺는 삶은 마귀를 근심시킨다.

그러나 에베소서 전체의 맥락에서 볼 때, 더럽고 은혜를 끼치지 못하는 말과 분노 그리고 화가 성령을 근심시키는 데에는 좀 더 특별한 이유들이 존재한다. 이러한 악들은 성도들을 온전하게 하고, 교회를 하나로 세워가는 성령의 사역과 정면으로 대치되기 때문이다. 바울에게 성령은, 개인적인 측면에서, 구원의 날까지 성도를 인치고($\sigma\phi\rho\alpha\gamma\iota\zeta\omega$, 30절),[208] 성도의 마음에 거하면서 성도와 동행하는 삶을 사는 분이다(비교, 1:13-14). 인친다는 표현은 성도 구원의 첫 번째 보증금으로 성령이 주어지고, 성령이 '구원의 날'($\epsilon\iota\varsigma$ $\eta\mu\epsilon\rho\alpha\nu$ $\alpha\pi\omicron\lambda\upsilon\tau\rho\omega\sigma\epsilon\omega\varsigma$, 30절)까지[209] 성도들의 구원을 확증하고 보증함을 의미한다. 문자적으로 인친다는 표현은 짐승의 몸에 인두로 지져서 그 주인이 누구인지를 확실하게 공개적으로 알려줌을 의미한다. 이런 맥락에서 성령의 인침은 성도들의 주인이 바로 하나님임을 성령이 온 우주에 공개적으로 선포하는 행위이다. 그런데 여기서 바울은 성도가 경험할 구원의 날을 미래로 돌리고 있다. 이미 성도들은 예수와 함께 죽고 살아나 하늘 보좌 우편에 함께 앉힌 바 됐지만, 그들의 구원의 완성은 미래에 일어날 사건이기 때문이다(비교, 1:10, 14; 2:7; 5:5, 27; 6:8, 13).

그리고 성령은, 공동체적인 측면에서, 평안의 매는 줄로 한 몸 된 교

---

208. 바울은 종종 성령을 구원받은 성도가 마지막으로 경험할 구원의 완성, 혹은 부활의 확실한 보증이 된다고 선포한다(고후 5:5).

209. 구원의 날은 주의 날과 동일한 표현으로서, 주 예수의 재림과 이어지는 종말론적 심판을 지칭한다. 하나님의 백성에게는 구원이, 그러나 대적들에게는 멸망이 선고될 것이다(롬 13:11-12; 고전 1:8; 5:5; 고후 1:14; 빌 1:6, 10; 2:16; 살전 5:1-10; 살후 2:1-12).

회의 연합을 유지하고 교회의 성장을 책임지는 분이다(4:3). 현재 모든 성도들은 성령 안에서 한 몸으로 연합하여 하나님이 거하시는 집으로 지어져 가고 있다(2:22). 이를 위해서 그리스도의 선물이 성령의 은사들의 형태로 선택된 직분자들과 모든 성도들에게 봉사를 위해 허락됐다(4:7, 11-12). 그리고 에베소서에서 성령은 성도의 영적인 경험과 예배에서도 중요한 역할을 담당하는 분으로 묘사된다(5:18-19). 그러므로 교회의 연합과 성도들의 하나 됨을 파괴하는 모든 말과 행위들은 성령의 본성과 사역에 정면으로 도전한다.[210] 4:25-5:2에서 언급되는 악한 말과 분노는 성도의 개인적인 영적 성장과 구원의 완성, 그리고 공동체적 예배와 연합을 모두 망쳐버리는 마귀의 수단으로 기능할 수 있다(4:27). 이에 새사람인 성도들이 이러한 악한 말과 분노에 굴복할 때, 그 위험을 누구보다 잘 아는 성령은 크게 근심한다.

31-32절 (비통한 마음과 부드러운 마음: 다섯 가지 악과 세 가지 선) 앞에서 성령을 근심하게 하지 말라고 경고한 바울은 성도들의 분노와 악한 말에 더하여, 이러한 악한 표현을 가져오는 마음의 상태에 대한 자신의 교훈을 계속해서 이어간다.[211] 31-32절에 담긴 바울의 교훈은 앞에서 보여준 가르침과 유사하게 삼중적 패턴으로 진행된다: (1) 금지의 명령, (2) 권면의 명령, 그리고 (3) 그 이유.[212] 현재의 본문에서 바울이 금하는 것은 비통함과 분노 그리고 악한 말들이고(31절), 그가 권면하는 것은 부드러운 마음과 친절 그리고 용서이다(32a절). 그리고 이러한 행동방식에 대한 주요 동기는 그리스도 안에서 하나님이 먼저 성도들을 용서

---

210. 참조, O'Brien, 1991: 348.
211. 고대 유대교에서도 말과 분노는 종종 함께 중요하게 다루어지고 있다(예, 잠 15:1-4; 29:11; 시락 27:4-28; 비교, 약 1:19-20).
212. O'Brien, 1991: 349; Thielman, 2010: 318; Hoehner, 641.

했기 때문이다(32b절). 예수가 이미 가르친 것처럼, 사람들이 행하는 모든 악한 행위들은 그들의 마음에 들어찬 악한 생각들의 표현이다. 이 사실을 바울은 그가 금하는 다섯 가지 악들을 언급하면서, 마음의 비통한 감정, 화와 분노, 그리고 상대방을 적극적으로 공격하는 악한 말들의 순서로 발전시키면서 보여준다.[213]

그런데 하나님의 임재를 의미하는 성령이 거하는 곳은 성도들의 마음이다. 성령은 자신의 처소에서 발생하는 성도들의 악한 행위들과 그 행위들을 유발하는 악한 내면적 동기들을 도무지 견딜 수가 없다. 바울은 옛 사람의 다양한 악한 행위들 중에서도 가장 성령을 근심시키는 것은 분노와 관계된 죄악들임을 오중적으로 알려 준다: '비통함, 노함, 분냄, 고함, 그리고 비방'(31절).[214] 사람의 마음속에 들어찬 비통함과 분노는 상대방을 향한 악한 생각과 말을 통하여 상대방을 공격하는 것으로 표현된다. 성령은 이러한 마음의 분노하는 상태와 악한 표현과 함께 공존할 수가 없다. 하나님의 영이요 주 예수의 영인 성령은 그 본질상 서로를 향하여 친절하고 불쌍히 여기며 용서하는 마음을 원한다(비교, 고전 2:9-15). 따라서 성령은 성도들의 마음이 그리스도 안에서 죄인들을 용서하신 하나님의 사랑으로 계속해서 채워져 있기를 원한다(32절).[215]

31절에서 바울은 이미 26절에서 자신이 소개한 분노의 주제를 다시 한번 언급하면서, 훨씬 더 발전된 형태로 묘사하며 논의한다. 26절에서

---

213. 참조, Thielman, 2010: 318; Schnackenburg, 211.

214. 분노에 대한 경고는 구약과 유대교, 신약성서(비교, 약 1:19-20), 그리고 스토아 철학에서 공통적으로 발견되는 중요한 주제이다.

215. 이러한 하나님의 용서는 예수가 이 땅에서 전한 자신의 가르침의 핵심으로서 주기도문의 중요한 내용 중 하나이다(마 6:9-15). 에베소서에서 바울은 예수 그리스도의 용서 이면에 존재하는 아들을 희생함으로써 보여준 하나님의 용서에 대해서 강조하고 있다.

바울은 의로운 분노와 통제되는 짧은 순간적 분노는 다소 용인하는 듯 보였다. 그러나 31절에서는 의롭지 않은 분노가 발전하는 모습을 상세히 묘사하면서, 그리고 '모든'(πᾶσα)이라는 헬라어 형용사를 두 번 반복하면서, 분노가 성도들의 마음에서 철저히 제거되어야 함(ἀρθήτω, 31절)을 엄중히 강조한다. 새사람의 마음 안에서 제거되어야 할 다섯 가지 악의 시작점은 마음속에서 느끼는 비통함(πικρία, 31절)이다. 비통함은 식물이나 물에서 느끼는 쓴 맛을 은유적으로 표현하는 단어이다(예, 마라의 물, 출 15:23; 쓴 뿌리, 신 29:17). 욥은 고난 중에서 자신의 영혼이 느끼는 비통함을 이 단어를 통해서 표현하고 있다(욥 3:20; 10:1). 그러나 이사야서 37:29에서 이 단어는 하나님을 향하여 마음에 쓴 뿌리를 품고 반역한 이스라엘의 죄를 지칭한다. 일반적인 의미에서 비통함은 과거나 현재 자신에게 발생한 일에 대한 분함을 마음속에서 계속 붙들고 있는 상태를 의미한다(Lincoln, 1990: 308). 그런데 문제는 이 마음속에 깊이 정박한 비통함은 곧 상대방을 향한 분노(θυμός, 31절)와 화(ὀργή, 31절)로 발전하게 되고, 분노와 화는 고함침과 비방함을 통해서 상대방을 공격하는 것으로 표현된다는 사실이다.[216] 여기서 분노와 화는 고대 유대인들의 이해에서와 마찬가지로(시 6:1; 37:8; 잠 27:4; Pss.Sol. 2.23) 거의 동의어로 간주될 수 있다.[217] 바울서신 이외에도 비통함과 분노와 화는 고대인들의 윤리적 가르침에서 종종 함께 등장한다.[218] 그런데 문제는 통제되지 않은 분노와 화는 상대방을 향하여 고함침과 비방함으로 폭발한다는 사실이다. 싸움에서 흔히 나타나듯이, 상대방을 향

---

216. 참조, Arnold, 2010: 307; Best, 1998: 461; O'Brien, 1991: 349.
217. 이 둘 간의 유사성과 차이점에 대해서는 Hoehner, 634-35를 참조하라.
218. Arius Didymus, Epitome of Stoic Ethics 10b; 필로, Drunkenness 223.

한 고함 속에서 분노와 화는 온갖 악한 비방과 모욕을 통해서 폭력적으
로 발산된다.

비통함과 분노와 화, 그리고 이것들이 공격적이고 폭력적으로 표현
되는 악한 비방과 고함침은 성령의 내주하심과 함께 갈 수 없는 것들이
다. 왜냐하면 이러한 악한 감정과 폭력적인 표현들은 인간의 마음이 강
퍅하게 굳어져 있음에 대한 명백한 증거이기 때문이다. 이러한 강퍅한
마음은 마귀가 거하기 좋아하는 장소이지만, 하나님의 성령은 결코 거
할 수가 없다. 예수도 자신의 가르침에서 이러한 악하고 폭력적인 말들
은 부패한 마음에 그 뿌리를 두고 있다고 경고한다(막 7:21-22; 마
15:19). 특별히 이러한 비통함과 분노가 폭력적인 언어로 교회 내에서
다른 성도들을 향하여 표출될 때, 성령이 그토록 원하는 평화의 끈으로
묶어진 하나 됨의 연합은 불가능하다. 이에 바울은 성령을 모시고 사는
새사람, 즉 모든 성도들은 서로를 향한 친절함으로 상호 불쌍히 여기라
고 권면한다(엡 4:32).[219] 2:6-7에서 불쌍히 여김과 친절함은 하나님이
그리스도 안에서 성도들을 향하여 보여준 태도로서, 오는 모든 세대들
에게 증거되어야 할 하나님의 성품에 대한 가장 핵심적인 내용이다.[220]
따라서 성도들의 마음이 서로를 향하여 비통함, 즉 쓴뿌리로 채워지는
대신에, 서로 용서하라고 바울은 권면한다(32절). 성도들이 서로 용서
해야 할 이유는 하나님이 그리스도 안에서 그들을 먼저 용서했기 때문

---

219. 친절은 구약에서 가장 강조되는 피조물과 이스라엘을 향한 하나님의 본성이다(시
    25:7; 34:8; 65:11; 145:9; 렘 33:11; 지혜서 15:1).
220. 구약에서도 하나님의 친절한 성품은 종종 이스라엘이 하나님을 찬양해야 할 이유
    로 등장한다(시 25:7-8; 34:8; 69:16; 100:5; 119:68; 145:9). 바울은 롬 2:4, 11:22, 그
    리고 딛 3:4에서 이 단어를 사용하고 있다.

이다.[221] 성도들이 과거 그들의 죄와 허물 속에서 죽어 있고, 불순종의 영을 따라 반역하는 삶을 살아가고 있을 때, 하나님은 그들을 향한 자신의 용서를 먼저 분명하게 보여주었다(2:1-5). 하나님의 용서와 사랑의 부인할 수 없는 가장 명백한 증거는 그가 아들을 죄인들을 위한 희생제물로 내어주었다는 사실에서 발견된다(1:7; 2:5, 7, 8). 복음서에서 예수는 베드로에게 죄 지은 형제를 일흔일곱 번까지, 혹은 일곱 번을 일흔 번까지라도 용서하라고 권면한다(마 18:22). 이처럼 바울에게 하나님과 그리스도가 보여준 구원의 은혜와 희생은 성도들의 새로운 삶을 탄생시킨 근거인 동시에, 그들이 본받아야 할 모범으로 기능한다.[222] 이 사실을 바울은 이어지는 5:1-2에서 하나님을 본받는 자가 되라는 권면을 통해서 분명히 한다.

5장 1-2절 (사랑 안에서 행함으로 하나님을 본받는 자) 결론적으로(οὖν, 1절), 새사람의 삶의 방식은 새사람의 본성에 맞게 사는 것을 의미한다. 성도들의 새사람 됨은 하나님의 자녀로 재창조된 결과이기에, 새사람의 성품은 아버지 하나님의 성품에서 발견되어야 한다. 바울에게 하나님의 성품은 측량할 수 없을 정도로 부요한 그의 희생적 사랑에서 가장 잘 증거된다(4:32; 1:4-6; 2:7; 롬 5:5). 이에 바울은 성도들이 그 마음의 본질과 성품에 있어서 하나님 아버지를 닮아가도록 노력해야 한다고 권면한다. 이 권면은 '하나님을 본받는 자'(μιμηταὶ τοῦ θεοῦ, 5:1)가 되라는 한마디 명령으로 간략하게 요약된다.[223] 여기서 본받는 자에 해당

---

221. 31-32절의 가르침은 골 3:12-13에서 매우 유사한 형태로 전달되고 있다.
222. Arnold, 2010: 309; Best, 1998: 464; O'Brien, 1991: 351-52; Dahl, 1976: 34-35.
223. 바울은 살전 1:6과 고전 11:1에서 그리스도를 본받는 자가 되라고 권면한다. 그런데 살전 1:6, 살후 3:7, 9, 그리고 고전 4:16, 11:1에서는 자신을 본받으라고 권면한다. 바울은 이미 자신의 인생 목표를 그리스도를 본받아 자신 안에 그리스도가 형성되

하는 헬라어 명사 '미메떼스'(μιμητής)의 문자적 의미는 복제품인데, 최
상의 복제품은 원본과 가장 많이 닮은 것이다. 그런데 신약성서에서 이
단어는 명사형으로 여섯 번, 그리고 동사형으로 세 번 정도 밖에 등장하
지 않는다. 히브리서를 제외한다면(히 6:12; 13:7), 이 단어는 오직 바울
서신에서만 발견되고 있다. 바울은 그리스도를 모방하는 자신과 교회
를 성도들이 모방할 것을 권면하면서, 이 단어의 명사형을 다섯 번 그리
고 동사형을 두 번 사용한다(고전 4:16; 11:1; 살전 1:6; 2:14; 비교, 살후
3:7, 9).[224] 그런데 '하나님을 본받는 자가 되라'는 표현은 성경에서 단 한
번 에베소서 5:1에서 발견되고 있다. 그러나 이 표현이 의미하는 바는
성경에서 다양한 형태로 반복해서 발견된다.[225] 예를 들면, 구약은 이스
라엘이 그들이 섬기는 거룩하신 하나님처럼 거룩한 백성이 되어야 함
을 반복해서 강조한다(출 22:31; 레 11:45; 19:2; 20:7; 비교, 신 13:4; 벧
전 1:16). 복음서에서 예수는 제자들에게 하나님이 자비로운 분인 것처
럼 그들도 자비로운 자들이 되어야 한다고 가르친다(눅 6:35-36; 마
5:44-48). 왜냐하면 제자들은 하나님의 성품을 공유한 하나님의 자녀들
이기 때문이다(눅 6:35). 그리고 에베소서 4:32에서 바울은 그리스도 안
에서 하나님이 성도들을 용서하신 것처럼, 성도들도 서로를 용서해야
한다고 가르친다. 성도들이 하나님의 '사랑받는'(ἀγαπητά, 1절; 6:21)[226]
자녀들로 하나님의 형상을 따라 새롭게 창조됐기에, 그들은 자신들이

는 것으로 정했다(빌 3:7-12; 갈 4:19).

224. 참조, Hoehner, 644; MacDonald, 310; Clarke, 329-60; O'Brien, 1995: 83-107.
225. 바울 당시 필로를 포함한 헬라적 유대교는 하나님을 모방하는, 혹은 닮아가는 것에
     대한 많은 묵상과 관심을 기울였다. 참조, Hoehner, 644-45; Arnold, 2010: 310.
226. 복음서에서 이 단어는 하나님의 사랑받는 독생자인 예수를 지칭하기 위해서 쓰였
     다(막 1:11; 마 3:17; 눅 3:22; 막 9:7; 마 17:5; 눅 20:13). 구약에서는 아브라함의 유
     일한 아들 이삭에게 적용됐다(창 22:2, 12, 16).

경험한 동일한 사랑으로 다른 성도들을 대해야 한다(2:10, 15; 4:24; 비교, 갈 6:15; 고후 5:17).

성도들이 예수를 믿고 하나님이 제시한 구원을 기쁨으로 받아들였을 때, 그들은 하나님의 자녀들로 입양됐고(롬 8:15; 갈 4:5) 하나님의 영원한 기업의 상속자들이 됐다(엡 1:18). 그렇게 하나님의 자녀가 된 성도들은 이제 하나님을 본받아 하나님의 사랑 안에서 걸어야(살아야) 한다. 사실, 사랑 안에서 걷는(περιπατεῖτε ἐν ἀγάπῃ, 2절) 새사람의 행동방식의 중요성은 바울이 앞에서 금한 모든 분노와 화, 거짓과 비통함, 그리고 욕과 중상모략에 대한 궁극적인 대안이라는 점에서 발견된다. 따라서 이어지는 에베소서의 후반부에서 바울은 사랑 안에서 걷는 성도들의 새 삶의 모습에 대해서 다각도로 묘사할 것이다(5:25, 28, 33; 6:24). 이 가르침 속에서 바울은 사랑이 모든 율법의 완성이 된다는 예수의 가르침을 잘 따르고 있다(롬 13:8-10; 갈 5:14; 막 12:31; 마 22:36-40; 요 13:34-35).

이미 앞에서 바울은 성도들을 하나님의 참된 의와 거룩함을 따라 하나님의 형상대로 새롭게 창조된 자녀들이라고 칭했다(4:24). 그런데 현재의 본문에서 바울은, 비록 성도들이 이미 새롭게 창조된 하나님의 거룩한 자녀들이지만, 새사람의 거룩한 성품은 한순간에 완성되는 것이 아니라, 성도들이 계속해서 이루어가야 할 수고와 노력의 대상이라는 것을 알려 준다. 이 사실을 바울은 현재 명령형 '기네스떼'(γίνεσθε, 1절)를 통해서 강조한다.[227] 그리고 이러한 새사람의 성품은 아버지 되신 하나님을 관찰하고 그의 성품을 본받음으로써 이루어진다. 성도들의 거룩하고 도덕적인 품성의 근원은 그들의 아버지이신 하나님에게서 발

227. 참조, Arnold, 2010: 309.

견되기 때문이다. 물론 이러한 변화의 과정을 주도하는 분은 성도들 마음 안에 거하는 성령이다. 그리고 하나님의 성품을 닮아가는 가장 훌륭한 실례는 바로 예수 그리스도이다. 예수 그리스도는 아버지의 사랑을 본받아 자신을 우리 죄의 희생제물로 드림으로써 우리를 향한 하나님과 자신의 사랑을 직접 보여주었다(2절). 그런데 자신이 희생제물로 드려진 사건에서 그리스도는 단순히 하나님의 뜻에 대한 순종만을 보여준 것이 아니다(롬 4:25; 8:32). 십자가 상에서 예수 그리스도는 성도들을 향한 자신의 사랑을 능동적으로 표현했다(엡 5:2, 25; 요 13:34; 15:12-14; 갈 1:4; 2:20; 딤전 2:6; 딛 2:14). 바울은 헬라어 능동태 표현 '빠레도껜 헤아우똔'(παρέδωκεν ἑαυτὸν, 2절)을 통해서 그리스도가 '스스로를 희생제물로 내어준' 사실을 분명하게 강조한다.

그런데 2절에서 바울은 그리스도의 희생을 '우리를 위해서 하나님께 드려진 향기로운 예물과 희생제물'(ὑπὲρ ἡμῶν προσφορὰν καὶ θυσίαν τῷ θεῷ εἰς ὀσμὴν εὐωδίας, 2절)이라고[228] 칭한다.[229] 여기서 발견되는 '우리를 위해서'(ὑπὲρ ἡμῶν)라는 표현은 그리스도의 죽음에 담긴 대속적 의미에 대한 예수 자신의 가르침(막 10:45; 고전 11:24)과 그에 대한 초대 교회의 오래된 신앙고백을 그 안에 담고 있다(롬 5:8; 8:31, 32, 34; 고전 15:3; 고후 5:21; 갈 3:13; 살전 5:10; 딛 2:14; 히 6:20; 요일 3:16).[230] 그리스도는 자신의 생명을 성도들의 죄에 대한 희생제물

---

228. 향기로운 예물과 희생제물은 두 단어를 연결하여 한 뜻을 의미하고 강조하는 중언법(hendiadys)으로 보는 것이 옳다. 참조, O'Brien, 1991: 355; Arnold, 2010: 311; Best, 1998: 470; Hoehner, 648-49.

229. 여기서 바울은 예수의 죽음을 구약의 희생제사 제도를 통해서 설명하고 있다. 히브리서는 예수의 희생제사가 구약의 짐승 제물들과 달리, 단 한 번에 드려진 영원한 제사임을 강조한다(히 10:5, 8).

230. 참조, Thielman, 2010: 321; Arnold, 2010: 311.

로 드림으로써, 그들로 하여금 하나님과 화해한 후 하나님의 자녀들이
되게 했다. 그리스도의 희생이 하나님이 매우 기쁘게 받은 희생제물이
라는 사실을 바울은 '향기로운 향기'(ὀσμὴν εὐωδίας, 2절)라는 표현으
로 강조한다.[231] 이러한 그리스도의 희생에서 바울은 자신의 이익을 추
구하지 않고 성도들의 이익을 추구한 그리스도의 이타적 사랑을 본다
(빌 2:1-8). 이에 바울은 타인의 구원을 위하여 자신의 이익을 기꺼이 포
기한 그리스도를 본받아, 바울 자신도 고린도 교인들의 구원을 위하여
자신의 사도적 권리를 포기했다고 고백한다(고전 10:33-11:1; 빌 2:1-6).
회심한 바울에게 삶은 더 이상 바울 자신의 삶이 아니라, 하나님의 아들
을 믿는 믿음 안에서 예수 그리스도가 살아가는 새로운 삶이다(갈
2:20). 바울은 성도들이 자신의 모범을 따라 그리스도를 본받는 자기 희
생적 삶을 살아갈 것을 권면한다(살전 1:6; 비교, 벧전 2:21). 추후에 바
울은 그리스도가 교회를 위하여 자신을 내어줄 정도로 교회를 사랑한
것처럼, 남편들도 아내들을 그렇게 사랑하라고 권면할 것이다(엡 5:25).
이처럼 바울에게 그리스도의 자기희생적 사랑은 성도들의 새로운 삶의
표준으로 기능한다.

　결론적으로, 하나님과 그리스도가 바울과 성도들에게 보여준 사랑
은 그들이 사랑받는 자녀들로 탄생하게 되는 근거인 동시에, 그들이 닮
아가야 할 새로운 삶의 모범으로 기능한다(엡 4:1).[232] 자기희생적 사랑

---

231. 이 표현은 구약에서 하나님께 드려지는 받을 만한 제물을 묘사할 때 종종 사용되는
표현이다(출 29:18; 레 1:9, 13, 17; 2:2, 9; 3:5, 11, 16; 4:7; 6:8; 8:28; 23:13). 흥미롭
게도, 겔 20:41에서 이 표현은 망명한 이스라엘이 다시 하나님의 백성으로 회복될
때 그들을 지칭하기 위해서 사용되고 있다. 고후 2:14-16에서 바울은 이 표현을 성
도들에게 적용하고 있다. 참조, MacDonald, 311.
232. 참조, Best, 1998: 468; Schnackenburg, 213; Arnold, 2010: 310; O'Brien, 1991:
354; Lincoln, 1990: 311.

은 하나님과 그리스도로부터 사도의 사역을 통해서 성도들에게 흘러갔고, 하나님과 성도들 간에 새롭게 형성된 가족관계의 가장 중요한 특징이 됐다. 그리고 이 사랑은 사랑받는 자녀들이 살아가는 새 삶을 규정하는 가장 중요한 표식이 됐다. 하나님의 사랑 안에서 살아가는 성도들의 새 삶은 과거의 죄와 분노 그리고 험담 속에서 하나님 없이 살아가던 그들의 옛 삶과 강력하게 대조된다. 바울은 이 모든 윤리적 가르침을 하나님을 본받는 자가 되라는 한마디 가르침으로 요약한다.

해설

4:17-5:2에서 바울은 하나님을 본받는 새사람의 삶을 성도들이 버려야 할 악과 취해야 할 선을 통해서 상세히 묘사하고 있다. 바울은 성도들의 과거 생활 방식과 새로운 삶의 방식을 비교·설명하면서, 하나님을 본받는 삶의 본질과 모습에 대해서 설명해 준다. 과거 성도들은 다른 이방인들과 마찬가지로 하나님의 진리에 대한 무지로 인하여 영적인 어두움 가운데 거하고 있었다. 그 결과, 그들은 마음의 허망한 욕심을 따라 삶으로써 하나님의 생명에서 떠나 있었다. 하나님을 떠나 있는 삶의 본질은 욕심을 따라 방탕과 온갖 육체의 정욕을 추구하며 사는 것이다. 그들은 사탄과 세상 방식의 영향력 아래 놓인 죄와 육체의 노예가 됐다. 회심 전 성도들의 소망 없는 삶의 결론은 하나님의 진노였다. 그러나 하나님은 죄인 된 그들에게 먼저 손을 내밀어 자신이 예정하고 준비한 구원을 제시했다. 그리스도 안에 존재하는 하나님에 관한 진리가 복음의 형태로 성도들에게 선포됐고, 그 복음을 믿음으로 영접한 자들은 다 하나님의 자녀가 되어 하나님의 생명을 누리는 자들이 됐다. 하나님이 내

어준 예수 그리스도 안에서 죄인들은 하나님의 의와 거룩함으로 지어진 하나님의 자녀로 재창조됐다. 이렇게 새로운 생명의 삶을 살 수 있게 된 성도들을 바울은 하나님의 새사람/새인류이라고 부른다.

그러나 하나님의 새사람으로 창조된 하나님의 자녀들은 계속해서 하나님의 성품을 자신들 안에서 이루어가야 한다. 하나님의 새사람들은 자신들의 창조의 청사진이 된 참된 진리의 거룩함과 의에 근거하여, 자신들의 마음을 과거의 허망한 욕심 대신 하나님의 성품으로 채워야 한다. 이 필요성을 사도는 하나님을 본받는 자가 되라는 한마디 권면으로 간결하게, 그러나 매우 효과적으로 요약한다. 하나님을 본받는 자의 가장 훌륭한 예는 바로 예수 그리스도에게서 발견된다. 아들을 희생한 하나님의 자기희생적 사랑을 본받아, 예수는 자신을 성도들의 죄를 위한 향기로운 희생제물로 내어주었다. 그러므로 하나님 아버지와 아들 예수의 사랑과 용서는 새사람의 새로운 삶의 가장 중요한 본질이 된다.

그런데 부활한 예수께서는 하나님의 영인 성령을 성도들에게 보내어 그들의 구원을 인쳐 주셨다. 현재 구원의 보증으로 성도들 안에 거하는 성령은 마지막 구원의 날까지 그들 안에서 의와 거룩함으로 표현되는 하나님의 성품을 창조해가고 있다. 그러므로 성령은 성도들의 마음이 하나님의 본성인 용서와 친절 그리고 선한 말과 진리로 채워져, 다른 이들을 세워주기를 원하신다. 성령은 성도들 개인이 그리스도의 장성한 분량에 이르기까지 성장하기를 원할 뿐만 아니라, 성도들로 구성된 몸 된 교회가 하나님이 거하시는 성전으로 완전하게 지어지기를 원한다. 이에 성령은 성도들의 연합을 파괴하는 모든 악한 말과 행위들을 차마 견딜 수가 없다. 성령을 근심시키는 행위들은 성도들이 다른 이들을 향하여 마음에 악독과 분을 품고 노함으로 반응하는 것이다. 따라서 성령을 모시고 사는 하나님의 자녀들은 그들의 마음이 욕심으로 굳어지고, 분노와 증오에 사로잡히지 않도록 각별히 조심해야 한다. 이것들은 모두 옛 사람의 저주받은 옛 삶의 방식이다. 대신 성령의 새사람들은 그 마음이 부드럽고 친절하며 하나님의 사랑으로 채워져 있어야 한다. 물론 이러한 새사람의 가장 좋은 본은 성도들을 사랑하여 자신을 희생제물로 드린 예수 그리스도이다.

3. 주를 기쁘게 하는 빛의 자녀로서의 삶(5:3-14)

앞에서 "하나님을 본받는 자가 되라"는 가르침을 전달한 바울은 이제 이 가르침을 "주를 기쁘게 하는 빛의 자녀로서의 삶"이라는 관점에서 재차 설명하고자 한다(5:10). 5:3-14에서 바울은 이방인들의 옛 삶과 하나님 자녀들의 새 삶을 빛과 어두움의 비유를 통해 비교하면서, 무엇이 주를 기쁘게 하는 삶인지에 대해서 알려주고자 한다. 하나님은 세상을 비추는 진리의 빛이고, 하나님 없는 세상을 다스리는 악한 영들은 세상을 덮는 어두움이다. 따라서 하나님께 속한 하나님의 자녀들은 빛의 자녀들이고, 하나님에게서 격리된 불신자들은 어두움의 자녀들이다. 어두움의 자녀들은 자신들의 삶에서 온갖 더러운 것들과 탐욕들을 배설해내고, 음행과 방탕한 삶을 통하여 하나님의 진노의 대상이 된다. 그러나 예수 안에서 새사람으로 창조된 성도들은 이제 더 이상 어두움에 속하지 않고, 하나님의 빛을 그 안에 품은 '주 안에서 빛'이 된다(8절). 이렇게 빛의 자녀들이 된 성도들은 과거 자신들이 행하던 어두움의 행위들을 버리고, 자신들의 삶에서 빛의 열매들을 맺어야 한다. 그뿐만 아니라, 세상의 어두움을 향하여 자신들이 품은 하나님의 빛을 발하면서, 어두움의 행위들을 책망하고 변화시켜야 한다. 빛의 자녀들이 맺어야 할 열매들은 모든 착함과 의로움과 참된 것들이다. 이 빛의 열매들은 하나님의 진리의 빛 아래서 명백하게 드러나도 아무런 책망할 것이 없는 행위들이다. 그에 반하여, 어두움에 속한 불신자들의 삶은 더럽고 탐욕적인 어두움의 열매들을 맺고 있다. 그들의 행위들이 어두움의 열매들인 이유는 어두움 속에서 감추어진 가운데 은밀하게 행해지고 있기 때문이다. 그러나 어두움의 열매들이 빛이신 하나님의 진리 앞에 노출될 때, 그 행위들은 모두 책망받을 행위들임이 분명하게 드러난다.

그러므로 빛이신 하나님의 자녀들은 하나님을 본받는 삶을 살 뿐만 아니라, 자신들에게 빛을 비추어준 주 예수 그리스도를 기쁘게 하는 삶을 살아가야 한다. 그리스도를 기쁘게 하는 삶은 하나님 앞에서 책망할 것이 없는 빛의 열매들을 맺는 삶이다. 5:3-14에서 바울은 빛의 열매들을 맺는 빛의 자녀들의 삶을 일곱 개의 현재형 명령과 하나의 과거형 명령을 통해서 간결하게 묘사한다.[233] 바울의 명령들은 부끄러운 어두움의 행위들을 버리고(3-7절), 빛의 자녀들에게 합당한 행위들을 취하라(8-14절)는 두 가지 방향으로 전개된다.[234] 여기서 특별히 바울은 성적인 방탕함과 탐욕이라는 두 가지 행위들을 통하여 어두움의 열매들을 묘사하고(4-5절), 선함과 의 그리고 진실함을 통해서 빛의 열매들을 묘사한다(9절). 바울에게 탐욕은 자신의 욕구를 만족시키기 위하여 각종 방탕함을 추구하도록 유도한다. 탐욕은 본질상 자신과 자신의 욕구를 하나님 위에 세우는 우상숭배이다.

마지막으로, 현재 본문의 핵심 주제인 '빛의 자녀답게 걸으라'(περι-πατεῖτε, 8절)는 명령은 이어지는 본문(5:15-21)의 핵심 주제인 '지혜로

---

233. 참조, Thielman, 2010: 325.

234. 참조, Schnackenburg, 216; O'Brien, 1991: 358; Thielman, 2010: 325.

운 자답게 걸으라'(περιπατεῖτε ὡς σοφοί, 15절)는 명령과 긴밀하게 연결된다. 바울은 삶을 의미하는 '걸으라'는 공통된 명령을 통해서 이 두 주제들을 연결시킨다. 이 연결을 통해서 바울은 성도의 삶에 대한 자신의 논의를 하나님과 아들에게서 성령의 지혜를 따라 사는 삶(5:15-21)으로 자연스럽게 발전시킨다.

번역

3 그러나 음행과 온갖 불경건함과 탐욕은 여러분 가운데서 그 이름이라도 부르지 마십시오. 이것이 성도들에게 마땅한 바입니다. 4 추잡한 말과 어리석은 말 그리고 조롱하는 말도 마땅하지 아니합니다. 오직 감사의 말을 하십시오. 5 여러분도 잘 아시겠지만, 모든 음행하는 자나 더러운 자 그리고 탐욕하는 자 곧 우상 숭배자는 그리스도와 하나님의 나라에서 어떤 기업도 없습니다. 6 아무도[235] 헛된 말로 여러분을 속이지 못하게 하십시오. 왜냐하면 이런 것들로[236] 인하여 불순종의 자녀들에게 하나님의 진노가 임하기 때문입니다. 7 그러므로 그런 자들과 함께 어울리지 마십시오. 8 과거에 여러분은 어두움이었으나 이제는 주 안에서 빛입니다. 그러니 빛의 자녀들처럼 행하십시오. 9 빛의 열매는 모든 착함과 의로움과 진실함에서 발견됩니다. 10 그리고 무엇이 주를 기쁘시게 하는지 알아보고, 11 열매 없는 어둠의 일에 참여하지 말고 도리

---

235. 이들의 정체에 대한 학자들의 논의가 있었다. 어떤 이들은 이들을 거짓 선생들로 보고(Best, 1998: 473-74, 83-85), 다른 이들은 단순히 교회의 가르침을 위한 수사적 표현으로 본다(Hoehner, 679-80). 비교, Thielman, 2010: 326.
236. '이런 것들'이 가리키는 것은 헛된 말이 아니라, 3-5절에 언급된 불의한 행위와 말이다.

어 드러내어 책망하십시오. 12 왜냐하면 그들이 은밀히 행하는 것들은 말하기도 부끄러운 것들이기 때문입니다. 13 그러나 빛에 노출되는 모든 것들은 명백하게 드러나게 됩니다. 14 왜냐하면 드러나는 모든 것들은 빛이기 때문입니다. 그러므로 이르기를, "잠자는 자여 깨어나 죽은 자들 가운데서 일어나라. 그리스도께서 너에게 비추실 것이다."라고 했습니다.

주해

3-4절 (성도에게 적합한, 혹은 적합하지 않은 말과 행동들) 하나님을 본받는 자들의 삶에는 음행과 탐욕 그리고 어떤 불경건함(더러운 것)도 없어야 하고(3절), 조롱하는 말이나 어리석은 말 그리고 추잡한 말도 발견되지 말아야 한다(4절).[237] 이러한 행위들과 말들은 하나님을 본받도록 요청되는 새사람(4:24)이 추구해야 할 성도의 본질과 정면으로 배치되기 때문이다. 이 사실을 바울은 3절을 시작하는 역접 접속사 '데'(δέ)를 통해서 강조한다. 성도들은 하나님의 본성인 의와 거룩함을 따라 지음받았기에, 하나님과 그리스도가 모범을 보인 자기희생적 사랑을 추구해야 한다(5:1-2). 따라서 3-4절에 언급된 악한 행위와 말들은 성도들에게 합당한(πρέπει, 3절) 삶의 방식이 될 수 없다. 심지어 이런 악한 행위와 말들은 성도들 가운데서 그 이름조차도 언급되지 말아야 한다(μηδὲ ὀνομαζέσθω, 3절). 여기서 헬라어 동사 '오노마제스

---

237. 하나님을 본받는 삶과 대조되는 삶의 방식을 묘사하기 위해서 바울은 3절에서 악한 행위들을, 4절에서 악한 말들을, 그리고 5절에서는 그러한 행위들에 연관된 사람들에 대해서 묘사한다.

토'(ὀνομαζέσθω)는 일반적인 의미에서 '이름이 불리다'라고 번역될 수 있다(1:21; 3:15). 그런데 현재의 본문에서 이 동사는 두 가지 더 구체적인 방식으로 이해될 수 있다. 첫 번째, 위에서 언급된 악한 행위들은 거룩한 성도들의 대화 중에 논의되는 주제가 되어서는 안 된다.[238] 두 번째, 위의 행위들이 성도들의 삶을 규정짓는 행동으로 외인들에 의해서 분명하게 인식될 수 있는 상황이 발생하지 말아야 한다(Arnold, 2010: 321). 이러한 이해에 따르면, 바울이 강조하는 바는 위의 악한 행위들과 말들이 주도하는 이방인들의 삶의 방식(4:17-19)과는 완전히 다른 거룩한 삶의 방식이 교회 내의 주도적 문화가 되어야 한다는 것이다.[239]

3절에서 바울은 성도들의 삶의 방식은 이방인들의 삶의 특징들인 음행, 불경건, 그리고 탐욕들이 결여된 거룩한 삶이 되어야 한다고 가르친다. 바울은 이러한 거룩한 삶이 성도들에게 마땅한 삶의 방식이라고 강조한다. 그런데 여기서 '마땅한'으로 번역된 헬라어 단어 '쁘레뻬이'(πρέπει)는 스토아 철학의 윤리적 가르침에서 옳고 그른 행동을 판단할 때 종종 사용되던 단어이다.[240] 이 단어는 구약에서 세 번(시 32:1; 64:2; 92:5) 그리고 신약에서 일곱 번 발견되는데, 에베소서에서는 현재의 본문에서 단 한 번 발견되고 있다. 현재의 본문에서 이 동사는 여격 복수형 명사 '하기오스'(ἁγίοις, '성도들', 3절)를 수식하면서, 위의 행위들이 거룩한 성도들에게 적합하지 않은 행동임을 알려 준다. 성도들은 하나님 앞에서 거룩하고 흠이 없는 존재가 되도록 창세 전에 선택받고

---

238. 참조, Bruce, 370; O'Brien, 1991: 360; Lincoln, 1990: 322.

239. 참조, Thielman, 2010: 329.

240. Epictetus, Diatribe 3.2.16, 18; 3.21.4; 3.22.6; 4.1.8; Arius Didymus, Epitome 5b2; Aeschylus, Agamemnon 941; Plato, Charmides 158c. 참조, O'Brien, 1991: 360 n.4; Best, 1998: 80.

부름 받았다(엡 1:4). 따라서 성도들의 삶의 방식은 그들을 향한 하나님의 거룩한 뜻에 적합한 방식이 되어야 한다(비교, 살전 4:3-7).

3-4절에서 바울은 하나님의 거룩한 성도들에게 적합하지 않는 것들을 악한 행동들과 말로 따로 구분하여 논의한다. 첫 번째 악한 행위들과 연관하여, 바울은 모든 불경건함과 음행 그리고 탐욕은 성도들에게 적합하지 않다고 경고한다. 이 세 가지 행위들은 바울이 제시하는 악한 행위들의 목록에서 단골로 등장하는 항목들이다(고전 5:1; 6:12-20; 고후 12:21; 갈 5:19; 살전 4:3, 7). 그중에서도 음행($\pi o \rho \nu \epsilon i \alpha$)은 허용된 결혼 제도 밖에서 행해지는 모든 성적 일탈들을 포괄적으로 지칭하는 용어이다(Arnold, 2010: 319). 음행은 간음(마 19:9; 시라 23:22-23; 26:9; 고전 7:2; 요 8:41), 창기와의 성행위(고전 6:12-20; 계 17:1-2; 19:2), 근친상간(고전 5:1), 그리고 동성 간 성행위(롬 1:29) 등을 포함한 모든 불법적 성행위들을 가리킨다. 바울과 당시 헬라적 유대교에서 음행은 이방인들의 삶을 규정하는 가장 특징적인 죄로 간주됐다(비교, 살전 4:3-5; 고전 5:1; 엡 4:17, 19; 행 15:20, 29; 지혜서 14:12).[241]

그리고 더러운 것으로 해석될 수 있는 불경건함($\dot{\alpha} \kappa \alpha \theta \alpha \rho \sigma i \alpha$)은 이미 4:19에서 간략하게 언급됐다. '불경건함'은 구약에서 의식적으로 정결하지 못한 행위들을 지칭하기 위하여 사용되던 단어이다. 그러나 바울에게 불경건함은 옛 자아의 굳어진 마음이 욕망하는 육체의 정욕(롬 1:24), 육체를 통해서 행해지는 불의한 행위(6:19), 그리고 성적으로 비윤리적인 행위(고후 12:21) 등으로 대변되는 모든 '육체의 일들'($\tau \grave{\alpha} \, \check{\epsilon} \rho \gamma \alpha$ $\tau \tilde{\eta} \varsigma \, \sigma \alpha \rho \kappa o \varsigma$, 갈 5:19)을 가리킨다.[242] 육체의 욕망을 따르는 불경건한 행

---

241. 참조, Thielman, 328-29.

242. 바울 당시 유대교에서도 불경건함($\dot{\alpha} \kappa \alpha \theta \alpha \rho \sigma i \alpha$)은 주로 성적으로 정결하지 못한 행

위들은 성령 안에서 사는 성도들의 삶과 함께 갈 수 없다(살전 4:7-8). 그런데 현재의 본문에서 불경건함이 간음과 탐욕과 함께 등장하고 있다는 사실은 특별히 성적 불경건함이 강조되고 있다는 것을 알려 준다.[243] 에베소를 포함한 이방 사회의 가장 큰 특징은 성적인 문란함과 방탕함이었다(엡 4:19). 바울 당시 이방 도시들에서 행해지던 신들을 향한 축제들은 각종 연회와 술 그리고 향락이 동반됐다. 이에 바울은 헬라어 부정 형용사 '빠사'(πᾶσα, 3절)를 통해서, 성적 불경건함을 포함한 '모든' 불경건함이 성도들의 삶에서 발견되지 않아야 함을 강조한다.

마지막으로 탐욕(πλεονεξία, 3절)은 이방인들의 허망한 삶의 또 다른 현저한 특징으로서(4:19), 만족함이 없이 끝없이 부를 채우고자 하는 헛된 갈망을 의미한다. 현재의 본문에서 탐욕은 앞에서 언급된 음행과 불경건함이 지향하는 모든 종류의 대상을 향한 과도한 욕망을 포함한다.[244] 바울에게 탐욕은 자신의 욕구를 하나님 위에 세우는 우상숭배의 행위이다(5:5).[245] 왜냐하면 탐욕의 이면에는, 타락한 자연인이 그들이 갈망하는 부를 하나님보다도 더 신뢰하고 믿고 의지한다는 사실이 존재하고 있기 때문이다.[246] 에베소서 전체의 문맥에서 볼 때, 탐욕은 도움이 필요한 자들과 물질을 공유하여 그들을 세워주고, 그 결과 몸 된 교

위들을 지칭하는 것으로 이해됐다(에녹1서 10:11; *T. Jud.* 14:5; *T. Jos.* 4:6). 참조, Arnold, 2010: 320.

243. 참조, Thielman, 2010: 329. 비교, O'Brien, 1991: 359.
244. 참조, Best, 1998: 476; Arnold, 2010: 320; Schnackenburg, 218. Lincoln, 1990: 322은 여기서 탐욕을 성적인 행위에만 한정하는 반면에, Rosner는 성적인 행위들을 제외한 다른 모든 탐욕들로 해석한다. 참조, Rosner, 121, 28. 그러나 O'Brien, 1991: 360은 본 저자와 함께 성적인 욕망을 포함한 모든 탐욕들이라고 해석한다.
245. 여러 대상들을 향한 탐욕 중에서도, 바울은 디모데에게 돈을 사랑하는 것이 모든 악의 뿌리라고 강조한다(딤전 6:10).
246. Rosner, 129.

회 전체가 견고하게 세워지는 주의 사역을 방해한다(4:28; 비교, 행
2:44-49; 20:33-35; 눅 12:13-21). 나아가, 탐욕은 몸 된 교회의 탄생과
성숙 그리고 하나 된 교회를 통한 하나님의 측량할 수 없는 부요함의
증거라는 하나님의 궁극적 계획을 방해한다(엡 1:22-23; 3:10-11; 4:11-
16). 결론적으로, 바울이 이 세 가지 행위들을 성도들의 삶에서 금하는
이유는 이것들은 모두 육체가 자신의 욕심을 따라 이루고자 하는, 따라
서 성령의 요구와 정면으로 대치되는 육체의 열매들이기 때문이다. 거
룩한 성도들은 자신들 안에 거하는 성령을 따라 걸으면서 성령의 열매
들을 맺는 삶을 살아야 한다. 이 사실을 바울은 8-9절에서 '빛의 자녀로
서 빛의 열매들을 맺는 삶'이라고 강조할 것이다.

두 번째, 이러한 육체의 열매들, 즉 악한 행위들과 더불어, 성도들은
자신들의 입에서 나오는 악한 말들도 제거해야 한다. 성도들은 조롱이
나(εὐτραπελία) 어리석음(μωρολογία) 그리고 추잡함으로 채워진 말들
(αἰσχρότης)이 아니라, 감사하는 말(εὐχαριστία, 4절)을 해야 한다. 추잡
함으로 해석된 헬라어 명사 '아이스크로떼스'(αἰσχρότης)는 원래 사회
적·윤리적 기준에 비추어 보아 부끄럽고 수치스러우며 천한 행위들을
지칭하는 말이다.[247] 다른 곳에서 바울은 여인들이 머리를 밀어 버리는
행위(고전 11:6), 거짓 교사들이 사익을 위해서 가르치는 행위(딛 1:11),
그리고 은밀한 가운데서 행해지는 어두움의 일들을 부정적으로 묘사하
기 위해서 이 단어를 사용한다(엡 5:12). 그러나 4절에서 이 단어는 조
롱이나 어리석은 말과 함께 추잡한 말을 더 강조하고 있는 듯 보인다.[248]

---

247. Plato, *Gorgias* 525a; Homer, *Ilias* 23, 473; Herodotus 3.155; Seschylus, *Septem contra Thebas* 685.
248. 참조, Thielman, 2010: 330. 비교, Hoehner, 655; Arnold, 2010: 321-22.

왜냐하면 이 세 가지 악들과 대조적으로 성도들에게 추천되는 것은 감사하는 말이기 때문이다. 그리고 어리석은 말에 해당하는 헬라어 명사 '모롤로기아'(μωρολογία)는 신약성서에서 딱 한 번 이곳에서 발견된다. 어리석은 말은 원래 술자리에서 빈번하게 행해지는 공허한 취담이나 음담패설을 지칭한다(Thielman, 330). 그러나 에베소서에서는 단지 내용이 없는 공허하고 어리석은 말을 넘어서, 성도에게 구원을 주는 진리의 말씀과 그리스도에 관한 지식과 대치되는 말을 지칭한다고 생각된다(1:17; 4:13).[249] 어리석은 말은 바울이 에베소서를 통해 현재 전하고 있는 교회와 성도들 그리고 구원에 대한 모든 가르침과 전혀 상관이 없는 말들을 지칭한다. 마지막으로, 조롱으로 해석된 '유뜨라뻴리아'(εὐτραπελία)는 성경에서 단 한 번 이곳에서만 발견되고 있다. 원래 이 단어는 긍정적인 의미에서 재치 있는 농담을 지칭하곤 했다. 그러나 이 단어는 점차로 웃음을 위해서 선을 넘는 지나친 농담을 부정적으로 지칭하게 됐다.[250] 현재 에베소서 문맥을 고려해 볼 때, 이 조롱의 말은 성적으로 상스러운 희롱의 말과 묘사를 지칭하는 것으로 보인다.[251] 어떤 의미에서든지 간에, 상대방에게 상처를 주고 시험에 들게 하는 농담이나 희롱의 말은 듣는 성도들에게 은혜를 끼치고 세워주는 말과 정면으로 대치된다(4:29).

4절에서 언급된 조롱이나 어리석고 추잡한 말들은 성도들에게 적합하지 않은 삶의 방식에 해당한다. 이 사실을 바울은 '마땅하지 않은'으로 번역된 헬라어 동사 '아네껜'(ἀνῆκεν)을 통해서 강하게 표현한다

---

249. Bertram, "μωρός," *TDNT* 4 (1967): 844-45; Thielman, 2010: 655.

250. 참조, Hoehner, 65; Arnold, 2010: 322; van der Horst, 155-76. 비교, Hultin, 190-96.

251. Eadie, 372; Arnold, 2010: 322; Thielman, 2010: 331; O'Brien, 1991: 360.

(비교, 골 3:18; 몬 8). 이 단어는 앞에서 사용된 '쁘레뻬이'와 함께 스토 아 철학에서 본성과 반하는 삶의 방식을 지칭하기 위해서 사용됐다. 그 러나 바울에게 모든 윤리적 판단의 궁극적 기준은 인간의 본성이나 사 회적 기준이 아니다. 대신, 새사람의 청사진이 된 하나님의 의롭고 거룩 한 본성(4:24)과 그 본성을 희생적 사랑을 통해서 구현한 예수 그리스 도의 모범이다(5:2). 그런데 4절에서 바울은 구체적으로 어떤 말들이 성 도들에게 마땅하지 않은 말들인지에 대한 자세한 설명을 제공하지 않 고 있다. 그럼에도 불구하고, 하나님의 본성인 의와 거룩함 그리고 사랑 을 통해서 서로 세워주라는 에베소서의 핵심 명령을 고려해 볼 때, 바울 이 금하는 말들의 정체와 내용에 대한 판단은 그리 어려워 보이지 않는 다. 다른 성도들을 시험에 들게 하고, 교회를 세워주지 못하는 말들은 성도들에게 합당치 않은 말들이다.

성도들은 성도들의 연합을 방해하는 모든 조롱과 어리석고 추잡한 말 대신에, 감사하는 말(εὐχαριστία, 4절)을 해야 한다.[252] 감사하는 말에 대한 권면을 소개하면서, 바울은 '오직'(ἀλλὰ μᾶλλον, 4절)이라는 강한 부정의 표현을 사용한다. 이 단어를 통하여 바울은 앞에서 언급된 여섯 가지 악한 행위들과 분명한 선을 긋기 원한다. 그러나 언뜻 볼 때, 성도 들의 삶의 방식에서 어떻게 감사의 말이 앞의 여섯 가지 악한 행위와 말들에 대한 대안이 되는지 분명치 않아 보인다.[253] 그러나 감사의 말은 하나님이 베풀어주신 자비와 사랑 그리고 구원에 대한 이해와 더불어, 그에 대한 가장 적합한 인간의 언어적 반응을 표현한다(비교, 1:16; 고

---

252. 이 헬라어 단어는 신약성서에서 대략 15번 등장하는데, 그중에 13번이 바울서신에 서 발견된다. 감사는 바울 신학의 특징적인 어휘들 중 하나임을 알 수 있다.
253. 쿰란 공동체는 어리석은 말의 반의어로 감사의 말을 들고 있다(1QS 10:21-23). 참 조, MacDonald, 312.

전 14:16; 고후 4:15; 9:11; 살전 3:9; 빌 4:6; 골 4:2).[254] 그리고 이어지는 에베소서 5:18-20에서 바울이 자세히 설명하고 있듯이, 성령으로 충만함을 입은 성도들은 하나님에 대한 감사를 중심으로 자신들의 예배와 삶 그리고 성도들 간의 모든 교제를 재구성한다(비교, 고후 9:15; 골 2:6-7; 3:16-17; 살전 3:9).[255] 성도들은 '항상 모든 일'에 주 예수 그리스도의 이름으로 하나님께 감사하며 살아야 한다(엡 5:20). 감사하는 말은 성도들에게 그들의 눈에 보이는 현상 너머에 존재하는 하나님과 그의 비밀한 계획의 역사를 중심으로 자신들의 삶을 이해하게 만든다. 이런 면에서 감사하는 말은 듣는 자들에게 은혜를 끼치고, 다른 성도들을 세워주는 기능을 한다(4:29).[256] 1:3-23에서 바울은 에베소 성도들의 선한 믿음과 사랑 그리고 하나님의 구원의 비밀에 대한 감사의 말을 전함으로써 그들의 믿음을 세워주었다. 이처럼 바울은 자신의 서신 시작에서부터 성도들에게 타당한 감사하는 삶의 모습의 본보기를 직접 보여주었다.

5절 (하나님 나라에 들어갈 수 없다는 경고) 음행과 더러운 것과 탐욕으로 채워진 삶의 가장 치명적인 문제점은 그런 삶을 사는 자들이 '그리스도와 하나님의 나라'(τῇ βασιλείᾳ τοῦ Χριστοῦ καὶ θεοῦ, 5절)에 들어갈 수 없다는 것이다(비교, 갈 5:19-21; 고전 6:9-10; 딤전 1:9-11). 이 사실을 바울은 이유를 의미하는 접속사 '가르'(γάρ, 5절)와 '잘 아시겠지만'(ἴστε γινώσκοντες, 5절)이라는 독특한 헬라어 표현을 통해서 이중적

---

254. 바울에게 감사는 항상 성도들의 삶을 모든 면에서 주관하는 하나님을 향한다. 참조, Best, 1998: 479-80; Hoehner, 658.
255. 참조, O'Brien, 1991: 361; Pao, 20-21.
256. 성도들 상호 간의 세워짐은 성령이 가장 바라는 바이기에, 세워주는 기능을 하는 격려와 감사의 말은 성령이 새사람 안에서 창조하는 성령의 열매라고 볼 수 있다.

으로 강조한다.[257] 바울이 현재 강조하기 원하는 바는 자신이 위에서 금한 행위들을 삶의 방식으로 삼은 자들은 결단코 하나님 나라에 들어갈 수 없다는 것이다. 하나님 나라는 하나님의 통치 아래 하나님의 성품을 공유한 그의 자녀들에게 허락된 나라이다. 하나님의 자녀들은 하나님의 거룩하고 의로운 성품을 따라 그리스도 안에서 새롭게 창조된 새사람들이다. 성도들이 하나님 나라를 기업으로 물려받을 상속자들이 됐다는 사실은 그들을 인친 성령에 의해서 증거되고 있다(엡 1:13, 18). 그러나 옛 사람, 즉 3-5절에서 바울이 언급한 음행과 더러운 것과 탐욕을 일삼는 삶을 사는 사람들은 하나님 나라에 들어갈 자격이 없다. 옛 사람이 사는 옛 삶의 방식은 그들 안에 성령의 인치심이 부재하다는 가장 명백한 증거이다. 이 사실은 그들이 그리스도 안에서 발생한 하나님의 거룩한 형상에 따른 새로운 창조를 경험하지 못했다는 것을 알려 준다.

그러므로 5절에서 바울이 강조하고자 하는 바는 성도들이 하나님 나라를 기업으로 물려받을 것이라는 사실에 대한 확실성이 아니다.[258] 혹은, 회심하지 못한 어두움의 자녀들을 향한 저주의 말씀을 전달하는 것도 아니다. 이 두 가지 사실들에 대해서는 이미 앞에서 바울이 상세하게 설명했다. 현재의 본문에서 바울은 자신의 편지를 읽는 수신자 성도들의 삶의 방식에 대한 목회적 가르침을 전달하고자 한다. 따라서 현재의 본문이 전달하는 바울의 강조점은 스스로를 성도라고 칭하는 자들이 이와 같은 옛 사람의 삶의 방식을 고수할 때, 그들이 하나님 나라를

---

257. 직설법 능동태 동사와 분사로 구성된 이 헬라어 표현은 강조를 위한 독립 부정사 히브리어 표현을 반영하고 있다. 참조, Thielman, 2010: 332; Zerwick and Grosvenor, 588. 그러나 일부 학자들은 이 표현을 명령법으로 이해한다. 참조, Hoehner, 659; Best, 1998: 472, 480. 비교, Porter, 1990: 270-76.
258. 비교, Arnold, 2010: 326.

상속으로 물려받지 못할 옛 사람임을 나타낸다는 엄중한 경고이다.[259] 5절이 성도들을 향한 경고의 말씀임은 6절에서 더 분명해질 것이다. 그런데 5-6절에서 바울이 이처럼 성도들을 향하여 강하게 경고하고 있다는 사실은 그들이 처한 이방 사회로부터의 유혹이 얼마나 강한 실체인지를 잘 알려 준다.[260] 성도들은 비록 그리스도가 가져온 새 창조의 변화를 이미 경험한 자들이지만, 그들은 여전히 그들 육체 안에 존재하는 아담의 유전자와 그들이 처한 세상으로부터 오는 악한 유혹들에 노출되어 있다. 이 사실은 바울로 하여금 성도들의 거룩한 삶을 영적 전투의 개념으로 상세하게 묘사하게 만든다(6:10-18).

흥미롭게도, 그리스도와 하나님의 나라를 기업으로 받을 수 없는 악한 행위들 중에서도 바울은 특히 탐욕을 가장 문제삼고 있다.[261] 이 사실은 바울이 '우상숭배자'(εἰδωλολάτρης, 5절)를 단수형 관계 대명사 '호'(ὅ)를 사용하여 바로 앞의 단수형 명사 '탐욕하는 자'(πλεονέκτης)와 직접적으로 연결시키고 있다는 점에서 잘 나타난다(참조, 6:17; 골 3:5; 비교, 엡 5:4; 골 2:17, 22).[262] 바울에게 탐욕하는 자가 우상숭배자와 동일한 이유는 상당히 명확하다. 탐욕은 사람으로 하여금 하나님이 아닌 돈과 재물에 자신들의 사랑과 헌신과 신뢰를 두게 하고, 하나님보다도 더 돈과 재물을 사랑하도록 만들기 때문이다(비교, 롬 1:25; 골 3:5;

---

259. 참조, O'Brien, 1991: 363; Hoehner, 662; Thielman, 2010: 334.
260. 참조, Bruce, 371; O'Brien, 1991: 363.
261. 유대인들의 윤리적인 가르침에서 음행과 더러운 행위와 탐욕은 다 우상 숭배와 연관된다(지혜서 14:12; T. Jud. 19:1; 23:1; T. Reub. 4:6; 필로, Spec. Leg. 1:23, 25). 그러나 에베소서에서 바울은 특별히 탐욕을 우상 숭배와 직접적으로 연관시키고 있다(참조, Lincoln, 1990: 316-7).
262. 참조, Arnold, 2010: 324; O'Brien, 1991: 362; Hoehner, 660; Best, 1998: 481; Thielman, 2010: 332.

334 에베소서 (KECNT 9A)

욥 22:25; 31:24-28).[263] 탐욕을 우상숭배와 동일시하는 견해는 유대교 (비교, *T. Jud.* 19:1)와 쿰란 공동체에서도 빈번하게 발견된다(1QpHab 6:1; 8:11; 1QS 10:19; 11:2). 바울과 동시대의 헬라파 유대인 필로도 돈을 사랑하는 자들은 자신들이 모아둔 금과 은을 성전의 신상처럼 섬긴다고 비판한다(*Spec. Laws* 1.23; *Dreams* 1.179; *Drunkenness* 75; *Abraham* 208-24).[264] 복음서에서 예수도 돈을 맘몬 신과 동일시하면서, 돈과 하나님을 함께 섬길 수 없음을 엄중하게 경고하고 있다(눅 16:13; 마 6:24).

그런데 에베소서 5:5에서 바울은 성도들이 기업으로 받을 나라를 단지 '하나님의 나라'라고 부르지 않고, '그리스도와 하나님의 나라'라고 부른다(비교, 계 11:15). 하나님 나라를 그리스도와 하나님의 나라라고 부른다는 사실은 하나님의 통치와 더불어, 그리스도의 통치를 강조하고자 하는 바울의 의도를 잘 보여준다.[265] 소위 그랜빌 샤프(Granville Sharp)의 규칙에 따르면, 헬라어 표현 '떼 바실레이아 뚜 크리스뚜 까이 테우'(τῇ βασιλείᾳ τοῦ Χριστοῦ καὶ θεοῦ, 5절)에서 단 한 번 발견되는 정관사 '뚜'(τοῦ)는 그리스도와 하나님을 동일시하여, 그리스도의 신성을 주장하는 것으로 이해될 수 있다.[266] 그러나 하나님에 해당하는 헬라어 명사 '테우'(θεοῦ)는 빈번하게 정관사 없이 등장하여 고유명사처럼 쓰인다(고전 6:9, 10; 15:50; 갈 5:21). 따라서 헬라어 표현 '떼 바실레이아 뚜 크리스뚜 까이 테우'는 아들 예수 그리스도와 아버지 하나님 두 분을 우주적 통치자들로 전제하고 있다고 보는 것이 더 옳다(엡 1:20-

---

263. Rosner, 16-18, 159-64.
264. 위의 예들은 모두 Rosner, 16-18, 85-86, 166-67에서 인용됐다.
265. 참조, Thielman, 2010: 334.
266. 참조, Daniel Wallace, 1996: 276.

22; 비교, 고전 15:24).[267] 바울은 1:20-22에서 하나님께서 친히 부활한 예수 그리스도를 주로 높여주고, 하나님 보좌 우편에 앉게 해 주었다고 가르쳤다.

복음서에 담긴 예수 전통에서 하나님 나라는 이 땅에서 행한 예수의 사역을 한마디로 아우르는 표현이다.[268] 복음서에 따르면, 공생애를 시작한 예수의 첫 번째 선포는 임박한 하나님 나라의 도래였다(막 1:14-15). 이에 하나님 나라에 대한 예수의 선포를 접한 제자들은 하나님 나라를 예수-복음의 핵심 메시지로 간주했다(비교, 막 10:29; 13:10; 눅 4:43; 8:1; 18:29; 마 19:29; 24:14). 오순절 이후 사도들의 선포도 예수께서 선포한 하나님 나라를 중심으로 전개됐다(비교, 행 1:3, 6; 8:12; 14:22; 19:8; 20:25; 28:23, 31). 예수와 초대 교회의 전승을 따라, 바울도 하나님 나라를 기업으로 물려받는 것을 성도들의 중요한 특권으로 반복해서 강조하고 있다(고전 6:9-10; 15:50; 갈 5:21). 그러나 임박한 하나님 나라의 도래에 대한 예수의 선포에 반하여, 바울은 하나님 나라의 현재성과 미래성 간의 간극을 다소 더 인정한다. 바울은 현재 예수가 우주의 주로 만물을 통치하고 있지만, 그가 다시 오시는 재림의 날에 마지막 원수인 죽음을 정복하고 하나님 나라를 완성할 것으로 믿는다. 그 후에 주 예수는 하나님 나라를 하나님 아버지께 넘겨드릴 것이다(비교, 고전 15:23-28). 에베소서에서도 바울은 하나님 나라의 미래성과 현재

---

267. Hoehner, 662; Arnold, 2010: 325; Thielman, 2010: 334; Best, 1998: 482. 이에 대한 더 상세한 논의를 위해서는 다음을 참조하라. 참조, Murray J. Harris, 1992: 261-63.

268. 참조, Dunn, 2003: 383-488. 물론 바울은 복음서에서만큼 하나님의 나라를 빈번하게 언급하지는 않는다. 오히려 바울은 주 예수라는 호칭을 통하여 예수의 우주적 주권을 더 강조하고 있다(예, 빌 2:9-11; 고전 8:6). 여기서 우리는 하나님 나라의 기독론적 발전에 대해서 접하게 된다.

성을 동시에 강조하고 있다.[269] 하나님은 이미 부활하신 예수 그리스도
를 그의 보좌 위에 함께 앉히시고, 만물을 통일하여 통치하는 우주의 왕
이 되게 하셨다(엡 1:20-22). 하나님의 원수들인 정사와 권세 잡은 자들
도 다 그리스도의 발 아래 이미 굴복됐다. 그러나 성도들의 체험의 관점
에서 볼 때, 비록 성도들은 주 예수와 함께 하늘 보좌 우편에 이미 앉힌
바 됐지만(2:4-6), 하나님 나라는 미래에 그들이 상속받아야 할 영광의
소망에 속한다. 이에 하나님 나라의 보증금으로 성령이 성도들에게 제
공됐다(1:13-14).

6-7절 (하나님의 진노 아래 놓인 악한 자들과 어울리지 말 것) 성도들을
둘러싼 세상이 그들에게 주는 영향과 유혹은 매우 강력하고 실질적이
다. 세상의 영향과 유혹은 세상에서 용인되는 행위들이 교회에서도 용
인되는 불행한 결과를 낳을 수 있다. 이 위험을 직시한 바울은 세상 방
식을 고수하는 '불순종의 자녀들'(υἱοὺς τῆς ἀπειθείας, 6절)에게 하나님
의 진노가 임할 것이고, 그들과 어울리는 성도들도 동일한 진노를 경험
할 수 있다고 엄중하게 경고한다. 여기서도 바울은 불순종의 자녀들이
사는 어두움의 삶의 방식보다도, 성도들이 그들과 어울리며 세상 방식
의 삶에 동화될 것에 대해서 더 염려하고 있다. 불순종의 자녀들이 고수
하는 세상적 삶의 방식은, 3-5절에서 전달된 바울의 가르침을 고려해
볼 때, 성적인 방탕과 어리석은 말 그리고 탐욕 등으로 요약될 수 있다.
에베소서에서 불순종의 자녀들은 공중 권세 잡은 마귀가 다스리는 세
상에 속한 불신자들을 지칭한다(2:2).

---

269. Hoehner, 662, O'Brien, 1991: 364, 그리고 Arnold, 2010: 325는 현재의 본문에서
미래성과 현재성에 대한 강조 둘 다를 본다. 비교, Barth, 2:564; Lincoln, 1990:
325; Best, 1998: 482.

그런데 문제는 에베소의 일부 회심한 성도들은 자신들이 속했던 세상적 삶의 방식을 여전히 고수하면서, 이러한 자신들의 행위를 정당화하려 할 뿐만 아니라, 다른 성도들도 그들의 삶의 방식에 동참할 것을 요구한다는 것이다.[270] 바울은 그들의 시도를 '헛된 말로 속이는 행위'(ἀπατάτω κενοῖς λόγοις, 6절)라고 규정한다. '헛된'으로 번역된 헬라어 형용사 '께노이스'(κενοῖς)는 그들의 말 안에 아무런 내용이 없는, 따라서 진리가 그 안에 존재하지 않는다는 것을 의미한다(비교, 고전 15:14)(Hoehner, 663). 이에 대해 바울은 4:14-15에서 이미 성도들이 사람들의 속임수와 간사한 유혹을 위한 궤계에 의해서 흔들리지 말고, 그리스도의 장성한 분량에 이르기까지 성장해 가야 한다고 권면했다. 그리고 6:11에서 바울은 모든 속임수와 궤계의 아버지가 마귀라고 가르칠 것이다. 이 사실은 세상적 삶의 방식을 정당화하며 헛된 말로 다른 성도들을 속이려 하는 자들은 하나님께 속한 자가 아니라, 마귀에게 속한 자라는 것을 암시한다.[271] 성도들의 거룩한 삶을 방해하는 이들의 헛된 말은 성도들이 서로를 세워주기 위해서 해야 할 은혜로운 말과 정면으로 대치된다(4:29).

이들이 내뱉는 헛된 말에 반하여, 헛되지 않은 진실은 3-5절에서 언급된 악행들을 행하는 자들에게 '하나님의 진노'(ἡ ὀργὴ τοῦ θεοῦ, 6절)가 임한다는 사실이다. 2:3에서 이미 바울은 육체의 욕망을 따라 사는

---

270. 이들의 정체는 불순종의 자녀들의 삶의 방식에 동화된 일부 에베소 성도들로 보인다. 참조, Hoehner, 663; Arnold, 326; Muddiman, 235; Best, 1998: 484; Barth, 2:566; Thielman, 2010: 334-35. 비교, O'Brien, 1991: 364-65; MacDonald, 312-13; Lincoln, 1990: 325; Schnackenburg, 220.
271. 흥미롭게도, 행 20:28-30에서 바울은 에베소 교회 장로들에게 자신이 떠난 후 사악한 늑대들이 교회에 들어와 성도들을 미혹할 것이라고 경고하고 있다.

자들은 본질상 하나님의 진노의 대상이라는 사실을 엄중하게 경고했
다. 그런데 6절에서 바울은 현재형 동사 '에르케따이'(ἔρχεται)를 통해
서 임박한 하나님의 진노를 묘사하고 있다. 이 동사의 현재형은 미래적
현재형(futuristic present)으로서, 현재 하나님의 진노가 죄인들에게 임
하고 있다는 사실(비교, 롬 1:18-19, 25)과 더불어, 미래에 임할 주의 심
판의 날에 하나님의 진노가 폭발적으로 그들에게 퍼부어질 사실(롬
2:5, 8; 3:3-7; 5:9; 살전 1:10; 5:9; 골 3:6; 딤전 4:13)을 동시에 표현한
다.[272] 아마도 거짓 선생들 혹은 미혹된 자칭 성도들은 '헛된 말로 속이
는 행위'를 통해서 자신들의 악행에 대한 하나님의 임박한 심판도 부정
하려 할 것이다.[273] 이에 바울은 거듭된 경고의 말씀을 무시하고 불순종
하는 진노의 자녀들에게 반드시 하나님의 심판이 임할 것이기에, 성도
들은 그들과 어울리지 말아야 한다고 엄중하게 경고한다: "그러므로 그
런 자들과 함께 어울리지 마십시오"(7절).[274] 여기서 함께 어울림으로 번
역된 헬라어 명사 '쉼메또코이'(συμμέτοχοι, 7절)는 3:6에서 그리스도
의 약속에 함께 참여하는 이방인 성도들을 지칭하기 위해 사용됐다. 성
도들은 세상적 삶의 방식을 고수하는 불순종의 자녀들과 함께 어울리

---

272. 참조, Arnold, 2010: 327; Hoehner, 664; O'Brien, 1991: 365; Barth, 566;
  Schnackenburg, 221; Lincoln 325-26. 바울의 종말론적 이해에서는 하나님의 나라
  와 더불어 하나님의 진노도 현재와 미래의 긴장 속에 놓여 있는 듯하다.
273. 벧후 3:3-4에서 잘 증거되고 있듯이, 1세기 후반에 어떤 이들은 스스로를 성도라고
  부르면서 하나님의 심판 개념을 조롱하며 비웃었다(비교, 유 14-15, 18-19). 그들은
  은혜롭고 자비로운 하나님이 자신들의 행위에 상관없이 무조건 용서해 줄 것이라
  고 주장한다(유 4, 16; 벧후 2:2-3, 18-21).
274. '불순종의 자녀들'이라는 표현은 쿰란 공동체의 사해 문서에서 종종 발견되는 표현
  이다(1QS 1:10; 3:21). 그들은 자신들을 '빛의 자녀들'이라고 부르면서, 자신들을 어
  두움의 자녀들과 엄격하게 구분했다. 당연히 그들은 어두움의 자녀들은 하나님의
  진노를 경험하게 될 것이라고 주장했다.

면서, 그들의 저주받은 삶의 방식에 동참하지 말아야 한다. 대신 성도들
은 성령 안에서 그리스도의 장성한 분량에 이르기까지 거룩한 삶의 방
식을 고수하면서, '빛의 자녀들'(τέκνα φωτὸς, 8절)과 함께 어울리며 빛
의 자녀들답게 살아야 한다.

　　8-9절 (빛의 열매를 맺는 빛의 자녀들로 행할 것) 바울은 불순종의 자녀
들의 삶의 방식에 성도들이 동참하지 말아야 할 또 다른 이유를 헬라어
접속사 '가르'(γάρ, 8절)를 통해서 알려 준다. 성도들은 이제 빛의 자녀
들이라는 새로운 정체성을 소유하게 됐기에, 그에 합당한 삶의 방식을
취해야 한다.

> 과거에 여러분은 어두움이었으나, 이제는 주 안에서 빛입니다. 그러니
> 빛의 자녀들처럼 행하십시오. (8절)[275]

이 본문에서 바울은 헬라어 부사들 '포떼'(ποτέ, '과거')와 '뉜'(νῦν, '현
재')의 대조를 통해서, 성도들의 회심 전 과거를 어두움으로 그리고 그
들의 현재를 빛으로 칭한다(비교, 롬 11:30; 갈 1:23; 벧전 2:10). 2장에
서 바울은 성도들의 과거와 현재 간의 대조를 영적 죽음과 생명, 그리고
하나님과의 영적 거리를 통해서 상세히 묘사했다. 그리고 4:22-24에서
는 영적 어둠 속에 거하던 성도들의 과거 정체와 빛 가운데 살게 된 그
들의 현재 정체를 각각 옛 자아와 새 자아의 개념들로 비교하며 설명했
다. 이제 현재의 본문에서 바울은 성도들의 영적 상태를 반영하는 그들
의 외면적 삶의 방식을 빛과 어두움의 대조를 통해서 설명하고자 한다

---

275. 이 권면은 회심과 함께 성도들의 윤리적인 삶에 대한 내용 둘 다를 포함하고 있다.
　　참조, Thielman, 2010: 338.

(비교, 욥 19:8; 22:11; 시 82:5; 107:10). 바울의 논점은 한마디로 어두움은 어두움의 열매를 맺고, 빛은 빛의 열매를 맺는다는 것이다. 바꾸어 말하면, 빛의 자녀들이 어두움의 열매를 맺는 것, 즉 성도들이 과거의 부도덕한 삶을 지속하는 것은 상상할 수 없는 일이다.[276]

쿰란 공동체는 자신들을 다른 유대인들 및 이방인들과 구분하기 위하여 빛과 어두움의 비유를 종종 사용했다(1QM 1:1-16; 3:6, 9; 1QS 1:9; 3:13, 19-21).[277] 쿰란 공동체는 자신들을 빛 가운데 거하는 빛의 자녀들로, 그리고 외부인들을 어두움 가운데 거하는 어두움의 자녀들로 칭했다. 그러나 동일한 빛과 어두움의 대조는 요한복음과 요한서신에서도 빈번하게 발견되고 있다(요 1:4, 5, 7-9; 요일 1:5; 2:8). 하나님이 빛이시고 그 안에 어떠한 어두움도 없다는 사실은 요한이 전한 복음의 핵심 내용이다(요일 1:5). 그런데 바울도 종종 하나님을 세상의 빛으로, 그리고 그의 백성들과 이방인들을 각각 빛과 어두움의 자녀들로 칭한다(살전 5:5; 고후 4:4, 6; 6:14; 롬 13:12-13). 하나님은 세상을 비추는 빛이시기 때문에, 하나님의 자녀들은 빛의 자녀들로서 하나님의 빛을 세상에 반사하는 그 빛의 일부가 되어야 한다(엡 4:24).[278] 이러한 이해를

---

276. 살전 5:4-11과 롬 13:11-14에서, 바울은 빛과 어두움에 대한 비유를 통해서 윤리적 가르침과 종말론적 가르침를 함께 연결하여 가르치고 있다. 바울의 종말관은 하나님의 최종적인 간섭이 예수의 재림의 날에 결정적으로 이루어질 것을 기대함하는 동시에, 그날에 이르기까지 성도들은 지속적으로 책임 있는 삶을 살 것을 요청한다. 참조, Dunn, 1998: 670-712; Thielman, 2010: 338-39.

277. 그들은 곧 빛의 자녀들과 어두움의 자녀들 간에 마지막 종말의 전쟁이 발생할 것으로 기대했다(1QM 1:1, 8, 11; 13:5, 15-16; 14:17). 참조, Arnold, 2010: 328.

278. 신약성경은 빛과 어두움을 종종 성도들의 회심과 연관하여 이해하곤 한다. 회심한 성도들은 진리 안에 거하여 참된 것을 볼 수 있으므로 빛에 속하고, 회심하지 못한 자들은 진리를 알지 못하여 진리의 바깥 어두움에 거한다(비교, 고후 4:6; 골 1:13; 벧전 2:9; 엡 4:18).

바울은 11-14절에서 성도들의 삶이 주변 사회에 미치는 영향을 통해서 자세히 설명할 것이다.

그러나 바울은 빛과 어두움에 대한 대조를 쿰란 공동체보다는, 그가 가장 빈번하게 인용하는 이사야서에서 빌려온 것으로 보인다(비교, 시 27:1; 대하 31:20).[279] 이사야는 하나님이 없는 세상을 죽음의 그늘이 드리운 어두움의 영역으로 보고, 하나님의 빛이 비추인 그곳에 하나님의 구원이 임했다고 선포한다(사 9:2; 10:17; 42:6, 16; 49:6). 이사야는 어두움 가운데 거하는 하나님의 백성들에게 주의 영광의 빛이 비추는 날을 종말의 구원의 때라 칭하고, 그때에 주께서 그 백성의 영원한 빛이 될 것이라고 예언한다(사 60:1-4, 19-22). 종말의 구원의 날, 멀리 있던 하나님의 백성들이 약속의 땅으로 회복되고, 수많은 이방인들이 이스라엘과 함께 하나님을 경배할 것이다. 에베소서 2:12-16에서 바울은 이사야를 인용하면서, 멀리 있던 이방인들이 유대인들과 화해하고 평화 속에 공존하는 새 인류가 됐음을 선포했다. 바울은 이사야가 예언한 평화와 구원을 가져올 영광의 주가 바로 예수 그리스도임을 굳게 믿고 있다. 이 사실을 바울은 헬라어 표현 '엔 퀴리오'(ἐν κυρίῳ, 8절)를 통해서 분명히 강조한다.[280] 예수는 어두움 가운데 거하던 이방인들에게 하나님의 영광의 지식의 빛을 비추어 그들로 하여금 빛의 자녀들이 되게 해주었다(비교, 고전 3:18-4:6; 살전 5:5).[281] 바울에게 예수는 이사야가 예

---

279. 참조, Arnold, 2010: 328-29; Qualls and Watts, 249-59.
280. 성도들의 과거는 단지 어두움이었던 것에 반하여, 그들의 현재는 주 안에서 빛이다. 이 표현에서 바울은 예수의 등장이 성도들의 정체성의 변화에 가장 결정적인 사건이었음을 분명히 하고 있다. 참조, O'Brien, 1991: 367.
281. 요한은 빛이신 하나님의 아들인 예수를 하나님과 더불어 세상의 빛이라고 칭한다(요 8:12). 빛이 세상에 비추었으나, 세상은 그 빛을 받아들이지 않았다. 그러나 그 빛을 믿고 받아들이는 자들은 하나님의 자녀가 되는 권세를 받았다(요 1:1-18).

언한 바로 그 이방인들의 빛이다(비교, 눅 2:32).

이런 맥락 속에서, 바울은 현재 에베소서 본문에서 과거 회심 전 성
도들의 정체를 '어두움'(σκότος, 8절)이라고 칭한다. 바울에게 어두움은
죄와 허물로 죽어 있고(2:1), 하나님도 없고 소망도 없는(2:14) 영적 죽
음의 상태를 의미한다(비교, 롬 2:19; 13:13; 마 4:16; 눅 1:79; 요 3:19;
행 26:18).[282] 또한 어두움은 하나님이 아니라 마귀의 권세 아래 놓인 세
상을 지칭한다(엡 2:2-3; 6:12). 마귀의 영향력 아래 놓인 인류는 마음이
강퍅해지고, 하나님에 대한 무지함 속에서 영적 어두움 속에 갇히게 된
다(4:18). 그 결과, 그들은 육체의 욕망을 따라 육체가 원하는 대로 모든
종류의 부정함과 욕망을 추구하는 삶을 살아가게 된다(4:19). 이 삶은
욕망이 주는 기만 속에서 썩어질 것을 추구하다가 죽음의 저주 아래서
썩어지는 삶이다(4:22).

그러나 하나님은 예수 그리스도를 통해서 성도들을 어두움의 영역
에서 하나님의 빛 된 영역으로 이동시켜 주었다(비교, 골 1:13; 행
26:18). 하나님이 다스리는 빛의 영역은 그 안에 어떠한 악도 발견되지
않는 생명의 영역이다(비교, 시 4:6; 89:15-16; 104:2; 사 60:19-20; 욥
12:22). 그리고 지혜와 계시의 영을 통해서 그들의 마음의 눈을 밝혀주
고, 하나님의 부르심의 소망과 영광의 기업의 부요함 그리고 측량할 수
없는 그의 능력에 대해서 깨닫고 믿게 해 주었다(엡 1:17-19; 3:18-19).[283]
그 결과, 성도들은 생명 안에서 다시 살아나 빛 가운데 거하는 새로운

---

282. 참조, Hoehner, 669-70.
283. 하나님의 빛이 가져오는 계시와 그 결과로 발생한 구원의 경험은 구약에서 이미 소
　　 개된 개념이다(시 119:105; 잠 6:23). 그리고 이미 잘 알려진 바와 같이, 쿰란 공동체
　　 는 이 개념을 통해서 빛의 자녀들인 자신들의 구원을 설명한다(1QS 3:19-20; 1:9;
　　 2:16; 1QM 1:3, 11, 13; 13:16). 참조, Hoehner, 671-72.

피조물이 됐다(2:5-6). 성도들이 경험한 이 모든 축복된 상태를 5:8에서 바울은 '주 안에 놓인 빛'(φῶς ἐν κυρίῳ) 그리고 '빛의 자녀들'(τέκνα φωτὸς)이라는 두 표현으로 요약한다. 첫 번째 표현은 성도들로 하여금 빛이 되도록 만들어준 주 예수 그리스도의 사역을 상기시키고(14절; 2:21; 4:1, 17; 6:1, 10, 21),[284] 두 번째 표현은 성도들이 빛이신 하나님과 새롭게 맺게 된 자녀 됨의 관계를 알려 준다(2:3; 5:1).

그러나 8절에서 바울은 다시 한번 헬라어 명령어 '뻬리빠떼이떼' (περιπατεῖτε, '걸으라'; 비교, 4:1, 17; 5:2)를 통해서, 빛의 자녀들인 성도들에게 자신들의 새로운 신분과 정체에 걸맞은 삶을 살 것을 당부한다. 4:24에서 바울은 이미 성도들이 하나님의 거룩한 성품을 따라 새롭게 창조된 자녀들이라고 밝혔다. 따라서 빛의 자녀들인 성도들은 빛이신 하나님의 거룩한 성품을 따라, 빛의 열매들을 맺는 삶을 살아야 한다 (4:1, 17; 5:2, 15). 바울에게 빛의 열매들은 모든 선함(πάσῃ ἀγαθωσύνῃ, 9절)과 의로움(δικαιοσύνῃ, 9절) 그리고 진실함(ἀληθείᾳ, 9절) 속에서 발견된다.[285]

첫 번째, 선함은 성령의 열매들 중 하나로서(갈 5:22) 어둠의 일인 탐욕과 대조된다(5:3-5). 하나님의 선함은 시편 기자가 하나님께 감사하는 주요 이유이다(시 34:8; 73:1; 100:5; 118:1-4, 29; 135:3; 145:9). 구약에서 하나님의 선함은 주로 자신의 백성을 향하여 베풀어진 하나님

---

284. 바울에게 '주 안에서'라는 표현은 하나님의 구원이 발생하는 영역을 의미하는 동시에, 성도들이 회심과 부활 그리고 모든 영적 선물들을 경험하는 통로이다(1:3, 5, 6, 7, 13, 20). 참조, Campbell, 67-199.
285. 이 세 덕목들은 하나님의 백성이 의롭게 행하고 자비를 사랑하며 하나님과 겸손하게 걸어야 한다는 미 6:8을 상기시킨다(비교, 1QS 1:5; 8:2).

344 에베소서 (KECNT 9A)

의 관대함을 의미한다(느 9:25, 35; 13:31; 렘 33:11; 나 1:7).[286] 그런데 에베소서에서 바울은 하나님이 성도들을 창조한 목적은 그들이 행할 선한 일들을 위해서라고 말한다(엡 2:10; 비교, 골 1:10). 하나님의 자녀들은 선하신 하나님의 성품을 따라 선한 일을 행하는 삶을 살아야 한다. 두 번째, 의로움은 에베소서 4:24에서 바울이 이미 언급한 성도들의 창조의 청사진이 된 하나님의 성품이다. 바울에게 하나님의 의로움은 윤리적 측면에서의 의로움과 관계적 측면에서의 의로움인 신실함 둘 다를 포함하는 개념이다(비교, 롬 1:17; 3:21-22; 4:3, 5).[287] 하나님의 친절함과 더불어, 구약에서 하나님의 의로움은 이스라엘과의 관계에서 가장 강조되는 하나님의 본성적 특징이다(출 9:27; 신 25:1; 32:4; 사 41:10; 45:21; 시 7:9, 11; 11:7; 103:6). 그러나 하나님의 의로움의 두 번째 측면인 신실함을 강조하는 로마서와 갈라디아서와는 달리, 에베소서에서 바울은 첫 번째 윤리적 측면에서의 의로움을 불의한 삶과 대조하며 강조하고 있다.[288] 에베소서에서 바울은 의로우신 하나님처럼 그의 자녀들은 의로운 행위들로 채워진 삶을 살 것을 요청한다. 세 번째, 진실함은 구약에서 출애굽 때 모세에게 계시된 하나님의 성품들 중 하나이면서(출 34:6; 비교, 삼하 2:6), 시편 기자가 찬양하는 하나님의 행동 방식을 가리킨다(시 25:10; 31:5; 40:10, 11; 85:10; 117:2). 그런데 에베소서 4:24에서 하나님의 진실함은 하나님의 의로움과 함께 성도들 창조의 청사진으로 이미 강조됐다.[289] 진실함은 하나님의 생각과 말에서

---

286. 참조, O'Brien, 1991: 368 n.38.
287. 참조, 이승현, 2020a: 643-87.
288. 참조, Stevens, 47-69; Thielman, 2011: 35-48; Stegman, 496-524.
289. 현재의 본문에서 헬라어 단어 ἀλήθεια(9절)는 성도들의 믿음의 대상으로서의 그리스도에 관한 진리의 말씀이 아니라, 윤리적 측면에서의 진리, 즉 진실함을 의미한

묻어나는 하나님의 본성적 측면이기에, 성도들의 생각과 말도 하나님의 진실함으로 채워져야 한다. 사실 이러한 빛의 열매들에 대한 상세한 설명을 바울은 이미 4:20-5:2에서 제공했다.

결론적으로, 자녀들이 아버지의 본성을 공유하고 열매가 나무의 본성을 공유해야 하듯이, 빛이신 하나님의 자녀들인 성도들은 하나님의 빛 되신 성품에 합당한 빛의 열매들을 맺어야 한다(8절; 비교, 마 7:16-20; 눅 6:43-44; 요 15:2-17; 약 3:12). 물론 바울에게 빛의 열매들은 선하고 의롭고 진실함으로 표현되는 윤리적 삶을 지칭한다(9절). 다른 곳에서 바울은 이 빛의 열매들을 성령의 열매(갈 5:22-24; 롬 15:14; 살후 1:11), 혹은 의의 열매(빌 1:11)라고 부른다. 빛의 열매를 맺는 빛의 자녀들의 삶은 어두움 가운데서 모든 더러운 행위들과 말들로 가득찬 불순종의 자녀들의 삶과 강력하게 대조된다(엡 5:3-6). 이처럼 빛의 자녀로서의 새로운 정체성은 빛의 열매를 지속적으로 맺는 삶을 요구하고, 이 삶을 통해서 성도들은 그리스도의 장성한 분량에까지 이르는 영적 성숙함을 이루게 된다(4:15).[290] 이어지는 10절에서 바울은 빛의 열매들을 맺는 삶은 주님을 기쁘시게 하는 삶이라고 가르칠 것이다(10절; 비교, 롬 12:1-2). 빛의 열매들은 11절에서 언급될 이방인들의 열매 없는 어두움의 일들과 강하게 대조된다.

다. 하나님 앞에서 다윗은 진리와 의로움 속에서 행했다라고 칭찬받고 있는데(왕상 3:6), 이때에도 진리는 윤리적 측면에서의 진실함을 의미한다. 참조, Thielman, 2010: 340.

290. 바울의 관점에서 성도들의 윤리적 삶은 구원을 얻기 위한 통로가 아니다. 구원은 인간의 행위에 근거하지 않고 하나님의 은혜로 말미암기 때문이다. 그러나 구원받은 성도들은 반드시 윤리적으로 의로운 삶을 살아가야 한다. 윤리적으로 의로운 삶은 성도들에게 주어진 새 본성이 맺는 자연스런 성령의 열매이기 때문이다. 참조, MacDonald, 314.

10절 (주를 기쁘시게 하는 삶) 위에서 바울은 빛이신 하나님의 자녀들은 그들의 삶에서 빛의 열매들을 맺어야 한다고 강조했다. 이제 10절에서 바울은 이 삶이 바로 '주를 기쁘시게 하는 삶'(εὐάρεστον τῷ κυρίῳ, 10절; 비교, 고후 5:9; 골 3:20; 딛 2:9; 롬 12:1)이라고 선포한다. 바울서신에서 주는 하나님에 관한 구약의 인용을 제외하고는 모두 예수 그리스도를 지칭하는 기독론적 표현이다(비교, 고전 8:6; 12:3; 빌 2:9-11). 바울에게 있어서 주를 기쁘시게 하는 것은 하나님의 뜻을 이루는 것과 함께 성도들의 삶의 또 다른 목표를 구성한다(롬 12:2; 고후 5:9; 골 3:20). 사실, 예수가 자신의 공생애를 통해서 직접 증거했듯이, 하나님의 뜻을 이루는 것이 바로 주 예수 그리스도를 가장 기쁘게 하는 것이다. 이제 성도들의 윤리적 삶에 대한 동기는 그들의 아버지인 성부와의 관계뿐만 아니라, 그들의 주이신 성자와의 관계 속에서도 발견된다.

이미 4:21에서 바울은 하나님의 진리가 예수 그리스도 안에서 발견된다고 선포했다. 현재의 본문에서 바울은 주 예수 그리스도를 기쁘시게 하는 것은 빛의 열매들을 맺어가는 삶이라고 가르친다. 왜냐하면 빛의 열매들을 맺는 삶이 바로 성도들을 택하시고 부르신 하나님의 비밀에 담긴 뜻을 성취하는 삶이기 때문이다. 주를 기쁘시게 하는 삶은 성도들이 주 안에서 빛의 자녀들이라는 자신들의 새로운 신분에 합당하게 살아가는 것이다(8절). 주 안에서 빛 된 자들의 삶은 어두움의 자녀들의 열매 없는 행위들에 동참하지 않고 빛의 열매들을 맺어가야 한다. 이어지는 본문에서 바울은 성도들의 삶이 반영하는 하나님의 빛은 어두움의 열매 없는 행위들이 왜 어두운지를 드러내준다고 가르칠 것이다(11절).

그런데 바울은 10절에서 주를 기쁘시게 하는 것이 무엇인지에 대해서 '알아보라'고 권면한다. '알아보라'에 해당하는 헬라어 단어는 '도끼마조'(δοκιμάζω)이다.[291] '도끼마조'의 문자적 의미는 먼저 시험해보고 조사해 본 후, 그 결과를 통해서 내용을 알게 된다는 것이다.[292] 예를 들면, 새로 산 소들이 그 지불한 값에 걸맞게 일하는지에 대해서 주인은 엄밀하게 조사하고 알아본다(눅 14:19). 그리고 하나님의 교회는 자신들 가운데서 발생하는 여러 은사들의 진위성과 참됨을 엄밀하게 조사한 후, 좋은 것은 취하고 악한 것은 버려야 한다(살전 5:21). 또한 교회의 지도자로 세워지는 자들의 자격 여부에 대해서도 냉정한 판단에 근거하여 알아봄이 필요하다(딤전 3:10). 현재의 본문에서 바울이 이 단어를 통해서 강조하기 원하는 바는 성도들이 일상에서 발생하는 수많은 일들 속에서 주를 기쁘시게 하는 삶이 무엇인지에 대해서 적극적으로 조사해서 알아보고, 그렇게 해서 깨닫게 된 선한 삶의 행위들을 최선의 노력을 다하여 실천해야 한다는 것이다(비교, 갈 6:4).[293] 로마서 12:2에서도 바울은 성도들이 이 세상에 동화되지 말고 마음을 새롭게 한 후, 하나님의 뜻을 조사해서 알아보라고 권면한다. 그 알아봄의 결과, 성도들은 하나님 앞에서 무엇이 선하고 받을 만하며 완전한 것인지에 대해서 분별하게 된다. 바울에게 하나님은 성도들의 마음을 시험하여 그 마음의 상태를 알아보고 승인하는 분이다(살전 2:4). 하나님의 뜻에 합당하여 하나님이 승인하시는 삶은 '하나님을 기쁘시게 하는'(εὐάρεστον τῷ

---

291. 10절에서 이 단어는 분사의 형태로 발견되면서(δοκιμάζοντες), 8절의 '걸으라'는 의미의 주동사(περιπατεῖτε)를 수식한다.

292. 구약의 경우, 잠 17:3과 27:21에서 이 단어는 금과 은을 시험해 보고 그 진위성을 입증하라는 두 가지 의미를 동시에 지니고 있다. 다윗은 하나님에게 자신의 마음을 시험해서 알아볼 것을 요청한다(시 17:3). 이 단어에 대한 보다 상세한 분석을 위해서는 Hoehner, 675를 참조하라.

293. 참조, MacDonald, 314; Arnold, 2010: 330; Hoehner, 676.

θεῷ, 롬 12:1) 삶이다. 이러한 성도들의 삶은 하나님께 살아있는 거룩한 제물이 된다. 물론 하나님의 뜻에 합당하고 주를 기쁘시게 하는 것들을 판단하는 궁극적인 기준은 빛이신 하나님의 선하고 의롭고 진실한 본성이다(엡 5:9; 4:24).

11-12절 (어둠의 행위들을 드러내고 책망하는 빛의 자녀들의 삶) 주 예수 그리스도를 기쁘시게 하는 삶은 성도들이 주 안에서 빛이 된 자신들의 새로운 신분에 합당한 삶을 살아가는 것이다(8절). 주 안에서 빛 된 자들의 삶은 어두움의 자녀들의 열매 없는 행위들에 동참하지 않고, 빛의 열매들을 생산해 내는 것이다. 성도들은 마귀의 영향력 아래 놓인 어두움의 영역에서 하나님이 다스리는 빛의 영역으로 이동한 자들이다. 따라서 성도들이 여전히 어두움에 속한 삶의 방식을 취한다는 것은 하나님의 빛 된 성품을 공유해야 하는 하나님의 자녀에게는 매우 모순적인 일이다(고후 6:14). 이에 11-12절에서 바울은 성도들은 은밀히 행해지는 어두움의 행위들에 동참하지 말고, 그 행위들의 어두움을 노출시키라고 권면한다.

그런데 11절의 어두움의 행위들에 '참여하지 말라'(μὴ συγκοινων-εῖτε)는 바울의 명령은 불순종의 자녀들과 '함께 어울리지 말라'(μὴ συμμέτοχοι)는 7절의 명령을 새롭게 반복하고 있다. 빌립보서 4:14에서 바울은 빌립보 성도들이 복음을 위한 자신의 고난에 함께 동참할 것을 요청하면서, 동일한 헬라어 명령형 동사 '슁꼬이노네이떼'를 사용한다. 그러나 현재의 본문에서 불신자들과 함께 어울리지 말라는 바울의 명령은 그들과의 사회적 관계망의 완전한 단절을 의미하지 않는다(고후 6:14). 이 명령에 담긴 바울의 의도는 하나님께 기쁨이 되지 못하는 그들의 불경건한 삶에 동참하지 말라는 것이다(비교, 딤전 5:22).[294] 어두움의 행위들이 하나님께 기쁨이 되지 못하는 이유는 하나님이 원하시는 '거룩하고 선하고 진실한 열매들'을 맺을 수 없기 때문이다(엡 5:9, 11; 4:17-19, 24; 2:1-3). 어두움의 '열매 없는'(ἀκάρποις, 11절) 행위들에 반하여, 성령을 모시고 사는 성도들은 '성령의 열매'(갈 5:22), 즉 선하고 의롭고 참된 '빛의 열매'(καρπὸς τοῦ φωτὸς, 엡 5:9)를 풍성하게 맺어야 한다. 불순종의 자녀들의 행위들이 빛의 열매를 맺지 못하는 이유는 그들의 행위들이 빛이 존재하지 않는 어두움(τοῦ σκότους, 11절) 속에서 은밀히 행해지고 있기 때문이다. 로마서 13:11-14에서 바울은 현재의 본문과 매우 유사한 가르침을 전달하고 있다. 현재는 하나님의 구원의 새벽이 임박한 시간이기에,[295] 성도들은 어두움의 행위들, 즉 육체의 욕망을 추구하는 행위들을 버리고, 빛의 갑옷(τὰ ὅπλα τοῦ φωτός, 롬 13:12)을 입고 빛을 소유한 낮에 합당한 삶을 살아야 한다.[296]

그러나 빛의 자녀들은 단순히 어두움의 행위들에 동참하지 않을 뿐만 아니라, 그 행위들의 어두움을 드러내고 책망해야(ἐλέγχετε, 11절) 할 책임을 소유하고 있다. 여기서 헬라어 단어 '엘렝코'가 차용되고 있는데, 이 단어는 '노출시켜 드러낸다'는 의미와 함께, '정죄하고 교정한다'

---

294. 참조, O'Brien, 1991: 511; Arnold, 2010: 331; Hoehner, 677. 그러나 계 18:4에서 성도들은 타락한 도시 바벨론의 죄에 동참하지 않기 위해서, 그 도시로부터 나오라고 권고받는다. 이 타락한 도시 바벨론은 로마를 에둘러 지칭하는 표현이다.

295. 에베소서에서 바울이 구원의 현재성을 강조하는 반면에(비교, 2:5-6), 로마서에서는 구원의 미래성을 더 강조하고 있다(비교, 8:23-25). 그러나 에베소서에서도 바울은 구원의 완성이 미래에 있을 사건으로 보기에, 현재 성령이 그 구원의 보증으로 기능한다고 강조한다(1:13). 참조, Byrne, 397-401.

296. 로마서에서 빛의 갑옷은 윤리적 개념으로 이해되고 있다. 에베소서에서도 빛의 갑옷은 윤리적 개념이지만, 영적 전투의 개념으로 좀 더 확장된 형태로 설명된다(엡 6:10-17).

는 의미도 갖는다(비교, 마 18:15; 고전 14:24).[297] 성도들의 삶을 통해서
반영되는 하나님의 진리의 빛은 은밀한 가운데서 행해지는 그들의 행
위들이 왜 어두운지를 명확하게 보여준다(13절; 비교, 요 3:19-21; 8:12;
9:5; 11:9-10; 12:35-36; 12:46).[298] 동시에, 빛 된 성도들의 윤리적 삶은
세상의 잘못된 삶의 방식을 책망하고 교정하는 참된 삶에 대한 바른 가
르침의 근거가 된다. 바울에 따르면, 이방인들의 행위들이 열매 없는 어
두움의 행위들인 이유는 빛이 없는 곳에서 '은밀하게'(κρυφῇ, 12절) 행
해지고 있기 때문이다(12절).[299] 그런데 그들의 은밀한 행위들이 성도들
의 삶이 반영하는 하나님의 진리의 빛에 노출될 때, 그 행위들 안에 내
재된 어두움의 본질이 명백하게 나타난다. 바울은 그 어두움의 행위들
은 성도들이 입으로 언급하기에도 '수치스런'(αἰσχρόν, 12절) 것이라고
말한다. 바울 당시 그리스—로마 사회에서는 명예(honor)와 수치
(shame)가 선악을 판단하는 도덕적 기준으로 강조됐다.[300] 수치스럽다

---

297. 참조, Hoehner, 678-79; Arnold, 2010: 331; Thielman, 2010: 343; Engberg-Pedersen, 1989: 89-110.
298. 요한복음에서 예수는 하나님께서 세상에 보낸 구원의 빛으로 제시된다(요 1:1-18). 주 예수를 믿고 영접한 자는 어두움의 영역에서 빛의 영역으로 이동하여 하나님의 자녀들이 된다. 에베소서는 요한의 예수 이해에 동의하는 동시에, 주 예수를 믿은 성도들이 주 안에서 빛임을 더 강조하고 있다(엡 5:8). 따라서 이 땅에서 성도들의 존재와 행위는 빛이신 예수의 사역을 적극적으로 계승해가는 것이다.
299. Best, 1998: 492-95와 Hoehner, 679-81은 은밀하게 행한다는 것은 불순종의 자녀들의 행위에 동참하는 일부 성도들의 죄악을 지칭한다고 주장한다. 이들의 정체에 대한 학자들의 논의에 대한 포괄적인 평가를 위해서는 Arnold, 2010: 331-32를 참조하라. 반면에, O'Brien, 1991: 371과 Lincoln, 1990: 329-30은 은밀한 행위들을 불신자들의 죄로 본다. 그러나 현재의 본문은 행위자들에 대한 비판이 아니라, 어두움의 삶의 방식에 대한 일반적인 비판으로 보는 것이 더 옳다. 참조, Thielman, 2010: 344.
300. 참조, Gosnell, 2006: 105-28; Moxnes, 51-68; McRae, 165-81.

는 것은 도덕적으로 옳거나 선하지 못하다는 것을 의미한다.[301] 일반인들의 입으로 언급하기에도 수치스러운 악행들을 성도들이 직접 행한다는 것은 바울에게 용납될 수 없는 일이다.

은밀하게 행해진다는 측면에서 볼 때, 이방인들이 저지르는 성적으로 부도덕한 죄들이 바울의 주요 비판 대상일 수 있다(비교, 롬 13:13; 고전 6:12-20). 그러나 대부분의 죄들은 은밀한 가운데, 즉 다른 이들이 알지 못하는 가운데 행해진다. 따라서 바울이 비판하는 열매 없는 어두움의 행위들은 성적인 죄들에만 한정되지 않는다. 어떤 주석가들은 에베소에서 행해지던 은밀한 마술 행위들이 현재 바울의 주요 비판 대상이라고 주장한다(비교, 행 19:13-20).[302] 그러나 에베소서에서 바울은 이 은밀한 마술 행위들에 대한 그 어떤 자세한 정보도 제공하지 않는다. 만약 바울이 은밀한 마술 행위들에 대해서 경고하고자 했다면, 바울은 그 마술 행위들의 문제점들에 대해서 상세히 설명해 주었을 것이 틀림없다. 그런데 에베소서 4:17-19, 22와 5:3-5에서 바울은 성적인 타락과 탐욕을 포함한 다양한 어둠의 행위들을 매우 구체적으로 언급하고 있다. 그러므로 성도들이 언급하지도 말고 행하지도 말아야 할 어둠의 행위들은 하나님의 빛 된 성품에 반한 모든 비윤리적 행위들이다.[303]

13-14절 (어두움에서 빛으로의 변화) 13-14절에 담긴 바울의 논의는 언뜻 보았을 때 그 의미가 명확해 보이지 않는다. 일부 학자들은 이 본문을 성도들이 범죄를 저지른 다른 성도들을 책망하고 교정하여 바로 세

---

301. 참조, Epictetus, *Diatribe* 2.2.14; 2.17.2; 2.24.19; 필로, *Creation* 1.73, 153; *Cherubim* 1.91.

302. 참조, Arnold, 2010: 331, 333; Kreitzer, 51-77.

303. 참조, Hoehner, 681. 그러나 O'Brien, 1991: 371은 주로 성적인 범죄들이 현재 본문의 비판 대상이라고 본다.

워주는 것을 묘사한다고 본다.[304] 흥미롭게도, 데살로니가전서 5:4-11과 로마서 13:11-14에서 바울은 잠과 깸, 빛과 어두움, 그리고 밤과 낮의 비유들을 통해서 임박한 주의 날을 앞둔 성도들이 깨어 있어야 함을 가르친다(비교, 막 13:33-37; 마 24:42; 25:13). 그러나 에베소서의 전후 문맥을 고려해 볼 때, 13-14절은 어두움을 노출시킨 빛 된 성도들의 행위의 결과, 어두움이 빛으로 변화되어가는 과정을 비유적으로 묘사하고 있다. 이런 면에서 현재의 본문은 성도들의 회심을 어두움과 빛의 비유를 통한 변화를 통해서 설명하고 있는 것으로 보인다.[305] 13절에서 바울은 먼저 빛에 의해(ὑπὸ τοῦ φωτὸς) 노출되는(ἐλεγχόμενα) 모든 것들은 다 그 빛에 의해서 명백하게 드러나게 된다(φανεροῦται)고 선포한다. 여기서 빛은 그 앞에 위치한 노출됨과 그 뒤에 위치한 드러나게 됨 둘 다를 동시에 수식하고 있다.[306] 그런데 세상의 어두움을 밝히는 빛은 성도들이 삶에서 맺는 빛의 열매들이 반사하는 하나님의 빛이다. 하나님의 빛이 성도들을 통해서 세상의 어두움에 비칠 때, 어두움에 속한 모든 행위들은 그 악한 본질이 그대로 노출된다(11절). 그러나 놀랍게도, 은밀하게 행해지던 악한 행위들이 빛에 노출되는 순간, 하나님의 빛은 그 노출된 어두움을 빛으로 바꾸어 버린다(13절b).[307] 하나님의 빛은 흑암 가운

---

304. 참조, Arnold, 2010: 334; Hoehner, 683-84.
305. 참조, Barth, 574; O'Brien, 1991: 372, 377; Thielman, 2010: 347; Engberg-Pedersen, 1989: 101-10; MacDonald, 316. 비교, Arnold, 2010: 333.
306. 많은 학자들은 빛이 그 앞의 노출됨을 수식하거나, 그 뒤의 드러나게 됨만을 수식한다고 주장한다. 참조, Lincoln, 1990: 331; Thielman, 2010: 346. 그러나 바울은 종종 동일한 단어를 통해서 앞뒤 단어 둘 다를 수식하곤 한다. 현재 본문에서도 노출됨과 드러남 두 행위들이 다 빛에 의해서 영향받는다.
307. 14절 전반부에서 주어는 '모든 드러난 것'(πᾶν τὸ φανερούμενον)이고, '빛'(φῶς)은 서술어로 기능한다. 대다수의 주석가들이 이런 해석을 하는 것에 반하여, Arnold, 2010: 332는 '빛'(φῶς)을 주어로 본다. 그러나 '빛'(φῶς)은 정관사가 없는 채 발견

데 거하던 세상에서 생명을 창조한 창조주의 능력을 그 안에 담고 있기에, 자신들의 행위의 어두움을 자각하고 회개한 이들을 빛의 자녀들로 새롭게 창조한다(비교, 창 1:1-5). 복음서에 따르면, 세상의 빛이신 예수는 자신이 이 땅에 온 이유가 의인들이 아니라, 죄인들을 불러 회개하게 함이라고 선포했다(비교, 눅 5:32).

바울은 창조주 하나님의 생명을 담은 빛을 기독론적으로 재해석한 후, 예수 그리스도의 얼굴에 머물고 있는 하나님의 영광으로 이해한다(고후 4:6; 비교, 요 1:3-9). 사도들을 통해서 전달된 예수-복음을 통해서 하나님의 빛이 이방인들의 어두운 마음을 비출 때, 그 빛은 이방인들의 어두운 마음을 하나님의 영광에 대한 지식으로 채워 성도들로 변화시킨다(고후 4:4-6; 3:18; 비교, 요 3:19-21). 그 결과, 성도들은 자신들의 과거 어두움의 행위들을 회개하여 버리고 회심한 후, '주 안에 있는 빛'(엡 5:8)으로 새롭게 탄생한다. 주 예수의 새 창조의 사역을 통하여, 어두움의 자녀들이었던 성도들이 하나님의 빛에 노출되어 하나님의 빛을 품은 빛의 자녀들이 된다. 바울은 이와 유사한 생각을 고린도전서 14:24-25에서도 보여준다. 불신자들이 교회에 와서 예언의 은사를 통해 그들의 속마음의 생각들이 드러나게 될 때, 그들은 하나님의 살아계심을 믿고 고백하게 된다. 불신자들의 어두움이 하나님의 빛에 의해서 노출되자, 그들은 빛이신 하나님의 살아계심을 깨닫고 믿어 빛의 자녀들로 거듭나게 된다. 14절에서 바울이 인용하고 있듯이, 회심한 성도들은 자신들의 회심 경험을 고백의 형태로 다른 이들에게 공개적으로 선포하게 된다.[308]

되기에 서술어로 보는 것이 더 문법적으로 설득력 있다.

308. 다수의 학자들은 13-14절의 경험이 성도들에게만 해당되는 특별한 것이라고 주장

14절에서 바울은 어두움에서 빛으로의 이동을 의미하는 성도의 회심을 오래된 초대 교회의 시를 인용함으로써 설명한다: "잠자는 자여 깨어 죽은 자들 가운데서 일어나라. 그리스도께서 너에게 비추실 것이다."[309] 14절을 시작하는 '그러므로 이르기를'(διὸ λέγει)이라는 표현은 구약성경을 인용할 때 종종 사용되는 표현이다(비교, 4:8; 약 4:6). 그런데 바울이 현재 인용하는 시와 정확하게 일치하는 구약성경 본문은 없다. 대신 이 시는 죽은 자들의 부활에 대한 이사야 26:19와 주의 영광의 빛에 대한 이사야 60:1-2를 기독론적으로 재해석한 초대 교회 성도들의 고백으로 보인다(비교, 엡 5:19; 롬 6:3-11; 갈 2:19-20).[310] 물론 이 시가 성도들의 세례 시에 주로 낭송됐는지, 아니면 예배 시에 고백됐는지에 대해서는 그 어떤 문서적 증거가 남아 있지 않다.[311] 그런데 이 시에서 '잠자는 자'(ὁ καθεύδων, 14절)는 성도들로 회심할 이방인을 지칭하고 (비교, 살전 4:14), '죽은 자들'(τῶν νεκρῶν, 14절)은 영적으로 죽어 있는 불신자들을 지칭한다. 데살로니가전서 5:6-7, 10에서도 무덤에 묻힌 성

한다. 그러나 이 회심과 변화의 경험은 복음을 통해서 세상에게 전해져야 할 일반적 선교적 함의를 그 안에 지니고 있다. 참조, O'Brien, 1991: 373; Barth, 574; Thielman, 2010: 347. 비교, Schnackenburg, 227; Lincoln, 1990: 330-31; Moritz, 113-15.

309. 이 시에 대한 보다 자세한 설명은 Schnackenburg, 228-29, Thielman, 2010: 349-51, 그리고 Hoehner, 686-88을 참고하라. Arnold, 2010: 334는 이 시를 성도들이 어두움의 죄악된 행위들에 참여하지 말아야 한다는 경고로 해석한다.

310. 참조, Arnold, 2010: 334; Moritz, 100-105, 115; Best, 1998: 497; Hoehner, 687; Thielman, 2010: 348-49. 이 시의 영지주의적 기원에 대한 주장은 더 이상 설득력 있는 견해로 받아들여지지 않는다. 비교, Reitzenstein, 61-62; Strecker and Horn, 572.

311. Moritz, 106-09, 115; Thielman, 2010: 350; Hengel, 2004: 282-84; Wedderburn, 1987: 52-54, 80-82.

도들은 잠자는 자들로 불리지만, 결코 죽은 자들로 불리지 않는다.[312] 부득이하게 성도들을 죽은 자들로 지칭해야 할 때, 바울은 그들을 '주 안에서 죽은 자들'(οἱ νεκροὶ ἐν Χριστῷ, 살전 4:16)이라고 부른다. 바울에게 죽음은 죄로 인해서 하나님과 단절된 아담의 자손들의 영적 죽음과 그들의 죄에 대한 하나님의 심판을 의미하기 때문이다(비교, 롬 5:12-21).[313]

그런데 이 시에서 '깨어나 일어나라'로 번역되는 두 헬라어 단어들(ἔγειρε; ἀνάστα, 14절)은 초대 교회 전통에서 예수와 성도들의 부활을 지칭하기 위해서 사용된 전문 용어들이다(비교, 눅 24:5, 34; 7:14; 8:54; 요 6:39, 44, 54; 행 2:24, 30; 9:40, 41; 13:34; 17:31; 살전 4:14, 16). 세상의 빛인 그리스도가 회심 전 아직 영적으로 잠자고 있던 이방인들을 비출 때(ἐπιφαύσει, 엡 5:14; 고후 4:1-6), 그들은 죽은 자들로부터의 영적 부활과 생명을 경험하고 빛인 그리스도와 함께 거하는 빛의 자녀들이 된다(엡 2:1, 5-6; 5:8).[314] 구약에서 하나님의 백성 위에 비추어 그들에게 구원을 제공한 빛이신 주(비교, 신 33:2; 시 50:2; 80:3, 7, 19)는 바울을 포함한 신약성서 저자들에게 주 예수 그리스도로 이해된다(비교, 눅 2:32; 요 1:4-9; 3:19-21; 8:12; 11:10; 계 1:16). 에베소 교인들은 바울과 다른 전도자들이 전한 복음에 담긴 예수 그리스도의 빛에 노출되어 영적 부활인 회심을 경험하고, 주 안에 거하는 빛의 자녀들이 된 자들이다. 물론 그들의 육적 부활은 주의 재림의 날에라야 경험할 수 있

---

312. 초대 교회 전통에서 이미 죽은 성도들은 '무덤에서 자는 자들'로 불린다. 비교, Arnold, 2010: 334-35.

313. 참조, Dunn, 1998: 102-27.

314. O'Brien, 1991: 376-77; Thielman, 2010: 350-51.

는 미래의 몸의 구속이다(롬 8:23; 고전 15:40-49).[315] 재림의 날까지 빛이신 그리스도의 임재는 성도들 안에 거하는 성령을 통해서 그들과 계속해서 함께할 것이다(엡 1:17; 2:22; 3:16; 4:30). 그리고 그리스도 안에 거하는 성도들을 통해서, 하나님의 빛은 계속해서 어두운 세상을 비추며 어두움을 빛으로 변화시켜 갈 것이다.

해설

성도들은 빛이신 예수 그리스도의 복음에 노출된 후, 자신들의 어두움의 행위들을 뉘우치고 회심하여 주 안에 거하는 빛으로 다시 태어난 자들이다. 따라서 성도들은 자신들의 삶 가운데서 과거 어두움의 행위들을 철저히 버리고, 주를 기쁘시게 하는 삶을 살아가야 한다. 주를 기쁘시게 하는 삶은 어두움 가운데서 은밀하게 행해지던 어두움의 행위들에 더 이상 동참하지 않고, 빛의 자녀들에게 합당한 삶, 곧 빛의 열매들을 맺는 삶이다. 따라서 성도들은 어두움의 열매들, 즉 모든 악한 말들과 음행들과 더러운 행위들을 버리고, 빛 가운데서 행하며 의롭고 참되고 선한 빛의 열매들을 맺어가야 한다. 빛 가운데 거한다는 것은 빛이신 예수 그리스도의 임재 안에 거하는 것을 의미한다. 그리고 빛의 열매들을 맺는다는 것은 빛이신 하나님의 거룩한 성품이 성도들의 성품이 되고, 그 거룩한 성품이 성도들의 삶에서 묻어나는 것을 의미한다.

나아가 성도들은 자신들이 소유한 그리스도의 빛을 세상 어두움에 비추어야 할 책임이 있다. 왜냐하면 성도들은 빛이신 하나님의 비밀한 계획의 성취와 하나님의 지혜를 온 세상에 증거해야 하는 증인들이기

---

315. 참조, 이승현, 2020b: 331-404.

때문이다. 하나님의 비밀한 계획의 성취는 예수 그리스도를 통해서 이루어졌고, 그 비밀은 화평과 빛을 어두운 세상에 비추어 그 세상을 변화시키는 것이다. 하나님의 빛은 성도들의 선한 행위들, 곧 윤리적인 삶을 통해서 세상에 비추어진다. 성도들이 반영하는 하나님의 빛은 세상의 어두움에 거하며 어두움의 행위들을 일삼는 불신자들로 하여금 그들의 행위가 어두움이라는 사실에 대해서 깨닫게 해 준다. 그리고 빛의 열매들을 맺는 성도들의 삶은 인류가 추구해야 할 참된 삶의 본질이 무엇인지에 대해서 분명히 알게 해 준다. 그런데 놀랍게도, 성도들의 삶을 통해서 계시되는 그리스도의 빛은 불신자들로 하여금 자신들의 어두움의 행위들에 대해서 회개하고, 빛이신 그리스도에게로 돌아올 기회를 제공한다. 성도들의 삶을 통해서 반사되는 하나님의 빛은 어두움에 거하는 자들을 빛으로 변화시키는 하나님의 창조의 능력을 그 안에 품고 있기 때문이다.

결론적으로, 에베소서 5:3-14는 이 본문의 핵심 주제인 '빛의 자녀답게 걸으라'(περιπατεῖτε, 8절)는 한마디로 요약될 수 있다. 이 명령은 앞선 본문 4:17-5:2의 '하나님을 본받는 자가 되라'는 명령이 기독론적으로 한층 더 발전된 형태이다. 그리고 '걸으라'에 해당하는 헬라어 명령어 '뻬리빠떼이떼'(περιπατεῖτε)를 통해서, 이 기독론적 명령은 이어지는 본문(5:15-21)의 핵심 주제인 '지혜로운 자답게 걸으라'(περιπατεῖτε ὡς σοφοί, 15절)는 명령과 긴밀하게 연결된다. 성도에게 하나님의 지혜를 제공하는 분은 지혜와 계시의 영인 성령이다(1:17). 따라서 '걸으라'는 공통된 명령의 연결점을 통해서, 바울은 성도의 삶에 대한 자신의 논의를 성령의 지혜를 따라 사는 삶으로 자연스럽게 발전시킨다. 여기서 우리는 다시 한번 성삼위 하나님과의 개인적 관계를 통해서 성도들의 삶을 삼중적으로 묘사하는 바울의 수사학적 기술을 엿볼 수 있다.

4. 성령의 지혜를 따라 사는 삶(5:15-21)

앞에서 바울은 하나님을 본받는 자들의 새로운 삶은(5:1) 주 안에 빛으로서 빛의 열매들을 맺어가는 삶임을 상세하게 설명했다(5:8-9). 이제 모든 선함과 의로움과 진실함으로 채워진 빛의 열매들은 성도들의 삶의 행위들 속에서 발견되어야 한다. 왜냐하면 하나님을 본받아 빛의 열매들을 맺는 삶은 성도들을 위하여 자신을 희생하신 주를 기쁘시게 하는 삶이기 때문이다(5:10). 그런데 현재의 본문에서 바울은 주를 기쁘시게 하는 삶이 보여주어야 할 또 다른 중요한 특징에 대해 알려 준다. 주를 기쁘시게 하기 위해서 성도들은 '주의 뜻'을 분별하는 현명한 자들이 되어야 한다(5:17; 비교, 롬 12:2). 주의 뜻은 자신 안에서 빛으로 거듭난 성도들이 술 취한 채 방탕한 어두움의 삶을 사는 것이 아니라, 성령의 충만함을 받아 지혜롭게 사는 것이다(엡 5:18). 주께서 부활 승천하신 후 이 땅에 보내준 성령은 성도들의 구원을 인친 분일 뿐만 아니라(1:13; 4:30), 하나님의 참된 지혜를 통해서 성도들의 삶을 이끌어 가는 분이다(비교, 고전 2:9-16). 성령은 성도들의 삶에서 주의 뜻이 무엇인지에 대해서 계시해 주고(비교, 요 14:26)[316] 그들의 삶에 대한 각종 신령한 지혜를 제공하면서, 성도의 영성과 더불어 일상 생활 전체에 걸쳐서 거룩한 영향을 미친다. 그 결과, 첫 번째, 성령 충만한 성도들은 신령한 노래와 찬송으로 주께 노래하고, 모든 일에 하나님께 감사드리는 삶을 살게 된다(엡 5:18-20). 그리고 두 번째, 그리스도를 향한 경외함 속

---

316. 참조, 이승현, 2018b: 158-68.

에서 성도들 상호 간에 복종하며 섬기는 삶을 살게 된다(5:21).[317] 이 마지막 가르침은 5:22-6:9에서 전개될 성도들의 가정 규례에 대한 가르침으로 바울의 논의를 이끈다.[318]

번역

15 그러므로[319] 여러분은 어떻게 행할지를 주의 깊게 살펴서 지혜 없는 자같이 살지 말고 지혜 있는 자같이 사십시오. 16 때가 악하니 시간을 현명하게 잘 사용하십시오. 17 그러므로 어리석은 자가 되지 말고 주의 뜻이 무엇인지 분별하십시오. 18 술 취하지 마십시오. 이는 방탕한 것입니다. 오직 성령으로 충만함을 받아 19 시와 찬미와 신령한 노래들로 서로에게 화답하며, 여러분의 마음으로 주께 노래하고 찬송하며, 20 항상 모든 일에 우리 주 예수 그리스도의 이름으로 하나님 아버지께 감사하며, 21 그리스도를 경외함으로 서로에게 복종하십시오.

---

317. 상호 복종에 대한 가르침을 담고 있는 5:21을 어떻게 이해할지에 대한 논의가 학자들 간에 진행됐다. 본 저자는 21절의 가르침이 성령의 지혜 속에서 살아가는 성도의 삶 전체를 수식하는 포괄적인 명령으로 보기에, 현재의 문단 속에 포함시켰다. 그리고 이 포괄적인 명령은 5:22-6:9에서 전개되는 성도들 가정의 세 가지 관계들에 대한 규례들로 상세히 발전해서 설명되고 있다. 참조, Arnold, 2010: 344; Hoehner, 689; O'Brien, 1991: 378-79. 비교, Thielman, 2010: 365-69.
318. 엡 5:15-21은 종종 4-6장 전체를 요약해 주는 본문으로 이해되곤 한다. 참조, O'Brien, 1991: 379; Snodgrass, 1996: 286.
319. 이 절을 시작하는 헬라어 접속사 '운'(οὖν, 15절)은 단순히 새로운 문단을 소개하는 역할을 넘어서, 현재 본문의 논의를 앞의 논의들과 긴밀하게 연관시키는 기능을 한다. 현재의 본문을 포함한 에베소서의 후반부에서 바울은 빛 된 성도들의 열매 맺는 삶에 대해서 다각도로 가르치고자 한다. 참조, Arnold, 2010: 345; Barth, 577; Schnackenburg, 234; Schlier, 243. 비교, Hoehner, 690-91.

주해

15절 (지혜로운 자로 살 것) 앞에서 바울은 빛과 어두움의 묘사를 통하여 성도들의 빛 된 삶의 모습에 대해서 자세히 설명해 주었다. 그런데 바울은 성도들의 빛 된 본성에 합당한 삶의 모습에 대해서 계속해서 강조하기 원한다. 이에 현재의 본문에서 바울은 성도의 삶을 '지혜로운 자'(σοφοί, 15절)와 '지혜 없는 자'(ἄσοφοι, 15절)의 대조를 통해서 자세히 설명해 준다.[320] 바울은 지혜로운 자와 지혜 없는 자의 대조를 헬라어 대조 표현 '메 ~ 알라'(μὴ ~ ἀλλα, 15, 17, 18절)를 세 번 사용함으로써 강조적으로 표현한다. 구약성경에서 지혜로운 자와 어리석은 자의 삶의 모습은 잠언에서 가장 자세히 설명되고 있다(잠 4:10-14; 9; 10:8, 14). 지혜로운 삶은 유대인들의 윤리적 가르침에서 매우 중요하게 다루어지는 주제인데, 그들은 지혜의 근원을 특별히 율법에서 찾는다(시 119; 잠 1:7; 렘 8:9).[321] 그러나 바울의 경우, 하나님의 참된 지혜는 예수 그리스도 안에서 발견되고(엡 1:9-12; 3:4, 10-11, 18-19), 그 지혜를 성도들에게 적용하는 분은 바로 하나님의 영이요 그리스도의 마음인 성령이다(엡 1:17; 고전 2:9-16). 그런데 15절에서 바울은 지혜로운 자들의 삶을 묘사하기 위하여 걸음/행함을 의미하는 헬라어 단어 '뻬리빠떼오'를 다시 한번 차용한다(엡 2:2, 10; 4:1, 17; 5:2, 8, 15). 이 단어는 성도들의 삶을 공개적으로 관찰 가능한 행동으로 시각적으로 표현해 준다. 앞선 14절

---

320. 쿰란 공동체도 진리의 영을 따르는 자신들을 지혜로운 자들로 칭하고, 어두움의 영을 따르는 외부인들을 어리석은 자들로 칭하고 있다(1QS 4:24).
321. 바울과 동시대의 유대인들의 문헌인 바룩과 시라 그리고 솔로몬의 지혜서에도 율법을 따라 사는 지혜로운 자들의 모습이 상세하게 묘사되고 있다. 유대인들에게 지혜로운 삶의 기준은 율법이다.

에서 바울은 성도들이 깊은 영적 잠에서 깨어나야 할 필요성에 대해서 강조했다. 그러나 15절에서는, 영적인 잠에서 깨어난 성도들의 삶의 본질에 대한 종말론적 긴박성을 강조하기 원한다(비교, 4:14). 이를 위해 바울은 '주의 깊게 살피라'(βλέπετε ἀκριβῶς, 15절)라는 강한 헬라어 표현을 사용한다.[322]

복음서에서 예수는 '살피라'에 해당하는 헬라어 명령형 동사 '블레뻬떼'(βλέπετε)를 사용하여, 임박한 종말의 때의 시련을 앞둔 제자들에게 그들이 마땅히 살아야 할 삶의 모습에 대해서 가르친다(마 24:4; 막 13:5, 9, 23, 33; 눅 8:18; 21:8). 예수의 임박한 종말론적 재림을 간절히 기대하면서(고전 7:29-31),[323] 바울은 현재를 '악한 때/날들'(ἡμέραι πονηραί, 16절)로 간주한다. 왜냐하면 현 시대는 여전히 공중 권세 잡은 자들이 세상과 불순종의 자녀들을 다스리고 있는 어두움의 시대이기 때문이다. 따라서 바울에게 성도들의 현재 삶은 종말론적 긴장과 각성을 가지고 조심스럽게 걸어가야 하는 영적 전투로서의 삶이다. 그런데 종말론적으로 악한 시대를 살아가는 성도들에게 가장 필요한 것은 바로 하나님의 지혜이다. 이 사실을 잘 알고 있는 바울은 이미 앞에서 성도들에게 하나님의 지혜가 주어지기를 간절히 기도했다(엡 1:17).

에베소서에서 하나님의 지혜는 그리스도 안에서 의도된 그의 뜻의 비밀인 그리스도 안에서 만물을 통일함(1:8-10)에서 발견된다. 그리고 그리스도의 비밀의 궁극적인 목적은 그리스도의 몸 된 교회를 통해서 공중 권세 잡은 자들에게 하나님의 측량할 수 없는 지혜가 증거되는 것이다(3:10). 세상의 지혜와 반대되는 하나님의 지혜는 하나님의 깊은 생

---

322. 참조, O'Brien, 1991: 380.
323. 참조, Thiselton, 2000: 728-36.

각들을 살피는 지혜와 계시의 영인 성령을 통해서 성도들에게 허락된다(비교, 고전 1:18-25; 2:6-10; 3:19-20). 따라서 하나님의 영이요 그리스도의 마음인 성령이 제공하는 지혜를 따라 행하는 자들은 하나님 앞에서 지혜로운 자가 된다(2:14-16). 지혜로운 자들은 주를 기쁘시게 하는 것들을 깨닫고, 그 깨달음을 실행에 옮기는 자들이다(엡 5:10, 17; 비교, 롬 12:2; 16:19; 약 3:13). 그러나 하나님의 영을 소유하지 못한 어두움의 자녀들은 주를 기쁘시게 하는 삶이 무엇인지에 대해서 알 수가 없다. 어두움의 자녀들은 영적 무지함 속에서 지혜 없는 자로 살게 된다.

에베소서의 전체적 맥락에서 볼 때, 성도들이 지혜로운 자로 살아가야 하는 데에는 여러 가지 이유들이 존재한다. 첫 번째, 어두움에 속한 이방인들의 삶의 방식은 여전히 성도들에게 큰 유혹이 되는 실체이다(엡 4:17-19).[324] 특별히 에베소 교회가 직면한 한 가지 위험은 거짓된 가르침으로 성도들의 믿음을 파괴하고자 하는 자들이 은밀히 교회 안으로 들어와 성도들을 미혹하려 한다는 것이다(4:14; 5:6). 만약 성도들이 조심스럽게 자신들의 현재 믿음과 삶의 모습을 관찰하지 않는다면, 그들은 세상 어두움의 행위에 자신도 모르게 동참할 수 있다. 그리고 결국은 그들과 함께 하나님의 진노의 대상으로 전락해 버릴 수 있다(5:6).[325] 이에 바울은, 이미 14절에서 강조했듯이, 성도들이 잠자지 말고 깨어 있어 그리스도의 빛 가운데 노출되어 있어야 한다고 가르친다.

---

324. Best, 1998: 82는 주장하기를, 에베소서에서 바울은 외부인들과의 관계에 대한 그 어떤 구체적인 가르침도 전달하지 않고, 단지 내부인들 간의 관계에 대한 가르침만을 전달하고 있다. 그러나 앞에서 자세히 살펴보았듯이, 성도들의 삶의 방식은 결코 그들을 둘러싼 세상으로부터 고립된 채 전개될 수 없다. 따라서 성도들의 윤리적 삶은 세상 속에서 그들이 어떻게 하나님의 자녀들로 살아가는가의 여부이다. 예, 5:11. 비교, O'Brien, 1991: 382.

325. 참조, Thielman, 2010: 356.

그런데 성도들이 지혜로운 자로 살아야 하는 두 번째 이유는 그들이 하나님의 비밀스러운 지혜인 그리스도의 구원 사역의 결과로 탄생한 자들이기 때문이다. 그리스도를 통해서 만물을 통일하고자 하는 하나님의 비밀은 하나님의 지혜를 통해서 성도들에게 계시됐고(1:8-10), 이 비밀이 성취된 결과로 성도들은 그리스도의 충만함인 몸 된 교회를 이루게 됐다(1:22-23). 그리고 하나님의 비밀의 궁극적 목적은 성도들이 구성하는 몸 된 교회를 통해서 하나님의 다양한 지혜가 정사와 권세 잡은 자들에게 분명하게 증거되는 것이다(3:10). 따라서 성도들의 지혜롭지 못한 삶은 이러한 하나님의 구원의 의도와 지혜의 비밀을 덮고 감추어 버리는 악한 결과를 초래할 수 있다. 그리고 성도들이 지혜로운 삶을 살아가야 하는 세 번째 이유는 그들이 사는 현 '시대가 악하기 때문이다'(5:16). 이에 대해 우리는 이어지는 16절의 논의에서 좀 더 자세히 관찰해 볼 것이다.

16절 (악한 때에 시간을 현명하게 잘 사용할 것) 2:2에서 바울은 이 세상은 현재 공중 권세 잡은 자, 곧 불순종의 자녀들 가운데서 역사하는 악한 영에 의해서 지배받는 세대라고 가르쳤다(비교, 6:13; 고전 2:6, 7). 그리고 그들의 지배 아래 놓인 불신자들을 '불순종의 자녀들'(엡 5:6)이라고 칭했다. 그러나 회심 전 불순종의 자녀들이었던 성도들은 주 예수의 빛에 노출된 후, 예수가 다스리는 빛의 영역에 속하게 되고(2:1-5) '주 안에서 빛의 자녀들'(5:8)로 새롭게 창조됐다. 바울에게 예수는 성도들의 죄에 대한 희생제물로 자신을 내어주신 하나님의 아들이다. 그런데 예수가 자신을 희생제물로 내어준 이유는 하나님 아버지의 뜻에 따라 현재의 악한 세대로부터 성도들을 구속하기 위해서이다(비교,

1:4-7; 2:1-5; 갈 1:1-4; 롬 5:6-10).[326] 따라서 주 안에서 빛이 된 성도들은
이제 더 이상 어두움의 노예가 되어 어두움의 열매들을 맺지 말고, 빛의
행위들을 통하여 빛의 열매들을 맺어야 한다(엡 2:10). 이 사실은 성도
들이 자신들에게 주어진 때와 시간을 지혜롭게 잘 사용해야 함을 알려
준다.

예수를 통해서 성취된 구속의 효과를 이미 경험한 바울과 성도들에
게도 현재는 여전히 악한 영의 영향으로부터 완전히 자유롭지 못한 '악
한 때'이다(αἱ ἡμέραι πονηραί εἰσιν, 16절).[327] 악한 영들의 완전한 심판
은 주님의 재림의 날로 연기되어 있고(비교, 고전 15:23-26), 성도들의
본성 안에는 여전히 육체의 욕망이 살아 있다(비교, 롬 7:8-24). 회심 전
성도들은 육체의 욕망을 따라 행하던 불순종의 자녀들, 즉 진노의 자녀
들이었다(엡 2:3; 5:6). 성경에서 '악한'이라는 단어가 주는 심각성은 악
한 행동과 인간이 본질상 선하신 하나님을 대적한다는 사실에서 발견
된다(4:24; 6:13, 16; 비교, 갈 1:4; 롬 12:9; 살전 5:22). 이 사실은 악한
영들과 세대가 하나님의 백성인 성도들도 대적할 것이라는 것을 알려
준다. 이 악한 때는 주의 재림의 날 분명하게 그 종말을 맞이할 것이지
만, 그때까지는 지속적으로 성도들을 각종 죄들로 유혹하며 그 악한 영
향력을 행사하려 할 것이다. 이 사실은 성도들의 삶이 눈에 보이는 육과
혈이 아니라, 보이지 않는 악한 영적 존재들과의 영적 전투 속에 놓여
있음을 알려 준다(엡 6:12-13). 따라서 어두움의 세력들과 영적 전투 속

---

326. 참조, 이승현, 2018a: 45-67.
327. 바울은 악한 현재와 하나님의 구원의 미래로 구성된 유대인들의 이중적 종말관을
  공유하고 있다(비교, 에스라4서 7:50). 그러나 다른 유대인들과 달리, 바울은 제3의
  실체인 현재와 미래 사이의 종말론적 긴장을 예수의 재림의 날을 중심으로 굳게 믿
  고 있다.

에 놓인 빛의 자녀들은 넘어지지 않고 굳건히 서 있기 위하여, 영적 세계에 대한 분명한 지혜와 함께(5:15) 영적 갑옷으로 무장하고 있어야 한다(6:13).

악한 시대를 살고 있는 성도들에게 바울이 주는 첫 번째 지혜로운 교훈은 그들에게 주어진 시간을 현명하게 잘 사용하는 것이다(16절). 여기서 '시간을 현명하게 잘 사용한다'에 해당하는 헬라어 분사 '엑사고라조메노이'(ἐξαγοραζόμενοι, 16절)는 밭이나 음식을 '사다'(비교, 마 13:44; 막 6:36), 혹은 노예를 '사서 자유롭게 해 주다', 즉 '해방/구속하다'(갈 3:13; 4:5) 등의 의미를 지닌다.[328] 그러나 은유적인 의미에서, 시간과 기회를 값을 지불하고 구매한 것처럼(비교, 단 2:8) 매 순간을 생산적이고 의미 있게 보낸다는 의미도 가진다(Arnold, 2010: 346). 현재 본문에서 '엑사고라조메노이'는 15절의 주동사 '뻬리빠떼이떼'(περιπατεῖτε)를 직접적으로 수식하기에, 성도들의 지혜로운 삶과 연관된 은유적 의미로 해석하는 것이 더 좋아 보인다. 이런 맥락에서, 악한 시대를 사는 성도들에게 요구되는 가장 중요한 지혜는 그들에게 주어진 매 순간의 기회와 시간을 현명하게 잘 사용하는 것이다.

여기서 우리는 매 순간의 기회와 시간을 현명하게 잘 사용하는 것이 무엇인지에 대해서 질문해 보아야 한다. 바울에게 지혜로운 성도들은 시대가 악하다고 하여 자신들만의 은신처로 도망쳐 숨거나, 혹은 자신들의 현재 처소에서 숨죽이며 사는 수동적 존재들이 아니다.[329] 왜냐하면 성도들은 세상의 빛이신 주님의 능동적인 동역자로서, 만물을 채우는 그의 빛 된 사역에 적극적으로 참여하는 자들이 되어야 하기 때문

---

328. 참조, Hoehner, 692-93; O'Brien, 1991: 382; Thielman, 2010: 356.
329. 참조, Hoehner, 695.

이다. 주님의 빛 된 사역의 한 예로, 5:11에서 바울은 성도들이 어두움의 열매 없는 행위들에 동참하지 말고, 그 행위들을 빛으로 노출시켜 책망하고 교정해야 한다고 가르쳤다. 이 시대가 악한 영들에 의해서 영향받고 있으므로, 성도들은 기회가 있을 때마다 선한 일을 하여 하나님의 빛과 지혜를 분명하게 알려 주어야 한다. 기회를 따라 선한 일을 도모하여 하나님의 지혜를 계시하는 성도들의 삶은 성도 자신들에게 하나님의 구원의 목적을 분명히 해줄 뿐만 아니라, 어두움의 자녀들과 세상 권세 잡은 자들에게도 하나님의 지혜의 비밀을 분명하게 증거하는 기능을 한다(3:9-10). 그리고 성도들의 모임인 교회는 하나님의 충만함인 그리스도의 충만한 몸으로서, 만물을 충만하게 채우는 그리스도의 사역의 실행자가 되어야 한다(1:22-23; 4:10). 재림의 날까지의 시간은 어두움의 자녀들이 회개하여 빛의 자녀들이 될 수 있는 하나님의 은혜의 시간이다. 따라서 이 시간 동안 교회는 예수 복음을 통한 하나님 나라의 확장에 적극적으로 동참하며 수고해야 한다(5:13-14; 5:5; 2:10; 벧후 3:7-9).[330]

17절 (주의 뜻을 분별하며 살 것) 악한 때를 살아가는 성도들은 시간을 아끼면서 매 순간 선한 일을 할 기회를 잘 포착해야 한다. 이에 대한 이유를 제공하기 위하여, 바울은 헬라어 표현 '디아 뚜또'(διὰ τοῦτο, 그러므로; 비교, 1:15)를 17절의 시작에 차용한다.[331] 선한 일에 대한 궁극적인 기준은 '주의 뜻'(τὸ θέλημα τοῦ κυρίου, 17절)이다. 따라서 주의 뜻에 대한 바른 이해(συνίετε, 17절)는 악한 때를 사는 성도들이 어리석은 자(ἄφρονες, 17절)가 되지 않고, 지혜로운 자가 되게 해 준다. 구약에서 잠

---

330. 참조, Barth, 2:579; Arnold, 2010: 347.
331. 참조, Arnold, 2010: 347.

언은 하나님을 경외하는 것이 지혜의 근본이라고 가르친다(잠 1:7). 따라서 지혜로운 자들은 하나님의 지혜에 대한 깨달음 속에서 하나님을 경외하며 기뻐하지만, 어리석은 자들은 악한 행위들을 하면서 하나님을 대적하며 기뻐한다(잠 10:23; 12:15; 23:9; 24:7; 26:11-12; 비교, 시라 19:23; 21:18). 하나님의 지혜는 선한 행위들을 지향하는 반면에, 하나님의 지혜를 깨닫지 못한 어리석은 자들은 악한 행위들을 지향한다. 어리석은 자들은 하나님의 지혜에 대한 이해가 없기에, 하나님의 지혜를 경멸한다(잠 17:18; 1:22; 10:18, 23).[332] 에베소서에서 바울은 이러한 유대인들의 지혜 전통을 계승하면서, 하나님을 경외하는 지혜로운 자는 주의 뜻을 분별하며 사는 자라고 가르친다. 하나님은 자신의 뜻의 결정을 따라 모든 일을 실행해 가시는 분이시다(엡 1:11). 그런데 하나님의 뜻은 그 뜻에 복종하여 자신을 희생한 주 예수 그리스도 안에서 만물을 통일하고 회복하는 것이다(1:10). 따라서 현재 하나님의 뜻의 경륜은 모두 주 안에서 발견된다. 여기서 주는 물론 하나님의 아들이신 주 예수 그리스도를 가리킨다(비교, 1:3, 15, 17; 2:21; 3:11; 4:1, 5; 5:8, 10).[333] 그런데 바울이 이미 5:10에서 밝혔듯이, 주의 뜻은 성도들이 어두움의 행위들에 동참하지 않고 빛의 열매들을 맺는 삶을 살아 '주를 기쁘게 하는 것'이다.[334] 주께서 성도들이 맺는 빛의 열매들을 즐거워하는 이유는 그 열매 맺는 과정 속에서 성도들의 본성이 하나님의 의롭고 거룩하고 진실한 본성으로 변화되기 때문이다(4:24). 그러므로 주의 뜻, 즉 주를 기쁘

---

332. 참조, O'Brien, 1991: 383-84.

333. 참조, O'Brien, 1991: 385-86. 비교, Hoehner, 698-99.

334. 학자들은 이 부분에서 롬 2:17-24와 비교하며 설명하곤 한다(MacDonald, 317-8). 롬 2:17-24와 위의 에베소 본문은 지혜와 어리석음의 대조와 함께, 빛과 어두움의 동기를 통하여 하나님을 즐겁게 하는 것에 대해서 이야기하고 있다.

시게 하는 것은 성도들이 빛의 열매들을 맺는 삶을 통하여 하나님을 닮아가는 자가 되는 것이다(5:1). 이것이 종말의 악한 때를 살아가는 성도들이 반드시 깨달아야 할 참된 지혜이다. 주의 뜻을 분별하며 주를 기쁘시게 하는 삶, 즉 하나님을 닮아가는 삶이 무엇인지에 대해서, 바울은 이어지는 18-21절에서 좀 더 상세하게 설명해 줄 것이다.

자신이 가르치는 지혜로운 삶, 즉 주의 뜻을 따라 사는 삶에 성도들의 관심을 집중시키기 위해서, 바울은 특별히 '분별하라'(συνίετε, 17절)라는 헬라어 동사를 사용한다. 이 동사는 주의 뜻에 대한 단순한 인식을 넘어서, 이성적인 수고를 통해서 그의 뜻의 깊은 의미들을 숙고하여 깨달은 후, 그 깨달음을 자신들의 삶에 적용하는 것을 의미한다.[335] 따라서 바울에게 지혜는 깨닫는 영감과 함께 발견된다(1:8). 유대인들의 지혜 전통에서 이 동사는 주의 가르침과 말씀에 귀를 기울이고 마음으로 묵상한 후, 그 깨달은 바를 자신들의 삶에 철저히 적용하는 것을 가리킨다(비교, 잠 2:1-9). 그런데 바울에게 주의 뜻은 특별히 주 예수의 가르침 속에서 발견된다. 왜냐하면 하나님의 진리는 이제 예수 안에서 가장 결정적이고 완전한 형태로 거하고 있기 때문이다(엡 4:20-21). 그런데 예수의 가르침은 복음서의 전통으로 기록되어 후대에 전달되고 있다. 그리고 사도들은 주 예수의 가르침을 성도들의 삶에 적용하면서, 서신의 전통을 통해서 후대에 그 가르침을 전달하고 있다. 따라서 성도들에게 요구되는 주의 뜻에 대한 분별은 예수의 가르침과 그 가르침에 대한 사도들의 가르침과 관련된 특별한 관심과 묵상 그리고 이해를 요청한다(비교, 딤전 6:3). 물론 바울은 주의 뜻에 대한 성도들의 이해와 깨달음의 과정에서, 지혜와 계시의 영인 성령이 그들을 도와줄 것을 굳게 믿고

---

335. 참조, Best, 1998: 506; Arnold, 2010: 347; Hoehner, 697-98; O'Brien, 1991: 385.

있다(엡 1:17; 고전 2:9-16; 비교, 요 14:16-17, 26). 이에 이어지는 18절에서 바울은 성도들이 술 취하지 말고, 성령으로 충만하게 채워져야 한다고 가르친다. 성령으로 충만해진 성도들이 성령의 열매를 맺으며 사는 삶은 주를 기쁘시게 하는 삶이다. 반면에, 성령의 열매와 대치되는 육체의 뜻을 따라 육체의 열매를 맺으며 사는 삶은 주의 뜻에 반하는 삶이다(엡 2:3; 갈 5:16-22; 롬 8:4-6, 13-16).

18절 (술 취하지 말고, 성령으로 충만해질 것) 악한 영들이 다스리는 악한 시대에 지혜로운 자로 살기 위해서 성도들은 자신들의 삶에 대한 주의 뜻을 이해해야 한다. 이를 위해서 성도들은 무엇보다도 '지혜와 계시의 영'(1:17)을 간절히 필요로 한다. 주의 뜻에 대한 이해와 분별은 주의 마음속 깊은 생각들을 살피는 성령을 통해서만 가능하기 때문이다(고전 2:16). 이에 바울은 18절에서 다시 한번 헬라어 대조 표현 '메 ~ 알라'(μὴ ~ ἀλλα)를 통하여, 방탕함(ἀσωτία)으로 이끄는 술에 취하지 말고[336] 성령으로 충만함을 받으라고 권면한다. 성령에 의해서 인도되는 삶은 주 예수를 통해서 시작된 새 시대의 가장 현저한 특징이다(롬 8:3; 갈 4:4-6). 성령은 율법의 규례들이 도달할 수 없는 인간 마음의 가장 깊은 곳에서부터 변화를 이끌어내어, 하나님의 뜻에 대한 완전한 순종을 가능하게 한다(비교, 롬 7:24-8:2).[337] 반면에, 술취함은 유대인들의 지혜 전통에서 종종 어두운 밤에 행하는 방탕함에 비유되곤 한다(비교, 잠 20:1; 21:17; 23:20, 29-34; 전 10:19; 시라 31:20). 바울과 마찬가지로 헬라파 유대인이었던 필로도 술에 대한 문제를 집중적으로 다루는 글

336. 여기서 바울은 잠 23:31을 인용하면서, 자신이 유대인들의 지혜 전통에 의존하고 있음을 알려 준다. 참조, Arnold, 2010: 349; T. Jud. 14.1.
337. 참조, 이승현, 2018b: 282-95; 이승현, 2020b: 301-26.

을 써서, 술 취함이 가져오는 무분별함과 어리석음에 대해서 경고했다 (*On Drunkenness* 6, 11-12). 바울 당시 헬라 문화에서 술은 신들과의 연합과 신적 영감을 주는 통로로 이해됐기에 각종 신들을 위한 축제에 필수적으로 동반됐다(비교, 플루타르크, *Ant.* 24.3-4).[338] 그리고 로마인들이 저녁에 모여 즐기는 각종 연회에서도 술은 빠질 수 없는 필수적 요소였다.[339] 그러나 대다수의 고대인들에게 술은 부도덕한 각종 성적 문란함이 발생하는 가장 중요한 원인으로 인식됐다.[340] 예나 지금이나 술에 취해 이성을 상실할 때, 사람들의 도덕적 기준은 낮아지고 다양한 부도덕한 행위들에 더 쉽게 노출되기 때문이다. 바울도 술 취함을 밤에 속한 행동으로 부르면서, 여러 방탕함과 음란함의 원인으로 간주한다. 따라서 바울에게 술 취함은 빛의 자녀들에게 합당한 행동이 아니다(비교, 살전 5:6-8; 롬 13:12-13). 대신, 낮의 빛에 속한 성도들은 술 취하지 말고 깨어 있어야 하고, '믿음과 사랑의 호심경과 구원의 소망의 투구'를 착용하고 있어야 한다(살전 5:8). 데살로니가전서 5:8에 등장하는 이 간략한 권면을 바울은 에베소서 6:10-19에서 보다 더 상세하게 설명해 줄 것이다.

18절에서 술 '취함'(μεθύσκεσθε)과 성령으로 '채워짐'(πληροῦσθε)을 묘사하는 두 헬라어 명령형 동사들은 현재형으로 등장하고 있다. 이 사실은 이 명령들이 현재 성도들이 취해야 할, 혹은 취하지 말아야 할 행동들임을 알려 준다. 성도들은 술에 취하여 술의 영향력 아래서 악한

---

338. 이러한 헬라인들의 이해는 박카스라고도 알려진 와인의 신 디오니소스 숭배에서 가장 잘 발견되고 있다. 참조, O'Brien, 1991: 389; Thielman, 2010: 357-58; Beard, North, and Price, 1998: 1:91-96.

339. 참조, Thielman, 2010: 357; Gosnell, 1993: 363-71; Richard A. Wright, 85-104.

340. 참조, Darko, 61-62.

행위들을 하도록 유혹당하지 말고, 대신 성령에 취하여 성령의 영향력 아래서 선한 빛의 행위들을 하도록 격려받아야 한다. 따라서 성령으로 충만함을 받는다는 것은 성도의 전 존재가 성령으로 완전히 채워져, 그의 삶의 모든 영역이 성령의 영향력 아래서 인도되는 것을 의미한다.[341] 특별히 성령 충만은 빛의 열매들을 맺도록 성도들을 격려한다. 그런데 성도들은 이미 회심의 때에 성령의 인치심과 내주하심을 모두 경험했다(1:13; 롬 8:9). 따라서 성도들이 성령으로 충만하게 채워진다는 것은 성령의 인치심과 내주하심과는 또 다른 경험이다. 성령 충만함은 성도들 안에서 그리고 그들의 삶에서 성령의 능력 있는 활동과 역사가 실체적으로 강력하게 경험된다는 것을 의미한다.[342]

에베소서 2:21-22에서 바울은 성도들이 성령 안에서 하나님이 거하시는 성전으로 지어져 가고 있다고 가르쳤다. 구약에서 하나님은 그의 백성과 그가 거하는 성전을 자신의 임재를 의미하는 영광과 불/구름 기둥으로 채웠다(출 33:18-20; 사 6:1; 겔 43:5; 44:4; 시 72:19). 그런데 하나님의 영적 성전을 의미하는 그리스도의 몸 된 교회는 이제 성령에 의해서 채워진다(고전 3:16-17). 이런 맥락에서, 성령 충만은 성도들의 삶과 모임 그리고 예배에서 그들의 전 존재와 활동에 동반하는 하나님과

---

341. "성령으로 한 번 채워져야 하는가, 아니면 계속해서 채워져야 하는가? 혹은 성령으로 채워지는가, 아니면 성령에 의하여 채워지는가?" 등의 질문들에 대해 많은 학자들의 논의가 진행됐다. 이 질문들에 대한 다양한 학자들의 의견과 그에 대한 요약 및 비판에 대해서는 Thielman, 2010: 357-60을 참조하라.

342. 참조, Hoehner, 705. 에베소서에서 바울은 오순절 전통에서 강조하는 '제2의 축복'(second blessing)으로서의 성령 세례를 성령 충만으로 이해하고 있지 않다. 그리고 바울에게 성령 충만은 성도들이 단순히 믿어야 할 대상이 아니라, 반드시 경험해야 할 체험의 대상이다(비교, 갈 3:1-5).

그리스도의 능력 있는 임재를 의미한다.[343] 그런데 에베소서 1:23에서
바울은 교회가 '이미' 만물을 충만하게 채우시는 하나님의 충만함인 그
리스도의 충만함이라고 선포했다. 따라서 '계속해서 충만함을 입으라'
는 18절의 권면은 다시 한번 현재와 미래의 긴장 속에 놓인 성도들의
종말론적 상태에 대해서 알려 준다(O'Brien, 1991: 393).

성령으로 충만함을 입으라는 권면에서 바울은 '엔 쁘뉴마띠'(ἐν
πνεύματι, 18절)라는 헬라어 표현을 사용하고 있다. 이 헬라어 표현은
영역을 의미하는 '성령 안에서', 혹은 도구를 의미하는 '성령으로'라고
해석될 수 있다. 에베소서 전반에 걸쳐서 바울은 '그리스도 안에서/를
통해서'(ἐν Χριστῷ)라는 표현을 통해서 성도들의 삶의 모든 영역이 그
리스도를 중심으로 하여, 그리스도의 영향력 아래서 행해진다는 것을
반복해서 가르쳤다(엡 1:1, 3, 6, 7, 11, 13, 15; 2:6, 10, 13; 3:6; 4:32). 마찬
가지로, 성령 안에서/으로라는 표현은 이제 성도들의 삶이 승천하신 그
리스도가 보내신 성령 안에서, 그리고 성령의 영향력 아래서 진행되고
있음을 알려 준다.[344] 성령은 하나님과 부활하신 주 예수의 이 땅에서의
임재를 의미하고, 성도들에게 하나님의 능력과 지혜를 경험하게 한다.
그러므로 성령의 인도를 따라 사는 성도들은 주님을 기쁘시게 하고 하
나님의 뜻을 성취하는 지혜로운 삶을 살 수 있게 된다.[345] 그런데 바울에

---

343. 참조, Arnold, 2010: 350; Hoehner, 705.
344. Heil은 이 표현에서 역동적인 영역의 개념을 더 강조한다. 참조, Heil, 2007: 506-
16. 비교, C. John Collins, 2007: 12-30; Gombis, 2002: 259-71.
345. 요한과 누가, 그리고 바울에게 성령은 부활한 주 예수 그리스도가 성도들에게 보낸
선물이다(비교, 행 1:8; 2:33). 물론, 궁극적으로 성령은 하나님 아버지로부터 예수
를 통해서 성도들에게 온다(고후 5:5; 살전 4:8). 참조, Best, 1998: 501; Hoehner,
703-04; O'Brien, 1991: 391-92; Thielman, 2010: 360. 그러나 에베소서에서 성령
은 단지 그리스도가 성도들을 채우는 내용으로서의 역할을 넘어서, 성도들을 채우

게 성령은 성도들을 수동적인 로보트로 만들어 버리는 분이 아니다. 대신, 성도들을 충만하게 채운 성령은 항상 성도들의 내적 동기를 강화하고, 그들의 외적 활동을 가능하게 할 능력을 부여한다. 이 과정에서 성도들은 성령으로부터 오는 거룩한 자극에 반응하면서, 능동적으로 행동하는 주체들이 될 것이 요청된다(비교, 빌 2:12-13).[346] 이어지는 19-21절에서 바울은 성령 충만한 삶이 성도들의 삶에서 구체적으로 어떤 형태로 진행되어야 하는지에 대해서 상세히 설명할 것이다.

19절 (성령 충만과 예배) 19-21절에서 바울은 성령 안에서, 그리고 성령의 영향력 아래서 살아가는 성도들의 삶을 다섯 개의 분사들을 통해서, 예배와 감사 그리고 주 안에서 상호 복종의 세 가지 주제로 구분해서 설명한다: '화답하며'(λαλοῦντες, 19절), '노래하며'(ἄδοντες, 19절), '찬송하며'(ψάλλοντες, 19절), '감사하며'(εὐχαριστοῦντες, 20절), 그리고 '복종하며'(ὑποτασσόμενοι, 21절). 19-21절에서 발견되는 이 다섯 개의 분사들은 '충만함을 받으라'에 해당하는 주동사 '쁠레루스떼'(πλη-ροῦσθε, 18절)를 직접적으로 수식하고 있다. 어떤 학자들은 이 분사들이 묘사하는 행위들은 성도들이 성령 충만을 경험하기 위한 수단이라고 주장한다.[347] 그러나 성령 충만함이 인간이 수행하는 특정 행위들의 결과로 주어진다는 생각은 매우 바울답지 않다. 따라서 위의 분사들이 묘사하는 행위들은 성령 충만함의 결과 성도들의 삶에서 발생하는 주요 특징들로 보는 것이 더 옳다.[348] 이 다섯 개의 분사들이 묘사하는 행

는 주체로도 이해되고 있다. 참조, Lincoln, 1990: 344; Fee, 1994: 721; Barth, 2:582; Schnackenburg, 237. 비교, Arnold, 2010: 350.

346. 참조, O'Brien, 1991: 393; Barclay, 2015: 562-74.

347. Arnold, 2010: 351; Gombis, 2002: 269-70. 참조, Daniel Wallace, 1996: 639.

348. O'Brien, 1991: 387-88; Hoehner, 706; Daniel Wallace, 1996: 644-45; Lincoln,

위들은 성도들에게 임한 성령 충만함의 부인할 수 없는 증거들로 기능한다. 그런데 마지막 다섯 번째 분사 표현 '휘뽀따쏘메노이 알렐로이스'(ὑποτασσόμενοι ἀλλήλοις, 21절)가 의미하는 '서로에게 복종하라'는 명령은 상당한 해석학적 수고를 요구한다. 이 표현은 이어지는 5:22-6:9의 본문으로 바울의 논의를 전이시키는 기능을 한다.[349] 성령 충만한 성도들 상호 간에 이루어져야 할 복종을 5:22-6:9에서 바울은 성도들의 가정 규례에 관한 세 가지 가르침 속에서 자세히 설명할 것이다.

첫 번째, 19절에서 바울은 성령으로 채워진 성도들은 하나님을 향한 예배에서 놀라운 변화를 경험하게 된다고 가르친다. 어두움에 속한 불순종의 자녀들의 가장 현저한 특징은 악하고 거짓된 말로 이웃을 공격하며 자신들의 이익을 취하는 것이다(5:4). 그러나 성령으로 채워진 성도들의 입에서는 악하고 거짓된 말 대신, '시와 찬송과 신령한 노래들'이 흘러나오게 된다. 이 세 용어들은 그 의미 안에 단지 미세한 차이들만 존재하는 유사 동의어들로 보인다. '시'(ψαλμοῖς, 19절)는 먼저 시편에서 잘 증거되고 있듯이, 구약과 유대교의 전통에서 하나님께 올려 드리는 찬양 시들을 주로 가리킨다. 원래 이 단어는 현악기를 통한 찬양을 의미했기에, 현재의 본문에서도 악기를 연주하면서 부르는 시를 의미한다고 추측해 볼 수 있다(비교, 고전 14:26)(Hoehner, 708). 반면에 '찬송/찬미'(ὕμνοις, 19절)는 호머의 찬송시들에서 잘 증거되고 있듯이,[350] 고대 그리스인들이 다양한 신들에게 올려 드린 낭송된 시, 혹은 시적으

1990: 345; Schnackenburg, 237; Fee, 1994: 650. 이 다섯 개의 분사들을 명령으로 해석하는 것은 수단으로 보는 견해와 가깝다. 참조, Porter, 1989: 377; Fanning, 386.

349. 참조, O'Brien, 1991: 388; Snodgrass, 286.

350. 참조, Rayor, 2014.

로 묘사된 찬양들을 가리킨다.[351] 현재의 에베소서 본문에서도 이 단어는 시적 찬양을 의미한다고 생각된다. 그리고 '노래'(ᾠδαῖς, 19절)는 유대인들과 헬라인들 모두에게 익숙한 일반적 의미에서의 기쁨의 노래를 지칭한다. 언약궤를 맞이한 다윗과 이스라엘은 춤을 추며 기쁨의 노래를 불렀다(삼하 6:5). 그러나 노래라는 단어가 지닌 일반성을 극복하기 위하여, 바울은 '신령한'(πνευματικαῖς)이라는 형용사를 노래에 더한다. 이를 통해 바울은 성령에 의해서 영감받은 마음으로부터 나오는 신령한 노래를 부각시킨다(고전 14:15).[352]

성령은 성도들의 마음을 감동시켜(τῇ καρδίᾳ, 19절) 주 예수를 통해 이루어진 하나님의 구원에 대한 다양한 노래들을 만들어 부르게 한다(예, 빌 2:6-11; 골 1:15-20; 딤전 3:16). 마음은 인간의 감정이나 생각이 발생하는 속사람의 가장 깊은 곳으로서, 하나님과 승천한 예수의 임재인 성령이 거하시는 곳이다(비교, 고전 2:10-13). 따라서 성령의 충만케 하는 사역은 성도들의 마음으로부터 시작해서 입술을 통해 표현된다. 흥미롭게도, 요한계시록 5:9는 네 짐승들과 24 장로들이 어린 양 예수 앞에서 부르는 '새 노래'(ᾠδὴν καινὴν)에 대해서 언급한다. 이들이 부르는 새 노래는 어린 양 예수와 그의 구원에 대한 영감 받은 노래들로 보인다. 결론적으로, 19절에서 바울은 시와 찬미 그리고 노래라는 세 단어들을 통해서, 유대인들과 이방인들로 구성된 에베소 교회의 다양한 형

---

351. 참조, Hoehner, 708-09; Parker, 735-36.
352. 일부 주석가들은 이 여성 형용사 '신령한'(πνευματικαῖς)이 앞의 세 명사들을 다 수식한다고 본다. 그러나 노래만이 여성 명사이고, 시와 찬미는 남성 명사들이다. 참조, Hoehner, 709; Schlier, 247; Arnold, 2010: 354; Best, 1998: 511. 비교, Schnackenburg, 238; Lincoln, 1990: 346; O'Brien, 1991: 395n.136.

태의 예배와 경배를 포괄적으로 묘사하고 있다.[353] 바울에게 성령 충만
은 가장 먼저 성도들의 예배와 찬양을 변화시킨다.

성도들을 충만하게 채운 성령은 성도들로 하여금 주께 '마음으로
노래하며'(ἄδοντες τῇ καρδίᾳ) '찬양하고'(ψάλλοντες), 성도들 서로를
향하여 주를 향한 '찬양으로 화답하게 한다'(λαλοῦντες, 19절).[354] 성령
으로 영감 받은 찬양은 입술을 움직이기에 앞서, 성도의 마음 곧 그리스
도가 거하는 속사람을 감동시켜 마음으로 그를 찬양하게 한다(비교,
1:18; 3:16-17). 그런데 성령으로 채워진 성도들은 주를 향한 찬양을 홀
로 드리지 않고, 그리스도의 몸 된 공동체로 모여 서로를 향하여
(ἑαυτοῖς, 19절) 화답하며 찬양하게 된다. 이를 통해 성도들은 주의 사역
과 연관하여 자신들이 받은 성령의 감동을 서로 공유하고, 다른 성도들
의 믿음을 세워주게 된다. 성도들의 찬양은 궁극적으로 구원의 주와 그
를 통해서 만물을 통일하신 하나님을 향하고 있지만, 성도들이 그 찬양
을 함께 공유함을 통해서 성도들의 마음은 서로 격려받고 세워진다(비
교, 4:12; 골 3:16). 이처럼 성령이 주도하는 경배와 찬양은 하나님을 향
한다는 수직적 강조점에 더하여, 몸 된 교회의 모든 구성원들에게 선포
되어 그들을 세워준다는 수평적 공동체적 의미를 소유한다.[355] 여기서
우리는 다시 한번 성령의 가장 큰 관심사 중 하나가 그리스도의 몸 된
교회를 세워 그의 장성한 분량에 이르기까지 성장시키는 것임을 상기
하게 된다(엡 4:3-4, 12-16; 고전 12:4-30). 교회는 하나님이 거하시는

---

353. 참조, Thielman, 2010: 361; Arnold, 2010: 353; Hoehner, 710-11; Malan, 509-20.
354. 여기서 주는 에베소서 전반에 걸쳐서 그러하듯이, 주 예수 그리스도를 가리킨다.
    바울서신에서 주는 구약 본문의 직접적인 인용의 경우들을 제외하고는 대부분 주
    예수 그리스도를 가리킨다.
355. 참조, Thielman, 2010: 397; Snodgrass, 291; Fee, 1994: 722; Arnold, 2010: 352.

성전이기에, 성도들이 모인 곳에 하나님의 임재인 성령은 가장 충만하게 임한다. 그리고 성도들의 모임을 충만하게 채운 성령은 주와 하나님을 향한 신령한 경배와 찬양을 통해서 자신의 능력 있는 임재를 드러낸다. 이러한 성령 충만한 교회와 예배의 모습은 솔로몬 왕이 성전을 건축하고 예배할 때 하나님의 영광의 임재가 그 전을 충만하게 채운 장면을 연상시킨다(대하 5:6-14).

20절 (성령 충만과 감사) 두 번째, 20절에서 바울은 성도들이 예수 그리스도의 이름으로 하나님 아버지께 '감사드리는 것'(εὐχαριστοῦντες, 20절)을 성령 충만의 두 번째 현저한 특징으로 제시한다. 그런데 성도들이 감사를 올려 드리는 행위는 예배 때만으로 한정되지 않는다. 왜냐하면 감사는 성도들의 삶에서 발생하는 '모든 일'(ὑπὲρ πάντων, 20절; 비교, 살전 5:18)에 대하여 '항상'(πάντοτε, 20절) 드려지는 입술의 열매이기 때문이다.[356] 성도들이 모든 일에 항상 감사할 수 있는 이유는 그들의 삶의 여정이 하나님의 완전한 보호와 인도 아래 놓여 있기 때문이다. 하나님의 관점에서 보면, 성도들은 이미 완성된 구원을 경험했고 하나님 보좌 우편에 주 예수와 함께 앉힌 바 됐다(엡 1:5-6). 이 확실한 목적지를 향하여 성도들의 삶이 창조주 하나님에 의해 인도되고 있기에, 현재와 미래의 그 어떤 일이나 존재도 성도들의 믿음의 여정을 파괴할 수 없다(롬 8:33-38). 성도들 안에 거하는 성령은 성도들의 영적인 눈을 밝혀서, 그들의 현재적 고난과 어려움 이면에 놓인 전능하신 하나님의 지

---

356. 학자들은 감사를 드리는 배경으로 예배 상황을 염두에 두고 본문을 해석한다. 참조, MacDonald, 319; Thielman, 2010: 362. 그러나 바울이 편지를 쓰면서도 감사하고 있듯이, 감사를 드리는 행위는 예배를 포함하되 예배를 뛰어넘어 성도의 삶의 전 영역에서 발생하는 행위이다. 이 사실을 바울은 '항상'이라는 표현을 통해서 강조한다.

혜와 인도를 보게 한다(엡 1:17-18). 그리고 그들의 삶을 감싸고 있는 하나님의 측량할 수 없는 은혜를 느끼게 해 준다(1:6, 12, 14). 따라서 성령 충만한 성도들은 그들의 현재적 상황의 어떠함에 상관없이, 모든 일에 대해서 항상 감사할 수 있게 된다.

여기서 모든 일은 단순히 성도들의 삶에서 발생하는 모든 일상적인 일들을 지칭하는 것이 아니다. 모든 일은 모든 일상적인 일들 이면에 놓인, 하나님께서 성도들을 위하여 행하신 모든 은혜로운 구원의 일들을 지칭한다.[357] 성도들이 감사하기 힘든 어려운 상황들 속에서도 하나님이 그 모든 일들을 은혜 속에서 통제하고 있고, 또 성도들을 위하여 합력하여 선을 이루게 하신다(롬 8:28; 5:1-5)는 깨달음은 성도들로 하여금 감사하게 만든다. 그리고 항상이라는 단어는 성도들의 감사가 예배 시에만 행해지는 것이 아니라,[358] 그들 삶의 전체 일상 속에서 지속적으로 행해져야 함을 알려 준다.[359] 감사는 단순히 성도의 입에서 나오는 습관이 아니라, 마음에서부터 나오는 신앙의 표현이요 자세이다.

그런데 바울은 성도들의 감사가 향하는 궁극적인 대상은 '하나님 아버지'이고(τῷ θεῷ καὶ πατρί, 20절), 감사하는 방법은 '주 예수 그리스도의 이름'(ἐν ὀνόματι τοῦ κυρίου ἡμῶν Ἰησοῦ Χριστοῦ, 20절)을 통해서라고 가르친다(비교, 골 3:17; 롬 1:8; 고전 15:57). 여기서 헬라어 표현 '또 테오 까이 빠뜨리'(τῷ θεῷ καὶ πατρί)에서 정관사가 단 한 번 발견된다는 사실은 감사의 대상이 성도들의 아버지이신 하나님임을 알려 준

---

357. 참조, Arnold, 2010: 355. 비교, Hoehner, 714.
358. 감사는 성도들의 모임과 예배에서도 중요한 역할을 담당하고 있다(고전 11:24; 14:16-17). 참조, Thielman, 2010: 362.
359. 감사에 대한 학문적 논의와 그에 대한 참고문헌에 대한 정보를 위해서는 O'Brien, 1991: *DPL*, 68-71을 참조하라.

다. 바울에게 성도들의 구원의 기원과 완성은 그들의 아버지가 되시는 하나님에게서 발견된다. 그리고 예수는 하나님의 아들로서 하나님과 인류를 화해시킨 유일한 중재자이다(엡 2:13-22). 따라서 성령 충만한 성도들이 올려 드리는 기도와 감사는 주 예수 그리스도를 통해서 이루어진다. 여기서 바울은 하나님께 자신의 이름으로 기도하라는 예수의 가르침을 충실하게 따르고 있다(비교, 요 14:13, 14; 15:16; 16:23, 24, 26). 그런데 이름은 그 이름이 지칭하는 분과 그가 성취한 일을 동시에 지칭한다.[360] 예수의 이름을 통해서, 즉 예수와 그가 행한 사역을 통해서 성도들은 하나님께 감사하고 귀신을 쫓아내며(눅 10:17; 행 16:18) 병든 자를 고치기도 한다(행 3:6; 4:10). 이처럼 성도들에게 예수의 이름은 하나님께 드리는 감사와 기도 그리고 능력의 통로로 기능한다.[361] 여기서 주 예수 그리스도를 수식하는 헬라어 단어 '헤몬'(ἡμῶν, '우리', 20절)은 성도들이 그와 맺고 있는 친밀한 관계에 대해서 알려 준다. 온 우주를 다스리는 주가 바로 '우리' 성도들을 사랑하여 자신을 희생한 바로 그 주 예수이다. 결론적으로, 성령은 자신이 충만하게 채운 성도들로 하여금 주 예수의 이름으로 하나님 아버지께 감사드리게 한다. 흥미롭게도, 성도들의 감사 행위에서도 다시 한번 삼위 하나님이 동시에 언급되고 있다(비교, 1:4-14, 17; 2:18, 22; 3:4-5, 14-17; 4:4-6; 5:18-20).[362]

성령 충만함의 표현으로서의 감사에 대한 가장 좋은 실례는 바울이

---

360. 참조, O'Brien, 1991: 398; Snodgrass, 291; Bietenhard, *TDNT* 5:270-81.
361. 구약에서 사람을 축복할 때, 그들은 '주의 이름'을 통해서 축복했다(신 21:5; 삼하 6:18; 대상 16:2; 시 118:26; 129:8; 비교, 왕하 2:24). 왜냐하면 모든 축복의 근원이 주이신 하나님이시기 때문이다.
362. 참조, Hoehner, 715; O'Brien, 1991: 398.

380 에베소서 (KECNT 9A)

에베소 성도들을 위해서 올려 드리는 그의 감사 기도에서 발견된다.[363] 바울은 자신의 기도에서 성도들의 견고한 믿음을 인하여 예수 안에서 하나님께 깊이 감사하며 찬양한다(1:6, 16; 롬 1:8; 빌 1:3; 살전 1:2; 고전 1:4; 몬 4; 골 1:3). 그런데 바울에게는 성도들이 항상 하나님께 감사해야 할 궁극적인 이유가 존재한다. 그 이유는 우주를 창조하신 하나님께서 그리스도를 통해서 만물을 하나로 연합하고 회복하고 있다는 사실이다(엡 1:10; 2:15; 3:9; 4:6). 이 과정에서 하나님은 진노의 자녀들이던 성도들을 자신과 화목시키시고, 그들을 자신의 자녀 삼아주셨다 (1:3-5). 하나님은 하나님의 진노 아래 놓인 옛 사람들을 그리스도 안에 있는 진리의 복음을 따라 새사람으로 만들어주셨다. 하나님은 자녀 된 성도들에게 하나님의 나라를 유업으로 주시기를 원한다(5:5). 따라서 성도들은 무엇보다도 자신들에게 허락된 진리의 복음과 자녀 됨 그리고 하나님 나라의 기업을 인하여 항상 하나님께 감사를 돌려 드려야 한다.

그런데 성령은 성도들의 속사람에게 계속해서 영감을 주어서 그들이 경험한 그리스도의 비밀(3:3-4)과 그 안에 담긴 하나님의 측량할 수 없는 지혜와 은혜(3:10; 1:6-7), 그리고 지식을 초월하는 그리스도의 사랑에 대해서 깨닫게 해 준다(3:16-19). 그리고 그 깨달음에 근거하여, 성도들이 계속해서 하나님께 감사를 올려 드리도록 유도한다. 비록 성도들이 현재 처한 상황이 그렇게 감사할 상황이 아니라 할지라도, 성령 충만한 성도들은 항상 감사할 수 있게 된다. 왜냐하면 성도들을 위해서 자신의 아들을 희생하신 하나님이 가장 좋은 것들로 그들의 삶을 채워주실 것을 성령이 친히 증거하기 때문이다(롬 8:32).

---

363. 참조, Thielman, 2010: 363; Best, 1998: 513.

21절 (성령 충만과 상호 복종) 성령 충만한 성도들의 세 번째 특징으로
바울은 '그리스도를 경외함으로 서로 복종하는 것'(ὑποτασσόμενοι[364]
ἀλλήλοις ἐν φόβῳ Χριστοῦ, 21절)을 든다.[365] 의심할 여지없이, 성도들
은 교회의 머리 되신 그리스도를 향한 경외심을 가지고 그에게 항상 복
종해야 한다. 이 사실은 성도들이 예수를 자신들의 주라고 부른다는 사
실에서 가장 잘 드러난다. 여기서 경외심에 해당하는 헬라어 단어 '포보
스'(φόβος, 21절)는 상급자에 대한 두려움(롬 13:3; 고후 7:5; 벧전 3:14)
과 존경심(엡 6:5; 롬 13:7; 벧전 2:18; 3:2) 둘 다를 포함한다. 고린도후
서 5:10-11에서 바울은 그리스도에 대한 경외심을 성도들 모두가 그리
스도의 심판대 앞에 설 주의 심판의 날과 연관시킨다. 종말의 심판관인
예수 그리스도가 모든 이들의 행위를 조사하고, 그에 따른 심판을 행할
것이다. 이에 성도들은 심판관이신 예수를 의식하면서 자신들의 삶의
동기와 행위들을 돌아보아야 한다. 그런데 주 예수를 향한 성도들의 경
외심은 단순한 두려움이나 존경의 감정을 넘어서, 사랑과 감사에 기반
한 경외심이라고 해석하는 것이 더 옳다.[366] 왜냐하면 주 예수와 성도들

---

364. 이 현재형 분사는 수동태일 수도 있고, 중간태일 수도 있다. 그러나 본문에서 바울
이 성도들의 책임 있는 행동을 강조한다는 측면에서 중간태로 보는 것이 더 설득력
있다. 참조, Hoehner, 717; Arnold, 2010: 357.
365. 많은 학자들은 21절에 나타난 '서로에 대한 복종'을 22절 이후의 성도들의 가정과
연관된 세 가지 관계들에 대한 바울의 가르침의 시작으로 간주한다. 참조,
Thielman, 2010: 372; MacDonald, 325; Dawes, 18-21. 물론 21절은 이어지는 가족
관계에 대한 바울의 가르침의 서론으로서 그 가르침 전체를 요약하고 있다. 그러나
문법적으로나 문맥적인 흐름으로 보았을 때, 21절은 성령으로 채워진 삶의 다섯 가
지 열매들 중 마지막 하나로 보는 것이 더 옳다. 참조, Hoehner, 716; Arnold, 2010:
355-6; Best, 1998: 515-6; O'Brien, 1991: 399. 비교, Schlier, 250; Barth, 608;
Schnackenburg, 244; Lincoln, 1990: 352.
366. 참조, Hoehner, 719; Thielman, 2010: 374. 비교, O'Brien, 1991: 404.

간의 관계는 그의 측량할 수 없는 사랑에서부터 시작됐기 때문이다(엡 3:18-19; 2:4-5). 그리스도에 대한 성도들의 경외심은 구약에서 하나님을 향한 그의 백성들의 경외심을 기억나게 한다(레 19:14, 32; 신 13:11; 시 33:12; 36:2; 비교, 고후 7:1; 롬 3:18; 8:7).

그런데 21절에 기록된 그리스도를 경외할 것에 대한 바울의 가르침에는 한 가지 더 독특한 특징이 발견된다. 그것은 성령 충만한 성도들은 그리스도를 향한 경외함 속에서 성도들 '서로(ἀλλήλοις)에게 복종'해야 한다는 것이다. 바울 당시 헬라 문화는 노예제도를 포함한 엄격한 계급 사회와 남존여비 사상에 그 토대를 두고 있었다. 헬라 사회에서 복종은 계층 사다리 상의 하급자(여자, 어린이, 종)가 상급자(남자, 성인, 자유인)에게 보여야 할 가장 기본적인 태도였다. 상급자는 당연히 하급자를 향한 통제를 통하여 자신들의 권위를 표현했다. 이 사실을 고려해 볼 때, 교회에서 성도들 상호 간에 보여야 할 상호 복종에 대한 가르침은 사회적 관습을 허무는 너무도 파격적인 명령으로 보인다. 이에 학자들은 이 명령에 담긴 해석학적 불편함을 제거하기 위하여 엄청난 해석학적 노력을 기울여 왔다.

첫 번째, 일부 학자들은 21절의 상호 복종에 대한 권면을 18절의 성령 충만함과 별개의 명령으로 간주한다. 그들에게 상호 복종에 대한 명령은 이어지는 가정 규례에 대한 바울의 긴 가르침의 제목이다.[367] 그러나 21절에서 발견되는 상호 복종에 대한 바울의 권면은 현재형 분사(ὑποτασσόμενοι)의 형태로 제시되면서, 성령 충만함을 받으라는 주동사(πληροῦσθε, 18절)를 직접적으로 수식하고 있다. 이 문법적 관찰은

---

367. 참조, O'Brien, 1991: 402; Thielman, 2010: 365; MacDonald, 325; Clark, 74-76. 이들의 견해에 대한 비판을 위해서는 Arnold, 2010: 356-57을 참조하라.

성도들 상호 간의 복종이 성령 충만함과 연관되어 해석해야 함을 알려준다. 에베소서에서 성령은 그 무엇보다도 하나님의 성전이요 그리스도의 몸 된 교회인 성도들의 연합과 성장을 자신의 가장 중요한 사역으로 간주하고 있다(2:22; 4:3). 이에 바울은 성령의 하나 되게 하심을 지키기 위해서, 성도들은 서로를 향하여 평화의 매는 끈과 겸손함, 친절함, 인내, 관용, 그리고 사랑의 태도를 견지해야 한다고 가르친다(4:2-6). 따라서 현재의 본문에서 성령 충만함의 결과로 제시되는 상호 복종은 이러한 윤리적 자세들과 매우 연관이 깊어 보인다. 앞에서 이미 언급된 바와 같이, 바울 당시 사회 정치 그리고 군대 문화 속에서, 복종이라는 단어는 하급자가 상급자에게 보여야 할 당연한 공경의 태도였다. 그러나 세상의 권력구조는 교회 안에서 예수 그리스도의 주권에 의해 상대화되고, 예수가 가져온 새 창조의 빛 아래서 혁신적으로 재해석된다. 그리스도가 가져온 새 창조는 모든 성도들을 전혀 새로운 피조물들로 만들고, 하나님 앞에서 다 동등한 자녀들로 만들어주기 때문이다. 따라서 남녀관계 그리고 자유인과 종 간의 관계에 대한 기존 사회적 규정들과 그에 따른 모든 불평등은 교회 안에서 더 이상 견지될 수 없다(비교, 갈 3:27-28).[368] 이에 바울은 그리스도를 경외함을 교회의 모든 관계들을 규정하는 궁극적 원칙으로 제시하고, 이 원칙하에서 하나님의 새 피조물인 성도들 상호 간의 복종을 교회 내에서 유지되어야 할 성령 충만한 자들의 행동으로 제시한다. 이처럼 바울 당시 남녀, 주인과 종, 그리고 부모와 자식 간에 놓인 계층형 관계들은 모두 '그리스도의 주권 아래서 상호 복종함'을 통하여 혁신적인 변화를 경험하게 된다.[369]

---

368. 참조, Lategan, 274-86; Kartzow, 364-89.
369. Hays, 1996: 64.

그러나, 두 번째, 어떤 학자들은 예수-복음 안에 담긴 혁신성을 극단
적으로 밀고가서, 교회 내에서 모든 사회적 규정들과 차이들이 완전히
사라져야 한다고 주장한다. 그들은 새로운 피조물이 된 성도들에게는
남녀와 주인과 종 등의 모든 사회적 구분이 더 이상 무의미하다고 강조
한다. 따라서 교회 내에서 성도들이 서로에게 복종하는 것은 당연한 의
무이고, 이것이 바로 바울이 에베소서에서 강조하기 원하는 그의 진심
이다. 이들의 견해에 따르면, 이어지는 5:22-6:9의 가정 규례에 담긴 다
소 권위적 가르침은 바울의 본심이 아니라, 그가 인용한 초대 교회의 권
위적 전통으로부터 말미암았다.[370] 왜냐하면 이 본문에서 바울은 여전히
남녀, 부모와 자식, 그리고 주인과 종에 대한 사회적 구분과 불평등을
그대로 인정하고 있는 듯 보이기 때문이다. 이들의 해석에 따르면, 21절
에서 바울은 교회 내에서 모든 사회적 구분들이 완전히 철폐되고, 상호
간의 복종을 통한 완전한 평등이 존재해야 한다고 주장한다.

그런데 22절 이하에서 바울은 기존의 사회적 관계들과 그에 따른
불평등을 여전히 수용하고 있는 듯 보인다. 그렇지만 바울이 21절과 22
절에서 서로 반대되는 의견을 제시하고 있다는 이들의 주장에는 별로
설득력이 없다.[371] 그러한 주장을 하는 학자들은 바울이 21절에서 요구
하는 상호 복종은 기존 사회 체제의 완전한 부정과 그에 따른 성도들
상호 간의 무조건적 복종이 아니라고 주장한다. 그들의 해석에 의하면,
바울은, 5:22-6:9에서 자세히 설명하고 있듯이, 하나님이 정하신 그리
고 사회가 규정한 서열과 위치에 따라 상호 복종하고 섬겨야 한다고 가

---

370. 참조, Muddiman, 254, 257. 비교, Schnackenburg, 245.

371. 참조, Thielman, 2010: 373.

르친다.[372] 그러나 이 견해의 약점은 사회적 위치나 서열에 따른 상호 복종이 어떻게 성령 충만함의 결과가 되는지에 대해서 분명하게 설명하지 못한다는 점이다. 그리고 기존의 사회체제 안에 존재하는 불평등과 불합리한 차별을 교회가 그대로 유지해야 하는지에 대한 해석학적 질문을 던져준다.

세 번째, 필자를 포함한 여러 학자들은 상호 복종이라는 바울의 권고는 '열등한 자들'(inferior)에 대한 가르침을 포함하고 있지만, 그 가르침의 주 대상은 '우월한 자들'(superior)이라고 주장한다.[373] 그리스도가 가져온 새 시대에도 종말론적 긴장 속에서 현 시대에 속한 우월한 자들의 사회적 지위나 신분은 여전히 유지된다. 그러나 그들의 권한은 주와 성도들을 향한 봉사의 원칙에 의해서 완전히 재해석되고, 그 어떤 불평등과 차별도 교회 내에서 유지되지 말아야 한다. 이 견해에서 바울의 의도는 크게 두 가지로 보인다. 첫 번째, 사회적으로 우월한 자들로 간주되는 성도들도 자신들이 다스리는 열등한 성도들을 향한 '상호 복종'으로 자신들의 영적 변화를 표현해야 한다.[374] 이를 통해, 두 번째, 바울은 상대적으로 약한 성도들을 보호하여 교회 공동체 전체가 건강하게 세워지기를 원한다. 바울은 자신의 서신 여러 곳에서 이러한 가르침에 대한 실례로 자신의 모범을 제시한다. 비록 바울은 자신이 세운 교회들의 영적 아버지요 권위 있는 사도이지만, 그는 성도들을 세워주기 위해서

---

372. 참조 O'Brien, 1991: 401-4; Hoehner, 717; Thielman, 2010: 373; Walden, 254.

373. Bruce, 382; Lincoln, 1990: 366; Thielman, 2010: 373; Best, 1998: 516-17; Helton, 33-41. 반면에 O'Brien, 1991: 401-04은 5:22-6:9가 열등한 자들이 우월한 자들에게 보여야 할 복종에 대한 명령으로 본다.

374. 참조, Thielman, 2010: 373; Bruce, 382; Lincoln, 1990: 366; Best, 1998: 516-7; Helton, 33-41.

모두를 위한 종이 됐다고 고백한다(ἐδούλωσα, 고전 9:19).[375] 동일한 맥락에서, 갈라디아서에서 바울은 성도들은 서로의 종이 되어 서로를 섬겨야 한다고 권면한다(갈 5:13). 그리고 에베소서에서 바울은 모든 성도들이 다 그리스도의 몸 된 교회의 지체들이 되기에, 성도들은 사랑 안에서 서로 용납하고 겸손과 친절함으로 서로를 대해야 한다고 권면한다(엡 4:2, 25, 32). 이 권면에서 바울이 전제하는 바는, 몸 된 지체들 간에는 본질상 그 어떤 높고 낮음이 없기에, 성도들 상호 간에는 근본적 신분의 차이가 더 이상 존재하지 않는다는 것이다.

물론, 바울에게 성도들이 처한 이미와 아직 사이의 종말론적 긴장은 현재 그들이 처한 사회체제의 완전한 붕괴를 요구하지 않는다. 그럼에도 불구하고, 기존의 사회적 구분이 포함하는 불합리와 불평등은 새 시대의 선구자인 교회 내에서는 더 이상 존재하지 않아야 한다. 따라서 바울은, 비록 현재를 사는 성도들의 지위와 사회적 규정에 따른 신분적 차이가 여전히 존재한다 할지라도, 권력 있는 성도들은 자신들 위에 존재하는 주 예수 그리스도의 권력 아래서 자신들의 권력을 제어해야 한다고 가르친다.[376] 뿐만 아니라, 그들이 소유한 권력과 자원을 다른 성도들을 위한 섬김과 봉사의 기회로 간주해야 한다. 이 사실이 '그리스도를 향한 경외심을 인하여 서로 복종'하라(21절)는 바울의 권면의 핵심 내용이다.

언뜻 보기에, 21절의 상호 복종에 대한 바울의 가르침은 다소 반사회적이고 급진적인 명령으로 보일 수 있다. 그러나 바울의 가르침은 제

---

375. 참조, John Byron, 179-98.

376. 물론 사회적 약자들에게 여전히 복종을 요구한다는 측면에서, 에베소서에서 발견되는 바울의 가르침은 복음의 혁신성을 충분히 반영하지 못한다고 비난받았다. 이러한 비난은 특히 페미니스트들에 의해서 주도됐다. 참조, Campbell-Reed, 263-76.

자들이 서로를 섬기는 종이 되어야 한다는 예수의 가르침을 잘 반영하고 있다(막 10:42-45). 예수는 마치 자신이 제자들의 종이 된 것처럼 제자들의 발을 친히 씻겨 줌으로써 자신의 가르침에 대한 모범을 보였다 (요 13:1-17, 34-35). 그리고 빌립보서에서 바울은 성도들이 겸손함 속에서 다른 성도들을 자신보다 더 낮게 여기라고 권면한다(빌 2:3). 바울은 이 권면의 근거로 예수의 겸손한 비움과 낮아짐의 예를 든다(2:6-11). 본질상 하나님의 신성을 공유한 아들인 예수는 자신을 비워 인간이 됐고, 십자가의 형벌로 죽음을 경험하기까지 자신을 낮추었다.[377] 현재의 본문이 발견되는 에베소서에서 바울은 성도들의 삶의 궁극적인 목표는, 첫번째, 모든 면에서 예수 그리스도의 장성한 분량에 이르기까지 성장하고, 두 번째, 사랑 안에서 서로를 세워주는 것이라고 가르친다(엡 4:15-16). 예수가 자신을 희생하여 성도들을 사랑하고(5:2) 종의 모범을 보여 그의 제자들을 섬긴 것처럼, 예수를 닮아가기 원하는 성도들은 사랑 안에서 서로 복종함으로 피차 섬겨야 한다. 이를 통해서 성도들은 예수 그리스도의 몸 된 교회를 건강하게 세워갈 수 있다.

바울에게 성령 충만한 성도들의 삶의 방식을 결정하는 궁극적인 기준은 주 예수 그리스도이다. 따라서 바울은 그리스도가 친히 보인 사랑의 섬김과 복종의 모범을 주 안에 거하는 성도들 모두에게 요구한다. 바울에게 성도들의 상호 복종은 그들이 그리스도에게 보여야 할 경외심을 눈에 보이는 그리스도의 형제자매들에게 적용한 결과이다. 이어지는 5:22-6:9에서 바울은 성도들 상호 간의 복종과 섬김이 성도들의 가정 규례 속에서 어떻게 표현되어야 하는지에 대해서 자세히 가르칠 것

---

377. 참조, 이승현, 2016b: 203-22; 이승현, 2019b: 215-56.

이다.[378] 성도들 가정에서 상호 복종은 모든 구성원들에게 동일한 형태로 표현되는 것이 아니라, 각 구성원들에게 주어진 역할과 처한 상황에 따라 다양한 형태로 표현되어야 한다.[379] 이 본문의 가르침에서 예수 그리스도의 주권과 모범은 성도들의 가정 규례에 대한 행위들을 재규정할 것이다.

해설

바울은 빛의 자녀들이 된 성도들의 윤리적인 삶을 지혜 있는 자가 취해야 할 지혜로운 삶으로 자세히 설명한다. 지혜는 창조주 하나님의 본질적 성품으로서 만물을 그리스도 안에서 통일하는 하나님의 비밀을 통해서 온 우주에 계시됐다. 이 과정에서 측량할 수 없는 하나님의 지혜는 원수됐던 자들을 하나님의 자녀들로 만들었다. 따라서 하나님의 자녀된 성도들은 하나님의 지혜를 따라 사는 지혜로운 자들이 되어야 한다. 그런데 현 세대를 사는 성도들이 지혜롭게 살아야 하는 데에는 또 다른 이유가 존재한다. 종말론적 긴장 속에 놓인 현 세대가 매우 악하기 때문이다. 이 땅에 사는 성도들은 아직 공중 권세 잡은 악한 영의 다스림과 영향으로부터 완전히 자유롭지 못하다. 따라서 주 예수 그리스도가 이 땅에서 악한 영들에 의해서 시험받고 악한 영들과 싸워가야 했듯이, 주 안에 속한 성도들도 악한 영들과 세상과의 싸움을 피해갈 수 없다. 그런데 성도들의 경우에는, 그들 안에 존재하는 옛 사람의 유전자와 옛 삶의 방식이 계속해서 그들에게 영향을 미치려 한다. 새사람이 된 성

---

378. 참조, Thielman, 2010: 365-69; Merkle, 179-92; Mouton, 163-85.
379. 참조, Thielman, 2010: 374.

도들은 여전히 옛 사람의 삶의 방식이 주는 유혹을 세상으로부터 오는 도전과 함께 경험하게 된다. 따라서 이러한 다양한 영적 전투에 임한 성도들은 하나님의 지혜를 통해서 살도록 최선을 다해야 한다. 현재 하나님의 지혜는 성도들 안에 내주하는 성령을 통해서 성도들에게 계시되고 있다.

성도들이 지혜롭게 살기 위한 첫 번째 방법은 자신들의 삶에서 머리 되는 주 예수 그리스도의 뜻이 무엇인지에 대해서 분별하고, 그 뜻을 따라 그를 기쁘게 하는 삶을 사는 것이다(5:17). 그런데 그리스도의 궁극적인 뜻은, 첫 번째, 하나님의 구원 계획을 성취하여 하나님을 기쁘시게 하고, 하나님에게 합당한 영광을 돌리는 것이다. 하나님은 그리스도를 통해서 만물을 연합하고 통일한 후 교회를 창조하시고, 그 교회를 통해서 자신의 지혜를 하늘에 있는 권세와 정사들에게 계시하기를 원하신다. 이에 성도들의 삶의 궁극적인 목적도 하나님의 지혜를 계시하여 하나님께 영광을 돌리는 통로로 기능하는 것이다. 그리고, 두 번째, 그리스도는 지혜로운 성도들이 빛의 열매들을 통하여 어두운 세상에 하나님의 빛을 비추고, 나아가 그 어두움을 빛으로 변화시키기를 원한다. 성도들이 어두움을 극복하고 빛의 열매들을 맺도록, 그리스도는 자신의 마음이요 하나님의 영인 성령을 성도들에게 보내어 준다. 따라서 빛의 자녀들은 성령이 주는 능력과 지혜를 통하여 성령의 영향력 아래서 살도록 노력해야 한다. 지혜로운 자가 되기 위해서, 성도들은 술 취하지 말고 항상 성령으로 충만하게 채워져 있어야 한다(18절). 마치 어두움의 자녀들이 술에 취하여 술의 영향력 아래서 방탕한 일들을 행하며 살듯이, 빛의 자녀들은 성령에 취하여 성령의 영향력 아래서 빛의 열매들을 맺으며 살아가야 한다. 성령은 하나님께서 승천한 주를 통하여 성도들을 돕도록 그들에게 보내준 지혜와 계시의 영이다(1:17).

성령의 영향력은 그가 충만하게 채운 성도들의 삶에서 크게 세 가지로 두드러지게 표현된다. 첫 번째, 성령에 취한 성도들은 시와 찬미와 신령한 노래들을 통해서 하나님을 찬양한다(19절). 그리고 성도들은 서로를 향하여 찬양으로 화답함으로써, 자신들이 받은 성령의 감동을 공유하며 서로를 세워주게 된다. 그들의 감동은 마음속 깊은 곳, 곧 자신들의 속사람 안에서 일어나는 성령의 영감으로부터 말미암는다. 이러한 성도들의 입술의 열매들은 어두움의 자식들 입에서 나오는 온갖 악한 말들과 대조된다. 두 번째, 성령으로 충만해진 성도들은 자신들이 현재 처한 상황의 어려움에도 불구하고, 자신들의 구원받은 삶이 도달할 마지막 종착지를 인하여 항상 하나님께 감사한다(20절). 만물을 통일하시는 하나님의 계획 속에서 성도들은 다 그리스도의 장성한 분량에까지 이르게 될 것이 확실하기 때문이다. 하나님의 나라를 유업으로 받아 영원히 하나님과 함께 교제하게 될 것도 성령의 인치심을 통하여 보증됐다. 그리고 성도들의 인생 여정에서 만나는 여러 어려움들에도 불구하고, 하나님의 은혜로운 인도가 그들을 이끌어 갈 것도 분명한 사실이다. 그러므로 성령 충만한 성도들은 마음속 깊은 곳에서부터 하나님의 은혜를 인하여 감사를 느끼고, 그 감사를 입술로 표현하여 하나님께 영광을 돌린다. 마지막으로, 성령으로 충만해진 성도들은 자신들의 신분의 높고 낮음에 상관없이, 모든 지체들을 향하여 겸손과 사랑으로 서로 복종하며 섬기게 된다(21절). 모든 성도들이 다 상호 간에 아무런 차별 없이 그리스도의 몸 된 교회를 구성하는 고귀한 지체들이기 때문이다. 성도들 상호 간의 섬김은 교회를 세우는 일에 있어서 가장 기본적인 초석이다. 그런데 성도들의 상호 복종은 주 예수 그리스도를 향한 경외심 속에서 진행된다. 성령 충만한 성도들은 주를 향하여 보여야 할 경외심과 복종을 다른 성도들을 향한 섬김과 복종을 통해서 실체적으로 표현한다. 성도들의 상호 섬김 속에서 영광을 받고 기뻐하시는 분은 바로 교회를 세우고 돌보는 주 예수 그리스도이다.

5. 성도 가정의 세 가지 관계들에 대한 가르침(5:22-6:9)

위에서 바울은 성령 충만한 성도들이 보여주는 특징들 중 하나는 그리스도를 경외함으로 서로에게 복종하는 것이라고 가르쳤다(21절). 이제 이어지는 논의에서, 바울은 성도들 간에 보여야 할 상호 복종이 성도들의 가정에서 어떻게 표현되어야 하는지에 대해서 자세히 설명하고자 한다. 특별히 바울은 성도들 가정에 존재하는 세 가지 관계들을 중심으로, 성도들의 가정규례에 대한 자신의 가르침을 전달한다: (1) 아내와 남편(5:22-33), (2) 자녀와 부모(6:1-4), 그리고 (3) 종과 주인(6:5-9).[380] 분량적인 측면에서 볼 때, 첫 번째 남편과 부인에 대한 가르침은 12절의 분량으로 제시되고, 두 번째 자녀와 부모에 대한 가르침은 4절의 분량에 걸쳐서 진행된다. 그리고 마지막 세 번째 주인과 종에 대한 가르침은 5절의 분량을 차지하고 있다. 여기서 우리는 남편과 부인에 대한 가르침이 압도적으로 많다는 것을 잘 알 수 있다. 그리고 전개방식의 측면에서 볼 때, 바울은 먼저 사회적 약자로 간주되는 부인과 자녀 그리고 종들에게 자신의 가르침을 전달한다(5:22-24; 6:1-3, 5-8). 그리고 이어서 바울은 사회적 강자로 간주되는 남편과 부모 그리고 주인들에게 자신

---

380. 신약성서 여러 곳에서, 유사한 가르침들이 다양한 형태로 전달되고 있다(참조, 딤전 2:8-15; 6:1-10; 딛 2:1-10; 벧전 2:18-3:7). 그리고 교부들도 이 가르침을 매우 중요하게 다루고 있다(참조, *Didache* 4:9-11; *Barnabas* 19:5-7; *1 Clement* 1:3; 21:6-9; Ignatius, *Polycarp* 4:1-6:2; Polycarp, *Philippians* 4:2-6:1).

의 다음 가르침을 전달한다(5:25-33; 6:4, 9). 이 여섯 무리의 성도들에게 권면을 전달할 때마다, 바울은 각각의 권면들에 대한 이유를 주 예수와의 관계를 통해서 상세히 제공한다(5:23-24, 25-27; 6:2, 4, 6-8, 9b).

결론적으로, 성도들의 가정규례에 대한 바울의 가르침은 성령 충만한 성도들이 주 예수와의 관계 속에서 다른 성도들에게 행해야 할 의무를 중심으로 제시된다. 그리고 성도들 간의 상호 복종은 예수의 몸 된 공동체를 건강하게 세워야 한다는 궁극적 선을 지향하고 있다. 물론 성도들의 상호 복종은 개개의 성도들이 처한 사회적 상황과 지위 그리고 신분에 따라 다소 상이한 형태로 표현되고 있다. 따라서 1세기 성도들을 향한 바울의 일부 가르침은 21세기 성도들의 귀에 다소 불편하게 들릴 수 있다. 에베소서 5:22-6:9는 자칫 권위적으로 혹은 시대 착오적으로 해석될 수 있는 위험성이 다분하기에, 해석학적 민감성과 공평성이 그 어떤 본문보다도 더 긴밀하게 요구된다.

사실, 가정규례에 대한 가르침은 바울 당시 스토아 철학과 헬라식 교육의 핵심 주제들 중 하나였다.[381] 고대인들에게 가정은 모든 사회 조직과 우주적 질서의 가장 중요한 시작점이었기 때문이다. 그러나 바울은 성도들의 가정규례에 대한 가르침을 성도들이 섬기는 주님과의 관계를 통해서 새롭게 해석한다.[382] 왜냐하면 주 예수가 성도들의 삶뿐만 아니라 가정의 궁극적 주인이 되기에, 성도들 가정의 모든 관계들은 다 주님의 주권 아래서 새롭게 규정되어야 하기 때문이다. 성도들이 처한

---

381. 가정규례(Household Code)에 관한 다양한 학문적 논의를 위해서는 다음을 참조하라. 참조, Arnold, 2010: 369-79; Hoehner, 720-29; Gombis, 2005b: 317-30; Dudrey, 27-44. 성도들의 가정규례를 다루고 있는 포괄적인 도서를 위해서는 다음을 참조하라. 참조, Gehring, 2004.
382. 참조, O'Brien, 1991: 405-07; Lincoln, 1990: 357-58.

사회가 규정해 놓은 신분과 자연적으로 가지게 된 성별, 그리고 가족 간의 관계도 그들의 주인이신 주 예수의 권위 아래서 새로운 관계 맺음을 경험해야 한다. 바울 당시 이방인들의 세상에서는 남편과 아비 그리고 주인은 절대적인 권력을 행사했다. 반면에, 아내와 자식 그리고 종은 무조건적으로 순종해야만 했다. 그러나 성도들의 관계에서는 인간의 절대적 권위들이 모두 주님의 권위 아래 놓이게 되고, 그 결과 주님의 통치를 받는 상대적인 권위로 재해석된다. 그리고 성도들 간에는 어느 한쪽만이 일방적으로 희생하거나 복종하는 관계가 아니라, 양쪽이 서로 돌아보고 섬기며 세워주는 관계가 요구된다. 왜냐하면 성도 가정의 모든 구성원들은, 그들의 사회적 신분이나 지위 그리고 성별에 상관없이, 모두 다 그리스도의 몸 된 교회를 구성하는 소중한 그리고 동등한 지체들이기 때문이다. 이 땅에서 그들이 소유하게 된 신분적, 성적, 가족적 위치들은 모두 한시적인 현상에 불과하다. 하나님 나라에 들어가는 순간, 이 모든 세상적 구분과 차이들은 더 이상 존재하지 않을 것이다. 반면에, 예수 그리스도의 주권과 성도 됨은 하나님 나라에서도 영원히 지속될 항구적 실체이다. 따라서 성도 가정의 모든 구성원들은 주 안에서 그들이 소유하게 된 새로운 항구적 정체성에 기반하여 기존의 모든 사회적 관계들을 재해석해야 한다. 그리고 그 재해석에 따른 새로운 이해는 성도들 모두에게 새로운 행동 양식을 요청한다.

번역

22 아내들은 주께 하듯이 자기 남편들에게 복종하십시오. 23 이는 그리스도가 교회의 머리 됨과 같이 남편이 아내의 머리가 되기 때문입니다.

그리스도는 몸의 구주입니다. 24 마치 교회가 그리스도에게 복종하듯이 아내들도 범사에 남편들에게 복종하십시오. 25 남편들은 아내 사랑하기를 마치 그리스도께서 교회를 사랑하시고 그 교회를 위하여 자신을 내어주심과 같이 하십시오. 26 그리스도는 교회를 말씀 안에서 물로 씻어 정결하게 하신 후 거룩하게 하시고, 27 자신을 위하여 교회를 영광스럽게 세우시며, 티나 주름이나 이런 것들이 없이 거룩하고 흠이 없게 하려 하심입니다. 28 이와 같이 남편들도 자기 아내 사랑하기를 자신의 몸을 사랑하듯이 해야 합니다. 자신의 아내를 사랑하는 자는 자기 자신을 사랑하는 것입니다. 29 이는 아무도 자신의 육체를 미워하지 않고 양육하고 돌보기를 마치 그리스도께서 교회에게 함과 같이 하기 때문입니다. 30 왜냐하면 우리는 그의 몸의 지체들이기 때문입니다. 31 "그러므로 남자가 부모를 떠나 그의 아내와 연합하고, 이 둘이 한 몸이 됩니다." 32 이 비밀이 큽니다. 그러나 저는 그리스도와 교회에 대해서 말하고 있습니다. 33 그럼에도 불구하고, 여러분 각각은 자기 아내 사랑하기를 자신에게 하듯이 하고, 아내도 남편을 존경하십시오. 6:1 자녀들은 주 안에서 자신의 부모에게 순종해야 합니다. 이것이 옳기 때문입니다. 2 여러분의 아버지와 어머니를 공경하십시오. 이것은 약속 있는 첫 계명이니 3 이로 말미암아 여러분이 잘 되고 땅에서 장수할 것입니다. 4 아버지들은 자녀들을 노엽게 하지 말고 주의 교훈과 훈계로 양육하십시오. 5 종들은 두려움과 떨림을 가지고 여러분 마음의 진정성으로 육체의 상전들에게 순종하기를 그리스도께 하듯 하십시오. 6 눈가림만 하여 사람을 기쁘게 하는 자처럼 하지 말고, 그리스도의 종들로서 마음으로 하나님의 뜻을 행하면서, 7 선의를 가지고 섬기기를 주께 하듯 하고 사람들에게 하듯 하지 마십시오. 8 이는 각 사람이 무슨 선을 행하든지, 종이나 자유인이나 주께로부터 동일한 것을 받을 줄 알기 때문입니다. 9 주인들이여 여러분들도 그들에게 동일하게 행하고 위협하는 것을 멈추십시오. 이는 그들과 여러분들의 주께서 하늘에 계시고, 그는 사람을 차별하지 않기 때문입니다.

주해

22절 (아내들의 의무: 복종) 성도들의 가정 규례에 포함된 세 가지 관계들에 대한 바울의 가르침은 부인들을 향하여 가장 먼저 전달된다. "아내들은 주께 하듯이 자기 남편들에게 복종하십시오"(22절). 바울은 남편에 대한 아내의 복종의 이유를 성도들의 가정에서 존중받아야 할 남편의 머리 됨에서 찾는다(23절).[383] 그리고 아내의 복종과 남편의 머리 됨에 대한 신학적 근거로 머리 된 주 예수의 머리 됨과 몸 된 교회 간의 관계를 제시한다(24절). 이처럼 22-24절의 가르침을 주도하는 핵심 용어들은 복종과 머리 됨이고, 이 두 용어들은 예수의 주되심과 머리 되심에 근거하여 교회론적으로 설명되고 있다.

그런데 복종과 머리 됨이 내포하는 부정적 이미지 때문에, 현재 본문에 담긴 바울의 가르침이 여성과 종 그리고 자녀들에 대한 억압적 본문으로 이해되곤 했다. 그러나 바울 당시 엄격한 계급제도와 가부장제에 근거한 사회체제와 비교해 볼 때, 바울의 가르침은 여전히 해방적이고 진보적으로 보인다. 왜냐하면 그의 가르침은 주 안에서 모든 성도들

---

383. 머리 됨이 권위를 의미하는지, 아니면 기원을 의미하는지에 대한 논의가 있었다. 기원의 의미를 부인할 수 없으나, 권위의 의미가 더 강조되고 있음이 사실이다. 예수가 교회의 머리 됨의 경우에도, 그의 머리 됨이 기원을 의미하기도 하지만, 그의 권위가 훨씬 더 강조되고 있다. 각주 829를 참조하라.

이 동등하다는 평등의식 속에서 전개되고 있기 때문이다. 그리고 주 예수의 주권 아래서 인간의 모든 권력들이 제한되기 때문이다. 물론 바울이 종말론적 긴장 속에서 현 세대에 속한 모든 사회체제들의 완전한 붕괴를 주장하지 않기에, 21세기 독자들의 눈에 그의 가르침은 다소 보수적으로 보일 수 있다. 그러나 1세기 당시, 자유인 성인 남자와 동등한 인간으로 간주되지 않았던 종과 여인 그리고 어린이들을 그리스도를 향한 복종과 봉사의 동역자로 간주했다는 사실은 충분히 진보적이고 반문화적(anticultural)이다. 사실 남녀 간의 결혼을 그리스도와 교회의 결혼을 예표하는 한 몸 됨으로 보는 바울의 견해는(2:14-18; 4:1-16) 부인들 편에서의 맹목적 복종을 전혀 불가능한 것으로 만든다.[384] 에베소서에서 바울은 교회에게 맹목적으로 그리스도에게 복종하라고 가르치지 않기 때문이다. 오히려 바울은 교회를 향한 그리스도의 희생적 사랑을 반복해서 강조하고 있다. 따라서 성도들의 가정규례에 대한 바울의 가르침은 그 당시 사회적 전제와의 엄격한 비교 속에서, 바울이 전하는 신학적 메시지의 본질이 무엇인지를 염두에 두고 해석되어야 한다. 바울 메시지의 핵심은 주 안에서 교회가 안전하게 보호받고 성장해가듯이, 성도 가정의 모든 구성원들이 다 안전하게 보호받고 그리스도의 장성한 분량에 이르기까지 성숙해지는 것이다(4:12-16). 이러한 바울의 신학적 전제는 성도 가정 내에서 그 어떤 억압이나 폭력 그리고 불평등을 용인하지 않는다.

성령 충만한 아내들의 책임은 한마디로 22절에 함축된 동사, 즉 21절의 분사가 의미하는 '복종'이다.[385] 복종으로 해석된 헬라어 동사 '휘

---

384. 참조, O'Brien, 1991: 408.
385. 사실 22절의 본문에는 주동사가 생략되어 있다. 이 사실은 22절이 21절을 수식하고

뽀따쏘'(ὑποτάσσω)는 군대와 같이 지배체계에 근거한 사회적 구조 속에서 주로 사용되던 단어이다. 이 단어의 가장 기본적인 의미는 상급자를 향하여 하급자가 보여야 할 의무로서의 복종이다.[386] 그런데 21절에서 이 동사는 중간태 분사(ὑποτασσόμενοι)의 형태로 등장한다.[387] 이 사실은 아내들의 복종이 타인에 의해 강요되는 것이 아니라, 그녀들의 자발적인 선택과 결정에 근거하고 있음을 알려 준다. 다른 곳에서 이 헬라어 단어는 하나님 아버지를 향한 예수 그리스도의 복종을 언급할 때 사용되고 있다(고전 15:28). 하나님을 향한 그리스도의 복종이 그의 열등함이나 불평등 혹은 억압을 의미하지 않듯이, 남편을 향한 아내의 복종도 유사한 맥락에서 이해될 수 있다.[388] 현재 에베소서 본문에서 이 단어를 통해 바울이 아내들에게 기대하는 바는 가정에서 남편들의 리더십 역할을 가정의 질서를 위하여 하나님이 허락한 것으로 인정하고, 그에 따라 남편들을 대접하는 것이다.[389] 아내들은, 바울이 24절에서 좀 더 상세히 언급하듯이, 가정에서 발생하는 '모든 일들'(ἐν παντί, 24절)의 운영에서 남편들의 머리 됨을 인정하고 그들의 결정을 존중할 것이 권고된다. 물론 여기서 언급된 모든 일들은 에베소서에서 바울이 가르친 윤리적 교훈에 반하는 악한 행동들이나 어두움의 열매들을 포함하지 않는다. 대신 바울이 성도들에게 권면하는 빛의 열매들과 그 결을 같이 하는 것들이어야 한다.

있다는 사실을 더 강조해 준다. 따라서 22절에 함축된 주동사는 21절에서 발견되는 '휘뽀따쏘'(ὑποτάσσω)이다. 참조, Arnold, 2010: 380; Hoehner, 729-30; O'Brien, 1991: 411; Thielman, 2010: 375.

386. 참조, Arnold, 2010: 380.

387. 참조, Hoehner, 731-32; Barth, 610-11, 708-10.

388. 비교, Bilezikian, 57-68.

389. 참조, O'Brien, 1991: 411.

그러나 이러한 해석은 중요한 문제들을 제기한다. "바울은 성도들의 가정에서 당시 사회적 통념인 가부장제를 그대로 유지하기 원하는가?" "바울의 가정규례에 대한 가르침은 사회적 전제를 무비판적으로 수용하는 것인가? 아니면 사회적 전제에 반하는 대안적 가치체계를 제시하는 것인가?" 원칙적으로, 바울은 여인들이 남성들에 견주어 열등한 존재라는 사회적 전제를 거부한 채, 여인들을 남성들과 동등한 복음의 동역자로 인정하고 받아들인다(비교, 갈 3:27-28; 고전 7:2-4; 롬 16:7). 그러나 현재의 에베소서 본문은 권위와 머리 됨의 문제에 있어서, 아내의 위치는 남편의 위치와 동등하지 않은 것으로 묘사한다.[390] 이런 면에서, 에베소서에서 나타나는 사도의 가정규례에 대한 관점은 21세기 독자들에게 다소 차별적으로 다가올 수 있다. 그러나 로마 사회의 계급체계에 근거한 가부장적 가정규례와 비교해 볼 때, 성도들 간의 평등을 전제로 한 그리고 교회와 예수의 희생적 사랑에 근거한 사도의 가르침은 여전히 해방적인 메시지일 수 있다.[391] 물론 이 사실을 증명하기 위해서는 좀 더 충분한 설명이 뒤에서 제시되어야 한다.

바울 당시 로마 사회에서는 가정의 세 가지 관계들에 대한 규례가 널리 가르쳐지고 있었다.[392] 로마 사회의 보편적 가르침에 따르면, 철저한 남존여비의 전제 아래서 남편은 절대적 권력을 행사하는 반면에, 부인은 절대적으로 순종해야 했다. 물론 아내들에게는 남편 이외의 집안의 다른 식솔들을 부릴 수 있는 제한적 권한이 부여됐다. 그러나 바울은 이러한 아내와 남편 간에 존재하는 복종과 명령의 관계를 '그리스도의

---

390. 참조, Hoehner, 736.
391. 이 점에 대해서는 현재의 본문에 대한 해설 부분에서 좀 더 자세히 언급될 것이다. 참조, O'Brien, 1991: 407-08.
392. 예, Aristotle, *Pol.* 1.1-13; Ps.-Phoc. 195-227; 요세푸스, *Ag. Ap.* 199-206.

주되심'을 근거로 재조명한다. 먼저 사회적으로 통용되던 남편들에 대한 아내들의 복종은 성도들에게 더 이상 남편을 향한 아내의 의무가 아니다. 대신, 성도 남편을 향한 아내의 복종은 '그리스도의 종'(엡 6:6)으로서 그녀가 주 예수를 향하여 보이는 성도적 복종의 표현이다(22절; 6:7).[393] 그리고 당시 사회적 통념상 아내들의 남편에 대한 복종은 무조건적이었던 것에 반하여, 성도 아내들의 복종은 '주를 경외함으로 서로에게 복종하라'(21절)는 대원칙의 구체적인 적용이다. 그녀의 복종은 무비판적 무조건적 복종이 아니라, '주께 하듯이'(ὡς τῷ κυρίῳ, 22절) 남편을 섬기는 것이다. '주께 하듯이'라는 표현은 성도들의 가정에서 행해지는 아내들의 복종은 이제 성도들과 주 예수와의 관계에 그 기초를 두고 있음을 분명히 알려 준다.

그런데 21절의 대원칙은 남편을 향한 아내의 복종은 아내를 향한 남편의 복종도 요청한다는 사실을 알려 준다. 물론 남편의 복종은 아내의 복종과 그 형태가 동일할 수 없다. 그럼에도 불구하고, 그 정신과 내용은 동일해야 한다. 그리고 한 가지 더 덧붙이자면, 바울은 아내들이 모든 남자들에게 무조건적으로 복종하는 것이 아니라, 오직 '자신의'(ἰδίοις, 22절) 남편에게만 복종하라고 권면한다.[394] 이러한 바울의 가르침은 남존여비 사상의 존속과는 다소 다르게 해석되어야 한다.

23-24절 (복종의 근거: 남편의 머리 됨) 23-24절에서 바울은 22절의 '주께 하듯이'를 자세히 설명하면서, 아내의 복종에 대한 신학적 근거를

---

393. 참조, Thielman, 2010: 376; O'Brien, 1991: 412; Hoehner, 737-38; Barth, 612; Marshall, 833-47. 비교, Campbell-Reed, 263-76.

394. 여기서 우리는 모든 여성들은 모든 남성들에게 복종해야 된다는 일반적 남존여비의 원칙을 유도해서는 안 된다. 참조, Hoehner, 732; Muddiman, 258; Thielman, 2010: 375.

상세히 설명한다. 바울이 제시하는 신학적 근거는 성도의 가정에서 아
내와 남편의 관계가 그리스도와 교회의 관계를 모범으로 삼고 있다는
사실이다. 바울은 먼저 하나님과 이스라엘의 관계(겔 16:8-14), 곧 하나
님의 신부 된 이스라엘의 복종을 그리스도와 교회의 관계에 적용한
다.[395] 그리고 그리스도가 교회의 머리이듯이, 남편이 성도 가정의 머리
임을 강조한다(비교, 엡 1:22-23; 4:15-16; 고전 11:2-16).[396] 성도들의 가
정에서 남편들에게 주어진 머리 됨의 역할과 아내들의 순종의 역할은
더 이상 남녀 간의 권위나 능력, 혹은 신분의 차이에 근거하지 않는다.
대신 남편과 아내의 역할은 그리스도와 교회의 관계에 비추어 보아, 주
되신 그리스도에 대한 헌신의 일부로 이해된다. 여기서 머리 됨에 해당
하는 헬라어 단어 '께팔레'(κεφαλή, 23절)는 그 의미장 안에 '권위'와
'대표성'을 포함하고 있다.[397] '기원'이 이 단어의 또 다른 의미로 제시되
어, 아담/남자가 이브/여자의 기원이라는 사실과 연관되어 해석됐다.
그러나 기원이라는 의미는 현재 에베소서 본문의 남편과 아내의 관계
에 대한 가르침과 잘 어울리지 않는다.[398] 대신 머리 됨이 그리스도와 교
회의 관계를 규정하는 단어로 등장하기에, 머리 됨의 정확한 의미가 먼
저 규정되어야 한다. 그런데 머리 됨의 의미를 알기 위해서는, 에베소서
에 담긴 바울의 기독론과 교회론에 관한 이해가 선행되어야 한다.[399] 예
수의 머리 됨은 몸 된 교회의 존재를 전제로 하고 있다. 그리고 예수의

395. 참조, Arnold, 2010: 384-86.
396. '머리'로 번역되는 헬라어 단어 κεφαλή(23절)는 단순히 상징적으로 대표한다는 의
미를 넘어서, 실질적인 권위나 능력이라는 의미를 그 안에 포함하고 있다. 이 단어
의 의미에 대해서는 Perriman, 602-10을 참고하라.
397. 참조, O'Brien, 1991: 413; Arnold, 2010: 381; Hoehner, 739-40; Dawes, 122-49.
398. 참조, Thielman, 2010: 377.
399. 참조, Arnold, 2010: 382; Hoehner, 739; O'Brien, 1991: 416.

머리 됨은 몸 된 교회의 탄생을 위한 그의 희생을 전제로 하고 있다. 머리와 몸의 비유는 교회를 향한 바울의 앞선 묘사에서 자세히 설명됐다.

4:7-16에서 그리스도는 교회의 머리로서 두 가지 역할을 담당하고 있다. 머리 된 그리스도는 교회를 인도하는 권위 있는 대표자인 동시에, 교회의 건강한 성장을 위해서 필요한 모든 것들을 제공하는 분이다. 반면에 교회는 성장을 위해서 그리스도를 절대적으로 의지하고(4:15-16), 지체들 상호 간의 섬김을 통해서 그리스도의 몸 전체의 성장을 도모한다. 마찬가지로, 남편들은 그리스도처럼 가정의 권위 있는 대표자로서 가정을 인도하고, 가정의 건강한 세워짐을 위해서 필요한 모든 것들을 공급하는 역할을 한다. 반면에 아내들은 남편을 의지하면서 그들의 인도에 복종하고, 가정의 지체들을 도와 가정을 세우는 일에 전념해야 한다.[400] 결국 아내들의 복종은 그리스도를 향한 교회의 복종에서 그 모범과 방향성을 발견해야 한다(24절). '교회가 그리스도에게 복종하듯이'(ὡς ἡ ἐκκλησία ὑποτάσσεται τῷ Χριστῷ, 24절)라는 표현은 '주께 하듯이'(ὡς τῷ κυρίῳ, 22절)라는 표현이 교회론적으로 확장된 것이다(비교, 6:7). 그런데 아내들의 복종이 발생하는 영역을 가리키는 '모든 일'(ἐν παντί, 24절)은 아내의 복종이 남편에 대한 일반적인 자세가 되어야 함을 알려 준다.[401] 물론, 성도들의 궁극적인 복종 대상은 하나님과 주 예수 그리스도이기에, 남편들에 대한 복종은 상대적이고 제한적이다(비교, 행 5:29).[402] 가정의 운영과 관련된 모든 상황들에서 아내들과

---

400. 참조, Dawes, 346-66.
401. 참조, Arnold, 2010: 383; Hoehner, 745; O'Brien, 1991: 417; Clark, 83. 반면에, Lincoln, 1990: 373은 이 표현이 부인들의 완전하고도 철저한 복종을 의미한다고 해석한다.
402. 참조, Thielman, 2010: 380; O'Brien, 1991: 418; Hoehner, 745-46. 비교, Pokorný,

남편들은 무엇이 주를 기쁘시게 하는지를 분별해야 한다(엡 5:10). 남편의 권위와 머리 됨은 주의 권위와 머리 됨과 충돌할 수 없다. 왜냐하면 모든 인간의 권위와 머리 됨은 주 예수의 권위와 머리 됨 아래 존재해야 하기 때문이다.

그러나 23절에서 바울은 머리 된 그리스도의 또 다른 중요한 역할 하나를 언급한다. "그리스도는 몸의 구주입니다"(σωτὴρ τοῦ σώματος). 에베소서에서 그리스도는 악한 세대와 공중 권세 잡은 자들로부터 성도들을 구원해내신 분이다. 그리스도는 십자가에서 자신을 희생하여 성도들의 죗값을 치름으로써, 죄로 인하여 사망의 노예가 된 성도들을 해방해 주었다(1:7-8; 2:1-8, 13-16). 그런데 그리스도가 성도들의 몸의 구주라는 사실을 바울은 빌립보서 3:20-21에서 좀 더 자세히 설명하고 있다. 바울은 먼저 성도들이 주의 재림의 날을 간절히 기다리고 있다고 선포한다. 왜냐하면 그들의 참된 시민권은 이 땅이 아니라 하늘에 있기 때문이다. 주의 재림의 날, 주 예수 그리스도는 성도들의 '비천한 몸'(τὸ σῶμα τῆς ταπεινώσεως, 빌 3:21)을 자신의 '영광의 몸'(τῷ σώματι τῆς δόξης)처럼 변화시켜(μετασχηματίσει) 줄 것이다. 성도들의 몸이 영광스러운 부활의 몸으로 변화되는 것을 바울은 '몸의 구속'(τὴν ἀπολύτρωσιν τοῦ σώματος, 롬 8:23, 17)이라고 부른다.[403] 이 영광스런 변화의 원동력은 만물을 자신에게 복종시킨 그리스도의 능력이다. 이에 바울은 주 예수 그리스도를 성도들의 구주, 즉 몸의 구주라고 칭한다.

그런데 그리스도의 머리 됨이 몸 된 교회의 성장과 구원이라는 궁

222; Neufeld, 2002: 256.

403. 참조, 이승현, 2020b: 239-60.

극적 목적을 가지고 있다(엡 5:23b)는 사실은 남편들의 머리 됨에 대한
중요한 함의를 그 안에 내포하고 있다.[404] 남편들의 머리 됨도 아내와 자
녀들로 구성된 가정의 보호와 구원을 위한 그들의 희생과 섬김을 요구
한다는 것이다(비교, 5:25-33).[405] 이 사실은 머리 된 남편들의 권위가 아
내들로부터 무조건적 복종을 강요하는 절대적 권위가 아니라, 그리스
도의 섬김과 희생의 모범을 따르는 파생적 권위(derivative authority)임
을 알려 준다. 그리고 남편들에 대한 복종은 성도 가정 전체를 건강하게
세워준다는 전제하에서 실행되어야 한다. 만약 남편들의 특정한 요청
이 주를 기쁘시게 하는 것과 상충되고 성도 가정을 위험 속에 빠트리는
것이라면, 남편들을 향한 복종은 당연히 거부되어야 한다.

　　25절 (남편들의 의무: 아내 사랑) 아내의 의무와 책임에 대해서 가르친
바울은 이제 그에 상응하는 남편의 의무와 책임에 대한 가르침을 전달
하고자 한다. 바울은 아내가 남편에게 복종해야 한다고 말했던 것과는
달리, 남편들은 '아내를 사랑해야 한다'(ἀγαπᾶτε, 25절)고 권면한다. 세
절에 걸친 아내들을 향한 짧은 가르침에 반하여(22-23절), 현재 본문에
서 남편들을 향한 바울의 가르침은 아홉 절에 걸쳐서 길게 전달되고 있
다(25-33절).[406] 이 사실은 아내와 남편에 대한 가르침에서 바울이 주대

---

404. 그러나 Arnold, 2010: 382와 O'Brien, 1991: 414는 몸의 구주로서의 그리스도의 역
　　할은 가정의 대표인 남편에게 어떤 비유적 의미를 전달하지 않는다고 주장한다. 비
　　교, Bruce, 385; MacDonald, 327; Hoehner, 743-44.
405. 고전 11:3-12와 딤전 2:11-13에서 남편들의 머리 됨은 창세기 2장에 기록된 창조의
　　순서에서 기인하고 있다. 21세기 현대인들에게 이러한 해석은 다소 비논리적으로
　　보일 수 있으나, 바울은 창세기 1-3장을 통해서 남녀 관계를 이해하고 있다. 물론,
　　예수 그리스도가 가져온 새 창조는 바울의 남녀관에도 혁신적인 변화를 가져왔다
　　(비교, 갈 3:27-28).
406. 아내에 대한 가르침에서 41개의 단어들이 사용된 반면에, 남편에 대한 가르침에서
　　는 116개의 단어가 사용되고 있다. 이 사실은 에베소서에서 바울의 주 가르침의 대

상으로 삼고 있는 자는 남편임을 알려 준다. 이처럼 바울이 남편의 의무에 대한 가르침에 더 많은 분량을 할애하는 이유는 그가 생각하는 성도 가정에서의 남편의 역할이 그리스-로마 사회의 기대와 너무 상이하기 때문이다.[407] 이러한 상이성은 성도 남편의 머리 됨이 예수 그리스도의 머리 됨을 모범으로 삼고 있기 때문이다. 그리스-로마 사회 가정에서 머리 되는 남편들은 절대적인 권위를 가지고 가정을 다스렸다. 유대인들과 로마인들의 전통적 가르침에 따르면, 남편들에게서 가장 기대됐던 역할은 아내와 자식에 대한 사랑보다도, 그들을 잘 다스리는 것이었다. 그러나 바울의 관점에서는, 그리스도가 주가 되시는 성도의 가정에서 남편은 자신의 머리 됨을 '잘 다스림'을 통해서가 아니라, '그리스도처럼 사랑과 희생을 통해서' 표현해야 한다. 흥미롭게도, 바울은 그리스도의 머리 됨을 근거로 머리 된 남편들의 통치와 지배에 대해서 그 어떤 언급도 하지 않는다. 그리고 아내에 대한 가르침에서와 마찬가지로, 남편에 대한 바울의 가르침에서도 주와 교회 간의 관계가 그 신학적 근거와 이유로 기능한다.

남편에게 주어진 명령으로서 '사랑하라'로 번역된 헬라어 동사 '아가빠떼'(ἀγαπᾶτε, 25절; 비교, 28, 33절; 골 3:19)는 현재 명령형으로 등장한다. 이 사실은 아내를 향한 남편의 사랑이 지속적인 남편의 행위로서, 아내를 향한 그의 제일 특징적인 자세가 되어야 함을 알려 준다. 여기서 바울은 아내가 남편의 사랑을 얻기 위해서 무엇을 해야 한다고 전제하지 않는다. 그리고 아내의 현재 상황과 조건 그리고 형편이 남편으

상은 아내가 아니라 남편임을 알려준다. 그러나 골로새서 3:19에서 남편의 의무는 단지 10개의 단어들로 묘사되고 있다. 벧전 3:7에서는 25개의 단어들이 사용되고 있다. 참조, Hoehner, 746.
407. 참조, Arnold, 2010: 383; Hoehner, 748.

로부터 오는 사랑의 장애물이 되어서도 안 된다. 이런 면에서, 바울이 전제하는 아내를 향한 남편의 사랑은 거의 무조건적이다.[408] 이는 "그리스도가 교회를 사랑하여 교회를 위하여 자신을 내어준" 모범(καθὼς καὶ ὁ Χριστὸς ἠγάπησεν τὴν ἐκκλησίαν καὶ ἑαυτὸν παρέδωκεν ὑπὲρ αὐτῆς, 25절)이 아내를 향한 남편의 사랑의 기준으로 제시되기 때문이다. 여기서 '마치 ~처럼'을 의미하는 헬라어 표현 '까토스 까이'(καθὼς καὶ)는, 4:32와 5:2에서와 마찬가지로, 그리스도의 본이 남편들이 따라야 할 궁극적 모범인 동시에 유일한 근거가 됨을 알려 준다(O'Brien, 1991: 419). 교회를 향한 그리스도의 희생적 사랑은 교회의 구성원들인 성도들이 죄와 허물로 인해 죽어 있고, 하나님의 원수된 어두움의 자녀였을 때 제공됐다(2:1-5; 5:2). 다시 말하면, 가장 사랑받을 수 없는 상태에 있던 성도들을 위해서 그리스도가 자신의 희생적 사랑을 표현했다(비교, 마 5:43; 19:19; 레 19:18). 이러한 그리스도의 모범은 남편이 아내에게 보여야 할 사랑의 본질이 어떤 것인지를 잘 설명해 준다.[409] 아내의 형편과 처지에 상관없이, 남편은 자신의 목숨의 희생을 통해서까지 아내를 사랑해야 한다. 남편 쪽에서 보여주어야 할 이러한 '희생적 사랑'은 아내 쪽에서 보여주어야 할 '모든 일에서의 복종'과 균등하게 혹은 그 이상으로 어울리고 있다(Thielman, 2010: 381). 이처럼 성도 가정에서 아내와 남편은 모두, 비록 그들의 희생이 다소 다르게 표현된다 할지라도, 서로를 세워주기 위해서 자신을 희생할 것이 요청된다. 이러한 남편과 아내에 대한 바울의 가르침은 "사랑 안에서 그리스도를 본받는

---

408. 참조, Arnold, 2010: 383; Hoehner, 747.
409. 사실 죄인을 위해서 자신을 희생한 그리스도의 모범은 인간이 성취할 수 있는 최상의 모범이다(비교, 요 15:13). 어떻게 보면 이 모범은 그리스도 이외의 다른 인간들이 도저히 성취할 수 없는 최고 난이도의 기준으로 보인다.

자가 되라"는 그의 앞선 가르침의 구체적 적용이다(5:2; 3:18-19).

　성도의 가정에서 남편은, 아내와 마찬가지로, 예수 그리스도를 자신의 주로 모시고 있다. 이 사실은 남편의 머리 됨이 주 예수 그리스도의 교회를 향한 희생적 사랑의 모범에 의해서 재규정되어야 함을 알려 준다. 성도의 가정에서 남편의 머리 됨은 더 이상 '다스림과 명령'을 통해서가 아니라, '무조건적 희생과 사랑의 섬김'을 통해서 표현되어야 한다. 사실, 바울 당시 그리스-로마 사회에서 가부장적 가정제도는 부인들의 일방적 희생을 더 많이 요구하고, 다양한 불평등과 학대의 가능성을 그 안에 내포하고 있었다. 예를 들면, 아내가 병들거나 나이든 경우, 혹은 이런저런 이유로 남편들 마음에 들지 않는 경우, 이방인 남편들은 쉽게 그들을 젊고 건강하며 마음에 드는 여인들로 대체하곤 했다. 그러나 성도 가정에서 남편들은 더 이상 이방인 남편들처럼 부인들을 부당하게 대하거나 학대할 수 없다. 교회의 상태에 관계없이 교회를 위해서 제공한 그리스도의 희생적 사랑이 아내를 향한 남편들의 행위의 기준이 되기 때문이다.

　결론적으로, 아내와 남편에 대한 바울의 가르침은 당시 사회의 가부장적 결혼 제도를 성도들 가정에서 그대로 용인하지 않는다. 대신 바울은 주 예수께서 보이신 희생적 사랑의 모범을 따라 가부장적 결혼제도를 그 뿌리부터 도전하고, 완전히 새로운 대안적 결혼제도를 성도들에게 제시하고 요청한다.[410] 성도들의 가정에서 아내와 남편은 모두 성도들을 위해서 자기를 비우고 희생한 그리스도를 모범 삼아(비교, 빌 2:6-8),[411] 자신들을 비우고 희생하면서 자신들의 배우자를 섬기고 사랑하고

---

410. 참조, Thielman, 2010: 748; Highfield, 140-46.

411. 참조, 이승현, 2019b: 215-56.

세워주어야 한다. 성도들 가정을 통치하는 궁극적인 원칙은 예수가 보여준 사랑과 희생이다.

　26-27절 (남편의 아내 사랑 근거: 그리스도의 교회 사랑) 아내들을 향한 남편들 사랑의 근거는 교회를 위하여 자신을 희생제물로 내어준 그리스도의 사랑에서 발견된다. 이에 26-27절에서 바울은 헬라어 목적 접속사 '히나'(ἵνα)를 3번 사용하면서, 그리스도의 희생의 목적을 삼중적으로 자세히 풀어서 설명한다.[412] 26절에서 바울은 먼저 교회를 위한 희생을 통해서 그리스도가 의도한 바에 대해서 알려 준다. 그리스도는 교회를 물과 말씀으로 씻어 '정결하게'(καθαρίσας, 26절) 만들고, '거룩하게'(ἁγιάσῃ, 26절) 하기를 원했다. 그리스도가 자신을 희생한 이유는 교회가 사랑할 만한 거룩한 존재여서가 아니라, 교회를 사랑할 만한 거룩한 존재로 만들기 위해서였다. 그리스도와 교회 간의 관계에 대한 이러한 이해는 하나님과 이스라엘 간의 관계를 결혼으로 제시하는 구약적 이해를 그 배경으로 하고 있다(겔 16:1-14).[413] 여기서 '거룩하게 하다'의 가장 기본적인 의미는 관계적 측면에서 '따로 구분하여 불러내다'이다.[414] 구약에서 하나님의 백성은 하나님을 위하여 세상으로부터 따로 구분되어 불러내어진 존재로 제시된다(출 19:23; 29:21; 대상 23:13; 사 13:3; 렘 1:5; 겔 48:11). 마찬가지로, 교회도 신랑 된 그리스도를 위하여 세상으로부터 따로 구분되어 불러내어진 거룩한 존재이다. 이런 면에서, 바울은 교회를 구성하는 모든 믿는 자들을 거룩한 자들, 곧 '성도들'(ἅγιοι, 1:1, 15, 18; 2:19; 3:8, 18; 4:12; 5:3; 6:18)이라고 부른다. 고린

412.　이에 대한 구조적 분석을 위해서는 Dawes, 94-96을 참고하라.

413.　O'Brien, 1991: 420; Snodgrass, 297-98.

414.　참조, Arnold, 2010: 387; Hoehner, 751; Thielman, 2010: 382.

도전서 1:2와 6:11에서 바울은 고린도교회 성도들을 예수 그리스도 안에서 거룩하게 불러내어진 하나님의 백성이라고 칭한다. 바울에게 하나님이 그 백성을 거룩하게 불러내는 행위는 예수 그리스도를 통해서 이루어진다.

그러나 '거룩하게 하다'의 두 번째 의미는 윤리적 측면에서 죄로부터의 정화를 의미한다. 이 의미를 바울은 현재의 에베소서 본문에서 교회와 그리스도 간의 관계에 적극적으로 적용한다. 그리스도는 구분되어 불러낸 교회를 물과 말씀으로 씻어 정결하게 한 후, 아무런 흠이 없는 영광스러운 존재로 세워주기 원한다(26b-27절).[415] 여기서 정결하게 함은 그리스도가 교회를 거룩하게 세워주기 위한 필수적인 수단이다.[416] 교회를 정결하게 만들기 위하여 그리스도는 먼저 그 구성원들인 성도들의 죄를 모두 씻겨 주어야 했다. 성도들의 죄씻음은 예수가 십자가에서 죽임을 당한 사건에 근거하여, 예수와의 연합을 통해서 죽음과 부활을 경험하는 세례의식을 통해서 경험된다(비교, 롬 6:1-5). 고린도후서 7:1에서도 바울은 하나님 앞에서 완전한 거룩함의 완성을 위하여, 성도들의 몸과 영의 모든 불순한 것들을 제거하는 정결함을 권면한다. 그런데 바울에게 모든 죄와 불의가 제거된 정결함은 다시 죄로 돌아가는 것이 아니라, 선한 행위들을 추구하는 열정으로 성도들을 인도한다(비교, 딛 2:14). 왜냐하면 성도들은 선한 일을 위하여 그리스도 안에서 창조된 하나님의 새 피조물들이기 때문이다(엡 2:10). 따라서 성도들에게 정결함은 단순한 일회적 상태가 아니라, 그들의 항구적 본성이 되어야 한다.

---

415. Hoehner, 752는 정결함은 부정적인 죄들을 없애주는 윤리적 행위이고, 거룩하게 함은 긍정적인 측면에서 하나님을 위해서 따로 구분됨을 의미한다고 본다.

416. 참조, Arnold, 2010: 387; Hoehner, 752; O'Brien, 1991: 422; Oepke, "λούω," *TDNT* 4:304.

이를 위해서 바울이 성도들에게 권면하는 바는 육체의 욕심을 따르지 말고, 성령의 인도를 따라 걷는 것이다(갈 5:16-25; 롬 8:4-8).[417]

그런데 26절에서 바울은 '거룩함에 이르기 위한 정결함'을 표현하기 위하여 헬라어 동사 '까타리조'(καθαρίζω, 26절)를 사용한다. 이 헬라어 동사는 원래 식물의 가지치기나 건축현장을 청소하는 것을 묘사하던 단어이다. 그러나 구약과 유대인들의 전통에서, 이 단어는 율법이 요구하는 다양한 정결의식을 가리키기 위해서 사용됐다(레 13:6, 23; 16:30; 렘 13:27; 겔 36:25).[418] 유대인들에게 정결의식은 율법을 통해서 각종 죄들로부터 깨끗해지기 위한 성서적 방편이었다. 그런데 유대인들은 자신들의 정결의식을 위해서 종종 물을 사용했다. 물은 신부 된 이스라엘의 죄를 깨끗이 씻어주시는 하나님의 방편으로 간주됐고, 이스라엘을 향한 하나님의 사랑의 표현으로 이해됐다. 따라서 종말의 때에 베풀어질 하나님의 새 언약은 물로 그 백성의 죄를 씻은 후, 새 마음과 새 영을 허락하는 것이다(겔 36:25-27; 렘 31:31-33; 비교, 요 3:5; 고전 6:11). 특별히 유대인들의 결혼 전통에서 물은 여인들을 씻어 결혼을 준비시키는 중요한 역할을 담당했다(겔 16:9). 물에 대한 유대인들의 이두 가지 이해를 바울은 그대로 차용하여 발전시킨다. 세례 요한과 예수의 예들에서 잘 증거되고 있듯이, 초대 교회 전통에서 물을 통한 죄씻음은 세례 의식을 통해서 계승되고 있다.[419] 바울에게도 세례는 죄씻음과 용서 그리고 새 생명으로의 탄생을 의미하는 중요한 예식으로 기능한

---

417. 참조, 이승현, 2018b: 287-95.

418. 참조, Hoehner, 751; Thielman, 2010: 383.

419. 이에 대한 다양한 참고 문헌을 위해서는 Hoehner, 753 n.1을 참조하라. 반면에 Hoehner, 753은 세례의식 대신 신부에게 주어진 물씻김의 예식을 현재 본문의 주요 배경으로 본다. 참조, Thielman, 2010: 384; O'Brien, 1991: 422-24.

다(롬 6:1-5; 고전 6:11; 10:1-4; 딛 3:5; 비교, 히 10:22).[420] 세례는 성도들이 그리스도와 연합하여 그리스도와 함께 죽고 살아나는 새로운 피조물의 탄생을 의미한다(롬 6:1-5; 갈 2:19-20). 물론 성도들의 경험에서 그리스도와의 연합과 새 창조는 성령이 가져오는 회심을 통해서 먼저 내적으로 체험되어야 한다(딛 3:5). 그리고 바울에게 물은 신부 된 교회를 깨끗하게 씻겨 신랑 된 예수 앞에서 흠 없는 모습으로 서게 해 준다. 이에 대해 바울은 27절에서 자세히 설명할 것이다.

그런데 26절에서 바울은 교회의 정결함을 위한 물의 씻김과 더불어 말씀(ῥῆμα)의 씻김을 언급한다. '말씀을 통해서'로 번역되는 헬라어 표현 '엔 흐레마띠'(ἐν ῥήματι)는 거룩함에 해당하는 주동사 '하기아세'(ἁγιάσῃ, 26절)를 수식하지 않고,[421] 정결함을 의미하는 과거형 분사 '까타리사스'(καθαρίσας, 26절)를 수식한다.[422] 다시 말하면, 물을 통해서 행해지는 교회의 정결함의 의식이 말씀을 통해서/근거로 이루어진다는 것이다. 여기서 말씀은 성도들의 죄 사함과 새 생명의 탄생을 가능하게 한 복음의 말씀을 의미한다.[423] 좀 더 구체적으로, 세례 때 성도들이 믿고 공개적으로 고백한 그 말씀에 담긴 내용을 지칭한다.[424] 로마서 10:17-18에서 바울은 말씀에 해당하는 헬라어 명사 '흐레마'를 '그리스도의 말씀'이라고 칭한다. 그리스도의 제자들을 통해서 그의 복음의 말씀이 선포됐고, 그 선포된 말씀을 들은 자들은 다 믿고 의롭다고 칭함을

---

420. 참조, Dunn, 1998: 442-60.

421. 참조, Barth, 624, 626; Meyer, 295.

422. 참조, Arnold, 2010: 388; Lincoln, 1990: 376; O'Brien, 1991: 423; Hoehner, 757.

423. 참조, Lincoln, 1990: 376; Hoehner, 755; O'Brien, 1991: 423; Arnold, 2010: 388; Barth, 689-91; Thielman, 2010: 384-85.

424. 참조, Best, 1998: 543; Macdonald, 328; Perkins, 451; Bruce, 388. 비교, Arnold, 2010: 389.

받고 구원을 경험하게 됐다. 따라서 바울은 선포된 복음의 말씀을 '믿음
의 말씀'(τὸ ῥῆμα τῆς πίστεως, 롬 10:8)이라고도 부른다. 이러한 로마
서의 가르침을 바울은 에베소서 1:13에서 헬라어 단어 '로고스'(λόγος)
를 통해서 표현한다. 성도들은 예수 그리스도 안에서 진리의 말씀을 듣
고 믿어 구원을 경험하게 됐다. 따라서 바울은 그 말씀을 '우리[425] 구원
의 복음'(τὸ εὐαγγέλιον τῆς σωτηρίας ὑμῶν, 1:13)이라고 부른다.

또한 에베소서 6:17에서 바울은 이 말씀을 '하나님의 말씀'(ῥῆμα
θεοῦ)이라고 부르면서, 성도들의 유일한 공격 무기인 성령의 검이라고
칭한다. 하나님의 말씀은 그 안에 담긴 예수의 희생에 대한 복음의 메시
지를 통해서, 성도들의 죄를 씻어 정결케 하는 근거로 기능한다.[426] 그리
고 동시에 이 말씀은 죄와 어두움의 권세 잡은 자들과의 지속적인 영적
전투에서 성도들이 소유해야 할 필수적인 공격무기로 기능한다.[427] 성도
들의 삶의 여정 가운데 말씀은 죄와의 전쟁에서 굴복하지 않고 거룩함
을 유지하기 위해서 꼭 필요한 방편이다(비교, 딤후 3:15-17). 이미 구약
에서 시편 기자는 이 사실을 깨닫고 다음과 같이 선포했다. "당신을 향
하여 죄를 짓지 않기 위하여, 저는 당신의 말씀을[428] 제 마음에 품었습니

---

425. 여기서 '우리'는 바울과 모든 에베소 성도들을 포함하는 '교회론적 우리'이다.
426. 신랑인 그리스도와 신부인 교회 간의 연합에서 예수의 희생을 담은 복음은 교회를
　　 향한 예수의 사랑 고백으로 기능한다. 참조, O'Brien, 1991: 423; Barth, 691;
　　 Peterson, 53.
427. 여기서 우리는 바울에게 정결함은 과거에 발생한 단 한 번의 사건에 그치는 것이
　　 아니라, 성도의 믿음의 여정 속에서 지속적으로 발생해야 할 사건임을 알 수 있다.
　　 참조, Arnold, 2010: 388; Neufeld, 2002: 262; Muddiman, 264-65.
428. 물론 시편 119편에서 기자에게 말씀은 가장 우선적으로 율법을 의미한다. 그러나
　　 초대 교회와 바울에게 말씀은 율법에 대한 예수의 가르침과 그 이외에 예수가 명령
　　 한 모든 것들을 포함한다(비교, 마 28:20). 따라서 비록 구약과 율법을 바울과 동시
　　 대 유대인들이 함께 공유하는 바이지만, 구약과 율법을 기독론적으로 재해석하는

다"(시 119:11).

이제 27절에서 바울은 그리스도께서 성도들을 씻겨 정결한 교회를 만드신 이유에 대해서 자세히 설명한다. 그 이유는 신랑인 자신을 위하여 신부 된 교회를 영광스럽게(ἔνδοξον, 27절), 그리고 아무런 점과 흠이 없는 상태(μὴ ἔχουσαν σπίλον ἢ ῥυτίδα, 27절)로 거룩하게 보존하고자 함이다(비교, 고후 11:2; 겔 16:10-14). 이 보존의 목적은 그리스도가 재림하는 날 그가 '자신을 위하여'(αὐτὸς ἑαυτῷ, 27절) 교회를 순전한 모습으로 제시하고, 교회와 함께 완전하게 연합하기 위해서이다(비교, 마 25:1-13). 여기서 재귀대명사를 포함한 헬라어 표현 '아우또스 헤아우또'(자신을 위하여)는 신부를 준비시키는 일에 있어서 신랑인 그리스도의 역할이 매우 중요함을 강조한다. 바울에게 신부 된 교회의 선택과 불러냄 그리고 거룩함의 전 과정을 주도하는 분은 그리스도이다. 그리고 에베소서에서 예수의 재림의 날은 그리스도 안에서 만물이 통일되는 날이고(엡 1:10), 만물을 채우시는 하나님의 충만함이 그리스도를 통해서 온 우주를 충만하게 채우는 날이다(1:22-23).[429] 그날, 머리 되신 그리스도의 몸 된 교회도 그 어떤 부족함이 없이 충만한 우주적 교회로 등장해야 한다. 그런데 바울에게 재림의 날 등장할 성도들의 가장 중요한 특징은 바로 영광이다(롬 8:17-18; 비교, 3:22). 성도들의 영광의 기원은 물론 그들의 죽을 몸을 부활의 몸으로 바꾸어줄 하나님의 불멸의 영광이다(8:23). 하나님의 영광은 현재 그리스도에게서 발견되고 있기에, 그리스도와의 연합이 곧 불멸의 영광스러운 변화로 성도들을 이끈다

바울과 유대인들의 관점은 매우 상이할 수밖에 없다. 이것은 바울이 유대인들과 유대주의자들로부터 지속적으로 핍박받은 직접적인 이유들 중 하나이다.

429. 참조, O'Brien, 1991: 424; Barth, 2:628; Arnold, 2010: 389.

(고후 3:18-4:6; 고전 15:40-49). 따라서 재림의 날 등장할 성도들의 연합체인 우주적 교회의 가장 현저한 특징도 바로 영광일 것이다.[430]

물론 에베소서 문맥에서 영광은 하나님의 신적 본질의 외적 표출이라기보다는(비교, 출 15:1; 왕상 16:29; 욥 40:10; 시 29:2; 사 6; 겔 1), 하나님의 신적 본질의 내적 표현으로서 윤리적 거룩함을 더 드러내준다(엡 4:24).[431] 따라서 바울은 신부 된 교회의 영광스러운 상태를 '티나 주름이 없이'(μὴ ἔχουσαν σπίλον ἢ ῥυτίδα, 27절) '거룩하고 흠이 없는'(ἁγία καὶ ἄμωμος, 27절) 상태라고 칭한다. 1:4에서 바울은 하나님이 성도들을 선택한 이유는 그들이 하나님 앞에서 '거룩하고 흠이 없는' 존재들이 되기 위해서라고 이미 선포했다(비교, 골 1:28). 성도들의 모임인 교회는 당연히 거룩함과 흠이 없음을 그 특징으로 한다. 티나 주름 그리고 흠이 발견되지 않는 교회의 거룩하고 영광스러운 상태는 그리스도의 신부가 보여주는 탁월한 아름다움을 의미한다. 여기서 우리는 솔로몬이 그의 신부의 아름다움을 향해서 불렀던 노래(아 4:1, 7)와 이스라엘의 아름다움을 향한 하나님의 찬가를 떠올리게 된다(겔 16:14).[432] 물론 그리스도의 신부인 교회의 탁월한 아름다움은 외모가 아니라, 그

---

430. 일부 주석가들은 교회가 그리스도에게 흠 없고 거룩한 모습으로 제시되어야 할 시기를 현재라고 본다. 참조, Schlier, 258; Schnackenburg, 250-52; Lincoln, 1990: 377. 그러나 대다수의 주석가들이 주장하듯이, 교회가 완전한 모습으로 등장하는 날은 재림의 날로 연기되어 있다. 물론 현재는 교회가 흠 없고 거룩한 모습으로 지속적으로 변화되어야 할 시기이다. 참조, Hoehner, 761; Barth, 628, 669; Bruce, 389; O'Brien, 1991: 424-25.

431. 하나님의 의롭고 거룩한 본질은 성도들의 새로운 자아의 탄생을 가져온 하나님의 새 창조의 청사진인 그의 형상이다. 이 사실에 대해서 바울은 앞에서 자세히 설명했다(비교, 엡 4:24).

432. O'Brien, 1991: 424; Arnold, 2010: 390.

외모가 상징하는 윤리적 완전함을 가리킨다.[433] 그리고 성도들과 교회의
완전함은 이미 그리스도의 사역을 통해서 완성된 실체이지만(엡 2:4-
6), 그 완전함의 실재적 계시는 재림의 날 제시될 것이다(비교, 골 1:22).
    이미 앞에서 여러 번 언급됐지만, 구약에서 하나님과 이스라엘 간의
관계는 종종 결혼의 비유를 통해서 묘사되곤 한다(사 54:5-8; 렘 2:1-3;
31:31-32; 겔 23; 호 1-3). 흥미롭게도, 복음서에서 예수는 자신을 하나님
의 백성을 맞이할 신랑으로 비유적으로 묘사한다(막 2:18-20; 요 3:29).
하나님의 아들 예수는 하나님의 모든 역할과 행동을 이어받는다. 이러
한 복음서의 전통을 계승하면서, 바울은 성도들을 흠 없는 신부로 그리
스도에게 제시하는 것을 자신의 사도적 사역의 핵심으로 이해한다(고
후 11:1-3).[434] 그리고 현재의 에베소서 본문에서 바울은 신랑인 그리스
도가 교회를 흠 없는 거룩한 신부로 보존하기 위하여, 신부인 교회를 위
해서 자신을 희생했다고 선포한다. 그런데 이처럼 바울이 교회를 위한
그리스도의 희생에 대해서 강조하는 이유는 아내들을 향한 남편들의
태도가 그리스도의 태도를 닮아가기를 원하기 때문이다. 교회의 머리
되신 그리스도를 따르는 남편들은 자신들의 머리 됨을 아내들을 향한
무조건적 억압이나 명령을 통해서가 아니라, 아내들을 거룩하고 흠 없
게 보존하고자 하는 희생적 사랑을 통해서 표현해야 한다. 결론적으로
아내들은 모든 일에 있어서 남편을 존중하고 순종해야 하지만, 남편들
은 아내들을 위해서 자신들의 생명을 희생해야 할 의무 아래 놓인다.[435]

---

433. 참조, Hoehner, 760; Thielman, 2010: 386.
434. 여기서 바울은 자신을 신랑에게 신부를 전달하는 신부의 아버지, 혹은 신랑의 친구
    로 비유적으로 묘사하고 있다.
435. 극단적 페미니스트들은 종종 이 에베소서의 가정규례가 여성들을 억압하는 폭력적
    인 본문이라고 비판한다. 그러나 좀 더 냉정하게 평가해 보면, 여성들이 보여야 할

28절 (적용: 아내를 사랑하는 것은 자신의 몸을 사랑하는 것) 그리스도가 교회를 위해서 자신을 희생하는 사랑을 보여준 이유는 교회가 그의 몸이 되기 때문이다. 그런데 놀랍게도, 몸 된 교회를 향한 그리스도의 머리 됨은 교회를 향한 통제와 다스림을 통해서가 아니라, 교회를 위한 희생을 통해서 표현됐다. 이러한 교회와 그리스도 간의 관계는 남편과 아내 간의 관계에 두 가지 의미를 시사해 준다. 첫 번째, 머리 된 남편들에게 아내들은 그들의 몸이 된다. 두 번째, 남편들은 자신의 머리 됨을 몸 된 아내들을 위한 희생적 사랑을 통해서 표현해야 한다. 몸 된 아내를 사랑하는 것은 남편이 스스로를 사랑하는 것이다. 이에 바울은 28절의 시작에서 '이와 같이'(οὕτως, 28절)라는 표현을 통해서, 그리스도의 희생의 모범에 관한 26-27절의 가르침을 근거로 남편의 아내 사랑에 대한 가르침을 전개해 간다(비교, 25b절).[436]

28절에서 바울은 성도 가정에서 아내에 대한 남편의 머리 됨은 무조건적 통치와 복종을 통해서 표현되지 않고, 마치 자신의 몸을 돌보듯이 헌신하는 희생적 사랑의 돌봄을 통해서 표현되어야 한다고 가르친다. 바울은 이 사실이 남편의 당연한 의무임을 '~해야 합니다'를 의미하는 헬라어 동사 '오페이루신'(ὀφείλουσιν, 28절)을 통해서 강조한다. 아내 사랑이 그리스도를 주로 모시고 사는 남편의 당연한 의무라는 것이다. 그런데 바울은 여기서 남녀 간의 관계에 대해서 완전히 새로운 개념

순종에 비하여 남성들이 보여야 할 그리스도를 닮은 희생은 훨씬 더 심각하고 막중한 의무로 보인다. 물론 21세기를 사는 우리는 여성들에 대한 1세기의 남존여비 사상을 그대로 21세기 아내들에게 강요할 수 없다. 바울의 해석가들은 바울의 핵심 의도를 잘 파악하여, 그 의도를 현 시대에 의미있는 형태로 잘 적용해야 할 해석학적 책임을 소유하고 있다.

436. 참조, Arnold, 2010: 391; Hoehner, 763; Best, 1998: 547; Lincoln, 1990: 378; Thielman, 2010: 387. 비교, Schnackenburg, 252.

하나를 소개한다. 교회가 그리스도의 몸인 것처럼, 아내는 머리 된 남편의 몸이라는 사실이다(ὡς τὰ ἑαυτῶν σώματα, 28절). 남편이 아내를 사랑할 때, 남편은 자신의 몸, 즉 자신을 사랑하는 것이 된다(ὁ ἀγαπῶν τὴν ἑαυτοῦ γυναῖκα ἑαυτὸν ἀγαπᾷ, 28절).[437] 반면에, 남편이 아내를 미워할 때, 남편은 자신의 몸, 즉 자신을 미워하는 것이 된다. 바꾸어 말하면, 남편은 스스로에게 하고 싶은 만큼의 사랑과 돌봄을 자신의 몸인 아내에게 똑같이 제공해야 한다. 여기서 바울은 아내에 대한 사랑은 단순히 남편의 의무를 넘어서, 남편의 본능적 특징이 되어야 함을 알려 준다. 인간의 본능은 자신의 몸을 아끼고 사랑하고 돌보며, 특별히 그 몸의 필요를 채워주기 위해서 최선을 다한다.

28절과 31절에서 바울은 창세기 2:24에 나오는 여자의 창조에 대한 이야기를 기억하고 언급한다. 여인의 몸은 남자의 몸에서 기인했다는 창세기 기록에 근거하여, 아내와 남편은 결혼을 통해서 다시 한 몸을 이루게 된다고 바울은 가르친다(31절; 비교, 고전 6:16; 막 10:7-8; 마 19:5-6). 그리스도는 자신과 다시 한 몸이 된 교회를 위하여 자신을 희생했고, 또 몸 된 교회의 성장을 위하여 각종 은사와 신령한 축복들을 허락했다(엡 1:3, 20-23; 4:7-16). 마찬가지로, 그리스도를 주로 모시고 사는 남편은 그리스도의 본을 따라 자신과 연합하게 된 아내를 희생적인 사랑으로 돌보아야 한다. 그리고 그녀를 온전하게 세워주기 위하여, 모든 물질적·영적·감성적 필요와 도움을 아낌없이 제공해야 한다. 몸 된 아내가 행복하지 않다면, 머리 된 남편도 행복할 수 없다. 반면에 몸

---

437. 몸을 의미하는 헬라어 명사 '소마'(σῶμα)는 에베소서에서 9번 등장한다. 현재의 본문에서 이 단어는 단순한 비유로서의 몸이 아니라, 문자 그대로의 몸을 의미한다. 참조, Hoehner, 764. 비교, Dawes, 97-99, 153.

된 아내가 행복하면, 머리 된 남편도 행복해진다. 교회를 향한 그리스도의 사랑이 단순한 이웃 사랑의 실천을 뛰어넘듯이, 남편의 아내 사랑도 단순한 이웃 사랑의 실천을 뛰어넘는다.[438] 남편의 아내 사랑은 자신의 몸에 대한 본능이요 의무이기 때문이다.

29-30절 (근거: 몸에 대한 그리스도의 양육과 돌봄) 남편의 아내 사랑이 남편 자신을 사랑하는 것이라는 28절의 가르침을 바울은 29절에서 다시 한번 강조하기 원한다: "아무도 자신의 육체를 미워하지 않고 양육하고 돌봅니다"(οὐδεὶς τὴν ἑαυτοῦ σάρκα ἐμίσησεν[439] ἀλλ᾽ ἐκτρέφει καὶ θάλπει αὐτήν). 여기서 바울은 몸에 대한 인간의 태도를 미워함과 양육하고 돌봄의 두 가지 형태로 대조하며 묘사한다.[440] 그런데 인간은, 설혹 그가 최악의 악인이라고 할지라도, 자신의 몸을 '미워하지'(ἐμίσησεν) 않고 '양육하며 돌본다'(ἐκτρέφει καὶ θάλπει). 사실 악인이 타인에게 악을 행하는 이유도 어찌보면 자신의 몸의 욕구를 만족시키기 위해서이다. 성서에서 양육은 보통 자녀들을 위해서 부모들이 제

---

438. 예수의 황금률(마 7:12)의 기반이 된 레 19:18에 따르면, 성도들은 그들의 이웃을 자신들의 몸처럼 사랑해야 한다. 그러나 이 가르침에 담긴 '몸처럼'은 단지 하나의 비유에 그치는 반면에, 아내가 남편의 몸 됨은 단순한 비유를 초월하는 실질적인 몸 됨이다. 바울에게 교회가 그리스도의 몸인 만큼, 아내는 실질적으로 남편의 몸이다. 따라서 남편의 아내 사랑은 실질적으로 자기 자신을 사랑하는 행위이다. 참조, Thielman, 2010: 387; Hoehner, 764-65; Lincoln, 1990: 379; Moritz, 149. 비교, O'Brien, 1991: 426; Bruce 391; Snodgrass, 297.
439. 이 헬라어 동사는 과거형의 형태로 발견되고 있다. 그러나 이 과거형은 과거의 단 한 번의 행위보다도, 과거와 현재 그리고 미래를 모두 아우르는 일반적 원칙을 의미할 수 있다(gnomic aorist). 참조, Arnold, 2010: 391; Hoehner, 766; Fanning, 265.
440. 신약성서에서 미움과 사랑은 종종 상반되는 두 개념들로 함께 대조되곤 한다(비교, 마 6:24; 눅 16:13; 요 12:25; 롬 9:13). 현재의 본문에서 남편의 사랑은 돌봄과 양육으로 표현되고 있다(비교, 엡 5:25, 28). 참조, Thielman, 2010: 388.

공하는 돌봄을 의미한다(예, 왕상 11:20; 왕하 10:6; 욥 31:18; 잠 23:24; 사 23:4; 49:21; 호 9:12). 에베소서 6:4에서 바울은 이 단어를 통해서 자녀들을 향한 성도 부모의 책임을 묘사할 것이다. 그리고 돌봄이라는 단어는 데살로니가전서 2:7에 등장하고 있다. 이 단어를 통해서 바울은 아이들을 돌보는 엄마처럼, 자신이 데살로니가 성도들을 돌보았음을 알려 준다. 그런데 흥미롭게도, 이 두 단어들(양육, 돌봄)은 일반 파피루스 문헌에서도 아내를 향한 남편의 의무로 기록되어 있다.[441] 따라서 28절의 선언이 의미하는 바는 남편이 자신의 몸의 필요에 민감하게 반응하면서 그 필요를 채워주듯이, 남편은 자신의 아내에게 동일하게 행해야 한다는 것이다.

현재의 본문에서 바울은 몸을 표현하기 위하여 다소 중립적인 의미의 헬라어 명사 '소마'($\sigma\tilde{\omega}\mu\alpha$) 대신, 때로 부정적 의미를 암시하는 '사르크스'($\sigma\acute{\alpha}\rho\xi$)를 사용하고 있다.[442] 바울에게 '사르크스'는 종종 타락한 인간의 본성을 소유한 육체라는 부정적 의미를 지닌다(예, 롬 8:4-5, 12-13; 고후 10:2-3; 갈 5:24; 6:8). 이에 바울은 성도들은 더 이상 육체를 따라 행하지 말고, 성령을 따라 행해야 한다고 강조한다. 그러나 바울이 29절에서 '사르크스'를 사용하는 이유는 그가 31절에서 인용하는 창세기 2:24의 본문이 이 명사를 중립적 의미에서 사용하고 있기 때문이다. 특별한 이유가 존재하지 않는 한, 바울은 대체로 자신의 인용구에 포함된 용어들을 그대로 보존하고자 한다.

그런데 모든 인간이 자신의 몸을 양육하고 돌본다는 본능적 이유에

---

441. CPR 1.30 frag. 2, 20. 참조, Gnilka, 285; Schnackenburg, 253; Lincoln, 1990: 379-80.
442. 일반적인 의미에서 볼 때, 이 두 단어들은 거의 동의어로 볼 수 있다. 참조, Hoehner, 766.

더하여, 바울은 다시 한번 그리스도의 모범을 남편의 아내 사랑에 대한 두 번째 근거로 제시한다: "마치 그리스도께서 교회에게 함과 같이" (καθὼς καὶ[443] ὁ Χριστὸς τὴν ἐκκλησίαν, 29b절; 비교, 5:25, 28). 바울은 현재 그리스도가 교회의 성숙과 성장을 위하여 필요한 모든 필요를 채워주면서, 양육하고 돌보고 있다고 믿는다. 이 사실에 대해서 바울은 이미 4:7-16에서 상세히 설명했다. 하늘로 승천한 그리스도는 몸 된 교회를 세우기 위하여 특별하게 선택된 사역자들에게 은사를 제공하여 교회를 돌보게 한다(4:11). 물론 그리스도의 은사들은 예수가 이 땅에 보낸 성령을 통해서 성도들에게 제공된다. 그리고 사역자들의 섬김을 통해서 모든 성도들은 사역을 위해서 구비되고, 서로를 세워주는 봉사의 일을 하게 된다(4:12). 상호 간의 봉사를 통해서 성도들은 믿음과 하나님의 아들에 관한 지식에서 자라가면서 하나로 연합하고, 그리스도의 충만함에 이르는 '장성한 사람'(ἄνδρα τέλειον, 4:13)으로 성장해 간다. 이 과정에서 모든 성도들은 모든 면에서 머리 되신 그리스도를 닮은 자들로 변화된다(4:15). 그 결과, 모든 지체들이 상호 연합하여 도움을 주고받아 각 지체들이 잘 기능하게 되고, 몸 된 교회 전체가 사랑 안에서 세워져 간다. 교회의 성장에 관한 이 모든 과정을 책임지고 주관하는 분은 하늘에 계신 그리스도이다.

그런데 그리스도가 이처럼 교회를 돌보는 이유는 교회의 구성원인 모든 성도들이 자신의 몸의 지체들이 되기 때문이다(μέλη ἐσμὲν τοῦ σώματος αὐτοῦ, 5:30; 비교, 고전 6:15). 여기서 '지체들이 된다'에 해당하는 헬라어 주동사 '에스멘'(ἐσμέν)의 주어는 1인칭 복수형 '우리'이다.

---

443. 바울은 다시 한번 그리스도의 예를 제시하면서 헬라어 표현 '까토스 까이'(καθὼς καὶ, 5:29; 비교, 4:32; 5:2, 25)를 차용한다.

우리는 교회론적 우리로서 바울과 모든 남편들을 그 안에 포함한다. 앞에서 바울은 이미 교회가 그리스도의 몸이라고 선언했다(1:22-23; 5:23). 그러나 30절에서는 우리가 그의 몸이라고 선언함으로써, 몸 됨의 의미를 더 개인적이고 친근하게 만든다. 이 사실을 통해서 바울은 다시 한번 남편들로 하여금 그들이 그리스도의 몸에 속하여, 그리스도의 돌봄과 양육을 받고 있다는 사실을 상기시킨다. 그리스도를 닮아가야 할 성도들의 성장은 모든 면에서 그의 모범을 따라 행해야 할 책임을 동반한다. 특별히 남편들에게 그리스도를 닮아가야 할 책임은 그리스도가 그의 몸 된 교회를 양육하고 돌보듯이 자신의 아내들을 양육하고 돌보아야 함을 의미한다. 교회를 향한 그리스도의 돌봄과 양육은 교회의 불완전한 상태에도 불구하고 무조건적으로 제공된다. 마찬가지로, 남편들의 아내 돌봄과 양육은 아내의 불완전한 상태에도 불구하고 무조건적으로 제공되어야 한다.[444]

결론적으로, 바울은 교회를 위한 그리스도의 희생과 양육과 돌봄을 아내들을 향한 남편들의 행동을 규정하는 궁극적 원칙과 모범으로 제시한다. 놀랍게도, 바울에게 그리스도와 남편들의 머리 됨은 교회와 아내를 향한 통치와 다스림이 아니라, 무조건적 희생과 돌봄으로 표현된다.[445]

31-32절 (한 몸 됨의 비밀) 앞에서 바울은 교회를 향하여 그리스도가 보여준 행동을 근거로, 아내를 향하여 남편이 보여야 할 행동을 규정하

---

444. 물론 이 사실이 배우자의 불의한 행동과 죄악들에 대한 묵인을 의미하지는 않는다. 하나님의 공의는 그런 행위들을 용납할 수 없기 때문이다.
445. 이런 면에서, 머리 됨을 대표성이 아니라 기원으로 해석하는 견해에도 상당한 설득력이 있다(참조, Hoehner, 768). 그러나 모든 단어들의 정확한 의미들은 항상 그 단어들이 등장하는 문맥에 대한 엄밀한 고려를 필요로 한다.

고 설명했다. 그런데 이제 31-32절에서 바울은 아내와 남편의 하나 됨의 비밀을 통해서, 그리스도와 교회의 연합의 비밀에 대해서 설명하기 원한다. 바울은 먼저 하나님이 세우신 결혼에 대한 근거를 담은 창세기 2:24를 인용하면서,[446] 남편과 아내의 하나 됨에 대해서 상기시킨다. "그러므로 남자가 부모를 떠나 그의 아내와 연합하고, 이 둘이 한 몸이 됩니다"(31절). 여기서 창세기의 인용구에 포함된 '그러므로'(ἀντὶ τούτου, 31절)라는 헬라어 표현은 이 인용구를 현재의 에베소서 맥락에 맞게끔 매우 적절하게 위치시킨다.[447] 그리고 부모를 '떠난다'(καταλείψει,[448] 31절)는 것은 아내와 남편이 그들의 부모를 버린다는 것을 의미하지 않는다. 대신, 아내와 남편이 그들의 부모로부터 분리되어 하나로 연합한 후, 그들이 새롭게 맺게 된 연합의 관계를 일순위에 둔다는 것을 의미한다. 성도들은 결혼 후에도 여전히 그들의 부모에 대한 공경과 돌봄의 의무를 지고 있다(6:2; 출 20:12; 신 5:16; 딤전 5:3-4). 그럼에도 불구하고, 그들의 가장 일차적 관심사는 아내와 남편 서로를 향한다.[449] 왜냐하면 아내와 남편은 결혼 시 연합하여(προσκολληθήσεται, 31절) 완전한 한 몸이 됐기 때문이다.

남편과 아내의 연합을 지칭하기 위하여 사용된 헬라어 동사 '쁘로스꼴라오'(προσκολλάω)는 원래 두 물체를 접착제로 강하게 접착한다는 것을 의미한다. 그리스 작가 핀다로스(Pindar)는 금과 상아를 왕관

---

446. 그런데 바울은 현재의 본문에서 성서 인용공식을 사용하지 않고 있다(비교, 1:22; 2:17; 4:25-26; 6:2). 아마도 이 본문이 너무도 익숙한 창세기 본문이기에, 굳이 인용공식을 삽입할 필요를 느끼지 않았던 것으로 추정된다. 참조, Thielman, 2010: 388.
447. 참조, Thielman, 2010: 429. 비교, Moritz, 135.
448. 이 미래형 동사도 단순한 미래의 한 사건이 아니라 일반적인 원칙을 의미할 수 있다(gnomic future). 참조, Hoehner, 774.
449. 참조, Arnold, 2010: 393.

에 부착시키는 행위에 이 단어를 사용한다(*Nemean Odes* 7.78). 구약에서도 이 단어는 두 물체를 단단하게 연결시킨다는 기본적인 의미로 사용되고 있다(삼하 23:10; 겔 29:4). 그런데 이 단어는 우상들을 하나로 접착시키는 행위(사 41:7)와 하나님의 백성이 하나님에게 딱 달라붙는 행위에도 사용된다(신 11:22; 수 23:8; 시 73:28).[450] 이런 의미장을 소유한 연합이라는 동사는 이제 아내와 남편이 완전히 하나로 착 달라붙었음을 알려 준다. 아내와 남편의 연합은 단순한 법적 승인이나 육체적 하나 됨을 넘어서(비교, 고전 6:16), 그들의 영적·정신적 영역을 다 포함하는 하나 됨이다. 이 사실은 아내에 대한 남편의 돌봄과 양육이 위의 모든 영역들에 걸친 포괄적 사랑의 행위임을 알려 준다. 따라서 바울은 아내와 남편의 하나 됨을 '큰 비밀'(τὸ μέγα μυστήριον, 32절)이라고 부른다.

그런데 이제 바울은 결혼에 대한 본문인 창세기 2:24와 비밀이라는 단어를 그리스도와 교회의 하나 됨의 연합에 적용하기 원한다(ἐγὼ δὲ λέγω εἰς Χριστὸν καὶ εἰς τὴν ἐκκλησίαν, 32절).[451] 지금까지 바울은 교회와 그리스도의 하나 됨과 그 연합의 의미를 아내와 남편의 하나 됨에 적용해 왔다. 그런데 32절에서 바울은 한 몸 된 아내와 남편의 연합을 큰 비밀이라고 부른 후, 이 비밀의 개념을 통해서 그리스도와 교회의 연합의 의미를 설명하려 한다. 에베소서에서 비밀은 하나님의 뜻, 곧 하나님의 깊은 지혜를 지칭하는 중요한 단어이다(1:9; 3:3, 9; 4:9; 6:19). 비밀은 하나님 안에 감추어져 있기에 인간이 스스로 깨달을 수 없는, 따라서 하나님이 계시해 주어야만 하는 그 어떤 하나님의 계획을 가리킨다

---

450. 참조, Hoehner, 773; Arnold, 2010: 393.
451. 참조, MacDonald, 330; Thielman, 2010: 389; Arnold, 2010: 393.

(3:3; 비교, 단 2:18-19, 30).[452] 하나님의 비밀은 그리스도 안에서 하늘과 땅에 존재하는 만물을 통일하여 창조의 질서를 회복하는 것이다. 하나님의 비밀이 그리스도를 통해서 완성되므로, 그 비밀은 '그리스도의 비밀'이라고도 불린다(3:4). 나아가, 하나님의 비밀은 하나님의 충만함인 그리스도의 충만함을 품은 교회를 통해서, 하나님의 풍성한 지혜를 하늘에 있는 정사와 권세들에게 계시하는 것이다(3:10). 따라서 성도들의 모임인 교회가 주 예수 그리스도와 연합하여 그의 몸이 되고 그의 충만함으로 채워지는 것은 위대한 하나님의 비밀의 핵심 내용에 속한다.[453] 이러한 하나님의 큰 비밀, 곧 그리스도와 교회의 연합은 남편과 아내의 연합됨, 곧 결혼을 통해서 분명하게 이해될 수 있다. 그러므로 아내와 남편의 연합도 큰 비밀이지만, 이 결혼의 비밀을 통해서 깨닫게 된 그리스도와 교회의 연합은 더 큰 비밀이다.[454] 이 사실을 강조하기 위하여, 바울은 32절의 시작에서 '그러나 저는 말합니다'(ἐγὼ δὲ λέγω, 32절)라는 강한 표현을 차용한다.[455]

바울에게 그리스도와 교회의 연합은 하나님의 비밀한 계획 속에서 시작되고 완성된 영적 결혼이다. 그런데 이미 앞에서 언급됐듯이, 구약에서 하나님과 그의 백성 이스라엘 간의 관계도 결혼제도를 통해서 묘

---

452. Hoehner, 775-76.
453. 현재의 에베소서 본문에서 비밀이 의미하는 바에 대한 다양한 학자들의 견해와 그에 대한 평가를 위해서는 O'Brien, 1991: 430-34와 Hoehner, 776-78을 참조하라.
454. O'Brien, 1991: 434와 Hoehner, 778도 현재 에베소서 본문이 궁극적으로 묘사하는 비밀은 그리스도와 교회 간의 연합이라고 주장한다. 32절 후반부에서 바울은 이 사실을 분명히 하고 있다.
455. 이 표현은 신약에서 딱 여섯 번 등장한다. 그런데 이 여섯 번의 경우는 모두 마태복음에서 발견되고 있다(마 5:22, 28, 32, 34, 39, 44). 이 표현을 통해서 예수는 통상적인 율법 이해와 대조되는 자신의 해석을 알려 준다. 예수의 율법 이해의 혁신성은 그가 종종 바리새인들에 의해 비판의 대상이 됐다는 사실에서 잘 발견된다.

사됐다(사 54:5-8; 렘 2:1-3; 겔 23; 호 1-3). 하나님은 자신의 백성 이스라엘과의 완전한 연합을 요구했지만, 이스라엘은 부도덕한 여인처럼 하나님을 배신하곤 했다.[456] 복음서의 전통에서 예수는 신랑 된 하나님 아버지의 역할을 물려받아, 새 백성 교회를 신부로 맞이하는 신랑으로 자신을 묘사한다(막 2:18-20; 요 3:29). 그리고 바울은 신랑인 예수와 신부인 교회를 연합시키는 것을 자신의 사역의 핵심으로 이해한다(고후 11:1-3). 에베소서 5:26-27에서 바울은 신랑인 그리스도의 헌신적 사랑은 신부인 교회의 영적 완전함을 목표로 한다고 강조했다. 이처럼 바울은 남녀 간의 연합이라는 결혼제도 속에서 하나님의 비밀에 관한 구속사적 의미를 발견한다.

결론적으로, 바울에게 결혼은 단순히 남녀 간의 결합을 넘어서 그리스도를 통한 하나님의 구원의 비밀, 특별히 그리스도와 교회의 연합에 대한 해석학적 열쇠를 제공한다. 이에 바울은 남녀의 결혼에 대한 모형론적 해석(typological exegesis)을 통해서, 그리스도와 교회의 연합에 대한 이해를 도출해 내었다. 이러한 모형론적 해석의 근거는 바울이 본 옛 창조와 그리스도의 새 창조 간의 상관성이다.[457] 이 모든 해석학적 과정 속에서, 바울은 결혼제도를 통하여 그리스도와 교회의 연합에 담긴 위대한 비밀을 설명한 후, 다시 그 비밀을 아내를 향한 남편 사랑의 의무에 적용한다.[458]

33절 (아내와 남편의 관계에 대한 최종적 결론) 33절에서 바울은 한 몸 된 남편과 아내 상호 간의 책임을 요약하면서, 이들을 향한 자신의 모든

---

456. 참조, Ortlund, 1996.
457. Lincoln, 1990: 382; Barth, 2:643; Arnold, 2010: 396; Bockmuehl, 1997: 205.
458. 참조, Hoehner, 780-81; Thielman, 2010: 390.

가르침을 마무리짓는다. 그리스도가 교회를 사랑하며 훌륭한 남편의 모범을 보인 것처럼, 남편은 자기 자신에게 하듯이 아내를 사랑해야 한다(ἀγαπάτω, 33절). 그리고 아내는 그리스도에게 하듯이 남편을 존중하고 공경해야 한다(φοβῆται, 33절). 바울에게 성도 남녀 간의 결혼의 참된 모범은 교회와 그리스도의 연합이기에, 교회와 그리스도 간에 존재하는 사랑과 공경은 성도들의 결혼 관계를 규정하는 핵심적 특징이 되어야 한다. 그런데 놀랍게도, 바울은 아내와 남편의 의무와 연관하여 그 어떤 상응하는 조건을 제시하지 않는다. 이 사실은 후대의 에베소서 독자들에게 다소 난해한 해석학적 질문들을 안겨준다: "남편이 희생적인 사랑을 표현하지 않을 때, 아내는 여전히 남편을 공경해야 하는가? 아내가 남편 공경에 실패했을 때, 남편은 아내 사랑을 중단하지 말아야 하는가?"[459]

33절을 시작하면서, 바울은 헬라어 역접 접속사 '쁠랜'(πλήν)을 차용한다. 일반적으로 이 접속사는 대조를 의미하는 '그러나'로 해석된다. 그러나 현재의 본문에서 이 단어는 바울의 가르침에 담긴 핵심내용을 강조하면서, 전체 논의를 요약하며 마무리짓기 위해서 사용되고 있다. 그러므로 이 단어는 '그럼에도 불구하고'로 해석되는 것이 더 좋아 보인다(비교, 고전 11:10; 빌 3:16; 4:14).[460] 아내와 남편에 대한 자신의 권면이 모든 아내와 남편들에게 적용됨을 강조하기 위하여, 33절에서 바

---

459. 이 질문에 대한 해답은 일견 명확해 보인다. 조건에 상관없는 희생적 사랑과 공경이 바울이 남편과 아내에게서 요구하는 것이다. 그러나 현실에서 이의 실천은 굉장히 복잡하고 이론과 같이 쉽지 않다는 것을 쉽게 유추해 볼 수 있다. 참조, Thielman, 2010: 392; O'Brien, 1991: 437.

460. 참조, EDNT, 3:106; BDAG, 826; O'Brien, 1991: 435; Arnold, 2010: 397; Hoehner, 781; Thrall, 1994: 21.

울은 '여러분들 각각은'(ὑμεῖς οἱ καθ᾽ ἕνα)이라는 독특한 표현을 사용한다.[461] 이 표현을 통하여 바울은 남편들 한 사람 한 사람에게 집중하면서, 예외 없이 모든 남편들이 다 자신의 가르침을 듣고 순종하기 원한다. 남편들의 아내 사랑과 아내들의 남편 공경은 모두 개인적인 책임이요 의무이기에, 바울은 남편과 아내를 개인적 단수 명사를 통해서 각각 호칭하고 있다(ἕκαστος, ἡ γυνὴ, 33절)(Hoehner, 781-82).

첫 번째, 남편을 향한 바울의 가르침은 한마디로 '자신에게 하듯이 자기 아내를 사랑하는' 것이다. 여기서 사랑하라는 권면은 명령법 동사 '아가빠또'(ἀγαπάτω, 33절)를 통해서 매우 강하게 표현되고 있다. 이 가르침은 바울이 28절에서 전달한 가르침을 31-32절의 가르침과 연계하여 다시 한번 반복해 준다. 그리스도가 교회를 사랑하여 자신을 희생한 이유는 교회가 그의 몸이기 때문이다. 마찬가지로, 남편이 아내를 사랑해야 하는 의무도 아내가 그의 몸이기 때문이다. 따라서 아내를 향한 남편의 사랑은 '자신을 사랑하듯이'(ὡς ἑαυτόν, 33절) 행해져야 한다. 이 표현은 이웃을 자신처럼 사랑하라는 두 번째 위대한 계명을 기억나게 한다(마 22:39; 비교, 레 19:18). 남편에게 아내는 그의 가장 가까운 이웃일 수 있다. 그러나 성도 아내는 성도 남편 바깥에 존재하는 단순한 이웃이 아니다. 왜냐하면 그녀는 남편 바깥에 존재하지만, 남편과 연합된 남편의 몸이기 때문이다. 따라서 결혼한 성도 아내는 자신의 독립적 인격을 가진 주체이지만, 동시에 남편과 연합된 그의 몸이라는 신비한 이중적 정체성을 소유하게 된다. 이런 면에서, 성도 남녀 간의 연합을 지

---

461. 바울서신에서 이 표현은 딱 한 번 더 고전 14:31에서 등장한다. 이 본문에서 바울은 예언자들이 각각의 순서대로 질서 있게 예언해야 한다고 가르친다. 왜냐하면 하나님은 혼란의 하나님이 아니라, 질서의 하나님이기 때문이다.

칭하는 최선의 단어는 바울이 이미 사용한 비밀일 것이다.

두 번째, 아내를 향한 바울의 가르침은 한마디로 '남편을 공경하는' 것이다.[462] 그런데 33절에서 묘사되는 아내의 의무는 22-24절에서의 가르침과 다소 상이해 보인다. 이 후자의 본문에서 바울은 아내는 그리스도에게 복종하듯이 남편에게 '복종하라'(ὑποτάσσω)고 가르쳤다. 그런데 33절에서 현재 묘사되는 아내의 의무는 남편을 '공경하는'(φοβῆται) 것이다. 아내에 대한 바울의 권면인 남편 공경은 '그리스도를 향한 공경심(ἐν φόβῳ Χριστοῦ)을 가지고 서로에게 복종하라'(21절)는 그의 앞선 권면이 가정 생활에 적용된 결과이다. 33절에서 바울이 '복종' 대신 '공경'을 언급하는 이유는 21절에서 그리스도에 대한 공경심을 이미 언급했기 때문이다. 공경이라는 단어를 통해서 바울은 21-33절 전체의 가르침을 하나의 잘 짜인 문단으로 묶어 버리면서(*inclusio*), 이 단어가 성도들 상호관계에 얼마나 중요한지에 대해서 다시 한번 강조하고자 한다.[463] 아내의 의무를 묘사하는 33절의 헬라어 동사 '포베따이'(φοβῆται)는 단순히 두려움이나 존중을 의미하지 않는다. 아내의 의무의 근거가 되는 그리스도를 향한 성도들의 태도는 단순히 두려움이나 존중이라기보다는, 그가 보여준 희생적 사랑에 근거한 공경 혹은 존경이기 때문이다.[464] 아내들은, 물론 모든 남편들과 자녀들도 마찬가지지만, 그리스도를 향한 공경의 태도를 통해서 남편들을 대하도록 권면받는다. 아내들

---

462. 아내에 대한 권면은 접속사 '히나'(ἵνα, 33절)와 동사 가정법의 조합을 통해서 표현되고 있다. 일반적으로 이 둘의 조합은 직접적이고 강한 명령이라기보다는, 다소 부드러운 명령으로 이해된다(비교, 고전 7:29; 고후 8:7; 갈 2:10). 참조, Thielman, 2010: 391; O'Brien, 1991: 436; Hoehner, 781; Wallace, 1996: 477.

463. 참조, Arnold, 2010: 398; O'Brien, 1991: 436-37.

464. 그러나 O'Brien, 1991: 437과 Hoehner, 783은 여전히 두려움이라는 의미를 선호한다.

의 남편 공경은 남편이 가정의 머리요 대표자로 세워졌다는 사실에 대한 겸허한 인정을 의미한다. 성도 가정에서 남편의 머리 됨과 대표자 됨은 그들이 본질적으로 아내들보다 우월한 존재라는 것을 의미하지 않는다.[465] 대신, 주님이 성도들 가정에 세운 질서의 한 부분이다.

6장 1-3절 (자녀들의 의무: 순종과 공경) 이제 바울은 6:1-4에서 성도 가정의 두 번째 관계인 자녀와 부모 간의 의무와 책임에 대해서 가르치고자 한다. 여기서 바울은 5:21에서 언급한 상호 복종의 대원칙을 부모와 자식 간의 관계에 대해 적용하기 원한다. 앞선 부인과 남편의 관계에서와 마찬가지로, 바울은 부모에게 복종해야 할 대상인 자녀들에게 먼저 자신의 가르침을 제공한다. 바울이 자녀들에게 전달하는 권면의 핵심은 부모를 향한 두 가지 명령으로 요약된다: '순종'(ὑπακούετε, 1절)과 '공경'(τίμα, 2절). 그러나 아내의 경우와는 달리, 자녀들과 종들을 향한 권면에서 바울은 강한 명령형들을 사용한다. 그리고 아내와 남편의 관계에서와 마찬가지로, 바울은 자녀들을 향한 두 가지 명령에 대한 근거를 이유를 제공하는 헬라어 접속사 '가르'(γάρ, '왜냐하면', 1절)를 통해서 알려 준다. 순종은 하나님 앞에서 옳은 것이고, 공경은 약속이 주어진 첫 번째 계명이다. 바울은 이 계명에는 땅에서 번성하고 장수한다는 두 가지 축복이 약속되어 있음을 자녀들에게 상기시킨다.

바울은, 첫 번째, 자녀들에게 부모에 대한 그들의 복종을 '순종'(ὑπακούετε, 1절)의 형태로 표현해야 한다고 가르친다. 복종이라는 단어의 일반적인 의미는 하급자가 상급자의 권위를 인정하여 그의 명령

---

465. 아마도 여기서 교회와 그리스도의 연합은 더 이상 아내와 남편의 연합에 적용될 수 없을 것이다. 왜냐하면 그리스도의 머리 됨과 대표자 됨은 남편들이 따라갈 수 없는 그의 탁월한 지위와 우월성을 반영하는 것이기 때문이다.

을 따르는 것이다. 그러나 부모를 향한 자녀들의 복종은 이러한 일반적 의미에서의 복종과 그 의미가 약간 다르다. 부모는 단순히 계급적인 측면에서 자녀들의 상급자가 아니라, 하나님이 자녀들을 양육하도록 이 땅에 세운 하나님의 권위를 소유한 하나님의 대리인들이기 때문이다. 따라서 성경에서 부모를 향한 자녀들의 행위는 단순한 복종을 넘어서, 더 강력한 의미의 순종으로 표현된다.[466] 하나님의 대리자들인 부모가 자녀에게 명하는 훈계와 권면에 자녀들은 하나님께 하듯 순종할 것이 기대됐다. 그렇지 못한 자녀들은 '완고하고 반역적인 자식들'로 불렸다 (비교, 신 21:18-21; 27:16; 레 19:3).[467] 부모를 향한 자녀들의 완고한 반역, 즉 불순종은 하나님을 향한 불순종으로 간주되어, 하나님으로부터 오는 심판의 대상이 되게 만든다(비교, 삼상 3:13; 신 1:31; 8:2-5; 잠 3:11-12). 그리고 만약 자녀가 부모를 때리거나 저주하는 경우, 그들은 바로 죽음에 처해진다(출 21:15, 17). 이처럼 자녀들의 부모 공경은 하나님과 자녀들의 수직적 관계의 일부분이다. 따라서 자녀들은 '주 안에서' 그들의 부모들에게 순종해야 한다. 하나님께 하듯이 부모에게 순종한 자녀의 가장 훌륭한 예는 아브라함에게 순종한 이삭을 들 수 있다(창 22).

사실 부모에 대한 자식의 순종은 바울 당시 유대와 그리스-로마 사회에서 빈번하게 가르쳐지던 윤리적 교훈들 중 하나였다. 로마 사회가 기대하던 부모를 향한 자녀들의 의무는 사랑, 공경, 돌봄, 장사지냄, 그

---

466. 참조, Arnold, 2010: 415. 그러나 Hoehner, 786은 이 두 단어들이 거의 동의어라고 주장한다(비교, 벧전 3:5-6).
467. 이 표현은 구약에서 종종 하나님의 백성 이스라엘을 지칭하기 위해서 사용됐다. 이 표현이 전제하는 바는 이스라엘은 그들의 아버지 되시는 하나님께 불순종하는 자녀들이라는 것이다.

리고 기념 등을 포함하는 매우 포괄적인 행위였다.[468] 그리고 비록 때로 불순종이 용인될 만한 특별한 상황들이 존재하기도 했지만, 자녀들의 의무 중에서도 순종은 가장 중요하고 기본적인 요소로 간주됐다.[469] 그런데 바울은 이러한 사회적 교훈에 더하여 새로운 요소를 하나 더 소개한다. 바울에게 자녀의 순종이라는 가르침은 '주 안에서'(ἐν κυρίῳ, 1절)라는 표현을 통해서 새롭게 조명된다.[470] '주 안에서'라는 표현은 에베소서 5:21에 담긴 "주 안에서 상호 복종해야 한다"는 가르침을 한마디로 요약해 주는 표현이다. 이제 성도 자녀들의 순종은 부모들 뒤에 서 있는 하나님뿐만 아니라, 그들의 주이신 예수 그리스도에 대한 헌신과 복종을 표현하는 방법이 된다.[471] 자녀들이 부모들에게 순종할 때, 단순히 인간 부모들만이 그들의 순종을 받는 것이 아니라, 주이신 그리스도께서 직접 그들의 순종을 받게 된다.

'주 안에서'라는 표현은 무엇보다도 자녀들의 순종의 가장 중요한 동기가 주 예수 그리스도에 대한 순종임을 알려 준다. 그러나 이 사실에 더하여, 바울은 자녀들의 순종이 하나님 앞에서 '의로운', 혹은 '옳은'(δίκαιον, 1절) 행동이 된다는 사실을 그 두 번째 동기로 제시한다. 로마서 1:30에서 바울은 부모에 대한 불순종을 하나님께 반역한 이방인

---

468. 참조, Lincoln, 1990: 398-402; Moritz, 159-63; Balla, 63-69.

469. 참조, Balla, 73-76; Saller, 1994: 105-14.

470. 이 '주 안에서'라는 표현은 몇몇 중요한 알렉산드리아 및 서방 헬라어 사본들에서 발견되지 않는다. 이에 일부 학자들은 이 표현이 후대에 첨가된 것이라고 주장한다. 그러나 에베소서에서 이 표현은 아주 빈번하게 발견되고 있으며(2:21; 4:1, 17; 5:8), 바울의 교회론과 기독론을 표현하는 대표적 표현이다. 이런 면에서 이 표현이 후대에 첨가된 것이라고 볼 설득력 있는 이유는 없다. 참조, Thielman, 2010: 397; Metzger, 609; Lincoln, 1990: 395; Arnold, 2010: 416; O'Brien, 1991: 441.

471. 여기서도 '주'는 다른 본문에서와 마찬가지로 하나님이 아니라, 주 예수 그리스도를 가리킨다(2:21; 4:1, 17; 5:8; 6:10, 21). 참조, Hoehner, 786.

들의 죄악들 중 하나로 간주한다. 그리고 디모데후서 3:2에서는 종말의 때의 현저한 특징들 중 하나로 부모를 향한 불순종을 제시한다. 성도의 가정에서 태어나 하나님의 백성이 된 자녀들이 부모에게 순종하는 것은 하나님 앞에서 의로운 혹은 옳은 행동이다. 의롭다 혹은 옳다에 해당하는 헬라어 단어 '디까이온'은 윤리적으로 합당한 행동을 지칭할 때 쓰이던 일반적 단어이다(빌 1:7; 4:8; 골 4:1; 마 20:4; 눅 12:57). 그러나 바울에게 의로움 혹은 옳음은 단순히 사회가 제시하는 일반적 기준의 적합성 여부를 뛰어넘는 개념이다. 의로움(δικαιοσύνη, 엡 4:24)은 성도들을 창조한 하나님의 거룩한 성품의 본질로서 성도들 행위의 옳고 그름에 대한 궁극적 판단 기준이다. 그런데 의로움 혹은 옳음의 또 다른 중요한 측면은 그것이 주 예수 그리스도를 기쁘게 한다는 점이다(5:10; 비교, 골 3:20).[472] 바울에게 빛의 자녀들인 성도들이 삶을 살아가는 옳은 방식은 하나님을 본받는 자가 되며, 주를 기쁘게 해 드리는 것이다(엡 5:1-2, 8-10). 바울은 자녀들의 순종이 하나님 앞에서 옳고, 주 예수를 기쁘게 하는 행동이 됨을 강조한다.

　바울은, 두 번째, 부모를 향한 자녀들의 복종은 순종과 더불어 '공경'(τίμα, 2절)으로 표현되어야 한다고 가르친다. 부모를 공경하라는 명령은 십계명의 다섯 번째 계명으로서, 유일하게 축복의 약속이 보장되어 있는 계명이다. 복음서에서 예수도 한 부자 청년에게 이 계명을 적극적으로 지킬 것을 명령하고 있다(막 10:19; 마 19:19; 눅 18:20). 그리고 예수는 고르반을 통해서 부모 공경의 명령을 훼손하는 바리새인들을 엄격하게 비판한다(막 7:10-13; 마 15:3-7). 그런데 이 계명의 이면에는 매우 중요한 신학적 비밀이 담겨 있다. 그 비밀은 부모는 하나님의 권위

---

472. 참조, O'Brien, 1991: 443; Arnold, 2010: 416.

로 자녀들을 양육하고 교훈하는 '보이지 않는 하나님의 보이는 대행자' 라는 사실이다. 자녀들은 눈에 보이는 부모들을 공경함으로써, 눈에 보 이지 않는 하나님을 공경하는 법을 배운다. 따라서 부모에 대한 공경은 십계명에서 첫 번째 돌판의 다섯 번째에 위치하면서, 하나님과 인간의 관계에 대한 계명들 중 하나로 간주된다.[473] 따라서 하나님은 이 다섯 번 째 계명에 대한 상으로 큰 축복을 약속한다. "이 계명으로 말미암아 여 러분이 잘 되고 이 땅에서 장수할 것입니다"(3절; 비교, 출 20:12; 신 5:16).[474] 이 사실은 바울로 하여금 이 계명을 '약속 있는 첫 계명'(ἐντολὴ πρώτη ἐν ἐπαγγελία, 2절)이라고 부르게 해 준다.[475] 성서적 전통 속에 존재하는 많은 계명들 중, 부모 공경이 하나님의 축복의 약속이 동반된 첫 번째 주요 계명이다(비교, 출 20:1-17).[476] 여기서 바울이 전제하는 중 요한 점 하나는 자녀들의 공경의 대상으로 부모인 남편과 아내가 동등 한 존재들로 제시된다는 사실이다. 바울은 가정의 대표자인 남편과 더 불어 아내도 자녀들로부터 공경을 받을 동등한 대상임을 강조한다(비 교, 출 20:12; 신 5:16).[477]

4절 (아비들의 의무: 주의 교훈과 훈계로 양육함) 자녀들을 향하여 순종 과 공경의 의무에 대해서 가르친 후, 이제 바울은 아비들의 의무에 대해

---

473. 참조, Thielman, 2010: 398.
474. 바울과 동시대 유대인 작가 필로는 이 땅에서의 장수를 불멸이라고 해석한다(필로, De Specialibus Legibus 2.262). 참조, Muddiman, 274.
475. 이 표현에 대한 다섯 가지 해석들과 그에 대한 상세한 분석을 위해서는 Hoehner, 790-91을 참조하라.
476. 참조, Lincoln, 1990: 404; Arnold, 2010: 417; O'Brien, 1991: 443; Thielman, 2010: 398-99. 그러나 Best, 1998: 567은 첫 계명을 가장 중요하고 으뜸이 되는 계 명으로 이해한다.
477. 참조, Hoehner, 788.

서 알려주고자 한다. 아비들을 향한 바울의 가르침은 크게 두 가지로 구성된다. 부정적인 측면에서, 아비들은 자녀들을 노하게 하지 말아야 한다. 그리고 긍정적인 측면에서, 아비들은 자녀들을 주의 교훈과 훈계로 양육해야 한다. 아내를 향한 남편의 의무에서와 마찬가지로, 아비들을 향한 가르침에서 바울은 그들의 권위에 대한 제한과 함께, 자녀들의 권익에 대한 보호를 크게 신경쓰고 있다.[478] 흥미롭게도, 4절에서 바울은 1절에서 사용된 '부모'(γονεύς)라는 단어 대신, '아비들'(πατέρες)이라는 단어를 통해 자신의 가르침의 주대상을 지칭한다. 21세기 한국 사회와는 다르게, 바울 당시 유대와 로마 사회에서 자녀들에 대한 교육과 훈계 그리고 징계는 가정의 머리 된 아버지들의 책임으로 간주됐다.[479] 물론, 21세기 한국 사회에서 자녀 교육은 부모들의 공동 책임으로 여겨지기에, 4절에 담긴 아비들을 향한 바울의 교훈은 아내들을 포함한 부모들을 향한 것으로 해석될 수 있다(비교, 히 11:23).

첫 번째 부정적인 측면에서, 부모들을 향한 바울의 교훈은 자녀들을 '노하게 하지 말라'(μὴ παροργίζετε, 4a절)는 것이다. 이 권면은 여러 면에서 에베소서의 독자들에게 충격적으로 다가온다. 왜냐하면 노하게 하지 말라는 권면은 불순종과 반항을 통해서 부모들을 노하게 하는 자녀들에게 주어질 법한 권면이기 때문이다. 예를 들면, 구약에서 '노하게 하다'에 해당하는 헬라어 동사 '빠로르기제떼'는 우상숭배와 불순종의 죄악을 통해서 자녀 된 이스라엘이 하나님을 격노하게 한 사건을 묘사하기 위해서 사용되고 있다(예, 신 4:25; 9:18; 31:29; 32:32; 왕상 15:30;

---

478. 참조, Hoehner, 796.
479. 참조, Lincoln, 1990: 406; Arnold, 2010: 417; Hoehner, 794-96; O'Brien, 1991: 445 n.25.

16:2, 33; 왕하 22:17; 대하 34:25; 사 65:3; 시 78:40). 따라서 자녀들을
향한 바울의 앞선 권면에서 이 단어의 사용이 기대됐으나, 바울은 부모
들을 향한 권면에서 이 단어를 사용하고 있다. 이 사실은 이 단어를 통
해서 바울이 그 어떤 충격적인 메시지를 전달하기 원한다는 것을 암시
한다. 이에 독자들은 아비들을 향한 바울의 가르침 이면에 놓인 그의 의
도를 파악하기 위해서 섬세하게 접근해야 한다.

고대 한국 사회와 마찬가지로, 바울 당시 그리스-로마 사회는 아비
들에게 막대한 권한을 허용했다. 아비들은 자녀들을 육체적으로 처벌
하거나 집에서 쫓아낼 뿐만 아니라, 그들의 목숨까지도 좌지우지할 수
있는 초법적 권한이 부여됐다(비교, 신 13:6-11; 21:18-21; 출 21:7; 잠
13:24; 22:15; 29:15, 17; 삼하 7:14).[480] 그러나 바울은 아비들이 가혹하게
자녀들을 다루고 그들의 마음에 분노를 일으킬 정도로 자신들의 권위
를 악용하는 것을 엄격하게 금지한다. 분노는 바울이 금하는 악한 마음
이 맺는 어두움의 열매이기에, 결코 성도의 가정에서 존재해서는 안 되
기 때문이다(엡 4:26-27, 31). 해소되지 않은 분노를 통해서 사탄이 역사
할 수 있다는 사실에는 성도의 가정도 예외가 될 수 없다.[481] 따라서 성
도의 가정에서 부모들은 그들의 자녀들과의 관계에서 억압적이고 폭력
적인 존재가 되지 않도록 주의해야 한다. 불순종하는 자녀들을 향하여
부모들은 쉽게 흥분하고, 폭력적인 언어나 행동으로 반응함으로써 자
녀들의 마음을 격노하게 할 수 있다.[482] 바울은 부모가 자녀들의 마음을
상하게 할 때, 그들이 용기를 잃고 좌절하게 될 것을 크게 우려한다(골

480. 참조, Hoehner, 794-95; Saller, 133-53.
481. 참조, O'Brien, 1991: 445-46.
482. 참조, Lincoln, 1990: 406; O'Brien, 1991: 446; Arnold, 2010: 418.

3:21). 동일한 폭력적인 언어나 행동이라 할지라도, 그것들이 부모로부터 올 때 자녀들은 더 큰 충격을 경험하게 되고 더 깊은 상처를 입게 된다. 여기서 바울은 자녀들의 인격성과 존엄성에 대해서 그 당시 사회가 인식하는 것보다도 더 민감하게 인식하고 있다.

'대신'(ἀλλά, 4b절), 두 번째 긍정적인 측면에서, 바울은 부모들이 자녀들을 '주의 교훈과 훈계'(ἐν παιδείᾳ καὶ νουθεσίᾳ κυρίου,[483] 4b절)로 '양육'(ἐκτρέφετε, 4b절)해야 한다고 권면한다. 에베소서 5:29에서 양육 혹은 돌봄은 남편이 아내의 모든 필요들을 채워주며 돌보아 주는 것을 의미했다. 자녀들을 향한 양육과 돌봄도 그들의 모든 영적·정신적·물질적 필요를 채워주면서, 그들이 성숙한 성인들이 되도록 도와주는 것을 의미한다. 아내의 경우에서와 마찬가지로, 성도 가정에서 자녀들을 향한 아비들의 머리 됨도 통제와 다스림이 아니라, 사랑 안에서 행해지는 양육으로 표현되어야 한다. 여기서 양육에 해당하는 헬라어 단어 '엑뜨레포'(ἐκτρέφω)는 구약에서 자녀들을 향한 부모의 양육에 빈번하게 사용되고 있다(예, 왕상 11:20; 12:8-10; 왕하 10:6; 대하 10:10; 사 23:4; 호 9:12; 슥 10:9). 그런데 이미 잘 알려진 바와 같이, 유대인들의 전통에서 자녀 양육을 위해 가장 중요한 요소는 율법에 대한 가르침이다(신 6:6-7; 11:18-19; 요세푸스, *Ag. Ap.* 2.204; 2.173-74; *Ant.* 4.211).[484] 그들은 율법 안에 하나님의 백성답게 사는 삶에 대한 지혜가 담겨 있다

---

483. 여기서 주에 해당하는 소유격 명사 '뀌리우'(κυρίου)는 주어적 소유격(subjective genitive)으로 볼 수 있다. 주 예수가 바로 모든 교훈과 훈계의 기원이기 때문이다. 그러나 주 예수에 관한 모든 가르침이라는 측면에서 이 명사는 목적어적 소유격(objective genitive), 혹은 성질의 소유격(genitive of quality)으로도 볼 수 있다. 참조, O'Brien, 1991: 446-47. 비교, Hoehner, 798-99.

484. 이 예들은 Thielman, 2010: 401에서 가져왔다.

고 믿었다. 그러나 이제 성도 부모들의 자녀 양육에 대한 궁극적 기준은 더 이상 율법이 아니다. 대신, 율법의 완성이 되는 주 예수 그리스도가 시작한 새 언약의 시대에는 주를 기쁘게 하는 삶이 자녀 양육의 궁극적 기준이다(엡 5:10; 롬 8:4; 갈 3:24-26).[485]

바울에게 성도들의 자녀 양육의 궁극적 목표는 자녀들이 주의 뜻에 합당한 삶을 살 수 있도록 그들에게 영적인 훈련과 지도를 제공하는 것이다. 따라서 자녀들을 향한 영적 훈련과 지도는 주의 뜻에 따른 교훈과 훈계를 통해서 이루어져야 한다. '교훈'(παιδεία, 4b절)은 일반적인 의미에서 자녀들에 대한 포괄적인 훈련을 의미한다(딤후 3:16; 딛 2:12; 비교, 고전 11:32; 고후 6:9; 히 12:5, 7, 8; 행 7:22; 22:3). 그리고 '훈계'(νουθεσία, 4b절)는 옳은 행동에 대한 격려와 더불어, 나쁜 행동에 대한 경고와 비판을 포함한 언어적 지도를 의미한다(고전 10:11; 딛 3:10).[486] 주의 교훈과 훈계는 주 예수 그리스도의 이 땅에서의 가르침과 그의 영인 성령을 통한 가르침, 그리고 그 가르침에 대한 사도들의 전통을 근거로 행해지는 훈련과 훈육을 의미한다(살전 5:12; 고전 10:11; 딤후 3:16-17; 비교, 잠 3:11).[487] 에베소서 4:20-21에서 바울은 주의 훈계와 교훈을 '주 안에 존재하는 진리'(ἀλήθεια ἐν τῷ Ἰησοῦ)를 통해서 성도들이 듣고 배운 가르침이라고 칭했다.

그러나 '주의 교훈과 훈계'라는 표현을 통해서, 바울은 성도 자녀들

---

485. 율법의 완성이 되는 예수에 대한 이해를 위해서는 다음을 참조하라. 참조, Jolivet, 13-30; Dunn, 2001.

486. 참조, Lincoln, 1990: 407; Gnilka, 298; Schnackenburg, 263; Thielman, 2010: 402; Arnold, 2010: 418. 그러나 Thielman은 바울 당시 이 단어의 강조점은 다소 부정적인 의미에서의 경고라고 주장한다(고전 10:11; 딛 3:10). 비교, Hoehner, 798.

487. 참조, Arnold, 2010: 418; Hoehner, 798; Best, 1998: 569-70; O'Brien, 1991: 447.

에 대한 한 가지 새로운 전제를 부모들에게 알려 준다. 이 표현이 전제하는 바는 자녀들의 진정한 소속은 이제 더 이상 부모가 아니라, 주 예수 그리스도에게 있다는 사실이다.[488] 이 사실은 부모들이 자녀들에 대한 자신들의 권위를 주님의 권위 아래 복종시켜야 함을 알려 준다. 그리고 이 사실은 이제 부모들이 자녀들을 교육할 때, 자신들이 주님께 속한 성도로서의 자녀들을 교육하도록 주님의 대행자로 부름 받았다는 사실을 인식케 한다.[489] 그러므로 성도 자녀들을 향한 부모들의 교육은 주 예수의 가르침에 근거하여 그들이 선한 일을 하기 위하여 갖춰지도록 돕는 역할이다. 2:10에서 바울은 성도들이 '그리스도 안에서 선한 일을 위하여 창조된 하나님의 피조물'이라고 선포했다. 이런 맥락에서, 부모들의 책임은 자녀들이 그리스도 안에서 선한 일을 하도록 그들을 구비시켜주는 봉사의 일이다(4:12). 주 예수 그리스도는 성도들을 구비시켜 선한 봉사의 일들을 행하게 하고, 상호 섬김을 통해서 몸 된 교회를 세우기를 원한다. 이를 위해 주 예수는 교회에 각종 은사들과 사도들, 선지자들, 그리고 목자와 선생들을 허락했다. 그러나 성도들이 어릴 때부터 가장 먼저, 그리고 가장 친밀한 관계 속에서 주의 일을 할 수 있도록 갖춰주는 일은 부모들을 통해서 이루어진다. 그러므로 자녀들을 주의 교훈과 훈계로 양육하는 부모의 역할은 몸 된 교회를 세우는 주 예수 그리스도의 사역의 근간이 되는 놀라운 일이다.

5절 (종들의 의무: 주께 하듯이 순종) 마지막으로, 바울은 성도 가정의 세 번째 관계인 주인과 종의 의무에 대해서 설명하고자 한다. 주를 향한 경외심으로 서로 복종하라는 5:21의 가르침을 바울은 주인과 종 간에

---

488. 참조, Hoehner, 798; Barclay, 1997: 76-78.
489. 참조, Hoehner, 799.

존재하는 세상에서 가장 불공평한 관계에 대해 적용하고자 한다. 바울 당시 로마 사회에서 노예제도는 당연한 것으로 받아들여졌다. 노예들은 자유롭게 사고 팔렸으며, 어떠한 인격적 대우나 명예도 기대할 수 없었다. 그들의 노동력은 무료로 제공됐고, 성적인 학대가 빈번하게 발생했으며, 주인으로부터 오는 부당한 처벌에 무방비 상태로 노출됐다. 노예들의 결혼이나 가족관계는 존중되지 않았기에, 노비부부는 주인에 의해 갈라질 수 있었다. 그리고 노예 자녀들의 경우, 주인의 뜻에 의해서 자유롭게 처분될 수 있었다.[490] 유대 사회에서도 노예제도는 당연한 것으로 받아 들여졌다. 우리는 성서에 기록된 노예들에 대한 많은 이야기들을 쉽게 발견할 수 있다(예, 창 12:16; 14:15; 17:23; 26:19; 30:43; 32:5; 레 25:6, 39; 신 12:12; 갈 4:1). 이런 맥락 속에서, 바울은 성도가 된 노예들과 주인들에게 그들의 의무와 책임에 대한 가르침을 전달하고자 한다. 여기서도 바울은 '주 안에서'라는 대원칙을 통하여 종과 주인의 관계를 재해석하고, 그에 따른 새로운 의무에 대한 가르침을 전달하고자 한다. 6-7절에서 바울은 종들에게 주께 하듯이 하나님의 뜻을 행하면서 자신의 주인들을 섬기라고 가르친다. 그리고 9절에서는 주인들에게 그들과 종들의 공통 주인인 하늘의 주 예수 그리스도를 두려워하는 마음으로, 종들을 위협하는 것을 멈추고 그들에게 선을 행하라고 권면한다. 8절에서 바울은 주인과 종들의 행동에 대한 궁극적인 근거를 제시해 준다. 주인과 종의 행동을 하늘에서 주 예수께서 지켜보고 계시며, 그 행동에 따른 심판과 보상이 주로부터 올 것이다.

먼저 사도는 종들에게 "그리스도께 하듯이, 두려움과 떨림 그리고

---

490. 로마 시대 노예제도에 대한 간략한 요약을 위해서는 Arnold, 2010: 419-22와 Hoehner, 800-4를 참조하라.

마음의 진정성을 가지고 육체의 상전을 섬기라"고 권면한다(5절).[491] 이런 바울의 가르침은 21세기 현대인들에게 다소 실망스러운 것일 수 있다. 왜냐하면 여기서 바울은 불합리한 노예제도의 철폐를 주장하지 않고, 그 제도를 그대로 용인하고 있는 듯 보이기 때문이다.[492] 그러나 바울과 우리가 얼마만큼 우리가 속한 시대를 초월할 수 있는지에 대해서 우리는 정직하게 질문해 보아야 한다. 그리고 1세기 사도의 말과 행동을 21세기 기준으로 평가하고 판단하는 것이 공평한지에 대해서도 질문해 보아야 한다. 사도는 본질적으로 노예나 주인의 구분이 그리스도 안에서 이제 더 이상 무의미하다고 본다(갈 3:27-28; 몬 1).[493] 바울은 노예제도를 주의 재림의 날 사라질 이 세상에 속한 일시적이고 불합리한 현상으로 간주한다(고전 7:25-31). 현재의 에베소서 본문에서도 바울은 상전들을 '육체의'(κατὰ σάρκα, 5절) 상전들이라고 부름으로써, 주인과 종의 관계가 이 생애에만 유효한 제한된 현상임을 강조한다. 바울에게 육체를 의미하는 헬라어 표현 '까따 사르까'는 다소 부정적이거나, 혹은 매우 부정적인 의미를 함축한다. 예를 들면, 아브라함은 성도들에게 영적인 아버지임에 반하여, 유대인들에게는 단지 육신의 아버지에 불과하다(롬 4:1; 비교, 9:3, 5; 갈 4:23, 29). 그리고 육신을 따라 행하는 것은 성령을 따라 행하는 것과 대치되면서, 하나님의 진노 아래 놓인 삶을 지칭한다(롬 8:4, 5, 12, 13; 갈 5:16-21).

---

491. 종들을 권면의 대상으로 보고 자신의 대화 상대자로 간주하는 바울의 태도는 이미 당시 사회적 상황과 견주어 볼 때 다소 파격적일 수 있다. 일반적인 경우라면, 바울은 주인들을 통해서 종들에게 자신의 권면을 전달했을 수도 있다(Hoehner, 805). 스토아 철학자들은 자신들과 동등한 지위에 있는 자들만을 자신들의 대화의 상대자로 간주했다. 참조, Bradley, 150.
492. 참조, Still, 2005: 21-34.
493. 참조, David Robert Wallace, 561-82.

그럼에도 불구하고, 바울은 현재 성도들이 처한 상태에 대한 가장 합리적이고도 안전한 목회적 가르침을 전달하기 원한다. 새롭게 성도가 된 종들은 육체의 상전과 하늘에 계신 주님에 대한 헌신을 상호 대치하는 방식으로 이해할 수 있었다. 그들은 하늘에 계신 주님에 대한 헌신을 우선시하여, 육체의 주인을 무시하거나 그들로부터 도망칠 수 있었다. 특별히, 성도 주인과 성도 종 간의 관계에는 엄청난 긴장이 야기될 수 있었다. 왜냐하면 예수 안에서 새로운 피조물이 된 성도들은 모두 동등한 하나님의 자녀들이기 때문이다(비교, 갈 3:28). 그러나 만약 이런 일들이 빈번하게 발생한다면, 이는 이제 막 탄생한 교회의 운명에 엄청난 파급효과를 가져올 수 있었다. 자칫하면 교회는 반사회적 집단으로 낙인찍히고, 로마 정부와 사회에 의해서 제거될 수도 있었다. 이런 위험을 잘 알고 있는 바울은 불필요한 문제를 야기하지 않으면서도 본질적으로 불합리한 제도를 근본적으로 바꿀 수 있는 방식으로 자신의 가르침을 발전시킨다. 이에 바울은 먼저 종들에게 육체의 상전에 대한 섬김을 통하여 하늘에 계신 주님을 섬길 수 있는 놀라운 가능성에 대해서 알려 준다. 따라서 종들에게 주어지는 바울의 권면의 핵심은 '주께 하듯이'(ὡς τῷ Χριστῷ, 5절) 육체의 상전에게 복종하고, '주를 섬기듯이' 그들을 섬기는 것이다.[494] 이 표현이 전제하는 바는 하늘에 계신 주 예수가 그들의 섬김을 받는 그들의 참된 주인이고, 이 땅에서의 그들의 수고에 대한 보상을 제공하는 분이라는 사실이다(비교, 눅 6:35).

그런데 종들이 주께 하듯이 상전들을 대하기 위해서는 특별한 마음

---

494. 여기서 바울은 종들의 주인들을 성도들과 비성도들로 따로 구분하여 상이한 가르침을 전달하지 않고 있다. 성도인 종들이 비성도인 주인들을 섬길 때도 주께 하듯 할 것을 전제한다. 참조, Hoehner, 808; O'Brien, 1991: 449.

의 자세들이 요구된다. 종 된 성도들이 가져야 할 마음의 자세는 '두려
움'(φόβου, 5절), '떨림'(τρόμου, 5절) 그리고 '마음의 진정성'(ἐν
ἁπλότητι τῆς καρδίας, 5절)이다. 여기서 바울은 종들이 감정을 느끼고
자신들의 행동을 주체적으로 결정할 수 있는 윤리적 인격체들이라고
전제한다. 이러한 전제는 종들에게 자유의지와 생각할 수 있는 이성이
존재하지 않는다고 믿었던 그 당시 사회적 통념을 뒤집는 것이다.[495] 첫
번째, 바울 당시 주인들이 노예들을 다스리는 최상의 방식은 두려움과
공포였다.[496] 떨림은 종들이 느끼는 두려움의 외적 표현이었다. 그런데
바울이 종 된 성도들에게 요청하는 '두려움과 떨림'은 이러한 물리적
공포와 두려움과는 거리가 멀다. 왜냐하면 9절에서 바울은 주인들이 종
들을 향한 위협과 폭력을 행사하는 것을 금하고 있기 때문이다. 대신,
종 된 성도들이 품어야 할 두려움과 떨림은 주 안에서 아내가 남편을
향하여 가져야 할 마음의 자세와 동일하다(φοβῆται, 5:33).[497] 사실 이
감정은 주와 주의 사도들을 향하여 성도들이 품어야 할 가장 중요한 마
음의 자세이다(고전 2:3; 고후 7:15). 그리고 빌립보서 2:12에서 바울은
성도들이 그들의 구원을 성취하기 위하여 소유해야 할 자세로 '두려움
과 떨림'을 제시한다. 구약에서 이 표현은 하나님과 그의 놀라운 역사를
직면한 인간 피조물들이 보이는 가장 전형적인 반응이다(예, 출 15:16;
사 19:16; 시 2:11). 결국, 바울이 종들에게 요청하는 두려움과 떨림은 주
인들로부터 오는 보복에 대한 두려움이 아니라, 주 예수 그리스도를 향

---

495. 참조, Lincoln, 1990: 420; Arnold, 2010: 422.
496. Hoehner, 806; Best, 1998: 571; Bradley, 113-37, 50-51.
497. 이 두 표현들은 구약에서 종종 동시에 발견되고 있다. 출애굽 때, 이스라엘의 등장
에 가나안 족속들은 두려움과 떨림을 경험했다(출 15:16; 신 2:25; 11:25). 그리고 이
반응들은 인간들이 하나님 앞에서 느끼는 가장 보편적 감정들이다(시 2:11).

한 경외심의 표현으로서의 두려움과 떨림이다. 주 예수가 이 땅에서 종된 성도들이 행하는 모든 행위들을 보고, 그에 따라 심판하신다는 사실에서 오는 두려움과 떨림이다(8절).

그리고 두 번째, 종들이 품어야 할 자세는 '마음의 진정성'이다. 진정성은 마음으로부터 우러나오고, 그 안에 어떤 숨겨진 의도가 없는 상태를 의미한다.[498] 마음은 생각과 뜻이 발생하는 속사람의 가장 중심을 기리킨다. 사실 '마음의 진정성'은 바울이 성도들과 세상을 향하여 행동할 때 보여준 그의 삶의 자세이다(고후 1:12; 9:13). 그리고 성도들이 주 예수를 향하여 가져야 할 참된 헌신의 표현이다(고후 11:3). 구약에서도 마음의 진정성은 하나님과의 관계 속에서 피조물이 품어야 할 매우 중요한 자세로 강조되고 있다. 이 태도는 다윗이 마음을 감찰하시는 하나님을 향하여 보여주었던 그의 마음의 자세이면서(대상 29:17), 지혜를 구하는 왕들이 주 하나님을 찾을 때 소유해야 할 태도이다(지혜서 1:1). 마음의 진정성은 바울과 같은 헬라파 유대인들에게 매우 가치 있는 윤리적 덕목으로 간주됐다(대상 29:17; 지혜서 1:1; *T. Reu.* 4.1; *R. Iss.* 3.8; 4.1; 7.7; Ps.-Phoc. 50; *Sib. Or.* 2.122).[499] 그러므로 이 표현을 통해서 바울이 현재의 본문에서 성도인 종들에게 권면하는 바는 주를 향한 경외심 속에서 마음으로부터 주인들을 대하고 섬기라는 것이다.

결론적으로, 바울이 노예 된 성도들에게 요청하는 두려움과 떨림 그리고 마음의 진정성은 모두 성도들이 주와 다른 성도들을 향하여 보여야 할 일반적 성도의 자세와 동일하다. 바울은 노예제도의 불합리성을

---

498. 참조, Gartner, "Simplicity, Sincerity, Uprightness," *NIDNTT* 3: 572; Hoehner, 807.

499. Sellin, 448; Thielman, 2010: 406.

인하여, 노예 된 성도들이 분노와 반항을 마음속에 품고 여러 가지 방식
으로 표현할 수 있음을 잘 알고 있었다. 그러나 바울은 주를 향하여 성
도들이 가져야 할 바른 마음의 자세를 통하여 종 된 성도들이 그들의
주인들을 대할 것을 요청한다(비교, 골 3:17).[500] 왜냐하면 그들의 종 됨
은 이 땅에서만 지속될 일시적 현상이고, 그 종 됨을 통해서도 자신들의
경건한 섬김을 주 예수께 드릴 수 있기 때문이다. 바울은 성도들의 마음
에서부터의 변화와 동기부여가 그들의 삶의 만족감을 결정짓는 핵심
요소임을 잘 알고 있다. 특별히 성도가 된 종들은 가장 큰 신분적 변화
를 주 안에서 경험하기에, 내적 태도와 동기 변화가 가장 많이 요구된
다.[501] 이에 바울은 종 된 성도들이 그들의 신분을 인하여 어쩔 수 없이
무료로 제공해야 했던 그들의 섬김이 이제는 주 앞에서 '성도로서의 부
름에 합당한 삶'을 사는 통로가 된다는 사실을 깨닫기를 원한다(4:1).

　6-7절 ('주께 하듯이'의 의미) 바울은 앞에서 종 된 성도들은 자신들의
주인들을 향하여 '주께 하듯이' 두려움과 떨림을 가지고 순종하고, '주
께 하듯이' 마음의 진정성을 가지고 그들을 섬기라고 권면했다. 사실 바
울은 '주께 하듯이'라는 표현이 다른 누구보다도 더 종 된 성도들의 삶
의 방식에 가장 큰 영향을 미칠 것을 잘 알고 있다. 이에 바울은 이 표현
이 의미하는 바를 6-7절에 걸쳐서 좀 더 상세하게 설명하고자 한다. 바
울은 이 기독론적 표현을 두 가지 긍정적인 자세와 두 가지 부정적인
자세로 대조하며 설명한다. 긍정적인 측면에서, '주께 하듯이'는 그리스

---

500. 참조, O'Brien, 1991: 449; Arnold, 2010: 423.
501. 종된 성도들은 어떠한 자유나 의사 결정권이 주어지지 않은 노예에서 하늘 보좌에
　　　주 예수와 함께 앉아 우주를 통치하고 다스리는 권세를 공유하는 자들이 됐다(비
　　　교, 엡 2:6). 이런 면에서, 예수-복음이 가져온 가장 급진적인 신분상의 변화를 경험
　　　한 자들은 바로 종인 성도들이다.

444 에베소서 (KECNT 9A)

도의 종들로서 마음으로부터 하나님의 뜻을 행하면서(6b절), 선의를 가지고 주인들을 섬기는 것이다(7a절). 반면에 부정적인 측면에서, '주께 하듯이'는 눈가림만 하여 사람을 기쁘게 하고(6a절), 마음의 진정성이 결여된 채 성의없이 행하는 것과 대조된다(7b절). 이 가르침을 관통하는 바울의 근본 전제는 종 된 성도들의 참된 주인은 이 땅(κατὰ σάρκα, 5절)의 인간 주인들이 아니라, 하늘에 계신(ἐν οὐρανοῖς, 9절) 주 예수 그리스도라는 사실이다. 이제 종 된 성도들에게는 주 예수 그리스도를 향한 경건한 자세가 인간 주인들을 향한 섬김의 동기로 기능한다. 이 사실을 바울은 8절에서 분명하게 강조할 것이다.

첫 번째, 6절에서 바울은 '주께 하듯이'가 의미하는 부정적 태도와 그에 반한 긍정적 태도를 눈가림과 마음의 대조를 통해서 설명한다. 5절에서 언급된 주인들을 향한 종들의 마음의 진정성은 '눈가림'(κατ' ὀφθαλμοδουλίαν, 6a절)만으로 사람을 기쁘게 하려는 태도와 강하게 대조된다. 여기서 바울은 눈가림 즉 '눈을 위한 봉사'라는 개념을 표현하기 위하여, 눈(ὀφθαλμος)과 봉사(δουλία)를 연합하여 새로운 단어 '오프탈모둘리아'(ὀφθαλμοδουλία; 비교, 골 3:22)를 만들어 낸다. 이 단어가 의미하는 바는 주인들이 보고 있는 동안만 섬기는 척하고, 그들이 보지 않는 동안에는 무책임하게 행동하는 것을 의미한다.[502] 바울은 이런 얄팍한 동기를 가지고 사는 자를 '사람을 기쁘게 하는 자'(ἀνθρωπάρεσκοι, 6절)라고 칭한다.[503] 이런 자들은 그들이 하는 일의 내용과 질에는 전혀 관심이 없고, 단지 주인들의 호의를 얻기 위하여 그들 앞에서 열심히 일하는 척만 하는 자들이다(Hoehner, 809). 이 단어

---

502. 참조, Hoehner, 808.
503. 참조, Foerster, *TDNT* 1: 456.

는 다소간의 조롱과 경멸을 그 안에 내포하고 있다(비교, 시 53:5; 솔로몬의 지혜서 4:1, 7, 8, 19).[504] 대신 바울은 사람이 보지 않아도 항상 하나님이 보고 계심을 종 된 성도들이 믿고, 그에 따라 신실하게 행동할 것을 요청한다.[505] 빌립보서 2:12에서 바울은 빌립보 성도들이 자신이 그들과 함께 있을 때뿐만 아니라, 자신이 없을 때에도 그들의 구원을 위해서 힘쓸 것을 요청한다. 사람이 보지 않을 때에도 최선을 다해야 한다는 덕목은 바울 당시 그리스-로마 사회와 헬라파 유대교에서 매우 중요하게 다루어졌다.[506]

눈을 위한 봉사를 통해서 사람을 기쁘게 하려는 자들과 달리, 종 된 성도들은 자신들의 주인들을 향하여 이런 피상적인 태도를 버리고 마음에서부터 우러나오는 섬김의 자세를 취해야 한다. 왜냐하면 그들의 참된 주인인 예수가 그들의 행동 이면에 담긴 마음의 동기를 살펴보고 있기 때문이다. 예수를 믿고 그와 연합한 후, 종 된 성도들의 참된 주인은 이제 예수 그리스도이다. 따라서 그들의 본질적이고 영원한 신분은 그리스도를 주로 모시고 사는 '그리스도의 종들'(δοῦλοι Χριστοῦ, 6절)이라는 표현 속에서 발견된다. 그리스도는 이 땅의 모든 육신의 주인들과 로마 황제를 포함한 모든 하늘과 땅의 권세 잡은 자들을 다스리는 우주의 참된 주인이다(엡 1:20-23). 그는 만물을 충만하게 채우는 하나님의 충만함으로서, 우주 만물에 질서와 통일을 제공하는 분이다(1:10). 따라서 종 된 성도들의 참된 신분은 이제 더 이상 그들의 육신의 주인

504. Arnold, 2010: 423; O'Brien, 1991: 451 n.47.
505. 이와 유사한 생각을 우리 조상들은 '신독'(慎獨)이라고 부르면서, 군자가 지녀야 할 주요 덕목들 중 하나로 간주했다.
506. 예, 잠 26:23-25; Homer, *Il.* 9.312-13; Sallust, *Bell. Cat.* 10.5; Ps.-Phoc. 48-50; *Sib. Or.* 2.120-24. 참조, Sellin, 468; Wilson, 109-11.

들과의 관계를 통해서가 아니라, 육신의 주인들을 통치하는 우주의 주 예수 그리스도와의 관계를 통해서 규정된다. 주 예수의 종이라는 사실은 종 된 성도들이 이제 더 이상 그 누구의 종도 아니고, 주 안에서 자유한 자가 됐음을 전제한다(고전 7:22). 왜냐하면 육신의 종들을 포함한 모든 만물들이 다 주 예수에게 복종하기 때문이다. 그러므로 우주의 주인이신 예수 그리스도의 종이라는 호칭은 그 안에 경멸과 멸시가 아니라, 영광과 명예를 내포하고 있다. 이에 바울은 스스로를 칭할 때, 아무 거리낌 없이 당당하게 '그리스도의 종'(δοῦλος Χριστοῦ, 롬 1:1; 갈 1:10; 빌 1:1; 골 4:12; 비교, 딛 1:1)이라는 표현을 사용한다.[507]

그런데 그리스도의 종들은 인간의 호의를 얻기 위해서 인간을 즐겁게 하는 자들이 되어서는 안 된다(갈 1:10). 대신 그리스도의 종들은 '하나님의 뜻'(τὸ θέλημα τοῦ θεου, 6절)을 행하여 하나님과 주를 기쁘게 하는 자들이 되어야 한다. 그리고 하나님의 뜻을 행하는 방식은 단순한 눈가림이 아니라, '마음으로부터 우러나오는'(ἐκ ψυχῆς, 6절) 진정성을 통해서이다(비교, 신 10:12). 바울은 자신의 사도로의 부르심과 예수 그리스도의 종 됨이 하나님의 뜻을 따라 이루어졌다고 선포한다(엡 1:1; 고전 1:1; 고후 1:1; 골 1:1; 딤후 1:1). 바울에게 하나님의 뜻은 이 세상에서 변화된 마음으로 살아가는 성도들의 삶의 원칙이 되는 포괄적인 하나님의 구원의 뜻을 의미한다(롬 12:2). 성도들을 향한 하나님의 뜻은 그들이 예수 그리스도 안에서 모든 일에 감사하면서(살전 5:18), 하나님의 성품인 거룩함을 이루어가는 것이다(살전 4:3). 하나님이 자신의 의롭고 거룩한 성품을 따라 성도들을 자신의 자녀들로 새롭게 창조했기에, 성도들은 자신들에게 주어진 의롭고 거룩한 새 자아를 완성해가야

507. 참조, Byron, 179-98; Gaventa, 2014: 50-64; Goodrich, 509-30.

한다(엡 4:22-24).[508] 이 땅에서 성육신한 예수 그리스도의 삶의 원칙도 하나님의 뜻을 행하는 것이었기에, 예수는 하나님의 뜻을 행하는 자들을 자신의 형제 자매들이라고 부른다(막 3:35; 요 7:17). 특별히 에베소서에서 하나님의 뜻은 그리스도를 통해서 만물을 통일하는 것이고(엡 1:5, 9, 11), 주의 뜻은 그에게 연합된 성도들이 빛의 열매들을 맺는 지혜로운 삶을 사는 것이다(5:17). 그러나 현재의 에베소서 본문에서 하나님의 뜻은, 매우 구체적인 의미에서, 종 된 성도들이 그리스도의 종들로서 하늘의 주를 섬기듯이 육체의 상전들을 섬기는 것이다.[509] 하나님을 섬기듯이 혹은 주께 하듯이 육체의 상전들을 섬기는 바른 자세는 눈가림이 아닌, 마음으로부터 우러나오는 진정성 있는 태도이다.

두 번째, 7절에서 바울은 '주께 하듯이'가 의미하는 바를 선의를 가지고 주를 섬기는 것과 사람들에게 하듯 불성실하게 섬기는 것의 대조를 통해서 재차 설명한다. 여기서 바울은 먼저 주를 섬길 때 성도들에게서 요구되는 자세는 '선의'(εὐνοίας, 7절)임을 알려 준다. 선의로 번역된 헬라어 단어 '유노이아'는 신약성경에서 딱 한 번 이곳에서 발견된다. 이 단어의 가장 기본적인 의미는 '관계에서 나타나는 호의나 열정'이다.[510] 바울은 종 된 성도들이 그들의 주인들을 섬길 때, 하늘의 주를 섬길 때 그들이 보여야 할 선의를 가지고 섬기라고 권면한다. 일반적으로 주인들을 향한 종들의 태도는 불평등한 관계로 말미암는 불편함과 긴

---

508. 성도들의 새 자아의 완성은 하나님이 예수 안에서 이미 성취하신 것이다. 그러나 성도들의 관점에서 새 자아의 완성은 그들의 체험 속에서 경험되는 지속적인 성장과 성숙을 포함한다.
509. 참조, O'Brien, 1991: 452; Arnold, 2010: 424.
510. BDAG, 323. 참조, Hoehner, 810.

장이었을 것이다.[511] 종들이 느끼는 불편함은 주인들이 시키는 일을 마지못해 하는 부정적인 자세로 표현됐을 것이다. 그러나 이제 종 된 성도들은 이 땅에서 육신의 주인들을 섬김으로써 하늘의 참된 주인을 섬길 수 있음을 알게 됐다. 그러므로 하늘의 주를 향한 선의로 그들의 육신의 주인들을 대할 수 있게 된다.

결론적으로, 주 안에서 자유케 된 종 된 성도들은 상상할 수 없었던 가장 급진적인 신분의 변화를 경험하게 됐다. 그들은 한 인간의 종이었다가 우주의 주인이신 하나님과 주 예수를 섬기는 종이 됐고, 주 예수와 함께 하늘 보좌 우편에 앉도록 높임을 받은 자녀들이 됐다. 종 된 성도들의 새로운 신분은 이 땅에서 발생한 일시적 불평등한 관계를 초월하게 만들어주고, 이 땅에서의 그들의 섬김을 하나님을 향한 참된 봉사가 되게 한다.[512] 바울은 종 된 성도들이 자신들의 새로운 신분에 걸맞은 내적 동기의 변화를 경험하고, 그 변화를 자신들의 삶에서 긍정적인 방식으로 표현할 것을 권면한다.

8절 (근거: 주인과 종의 행위에 대한 주 예수의 심판과 보상) 앞에서 바울은 주를 향한 경외심 속에서 주를 섬기듯이 마음의 진정성을 가지고 육체의 상전을 섬기는 것이 바로 하나님이 원하시는 것이라고 가르쳤다. 이제 8절에서 바울은 종 된 성도들의 이러한 섬김의 근거에 대해서 좀 더 자세히 알려주기 원한다. 이 땅에서 육신의 주인들은 종들의 섬김을 당연한 것으로 간주하고, 종들에게 그 어떤 보상을 해줄 필요를 느끼지

---

511. 참조, Thielman, 2010: 407; Hoehner, 810-11.
512. 바울은 여기서 육체의 상전을 하늘에 계신 주님과 동일시하는 것이 아니다(비교, Harrill, 90-91). 바울이 강조하는 바는 육체의 상전을 진정으로 섬기는 것이 주께서 원하시는 부름받은 성도의 참된 삶의 일부가 된다는 것이다. 참조, Thielman, 2010: 406.

않는다. 그러나 바울은 하늘에 계신 주는 그의 종들이 행하는 선한 행위들에 대해서 반드시 보상해 주시는 분임을 선포한다. 이 사실은 비록 종된 성도들이 이 땅에서 아무런 보상 없이 육신의 주인들을 섬긴다 할지라도, 하늘에 계신 주님이 그들의 섬김을 보고 그들에게 보상해 줄 것임을 알려 준다.[513] 그런데 하늘에 계신 주 예수는 공평하고 차별이 없는 분이다. 이 땅에서의 종과 주인의 신분이 하늘의 주의 공평한 심판과 보상에 그 어떤 영향도 미치지 않는다. 그리고 하늘의 주는 이 땅의 종들뿐만 아니라, 육신의 주인들의 행위에 대해서도 동일한 기준으로 심판하고 그에 따른 상급을 주신다. 이 사실은 이어지는 9절에서 전달되는 육신의 주인들을 향한 바울의 가르침에 대한 근거로도 기능한다. 그러므로 8절에서 바울이 강조하는 요점, 즉 인간의 행위에 대해서 하늘의 주 예수가 심판하고 보상한다는 사실은 종들과 주인들 모두의 선한 행위들에 대한 기독론적 근거가 된다.

8절을 시작하는 헬라어 현재완료형 분사 '에이도떼스'(εἰδότες, '알다')는 5절의 주동사 '순종하라'(ὑπακούετε)를 수식하면서, 5-7절에 담긴 바울의 가르침을 결론짓는다. 이 헬라어 분사는 이유로 기능하면서, 그리스도의 종들이 주께 하듯이 마음으로 하나님의 뜻을 행하면서 육신의 종들을 섬겨야 할 근거를 제공한다.[514] 그런데 이 헬라어 동사(알다)의 분사형의 목적어는 "각 사람이 무슨 선을 행하든지, 종이나 자유인이나 주께로부터 동일한 것을 받는다"(8절)는 사실이다. 선한 일은

---

513. 바울 당시 종들에 대한 일부 가르침에서는 음식과 옷을 포함한 다양한 방식으로 종들이 격려되어야 할 필요성이 논의됐다. 참조, Xenophone, *Oeconomicus* 13.9-12; Tacitus, *Annals* 14.42; Lincoln 422. 그러나 안타깝게도, 대부분의 경우 종들을 다루는 최선의 방식은 협박과 폭력이라고 인식됐다.

514. 참조, Thielman, 2010: 407; Hoehner, 811; O'Brien, 1991: 452; Arnold, 2010: 424.

하나님이 성도들을 그리스도 안에서 새롭게 창조하신 궁극적인 이유요 목적이다(2:10). 특별히, 종 된 성도들에게 선한 일은 그들의 육신의 주인들을 향한 순종과 마음으로부터 우러나오는 섬김을 통해서 표현된다. 이에 바울은 종 된 성도들에게 분명히 알려주기를 원한다. 비록 그들이 육신의 주인들을 향해서 베푸는 '그 어떤 선한 행위들'(τι[515] ποιήσῃ ἀγαθόν, 8절)에 대해서 육신의 주인들이 아무런 보상을 해 주지 않는다 할지라도, 하늘의 참된 주인이신 예수 그리스도가 종 된 성도들의 '모든'(ἕκαστος, 8절) 선한 행위들을 보고 계신다는 것이다. 그리고 의심의 여지없이, 우주의 심판관이요 성도들의 주이신 예수 그리스도는 종 된 성도들의 선한 행위들에 대해서 선한 상급으로 보상해 주실 것이다. 물론, 이 사실 이면에는 종 된 성도들이 경험하는 부당한 대우들에 대해서 그들의 육신의 주인들을 심판하고 벌할 것이라는 경고가 존재한다.

그런데 여기서 '받는다'에 해당하는 헬라어 단어는 '꼬미조'(κομίζω, 8절)이다. 이 단어의 가장 기본적인 의미는 "빌려준 것을 돌려받는다", 혹은 "보상으로 받는다"이다(비교, 골 3:25; 마 25:27; 히 11:19; 시라 29:6).[516] 그러나 이 단어의 또 다른 의미는 행위에 대한 "종말론적 심판의 결과로서 받게 될 보상", 혹은 "정죄의 심판"이다(비교, 벧전 5:4; 1:9; 벧후 2:13; 히 10:36; 마카비1서 13:37; 마카비2서 8:33). 고린도후서 5:10에서 바울은 주의 심판의 날에 대해 묘사하면서 이 단어를 사용하고 있다. 바울은 그날 모든 성도들은 주의 심판대 앞에 설 것이고, 그들이 이 땅에서 행한 행위들에 대한 "심판과 보상을 받게 될 것"이라고

---

515. '그 어떤'으로 해석된 이 헬라어 대명사는 종된 성도들이 행하는 선한 일 모두를 포괄적으로 지칭하는 것으로 보인다. 참조, Hoehner, 812; Arnold, 2010: 425.

516. BDAG, 442-43. 참조, Thielman, 2010: 408; Arnold, 2010: 425.

선포한다. 현재의 에베소서 본문에서도 바울은 이 단어를 통해서 성도들의 이 땅에서의 삶에 대한 종말론적 관점을 제공해 준다.[517] 비록 어떤 성도들은 이 땅에서 종에 불과한 삶을 살아야 하지만, 그들의 종으로서의 섬김은 하나님의 뜻을 따라 드려진 선한 행위였느냐 그렇지 않았느냐의 여부에 따라 종말론적 심판을 받게 될 것이다. 그리고 그 종말론적 심판의 결과에 따라, 상급과 징벌이 그들의 행동과 '동일한 형태'(τοῦτο,[518] 8절)로 그들에게 임할 것이다. 때로 종 된 성도들은 불합리한 노동을 강요당하거나, 어떠한 보상도 주어지지 않은 채 아무도 하기 싫은 일을 하도록 강요당할 수 있다. 그러나 하늘의 주는 그들의 모든 행위들을 보고, 그에 대한 합당한 보상을 제공해 줄 것이다. 이 사실은 종 된 성도들을 향한 큰 격려와 위로의 말씀으로 기능한다.

그러나 바울은 분명히 강조하기를, 이러한 종말론적 심판은 성도들이 이 땅에서 종이었느냐 혹은 상전이었느냐에 상관없이 모두 다 경험하게 될 사실이다. 성도들이 종으로 살았든지 주인으로 살았든지 간에 상관없이, 그들이 행한 선한 행위에는 상급이, 그리고 악한 행위에는 형벌이 따를 것이다(비교, 롬 2:6). 이 사실을 바울은 '종이든 주인이든'(εἴτε δοῦλος εἴτε ἐλεύθερος, 8절)이라는 표현을 통해서 분명히 한다. 다른 곳에서 바울은 이 표현을 통해서 그리스도 안에서 형성된 새로운 공동체에서는 더 이상 성적·사회적·인종적 구분이 무의미함을 가르치고 있다(갈 3:27-28; 고전 1:28; 12:13; 골 3:10-11; 몬 1:16). 이 표현이 함

---

517. 참조, O'Brien, 1991: 452, 453; Lincoln, 1990: 422, 425; Hoehner, 812; Arnold, 2010: 425; Thielman, 2010: 408. 반면에, Harrill, 92은 여기서 육체의 주인들이 종들을 격려하기 위해서 주어야 할 보상으로 해석한다.

518. 여기서 헬라어 지시 대명사 '뚜또'는 성도들의 행위와 그 행위에 따른 심판 간의 직접적인 상관성을 강조해 준다.

축하는 바는 하나님의 관점에서 인간의 신분은 어떠한 차이도 만들어 내지 않는다는 것이다(비교, 9절).[519] 결국 바울이 현재의 에베소서 본문에서 강조하고자 하는 바는, 이 땅에서 성도들이 소유하게 된 신분적 위치에 상관없이, 성도들의 삶과 행위는 항상 하나님 보시기에 합당한 것이 되어야 한다는 것이다. 바울의 이 권면은 무조건적 복종만 강요되던 종들에게는 신선한 격려의 메시지로 다가온다. 반면에, 무조건적 복종을 강요하던 주인들에게는 엄격한 경고의 메시지로 다가온다. 결론적으로 8절의 가르침은 종 된 성도들의 선한 행위뿐만 아니라, 이어지는 9절의 주인된 성도들의 선한 행위에 대한 종말론적 동기로 기능한다.[520]

9절 (주인들의 의무: 주를 향한 두려움 속에서 종들에게 선을 행할 것) 8절에서 바울은 모든 성도들은 예외 없이, 그리고 이 땅에서의 신분에 상관없이, 자신들의 행위의 본질에 따른 심판과 상급을 하늘의 주로부터 받을 것이라고 가르쳤다. 이제 9절에서 바울은 이러한 종말론적 원칙을 통해서 육체의 상전들의 행위에 대해서 가르치고자 한다. 육체의 상전들을 향한 바울의 권면은 하나의 긍정적인 명령과 하나의 부정적인 명령으로 구성되어 있다. 긍정적인 측면에서, 사도는 육체의 상전들에게 종들을 향하여 '동일한 것들을 행할 것'을 요청한다. 그리고 부정적인 측면에서, 바울은 상전들이 종을 '위협'하는 것을 멈추라고 명령한다. 그런데 바울의 이 두 명령에 포함된 상전들의 자세는 그 당시 상전들이 종들을 향해서 보였던 전형적인 자세와 매우 다르다. 세네카가 인용하

---

519. Thielman, 2010: 408; O'Brien, 1991: 453.

520. 이처럼 8절은 5-7절의 가르침에 대한 결론으로 기능하면서, 동시에 9절의 가르침을 시작하는 전이점으로 기능하고 있다. 바울의 편지는 구두로 낭송됐을 것이기에, 이런 연결 장치들을 통해서 바울은 청중들이 자신의 가르침을 쉽게 따라올 수 있도록 돕는다.

는 격언에 따르면, "모든 노예들은 원수들이고, 모든 주인들은 폭군들이고 폭력적이다"(*Epistulae Morales* 47.5). 이 격언은 당시 전형적인 주인들이 종들을 마치 원수처럼 대하며, 폭력적인 억압을 통해 그들 위에 군림하려 했다는 것을 알려 준다. 이러한 이방인 주인들의 태도에 견주어 볼 때, 9절에 담긴 성도 주인을 향한 바울의 요청은 그 짧은 길이에도 불구하고 매우 개혁적인 내용을 그 안에 품고 있다.

첫 번째, 바울은 성도 주인들에게 '동일한 것들'(τὰ αὐτὰ, 9절)을 자신의 종들에게 행하라고 가르친다.[521] 그런데 문제는 이 동일한 것들이라는 표현을 통해서, 바울이 의도하는 바가 정확히 무엇이냐는 것이다. 이 질문의 해답에 대한 가장 중요한 단서는 직전에 언급된 '종이든 주인이든'(εἴτε δοῦλος εἴτε ἐλεύθερος, 8절)에서 발견된다. 종에게 요청된 그 자세가 바로 주인에게도 동일하게 요청된다는 것이다. 앞에서 종에게 요청된 자세는 그들이 주로부터 보상과 심판을 받을 것이라는 믿음 속에서 선한 행동을 하고(8절), 선의를 가지고 주를 섬기듯이 상전들을 섬기며(7절), 그리스도의 종들처럼 하나님의 뜻을 행하면서, 마음의 진정성을 가지고 상전들에게 순종하는 것이었다(5-6절). 그렇다면 9절에서 바울이 상전들에게 요청하는 태도는 상전들이 주께 하듯이 종들을 섬기고 종들에게 순종하는 것일까?[522] 크리소스톰은 이 질문에 대해서 '그렇다'고 대답했다(*Homily* 22; 6:9). 그러나 육체의 상전들을 향한 한 절에 걸친 짧은 가르침은 이 질문에 대한 바울의 분명한 의도를 찾기 어렵게 만든다. 그리고 '동일한 것들'을 이렇게 단순하게 해석하는 데에

521. 참조, Hoehner, 813.
522. Arnold, 2010: 425는 5:21을 근거로 하여, 이 질문에 대해 다소 긍정적으로 답변한다. 비교, Hoehner, 813; O'Brien, 1991: 454; Lincoln, 1990: 423; Schnackenburg, 265.

는 다소 무리가 있어 보인다. 왜냐하면 에베소서에서 바울은 기존 사회체제를 완전히 붕괴시키려 하기보다는, 그 체제의 틀 안에서 내적 개혁과 변화를 가져 올 선한 행위들을 권면하고 있기 때문이다.

바울은 종말론적 긴장 속에서 성도들이 경험할 완전함의 결말을 항상 주 예수 그리스도의 최종적 간섭에로 돌린다(비교, 고전 15:23-26). 이에 바울은 노예제도를 철폐하는 것 그 자체를 자신의 사역 목표로 간주하지 않는다. 주의 재림의 날, 노예제도는 사라져 버릴 세상에 속한 일시적 현상이기 때문이다(비교, 고전 7:25-31). 따라서 바울은 노예제도 그 자체에 대한 논의보다도, 그 제도의 수혜자요 주체인 상전들의 변화를 위해 자신의 가르침을 집중하고자 한다. 바울은 상전들이 자신들과 종들의 참된 주인은 예수 그리스도임을 알고, 그 사실에 따라 종들을 대하기를 원한다.[523] 주 예수 그리스도는 종들의 행위뿐만 아니라 상전들의 행위도 면밀하게 관찰하고 있고, 상전들의 행위의 내용에 따라 포상과 심판을 그들에게 행할 것이다. 이에 상전들은 종 된 성도들을 향한 주의 뜻을 따라 행하는 법을 배워야 한다. 여기서 바울은 성도인 종과 주인의 관계는 이 땅에서만 유효한 일시적 현상에 불과하고, 이 둘에게 의미있는 영원한 관계는 함께 하나님 나라를 상속할 성도들임을 전제한다(비교, 몬 1:15-16).[524] 그리고 종 된 성도와 상전된 성도의 관계는 단순히 종과 주인의 관계를 넘어서, 주의 몸 된 교회를 구성하는 성도들 간의 관계이다(엡 4:16). 이러한 가르침에 대한 수용은 성도 주인이 종들을 대하는 태도에 있어서의 전면적인 변화를 요청한다.

그러므로, 두 번째, 종들을 향한 상전들의 태도 변화의 요구는 부정

---

523. 참조, O'Brien, 1991: 454, 456; Lincoln, 1990: 423, 425.
524. 참조, Daniel Wallace, 1996: 561-82; Roth, 102-30; Cho, 99-115.

적인 측면에서 종들을 향한 폭력적인 '위협'(ἀπειλήν,, 9절)을[525] 금하게 만든다. 대신, 상전들은 종들을 향하여 주 안에서 선한 의도를 가지고 주가 원하는 선한 행동들을 해야 한다. 당시의 상황에서 육체의 상전들은 자신들의 마음이 내키는 대로 육체의 종들을 처벌하거나 죽일 수 있는 권한이 있었다. 심지어 어떤 법에도 저촉됨 없이, 얼마든지 종들을 불의하게 다루며 학대할 수도 있었다.[526] 이 과정에서 종들을 위협하는 행위는 육체의 상전들이 종들을 다루던 가장 흔하고 또 효과적인 방식으로 간주됐다.[527] 상전들은 여종들을 성적으로 학대하는 방식으로 위협하거나, 남종들을 팔아버려 그들의 사랑하는 가족들로부터 격리시키겠다고 위협하곤 했다. 그러나 바울은 이제 육체의 상전인 성도들은 자신들의 종들을 위협하는 모든 행위를 '그만두어야 한다'(ἀνιέντες, 9절)고[528] 가르친다. 왜냐하면 하늘에 계신 주님이 바로 육체의 상전들뿐만 아니라, 종들의 궁극적인 주인이 되기 때문이다(6절; 비교, 고전 7:22). 성도인 육체의 종들을 위협하며 핍박하는 것은 그들의 참된 주인인 예수 그리스도를 위협하며 핍박하는 죄가 된다. 육체의 상전들은 자신들이 종들에게 하는 모든 행위들에 대해서 하늘에 계신 자신과 종들의 공통 상전인 주 예수에게 낱낱이 고하고 심판받을 것이다. 이 사실은 종들을

---

525. 구약 70인역에서 이 단어는 분노(잠 19:12; 20:2; 합 3:12), 비난(잠 13:8; 17:10; 사 50:2), 그리고 위협(마카비3서 2:24; 5:18, 30, 33, 37; 마카비4서 4:24; 7:2) 등을 의미한다. 신약에서 이 단어는 3번 등장하고 있는데(행 4:29; 9:1; 엡 6:9), 위협이라고 해석되는 것이 좋다. 참조, Hoehner, 814.

526. 참조, Saller, 68-76, 133-53; Hoehner, 814; Wiedemann, 27; Harris, 317-36.

527. 참조, 필로, *Virtues* 124; Diodorus Siculus, *Biblio. Hist.* 37.13.2; Plutarch, *Cohib. ira* 459a; Tacitus, *Annals* 14.44.

528. 행 16:26에서 이 단어는 바울과 실라를 묶고 있던 쇠사슬이 끊어지는 것을 묘사하기 위해서 사용됐다. 그리고 행 27:40에서 이 단어는 배에 묶인 줄을 끊는 것을 묘사한다.

향한 그들의 행동에서 누리던 자유와 권한에 대한 엄청난 제약으로 다
가온다. 종말의 심판관이신 주 예수 그리스도가 상전들이 자신들의 종
들, 곧 주 예수의 종들을 대하는 것을 일일이 지켜보고 있다는 사실은
매우 두렵고 떨리는 사실이다.

그런데 상전들이 종들을 향하여 위협하는 것을 멈추어야 할 또 다
른 이유가 존재한다. 하늘에 계신 주 예수는 이 땅에 거하는 성도들을
그들의 육체적 신분에 따라 '차별하는 분이 아니기'(προσωπολημψία
οὐκ, 9절; 비교, 신 10:17) 때문이다. 예수 그리스도는 종과 주인이 이 땅
에서 소유한 신분에 상관없이, 그들의 행동에 담긴 동기에 따라 '동일한
엄격한 기준'으로 심판하실 것이다. 여기서 차별에 해당하는 헬라어 단
어 '쁘로소뽈렘프시아'(προσωπολημψία)는 히브리 표현을 근거로 해서
형성된 단어이다. 이 단어를 문자 그대로 해석하면, '얼굴에 보이는 외
형적인 것들을 근거로 판단한다'는 의미이다.[529] 그러나 하나님과 주 예
수는 외형적인 것들이 아니라, 마음의 순전한 동기를 따라 사람들의 행
동을 평가한다(마 22:16; 막 12:14; 행 10:34; 롬 2:11; 갈 2:6; 골 3:25; 벧
전 1:17; 신 10:17; 대하 19:7; 욥 34:19; 시라 35:12-13). 따라서 종이나 상
전이나 모두 다 주 앞에서 자신들이 행하는 행위들의 동기에 대해서 살
펴보아야 한다. 그들은 모두 경외함과 떨림으로 자신들의 구원을 이루
어가야 하고, 선한 빛의 열매들로 자신들의 삶을 채워가야 한다. 그리고
주인과 종 상호 간의 관계 속에서 이루어지는 행위들 이면에 놓인 동기
들에 대해서 성찰해야 한다. 특별히, 육체의 상전들은 자신들이 주의 종
이라는 사실로 인하여, 누군가의 종이 된다는 것의 의미를 더 깊이 깨달
아야 한다. 이러한 깨달음 속에서 상전들은 자신들을 섬기는 종들을 동

---

529. 참조, Lohse, *TDNT* 6(1968): 779-80; Hoehner, 815.

정심과 이해심을 가지고 바라보아야 한다. 이러한 각성된 깨달음은 종들을 향한 그들의 자세와 태도 그리고 행동에 있어서 획기적인 변화를 유도한다.[530] 결론적으로 하나님의 형상을 따라 선한 일을 위해서 창조된 성도 주인들은, 하나님이 종들을 바라보고 대하시는 것처럼, 동일한 방식으로 자신들의 종들을 대해야 한다(엡 4:24).[531]

　앞에서 여러 번 언급된 바와 같이, 에베소서에서 바울은 종말론적 긴장 속에서 사회 체제의 완전한 붕괴와 혁신을 유도하지 않는다. 그럼에도 불구하고, 아마도 바울이 육체의 상전들에게서 기대하는 최고의 선한 일은 그들이 성도인 종들을 자유롭게 해 주는 것이다(고전 7:21, 23). 왜냐하면 종 된 성도들의 해방을 인하여 가장 기뻐할 분은 바로 그들의 참된 주인인 예수 그리스도이기 때문이다. 비록 에베소서에서 바울은 이 요청을 분명하게 말로 표현하지 않지만, 빌레몬서에서는 이를 매우 강력하게 요청하고 있다(몬 1:6, 13, 15-17, 19-21). 빌레몬서에서 바울은 빌레몬과 오네시모 간에 새롭게 형성된 성도 관계를 근거로, 빌레몬이 그 둘 간에 존재하던 종과 주인의 관계를 초월할 것을 요청한다. 그러나 에베소서에서 바울은 노예제도의 외형적 틀은 최소한 유지하는 반면에, 그 제도 속에서 종인 성도와 상전인 성도들 간의 관계를 재설정하기 원한다. 그러나 이 둘 간의 관계에 대한 재설정은 성도들에게 노예제도 자체에 대한 재고를 필연적으로 요청할 수밖에 없다.[532] 사실, 성도들이 주로 모시고 섬기는 예수는 권세 있는 자들이 자신들 권위 아래 있는 자들을 섬기는 종의 역할을 담당할 것을 요청했다(막 10:41-45; 마

---

530. 이러한 내적 태도와 그에 따른 행동의 변화를 바울은 빌레몬서에서 자세히 설명하고 있다.

531. 참조, Arnold, 2010: 427; Hoehner, 813-14.

532. 참조, Thielman, 2010: 409. 비교, Best, 1998: 583.

20:24-28; 요 13:1-17). 이러한 예수의 가르침을 계승하면서, 바울은 다른 곳에서 성도들 상호 간의 섬김을 강력하게 요청하고 있다(갈 5:13; 고전 9:19). 결론적으로 주 예수의 복음이 종들에게 가져온 변화 이상으로, 그 복음은 주인들의 삶과 내적 동기에 있어서 혁신적인 변화를 요구하고 유도한다.

해설

5:21에서 바울은 그리스도를 향한 경외심을 근거로 성령 충만한 성도들은 모두 서로에게 복종해야 한다고 가르쳤다. 이 상호 복종이라는 대원칙에 근거하여, 5:22-6:9에서 사도는 성도들 가정에 존재하는 세 가지 관계들에 대한 보다 상세한 가르침을 전달한다. 그 세 가지 관계들은 아내와 남편, 자녀와 부모, 그리고 종과 주인 간의 관계들이다. 이 세 가지 관계들에 대한 바울의 가르침은 세 가지 유사한 방식으로 전개된다. 첫 번째, 복종하는 대상들을 향하여 먼저 가르침이 전달된 후(아내, 자녀, 종), 복종받는 대상들에게 상응하는 가르침이 전달된다(남편, 부모, 주인). 그런데, 두 번째, 성도 가정의 모든 구성원들에게 주어지는 명령의 궁극적인 동기는 눈에 보이는 인간을 향하는 것이 아니라, 그들이 섬기는 주 예수 그리스도를 향하고 있다. 따라서 성도들이 서로를 향하여 보여주는 모든 행위들의 질적 판단 기준은 주를 기쁘게 하느냐의 여부이다. 마지막으로, 세 번째, 바울이 성도 가정의 여섯 부류의 구성원들에게 자신의 가르침을 전달하는 방식은 모두 동일하다. 가르침의 대상이 언급된 후, 가르침의 내용이 공개되고, 그에 대한 이유 혹은 동기

들이 기독론적으로 확장된 형태로 상세히 제시된다.[533]

첫 번째, 5:22-33에서 바울은 성도 가정의 가장 근본을 이루는 남편과 부인 간의 관계를 그리스도와 교회와의 관계를 통해서 새롭게 해석해 준다. 남편은 그리스도가 교회를 사랑하여 자신을 희생했듯이, 아내를 향한 헌신적인 사랑으로 아내를 돌보아야 한다. 그리고 아내는 교회가 그리스도에게 순종하듯이, 남편에게 순종하고 모든 일에서 남편을 존중해야 한다. 이처럼 아내와 남편 관계에서의 모든 행위들은 교회와 그리스도 간의 행위들을 그 모범으로 한다. 물론 남존여비 사상이 엄격하게 지켜지던 당시 시대적 상황과 남녀평등이 엄격하게 존중되는 21세기 시대적 상황에는 분명한 차이가 존재한다. 따라서 21세기 성도 가정은 아내들에게 무조건적 순종을 강요하기보다는, 주를 경외하듯이 남편을 경외한다는 것이 21세기에 어떻게 적용될 수 있는지에 대해서 깊이 고민해 보아야 한다. 그럼에도 불구하고, 성도 가정에서 부부 관계의 원칙은 그리스도를 향한 사랑과 경외 그리고 순종이라는 사실은 변하지 않는다.[534]

---

533. 참조, Hoehner 785, 799; O'Brien, 1991: 440.
534. 바울이 살던 1세기 당시 사회에서 여인들은 사회 생활에서 격리된 채, 집 안 깊숙한 곳에 숨어 지내야 했다. 그리고 모든 권한은 집안의 가장인 남편의 손에 놓여 있었다. 남자들은 여자들보다 훨씬 더 우월한 존재로 인식됐고, 가정과 세상을 떠받치는 기초로 이해됐다. 이러한 상황 속에서 여인들의 삶은 남자들의 결정에 의하여 좌지우지됐고, 많은 경우 남자들의 악한 행동들의 피해자가 되곤 했다. 남편들은 자신들의 뜻과 결정에 따라 마음대로 이혼할 수 있었고, 첩을 여러 명 두는 등, 자신들이 원하는 대로 사는 것이 사회적으로 용인됐다. 그러나 부인들에게는 자신의 뜻대로 결정할 수 있는 것들이 많지 않았다. 때로 남편으로부터 이혼당할 경우, 졸지에 노숙자로 전락하기도 했다. 따라서 5:22-33에서 바울은 부인과 남편과의 관계를 그리스도와 교회와의 관계로 재조명하면서, 부인들을 보호하여 가정을 회복시키고자 하는 의도를 표현하고 있다. 이 본문에서 바울은 부인보다도 남편을 향하여 훨씬 더 긴 권면의 말씀을 전하고 있으며, 부인들의 순종보다도 남편들의 헌신적인

두 번째, 6:1-4에서 바울은 성도 가정의 두 번째 관계인 부모와 자식 간의 관계에 대해서 가르친다. 자식들은 주님 안에서 부모들에게 순종해야 한다. 반면에 부모들은 자녀들을 격노하게 하지 말고, 주의 교훈과 훈계로 양육해야 한다. 현재와 마찬가지로, 1세기 당시에도 자녀들의 불순종과 부모들이 자녀들을 격노하게 함을 인하여 수많은 관계들이 깨어지곤 했다. 바울 당시 부모들에게는 자녀들을 마음대로 체벌할 수 있는 권한이 주어졌고, 때로는 그들의 목숨까지도 법에 의하여 처벌받지 않고 마음대로 할 수 있는 초법적 권한이 주어졌다. 그러나 바울은 이러한 사회적 원칙에 따라 성도 가정이 유지되기보다는, 그리스도의 교훈과 훈계를 따라 부모와 자식 간의 관계가 형성되기를 원한다. 아비들은 자녀들의 인격을 무시하거나 부당한 요구를 통해서 그들을 격노하게 하지 말고, 대신 그리스도의 가르침을 근거로 자녀들을 양육하고 권면해야 한다. 반면에, 자녀된 자들은 육신의 부모들이 보이지 않는 하나님을 대신하여 자신들을 사랑하고 돌본다는 사실을 기억하면서, 마치 주께 하듯이 부모들에게 순종해야 한다. 부모들은 하나님이 이 땅에 세운 자신의 대리인들이기 때문이다.

마지막으로, 6:5-9에서 바울은 성도 가정의 세 번째 관계인 종과 주인의 행위들에 대해서 가르친다. 1세기 종들은 돈에 의해 팔린 자들이거나, 종인 부모들로부터 태어나 종이 된 자들이 대다수였다. 그리고 일부는 전쟁에서 패하여 승자들의 노예가 된 불운한 자들이었다. 따라서 노예들에게는 그 어떤 보수가 주어지지 않은 채, 끝없는 노동과 절대적 희생만이 강요됐다. 노예가 된다는 것은 인간으로서의 자유와 존엄을

사랑에 대해서 더 큰 초점을 맞추고 있다. 이 사실은 이 1세기 성경 본문을 21세기 성도들의 현재 상황에 어떻게 적용해야 할지에 대한 해석학적 지침을 제공한다.

잃어버리고, 주인에게 절대적으로 복종해야만 하는 받아들이기 힘든 사회적 굴레와 차별을 의미했다. 그러나 바울은 이러한 불행한 신분적 상황에도 불구하고, 종 된 성도들은 여전히 하나님을 향한 봉사의 삶을 살 수 있다고 가르친다. 종 된 성도들은 이제 하늘에 계신 그리스도의 종들이 됐기 때문이다. 종 된 성도들은 육체의 주인 된 성도들을 눈가림만으로 섬기지 말고, 진실한 마음을 가지고 하나님의 뜻을 행하듯이 섬겨야 한다. 이러한 섬김을 통해서, 그들은 하늘에 계신 주님을 섬길 수 있게 된다. 반면에 상전 된 성도들은 사회가 권장하는 방식대로 종들을 협박하거나 괴롭히지 말아야 한다. 대신, 모든 이들의 주인이 되시는 주 예수를 향한 두려움을 가지고 육체의 종들을 대해야 한다(6:9). 왜냐하면 종 된 성도들의 참된 주인이 주 예수 그리스도이고, 주 예수는 주인들이 종들에게 행하는 모든 행위들을 지켜보고 있기 때문이다. 마지막 심판의 날, 종들을 향한 상전들의 행위들에 대한 엄격한 심판이 있을 것이다. 종말의 날 하늘의 주가 베풀 심판은 사회적 신분과 상관없이, 그들 행위의 질에 따라 모든 이들에게 공평하게 진행될 것이다. 특별히, 주 예수는 자신의 종들을 향한 육체의 주인들의 학대와 협박에 대해서 침묵하지 않을 것이다. 이 사실은 종들을 향한 상전들의 행위에 대한 엄청난 제약으로 기능한다.

　결국, 사도에게 성도 가정의 관계들에 대한 가르침에서 가장 중요한 원칙은 하늘에 계신 주님에 대한 성도들의 마음 자세이다. 성도들은 주님을 섬기듯이 자신들의 아내와 남편과 자녀들과 고용인들을 섬기고 대해야 한다. 21세기 한국 사회에는 더 이상 노예제도가 존재하지 않는다. 그러나 우리는 종과 주인에 대한 바울의 가르침을 고용인과 고용주의 관계에 적용할 수 있다. 하늘에 계신 주 예수는 모든 성도들의 주인이 되기에, 성도들이 다른 성도들에게 하는 모든 행위들에 대한 심판을 직접 수행할 것이다. 그러므로 주를 기쁘시게 하기 원하는, 그리고 성도의 부르심에 합당하게 행하기 원하는 모든 성도들은 다른 성도들을 주께 하듯이 대해야 한다. 이 대원칙 속에서 성도 가정의 모든 구성원들은 자신들의 외적 행위와 내적 동기를 살펴보아야 한다. 마음을 살피시는 하나님과 주 예수께서 성도들의 행위와 마음의 동기를 보시고 그에 대한 상급을 주시기 때문이다.

6. 영적 전투(6:10-20)

에베소서 4:1에서 바울은 성도들의 부르심에 합당한 삶을 살라는 핵심 권면을 제시했다. 이후 바울은 성도들에게 합당한 삶의 모습 여섯 가지에 대해서 묘사해 오고 있다. 이 과정에서 바울은 삶에 대한 은유적 표현인 '걸으라'는 명령을 주로 사용했다(4:17; 5:2, 8, 15). 그런데 성도의 부르심에 합당한 삶의 마지막 여섯 번째 권면은 정사와 권세들과 싸우는 성도들의 영적 전투에 관한 것이다(6:10-20). 이 마지막 권면과 관하여, 바울은 '걸으라'는 표현 대신 '전신갑주를 입으라' 혹은 '취하라' 등의 표현을 사용한다. 단순히 '걸으라'가 아니라, '전신갑주를 입으라' 혹은 '취하라' 등의 표현은 성도가 직면한 영적 전투의 심각성을 잘 보여준다. 이미 편지의 서두에서 바울은 그리스도가 모든 권세들 위에 높아졌고, 하나님께서 만물을 그리스도 안에서 통일했다고 선포했다(1:20-21). 그러나 이 땅에서는 여전히 어두움의 세력이 어두움의 자녀들 가운데서 활개치고 있고, 그들과의 영적 전쟁이 주의 재림의 날까지 계속된다고 바울은 여러 곳에서 주장한다(1:22-23; 고전 15:20-28). 하나님의 영적 대적들은, 비록 그리스도의 죽으심과 부활을 통하여 결정

적으로 패배했으나, 여전히 이 땅에 살아 있어서 하나님의 구원의 걸림
돌로 역사하고 있다. 그들은 죄와 허물, 즉 어두움의 행위들을 통하여
인류를 노예처럼 다스리고 있다(2:2). 그리고 하나님의 구원의 비밀, 즉
그리스도를 통해서 완성된 하나님의 새 창조에 대한 적의감을 가지고
성도들을 적극적으로 대적하고 있다.

　과거 성도들은 어두움의 행위들을 통하여 어두움의 세력들에 붙잡
힌 노예들에 불과했다. 그러나 성도들은 하나님의 은혜로 부르심을 받
아 그리스도 안에서 하나님의 백성들이 됐다. 성도들의 새로운 정체성
은 그리스도와의 연합을 통해서 죄에 대한 값을 지불하고 자유하게 된
사실에서 발견된다. 따라서 성도들은 그리스도가 시작하고 승리한(2:4-
6), 그러나 현재 이 땅에서 여전히 진행되고 있는, 악한 세력들과의 영
적 전쟁에 적극적으로 동참해야 한다. 이 전쟁에 대한 그리스도의 승리
에 동참하기 위해서 성도들은 "주 안에서와 그의 힘의 능력으로 강건해
져야" 한다(6:10). 앞에서 전달된 바울의 모든 윤리적 가르침이 한마디
로 '주께 하듯이'로 요약될 수 있다면, 영적 전투에 대한 그의 가르침은
한마디로 '주 안에서 주의 힘의 능력으로 강건하여지고'로 요약될 수
있다. '주께 하듯이' 사는 성도들의 윤리적 삶에서 빈번하게 요청된 행
위는 '걸으라'였다. 그러나 "주 안에서 주의 힘의 능력으로" 싸우는 성
도들의 영적전쟁에서 가장 빈번하게 요구되는 행위는 '굳건히 서
다'(ἵστημι, 6:11, 13, 14)이다. 굳건히 선다는 것은 대적들의 공격을 도망
치지 않고 맞서 방어한다는 것을 의미한다. 그리고 그들의 공격을 방어
한 후에는 적극적인 공격으로 대적들을 되받아친다는 것을 의미한다.

　그런데 하나님은 영적 전투에 직면한 성도들을 위해서 전신갑주를
준비해 주셨다. 이에 6:10-20에서 바울은 성도들이 착용해야 할 하나님

의 전신갑주에 대해서 상세히 묘사해 준다. 여기서 바울은 능력 있는 전사로 묘사되는 하나님에 대한 구약성서의 이해(출 15:1-21; 사 5:16-30; 11:4-5; 49:2; 59:17; 비교, 살전 5:8)와 당시 세계 최강이던 로마 군인들의 모습(참조, Polybius, *Hist.* 6.23.2-5)을 중심으로, 영적 전투에 임하는 성도들의 전신갑주를 상세히 설명한다.[535] 성도들이 입어야 할 하나님의 전신갑주는 총 여섯 개의 장비들로 구성되어 있다: '진리의 띠', '의의 호심경', '평화의 복음의 신발', '믿음의 방패', '구원의 투구', 그리고 '하나님의 말씀'인 '성령의 검'(6:13-17). 그런데 하나님의 전신갑주를 입고 영적 전투에 임하는 성도들은 자신들 안에 영적 능력을 소유해야 한다. 무거운 갑옷을 입고 효과적으로 싸우기 위해서 성도들은 내적 강건함을 갖추고 있어야 한다. 성도들의 영적 능력과 강건함은 성령 안에서 항상 깨어 하나님께 올려 드리는 기도를 통해서 강화된다. 바울에게 있어서 하나님의 능력을 체험하는 가장 핵심적인 통로는 기도이기 때문이다. 이 사실을 강조하기 위해서, 바울은 18절에서 기도와 간구에 대한 네 가지 다양한 헬라어 단어들(προσευχῆς, δεήσεως, προσευχόμενοι, δεήσει)을 '모든'(πᾶς)이라는 표현과 함께 반복해서 사용한다. 마지막으로 바울은 영적 전투에 임한 자신을 위한 성도들의 중보기도를 요청하면서, 성도들의 영적 전투에 대한 자신의 가르침을 마무리한다.

번역

10 마지막으로 주 안에서 그의 힘의 능력으로 강건하여지십시오. 11 여러분이 마귀의 간계들을 대적하여 견고하게 설 수 있도록 하나님의 전

---

535. 참조, Neufeld, 1997.

신갑주를 입으십시오. 12 왜냐하면 우리의 싸움은 혈과 육이 아니라, 통치자들과 권세들과 이 어두움의 세상 주관자들과 하늘에 있는 악한 영들을 상대하는 것이기 때문입니다. 13 그러므로 하나님의 전신갑주를 입으십시오. 이를 통하여 여러분이 악한 날에 능히 대적할 수 있고, 모든 것을 마친 후에 견고하게 서기 위함입니다. 14 그러므로 견고하게 서서 진리로 여러분의 허리를 동여매고, 의의 호심경을 붙이고, 15 평화의 복음의 준비한 것으로 신을 신고, 16 모든 것 위에 악한 자의 모든 불화살들을 소멸시킬 수 있는 믿음의 방패를 취하고, 17 구원의 투구와 성령의 검 곧[536] 하나님의 말씀을 가지고, 18 항상 성령 안에서 모든 기도와 간구로 기도하고, 이를 위하여 모든 인내와 모든 성도들을 향한 기도에서 깨어 있으십시오. 19 또한 저를 위해서, 제 입에 말씀을 주사 담대함을 가지고 복음의 비밀을 알리게 기도해 주십시오. 20 이 일을 위하여 제가 쇠사슬에 매인 사신이 된 것은 이런 상황에서도 제가 당연히 해야 할 말을 담대히 전하기 위해서입니다.

주해

10절 (권면: 주 안에서 그의 힘의 능력으로 강해질 것) 10절에서 바울은 성도들을 향한 자신의 마지막 윤리적 권면을 제공한다. 지금까지 바울은 성도의 부르심에 합당한 삶을 살 것을 반복해서 가르쳤고, 이를 위한 방편으로 '주 안에서 걸어야 함'을 강조했다. 그러나 10절에서는 처음

---

536. 여기서 바울은 중성 관계 대명사 '호'(ὅ, 17절)를 사용하고 있다. 이 관계 대명사는 사실 여성 명사 '마카리안'(μάχαιραν)을 수식하고 있지만, 뒤따르는 '흐레마'(ῥῆμα)를 반영하면서 중성을 띠고 있다. 참조, Hoehner, 852; Arnold, 2010: 461; Daniel Wallace, 1996: 338.

으로 "주 안에서 그의 힘의 능력으로 강건해지라"고 권면한다. 바울에게 주는 하나님의 이름과 지위, 그리고 능력을 물려받은 하나님의 아들 예수 그리스도이다(비교, 빌 2:6-11).[537] 하나님은 성도들이 구하거나 상상하는 것 그 이상으로 넘치도록 그들의 필요를 채워주시는 분이다(엡 3:20). 그런데 하나님이 허락하시는 모든 신령한 축복들이 성도들에게 전달되는 통로는 바로 주 예수 그리스도이다(1:3; 비교, 1:15, 17; 5:20; 6:23, 24). 따라서 현재의 본문에서 바울은 주로부터 오는 주의 힘의 능력, 즉 주 예수에게 주어진 측량할 수 없는 하나님의 능력을 갈망하라고 가르친다(비교, 1:19). 바울이 주의 능력으로 강해지라고 권면하는 이유는 성도들의 삶이 내포한 중요한 특징 때문이다. 그 특징은 바로 하나님의 비밀인 그리스도를 대적했던 공중 권세 잡은 자와 악한 영적 존재들이 그리스도에게 속한 성도들을 대적한다는 사실이다(2:2).

10절을 시작하는 헬라어 표현 '뚜 로이뿌'(τοῦ λοιποῦ)는 목적격인 '또 로이뽄'(τὸ λοιπόν; 비교, 고전 7:29; 빌 3:1; 4:8; 살후 3:1)과 동일한 의미로 간주되어, '마지막으로'라고 해석될 수 있다.[538] 혹은, 문자 그대로 '지금부터는' 혹은 '그러므로'라고도 해석될 수 있다(비교, 갈 6:17).[539] 그러나 에베소서 6:10-20은 4:1에서 시작된 바울의 윤리적 교훈의 마지막을 장식한다는 의미에서, '마지막으로'라고 해석하는 것이 더 설득력이 있어 보인다. 이제 바울은 자신의 마지막 교훈으로, "주 안에서 그의 힘의 능력으로 강건하여지라"고 권면한다. 여기서 '강건하여지라'(ἐνδυναμοῦσθε, 10절)는 수동태 명령형 동사로서 성도들 외부로

---

537. 참조, 이승현, 2016b: 203-22.
538. 참조, Hoehner, 820; O'Brien, 1991: 460; MacDonald, 343; Schnackenburg, 271; Lincoln, 1990: 441; Best, 1998: 589-90; Arnold, 2010: 442.
539. 참조, Hoehner, 820; Thielman, 2010: 417; Neufeld, 1997: 292.

부터 기인하는, 즉 주로부터 오는 강건케 하는 능력을 전제한다(3:16; 비교, 삿 6:34; 시 52:7).[540] 그러나 이 동사가 명령형으로 등장한다는 사실은 그 안에 성도들이 보여야 할 능동적 행위도 함께 내포되어 있음을 알려 준다. 비록 성도들을 강하게 하는 능력은 주로부터 오지만, 그 능력을 덧입기 위해서 성도들도 자신들 편에서 적극적인 의지나 노력을 보여야 한다.[541] 이어지는 본문에서 바울은 성도들 편에서 보여야 할 능동적 행위들을 여러 명령형 동사들을 통해서 상세히 알려줄 것이다: '입으라'(11절), '취하라'(13절), '견고하게 서라'(14절), 그리고 '깨어 있으라'(18절; 비교, 고전 16:13). 그런데 '강건하여진다'($\dot{\varepsilon}\nu\delta\upsilon\nu\alpha\mu\upsilon\tilde{\upsilon}\sigma\theta\varepsilon$, 10절)에 포함된 헬라어 전치사 '엔'($\dot{\varepsilon}\nu$)은 성도들에게 필요한 강건함은 속사람이 경험해야 하는 내적 강건함임을 알려 준다(비교, 엡 3:16) (Arnold, 2010: 442).

다른 곳에서 바울은 강건해지라는 명령을 한 번은 고린도교회 성도들에게(고전 16:13), 또 다른 한 번은 디모데에게 전달하고 있다(딤후 2:1). 구약에서 이 명령은 출애굽 때 가나안 입성을 앞둔 여호수아에게 하나님과 모세가 반복해서 강조한 점이다(신 31:6, 7, 23; 수 1:6, 7, 9, 18; 10:25). 그리고 시편 기자는 낙심한 자들에게 주 여호와를 소망하며 강해지라고 권면한다(시 27:14; 31:24). 하나님은 망명 중에 있는 자신의 백성을 가나안 땅으로 다시 불러 모으면서, 그들을 강하게 해 주셨다(슥 10:6, 12). 이 땅에서 하나님의 백성으로 살아간다는 것은 여전히 내적 강건함을 요구한다. 그들의 삶에 포함된 도전들 때문이다. 현재의 에

---

540. 참조, O'Brien, 1991: 460; Arnold, 2010: 442; Hoehner, 820; Best, 1998: 590; Barth, 2:760. 반면에, Bruce, 403은 이 표현을 중간태로 간주한다.

541. 참조, Thielman, 2010: 417; BADG, 333.

베소서 본문에서 바울은 성도들의 내적 강건함을 하나님이 준비한 전
신갑주를 통해서 시각적으로 묘사해 준다(11-17절).[542] 그리고 그 전신갑
주를 효과적으로 사용할 수 있는 내적 강건함을 위해서, 바울은 성도들
에게 성령이 주는 능력으로 채워지라고 권면한다. 성령 안에서 깨어 기
도함으로써 성도들이 경험할 수 있는 하나님의 능력은 성도들을 위해
서 준비된 하나님의 전신갑주를 완성한다.

바울에게 성도들의 내적 강건함의 기원은 그들에게 새로운 정체성
을 가져다준 주 예수 그리스도에게서 발견된다. 이 사실을 바울은 '주
안에서'(ἐν κυρίῳ, 10절)라는 헬라어 표현을 통해서 강조한다. 바울에게
이 표현은 성도들과 주 예수 간에 형성된 완전한 연합을 반영하면서
(2:21; 4:1, 17; 5:8; 6:1, 21), 성도들의 정체성과 영적 상태 그리고 모든
삶의 행위들이 발생하는 영역과 방편이 주 예수 그리스도임을 알려 준
다.[543] 특별히 에베소서에서 주 안에서라는 표현은 성도들과 교회의 성
장과 성숙(2:21; 4:16), 바울이 감옥에 갇힌 이유(4:1), 그리고 빛 된 성도
들의 새로운 삶이 발생하는 영역(4:17; 5:8) 등을 의미하기 위해서 사용
되고 있다. 하나님의 구원에 포함된 모든 신령한 축복들이 성도들에게
전달되는 유일무이한 통로가 바로 주 예수 그리스도이다(1:3). 그런데
10절에서 이 표현은 하나님의 신령한 축복들 중, 특별히 하나님의 능력
이 성도들에게 전달되는 방식을 알려 준다: '주 안에서' 그리고 '주를 통
해서'.[544]

에베소서 전반에 걸쳐서 바울은 하나님의 능력을 빈번하게 언급한

---

542. 참조, Thielman, 2010: 415.
543. 참조, Hoehner, 821; O'Brien, 1991: 461; Campbell, 370-71.
544. Hoehner, 821은 도구보다 영역을 더 선호하여 전자의 해석을 취한다. 참조,
　　 Arnold, 1989: 108. 비교, Neufeld, 2002: 114; Barth, 760.

다. 하나님은 자신의 능력을 통하여 그리스도를 부활시키셨고, 원수들을 그의 발 아래 복종시키신 후 그를 만물의 머리로 세우셨다(1:19-22). 하나님의 능력은 성령을 통하여 성도들의 속사람을 강건하게 해 주신다(3:16). 하나님의 능력은 성도들 안에 거하는 하나님의 성령을 통하여 성도들이 생각하고 간구하는 것보다 더 넘치도록 채워주신다(3:20). 그리고 바울은 하나님의 능력의 역사를 따라, 사도적 사명이 하나님의 은혜의 선물로 자신에게 주어졌다고 고백한다. 그 은혜의 선물의 결과, 바울은 하나님의 양들을 치고 돌보는 목자가 됐다(3:7). 이처럼 하나님의 능력은 하나님의 구원과 그 결과로 탄생한 성도들의 구원받은 삶 전체에 영향을 미치는 하나님의 놀라운 역사의 원동력이다. 이제 하나님의 능력은 그의 아들인 주 안에서, 그리고 주를 통하여 성도들에게 임한다. 우주의 주로 높아진 부활한 예수는 하나님의 이름뿐만 아니라, 하나님의 힘과 능력을 하나님과 함께 공유한다. 따라서 이제 하나님의 능력은 주 예수 그리스도의 '힘의 능력' 혹은 '힘 있는 능력'이라고 불린다(ἐν τῷ κράτει τῆς ἰσχύος αὐτου, 10절; 비교, 1:19-20; 사 40:26).[545] 성도들은 위로부터 오는 하나님의 능력을 주 안에서 주의 능력으로 경험할 수 있다.

11a절 (어떻게? 하나님의 전신갑주를 입음으로써) 11-12절에서 바울은 주 안에서 강건해지는 방법과 이유에 대해서 좀 더 구체적으로 설명해 주

---

545. 하나님의 영인 성령이 부활한 주 예수를 통해서 성도들에게 임한 후, 성령은 주 예수의 영이라고도 불린다. 그리고 부활한 예수에게 임한 하나님의 영광도 주 예수의 영광이라고 불린다(고후 4:1-6). 마찬가지로, 이제 하나님의 능력이 주 예수를 통해서 성도들에게 임하기에, 주 예수의 능력이라고도 불린다. 바울에게 주로 높아진 예수는 하나님의 이름과 권세 그리고 모든 지위를 물려받는다(비교, 빌 2:9-11). 참조, Hoehner, 821-22.

고자 한다.[546] 이를 위해 바울은 11절의 시작에서 헬라어 동사 '엔뒤사스
테'(ἐνδύσασθε, '입으라')를 차용하여, 10절을 시작했던 헬라어 동사
'엔뒤나무스테'(ἐνδυναμοῦσθε, '강건해지라')의 의미를 심화시킨다.[547]
즉, 성도들이 강건해짐을 경험하기 위한 방편은 하나님의 전신갑주를
입음으로써이다. 여기서 '입으라'에 해당하는 헬라어 동사 '엔뒤사스테'
는 보통 의복(비교, 마 27:28; 눅 15:22; 고후 5:3; 창 41:42), 혹은 갑옷을
착용하는 행위에 적용되던 단어이다(비교, 살전 5:8; 지 5:18; 사 59:17;
삼상 17:38; 렘 26:4; 겔 38:4). 그런데 비유적으로, 덕목이나 특징을 의
복처럼 덧입는 행위에도 종종 사용되곤 했다(롬 13:12; 살전 5:8; 고전
15:53; 골 3:10, 12; 눅 24:49; 시 92:1; 사 51:9; 52:1). 에베소서 4:24에서
바울은 이 헬라어 단어를 통하여, 의와 거룩함 속에서 하나님의 형상을
따라 지어진 새 자아를 입으라고 성도들에게 권면했다. 그런데 현재의
본문에서 이 단어는 하늘에 계신 주와 연합하여 주 안에서 강건해져야
할 성도들에게 특별한 하나님의 선물이 준비됐다는 사실을 알려 준다.
그 특별한 선물은 바로 성도들이 착용하도록 준비된 '하나님의 전신갑
주'(τὴν πανοπλίαν τοῦ θεοῦ, 11절)이다.[548]

하나님의 전신갑주는 하나님의 본성적 특징과 그 본성의 발현이 성
도 존재에 미친 영향을 반영하면서, 마귀와의 전쟁에서 꼭 필요한 성도
들의 덕목을 형상화해 준다: '진리', '의', '평화의 복음', '믿음', '구원',

---

546. 참조, Thielman, 2010: 418; Arnold, 2010: 443; O'Brien, 1991: 462; Hoehner, 822.
547. 이 두 동사들의 발음이 매우 유사하다는 사실은 바울이 이 두 단어들을 통해서 이
루고자 하는 특별한 수사학적 목적이 있다는 점을 알려 준다.
548. '하나님의'에 해당하는 헬라어 표현 '뚜 테우'(τοῦ θεοῦ)는 기원으로 간주하여, 하나
님에 의하여 준비된으로 해석하는 것이 옳다. 그러나 이 표현이 하나님이 과거에
입던 자신의 갑옷을 성도들에게 물려준다는 표현을 의미하지는 않는다. 비교,
Thielman, 2010: 419.

그리고 '말씀'(14-17절). 그러므로 이 전신갑주를 입은 성도의 모습은 4:24에서 묘사된 하나님의 새 피조물인 성도의 완전한 모습을 시각적으로 계시해 준다.[549] 바울은 4:7-11에서 시편 68:18을 기독론적으로 해석하면서, 마귀들과의 전쟁에서 승리하고 하늘로 승천한 주 예수를 신적 전사(divine warrior)의 이미지를 통해서 묘사했다. 이제 바울은 주 예수에게 속한 성도들을 동일한 전사의 이미지로 묘사하고자 한다. 바울에게 성도들은 모든 면에서 그리스도를 닮아가는 자들인 동시에, 하나님을 본받는 자들이다(엡 5:1).

11b-12절 (왜? 악한 영들과의 영적 전투에서 승리하기 위하여) 바울이 성도들을 갑옷을 입은 전사의 이미지로 묘사하는 결정적인 이유는 그들이 현재 마귀와 그에게 속한 영적 세력들과 영적 전투를 벌이고 있기 때문이다(11b절).[550] 에베소서에서 영적 권세들은 하나님을 대적하면서 그의 비밀한 계획을 훼방하는 하나님의 원수들이다(1:17-23). 이들은 마귀(4:27), 공중 권세 잡은 자들, 혹은 불순종의 자녀들 가운데서 역사하는 악한 영들(2:2)이라고 불린다. 이들은 기회를 틈타, 각종 거짓된 가르침과 간계로 하나님의 성도들을 자신들의 덫에 가두려 한다(4:27; 비교, 살후 2:9-10; 고후 2:11; 11:14).[551] 이들의 덫에 갇힌 성도들은 어두움의 자식들과 함께 어두움의 더러운 행위들에 동참하게 된다(4:27; 고전 7:5; 비교, 고후 12:7; 딤전 3:7; 딤후 2:26). 따라서 바울은 영적 전투에 놓인 성도들이 '마귀의 간계들'(τὰς μεθοδείας τοῦ διαβόλου, 11절)에 넘어가지 않고, 그 간계들을 대적하여 '견고하게 서기 위하여'(πρὸς τὸ

---

549. 참조, O'Brien, 1991: 462; Thielman, 2010: 418; Lincoln, 1990: 442; Arnold, 2010: 444.

550. 참조, Hoehner, 823.

551. 참조, Schwindt, 360.

δύνασθαι στῆναι πρὸς, 11절) 하나님이 준비하신 전신갑주를 입어야 한다고 가르친다.[552] 여기서 헬라어 부정사 구문 '견고하게 서기 위하여'(infinitive construction; πρὸς τὸ + 부정사)는 성도들이 갑옷을 입는 이유, 혹은 목적을 알려주는 헬라어 표현이다.[553]

11절에서 언급되는 간계들은 마귀와 영적 세력들에 의하여 특별하게 준비된 다양한 공격들을 의미한다.[554] 그 공격들은 내적인 유혹들과 시험들, 그리고 외부로부터 오는 핍박들과 압박들로 구성되어 있다. 4:22-29에서 이미 바울은 마귀의 간계들에 대해서 구체적으로 설명했다: 통제되지 않는 분노, 거짓, 도적질, 모략과 중상, 그리고 옛 삶의 방식들. 16절에서 바울은 이 마귀의 간계들을 '악한 자의 모든 불화살'이라고 칭한다. 여기서 마귀와 영적 세력들은 인간의 능력을 뛰어넘어, 간교한 계획들을 준비할 수 있는 매우 지능적인 영적 존재들로 묘사된다. 그런데 4:14에서 바울은 간계라는 단어를 통하여, 성도들을 미혹하여 넘어뜨리려는 인간의 간교한 술수를 의미했다. 그러나 이 본문에서도 바울은 악인들의 간교한 술수 이면에 놓인 그들을 통치하는 악한 영적 존재들을 전제하고 있다(비교, 2:1-3; 5:6-13). 마귀가 간계들을 준비한 목적은 성도들을 '넘어뜨리기' 위함이다. 따라서 성도들이 갑옷을 입는

---

552. 하나님의 전신갑주에 대한 바울의 설명은 로마 보병의 모습에 그 기반을 두고 있다. 그러나 이미 구약성경에서는 전쟁에 나서는 신적 전사인 하나님의 갑주에 대한 이해와 묘사가 있었다(사 11:5; 59:16-17). 바울은 자신의 서신 여러 곳에서 갑주에 대해 간략하게 언급하고 있다(롬 13:11-14; 살전 5:1-11; 고후 10:3-6). 성서적 그리고 문화적 배경 둘 다가 바울의 사상적 배경으로 기능했다고 보인다. 그럼에도 불구하고, 바울의 묘사에 가장 큰 영향을 준 배경은 이사야로 보인다.

553. 참조, Arnold, 2010: 444; Wallace, 1996: 590-92.

554. 거짓된 영의 음모들과 그 음모들이 포함한 위험에 대한 묘사들이 사해 문서들에서도 빈번하게 발견된다(1QH 10:18). 참조, Wise, Abegg, and Cook, 180.

이유는 그들의 공격에 대항하여 넘어지지 않고 '견고하게 서 있기' 위해서이다.[555]

악령들과의 영적 전투에 임한 성도들은 그들의 내적 강건함과 더불어, 외적인 보호를 위한 특별한 갑옷을 필요로 한다.[556] 그런데 성도들을 보호할 특별한 갑옷은 성도들 외부로부터 주어져야 한다. 왜냐하면 마귀와 영적 세력들의 영적 지식과 능력은 인간의 그것을 뛰어넘기 때문이다. 그러나 다행히도 성도들을 위해서 준비된 갑옷은 창조주 하나님이 직접 준비하신 전신갑주이다(비교, 사 11:5; 52:7; 57:19).[557] 하나님의 전신갑주는 성도들의 모든 외적 영역을 빠짐없이 완전하게 보호해 준다. 그리고 하나님은 자신의 영인 성령을 통해서 성도들의 속사람을 강건하게 해 주신다(3:16). 성령은 마귀의 모든 간계들을 꿰뚫어 볼 수 있는 지혜와 계시의 영이다(1:17). 성령이 허락하는 하나님의 능력은 모든 영적 존재들의 능력을 뛰어넘는 '측량할 수 없는 위대한 능력'이다(τὸ ὑπερβάλλον μέγεθος τῆς δυνάμεως, 1:19). 그러므로 영적 전투에 임한 성도들의 내적 감정은 마귀에 대한 두려움이 아니라, 하나님이 그와 그의 추종자들을 제압하게 해 주신다라는 확고한 믿음과 신뢰가 되어야

---

555. 바울은 13-14절에서 '서다'와 연관된 헬라어 단어를 세 번 사용하고 있다 (ἀντιστῆναι, στῆναι, στῆτε). 이 사실은 바울이 언급하는 영적 전투에서 견고하게 서 있어야 함의 중요성에 대해서 잘 알려 준다.

556. 간계들을 대적하여 견고하게 선다는 측면에서, 전신갑주의 주목적은 방어라고 볼 수 있다. 그러나 마귀의 공격에 대항하여 견고하게 선다는 것은 이어지는 성도들의 공격을 위한 전 단계로 볼 수 있다. 이런 면에서, 전신갑주는 여전히 공격적인 장비이다. 참조, O'Brien, 1991: 462; Arnold, 2010: 445. 비교, Best, 1998: 592; Hoehner, 823.

557. Neufeld, 1997: 293이 주장하듯이, 성도들의 전신갑주가 하나님이 입으시던 바로 그 갑옷이라고 해석하는 것은 지나친 해석으로 보인다. 참조, O'Brien, 1991: 463; Arnold, 2010: 444.

한다(2:5-6; 3:10).[558] 이러한 성도들의 믿음과 신뢰는 이미 하나님께서 그리스도를 통해 마귀를 정복했다는 사실에 의해서 확증된다(1:19-22; 비교, 4:8).

이제 12절에서 바울은 성도들을 대적하면서 간계들을 만들어내는 영적 세력들의 정체에 대해서 좀 더 자세히 알려주기 원한다.[559] 바울은 성도들이 싸우는 대적들은 '혈과 육'(αἷμα καὶ σάρκα, 12절)이 아니라고 강조한다. 여기서 '싸우는'에 해당하는 헬라어 명사 '빨레'(πάλη, 12절)는 바울 당시 레슬링에 주로 사용되던 단어이다(비교, 창 32:24-25). 이 사실은 성도들의 영적 전쟁은 인공지능(AI)과 미사일을 통한 원거리 전쟁이 아니라, 악령들과 온몸으로 부딪히는 육박전임을 알려 준다.[560] 그런데 혈과 육이라는 표현은 영적 세계와 구분되는, 그리고 영적 존재들에 비해서 약하고 유한하고 제한된 인간의 상태를 지칭하는 표현이다(비교, 히 2:14; 갈 1:16; 고전 15:50; 마 16:17). 이 표현은 성도들을 대적하는 악한 간계들과 어두움의 일들이 사람으로부터 말미암지 않고, 영적 세계에 거하면서 세상을 다스리는 악한 영적 세력들로부터 말미암았음을 알려 준다. 이 악한 영적 세력들을 바울은 '통치자들과 권세들과 어두움의 세상 주관자들과 하늘에 있는 악한 영들'이라고 칭한다(12절; 비교, 1:21; 3:10). 이들은 그리스도 안에서 만물을 통일하고자 하시는 하나님의 거룩한 비밀의 완성을 방해했다(1:10). 그리고 악한 간계들을 통해서 회심하기 전 성도들을 포함한 모든 이방인들을 다스렸고, 어두움의 행실을 따라 어두움의 열매들을 맺도록 그들을 미혹했다(5:8,

---

558. 참조, O'Brien, 1991: 464; Page, 1995: 287.
559. 참조, Lincoln, 1990: 431; O'Brien, 1991: 465; Snodgrass, 337. 비교, Wild, 286-88.
560. 참조, Hoehner, 825; O'Brien, 1991: 465; Arnold, 1992: 117, 53; Gudorf, 334.

11).[561] 악령들은 죄와 허물을 통해서 인류를 영적 죽음 상태에 거하게 했고, 그렇게 영적으로 죽은 인간들을 자신들의 노예로 만들어 다스렸다 (2:1-3). 따라서 여전히 혈과 육을 입고 영적 세상에 대해서 제한적 지식을 가진 성도들은 자신들만의 힘으로 악한 영들의 간계를 파괴하고, 그들을 대적하여 승리할 수 없다. 이 사실은 하나님의 구원이 임하기 전 성도들은 그들의 간계들에 속아서, 그들의 노예로 살 수밖에 없었다는 점에서 분명해진다. 오직 성도들이 하나님의 능력으로 채워지고 하나님께서 준비하신 전신갑주를 입을 때, 그때야 비로소 성도들은 악한 영들과의 싸움에서 승리할 수 있다. 이 사실을 바울은 13절의 결론부에서 분명히 할 것이다.

그런데 흥미롭게도, 바울은 악한 영들이 현재 하늘에 거하고 있다 (ἐν τοῖς ἐπουρανίοις, 12절)고 주장한다.[562] 에베소서에서 하늘은 부활하고 승리한 그리스도가 현재 하나님과 함께 거하고 있는 장소이고(1:20-21), 그리스도와 연합한 성도들이 그와 함께 '현재 영적으로' 거하고 있는 장소이다(2:6; 1:3). 그런데 바울은 악한 영들도 그곳에 거하고 있다고 말한다(비교, 3:10). 여기서 우리는 어떻게 하나님과 주 예수가 성도들과 함께 거하시는 거룩한 장소인 하늘에 악령들도 거주할 수 있는지에 대해서 의문이 든다.[563] 이에 대한 설명을 위해서, 우리는 하늘을 의

---

561. 앞에서도 언급됐지만, 어두움은 하나님의 임재가 결여된 상태를 의미한다. 왜냐하면 하나님이 온 세상을 밝히는 빛이기 때문이다. 에베소서에서 어두움은 영적 어두움을 의미하면서, 어두움에 속한 자들의 진리에 대한 무지와 굳은 마음, 그리고 방탕함의 어두운 행위들로 표현된다(4:18; 5:8, 11-12). 참조, Thielman, 2010: 421.

562. 이 표현에 대한 세 가지 해석들과 그 분석에 대해서는 Hoehner, 829-30을 참조하라.

563. 물론 욥기에서 보이는 것처럼(비교, 욥 1:6-12), 악령들이 임시적으로 하늘에 거하도록 허락됐다고 볼 수도 있다(비교, 단 10:13, 20). 그러나 에베소서에서 악령들은

미하는 헬라어 복수 명사 '엪우라니오이스'(ἐπουρανίοις, 12절)에 대해
서 살펴보아야 한다.[564] 12절에서 하늘에 해당하는 헬라어 명사 '엪우라
니오이스'는 복수형을 띠고 있는데, 이는 고대인들이 하늘을 인간이 거
주하는 육의 세상과 달리 3층 혹은 7층으로 구성된 장소로 이해했다는
것을 알려 준다(비교, 4:10).[565] 다시 말하면, 하나님과 부활하신 그리스
도와 모든 천사들 그리고 악한 영들은 다 영적 세계인 하늘에 거하고
있는데, 그들이 거하고 있는 곳은 영적 세계의 다른 층들에 위치한 다른
지역을 의미한다는 것이다. 부활하신 그리스도가 모든 영적 존재들을
굴복시키고 그들 위에 만물의 머리로 우뚝 섰으니, 당연히 그가 거하고
있는 하늘은 하늘의 최고층에 위치하고 있다. 그리고 그가 거주하는 하
늘은 그가 지배하는 악한 영들이 거하는 하늘 위에 위치했을 것이다. 만
약 바울이 고린도후서 12:2에서 고백하듯이 하늘이 삼층으로 구성되어
있다면, 하나님과 주 그리고 천사들은 삼층 하늘에 거주할 것이다. 그렇
다면 악령들은 영적 하늘 중에서도 가장 낮은 하늘에 거주한다고 볼 수
있다. 2:2에서 바울은 악령들이 거하는 이 하늘을 '공중'(τοῦ ἀέρος)이
라고 부른다. 공중은 하나님이 거하시는 하늘과 인간이 거하는 땅의 중
간 지역을 의미하는 것으로 보인다(비교, 행 22:23; 살전 4:17; 계 9:2;
16:17).

흥미롭게도, 에베소서에서 성도들은 보이는 육의 세계에서 살고 있

하나님과 그리스도 그리고 그의 백성들을 적극적으로 대적한다는 측면에서, 그들
과 함께 거주하는 이웃으로 보기 어렵다.

564. 이 표현에 대한 포괄적인 연구를 위해서는 Brannon의 저서를 참조하라. 참조,
Brannon, 2011.

565. 참조, Harrison, 2004: 24-55; Thurston, 2008: 223-33. 반면에 일부 학자들은 이
단어가 땅과 대조되는 하늘이 아니라, 악령들이 존재하는 다른 차원(dimension)을
의미한다고 주장한다. 비교, Thielman, 2010: 422; Harris, 86.

는 동시에, 부활하신 그리스도가 거하는 '삼층' 하늘에도 함께 속하여 살고 있다(엡 2:5-6).[566] 이 사실은 성도들이 처한 이 땅에서의 삶은 세상을 다스리는 악한 영들과,[567] 우주의 주이신 그리스도로부터 오는 영향에 동시에 노출되어 있음을 의미한다.[568] 물론, 악령들로부터 오는 영향은 어두움의 열매들을 유도하는 악한 영향이고(2:2),[569] 그리스도로부터 오는 영향은 빛의 열매들을 유도하는 선한 영향이다. 그러므로 그리스도에게 속한 성도들은 주를 기쁘시게 하기 위하여, 하나님의 부르심에 합당한 삶을 살아 선한 열매들을 맺기 위하여 항상 수고해야 한다. 이를 위해 성도들은 날마다 악한 영들의 궤계들을 대적해야 하고, 하나님의 전신갑주를 더 단단히 착용해야 한다.[570] 그러나 영적 전투에 임하는 성도들은 그리스도께서 이미 '모든 하늘들'($\pi\acute{\alpha}\nu\tau\omega\nu$ $\tau\tilde{\omega}\nu$ $o\dot{\nu}\rho\alpha\nu\tilde{\omega}\nu$, 4:10)에 속한 모든 영적 존재들을 정복한 후, 만물을 충만히 채우시는 우주의 주가 됐다는 믿음 속에서 견고하게 설 수 있다(1:19-23).[571] 성도들의 견

---

566. 그렇다면 죽은 자들은 땅 밑, 즉 지하층에 살고 있는 존재들인가? 그러나 영적 세계에 대한 이해는 우리의 능력 밖의 일이다. 따라서 바울이 제시하는 것 이상으로 영적 세계를 지나치게 문자적으로 구체적으로 묘사하는 것은 다소 위험한 시도로 보인다.
567. 성경에는 이들의 다양한 활동들이 여러 곳에서 언급되고 있다. 특히 복음서는 예수와 악령들과의 싸움에 관한 넘치도록 많은 예화들을 우리에게 전해 주고 있다.
568. 참조, Thielman, 2010: 830-31; Hoehner, 828; Benoit, 1983: 13; Harris, 86.
569. 데살로니가전서 2:18에서 바울은 데살로니가 교회를 방문하려는 자신의 계획이 사탄에 의해서 지연됐다고 고백한다. 참조, O'Brien, 1991: 469.
570. '착용하라' 혹은 '입으라'에 해당하는 헬라어 동사 명령형 '엔뒤사스테'($\dot{\epsilon}\nu\delta\acute{\nu}\sigma\alpha\sigma\theta\epsilon$, 11절)는 현재의 본문에서 과거형으로 등장하고 있다. 그러나 이 과거형 동사는 단 한순간의 행동을 의미한다기보다는, 지속적인 행위들 즉 삶의 방식을 의미한다고 보는 것이 더 옳다. 참조, Arnold, 2010: 444.
571. 이런 면에서, 마귀의 궤계들은 성도들을 향해 성공할 수 없는 무의미한 발악에 불과하다. 참조, Thielman, 2010: 422.

고한 믿음은 곧 임박한 종말론적 심판의 날, 주 예수 그리스도께서 마귀와 그에게 속한 모든 영적 권세들을 완전히 파괴시킬 것이라는 사실을 포함한다(비교, 고전 15:23-27).

13절 (결론: 악한 날에 능히 대적하고 견고하게 서도록 전신갑주를 입을 것)

지금까지 바울은 성도들에게 주 안에서 강건하여지고(10절), 마귀의 간계들을 대적할 수 있도록 하나님의 전신갑주를 입으라고 권면했다(11-12절). 성도들이 주 안에서 하나님의 전신갑주를 착용해야 하는 이유는 그들이 대적하는 원수들이 단순히 혈과 육이 아니라, 강력한 힘과 간교한 지혜를 지닌 영적 존재들이기 때문이다. 이에 13절에서 바울은 이 가르침에 대한 자신의 결론을 다시 한번 요약된 형태로 강조하고자 한다. 13절을 시작하는 헬라어 표현 '디아 뚜또'(διὰ τοῦτο)는 10-12절 전체를 수식하면서 '그러므로'라고 번역된다. 이 표현은 10-12절 본문의 가르침에 대한 결론을 소개하면서, 다시 한번 하나님의 전신갑주를 입으라는 명령을 반복해 준다.

그런데 13절에서 바울은 하나님의 전신갑주를 입어야 할 새로운 동기를 하나 더 소개한다. 그것은 '악한 날'(ἐν τῇ ἡμέρᾳ τῇ πονηρᾷ, 13절)이 성도들에게 다가오고 있다는 것이다.[572] 이 악한 날의 정체에 대한 학자들의 논의는 크게 두 가지 질문을 중심으로 전개됐다.[573] "악한 날은

---

572. '악한 날'이라는 표현은 구약의 예언서 세 곳에서 발견되고 있다(렘 17:17, 18; 욥 13). 단 12:1은 구원의 날에 앞서 고통의 날이 도래할 것이라고 예언하고 있다. 이 고통의 날은 유대인들의 종말관에서 종말론적 해산의 고통으로 이해된다(비교, *Apocalypse of Abraham* 29:2, 8, 13; *2 Apocalypse of Baruch* 48:31; *Jubilees* 23:16-21; *T. Dan* 5:4; 1QM 15:1-2; 16:3; 18:10, 12). 참조, Arnold, 2010: 204.

573. 이에 대한 다양한 학자들의 견해와 간략한 분석을 위해서는 O'Brien, 1991: 471-72와 Hoehner, 833-34를 참조하라.

미래에 임할 종말론적 그 어떤 날인가?"[574] "아니면 이미 이 땅에서 시작되어 성도들이 날마다 경험하고 있는 악한 세대의 실체를 지칭하는가?"[575] 결론부터 말하자면, 바울은 종말론적 긴장 속에서 이 두 견해들을 동시에 견지하고 있다.[576] 후자의 견해를 지지하면서, 5:16에서 바울은 성도들이 살아 가고 있는 현재의 날들이 악하기에, 시간을 아껴서 잘 사용해야 한다고 경고했다. 현재는 마귀와 그의 졸개들이 간계들로 성도들을 미혹하고 있고, 불순종의 자녀들을 통하여 악한 열매들을 맺고 있는 악한 세대이다(2:2; 갈 1:4). 악한 날이 이미 이 땅에 이르렀기에, 온 세상이 그 악한 날에 의해서 이미 영향을 받고 있다(비교, 딤전 4:1; 딤후 3:1; 4:3; 벧후 3:3). 물론, 성도의 삶에서 악한 날은 때로 더 특별하게 강력한 형태로 발생할 수 있다(비교, 눅 4:13).[577] 그러나 동시에 전자의 견해를 지지하면서, 바울은 그리스도께서 모든 악한 영들을 완전하게 굴복시키시는 마지막 날, 즉 인류의 역사를 결정짓는 그 어떤 종말의 날이 도래할 것이라고 가르친다(고전 7:26; 15:24-26; 살전 5:2-4; 살후 2:3-12). 이 종말의 날은 주의 날 혹은 주의 재림의 날이라고 불린다. 그런데 종말의 주의 날이 도래하기 직전에 불법한 자, 즉 적그리스도가 등장하고, 이 땅에 큰 혼란과 시련을 안겨줄 것이다(살후 2:1-12; 막 13; 마 24:8). 특별히 성도들은 이 불법한 자가 전개하는 공격의 주 대상이 될 수 있다는 사실을 인지하고 있어야 한다.

---

574. 참조, Muddiman, 290; Schnackenburg, 275-76.
575. 참조, Hoehner, 694-95.
576. 대부분의 학자들은 이런 방식으로 현재의 본문을 설명한다. 참조, Thielman, 2010: 423; Arnold, 2010: 450; Lincoln, 1990: 446; MacDonald, 345; Best, 1998: 597; Barth, 804-05; Sellin, 478-79.
577. 참조, O'Brien, 1991: 471; Hoehner, 834.

그러므로 13절의 '악한 날'은 성도들이 날마다 경험하고 있는 악한 자들의 간계와 악한 행위라는 현재적 실체인 동시에, 미래의 한 날에 결정적으로 임할 주의 날에 앞서 발생할 큰 시련의 날을 지칭한다.[578] 이처럼 악한 날이라는 표현은 그 안에 종말론적 긴장을 팽팽하게 유지하고 있다. 이에 바울은 이 악한 날을 사는 성도들이 악한 날을 능히 대적하기 위하여(δυνηθῆτε ἀντιστῆναι,[579] 13절), 하나님의 전신갑주를 항상 입고 있어야 한다고 강조한다. 악한 날은 단순히 한 날에 발생할 그 어떤 사건 하나가 아니라, 마귀와 악령들로부터 오는 성도들을 향한 지속적인 공격을 포함하기 때문이다. 악한 날을 날마다 경험하면서 주의 날을 기다리는 성도들은 하나님의 전신갑주를 입고 견고하게 서 있어야 한다(ἵνα δυνηθῆτε στῆναι, 13절).

바울의 관점에서는, '이 모든 일을 마친 후에'(ἅπαντα κατεργασά-μενοι,[580] 13절), 즉 악한 날에 대한 모든 준비를 다 마친 후에라야 비로소 성도들은 악한 자들의 간계, 곧 어두움의 행위들에 대한 유혹에 대항하여 견고하게 설 수 있다. 여기서 '모든 일을 마친 후에'라는 표현은 악한 날에 전쟁을 승리로 마친 후가 아니라, 그 전쟁을 승리로 이끌기 위한 모든 준비를 마친 후라고 이해하는 것이 더 옳다.[581] 왜냐하면 6:10-

---

578. 유대 묵시전통에서 이 마지막 시련은 메시아의 도래에 앞서 경험하는 종말론적 산고의 고통이라고 불린다(messianic birth pang). 참조, Barth, 804-05; Lincoln, 1990: 446; Sellin, 478-79; Thielman, 2010: 423.
579. 이 동사는 문자 그대로 '대항해서 선다'를 의미한다. 13절과 유사한 생각이 구약 여러 곳에서 발견되고 있다(비교, 레 26:37; 수 7:13; 삿 2:14; 지 11:3). 참조, Arnold, 2010: 449.
580. 이 헬라어 동사는 바울의 신학적 특성을 매우 잘 반영해 주는 단어이다. 신구약에서 모두 35번 정도 등장하는데, 대략 20번의 경우가 바울서신에서 발견되고 있다. 참조, Thielman, 2010: 422.
581. 참조, Thielman, 2010: 422; Hoehner, 835-36; O'Brien, 1991: 472; MacDonald,

17의 문맥은 영적 전쟁의 승리에 대한 묘사가 아니라, 그 전쟁을 앞둔 성도들이 갑옷으로 무장하며 준비해야 할 필요에 대한 묘사이기 때문이다. 악한 날의 전쟁은 주의 재림의 날까지 지속될 것이고, 오직 주 예수만 마무리지을 수 있는 전 우주적 전쟁이다(1:10). 그러므로 13절이 묘사하는 병사의 모습은 전쟁에서 승리하고 전쟁터에 우뚝 선 병사의 모습이 아니라, 전쟁에 대한 모든 준비를 마치고 적들의 공격을 방어하기 위하여 전열을 가다듬고 견고하게 서 있는 병사의 모습이다.[582] 그런데 성도들이 견고하게 선 장소는 그리스도가 이미 마귀와의 싸움에서 승리하고 정복한 하나님의 영토이다(비교, 1:20-23; 4:8-10, 27). 이 하나님의 영토는 성도들의 삶의 모든 영역들을 포함한다. 이 사실은 성도들의 영적 전쟁이 아마겟돈과 같은 특별한 장소에만 한정되는 것이 아니라, 그들의 일상에서 벌어지는 전쟁임을 알려 준다. 그럼에도 불구하고, '이 모든 일을 마친 후에'라는 표현을 통해서 바울은 악한 날에 대한 준비를 위해 성도들이 많은 시간과 노력을 투자해야 함을 알려 준다. 악한 날을 위한 성도들의 모든 준비가 충분하지 못하다면 그들은 '견고하게 서' 있을 수 없다.

여기서 우리는 악한 날에 성도들이 경험하는 영적 전투는 어떤 모습을 띠는지에 대해서 질문해 볼 수 있다. 영적 전쟁은 성도들이 물리적인 총과 칼을 들고 악한 세력들과 육박전을 벌이는 것이 아니다. 에베소서에서 악한 영들이 세상을 공격하는 무기는 간계이다. 그들의 간계는 사람들로 하여금 어두움의 노예가 되어 악한 행위들을 하고, 그 결과 하나님의 진노의 대상이 되도록 유혹하는 것이다(4:25-32; 5:15-20). 따라

345; Barth, 2:766; Arnold, 2010: 450. 비교, Neufeld, 1997: 298; Muddiman, 290.
582. 참조, Thielman, 2010: 423. 비교, 크리소스톰, *Hom. Eph.* 22.

서 악한 영들에 대한 영적 전투는 성도들의 삶의 질에 관한 문제이다. 그리고 영적 전투의 결과는 하나님을 기쁘시게 하는 빛의 열매들을 맺느냐, 아니면 하나님의 진노를 초래하는 악한 어두움의 열매들을 맺느냐의 여부로 판명난다. 그러므로 바울이 제시하는 하나님의 전신갑주의 본질은 성도들이 악한 어두움의 행위들을 버리고, 자신들의 거룩한 삶을 통해서 걸치게 되는 '빛의 갑옷'이다(롬 13:11-14). 성도들은 더 이상 어두움의 자녀들이 아니라 빛의 자녀들이므로, 술 취하지 말고 깨어 있어 믿음의 방패와 사랑의 흉판과 구원의 소망의 투구를 쓰고 있어야 한다(살전 5:1-11). 다시 말하면, 성도들은 믿음과 소망과 사랑으로 채워진 거룩한 삶을 통하여 어두움의 세력들을 대적해야 한다. 고린도후서 10:3-6에서 바울은 영적 전쟁에서 성도들이 사용하는 무기들은 육이 아니라, 하나님의 능력으로부터 말미암았다고 강조한다. 이 영적 무기들은 하나님을 아는 지식과 그리스도에 대한 경외심을 파괴하려는 모든 도전들을 깨부수는 하나님의 능력을 그 안에 담고 있다(엡 4:14).

결론적으로 바울이 보는 성도들의 영적 전쟁은 성도들의 삶과 그들이 믿는 진리에 대한 영적 도전을 의미한다. 따라서 악한 날을 이길 성도의 영적 무기, 곧 하나님의 전신갑주는 하나님의 진리에 대한 바른 이해와 그에 따른 거룩한 삶을 의미한다. 이 사실은 편지의 서두에서 전한 바울의 기도에서 왜 모든 성도들이 지혜와 계시의 영으로 채워지기를 위해서 그가 기도했는지에 대한 이유를 분명히 해 준다(1:17). 지혜와 계시의 영을 통해서 성도들은 마음의 눈이 밝아져야 하고, 하나님의 진리에 대해서 분명하게 깨달아야 한다. 하나님의 진리는 (1) 성도들을 향한 하나님의 부르심의 소망, (2) 그의 유산의 영광의 부요함, (3) 측량할 수 없는 그의 능력, (4) 그리스도를 통한 만물의 통일, 그리고 (5) 그리스도

의 충만함인 교회 등에 대한 '측량할 수 없는 신령한 지식'을 그 안에 포
함하고 있다(1:18-23). 하나님의 진리는 혈과 육을 통해서가 아니라, 오
직 성령을 통해서만 깨달을 수 있다. 이 사실은 성도들이 영적 전투에
대한 모든 준비를 마친 후, 성령 안에서 깨어 기도해야 하는 명백한 이
유를 알려 준다.

14a절 (전신갑주 1: 진리의 띠) 14-17절에서 바울은 성도들을 위하여
준비된 하나님의 전신갑주에 대해서 자세히 설명해 준다.[583] 하나님의
전신갑주는 하나님의 성품과 능력을 반영하는 여섯 가지 장비들로 구
성되어 있다: (1) 진리의 띠, (2) 의의 호심경, (3) 평화의 복음의 예비된
신발, (4) 믿음의 방패, (5) 구원의 투구, 그리고 (6) 성령의 검 곧 하나님
의 말씀. 그런데 14-17절의 가르침을 바울은 '견고하게 서라'(στῆτε, 14
절)는 명령으로 시작한다. 이 명령은 11-13절의 결론으로서 성도들의 모
든 전쟁 준비의 목표로 제시됐던 행동이다.[584] 그리고 14-17절에서 발견
되는 다섯 가지 분사 및 명령형은 모두 '견고하게 서라'는 이 주동사를
수식하고 있다: (1) '허리를 동여 매고'(περιζωσάμενοι, 14절), (2) '붙이
고'(ἐνδυσάμενοι, 14절), (3) '신을 신고'(ὑποδησάμενοι, 15절), (4) '취하
고'(ἀναλαβόντες, 16절), 그리고 (5) '받아 가지고'(δέξασθε, 17절). 이 다
섯 가지 분사 및 명령형은 견고하게 서기 위한 성도들의 준비를 전신갑

---

583. 쿰란 공동체도 자신들을 악한 자들과의 영적 전투를 준비하는 거룩한 병사들로 이
   해했다. 그러나 쿰란 공동체는 영적 무기에 대해서 자세히 언급하지 않는다. 대신
   그들은 물리적인 검과 창 등을 준비했다. 그러나 에베소서에서 성도들의 무기는 모
   두 하나님이 준비해 둔 영적인 것들이다. 왜냐하면 성도들의 싸움은 혈과 육이 아
   니라, 영적 존재들과의 영적 전쟁이기 때문이다. 참조, Hoehner, 838.
584. 14절을 시작하는 헬라어 접속사 '운'(οὖν, 그러므로)은 앞선 10-13절의 가르침을 수
   식하면서, 그 가르침이 함축하는 바를 결론적으로 소개하는 기능을 한다.

주를 구성하는 여섯 가지 영적 장비들과 연관하여 묘사한다.[585] 전신갑주를 구성하는 이 모든 장비들을 착용한 후에야 비로소 성도들은 견고하게 서 있을 수 있다.[586] 왜냐하면 악한 날과 악한 영들의 공격이 성도들을 향하여 임하고 있기 때문이다. 여기서 굳게 선다는 것은 악한 자들의 불화살 공격을 일차적으로 방어하기 위함이다(16절). 그러나 그들의 공격을 일차적으로 방어한 후, 굳게 선 성도들은 성령의 검을 가지고 악한 대적들을 공격하는 행동으로 나아간다.

성도들이 견고하게 서기 위하여 필요한 첫 번째 준비로서 바울은 '진리로 허리를 동여매는'(περιζωσάμενοι τὴν ὀσφὺν ἐν ἀληθείᾳ, 14절) 행동을 든다. 과거 로마 병사들의 의복은 하나의 큰 튜닉의 형태를 띠고 있었으므로, 군용 허리띠를 매어서 옷을 단단하게 몸에 묶어 주어야 했다. 그들의 허리띠에는 칼과 검과 같은 전쟁 무기들이 꽂혀 있었다.[587] 구약에서 묘사되는 유대 병사들의 경우에도, 허리띠의 주 목적들 중 하나는 검을 꽂기 위함이었다(삼상 17:39; 18:4; 25:13; 느 4:18). 마찬가지로 성도들도 그들의 허리를 진리의 띠로 동여매어야 신속하게 움직일 수 있고, 칼과 검을 비롯한 영적 무기들을 허리춤에 찰 수 있다. 만약 허리띠가 풀어져 의복이 덜렁거리게 된다면, 병사들의 움직임이 둔해져 싸우는 데 있어 많은 지장이 있을 것이다. 따라서 허리띠로 허리를 동여

---

585. Wallace, 1996: 629는 이 분사들의 의미가 방편이라고 이해한다. 방편을 의미하는 분사는 주동사의 행동을 상세하게 묘사하는 기능을 한다. 그러나 Hoehner, 838은 이 분사들을 주동사의 행위를 가능하게 하는 이유로 본다.

586. '견고하게 선다'는 것은 바울에게 성도들의 가장 중요한 삶의 태도들 중 하나이다. 성도들은 믿음 안에서(고전 6:13), 주 안에서(빌 4:1), 그리스도가 가져다준 자유 안에서(갈 5:1), 그리고 한 성령 안에서(빌 1:27) 굳게 서 있어야 한다. 참조, O'Brien, 1991: 473 n.137.

587. Bishop and Coulston, 106; 비교, Hoehner, 839.

매는 행위는 병사들의 무장에 있어서 가장 기본적이면서도 필수적인 준비 행동이다.

그런데 바울은 여기서 성도들의 영적 허리띠의 정체를 '진리'(άλη-θεία, 14절)라고 칭한다. 에베소서에서 진리는 가장 우선적으로 성도들의 믿음의 대상인 하나님의 '복음의 진리'를 가리킨다(1:13; 4:5, 21, 24).[588] 복음의 진리는 교회를 위하여 그리스도께서 완성하신 하나님의 구원에 관한 진리를 의미한다(4:21). 복음의 진리는 예수가 십자가 상에서 경험한 희생의 죽음을 그 핵심 내용으로 삼고 있기에 그리스도의 복음이라고도 불린다(2:14-18). 이 복음은 모든 믿는 자들에게 구원을 주는 하나님의 능력이다(롬 1:16-17). 그리고 에베소서에서 하나님의 진리는 의로움, 선함, 그리고 거룩함 등과 함께 발견되고 있다(엡 4:24, 5:9). 사실 6:15에서 바울은 '평화의 복음'의 준비한 것으로 신을 삼으라고 권면하고 있다. 이 사실은 진리의 띠가 '주님의 복음'에 담긴 '하나님의 구원의 진리'를 의미한다는 점을 더 분명히 해 준다. 하나님의 구원의 진리에는 악한 자들의 간계를 파괴할 수 있는 힘이 있고, 그리스도에 관한 거짓된 진리를 파괴할 수 있는 권세가 있다(4:14, 20-21). 마귀의 간계는 예수 그리스도에 관한 거짓된 가르침으로 종종 표현된다. 마귀는 근본적으로 진리를 믿거나 진리를 따라 살지 않는다. 왜냐하면 그는 본질상 거짓말쟁이요, 모든 거짓의 아버지이기 때문이다(요 8:44-47, 55).

그러나 동시에 하나님의 진리는 빛의 자녀들로 하여금 진리에 관하여 참된 것을 말하게 하고, 이 참된 것이 그들의 삶과 성품의 가장 중요한 특징이 되게 한다(비교, 4:24). 성도들의 새로운 정체성 혹은 새 자아는 하나님의 의와 진리로 구성되어 있기 때문에, 성도들은 하나님의 진

---

588. 참조, Arnold, 2010: 452; Best, 1998: 599.

리를 자신들의 내적 본질로 내재화(internalize)시켜야 한다.[589] 이 내재
화의 과정은 성도들이 성령을 따라 걷고 행함을 통해서, 옛 사람의 삶의
방식인 육체의 욕망을 극복함으로써 이루어진다(4:22-24; 비교, 갈
5:13-26).[590] 그런데 성도들이 모시고 사는 하나님의 성령은 거짓과 온갖
악한 말들과 함께하실 수가 없다(엡 4:29-31). 그러므로 성령 충만한 성
도들은 모든 거짓을 벗어 버리고, 자신의 이웃들을 향하여 진리만을 말
해야 한다(4:25). 나아가 성도들은 의와 선, 그리고 진리로 구성된 빛의
열매들을 그들의 삶에서 맺어가야 한다(5:9). 따라서 14절에서 바울이
언급하는 진리는 성도들의 거룩한 성품을 이루는 참된 것, 곧 진리인 것
을 추구하는 삶의 자세와 태도를 포함한다.[591] 그러므로 '진리로 허리를
동여맨다'는 것은 하나님의 구원의 진리에 대한 바른 이해와 진리의 하
나님을 향한 믿음, 그리고 그 믿음에 근거하여 사는 성도들의 의로운 삶
모두를 의미한다.

앞에서 이미 언급됐지만, 성도의 영적 전쟁은 무섭고 더럽게 생긴
마귀들과 육체적으로 부딪히며 싸우는 백병전이 아니다. 대신 영적 전
쟁은 성도들이 일상에서 체험하는 모든 종류의 삶의 형태들 속에서 벌
어진다. 공중 권세 잡은 마귀는 이 세상의 풍조를 결정하고 불순종의 자
녀들 가운데서 계속해서 역사하고 있다. 성도들을 향한 그의 공격은 거
룩하지 못한 삶의 방식과 어두움의 열매들을 통해서 온다(2:2). 그러나

---

589. 참조, O'Brien, 1991: 474; Hoehner, 840.

590. 그러므로 성화의 과정은 하나님의 본성이 성도들의 참 본성이 되는 과정을 의미한
다. 이 성화의 과정을 바울은 그리스도로 옷 입으라는 표현으로 묘사하기도 한다
(비교, 롬 13:14; 갈 3:27-28).

591. 참조, MacDonald, 345; Arnold, 2010: 452; Thielman, 2010: 424; Neufeld, 2002:
299; Lincoln, 1990: 448; Bruce, 408.

성도들에게 주어진 진리의 띠는 악한 영들이 간계들을 통해서 성도들을 미혹할 때(4:14-15, 20-21; 6:11), 참된 진리에 대한 바른 이해와 인도를 통해서 그 간계들을 파악하고 물리칠 수 있게 해 준다. 성도들은 하나님의 비밀인 교회를 위한 구원의 전쟁에서 그리스도가 이미 승리했다는 사실에(1:20-23; 4:8-10) 근거하여, 마귀와 그의 추종자들을 대항하여 '견고하게 서' 있을 수 있다. 선지자 이사야는 하나님의 메시아가 그 백성을 구원하기 위해서 올 때, 메시아가 자신의 허리를 의와 진리로 동여맬 것이라고 예언한다(사 11:1-5).[592] 마찬가지로, 그리스도의 군사들인 성도들도 참된 것에 대한 사랑, 곧 의와 진리를 말하고 사랑함을 통하여 자신들의 허리를 굳게 동여매야 한다.[593]

14b절 (전신갑주 2: 의의 호심경/흉패) 바울이 제시하는 전신갑주의 두 번째 장비는 '의의 호심경'이다(14절). 호심경(θώρακα, 14절) 혹은 흉패는 금속으로 만들어진 작은 판으로서, 화살이나 창으로부터 가슴을 보호하기 위하여 셔츠처럼 입을 수 있는 보호 장비이다(살전 5:8; 계 9:9, 17; 필로, *Alleg. Interp.* 3.115; 요세푸스, *Ant.* 8.414; Polybius 6.23.14-15). 물론 시대적 상황에 따라 호심경의 디자인은 다양한 형태로 변화됐다. 그럼에도 불구하고, 호심경의 가장 중요한 목적은 인간의 생명과 직결되는 심장을 보호하는 것이다. 그런데 바울은 성도들이 착용하는 호심경을 '의로움'(δικαιοσύνης, 14절)과 동일시하여 '의의 호심경'이라고

---

592. 이사야의 예언을 근거로, Arnold, 2010: 451와 Thielman, 2010: 424는 바울의 전신갑주 묘사의 가장 직접적인 배경으로 로마 군인이 아니라, 이사야의 메시아적 전사라고 주장한다. 참조, Moritz, Profound Mystery, 188.

593. 흥미롭게도, 이제 성도들은 이사야가 예언한 메시아의 영과 메시아의 두 특징들인 의와 진리를 소유하게 됐다. 여기서도 바울에게 가장 중요한 구약 본문은 이사야라는 사실이 다시 한번 증명되고 있다. 참조, Oss, 105-12; Novenson, 357-73; Qualls and Watts, 249-59.

부른다.594 여기서 바울은 호심경의 디자인에 대해서는 침묵하면서, 호심경의 본질인 의로움을 부각시킨다. 흥미롭게도 이사야 59:16-20에서 하나님은 구원의 투구와 더불어, 의의 호심경을 차고 악한 자들을 심판하러 이 땅에 나타나신다. 이사야가 묘사하는 하나님의 모습은 원수들과 전쟁하기 위해서 등장한 신적 전사이다.595 하나님이 신적 전사로 등장한 목적은 그의 백성들을 향한 구원과 원수들을 향한 심판을 위해서이다. 에베소서를 쓸 당시, 옥에 갇힌 바울에게 무장한 로마 병사의 모습은 성도들의 영적 무장에 대한 많은 영감을 주었을 것이 틀림없다. 그럼에도 불구하고, 이사야 11:5와 59:16-20이 묘사하는 신적 전사로서의 하나님의 모습은 바울이 묘사하는 하나님의 전신갑주에 대한 가장 중요한 배경으로 보인다.596

그런데 여기서 우리는 성도들의 호심경을 구성하는 하나님의 의로움이 무엇인지에 대해서 질문해 볼 필요가 있다. 왜냐하면 하나님의 의로움은 보통 죄인들과 완고한 그의 백성들을 향한 심판으로 이어지기 때문이다(사 59:14; 롬 1:16-3:20).597 바울은 로마서 1-3장에서 인류를 이방인과 유대인의 경우로 따로 구분한 후, 하나님의 의, 즉 의로운 본성은 모든 인류를 향하여 진노로 표현될 수밖에 없었다고 가르친다(롬 3:25-26; 비교, 신 33:21; 왕상 8:32). 왜냐하면 모든 인간이 다 죄를 지어 하나님의 영광에서 멀어져 있었기 때문이다(롬 3:23). 그러나 죄에 대한 심판으로 먼저 표현된 하나님의 의로움은 그의 백성들을 향한 신실함으로 다시 표현된다. 하나님의 의로움 속에는 그의 피조물과 백성

---

594. 헬라어 소유격 표현 τῆς δικαιοσύνης는 부연 설명하는(epexegetical) 소유격이다.
595. 지혜서 5:18도 이사야서를 인용하면서 하나님을 전사의 모습으로 묘사하고 있다.
596. 참조, Thielman, 2010: 425; Arnold, 2010: 452; O'Brien, 1991: 474.
597. 참조, Ryan, 303-13; Surburg, 45-77; Ziesler, 153-54.

들을 향한 책임감으로서의 신실함이 포함되어 있기 때문이다. 바울에게 신실함으로 표현된 하나님의 의로움은 아들 예수를 이 땅에 보내어 그 백성의 죄의 문제를 해결해 준 사실에서 가장 잘 발견된다(롬 3:21-26; 5:6-10, 17). 예수 희생의 결과로 성도들은 하나님 앞에서 의롭다고 선포되고, 하나님과의 의로운 관계에 놓이게 되며, 의를 추구하여 의로운 본성을 소유하는 삶을 살게 된다(8:1-14; 12:1-2; 갈 5:13-25).[598]

　하나님의 의로움에 대한 이러한 바울의 이해는 에베소서에서도 잘 나타나고 있다. 첫 번째, 의로움은 믿음을 통해서 성도들에게 죄 용서의 선포를 가져왔고(엡 1:7), 성도들이 하나님과 화해하여 하나님과 의로운 관계 속에 놓이게 해 주었다(2:16).[599] 그 결과 성도들은 더 이상 하나님의 진노 아래 놓인 어두움의 불순종의 자녀들이 아니라, 하나님의 사랑 안에 거하는 그의 자녀들이 됐다(1:5). 그리고 두 번째, 의로움은 의롭다고 선포된 성도들이 하나님의 성품인 의를 통하여 살게 된 거룩한 윤리적 삶의 특징을 의미하게 됐다.[600] 에베소서에서 의로움은 종종 거룩함, 선함, 그리고 진리와 함께 동시에 언급된다(4:24; 5:9; 비교, 고후 6:6-7). 하나님의 의로움은 그의 거룩한 성품의 일부로서 하나님의 가슴을 덮는 호심경이다(엡 4:14; 사 11:5; 59:17). 마찬가지로, 하나님의 형상을 따라 새롭게 창조되어(4:24) 하나님을 본받는 자가(5:1) 된 성도들에게도 의로움은 그들의 새로운 자아가 지녀야 할 거룩한 성품이다. 성도들의 의로운 성품은 의로움을 그 특징으로 하는 빛의 열매들을 통해서 계

598. 이에 대한 상세한 논의를 위해서는 다음을 참조하라. 참조, 이승현, 2020b: 263-86; 이승현, 2020a: 643-87.
599. 참조, Best, 1998: 599; Moritz, 192.
600. 참조, O'Brien, 1991: 474-75; Arnold, 2010: 452; Lincoln, 1990: 448; Hoehner, 841; Barth, 2:795-97.

시되어야 한다(5:9).[601] 이때 성도들의 의로움은 마귀에게 기회를 주지
않고 마귀의 공격을 방어하는 성도들의 호심경으로 기능할 것이다
(4:27; 비교, 고후 6:7; 롬 6:13; 14:17).[602]

　　마귀의 간계는 하나님의 의를 경험하여 의로운 백성이 된 성도들을
넘어뜨리는 것이 주 목적이다. 이를 위해 마귀는 먼저 성도들의 의가 되
는 그리스도에 관한 진리를 공격한다(비교, 고전 1:30; 빌 3:9). 마귀는
하나님의 아들 예수 그리스도에 관하여 성도들이 소유한 참된 지식을
인간의 속임수나 거짓된 가르침을 통하여 붕괴시키려 한다(엡 4:13-14).
그리고 이제는 더 이상 하나님 앞에서 죄인이 아니라 의인이라는 성도
들의 자기 확신을 어두움의 열매들을 맺는 죄의 유혹을 통하여 무너뜨
리려 한다(2:1-6; 4:17-22). 사실 성도들이 하나님 앞에서 거룩한 자들이
라는 사실은 그들의 호칭에서 잘 발견된다(ἁγίοις; 1:1, 18; 3:5, 18; 5:3).
마지막으로, 하나님이 이루신 성도 구원의 비밀의 완성에 대한 확신과
믿음을 마귀는 불신앙의 불화살을 통하여 흔들려 한다(1:7-8, 20-23;
2:1-6; 6:16). 그러나 성도들이 이미 경험한 하나님의 의와 의로움에 대
한 진리는 이 모든 공격들을 무력화시킨다. 의의 호심경은 성도들의 심
장, 즉 성도를 성도답게 만드는 핵심적 정체성을 보호하는 역할을 담당
한다.

　　15절 (전신갑주 3: 평화의 복음) 성도의 전신갑주를 구성하는 세 번째
장비는 '평화의 복음의 준비된 신'(15절)이다. 여기서 바울이 염두에 둔
모습은 전쟁에 나가는 로마 군인들이 신는 특별한 신발이다. 바울 당시

601. 참조, Thielman, 2010: 425; Arnold, 2010: 453; Lincoln, 1990: 448.
602. 1세기 당시 로마 군인들이 착용한 호심경에 대한 상세한 묘사를 위해서는 Bishop
　　and Coulston, 95-100을 참조하라.

로마 병사들의 전투용 신발은 가죽으로 만들어진 단단한 샌들이나 짧은 부츠의 형태였다(caliga). 그들의 신발은 여러 겹의 가죽으로 덧붙여진 튼튼한 밑창과 그 밑창에 설치된 금속들로 구성되어 있었다.[603] 이 신발은 로마 병사들의 발을 보호하는 동시에, 백병전 시 땅에서 미끄러지지 않고 굳건히 설 수 있는 접지력을 제공했다. 행진을 하건 미끄러운 땅에서 전투를 벌이건 간에, 로마 병사들에게 어려움 없이 싸울 수 있는 좋은 신발은 필수적인 전투 장비였다. 마찬가지로 영적 전투에 참가하는 모든 성도들도 전투에 앞서 미리 준비된 훌륭한 신발을 착용하고 있어야 한다. 바울은 성도들의 영적 전투화를 '평화의 복음'(τοῦ εὐαγγελίου τῆς εἰρήνης, 15절)이라고 부른다. 평화의 복음의 준비한 것으로 '신을 신는다'(ὑποδησάμενοι,[604] 15절)는 것은 평화의 복음을 이방인들에게 전할 수 있도록 항상 '준비되어 있는 상태'(ἐν ἑτοιμασίᾳ,[605] 15절)를 의미한다.

15절에서 '평화의 복음'은 '준비'와 소유격 관계에 놓여 있다 (ἑτοιμασίᾳ τοῦ εὐαγγελίου τῆς εἰρήνης). 만약 이 소유격 표현이 기원의 소유격(genitive of source)이라면, 성도들이 복음의 메시지를 수용하고 받아들인 결과로 전투를 위한 그들의 준비가 완성된다는 것을 의미

---

603. 참조, Bishop and Coulston, 111-13; Thielman, 2010: 426; Best, 1998: 599; Barth, 2:798.
604. '신을 신는다'에 해당하는 이 과거형 중간태 분사는 성도가 굳게 서는 행위를 가능하게 하는 세 번째 준비 동작이다.
605. 어떤 학자들은 이 헬라어 단어를 '준비됨' 대신에, '견고함'으로 해석한다. 참조, Moritz, 203; Best, 1998: 600; Barth, 2:771, 797-99. 그러나 견고함은 이 헬라어 단어의 사전적 의미에 등장하지 않는다. 비교, Arnold, 2010: 454; Hoehner, 842-43; Neufeld, 2002: 300; Lincoln, 1990: 449; O'Brien, 1991: 476.

한다.[606] 이제 복음을 듣고 믿은 성도들은 원수들의 공격에 대비하여 자신들의 영역에서 견고하게 서서 방어할 준비를 마치게 됐다. 그러나 평화의 복음의 신, 즉 성도들의 전투화는 단순히 방어를 위한 장비만이 아니다. 마귀가 통치하는 어두움의 영역에 사로잡힌 자들에게 평화의 복음을 선포해야 한다는 공격 행위도 포함한다. 따라서 평화의 복음과 준비 간의 소유격 표현은 복음을 성도들의 전투 준비 대상으로 보는 목적어적 소유격(objective genitive)으로 볼 수 있다.[607] 목적어적 소유격 견해에 따르면, 성도들이 영적 전투에 잘 준비되어 있다는 것은 그들이 평화의 복음을 전할 준비가 됐다는 것을 의미한다. 사실 영적 전투에 임한 성도들이 마귀와 그의 세력을 대적하는 가장 좋은 방법은 그리스도의 평화의 복음을 적극적으로 선포하는 것이다. 평화의 복음을 어두운 세상에 전파하는 행위는 마귀의 통치 영역에 균열을 가하는 공격행위가 되기 때문이다. 평화의 복음은 하나님께서 이미 그리스도를 통해서 마귀와의 전쟁에서 승리했고, 그리스도가 하늘과 땅의 모든 영적 권세들을 다스리는 우주의 왕이 됐음을 선포한다(1:20-22). 그리고 만약 그들의 노예가 된 인류가 하나님의 평화와 해방의 메시지를 듣고 믿으면, 그들은 다시 하나님이 다스리는 빛의 영역으로 돌아올 수 있다(2:4-6). 인류에게 평화를 가져온 그리스도의 복음은 하나님의 진리에 대한 마귀의 거짓말이 모두 거짓임을 명백하게 증거해 준다(4:13-14; 비교, 창 3:1-7; 고후 10:4).

그런데 평화의 복음이라는 표현은 구약을 잘 아는 독자들에게 이사야 52:7을 기억나게 한다(비교, 롬 10:15; 사 40:9-11).

---

606. 참조, Hoehner, 843-44; Lincoln, 1990: 449.
607. 참조, O'Brien, 1991: 476-77; Arnold, 2010: 455; Oepke, "ὑποδέω," *TDNT* 5:312.

좋은 소식을 전하며 평화를 공포하며 복된 좋은 소식을 가져오며 구원을 공포하며 시온을 향하여 이르기를 네 하나님이 통치하신다 하는 자의 산을 넘는 발이 어찌 그리 아름다운가. (개역개정)

이사야서 52:7과 에베소서 6:15는 발, 복된 소식, 그리고 평화의 세 개념을 함께 동시에 보여주고 있다. 이 사실은 현재 에베소서 본문에서 바울이 이사야 52:7을 인용하고 있다는 사실을 알려 준다.[608] 사실 바울은 예수-복음의 개념을 이사야서를 근거로 로마 황제의 복음에 대한 반론으로 이해하고 발전시켰다.[609] 그러나 이사야서에서 복음을 전하는 자는 단순히 예루살렘으로 돌아오며 평화를 선포하는 메신저인 반면에, 에베소서에서 성도들은 평화의 복음의 전투화를 신고 악한 자들과 싸우는 영적 군사들이다. 그리고 성도들에게 평화의 복음은 단순히 선포해야 할 메시지를 넘어서, 마귀와 악한 영들을 대항하는 강력한 영적 무기이다.[610] 성도들은 예수 희생의 피를 통해서 제공된 하나님의 평화를(엡 1:7-10; 2:14-19) 온 세상 끝까지 선포하면서, 악한 영들에 의해서 파괴된 세상을 하나님의 평화로 다시 충만하게 채워가야 한다(1:23; 3:10; 4:10).

그러므로 평화의 복음을 선포하도록 성도들이 잘 준비되어 있어야 한다는 것은 성도들이 그 복음의 핵심 메시지에 대해서 잘 이해하고 있어야 함을 전제한다. 바울은 예수-복음의 핵심 메시지는 평화임을 강조

---

608. Sellin, 482; O'Brien, 1991: 475. 비교, Best, 1998: 600.
609. 참조, Ortlund, 2009: 269-88; Olson, 2016; Shum, 2002; Sullivan, 2017.
610. 참조, Sellin, 482; Best, 1998: 600; Thielman, 2010: 426.

한다. 사실 언뜻 보기에, 영적 전투에 임한 성도들이 평화를 선포해야 한다는 사실은 좀 아이러니로 보인다(Arnold, 2010: 455). 그러나 영적 전투의 목적은 인류를 노예로 삼은 마귀와 그의 추종자들을 대적하는 것이고, 동시에 그의 권세 아래 놓인 인류를 향하여 하나님의 구원을 선포하는 것이다. 따라서 성도들의 복음 선포가 마귀에게는 전쟁이지만, 그의 권세 아래 놓인 인류에게는 평화의 복된 소식이 된다. 사실 하나님의 복음을 접하지 못한 인류는 삼중적 노예 상태에 처해 있다. 그들은 공중 권세 잡은 자의 억압 아래 놓여 있고, 자신들의 죄 된 육체의 본성이 원하는 대로 행하면서, 현재의 악한 세대의 영향력으로부터 자유롭지 못하다(2:2-3; 6:13). 그 결과 인류는 그리스도로부터 격리되어 있고, 언약 밖에 거하면서, 하나님 없는 세상에서 소망 없이 살고 있다(2:12). 그러나 성도들이 선포하는 복음은 인류에게 새로운 삶의 가능성에 대해서 알려 준다. 십자가에서 흘린 피의 희생을 통해서 예수는 인류에게 평화의 가능성을 가져왔기 때문이다(2:14, 17). 그리스도가 가져온 평화를 통해서 인류가 다시 하나님과 화해하고, 인간들 상호 간에 화해할 수 있는 평화의 길이 열렸다(2:14-22).

사실 평화는 에베소서의 핵심 주제어들 중 하나이다(1:2; 2:14, 15, 17; 4:3; 6:23).[611] 그리스도의 십자가에서의 죽음이 하나님의 저주 아래 놓여 있던 패역한 인류와 하나님 간에 평화라는 새로운 가능성을 가져왔다. 그리고 서로 반목하고 미워하던 이방인들과 유대인들 간에도 그들을 분리하던 장벽을 파괴하고 평화를 가져왔다. 특별히 그리스도의 평화는 하나님 나라와 언약으로부터 멀리 떨어져 있던 이방인들을 하나님과 그의 언약 백성에게로 가까이 데리고 왔다(2:11-22). 이 평화의

611. 참조, Thielman, 2010: 426.

메시지는 교회가 선포하는 그리스도의 복음의 핵심을 이룬다. 그리고 구원받아야 할 어둠의 자녀들에게뿐만 아니라, 하늘에 있는 정사와 권세들에게도 선포되어야 할 하나님의 측량할 수 없는 지혜를 그 안에 담고 있다(3:10). 이 평화의 복음은 만물을 그리스도 안에서 통일하고자 하시는 하나님의 비밀이 성취됐음을 알려 준다(1:10). 그러나 세상 권세 잡은 악한 영들은 만물을 통일하기 원하는 하나님을 대적하기에, 평화의 복음을 선포하는 성도들을 자신들의 원수로 간주한다. 따라서 악한 영들과의 영적 전투에 임하는 성도들은 그리스도의 평화와 그를 통한 만물의 통일에 대한 복음의 메시지를 견고하게 붙들고(비교, 1:13), 마귀를 대항하여 즉각적으로 그 메시지를 선포하도록 늘 준비되어 있어야 한다. 평화의 복음은 영적 전투에 임하는 성도들의 기동성 있는 이동을 가능하게 하면서, 전쟁 시 그들이 굳건하게 버티며 설 수 있도록 돕는 성도들의 전투화이다.[612]

16절 (전신갑주 4: 믿음의 방패) 성도들의 전신갑주를 구성하는 네 번째 장비는 '믿음의 방패'(τὸν θυρεὸν τῆς πίστεως, 16절)이다. 방패는 고대 병사들에게 없어서는 안 되는 필수적 전투 장비였다. 방패는 병사들의 몸을 향하여 날아오는 화살로부터 그들의 몸을 보호해 주는 역할을 했기 때문이다. 로마 병사들의 경우, 그들의 방패는 보통 길고 튼튼한 나무 위에 가죽과 쇠로 덧입혀졌다(비교, Polybius, *Hist.* 2.30.8; 6.23.2-6; Herodotus, *Hist.* 7.91). 가죽과 쇠는 불화살에 붙은 불이 방패를 전소시키지 않도록, 그 불이 확장되는 것을 막는 기능을 했다. 전투에 임한

---

612. Hoehner, 844는 평화의 복음의 신을 철저하게 방어를 위한 영적 장비로만 간주한다. 그러나 영적 전투에서 성도들은 악한 날의 공격에 대한 방어를 성공적으로 마친 후, 적극적으로 전진하여 공격할 것이 요청된다. 평화의 복음의 신은 이 전진을 위한 성도들의 영적 전투화이다.

병사들은 '모든 전투 장비에 더하여'(ἐν πᾶσιν,[613] 16절), 튼튼한 방패를 자신들의 '손에 꼭 쥐고'(ἀναλαβόντες) 있어야 했다. 성도들의 경우, 그들을 대적들의 불화살로부터 보호해 주는 방패는 바로 그들이 굳게 견지하고 있는 '믿음'(πίστις)이다.

현재 에베소서 본문에서 바울은 성도들을 향하여 날아오는 악한 자들, 곧 세상 권세 잡은 악한 영들의 불화살 공격을 염두에 두고 있다. 고대인들에게 불화살은 현대의 미사일처럼 쉽게 꺼지지 않는 불을 통하여 막대한 피해를 입히는 무시무시한 살상무기였다(투키디데스 2.75.4; 요세푸스, *Jewish War* 3.173; 6.58, 65, 224).[614] 악한 영들의 불화살은 거짓된 진리를 담은 각종 미혹의 말들이다. 4:14에서 바울은 이 불화살을 '진리를 대적하는 사람들의 속임수와 간사한 유혹을 위한 궤계 그리고 온갖 교훈의 풍조'라고 칭했다. 영적 전투에 임한 성도들에게는 이러한 악한 자들의 미혹의 말을 막아 내는 영적 방패가 필요하다. 바울은 성도들의 영적 방패를 믿음이라고 부른다.[615] 여기서 우리는 바울이 생각하는 영적 방패로서의 믿음의 내용과 기능의 본질에 대해서 질문해 볼 필요가 있다. 바울 신학에서 믿음이 차지하는 중요한 역할에 대해서는 이

---

613. Arnold, 2010: 456는 이 헬라어 표현을 '모든 상황 속에서'라고 해석한다(비교, 빌 4:12; 골 1:18; 딤전 3:11; 딤후 2:7; 4:5). 그러나 대다수의 학자들이 동의하듯이, 문맥상 이 표현은 '모든 전투 장비에 더하여'라고 해석하는 것이 더 무난해 보인다. 참조, Thielman, 2010: 426; Muddiman, 292; Hoehner, 845; O'Brien, 1991: 479; Lincoln, 1990: 449; Schnackenburg, 278; Barth, 2:771.

614. Arnold, 458는 로마 역사가 Ammianus Marcellinus를 인용하면서, 불화살의 위험에 대해서 자세히 설명해 주고 있다. 고대 불화살은 현대 미사일처럼 위력적인 공격 무기였다.

615. 헬라어 표현 '똔 튀레온 떼스 삐스떼오스'(τὸν θυρεὸν τῆς πίστεως, 16절)에 포함된 소유격은 동격적 소유격(genitive of apposition)이다. 참조, Arnold, 2010: 457; Hoehner, 846.

미 모든 이들이 잘 숙지하고 있는 바이다. 그러나 최근 벌어진 새 관점과 옛 관점 간의 대화에서 믿음은 가장 중요한 학문적 전쟁터로 기능했기에,[616] 이들의 논쟁에 대한 일반적 이해를 바탕으로 에베소서에서 바울이 가르치는 믿음의 특징에 대해서 살펴보도록 하자.

믿음에 대한 바울의 이해에는 객관적인 측면과 주관적인 측면이 동시에 존재한다. 객관적인 측면에서, 바울에게 믿음은 창조주 하나님의 능력과 그리스도의 비밀의 성취, 그리고 그 성취의 결과 성도들에게 임한 새로운 삶과 정체성을 그 목적 대상으로 한다.[617] 에베소서의 경우, 믿음은 그리스도에 대한 복음의 증인들의 증거가 참된 진리임을 인정하여 받아들이고, 그 믿음 안에 담긴 구원에 대한 성령의 인치심을 경험하는 통로이다(1:13). 그리고 하나님의 은혜로 주어진 구원을 경험하게 하는 하나님 편에서 주어진 선물이다(2:8). 특별히 바울에게 하나님의 구원에 대한 믿음은 그 구원을 성취한 주 예수를 향하고 있다. 주 예수 그리스도를 향한 성도들의 믿음은 주와 연합하여 주가 성도들 안에 거하게 되는 시작을 의미하고(3:17), 담대함을 가지고 하나님께 나아갈 수 있는 확신을 제공한다(3:12). 이처럼 성도들은 믿음으로 말미암아 그 믿음의 목적 대상인 회심과 하나님의 구원을 경험하고, 성삼위 하나님과의 새로운 관계 속으로 들어가게 된다. 그뿐만 아니라, 성도들이 공유하는 '하나의 공통된 믿음'(μία πίστις, 4:5)은 다양한 배경을 가진 성도들을 하나로 연합하여 한 몸 된 교회를 구성하게 한다(4:5, 13). 한 몸 된 교회로의 연합은 그리스도를 통한 하나님의 비밀스런 계획의 최종적 결과물이다(1:20-23; 2:21-22). 성도들을 향하여 날아오는 악한 자들의

---

616. 참조, 이승현, 2021a: 168-95.
617. Best, 1998: 601는 여기서 오직 객관적인 믿음만을 강조한다.

불화살을 성도들은 예수에 대한 믿음, 곧 예수를 통한 구원, 성령을 통한 하나님과의 교제, 그리고 성도들 간의 연합을 통해서 무력화시킬 수 있다.

그런데 믿음에 대한 바울의 이해에는 그리스도를 통한 하나님의 구원 성취라는 객관적인 사실에 더하여, 하나님께서 그 구원을 허락해 주신다는 하나님에 대한 성도들의 주관적 확신이 존재한다.[618] 성도들은 그들의 구원이 그들의 경험 속에서 완전히 체험되기까지, 하나님께서 그들을 보호하고 인도해 주실 것을 주관적으로 믿고 확신한다. 이 주관적인 측면에서의 믿음은 하나님께서 성도들 편에 서서 마귀를 대적하고, 그들과 벌이는 영적 전투를 승리로 이끌어 줄 것이라는 확신과 신뢰를 의미한다.[619] 구약에서 방패라는 용어는 하나님의 백성을 보호하는 하나님의 능력을 비유적으로 지칭하는 표현이었다(비교, 창 15:1; 신 33:29; 삼하 22:31; 시 5:12; 18:30; 28:7; 33:20). 하나님은 자신에게서 피난처를 발견하고 자신에게 그들의 몸을 의탁하는 백성들에게 자신이 친히 그들의 방패가 되겠다고 약속했다. 바울은 방패이신 하나님의 역할에 대한 구약의 이해를 계승하면서, 구약의 방패 개념에 새 개념인 믿음을 추가한다. 성령 안에서 주를 모시고 사는 성도들은 하나님이 자신들의 방패가 되신다는 약속을 굳게 믿는다. 창조주 하나님의 보호하심에 대한 성도들의 믿음은 모든 원수들의 공격을 무력화시키는 성도들

---

618. Moritz, 204는 여기서 그리스도의 신실함과 그에 대한 인간의 믿음의 반응을 제시한다. 그러나 그리스도의 신실함의 개념은 에베소서의 문맥과 잘 어울리지 않는다.
619. Barth, 2:772-73은 주관적인 그리고 객관적인 믿음 둘 다를 여기서 본다. 그러나 많은 학자들은 주관적인 믿음만을 현재의 본문에서 강조한다. 참조, Neufeld, 2002: 302; Arnold, 2010: 457; Hoehner, 846; O'Brien, 1991: 480; Lincoln, 1990: 449; Schnackenburg, 278.

의 영적 방패로 기능한다.

결론적으로 성도들의 믿음의 방패는 그 믿음 안에 담긴 객관적 내용과 그에 대한 주관적 확신을 모두 포함한다.[620] 믿음의 방패는 하나님께서 그리스도를 통해서 성취한 구원의 객관적 사실에 근거하여, 그 구원에 이르기까지 성도들을 보호하고 인도해 주신다는 주관적 신뢰와 확신을 의미한다. 그런데 앞에서 바울이 언급한 세 가지 전투 장비, 즉 허리띠와 호심경 그리고 신발은 단순히 병사들의 몸에 부착되는 것들이었다. 그러나 방패는 병사들이 자신들의 손으로 꼭 붙들고 있어야 하는 장비이다. 이 사실은 성도들이 하나님을 향한 자신들의 믿음을 굳게 붙들고 있어야 함을 알려 준다(엡 1:13, 15, 19; 2:8; 3:12; 6:23).[621] 만약 방패를 손에서 떨어뜨리게 되면 방패가 주는 보호 기능을 상실하게 되듯이, 믿음을 상실한 성도들은 악한 영들이 쏘는 불화살에 무방비 상태로 노출될 것이다(비교, 벧전 5:8-9).[622] 그러나 하나님을 향한 견고한 믿음은 하나님의 능력인 성령이 가져오는 강건함을 통하여, 모든 영적 전투를 감당할 수 있도록 성도들을 강하게 해 준다(엡 3:16; 6:10). 바울은 6:18-19에서 성령이 주는 강건함을 성령 안에서 드리는 기도와 연관시킨다. 흥미롭게도, 주기도문(마 6:13)과 대제사장적 기도(요 17:15)에서 예수는 제자들이 '악한 자'로부터 보호되기를 하나님께 기도하고 있

---

620. 바울의 믿음에 대한 일반적인 논의를 위해서는 본 저자의 다음 논문들을 참조하라. 참조, 이승현, 2021a: 168-95; 이승현, 2022: 327-52.

621. 앞의 세 가지 장비들에 대한 성도들의 행동을 묘사하기 위하여 중간태 분사들이 사용된 것과는 달리, 믿음의 방패에 대한 성도들의 행위 묘사를 위해서는 능동태 분사(ἀναλαβόντες, 16절)가 사용되고 있다.

622. 바울 당시 그리스-로마 신화에 따르면, 신들 혹은 다양한 악한 영들은 화살이나 번개를 통해서 사람들을 공격한다고 여겨졌다(예, Herodotus, *Hist.* 4.79). 바울과 그의 독자들은 현재의 본문에서 이 모습을 연상했을 수 있다. 참조, Schwindt, 376-79.

다.[623] 에베소서에서 바울은 기도하는 예수의 모범을 잘 따르고 있다.

17a절 (전신갑주 5: 구원의 투구) 성도들이 취해야 할 전신갑주의 다섯 번째 장비는 '구원의 투구'(τὴν περικεφαλαίαν τοῦ σωτηρίου, 17절)이다. 그런데 바울은 앞선 네 장비들과는 달리, 구원의 투구를 취하라는 성도들의 행위에 분사가 아니라 명령형 주동사(δέξασθε, 17절)를 사용한다. 물론 취하다로 번역되는 이 주동사는 새로운 문단 혹은 생각을 소개한다기보다는, '견고하게 서기 위하여'(στῆτε, 14절) 전신갑주를 착용하는 행위의 연속선 상에 놓인 행동이다.[624] 전신갑주의 다섯 번째 장비인 투구는 고대 군인들이 머리에 착용했던 필수적인 보호 장비였다. 1세기 로마 군인들의 투구는 청동과 같은 금속으로 만들어져 병사들의 머리와 더불어 목까지 보호할 수 있도록 설계됐다.[625] 투구는 상당히 덥고 무거웠기에, 적이 없거나 휴전인 상태에서는 보통 옆에다 벗어 놓았다. 그러나 적이 등장하여 전쟁이 시작될 경우, 군사들은 벗어 놓은 자신들의 투구를 다시 착용하고 검을 집는다. 이 사실은 왜 17절에서 투구와 검이 동시에 등장하는지를 설명해 준다.

그런데 구원의 투구에 대한 묘사에서 바울은 다시 한번 이사야 59:17을 인용한다(비교, 살전 5:8).[626] 이 사실은 에베소서 6:17에서 바울이 구원을 의미하는 가장 일반적인 명사형 단어 '소떼리아'(σωτηρία; 비교, 엡 1:13; 살전 5:8)가 아니라, 이사야 59:17에 등장하는 형용사형

---

623. 참조, Arnold, 2010: 459.
624. Arnold, 2010: 459와 Hoehner, 849는 '취하는 행위'가 앞에서 언급된 '굳게 서는 행위'와 병행하는 행위이지만, 여전히 동일한 주제, 즉 전신갑주의 다섯 번째 장비를 소개하고 있다고 본다. 그러나 Lincoln, 1990: 450은 여기서 새로운 문단이 시작된다고 본다. 참조, O'Brien, 1991: 480.
625. 참조, Bishop and Coulston, 101.
626. 참조, O'Brien, 1991: 481; Thielman, 2010: 428; Arnold, 2010: 460.

단어 '소떼리오스'(σωτήριος)를 차용하고 있다는 점에서 잘 보인다. 이 사야 59:16-18에서 하나님은 구원의 투구를 쓰고 원수들을 향한 전쟁에 참여하는 신적 전사로 등장한다. 그런데 이사야서에서 하나님이 제시 하는 구원은 죄로부터 돌이키는 자들에게 허락될 죄로부터의 구원이 다. 그런데 하나님의 구원은 구원자의 등장과 함께, 미래에 주어질 또 다른 선물을 포함하고 있다(사 59:20).[627] 미래에 주어질 또 다른 선물은 하나님의 영과 말씀이 회개한 백성들과 영원히 함께할 것이라는 새 언 약이다(59:21). 한편으로 바울은 이사야가 제시하는 구원에 대한 묘사 를 적극적으로 수용한다. 그러나 다른 한편으로는 이사야의 구원 이해 에 자신의 새로운 생각들을 더하는 데 조금의 망설임도 없다.

바울에게 하나님의 구원을 가져올 이사야의 구원자는 예수 그리스 도의 도래를 통해서 실현됐고, 이사야가 본 미래의 구원은 이미 성도들 에게 허락되어 현재적 실체가 됐다(엡 2:8-9). 그리고 하나님의 영인 성 령의 인치심도 구원의 복음, 즉 진리의 말씀과 함께 성도들에게 이미 선 물로 제공됐다(1:13). 그러나 에베소서에서 바울이 묘사하는 구원은 단 순히 죄의 용서에만 한정되지 않는다. 구원은 그 죄를 통해서 성도들을 억압하던 악한 영들로부터의 구원을 포함한다(1:19-23). 이사야서에서 죄는 윤리적인 개념인 데 반하여, 바울서신에서 죄는 윤리적 개념이기 도 하고 때로는 능력 있는 영적 존재를 가리킨다(2:1-3; 롬 5:12-21). 그 리고 바울은 죄 용서의 개념을 통해서 하나님과 인류, 그리고 이방인과 유대인의 화목이라는 주제를 한층 더 발전시킨다. 물론 이사야가 본 하 나님의 대적들이 이방인들이었던 것에 반하여, 바울에게 하나님의 대 적들은 강력한 능력으로 어두움의 영역을 다스리는 악한 영들이다. 마

---

627. 참조, Oswalt, 527.

지막으로, 바울은 이사야와 마찬가지로 성도들의 구원에 역사하신 하나님의 능력을 반복해서 강조하고 있다(비교, 사 59:17).[628] 그러나 바울은 이제 하나님의 백성들이 직접 하나님의 전신갑주를 물려받아 원수들과의 영적 전투에 적극적으로 참여해야 한다고 강조한다. 이처럼 바울은 자신의 새로운 기독론적 그리고 종말론적 믿음의 틀을 통하여, 이사야서를 포함한 구약의 본문들을 항상 새롭게 재해석하는 데 전혀 주저함이 없다.[629]

바울의 복음 이해에서 구원은 가장 핵심적인 주제들 중 하나이다(비교, 롬 1:16-17).[630] 로마서의 경우, 예수-복음이 가져온 구원은 성도들의 종말론적 구원의 확실성을 의미한다는 측면에서 미래 영광의 소망이라고 불린다(비교, 롬 8:24-25). 비록 그 구원이 현재 성도들의 눈에는 감추어져 있지만, 미래에 분명히 주어질 것으로 하나님이 약속한 부인할 수 없는 분명한 실체이다. 자신의 첫 번째 서신인 데살로니가전서 4:13-5:11(비교, 5:8)에서, 바울은 에베소서와 마찬가지로 성도들에게 구원의 투구를 착용할 것을 요청한다. 이 본문에서 바울은 주 예수의 재림의 날과 그날 임할 최종적 구원의 선포에 대해서 강조한다.[631] 이 두 본문들에서 바울은, 비록 성도들에게 허락된 구원의 최종적 완성이 미래로 연기되어 있지만, 그 확실성에 대한 강조를 통하여 현재 고난 중에 있는 성도들을 격려하기 원한다. 그러나 에베소서에서 바울은 성도 구

628. 하나님의 능력은 그리스도의 발 아래 모든 권세들을 복종시킬 뿐만 아니라, 그들 아래 있던 이방인들을 구원하여 그리스도와 함께 하늘에 앉히셨다(엡 2:5-9).
629. 참조, 이승현, 2019b: 215-56.
630. 참조, Dunn, 1998: 163-81.
631. 참조, Dunn, 1998: 461-98.

원의 현재적 실체를 그 미래성보다도 조금 더 강조하고 있다.[632] 하나님
이 이미 공중 권세 잡은 자의 영역에서 성도들을 구원하여(ἐστε
σεσῳσμένοι, 엡 2:5), 그리스도와 함께 부활시킨 후 하늘 보좌에 앉히셨
다고 바울은 선포한다(συνήγειρεν καὶ συνεκάθισεν, 2:6).[633] 이 사실은
성도들이 이미 그리스도와의 연합 속에서 그와 함께 죽고 부활했음을
의미한다. 그럼에도 불구하고, 에베소서에서도 바울은 구원의 완성을
성도들의 미래 소망으로 여전히 견지하고 있다. 만물이 그리스도 안에
서 통일되는 것은 충만한 때로 연기되어 있다(1:10). 바울은 그 충만한
때를 '구원의 날'(ἡμέραν ἀπολυτρώσεως, 4:30)이라고 부른다. 이 구원
의 날이 이르기까지, 성도들 개개인은 그리스도의 장성한 분량에 이르
도록 계속해서 성장해가야 한다. 그리고 성도들이 구성하는 그리스도
의 연합된 몸도 그리스도의 완전한 충만함에 이르기까지 계속해서 자
라가야 한다(4:15-16). 그러나 한 가지 확실한 것은 성도들의 구원이 하
나님의 능력으로부터 말미암았기에, 그 구원의 마지막 종착역에 이르
기까지 성도들은 하나님에 의해서 보호받고 인도된다는 사실이다. 하
나님의 구원의 확실성은 성도들뿐만 아니라 그들의 영적 원수들에게도
이미 공개적으로 계시된 바이다. 그러므로 바울은 성도들에게 하나님
의 구원과 보호를 상징하는 투구를 머리에 쓰고, 담대하게 영적 전투에
임하라고 격려한다.[634]

632. 참조, Best, 1998: 481; Hoehner, 850; O'Brien, 1991: 481; Lincoln, 1990: 450; Arnold, 2010: 460. 비교, 권연경, 145-180.
633. 여기에 사용되는 세 동사들은 현재 완료형과 과거형으로 등장하고 있다. 이 동사들은 성도들의 경험이 과거에 발생하여, 현재 여전히 경험되고 있는 실체임을 강조한다.
634. 성도들의 구원의 투구는 성도들에게 이미 주어진 구원의 확실성에 대한 상징인 동시에, 악한 영들에게는 그들이 이미 패배했다는 사실에 대한 부인할 수 없는 증거

그러나 에베소서에서 바울이 성도 구원의 확실성과 현재성을 더 강조하는 데에는 분명한 이유가 존재한다. 바울이 보는 성도들의 삶의 본질은 과거 그들을 다스리던 악한 영들과의 영적 전투이다. 그런데 성도들이 직면한 영적 전투는 이미 그리스도와 악한 영들 간에 시작되어 사실상 종결된 전쟁이다. 그리스도 안에서 역사한 하나님의 전능하신 능력은 그를 죽음에서 부활시켰고, 하나님의 보좌 우편에 앉도록 지극히 높여 주었다(1:20). 그리고 하늘과 땅 그리고 현재와 미래의 모든 권세 자들과 능력들과 이름들을 다 그리스도의 발 아래 복종시켰다(1:21-22). 성도들의 탄생과 존재는 하나님의 영적 전투의 결과로 이루어진 부인할 수 없는 구원의 증거이다. 따라서 성도들은 자신들이 현재 경험하고 있는 하나님의 구원의 실체 속에서, 그 구원을 가져온 하나님의 능력에 대한 분명한 증거를 발견한다. 그리고 성도들이 거하는 새로운 영역인 '주 안에서', 그들은 자신들에게 부여된 하나님의 능력을 여전히 경험할 수 있다. 이처럼 에베소서에서 바울은 구원의 현재성에 대한 강조를 통하여 영적 전쟁에 임하는 성도들에게 주어진 하나님의 능력에 대해서 깨닫게 하고, 이 능력을 통해서 그들이 질 수 없는 전쟁에 참여하고 있음을 알려주고자 한다.

그러므로 성도들은 자신들에게 이미 주어진 구원이라는 투구를 자신들의 머리 위에 쓰고 영적 전쟁터로 나가야 한다.[635] 그리고 공중 권세 잡은 자들이 여전히 어두움의 능력으로 세상을 다스리고 있다는 전제에도 불구하고, 성도들은 이미 하나님의 구원의 전제인 공중 권세 잡은

로 기능한다.

635. 헬라어 표현 '뗀 뻬리께팔라이안 뚜 소떼리우'(τὴν περικεφαλαίαν τοῦ σωτηρίου, 6:17)에 담긴 소유격은 동격의 소유격(genitive of apposition)으로 볼 수 있다. 참조, O'Brien, 1991: 481; Hoehner, 850.

자들의 패배를 믿어야 한다. 성도들이 대적하는 영적 세력들은 그들보다 강한 이길 수 없는 적들이 아니라, 이미 하나님께서 자신의 능력으로 그리스도의 발 아래 복종시킨 패배자들이다. 따라서 승리자이신 주 예수 그리스도 안에서 영적 전투에 임하는 성도들은 악한 영들을 두려워해야 할 아무런 이유가 없다. 성도들이 만유의 주이신 예수 그리스도와 연합되어 있다는 사실은 악한 세력들이 도리어 성도들을 두려워해야 함을 알려 준다. 구원이라는 투구는 성도들로 하여금 그들이 이미 경험한 구원의 실체를 통하여, 하나님이 이미 승리한 전쟁에 참여하고 있음을 확신하게 한다.[636] 그리고 이미 패배한 공중 권세 잡은 자들에 대한 성도들의 영적 우위를 공개적으로 계시해 준다. 성도들이 하나님께 속한 군사인 만큼, 그들은 하나님의 승리에 동참하는 존재들이다.

17b절 (전신갑주 6: 성령의 검) 하나님의 전신갑주를 구성하는 여섯 번째 그리고 마지막 전투 장비는 '성령의 검'(τὴν μάχαιραν τοῦ πνεύματος, 17절), 곧 '하나님의 말씀'(ῥῆμα θεοῦ, 17절)이다. 이 여섯 번째 전투 장비는 마귀와 그의 어두움의 왕국을 파괴할 수 있는 성도들의 공격용 무기이다. 그런데 앞선 소유격 표현들과는 달리, '성령의 검'이라는 표현에서 성령은 검과 동일시된다기보다는(genitive of apposition), 그 검을 제공하는 기원이라고 보는 것이 더 옳다(genitive of source/origin).[637] 왜냐하면 17절 후반부에서 바울은 검을 하나님의 말씀과 동일시하고 있기 때문이다. 바울에게 성령은 하나님의 말씀이 성도들의 검으로 작용하도록 능력 있게 역사하는 분이다.[638]

---

636. 참조, Hoehner, 850.
637. 참조, Thielman, 2010: 428-29; Arnold, 2010: 461; O'Brien, 1991: 481.
638. 바울과 유대인들의 이해에서 하나님의 말씀은 성령에 의해서 영감 받은 것이다(비교, 딤후 3:16; 벧후 1:21). 참조, Fee, 1994: 793.

하나님의 말씀에서 말씀으로 번역된 헬라어 단어 '흐레마'(ῥῆμα)는 또 다른 헬라어 단어 '로고스'(λόγος, 1:13)와 거의 동의어다. 그러나 '흐 레마'는 원래 '말로 선포된 말씀'(spoken word)을 지칭했는데, 현재의 에베소서 본문에서도 이 의미가 다소 강조되고 있다.[639] 그런데 현재의 에베소서 본문을 제외하고는, 자신의 다른 서신에서 바울은 하나님의 말씀을 지칭하기 위하여 헬라어 단어 '흐레마' 대신 '로고스'를 주로 사 용한다(롬 9:6; 고전 14:36; 고후 2:17; 4:2; 빌 1:14; 골 1:25; 살전 2:13; 딤전 4:5; 딤후 2:9; 딛 2:5).[640] 흥미롭게도, 바울이 에베소서에서 여러 번 인용하는 이사야서는 '하나님의 말씀'을 지칭하기 위하여 '흐레마 테우'를 사용하고 있다(사 40:8). 칠십인역 이사야 11:4에 따르면, 메시 아는 그의 '입의 말씀'(τῷ λόγῳ τοῦ στόματος)으로 땅을 치고 그의 '입 술의 영'(ἐν πνεύματι διὰ χειλέων)으로 악한 자들을 죽일 것이다(비교, 계 19:15). 메시아의 말씀과 메시아의 영이 함께 등장하는 이사야서 11:4는, 메시아의 허리띠를 언급하는 11:5와 함께, 에베소서에서 바울에 게 성서적 영감을 제공하고 있다.[641] 성도들의 머리 되신 그리스도의 영 적 무장에 관한 이사야서 본문을 통하여, 바울은 성도들의 영적 무장을 묘사하고 있다.

에베소서에서 성령은 굉장히 중요한 역할을 담당하고 있다. 성령은 성도 구원에 대한 보증을 제공하는 하나님의 약속의 영이고(1:13), 그리

---

639. 참조, O'Brien, 1991: 617; Arnold, 2010: 461; Fee, 1994: 728-29.
640. 흥미롭게도, 롬 10:17에서 바울은 그리스도의 말씀을 표현하기 위하여 헬라어 표현 '흐레마또스 크리스뚜'(ῥήματος Χριστοῦ)를 사용한다. 그런데 여기서 말씀은 사도 들에 의해서 선포된 말씀을, 그리고 그리스도는 선포되는 말씀의 주체가 아니라 대 상으로 보인다. 참조, Moo, 666; Byrne, 327.
641. 참조, Hoehner, 852; Arnold, 2010: 462; O'Brien, 1991: 482.

스도를 아는 지식을 제공하는 지혜와 계시의 영이다(1:17). 그리고 성령
은 구원받은 성도들 안에 거하면서, 그들이 하나의 몸으로 연합하여 하
나님이 거하시는 거룩한 성전이 되도록 양육하고 돌본다(4:3-4; 2:22).
또한 성령은 성도들 개인들을 하나님께 인도하는 역할을 담당한다
(2:18; 비교, 2:2). 성령은 성도들 안에 거하는 하나님의 능력으로서
(3:16), 성도들 안에서 하나님의 거룩한 성품을 따라 새사람을 창조해
간다(4:22-24, 30; 5:18). 성령은 성도들이 하나님의 거룩한 본성을 따라
살면서 하나님을 닮아가는 자가 되고(5:1), 그리스도의 장성한 분량에
이르기까지 그들이 성장하도록 돕는 새 언약의 실체이다(4:15). 그러나
6:17에서 바울은 성령을 성도들의 영적 공격무기인 검을 제공하는 분이
라고 칭한다. 바울은 성령의 검을 하나님의 말씀과 동일한 것으로 간주
하기에, 17절에서 바울이 생각하고 있는 성령의 역할은 지혜와 계시의
영으로서의 역할로 보인다. 지혜와 계시의 영인 성령은 하나님의 말씀
을 조명하는 역할을 통해서, 마귀의 간계와 술수 그리고 거짓된 진리들
을 분별하게 해 준다(비교, 4:12-14). 성령은 하나님의 말씀을 통하여 악
령들의 공격을 무력화시키고, 선포된 말씀에 하나님의 능력을 더함으
로써 그들에게 치명타를 입힌다.[642] 이러한 성령의 역할은 광야에서 시
험당하던 성령 충만한 예수에게서 잘 증거되고 있다(마 4:1-11; 눅 4:1-
13). 예수 그리스도에게 속하여 그가 치른 영적 전투에 참여하고 있는
성도들에게 동일한 성령의 도움이 제공될 것이다.

　그런데 17절의 '하나님의 말씀'(ῥῆμα θεοῦ)에 대한 학자들의 해석은
크게 두 가지 방식으로 진행됐다. 첫 번째 견해에 따르면, 하나님의 말

---

642. 참조, O'Brien, 1991: 482; Fee, 1994: 728-29; Barth, 2:771; Lincoln, 1990: 451. 비
　　교, Best, 1998: 603-04.

씀은 악한 영들의 특별한 공격에 대항하는 성도들에게 성령이 주시는 특별한 영감을 의미한다. 말씀에 대한 성령의 영감은 성도들의 삶에서 발생하는 특별한 상황에 대한 하나님의 구체적 인도로서의 말씀을 의미한다.[643] 이런 해석의 가장 적절한 예로 광야에서 시험받을 때 마귀를 대적하던 예수 그리스도의 모습을 들 수 있다(마 4:1-11; 눅 4:1-13). 예수는 하나님의 입에서 나오는 말씀으로 산다고 강조하면서, 구체적인 말씀에 대한 특별한 영감을 통해서 마귀의 세 가지 유혹을 물리친다(마 4:4; 비교, 신 8:3). 여기서 예수는 단순히 복음을 마귀에게 선포하는 것이 아니라, 하나님의 말씀을 통하여 마귀의 유혹에 담긴 거짓됨을 밝힘으로써 마귀를 공격하고 있다.[644] 그러나 이 첫 번째 견해는 성령의 검에 담긴 방어적 역할을 주로 부각시킨다는 약점이 있다.

두 번째 견해에 따르면, 하나님의 말씀은 성도들이 듣고 믿은 선포된 구원의 복음을 의미한다(엡 1:13).[645] 신약성경에서 하나님의 말씀으로 번역된 헬라어 표현 '흐레마 테우'($\acute{\rho}\tilde{\eta}\mu\alpha$ $\theta\varepsilon o\tilde{v}$)는 종종 선포된 예수-복음과 동일시되곤 한다(롬 10:8, 17-18; 벧전 1:25; 히 6:5). 선포된 복음의 말씀에 성령이 능력으로 동반되는 경우, 그 말씀은 마귀의 어두움의 영역을 공격하는 강력한 무기가 된다. 성령의 능력이 동반된 말씀은 마귀의 노예가 된 자들에게 진리의 빛과 해방 그리고 생명을 제공할 수 있기 때문이다. 그러나 에베소서 6:15에서 이미 평화의 복음이 성도들

---

643. 참조, Bruce, 409-10; Best, 1998: 604; Hoehner, 853.
644. 여기서 우리는 예수께서 단순히 주술처럼 하나님의 말씀을 낭송하시지 않는 사실에 대해서 주목해야 한다. 예수의 말씀 사용은 그 말씀에 대한 깊은 묵상을 전제로, 마귀의 도전의 성격에 따라 적절한 본문을 통해서 매우 시의적절하게 실행되고 있다. 참조, Hoehner, 853; Best, 1998: 603-04; Schlier, 298.
645. 참조, Thielman, 2010: 429; O'Brien, 1991: 482; Fee, 1994: 729; Lincoln, 1990: 451; Schnackenburg, 280; Barth, 2:800.

의 영적 신발로 제시됐다는 사실을 고려해 볼 때, 첫 번째 해석이 좀 더 설득력 있어 보인다. 그럼에도 불구하고, 하나님의 말씀에 대한 성령의 특별한 영감들과 예수-복음을 상호 다른 두 가지 실체들로 분리해서는 안 된다.[646] 예수-복음이 바로 하나님의 말씀의 핵심을 이루면서, 성도들의 특별한 상황에 필요한 특별한 영감의 근거로 기능하기 때문이다. 성령의 특별한 영감을 통해서 오는 하나님의 인도로서의 말씀은 이미 계시된 구원의 복음이 성도들의 삶에 구체적으로 적용되는 것이다.

예수-복음과 그 복음의 구체적 적용을 의미하는 말씀의 검은 성도가 가진 유일한 공격 무기이다. 성령이 부여하는 이 공격 무기를 통해서 성도들은 악한 자들의 '믿지 않는 말', '인간의 간교한 술수들' 그리고 '마귀의 간계들'과 대적한다(4:14, 25; 6:11). 하나님의 입에서 나오는 말씀에는 원수들을 제압하는 강력한 권세가 있기에, 성도들은 성령 안에서 하나님의 말씀을 굳게 붙들고 있어야 한다(비교, 사 11:4; 시 33:6; 119:11; 롬 1:16; 살후 2:8; 히 4:12).[647] 성도들은 하나님의 기록된 말씀에 대한 철저한 지식과 이해를 소유해야 하고, 자신들의 삶에 대한 적절한 적용을 위해서 항상 성령에게 의존해야 한다. 이 사실은 18절에서 바울이 전달할 다음 권면으로 자연스럽게 독자들을 인도한다. 성령의 지혜와 영감 그리고 도움을 체험하기 위해서 성도들은 항상 성령 안에서 깨어 기도해야 한다(18절).

18절 (성령 안에서 깨어 기도할 것) 바울은 하나님이 성도들을 위해서 준비하신 전신갑주를 완성하는 것은 '항상 성령 안에서 깨어 기도하는 것'이라고 강조한다. 이런 면에서 볼 때, 성령 안에서 행하는 기도는 성

---

646. 참조, Arnold, 2010: 462.
647. 참조, Sellin, 484.

도의 전신갑주의 일곱 번째 장비라고 부를 수 있다(Schlier, 298). 그러나 성령 안에서 깨어 기도하는 것은 성도들이 단순히 한 가지 영적 장비를 더 취하는 것이 아니다. 왜냐하면 성령 안에서 깨어 기도하는 것은 전신갑주를 착용한 성도들의 속사람을 능력으로 강건하게 해줌으로써, 성도들이 모든 영적 장비들을 효과적으로 잘 사용할 수 있게 해 주기 때문이다(3:16).[648] 이런 면에서, 영적 전투에서 기도는 모든 영적 장비들보다도 더 중요한 특별한 역할을 담당하고 있다. 아무리 훌륭한 전투 장비들을 보유하고 있다 할지라도, 그 장비들을 착용한 군사가 허약하다면 그 장비들은 모두 무용지물이 된다. 마찬가지로, 기도를 통한 성령의 능력이 부재한 성도들에게는 하나님의 능력 있는 전신갑주가 무용지물이 될 수 있다. 따라서 하나님은 영적 전투에 임한 성도들을 성령 안에서 깨어 기도하게 하심으로써, 하나님의 능력으로 채워져 마귀를 대적할 수 있는 최강의 영적 군사들로 만들어 주신다.

이미 앞에서 상세히 논의된 바와 같이, 하나님이 성도들에게 제공해 주신 전신갑주는 하나님이 허락한 구원과 복음 그리고 그의 거룩한 성품을 잘 반영하고 있다. 그리고 하나님의 전신갑주로 무장한 성도들이 참여하는 전쟁은 혈과 육과의 물리적 전쟁이 아니라, 영적 세력들과 벌이는 영적 전쟁이다(12절).[649] 영적 전쟁이 벌어지는 영역은 특별히 성도들의 삶과 더불어 성도들의 기도이다. 성령은 성도들의 삶과 기도에서

---

648. 참조, O'Brien, 1991: 483; Lincoln, 1990: 452; Barth, 2:786; Arnold, 2010: 463.

649. Thielman, 2010: 433은 여기서 바울이 언급하는 기도는 영적 전쟁을 치르기 위한 전신갑주와 구분되는 별개의 주제라고 주장한다. 그러나 '기도하라'에 해당하는 헬라어가 분사로 쓰였다는 사실은 성도의 기도가 앞에서 언급된 영적 전쟁을 위해서 전신갑주로 무장하는 행위들과 직접적으로 연관이 있다는 사실을 잘 보여준다. 비교, MacDonald, 347.

성도들을 하나님의 능력으로 채워 승리하게 해 주신다. 따라서 18절의 현재 가르침은 10절의 가르침을 수식하면서, 성령은 "주 안에서 그의 힘의 능력으로 강건케 하기 위해서" 하나님이 성도들에게 보내주신 특별한 하나님의 능력임을 알려 준다.[650] 그러므로 성령 안에서 드리는 기도는 영적 전쟁을 수행하기 위한 능력이 성도들로부터 오는 것이 아니라 하나님으로부터 오는 것임을 인정하고, 하나님께 전적으로 의지하며 기도하는 성도들의 영적 능력이다.

바울이 본 성령 안에서 행하는 기도의 가장 큰 유익은 하나님의 능력으로 강건해지는 것이다. 이 사실을 바울은 자신이 에베소 성도들을 위해서 드린 두 번의 기도에서 잘 보여 주고 있다. 1:17-19에 담긴 자신의 첫 번째 기도에서, 바울은 성도들에게 지혜와 계시의 영이 주어져서, 그들에게 임한 하나님의 능력의 측량할 수 없는 위대함을 깨닫게 해 달라고 간구한다. 그리고 3:14-19에 담긴 두 번째 기도에서는, 성령을 통한 하나님의 능력으로 성도들의 속사람이 강건해지고, 주께서 그들 마음 안에 능력 있게 거하시도록 기도한다. 이런 맥락 속에서, 6:10, 18에서 바울은 성령 안에서 깨어 기도하는 것이 주의 능력으로 강건해지는 것임을 다시 한번 강조한다. 그런데 18절에서 바울은 성도들의 기도를 묘사하면서, 헬라어 현재형 분사 '쁘로슈코메노이'(προσευχόμενοι, '기도하면서')를 사용한다. 이 분사는 14절의 '굳게 서라'(στῆτε)는 주동사를 수식하면서, 기도가 영적 전투에 임한 성도들의 가장 기본적이면서도 지속적인 태도가 되어야 함을 알려 준다.[651] 앞선 여섯 가지 전투 장

---

650. 18절의 성령은 10절의 주와 그의 능력을 반복하면서, 10-18절 전체 단락을 하나의 수미상관(inclusion)으로 묶어준다.

651. 참조, O'Brien, 1991: 483; Lincoln, 1990: 451; Best, 1998: 604; Arnold, 2010: 463; Daniel Wallace, 1996: 650. 그러나 Sellin, 484 n.79은 여기서 바울이 기도에

비들의 경우, '취하라' 혹은 '입으라' 등의 특정한 행위들이 일시적으로 요청됐다. 그러나 기도의 경우, 바울은 그 어떤 특정한 무기나 동작을 비유적으로 제공하거나 요청하지 않는다. 대신 바울은 현재형 분사 '쁘로슈코메노이'를 통해서 기도의 지속성을 강조하는 동시에, '모든'(πάσης, παντὶ, πάσῃ, πάντων, 18절)을 네 번 사용하여 기도의 포괄성을 강조한다: '항상', '모든 기도와 간구로', '모든 인내로' 그리고 '모든 성도들을 위해서'. 결론적으로 영적 전투에 임한 성도들은 단순히 적을 기다리면서 마냥 서 있기만 하는 자들이 아니라, 모든 일에 계속해서 깨어 기도하는 마음을 소유한 자들이다.

그런데 18절에서 바울이 묘사하는 영적 전쟁으로서의 성도의 기도에는 다섯 가지 특징들이 존재한다.[652] 첫 번째, 성도의 기도는 '항상'(ἐν παντὶ καιρῷ) 쉬지 말고 드려져야 한다(비교, 살전 5:17; 눅 21:36). 기도는 특별한 상황에서 특별한 주제에 대해서만 드려지는 행위가 아니라, 성도들 삶의 모든 영역에 걸쳐서 드려지는 상시적 행위가 되어야 한다. 왜냐하면 성도들의 삶은 악령들과의 지속적인 영적 전투가 벌어지는 전쟁터이기 때문이다. 항상이라는 표현 속에 사용된 시간을 의미하는 헬라어 명사 '까이로스'(καιρός)는 이미 5:16에서 사용된 단어이다. 이 본문에서 바울은 때가 악하기에 시간을 현명하게 잘 사용하라고 권면했다(비교, 롬 13:11-14). 악한 자들과의 영적 전투의 시기에 성도가 자신의 시간을 가장 잘 사용하는 방법은 기도하는 것이다. 이 기도에 대한 가르침을 바울은 누구보다도 잘 실천하고 있다. 다른 서신에서 바울은

관한 새로운 문단을 시작하고 있다고 본다(비교, 롬 12:9-21). 비교, Thielman, 2010: 433; Hoehner, 854.
652. 참조, Thielman, 2010: 433-34.

자신의 영적 자녀들인 성도들을 위해서 자신은 '항상'($\pi \acute{\alpha} \nu \tau \sigma \tau \epsilon$) 기도하고 있다고 고백한다(롬 1:9; 고전 1:4; 빌 1:4; 살전 1:2; 살후 1:11; 골 1:3). 특별히 영적 전투에 임한 성도들이 항상 기도해야 하는 이유는 악한 자들의 예기치 못한 공격에 대비하여 늘 '깨어 있어야'($\dot{\alpha} \gamma \rho \upsilon \pi \nu$-$\sigma \tilde{\upsilon} \nu \tau \epsilon \varsigma$, 18절) 하기 때문이다. 성도들은 악한 대적들이 언제 자신들을 공격할지 알 수 없기에 늘 기도로 준비하고 있어야 한다. 이에 바울은 '모든 기도와 간구'($\delta \iota \grave{\alpha} \pi \acute{\alpha} \sigma \eta \varsigma \pi \rho \sigma \sigma \epsilon \upsilon \chi \tilde{\eta} \varsigma \kappa \alpha \grave{\iota} \delta \epsilon \acute{\eta} \sigma \epsilon \omega \varsigma$, 18절)라는 표현을 통해서, 모든 종류의 기도로 구성되는 상시적 기도의 필요성을 다시 한번 강조한다. 기도에 대한 이 두 유사 용어들의 반복은 중언법(hendiadys)으로서, 성도들이 드리는 모든 종류의 기도들을 그 안에 포함하고 있다.[653]

두 번째, 성도의 기도는 '성령 안에서'($\dot{\epsilon} \nu \pi \nu \epsilon \acute{\upsilon} \mu \alpha \tau \iota$, 18절) 드려져야 한다. 여기서 바울은 성도의 마음속에 거하면서 그들의 기도를 인도해 가고, 때에 따라 시의적절한 도움을 제공하는 성령의 역할에 대해서 강조한다.[654] 바울에게 성령은 영감을 통해서 성도의 기도를 충만하게 해주고, 하나님의 말씀을 주어 특정한 상황에 대한 하나님의 뜻을 계시해 주며, 성도가 미처 생각하지 못하고 기도하지 못하는 것들까지도 대신 중보해 준다(롬 8:26). 기도는 성도와 하나님과의 가장 긴밀한 교제를 의미하고, 그 교제를 주도하고 인도하는 분은 바로 성령이다. 그러므로

---

653. 참조, O'Brien, 1991: 484; Best, 1998: 605; Lincoln, 1990: 452; Barth, 2:778. 그러나 Hoehner, 856은 전자를 일반적인 기도로, 그리고 후자를 특별한 요청을 담은 기도로 해석한다. 참조, Arnold, 2010: 464.
654. 참조, David Crump, 2006: 217. 이 견해가 대부분의 주석가들이 주장하는 견해이다. 참조, Hoehner, 857; O'Brien, 1991: 484; Lincoln, 1990: 452; Best, 1998: 605.

성도들은 성령 안에서(dative of sphere),[655] 그리고 성령의 임재와 도움을 통해서(dative of means)[656] 하나님과 교제하고 기도해야 한다. 기도시 성령은 성도들에게 누구를 위해서, 어떻게 그리고 무엇을 기도할지에 대해서 인도해 준다. 그리고 무엇보다도, 기도의 선한 싸움을 잘 끝낼 수 있도록 성도들과 동행하며 그들을 강건하게 지켜 준다.[657] 그런데 에베소서에서 성령은 매우 공동체적 성향을 보인다. 성령은 과거 원수됐던 유대인과 이방인 성도들을 함께 하나님께로 인도해 주고(엡 2:18), 그들을 충만하게 채워서 그리스도 안에서 상호 복종하는 삶을 살게 해주며(5:18), 한 몸이 되어 하나님이 거하시는 성전으로 세워져가게 한다(2:22). 그러므로 성령 안에서 드리는 기도는 개인적 필요와 간구를 넘어서, 모든 성도들을 위한 중보기도로 나아가야 한다. 이 사실은 왜 19-20절에서 바울이 에베소 성도들에게 자신을 위한 중보기도를 요청하는지를 잘 설명해 준다.

세 번째, 영적 전투로서의 기도에는 '헌신적 인내'가(ἐν πάσῃ προσ-καρτερήσει, 18절) 동반되어야 한다. 여기에 사용된 헬라어 명사 '쁘로스까르떼레시스'(προσκαρτέρησις, 18절)의 가장 기본적인 의미는 무엇인가를 지속적으로 추구하는 인내를 의미한다. 헌신적 인내는 마치 훌륭한 의사가 자신의 직업에 최선을 다하여 헌신하는 것처럼, 철저한 직업정신으로서의 인내심 가득한 헌신을 의미한다.[658] 신약에서 헌신적

655. 참조, Hoehner, 857.
656. 참조, Arnold, 2010: 464. 다소 뜬금없게도, Fee, 1994: 730-31은 여기서 방언 기도의 필요성을 강조한다. 그러나 에베소서에서 바울은 방언에 대해서 어떠한 언급도 하지 않는다.
657. 참조, Fee, 1994: 731.
658. IG 12.249.8. 참조, Thielman, 2010: 434.

인내를 의미하는 헬라어 단어는 명사형으로 단 한 번 현재의 본문에서만 발견된다. 그러나 로마서 12:12와 골로새서 4:2에서 바울은 헌신에 해당하는 위의 명사의 동사형(προσκαρτερεῖτε)을 통해서 기도에 헌신하라고 권면하고 있다. 바울의 제자 누가는 초대 교회 성도들의 기도생활을 규정하는 가장 큰 특징이 기도에 대한 그들의 헌신이라고 증거한다(행 1:14; 2:42; 6:4). 기도에 헌신적 인내가 필요한 이유는 오랜 기간의 기도로 말미암는 영적 피로와 응답받지 못한 기도로 인한 낙심을 극복하기 위해서이다. 낙심과 피로는 영적 전투에 임한 성도들을 영적 나태함과 불신앙으로 이끌어, 다가오는 대적들의 공격에 무방비 상태로 내버려 둔다. 반면에 인내하는 기도는 성도들로 하여금 지속적으로 깨어 있게 하고, 승리할 때까지 대적들의 공격을 보고 대항하게 해 준다.

네 번째, 영적 전투로서의 기도는 성도가 영적으로 '깨어 있음'(ἀγρ-υπνοῦντες, 18절)을 전제로 한다. 여기에 사용된 헬라어 동사 '아그뤼쁘눈떼스'의 기본적 의미는 '밤에 잠을 청하지 않고 깨어 있어 주의를 집중하고 있는 상태'이다. 이 의미의 가장 좋은 예는 전쟁에 임한 병사들에게서 발견된다. 전쟁 중 병사들의 중요한 임무는 밤에 잠을 청하지 않고 보초를 서면서, 혹시나 모를 적의 동태를 주시하며 살피는 것이다. 복음서에서 이 단어는 예수의 종말론적 가르침 속에서 종종 발견된다. 주 예수가 다시 오는 것을 기다리는 성도들은 깨어 있어 그의 재림을 준비해야 한다(막 13:33). 또한 예수는 제자들에게 종말의 때에 임하는 심판의 대상이 되지 않기 위하여, 깨어 있어 자신들의 행위를 돌아보아야 한다고 가르친다(눅 21:34-36). 특별히 기도와 연관하여, 예수는 제자들이 시험에 들지 않기 위하여 깨어 기도해야 함을 강조해 준다(막 14:38). 에베소서에서 바울은 이러한 복음서에서 발견되는 종말론적 인

식과 유사한 생각을 보여준다(비교, 고전 16:22; 계 22:20).[659] 바울은 다
가오는 하나님의 진노의 대상이 되지 않도록 성도들은 어두움의 행위
들을 피해야 한다고 가르친다(엡 5:6, 11; 비교, 롬 13:11-14). 특별히 깨
어 기도함을 통하여, 성도들은 자신들의 삶에서 발생하는 중요한 사건
들이나 기회들을 놓치지 않도록 기도하는 일에 게으르지 말아야 한다.
영적 전투의 맥락에서, 성도가 깨어 있어 드리는 기도는 대적하는 악한
영들의 움직임을 주목하여 살피는 것을 의미한다. 그리고 악한 영들이
악한 행위들로 성도들을 미혹하여 어둠의 세력 아래 가두지 않도록, 깨
어 있어 자신들의 행위를 돌아보는 것을 의미한다.

마지막으로, 성도의 영적 전투로서의 기도는 '모든 성도들을 위하
여'(περὶ πάντων τῶν ἁγίων, 18절) 드려져야 한다. 성령 안에서 드려지
는 성도들의 기도는 성도들 개인의 일상을 위한 기도만으로 채워지지
않고, 성도들이 속한 교회 전체를 위하여 드려지는 공동체적 기도가 되
어야 한다. 왜냐하면 성도들이 처한 영적 전쟁은 성도들 개인의 책임이
아니라, 성도들의 집합체인 몸 된 교회가 그리스도의 군대로서 악한 자
들과 싸우는 총력전이기 때문이다(비교, 4:7-16).[660] 마치 성을 사수하기
위하여 싸우는 병사들 가운데서 어느 한쪽이라도 허물어진다면 성 전
체가 정복되듯이, 성도의 영적 전쟁은 교회 공동체 전체가 치러야 하는
공동체적 전쟁이다. 특별히 성령 안에서 드리는 기도가 모든 영적 장비
들을 능력 있게 사용하기 위한 필수적인 행위라면, 기도는 성도 개인만
의 준비가 아니라 모든 성도들을 능력으로 무장시키는 공동체적 행위

659. 참조, O'Brien, 1991: 485.
660. 참조, Hoehner, 859.

이다.[661] 여기서 바울은 성도들 상호 간의 강건함을 위한 중보기도의 필요성을 강조하고자 한다. 중보기도는 온 몸의 지체들이 상호 연결되어 서로 세워주는 행위들 중에서도 가장 중요한 섬김의 행위이다(4:16). 중보기도를 통해서 강건해진 교회는 그리스도의 충만함으로 온 세상을 채워갈 수 있게 된다(1:22-23). 그리스도의 충만함으로 채워가는 행위는 마귀가 다스리는 어두움의 영역에 그리스도의 구원과 해방을 소개하여, 그 어두움의 영역을 그리스도가 다스리는 빛의 영역으로 변화시킨다. 이러한 영적 전쟁으로서의 중보기도의 가장 훌륭한 예는 바울과 에바브라의 기도에서 잘 발견된다. 그들은 성도들이 하나님의 능력으로 견고하게 서 있기를 힘써 간구한다(1:15-23; 3:14-21; 골 1:3-12; 4:12).[662]

19절 (바울을 위한 중보기도 요청) 바울은 성령 안에서 드려지는 성도들 상호 간의 중보기도가 그들이 악한 자들과 치르는 영적 전투의 핵심을 이룬다고 가르친다. 바울은 이 가르침의 실례를 이미 앞에서 자신이 드린 중보기도를 통해서 잘 보여 주었다(1:15-23; 3:14-21). 교회들에게 보내는 자신의 서신에서 바울은 항상 하나님을 향한 감사와 더불어, 수신자인 성도들을 위한 자신의 기도를 올려 드린다(롬 1:9; 빌 1:4; 골 1:3; 살전 1:2; 딤후 1:3; 몬 1:4). 성도들을 위한 바울의 기도는 주로 그들의 영적 안위와 강건한 믿음을 위해서이다. 바울은 성도들의 세워짐을 위한 중보 기도의 효과를 개인적 체험을 통해서 이미 잘 알고 있다(빌 1:19; 고후 1:11; 딤전 2:1; 몬 1:22). 이에 영적 전투에 대한 자신의 가르침을 마무리하면서, 19-20절에서 바울은 에베소 성도들이 자신을 위하여 기도해 줄 것을 간절히 요청한다. "또한 저를 위해서 기도하시되, 제

---

661. 참조, Arnold, 2010: 465.

662. 참조, Hoehner, 859; Arnold, 2010: 466; Rosscup, 66.

입에 말씀을 주사 담대함을 가지고 복음의 비밀을 알리게 해 주십시오"(19절). 여기서 바울이 복음을 전하는 데 있어서 담대함을 간청하는 이유는 그가 현재 옥에 갇혀서 복음을 전할 수 없는 처지에 놓여 있고, 곧 있을 재판장 앞에서 최종변론을 앞두고 있기 때문이다.[663] 바울은 성도들의 중보기도가 옥에 갇힌 자신의 처지를 극복하고, 심문하는 인간들의 지혜를 뛰어넘어 담대하게 복음을 전하게 하시는 하나님의 능력의 통로임을 굳게 믿고 있다(빌 1:19). 바울은 자신의 다른 서신에서도 자신과 자신의 동역자들이 행하는 복음 사역을 위해서 수신자들의 중보기도를 요청하곤 한다(고후 1:11; 살전 5:25; 살후 3:1, 2). 바울은 그의 복음 사역이 특별한 도전에 직면했을 때, 그 도전을 극복할 하나님의 능력을 위하여 더 간절하게 성도들의 중보기도를 요청한다(롬 15:30-32; 빌 1:19; 몬 1:22).

19절을 시작하면서, 바울은 '나를 위하여'(ὑπὲρ ἐμοῦ)라는 표현을 통하여 '모든 성도들을 위한'(περὶ πάντων τῶν ἁγίων, 18절) 중보기도로부터 자신을 위한 중보기도로 대화의 주제를 전환한다. 바울의 기도 요청은 크게 두 가지 내용으로 구성되어 있다. 첫 번째, 바울은 자신의 입에 하나님께서 복음의 비밀이 담긴 하나님의 말씀을 주시기를 원한다. 자신들의 입에 전할 말씀을 달라는 기도는 구약에서 종종 선지자들이 하나님께 드리던 기도이다(사 59:21; 겔 3:27; 33:22; 단 10:16; 시 78:2). 하나님께서는 자신이 하고 싶은 말씀을 백성들에게 전달하기 위하여, 자신이 택한 인간 종들을 불러 그들에게 자신의 말씀을 제공하신다(출 4:12, 15; 민 22:28; 겔 3:27; 29:21; 눅 1:64; 마 5:2; 행 8:35;

---

663. 참조, Thielman, 2010: 434.

18:14).[664] 이에 선지자들은 그들을 부르신 하나님의 뜻에 따라 그들이 전해야 할 말씀을 그들의 입에 허락해 달라고 기도한다. 흥미롭게도, 출애굽을 앞두고 하나님은 모세의 입을 열어 그가 할 말을 직접 가르쳐 주시겠다고 약속한다(출 4:12). 이러한 선지자적 전통 속에서, 바울은 자신의 복음 전파 사역을 이방인들을 위한 선지자적 사명으로 간주하고 있다(비교, 갈 1:12-16).[665] 그런데 복음서의 전통에서 예수는 복음을 전하러 나가는 자신의 제자들에게 '말할 수 있는 입과 지혜'를 줄 것이라고 약속한다(눅 21:14-15). 바울은 자신의 사역과 정체성을 하나님의 은혜로 부름 받은 '쇠사슬에 매인 예수의 사신'(πρεσβεύω ἐν ἁλύσει, 20절)으로 이해하고 있다. 그러므로 바울은 부활하신 주 예수와 하나님으로부터 그가 선포해야 할 말씀에 대한 적절한 표현과 담대함, 그리고 지혜를 기대한다.

물론 바울은 그가 전해야 할 말씀은 예수 그리스도의 '복음의 비밀'(τὸ μυστήριον τοῦ εὐαγγελίου, 19절)임을 분명히 알고 있다.[666] 다메섹 도상에서 부활한 예수 그리스도를 만났을 때, 바울은 자신이 예수-복음을 전하도록 택함 받은 자임을 분명히 깨닫게 됐다(갈 1:15-16; 비교, 행 9:15; 22:14-15; 26:17-18).[667] 그리고 에베소서에서 바울은 그리스도의 복음의 비밀이 그리스도를 통해서 만물을 통일하고자 하시는 하나님의 계획임을 이미 앞에서 자세히 설명했다(엡 1:9-10, 20-21; 3:3-6,

---

664. 참조, Thielman, 2010: 435.
665. 참조, Sanders, 550-64; Dockery, 153-64.
666. 복음과 비밀은 하나님의 구원 계획이라는 동일한 실체를 약간의 다른 뉘앙스로 지칭하는 표현들이다. 비밀은 하나님의 신적인 구원 계획의 숨겨진 특징을 강조하고, 복음은 하나님의 구원 계획의 수혜자들에게 그 계획의 외적 표현을 강조한다. 참조, Brown, 1968: 64. 비교, Hoehner, 862-63.
667. 참조, Longenecker, 1997; McKnight, 110-32.

9-10; 비교, 골 1:27). 비밀은 종말의 때를 향한 하나님의 구원계획에 대한 묵시적 표현이다. 그런데 그리스도의 비밀은 그리스도 안에서 유대인과 이방인을 하나로 연합함으로써 이미 성취됐음이 바울과 성도들에게 은혜로 계시됐다(엡 3:3-4). 그러므로 19절에서 바울이 요청하는 하나님의 말씀은 그가 받아야 할 또 다른 새로운 계시가 아니라, 그가 현재 처한 상황에 맞게끔 그리스도의 복음의 비밀을 '효과적으로 그리고 담대하게 전할 수 있는 지혜와 능력'을 의미한다.[668] 바울이 현재 처한 상황은 옥에 갇혀서 곧 있을 최종적 변론과 심판을 앞두고 있는 영적 전투의 상황이다. 이에 바울은 자신을 심문할 로마 황제와 관료들의 질문에 지혜롭게 답변하면서, 자신이 갇히게 된 이유인 예수-복음을 담대하게 전할 수 있기를 원한다.[669] 바울에게 있어서 예수-복음은 어두움의 권세들을 파괴하는 성령의 검, 곧 하나님의 말씀이다(17절). 어쩌면 감옥에 갇힌 바울은 자신이 선포하는 예수-복음을 통해서 어두움의 권세가 다스리는 로마 왕국 전체가 예수께서 다스리시는 하나님 나라로 변화되는 것을 꿈꾸었을지도 모른다. 놀랍게도 바울의 꿈은 그의 사후 250여 년이 지난 후 역사에서 현실화됐다.

두 번째, 바울은 복음의 비밀을 전할 때 자신이 '담대함'(ἐν παρρησίᾳ, 19절)을 가지고 그 복음을 전하게 해 달라고 요청한다. 일반적인 의미에서 담대함은 자신보다 더 강한 자들 앞에서 자유롭게 진실

---

668. 참조, Arnold, 2010: 466; O'Brien, 1991: 487; Smillie, 215.

669. 에베소서를 쓸 당시, 바울은 로마 감옥에 갇혀 있었을 것으로 추정된다. 그렇다면 바울이 마주할 로마 황제는 그와 베드로를 처형한 네로 황제일 것이다. 참조, Hoehner, 863; O'Brien, 1991: 489; Arnold, 2010: 467; Smillie, 219; Flexsenhar, 18-45.

을 말할 때 보이는 용기 있는 태도를 의미한다.[670] 에베소서의 경우, 3:12
에서 바울은 담대함을 그리스도 안에서 성도들이 하나님께 나아갈 때,
하나님 앞에서 그들이 자유롭게 말할 수 있는 특권으로 제시했다. 사실
바울은 자신의 서신에서 담대함에 해당하는 이 헬라어 동사와 명사를
여러 번 사용하고 있다(3:12; 6:19, 20; 고후 3:12; 빌 1:20; 살전 2:2; 딤
전 3:13). 무엇보다도 바울에게 담대함은 어떠한 거리낌도 없이 담대하
게 복음을 선포하는 자세를 의미한다.[671] 바울은 데살로니가 교인들에게
그가 처한 고난에도 불구하고, 자신이 얼마나 담대하게 그들에게 복음
을 전했는지에 대해서 상기시킨다(살전 2:2). 고린도교회 성도들에게는
율법이 전해질 때 모세가 수건으로 얼굴을 가린 행위와 달리, 새 언약의
일꾼인 자신은 예수-복음을 담대하게 전하고 있다고 강조한다(고후
3:12). 그런데 옥에 갇혀 최종 변론을 앞둔 현재의 바울에게는 그 어느
때보다도 더 큰 담대함이 필요하다. 이에 바울은 19절에 이어 20절에서
헬라어 동사 '파레시아소마이'(παρρησιάσωμαι)를 통하여 담대한 복음
선포에 대한 자신의 바람을 한 번 더 강조한다.

바울이 에베소서를 쓰고 있는 현재 바울은 감옥에 갇힌 상태이다.
바울은 이방인들을 향하여 복음을 전하다가 감옥에 갇히게 됐고(3:1),
곧 법정에서 자신의 '잘못' 혹은 '범죄'(?)에 대한 최종 선고를 받게 될
예정이다. 그러나 바울은 자신이 옥에 갇힌 처지 때문에 복음을 전하는
일에서 위축되거나, 혹은 재판관 앞에서 일말의 두려움을 느끼는 것을
원치 않는다. 대신 바울은 로마 시민들을 향하여 당당하게 복음을 전하

670. 예, *Let. Aris.* 125; 요세푸스, *Ant.* 16.377-38; 행 4:13, 29; 마카비1서 4:35; 마카비3
　　서 2:4; 에스라4서 7:98.
671. 참조, Arnold, 2010: 467; Thielman, 2010: 435.

고, 로마 관원들 앞에서 심문을 당하는 중에도 담대하게 그리스도의 복음을 전할 수 있기를 소망한다.[672] 바울은 복음을 전하는 사도인 자신이 현재 치열한 영적 전투에 놓여 있음을 누구보다도 더 깊이 자각하고 있다. 이에 바울은 자신의 영적 무장과 강건하게 세워짐을 위하여, 그리고 담대하게 복음을 선포할 수 있도록 성도들의 중보기도를 간절하게 요청한다. 흥미롭게도, 누가는 사도행전 28장에서 바울이 로마에서 머무른 2년 간의 가택 연금에 대해서 상세히 묘사하고 있다. 누가의 증언에 따르면, 로마에서 바울은 주 예수 그리스도와 하나님 나라에 대해서 '모든 담대함'(μετὰ πάσης παρρησίας, 행 28:31)을 가지고 선포했다. 초대 교회는 복음 선포에 있어서 바울이 보여준 담대함을 잘 기억하고 있다 (9:27-28; 14:3; 19:8; 26:26).

20절 (쇠 사슬에 매인 사신) 자신을 위한 중보기도를 요청하면서, 바울은 자신이 옥에서 풀려나기를 위해서가 아니라, 하나님이 그에게 맡긴 그리스도의 복음을 담대한 마음으로 전할 수 있게 해 달라고 요청한다 (엡 3:2-3; 비교, 갈 1:12-16). 바울이 옥에 갇힌 이유는 어떤 불법적 행위를 저질러서가 아니라, 복음을 전하라는 하나님의 소명에 충실하게 행했기 때문이다(20절; 3:1). 이에 바울은 어떠한 양심의 거리낌이나 두려움 없이, 담대하고 정직하게 복음의 비밀을 전하여 하나님이 주신 사명을 잘 감당할 것을 소원한다. 그런데 20절에서 바울은 복음을 전하다가 옥에 갇힌 자신을 '쇠 사슬에 매인 사신'(πρεσβεύω ἐν ἁλύσει)이라고 칭한다. 이 표현은 '문자적으로' 현재 그가 옥에 갇힌 상황을 알려주면

---

672. 참조, Hoehner, 863; O'Brien, 1991: 487. 하나님의 율법에 대한 헌신 때문에 순교를 당했던 마카비 형제들 중 한 명이 보여준 자세에 대해서 동일한 헬라어 단어가 사용되고 있다(마카비4서 10:5).

서, 동시에 '비유적으로' 그리스도의 복음을 전하라는 책임과 의무가 그에게 주어졌음을 알려 준다.[673] 사신은 다른 지역의 권세자들에게 자신이 섬기는 분의 메시지를 전달하기 위하여 그를 대신해 방문하는 자이다(예, 민 21:21; 22:5; 신 2:26; 사 57:9).[674] 바울은 자신을 예수 그리스도의 복음의 메시지를 통해서 하나님의 평화를 전달하는 예수 그리스도의 사신이라고 칭한다(고후 5:20). 이미 에베소서 3:1-13에서 바울은 복음을 전할 하나님의 사신으로서의 자신의 역할을 상세히 설명했다.

그런데 충격적인 사실은 그리스도의 사신인 바울이 옥에 갇혔다는 것이다. 사신은 외교관의 면책 특권하에서 자유롭게 의사를 표현할 수 있다. 그러나 옥에 갇힌 죄수는 어떤 말도 할 수 없도록 자유가 박탈된다. 이런 면에서 자유롭게 말해야 할 그리스도의 사신이 옥에 갇혔다는 사실은 굉장히 모순적인 사건이다.[675] 사실 사신을 가두는 행위는 사신에게뿐만 아니라, 그 사신을 보낸 자에 대한 심각한 모독을 의미한다.[676] 바울을 옥에 가둔 로마인들은 그의 주인인 예수 그리스도와 그를 보내신 하나님을 모독했다. 그러나 바울은 '쇠 사슬에 매인 사신'이라는 표현을 통해서 로마인들을 향한 자신의 분노를 표현하지도, 혹은 자신이 옥에 갇힌 상황에 대한 억울함을 호소하지도 않는다. 대신 바울은 이 표현을 통해서 비유적으로 자신이 복음을 전하도록 '하나님의 부르심에 매였다'는 사실을 더 강조한다(ὡς δεῖ[677] με λαλῆσαι, 20절; 비교, 고전

---

673. 참조, Arnold, 2010: 468; O'Brien, 1991: 489.

674. 참조, Bash, 4.

675. 참조, Barth, 782; Lincoln, 1990: 454.

676. 참조, Bash, 132.

677. 이 헬라어 단어는 신적인 '데이'로서, 하나님으로부터 온 사명 혹은 책임을 의미하기 위해 주로 사용된다(막 8:31; 13:10; 눅 2:49; 4:43).

9:16-17).[678] 바울에게 중요한 것은 인간으로부터 오는 매임의 사슬이 아니라, 하나님으로부터 오는 부르심의 사슬이기 때문이다. 그런데 바울은 자신이 사슬에 묶임을 통해서 그리스도의 복음이 제한되는 것이 아니라, 도리어 하나님께서 로마인들에게 복음의 문을 열어줄 것을 기대하고 있다(비교, 빌 1:12-14). 복음을 전해야 할 의무라는 사슬에 매인 자신을 통해서, 바울은 그리스도의 측량할 수 없는 부요함과 하나님의 비밀의 경륜이 로마인들의 눈 앞에 분명하게 보일 것을 크게 기대한다(엡 3:9; 비교, 딤후 4:16-18).

옥에 갇힌 바울의 상황에 대한 또 다른 설명은 빌립보서 1장에서 잘 발견되고 있다. 빌립보서에 따르면, 바울은 자신에게 임할 최종 선고의 결과에는 크게 연연하지 않는다. 왜냐하면 바울은 자신이 그리스도를 위하여 복음을 전하다가 순교할 경우, 자신은 그리스도와 함께 영원히 안식할 것을 잘 알고 있기 때문이다(빌 1:23). 바울의 주요 관심사는 최종 선고의 결과가 자신에게 생명 혹은 사망으로 판정나는 것이 아니라, 자신의 몸, 즉 이 땅에서의 수고를 통하여 그리스도께서 높아지느냐의 여부이다(1:20). 개인적으로 바울은 순교하여 그리스도와 함께 있는 것을 더 선호한다. 그러나 그리스도께서 높아지고 성도들의 믿음이 견고하게 서기 위하여, 바울은 이 땅에서 '모든 담대함을 가지고'(ἐν πάσῃ παρρησίᾳ, 1:20) 기꺼이 복음을 위해 수고하겠다고 선포한다. 그리고 바울은 성도들이 드리는 믿음의 제사와 번제에 자신이 헌주로 소모된다 할지라도, 자신은 크게 기뻐하겠다고 고백한다(2:17). 옥에 갇혔음에도 불구하고 담대하게 복음을 전하려는 바울의 모습 속에서, 우리는 하나님의 전신갑주로 무장하고 기도로 하나님의 능력을 간구하며 깨어

---

678. O'Brien, 1991: 489; Smillie, 211-12; Bockmuehl, 192.

있는 그리스도의 영적 전사를 본다.

해설

　　에베소서 6:10-20에서 바울은 영적 전투에 임한 성도들을 위하여 준비된 하나님의 전신갑주에 대해서 자세히 설명하고 있다. 하나님은 이미 악한 영들을 제압하시고 그들의 머리를 깨부순 후, 그리스도의 발 아래 다 복종시켜 버렸다(엡 1:20-22). 그러나 악한 영들은 종말의 마지막 때, 곧 그리스도의 재림의 날까지 여전히 세상에 영향을 미칠 수 있도록 허락됐다. 그들은 이방인들을 어두움의 행위들을 통하여 죄에 가두어 버렸고, 어두움의 자녀들이 되어 하나님의 진노의 대상이 되도록 유도했다. 그러나 그리스도를 통한 하나님의 구원과 해방이 어두움의 자녀들에게 임했고, 어두움의 영역은 점차 빛의 영역으로 변해가게 됐다. 이 과정에서 그리스도의 원수가 된 악한 영들은 당연히 그리스도에게 속하여 그의 몸 된 교회를 이루는 성도들을 자신들의 원수로 간주한다. 악한 영들은 할 수만 있으면 성도들을 미혹하여 넘어지게 하고, 악한 행위들로 유혹하여 어두움 가운데 거하게 하며, 어두움의 행위들을 통하여 하나님의 진노의 대상이 되도록 쉬지 않고 공격한다. 그러므로 하나님의 빛의 자녀가 된 성도들은 이 땅에서 악한 영들과의 영적 전쟁을 계속해서 치를 수밖에 없다. 그러나 성도들의 영적 전쟁은 하나님이 준비하신 전신갑주를 입고 이미 그리스도께서 승리한 전쟁을 경험해 가는 것이다. 그리고 성도들의 영적 전쟁은 성도 개인적 차원에서의 싸움을 뛰어넘어, 교회 공동체 전체가 함께 싸워야 할 공동체적 싸움이다. 이를 위해 성도들은 깨어 기도하면서, 서로를 위한 중보기도를 계속하면서 마귀에게 틈을 주지 말아야 한다.

악한 영들과의 영적 전쟁에 임하는 성도들에게 하나님은 자신의 성품을 따라 준비된 강력한 전신갑주를 예비하셨다. 성도들의 전신갑주는 진리의 띠, 의의 호심경, 평화의 복음, 믿음의 방패, 구원의 투구, 그리고 성령의 검, 곧 하나님의 말씀 등으로 구성되어 있다. 그런데 전신갑주가 아무리 훌륭하다 할지라도, 그것을 착용하는 병사가 허약하다면 아무런 쓸모가 없다. 이에 전신갑주를 입은 성도들은 자신들의 내적 강건함을 위하여 성령 안에서 깨어 기도해야 한다. 지혜와 계시를 주는 영인 성령은 하나님의 능력으로 성도들의 속사람을 강건케 해 주는 분이다. 그런데 전신갑주를 구성하는 요소들은 이미 에베소서 전반에 걸쳐서 성도들의 존재를 구성하는 핵심 요소들로 강조됐다: 진리(1:13; 4:15, 21-25; 5:9), 의(4:24; 5:9; 6:1), 복음의 준비한 것(1:13; 2:17; 3:6, 8; 4:11), 믿음(1:1, 13, 15, 19; 2:8; 3:12, 17; 4:5), 그리고 구원(1:13; 2:5, 8; 5:23)(Thielman, 415-16). 마치 그리스도가 마귀들과 싸우며 하나님의 말씀에 근거한 진리와 기도에 의지했던 것처럼, 성도들도 하나님의 복음의 진리와 그 복음이 가져온 구원과 믿음을 근거로 마귀들을 대적해야 한다. 그뿐만 아니라, 영적 전투는 혈육의 힘으로 부딪히는 물리적 백병전이 아니라, 성도들의 삶에서 벌어지는 의로움에 대한 전투이다. 이에 성도들의 삶은 하나님의 거룩한 성품인 진리와 그의 거룩함을 이루기 위한 빛의 열매들을 맺는 삶이 되어야 한다. 악한 영들은 성도들이 자신들의 영향력 아래서 악과 욕심을 따르는 삶을 살기를 원한다. 그러나 하나님께서는 성도들이 자신의 의와 거룩함을 따라 하나님의 새 백성에게 합당한 삶을 살 것을 원하신다. 영적 전투에서 성도들이 하나님의 거룩한 성품을 자신들의 새로운 자아로 삼고, 하나님의 의를 자신들의 삶에서 구현하는 것은 악한 영들의 공격에 대한 최선의 방어요 공격이다. 물론 영적 전투에서 성도들이 악한 영들을 효과적으로 공격하도록, 하나님은 성령의 검인 말씀을 성도들에게 주셨다. 이 사실은 성도들에게 주어진 하나님의 말씀이 영적 전투에서 가장 강력한 공격 무기임을 깨닫고, 하나님 말씀에 대한 묵상과 하나님에 대한 진리를 알아감에 있어서 성도들이 게으르지 말아야 함을 알려 준다.

하나님은 영적 전투에 임한 성도들을 무방비 상태로 내버려두지 않으신다. 하나님이 준비하신 특별한 전신갑주와 함께, 지혜와 계시의 영인 성령을 성도들에게 보내어 주셨다. 성령은 성도들 안에 거하면서 말씀을 풀어주고, 그 말씀을 이해할 수 있도록 영감을 준다.[679] 따라서 하나님의 말씀은 성령의 검이라고 불린다. 이 사실은 성도들이 말씀의 검을 효과적으로 사용하기 위하여 성령께 의존하는 법을 배워야 함을 알려 준다. 그리고 하나님의 전신갑주로 중무장한 성도들은 자신들의 무장을 효과적으로 잘 사용할 수 있도록 그들 안에 영적인 힘을 소유하고 있어야 한다. 성도들의 영적인 힘과 말씀에 대한 영감은 모두 성령 안에서 깨어 기도함을 통해서 온다. 성령의 도움과 영감을 구하면서 깨어 기도할 때, 성도들은 영적 싸움에서 승리하기 위한 하나님의 능력과 지혜를 얻게 된다. 그런데 성령 안에서 깨어 기도한다는 것은 성령과의 지속적인 관계를 의미한다. 그리고 동시에, 성령 안에서 그를 보내신 하나님과 그리스도의 임재를 동시에 체험하는 것을 의미한다.[680]

---

679. 이런 면에서 바울이 생각하는 성령의 역할은 요한이 말하는 진리의 영으로서의 성령의 역할과 동일하다(비교, 요 14:26).

680. 참조, 이승현, 2018b: 435-41.

제5장
에베소서 6:21-24
편지를 마치며

에베소서 6:21-24에서 바울은 자신의 편지를 전달할 두기고와 성도들을 향한 그의 축원에 대해서 언급하면서, 에베소 성도들에게 보내는 자신의 편지를 마무리한다.[1] 다른 서신에서 바울은 다소 긴 개인적인 인사말과 함께, 여러 일꾼들의 이름을 언급하곤 한다(롬 16:1-16; 고전 16:17-21). 그러나 에베소서에서는 단지 한 문장에 불과한 개인적 인사말과 한 사람 두기고만을 언급하고 있다. 바울은 편지에 상세하게 자신의 상황에 대해서 기록하기보다는, 그리고 글로 장황한 인사의 말을 전달하기보다는, 두기고를 통해서 구두로 자신에 대한 생생한 정보를 알려주고자 한다.[2] 바울은 두기고가 그들에게 도착하면 옥중에 있는 자신의 처지와 복음의 상황에 대해서 상세히 알려줄 것이라고 말한다. 바울

---

1. 6:21-22는 여러 면에서 골 4:7-8과 닮아 있다. 이 두 본문들의 간략한 비교와 그 의미에 대해서는 Arnold, 2010: 476-77, Best, 1998: 613, 그리고 Thielman, 2010: 439를 참고하라. Best는 동일한 저자가 한 편지에 기록한 내용을 다른 편지에서 그대로 반복하고 있다고 설득력 있게 주장한다. 참조, Hoehner, 867-68.
2. 참조, Arnold, 2010: 476.

은 두기고가 전하는 소식을 통해서 자신에 대한 염려로 인하여 마음 아
파하는 소아시아 성도들을 위로해 주기를 원한다.

　자신의 다른 모든 서신에서와 마찬가지로, 에베소서에서도 바울은
자신의 전통적 인사말로 에베소서를 마무리한다. 바울은 주를 사랑하
는 자들에게 하나님 아버지와 주 예수 그리스도로부터 오는 '평화와 은
혜' 그리고 '믿음을 동반한 사랑'이 임하기를 축원한다. 그러나 에베소
서에 담긴 바울의 축원은 다른 서신들과 비교해 볼 때 세 가지 면에서
특이하다. 첫 번째, 성도들을 위한 축원이 이중적으로 제시되고 있다:
'평화와 믿음을 동반한 사랑'(23절)과 '은혜'(24절). 두 번째, 축원의 대
상으로 이인칭 복수형 '너희' 대신에,³ 불특정 삼인칭 복수형이 사용되
고 있다: '주 예수 그리스도를 사랑하는 모든 자들'(24절). 바울이 에베
소를 떠난 후 7여 년의 기간 동안 많은 회심자들이 발생했다. 불특정 삼
인칭 복수형은 바울이 개인적으로 잘 알지 못하는 많은 성도들을 염두
에 둔 표현으로 보인다.⁴ 그리고 세 번째, 그리스도를 향한 성도들의 사
랑과 그들에게 임할 은혜를 '영원토록'(ἐν ἀφθαρσίᾳ, 24절)이라는 독특
한 표현으로 수식하고 있다. 이 표현이 무엇을 수식하는지, 그리고 어떤
의미인지에 대한 상세한 분석이 요구된다.

번역

　21 저의 사정 곧 제가 무엇을 하고 있는지에 대해서 알려드리고자 하는

3.　롬 16:20; 고전 16:23; 고후 13:13; 살전 5:28; 살후 3:18; 골 4:18; 딤전 6:21; 딤후
　　4:22. 비교, 갈 6:18; 빌 4:23; 몬 1:25.
4.　참조, Thielman, 2010: 439.

데, 사랑을 받은 형제요 주 안에서 신실한 일꾼인 두기고가 여러분에게
도 역시[5] 모든 것을 알려 드릴 것입니다. 22 이 일을 위하여 제가 그를
여러분에게 보냅니다. 여러분이 우리 사정에 대해서 잘 알게 되고, 또
그가 여러분의 마음을 위로해 주기를 바랍니다. 23 평화와 믿음을 동반
한 사랑이 아버지 하나님과 주 예수 그리스도로부터 형제 자매들에게
임하기를 축원합니다. 24 우리 주 예수 그리스도를 사랑하는 모든 자들
에게 은혜가 영원히 임하기를 축원합니다.

주해

21절 (선한 일꾼 두기고) 바울은 자신의 편지를 마무리하면서, 그 편지
를 들고 성도들을 방문할 두기고에 대해서 먼저 언급한다. 에베소서에
서 바울은 편지 안에 자신의 상황에 대한 긴 설명을 제공하는 대신, 두
기고를 직접 보내어 구두로 성도들에게 자신의 형편에 대해 직접 알려
주고자 한다. 여기서 바울은 자신의 형편을 묘사하기 위하여 두 가지 헬
라어 표현을 사용하고 있다: '나의 상황'(τὰ κατ᾽ ἐμέ)과 '내가 무엇을
하고 있는지'(τί πράσσω). 그리고 22절에서는 '우리 사정'(τὰ περὶ
ἡμῶν)이라는 또 다른 헬라어 표현을 사용한다.[6] 이처럼 유사한 표현을
세 번 반복함으로써, 바울은 두기고 편으로 그들에게 직접 구두로 전달

---

5.   여기에 사용된 헬라어 부사 '까이'(καί)는 두기고가 가져가는 다른 편지들(골로새서
     와 빌레몬서)의 수신자들을 전제하고 있다. 참조, Hoehner, 868-69.
6.   여기서 '우리'는 바울과 두기고가 아니라, 감옥에 갇힌 바울과 두기고를 포함한 그
     의 모든 동역자들을 지칭하는 것으로 보인다. 비교, Thielman, 2010: 440-41; Best,
     1998: 616. 일부 학자들은 익명의 에베소서 저자가 현재의 본문에서 단순히 골 4:8
     을 이용하고 있다고 본다. 참조, Lincoln, 1990: 462; MacDonald, 353; Sellin, 492.

될 상세한 보고에 대해서 기대하게 한다. 수신자인 소아시아의 성도들은 현재 옥에 갇힌 바울의 개인적인 생각, 형편, 그리고 복음 사역에 관한 모든 것들에 대해서 상세하게 알기를 원한다. 이에 바울은 제한적인 글로 요약하기보다는, 두기고를 통해서 직접 자신의 상황을 자세히 설명하고자 한다.[7] 두기고는 에베소서와 함께 골로새서와 빌레몬서도 골로새의 성도들에게 전달할 이중적 책임을 맡고 있다(골 4:7-9).

두기고는 바울의 사역 후기에 디모데와 함께 로마에서 바울을 도와 섬긴 바울의 동역자들 중 하나이다(행 20:4; 딤후 4:12; 딛 3:12). 사도행전에 따르면, 그는 소아시아의 에베소 출신으로서 로마에 갇힌 바울을 돕기 위해 파송된 자로 보인다. 그런데 예루살렘에서 로마에 이르는 바울의 여정에 그가 언급되지 않고 있다. 이 사실은 바울이 로마에 도착한 후 그를 돕기 위해 두기고가 로마로 왔음을 알려 준다.[8] 특별히 두기고는 예루살렘에 있는 가난한 자들을 위한 연보를 보내는 일과 연관하여 바울을 돕도록 소아시아 교회들이 신뢰하고 추천했던 자이다(비교, 행 24:17; 고전 16:1-4).[9] 바울의 동역자가 된 두기고는 로마에서의 바울의 모든 행적과 더불어, 그가 옥에 갇힌 일을 직접 목격하게 됐다. 따라서 두기고는 바울의 현재 사정에 대해서 증거해 줄 수 있는, 그리고 소아시아의 교회들에게 믿고 보낼 수 있는 바울의 최선의 선택이다.

바울은 두기고를 '사랑을 받은 형제요 신실한 일꾼'(ὁ ἀγαπητὸς ἀδελφὸς καὶ πιστὸς διάκονος, 21절)이라고 부른다(비교, 몬 1:16; 골 4:9). 첫 번째, '사랑을 받은 형제'라는 표현은 두기고가 그리스도의 사

---

7.   편지를 전달하는 자가 편지 내용을 보충 설명하는 고대의 관습에 대해서는 다음을 참조하라. Head, 279-99.

8.   참조, Arnold, 2010: 479. 비교, Hoehner, 870.

9.   참조, Barrett, 947; Thielman, 2010: 441.

랑의 대상이 되어 믿는 자가 됐음을 알려 준다.[10] 그러나 동시에, 모든 성도들은 다 하나님께 속한 가족의 구성원들이 됐기에, 두기고는 이제 하나님 가정에 속한 한 구성원임을 알려 준다(고전 4:17; 롬 16:5, 8, 9; 골 1:7; 4:7; 딤후 1:2; 행 15:25). 그러나 두기고의 회심과 하나님 가정에 속한 구성원이라는 공식적 정보에 더하여, 이 표현은 바울이 두기고를 향하여 느끼고 있는 개인적인 애정을 드러내 준다.[11] 옥에 갇힌 어려운 상황에서도 바울은 자신을 섬기는 두기고를 통해 주로부터 오는 많은 위로를 경험했다. 그런데 두 번째, '신실한 일꾼'(πιστός διάκονος, 21절)이라는 표현은 단순히 두기고가 교회의 집사였다는 것을 말하지 않는다. 오히려 이 표현은 두기고가 바울과 함께 일하면서 교회의 지도자로서의 역할을 신실하게 수행하고 있다는 것을 알려 준다(빌 1:1; 딤전 3:8, 12; 4:6).[12] 그리고 이 표현은 하나님의 일꾼 됨의 가장 중요한 자질이 '신실함'(πιστός)임을 알려 준다. 바울이 이 표현을 적용하는 또 다른 동역자는 에바브라다(골 1:7). 그는 골로새 교회의 설립에 크게 기여한 자다(4:12).

그런데 두기고의 경우, 신실함이라는 단어는 하나님의 일꾼 됨에 대한 일반적인 평가를 뛰어넘어서, 그가 바울과 맺고 있는 개인적인 관계

---

10. 과거 빌레몬의 노예였으나 바울에 의해서 회심하고 그의 동역자가 된 오네시모를 향해서 바울은 동일한 표현을 사용하고 있다(몬 1:16; 골 4:9).

11. 바울은 자신의 서신에서 종종 자신과 가까운 동역자들을 '사랑받은'이라는 호칭으로 부르곤 한다(롬 16:5, 8, 9, 12; 고전 4:17; 골 1:7; 4:7, 9, 14; 몬 1:1; 딤후 1:2). 이 표현은 그들이 받은 사랑이 하나님과 그들 동역자들로부터 왔다는 두 가지 사실을 다 함축하고 있다.

12. 일꾼에 해당하는 헬라어 단어(διάκονος)에는 집사라는 후기 교회의 해석 이외에, 단순히 우편을 '전달하는 자' 혹은 '비서'라는 의미도 담겨 있다. Thielman, 2010: 441은 21절에서 διάκονος를 비서, 혹은 전달자를 의미하는 것으로 이해한다. 비교, MacDonald, 351.

에 대한 특별한 평가를 그 안에 내포하고 있다. 왜냐하면 바울이 두기고를 택해서 자신의 편지를 전달할 자로 선택했다는 사실은 그가 두기고를 얼마만큼 신뢰하고 있는지를 잘 보여주기 때문이다. 과거 우체국이 존재하지 않았던 고대에 개인적 편지를 타인 편으로 보낸다는 것은 상당히 위험한 일이었다.[13] 편지를 전달하는 자가 임의로 그 편지를 손상시키거나, 발신자의 의도를 얼마든지 왜곡시킬 수 있었기 때문이다. 따라서 편지의 전달자는 발신자의 의도를 정확하게 전달하면서, 그가 전달하는 편지의 내용을 임의로 손상시키지 않을 것이라고 믿고 신뢰할 수 있는 사람이어야 했다. 두기고를 향하여 바울은 그가 에베소 성도들에게 자신의 의도를 곡해 없이 전하고, 자신의 편지를 손상 없이 전달할 것이라는 개인적 신뢰를 가지고 있다. 물론, 두기고를 잘 알고 있는 에베소 교회 성도들도 그가 전할 편지의 내용과 구두 보고가 모두 참되다는 것에 대한 바울의 신뢰를 공유한다. 바울과 에베소 교회가 두기고를 향한 신뢰를 공유한다는 사실은 그가 에베소서를 전달하는 일에 가장 적임자임을 알려 준다.

22절 (두기고를 통한 위로) 예나 지금이나, 개인적 편지를 맡겨 전달하는 일에 있어서 믿을 만한 사람을 선택하는 일의 중요성에 대해서는 두말할 필요가 없다. 바울은 자신이 신뢰할 수 있는, 그리고 에베소 성도들도 역시 신뢰하는 형제 두기고에게 자신의 편지를 맡겨 에베소 성도들에게 보낸다. 두기고 편에 보내는 이 편지를 통해서, 바울은 가장 먼저 자신이 옥에 갇힌 상황으로 인하여 상심하고 있는 성도들의 마음을 '위로해 주고자' 한다(παρακαλέσῃ, 22절). 그런데 두기고의 파송과 연관하여 바울은 '보냈다'(ἔπεμψα, 22절)라는 과거형 동사를 사용하고 있

---

13.   참조, Thielman, 2010: 441-42; Head, 283-84; Richards, 177-82.

다. 바울이 현재 이 편지를 쓰고 있는 순간 두기고는 그와 함께 있지만, 바울은 에베소 성도들이 자신의 편지를 읽고 있는 시점을 기준으로 해서 두기고의 보냄을 과거형 동사로 묘사한다. 이러한 과거형 용법은 '서신적 과거형'(epistolary aorist)이라고 불린다.[14] 따라서 현대어 번역에서는 '제가 보냅니다'라고 현재형으로 번역하는 것이 더 좋다.[15]

　22절에서 바울은 두기고를 보내는 이유를 두 가지로 설명한다. 첫 번째, 바울은 두기고를 통해서 성도들에게 로마에서 자신과 자신의 동역자들에게 발생한 일에 대해서 상세히 알려 주고자 한다. 두기고를 통해서 성도들에게 전달될 소식에 대해서, 앞선 21절에서 바울은 자신에게 초점을 맞추면서 '저의 사정' 곧 '제가 무엇을 하고 있는지'를 언급했다. 그러나 22절에서는 '우리 사정'(τὰ περὶ ἡμῶν)이라는 표현을 통해서 그 범위를 다소 확장시킨다. 이 헬라어 표현에 사용된 '우리'는 교회론적 우리가 아니라, 바울과 그의 동역자들을 지칭하고 있다. 로마에서 옥에 갇힌 바울 주변에는 그를 직접적으로 돕는 복음의 동역자들과 함께, 그를 간접적으로 후원하는 많은 로마 교회 성도들이 있었다. 바울이 도착하기 전 로마에는 이미 다양한 경로를 통해서 여러 가정교회들이 형성되어 있었다.[16] 로마에 도착한 바울과 옥에 갇힌 상황을 접한 그곳의 많은 성도들은 바울을 후원하면서 함께 기도했을 것이다. 바울은 로마에서 자신을 중심으로 발생한 이 모든 일과 더불어, 다른 성도들 그리고 동역자들의 수고와 믿음을 에베소 성도들과 함께 공유하고자 한다. 왜냐하면 세상에 흩어진 모든 성도들은 한 몸 된 예수 그리스도의 우주적

14.　Wallace, 1996: 562-63.
15.　참조, Hoehner, 870; Arnold, 2010: 480; O'Brien, 1991: 490.
16.　이에 대한 포괄적 이해를 위해서는 다음 저서들을 참조하라. 참조, Lampe and Johnson, 2003; Harrison and Welborn, 2015.

교회를 형성하면서, 복음 선포와 교회 성장에 대한 관심사를 함께 공유하기 때문이다(4:12-16).

두 번째, 바울은 두기고 편으로 보내는 자신의 편지를 통해서 에베소 성도들의 '마음'(καρδία, 22절)을 위로해 주고자 한다. 바울에게 성도들 상호 간의 위로와 격려는 성도들 간에 존재해야 할 가장 중요한 봉사이다(비교, 딛 2:4). 그리고 복음 사역자들의 중요한 책임들 중 하나도 성도들을 격려하여 세워주는 것이다(딤후 4:2). 두기고를 보냄으로써 바울은 이러한 자신의 목회적 신념을 충실하게 수행하고 있다. 다른 곳에서 바울은 종말론적 재림의 날에 대한 혼란으로 곤경에 빠진 데살로니가 교회를 위로하기 위하여 디모데를 파송한다(살전 3:2). 디모데를 통해서 전달된 자신의 가르침을 근거로, 바울은 데살로니가 교회 성도들이 서로 격려하며 서로의 믿음을 견고하게 세워줄 것을 기대한다(5:11, 14). 물론 성도들에게 임하는 모든 격려와 위로의 참된 기원은 그들의 주이신 예수 그리스도이다(살후 2:16-17). 그러므로 복음 사역자들과 성도들은 주 안에서 주가 주시는 위로로 상호 격려하고 위로함으로써, 하늘에 계신 주 예수 그리스도의 사역을 이 땅에서 진행해 간다.

그런데 바울은 성도들의 위로의 가장 직접적인 대상으로 그들의 마음을 든다. 앞에서도 여러 번 언급됐지만(엡 1:18; 3:17; 4:18; 5:19; 6:5), 고대인들의 관점에서 마음은 단순히 감정의 중심지일 뿐만 아니라, 생각이 발생하는 인간 내면의 가장 깊은 곳이다. 따라서 바울은 두기고 편에 보내는 자신의 편지와 그의 구두 보고를 통해서, 성도들의 마음 안에서 발생한 옥에 갇힌 자신에 대한 부정적인 감정과 생각을 바꾸어주고자 한다.[17] 바울은 성도들이 그들의 눈에 보이고 마음에 떠오르는 생각

17. Arnold, 2010: 480에 따르면, 바울은 에베소서를 통해서 성도들에게 진리에 대한

대로 그의 상황을 판단하지 말고, 지혜와 계시의 영이 허락하는 영적 지혜와 깨달음을 가지고 자신의 상황에 대해서 판단할 것을 요청한다. 그들 관점의 변화를 유도하기 위해서, 바울은 옥에 갇힌 자신을 통해서 이루어진 복음 사역의 성공을 두기고의 구두 보고를 통해서 간증할 것이다. 지금까지 바울은 자신이 선포한 복음, 즉 하나님의 비밀인 그리스도와 그에 관한 지식에 대해서 편지의 형태로 상세하게 설명해 주었다(비교, 2:1-3:13). 그리고 그리스도의 지식에 담긴 하나님의 진리를 따라서, 에베소 교회 성도들을 포함한 수많은 이방인 성도들의 탄생과 삶에 대해서 가르쳤다(4:1-6:20). 이제 바울은 자신에 대한 걱정과 염려 대신, 에베소 성도들이 그들의 부르심에 합당한 삶을 살아가도록 격려하고자 한다.

23-24절 (작별 인사와 축복의 말씀) 바울은 에베소 교회에게 보내는 자신의 편지의 마지막을 특이하게도 이중적 축원으로 장식하고 있다: (1) 하나님과 주 예수 그리스도로부터 오는 '평화와 믿음을 동반한 사랑', 그리고 (2) '은혜'.[18] 사실 "하나님 아버지와 주 예수 그리스도로부터 오는 평화와 은혜 그리고 사랑"에 대한 축원은 바울의 트레이드 마크와도 같다. 그의 서신 여러 곳에서 바울은 이와 유사한 표현으로 편지를 시작한다(비교, 롬 15:33; 고전 16:23; 고후 13:11, 13; 갈 6:18; 빌 4:7, 9, 23; 살전 5:23, 28). '평화와 은혜'는 구원받은 성도들이 경험한 하나님

지적 가르침과 그에 따른 윤리적 삶만을 강조하고 있다. 그러나 바울이 에베소서를 보내는 또 다른 중요한 이유는 옥에 갇힌 자신의 상황에 대한 소식을 듣고 낙심한 그들의 마음을 위로해 주는 것이다(비교, 3:13). 참조, Hoehner, 871.

18. 고후 13:13에서 바울은 은혜와 사랑, 그리고 교제를 삼위일체론적 하나님 이해와 함께 표현하고 있다. 고후 13:13과 엡 6:23-24는 바울의 다른 서신들과는 구별되는 약간 특이한 축원을 보여주고 있다. 참조, Thielman, 2010: 445; O'Brien, 1991: 492.

의 성품을 반영하는 핵심적 용어들로서, 바울의 인사말의 가장 전형적
인 표현으로 사용되고 있다(비교, 롬 1:7; 15:33; 16:20; 고전 1:3; 7:15;
고후 1:2; 갈 1:3). '믿음을 동반한 사랑'은 '소망'과 더불어 바울 신학에
서 성도들이 소유해야 할 세 가지 핵심적 가치들을 구성한다(비교, 엡
4:4; 고전 13:13). 그런데 믿음과 사랑도 하나님의 성품을 반영하기에,[19]
하나님의 형상대로 새롭게 창조된 성도들의 본성이 되어야 할 덕목들
이다(비교, 엡 4:24). 하나님의 경우 믿음은 신실함으로 표현되지만, 성
도들의 경우에는 선포된 복음에 대한 인식적 동의와 신뢰 그리고 신실
함 등으로 삼중적으로 표현된다.[20] 사랑은 성도들을 향한 하나님의 구원
의 은혜로 표현됐기에, 하나님의 사랑의 대상이 된 성도들의 새 삶과 본
성을 규정하는 가장 중요한 특징이다(2:4).

에베소서의 서두에서 바울은 이미 하나님과 주 예수 그리스도로부
터 오는 은혜와 평화에 대해서 언급했다(1:2). 바울에게 하나님 아버지
와 주 예수 그리스도로부터 오는 은혜와 평화는 단순히 겉치레로 하는
인사말이 아니라, 성도들의 구원과 삶 전체에 걸쳐서 영향을 미치는 바
울 신학의 핵심적 개념들이다. 바울은 개인적으로 자신의 전 생애를 통
해서 하나님의 은혜와 평화의 중요성에 대해서 깊이 체험했다(비교, 고
후 11:21-12:10). 바울은 성도로서의 자신의 존재와 사도로서의 자신의
부르심이 모두 자신에게 임한 하나님의 은혜의 결과임을 잘 알고 있다
(비교, 고전 15:9-10). 하나님의 은혜는 그리스도 안에서 모든 성도들에
게 임하여, 그들에게 죄 용서와 구원을 허락했다(엡 1:6-7). 그리고 하나

---

19. 믿음으로 보통 해석되는 '삐스띠스'(πίστις)는 하나님의 성품적 측면에서 하나님의
    믿을 만함, 즉 그의 신실함을 의미한다. 참조, Smith, 235-48; Morgan, 2015.
20. 참조, 이승현, 2021a: 168-95.

님의 평화인 예수 그리스도를 통해서 죄인 중의 괴수였던 바울과 모든 성도들은 하나님과 화목하게 됐고, 원수됐던 이방인과 유대인 성도들도 상호 화목하게 됐다(2:13-16; 롬 5:1). 이에 바울은 하나님을 '평화의 하나님'(롬 15:33; 16:20; 빌 4:9; 살전 5:23; 비교, 히 13:20)이라고 부르고, 자신이 전하는 복음을 '평화의 복음'(엡 6:15)이라고 칭한다. 에베소서의 시작(엡 1:1-23)과 교리적 가르침(2:1-3:13)에서, 바울은 하나님으로부터 오는 은혜와 평화 그리고 사랑에 대해서 상세하게 설명해 주었다.[21]

그런데 23절에서는 한 가지 흥미로운 표현이 더 발견된다. 그것은 바울의 마지막 축도에서 언급되는 '믿음을 동반하는 사랑'(ἀγάπη μετὰ πίστεως, 23절)이라는 개념이다. 바울에게 사랑은 가장 우선적으로 성도들을 구원하기 위하여 자신을 희생한 그리스도와 아들을 내어준 하나님의 사랑을 의미한다(3:17; 5:2). 바울은 지혜와 계시의 영을 통해서 성도들이 무엇보다도 '자비에 풍성하신 하나님의 위대한 사랑'에 대해서 충분히 깨닫게 되기를 원한다(2:4). 그리고 '지식을 뛰어넘는 그리스도의 사랑의 넓이와 길이와 높이와 깊이'에 대해서도 깨닫게 되기를 원한다(3:18-19). 바울에게 사랑은 하나님과 주 예수로부터 성도들을 향하여 오는 수직적 특성을 지니고 있다. 그러나 이 수직적 특성에 더하여, 성도들이 경험한 하나님의 사랑은 성도들이 서로를 향하여 표현해야 하는 수평적 특성도 지니고 있다. 성도들은 하나님의 본성을 따라 창조된 새 피조물이기에 하나님의 성품을 자신들의 성품으로 체득해야 하고, 그 성품을 자신들의 삶에서 구현해야 할 의무를 지니고 있다. 성도들의 사랑은 그들이 이제 하나님의 한 가족을 구성하게 됐다는 전제 하

---

21. 참조, Hoehner, 874.

에서, 서로를 향하여 소유해야 할 지체됨의 사랑을 의미한다(1:4, 15; 4:15, 16; 5:2).

하나님과 주 예수로부터 성도들에게 임한 사랑은 그들이 성취한 업적과 무관하게 은혜로 주어진 선물이다(3:7; 롬 3:24; 5:15). 그러나 하나님의 은혜와 사랑은 그 대상인 성도들로부터 적절한 반응을 요구한다.[22] 하늘로부터 임한 은혜와 사랑에 대한 성도들의 가장 적절한 반응은 바로 믿음이다. 믿음은 먼저 선포된 복음에 담긴 하나님의 진리에 대한 지적 동의와 승인을 의미한다(엡 1:13, 15; 2:8-10; 3:12). 선포된 복음에 대한 동의와 승인으로서의 믿음은 그 안에 담긴 내용이 하나님의 진리임을, 그리고 그 복음을 제시한 하나님이 그들의 구원자이심을 긍정적으로 수용하고 받아들이는 것이다. 이 믿음을 통해서 성도들은 주 예수와의 연합 관계 속으로 들어가게 되고(1:13; 2:8), 그리스도 안에서 하나님께서 준비한 모든 신령한 축복들을 경험할 수 있게 된다. 그러나 동시에 믿음은 주 예수와 하나님 아버지를 향하여 성도들이 가지게 된 지속적이고도 인격적인 신뢰를 의미한다(1:3-14; 2:4; 3:17; 5:2). 복음을 통해서 선포된 하나님의 사랑에 대한 성도들의 믿음은 그 사랑에 대한 각성된 깨달음을 가져오고, 하나님의 사랑에 대한 각성된 깨달음은 그 사랑을 더욱더 풍성하게 체험할 수 있게 해 준다.[23] 그렇게 하나님의 사랑을 믿고 체험한 성도들은 먼저 사랑을 표현하신 하나님을 사랑할 수 있게 된다. 그러나 비록 믿음이 하나님의 구원의 은혜를 향하여 성도들 편에서 보이는 반응임에도 불구하고, 그 기원은 하나님의 사랑에 있다. 이런 면에서, 믿음은 은혜와 사랑과 함께 하나님으로부터 온 선물이고,

---

22. 참조, Barclay, 2015: 562-74; Barclay, 2020: 125-36.
23. 참조, Hoehner, 874;

아무도 자신들의 믿음에 대한 공적을 자랑할 수 없다.[24] 이것이 바로 바울이 말하는 '믿음을 동반하는 사랑'의 의미이다. 1:15에서 바울은 에베소 성도들의 믿음과 다른 성도들을 향한 사랑에 대해서 듣고, 그에 대해서 하나님께 크게 감사했다. 에베소서를 마무리하면서, 바울은 믿음을 동반하는 사랑이 성도들의 체험 속에서 계속되고, 나아가 그들의 본질적 특성이 될 것을 기원한다. 하나님의 변함없는 사랑과 은혜에 대한 성도들의 믿음은 악한 영들과의 전투에서 그들을 효과적으로 방어해 주는 믿음의 방패로 기능할 것이다(6:16).

그런데 바울의 마지막 축원에는 흥미로운 두 가지 표현들이 발견되고 있다. 첫 번째, 바울의 축원의 대상은 이인칭 복수형 '너희'가 아니라,[25] 삼인칭 복수형 '우리 주 예수 그리스도를 사랑하는 모든 사람들' (πάντων τῶν ἀγαπώντων τὸν κύριον ἡμῶν Ἰησοῦν Χριστόν, 24절)이다.[26] 이 삼인칭 복수형을 통해서 바울은 자신의 가르침과 축원을 에베소 교회 성도들을 뛰어넘어, 모든 성도들에게로 확장해서 전달하고자 한다.[27] 개개의 지교회들에게 보내진 다른 서신에서와 달리, 에베소서에서 표현된 바울의 교회관은 굉장히 우주적이고 포괄적이다(1:13; 2:14-22). 에베소서에서 바울은 지교회의 특정 문제들이 아니라, 우주적 교회의 탄생과 성장 그리고 기능에 대해서 상세히 가르치고 있다. 이에 바울은, 그리스도의 한 몸 된 교회를 구성하는 모든 유대인과 이방인 출신

---

24. 참조, Thielman, 2010: 445; O'Brien, 1991: 493; Arnold, 2010: 481.

25. 고후 13:14; 갈 6:18; 빌 4:23; 살전 5:28; 살후 3:18.

26. 엡 6:23-24는 고전 16:22-23과 그 내용과 구성이 매우 대조된다. 참조, Thielman, 2010: 445; Hoehner, 875.

27. 참조, Lincoln, 1990: 465; O'Brien, 1991: 493. 비교, Arnold, 2010: 481; Best, 1998: 617.

성도들을 자신의 수신자로 간주하면서, 이 삼인칭 복수형 표현을 통해서 자신이 개인적으로 알지 못하는 성도들까지도 자신의 축복 대상에 포함시킨다. 바울은 하나님의 은혜가 단지 에베소 교회 성도들만이 아니라, 주 예수 그리스도와 사랑의 관계 속에 거하는 모든 성도들에게 임할 것을 축원한다. 그런데 이 삼인칭 표현은 성도들이 현재 예수 그리스도와 유지하고 있는 관계의 가장 중요한 특징이 사랑임을 강조해 준다.[28] 앞에서 바울은 성도들과 그리스도의 사랑의 관계를 신랑과 신부의 관계를 통해서 자세히 묘사했다(5:2, 25). 물론 바울에게 그리스도를 향한 성도들의 사랑의 기원은 성도들을 향해서 먼저 표현된 그리스도의 사랑(3:19; 5:2, 25)과 그를 이 땅에 보내신 하나님의 사랑이다(2:4).

그런데 두 번째, 주를 사랑하는 모든 성도들에게 임할 은혜를 묘사하면서, 바울은 24절 마지막에서 '영원토록'(ἐν ἀφθαρσίᾳ, 24절)이라는 독특한 표현을 사용한다. 이 독특한 헬라어 표현 '엔 아프타르시아'(ἐν ἀφθαρσίᾳ)가 에베소서의 가장 마지막에 등장하고 있다는 사실은 이 표현이 수식하는 대상과 그 의미에 대한 다양한 논쟁을 야기시켰다.[29] 헬라어 단어 '아프타르시아'의 가장 기본적인 의미는 죽음에 굴복하여 썩어지는 것과 대조되는 썩지 않는 불멸성이다.[30] 이 단어는 부활한 주 예수와 성도들의 영원한 몸을 묘사하기 위해서 자주 사용됐다. 그런데 만약 이 헬라어 표현이 성도들의 사랑을 수식한다면, 이 표현은 그리스도를 향한 성도들의 사랑이 일시적이거나 제한적인 것이 아니라, '썩지 않

---

28. 참조, Arnold, 2010: 482.
29. 이 논쟁에 대한 다양한 의견과 분석을 위해서는 다음을 참조하라. 참조, Arnold, 2010: 482-83; Sellin, 494; Thielman, 2010: 445-48.
30. 참조, 롬 2:7; 고전 15:42, 50, 53, 54; 딤후 1:10; Diogenes Laertius 10.123; Plutarch, *Aristides* 6.2; *Moralia: De defectu oraculorum* 28 §425d.

고 영원토록 지속될' 그들의 항구적 마음 자세임을 의미한다.[31] 그러나
바울서신에서 헬라어 단어 '아프타르시아'(ἀφθαρσία)는 한 번도 사랑
과 같은 윤리적 덕목을 수식하지 않는다. 그리고 하나님으로부터 오는
은혜와 평화를 간구하는 마지막 축원에서 성도들에게 변함없는 사랑을
촉구한다는 해석은 다소 문맥에 어울리지 않는다.[32] 만약 이 표현이 성
도들에게 임할 은혜를 수식한다면, 이 표현은 성도들이 소유할 '불멸성'
을 의미할 수도 있고(비교, 롬 2:7; 고전 15:42, 50, 53; 딤후 1:10), 혹은
하나님의 '영원한' 은혜를 의미할 수도 있다.[33] 그런데 바울은 이미 성도
들이 그리스도와 함께 하나님 보좌에 앉힌 바 됐음을 선포했기에(엡
2:4-6), 굳이 여기서 불멸성을 그들에게 허락해 달라고 축원할 이유가
없어 보인다.[34] 그리고 이 헬라어 표현은 은혜라는 단어와 너무 떨어져
있기에, 그 은혜를 직접적으로 수식한다고 보기는 어렵다. 그러므로 헬
라어 표현 '엔 아프타르시아'는 부사구로 간주하여 24절 전체를 수식한
다고 보는 것이 더 설득력 있다.[35] 이 견해에 따르면, 24절의 해석은 "우
리 주 예수 그리스도를 사랑하는 모든 자들에게 은혜가 '영원토록' 임
하기를 축원합니다"가 될 것이다.[36]

31. 참조, Hoehner, 877; Best, 1998: 620.
32. 비교, Thielman, 2010: 448. 참조, O'Brien, 1991: 492; Weima, 177-98.
33. 참조, Arnold, 2010: 482; O'Brien, 1991: 494-95; Lincoln, 1990: 467-68; Bruce, 416; Schnackenburg, 291; Thielman, 2010: 446.
34. Arnold, 2010: 483에 따르면, 이 축원을 통해서 바울은 그리스도와의 연합 속에 거하는 성도들이 현재 이 땅에서 불멸성을 미리 경험할 것을 기대하고 있다. 그러나 불멸성이 확실한 실체로 이미 준비됐음을 바울은 2:4-6에서 강조했다. 비교, O'Brien, 1991: 494.
35. 참조, Sellin, 494; Heil, 306; Barth, 2:814.
36. Moule, 197은 현재의 본문에서 이 표현은 '영원토록'과 '변함없이 진정으로'라는 두 가지 의미를 동시에 가지고 있다고 본다. 참조, Hoehner, 875-76.

해설

에베소서 6:21-24에서 바울은 자신의 편지를 마무리하면서 크게 두 가지를 언급한다. 첫 번째, 바울은 먼저 자신의 편지를 들고 가는 두기고를 소개한다. 두기고는 바울과 에베소 성도들이 함께 신뢰하는 신실한 일꾼이었다. 그리고 두 번째, 바울은 수신자 성도들을 향한 하나님의 평화와 사랑 그리고 은혜를 축원한다. 하나님의 은혜와 평화는 에베소서의 처음 인사말과 마지막 축원에 동시에 등장함으로써, 에베소서 전체를 하나로 감싸는 봉투 같은 기능을 한다. 이렇게 해서 바울은 성도들의 삶과 구원의 시작과 끝은 하나님의 은혜와 평화이며, 그 은혜와 평화의 기원은 하나님의 사랑이었음을 다시 한번 강조해 준다.

첫 번째, 두기고는 바울의 사역에 동행한 신실한 하나님의 일꾼이었고, 하나님의 사랑을 경험하여 회심한 성도였다. 바울이 두기고를 선택한 이유는 그가 바울의 편지 내용을 수정하거나, 혹은 그 편지의 의도를 곡해하지 않을 것에 대해서 충분히 신뢰할 만한 자였기 때문이다. 그뿐만 아니라, 두기고를 바울에게 파송한 에베소 교회 성도들도 이미 두기고의 신실함에 대해서 잘 알고 있었기에, 그가 들고 온 바울서신과 소식에 대해 믿고 신뢰할 수 있었다. 신뢰할 만하다는 것, 곧 믿고 맡길 수 있다는 것은 하나님의 사역을 맡은 자들이 소유해야 할 가장 중요한 덕목이다. 그런데 바울이 두기고와 그가 들고 가는 편지를 소아시아 교회에 보내는 이유는 그곳에 있는 성도들의 마음을 위로하고 싶기 때문이다. 복음을 전하다가 로마 감옥에 갇힌 바울에 대한 소식은 그 소식을 접한 소아시아 성도들로 하여금 큰 슬픔에 잠기게 만들었다. 이들을 위로하기 위해서, 바울은 하나님의 관점에서 자신의 상황을 이해해야 함을 알려 준다. 바울은 자신이 옥에 갇힌 일은 복음의 비밀을 담대히 전하다가 경험한, 그리고 그 복음의 진보를 이루기 위해서 꼭 필요한 그리스도의 고난임을 알려 준다. 그리스도의 비밀에 담긴 하나님의 진리에 관해서 바울은 편지의 형태로 충분히 상세하게 설명해 준다.

두 번째, 바울은 자신의 편지를 읽는 성도들에게 하나님 아버지와 주 예수 그리스도로부터 오는 은혜와 평화, 그리고 믿음이 동반된 사랑에 대한 축복의 말씀을 전한다. 은혜와 평화 그리고 믿음이 동반된 사랑은 구원받은 성도들에게 허락된 하나님의 성품을 잘 반영하고 있다. 믿음에 해당하는 헬라어 명사 '삐스띠스'는 하나님 편에서 보인 신실함으로 먼저 성도들에게 표현됐다. 이에 대해서 성도들은 긍정적 수용과 신뢰로 하나님을 향한 자신들의 믿음을 표현했다. 그리고 이 덕목들은 하나님의 구원이 성도들에게 임하고 체험된 방식을 표현해 준다. 성도들의 탄생과 부르심에 합당한 삶 그리고 최종적 구원의 종착역에 이르기까지, 성도들을 향한 하나님과 주 예수의 인도는 이 덕목들을 통해서 계속해서 표현될 것이다. 그런데 동시에, 이 덕목들은 이제 하나님의 백성이 된 성도들의 새로운 자아와 성품 그리고 하나님과 다른 성도들을 향한 그들의 태도를 구성하게 된다. 영원토록 변함없이 임하는 하나님의 은혜와 사랑 그리고 평화를 경험한 성도들은 동일한 방식으로 하나님과 주 예수 그리스도, 그리고 다른 성도들을 대해야 한다. 결론적으로, 바울은 에베소서를 시작하면서 언급했던 은혜와 평화(1:2)를 다시 한번 축도의 형태로 언급하면서 자신의 편지를 마무리한다.

Ⅲ. 참고 문헌

Allen, Thomas G. "Exaltation and Solidarity with Christ: Ephesians 1:20 and 2:6." *JSNT* 9/28, 1986: 103-20.

Arnold, Clinton E. *Ephesians, Power and Magic: The Concept of Power in Ephesians in Light of Its Historical Setting.* Society for NTS Monograph Series. Cambridge; New York: Cambridge University Press, 1989.

—————. "Jesus Christ: 'Head' of the Church (Colossians and Ephesians)." In *Jesus of Nazareth : Lord and Christ : Essays on the Historical Jesus and New Testament Christology*, edited by Joel B. Green and Max Turner, 346-66. Grand Rapids, MI: Eerdmans, 1994.

—————. *Powers of Darkness: Principalities & Powers in Paul's Letters.* Downers Grove, Ill.: InterVarsity Press, 1992.

—————. *Ephesians.* Grand Rapids, MI: Zondervan, 2010.

Aune, David Edward. *Revelation.* WBC. 3 vols. Dallas, Tex.: Word Books, 1997.

Bakon, Shimon. "Two Hymns to Wisdom: Proverbs 8 and Job 28." *Jewish Bible Quarterly* 36/4, 2008: 222-30.

Balla, Peter. *The Child-Parent Relationship in the New Testament and Its Environment.* Peabody, MA: Hendrickson, 2005.

Barclay, John M. G. "The Family as the Bearer of Religion in Judaism and Early Christianity." In *Constructing Early Christian Families : Family as Social Reality and Metaphor*, edited by Halvor Moxnes, 66-80. London; New York: Routledge, 1997.

—————. *Jews in the Mediterranean Diaspora: From Alexander to Trajan (323 BCE - 117 CE).* Edinburgh: T&T Clark, 1996.

—————. *Paul and the Gift.* Grand Rapids, MI: Eerdmans, 2015.

—————. *Paul and the Power of Grace.* Grand Rapids, MI: Eerdmans, 2020.

Barclay, John M. G., and Simon J. Gathercole. *Divine and Human Agency in Paul and His Cultural Environment*. London; New York: T & T Clark, 2006.

Barrett, C. K. "The Historicity of Acts." *JTS* 50/2, 1999: 515-34.

Barth, Markus. *Ephesians*. The Anchor Bible. 1st ed. 2 vols. Garden City, N.Y.,: Doubleday, 1974.

—————. *Ephesians: Introduction, Translation, and Commentary on Chapters 1-3*. The Anchor Bible. New Haven: Yale University Press, 2008.

Bash, Anthony. *Ambassadors for Christ: An Exploration of Ambassadorial Language in the New Testament*. WUNT II/92. Tübingen: J.C.B. Mohr, 1997.

Bateman, Herbert W. I. V. "Psalm 110:1 and the New Testament." *Bibliotheca Sacra* 149, 1992: 438-53.

Beale, G. K. "The Old Testament Background of Paul's Reference to 'the Fruit of the Spirit' in Galatians 5:22." *BBR* 15/1, 2005: 1-38.

—————. *The Temple and the Church's Mission: A Biblical Theology of the Dwelling Place of God*. Downers Grove, Ill.: Inter-Varsity, 2004.

Beard, Mary, John A. North, and S. R. F. Price. *Religions of Rome*. 2 vols. Cambridge; New York: Cambridge University, 1998.

Benoit, Pierre. "Pauline Angelology and Demonology: Reflexions on Designations of Heavenly Powers and on Origin of Angelic Evil According to Paul." *Religious Studies Bulletin* 3/1, 1983: 1-18.

Best, Ernest. *A Critical and Exegetical Commentary on Ephesians*. ICCNT. Edinburgh: T&T Clark, 1998.

—————. *Essays on Ephesians*. Edinburgh: T&T Clark, 1997.

—————. "Paul's Apostolic Authority." *JSNT* 8/27, 1986: 3-25.

Betz, Hans D. " The Concept of the 'Inner Human Being' in the Anthropology of Paul." *NTS* 46/3, 2000: 315-41.

Bilezikian, Gilbert. "Hermeneutical Bungee-Jumping: Subordination in the Godhead." *Journal of the Evangelical Theological Society* 40/1, 1997: 57-68.

Bishop, M. C., and J. C. Coulston. *Roman Military Equipment from the the Punic Wars to the Fall of Rome.* 2nd ed. Oakville, CT: David Brown, 2006.

Bockmuehl, Markus N. A. *Revelation and Mystery in Ancient Judaism and Pauline Christianity.* Grand Rapids, MI: Eerdmans, 1997.

Bradley, K. R. *Slavery and Society at Rome.* New York, NY: Cambridge University, 1994.

─────. *Slaves and Masters in the Roman Empire: A Study in Social Control.* New York: Oxford University, 1987.

Brannon, M. Jeff. *The Heavenlies in Ephesians: A Lexical, Exegetical, and Conceptual Analysis.* London; New York: T & T Clark, 2011.

Breed, Gert. "Ministry to the Congregation According to the Letter to the Ephesians." *Acta Theologica* 35/1, 2015: 37-58.

Brown, Raymond E. *The Semitic Background of the Term "Mystery" in the New Testament.* Philadelphia,: Fortress, 1968.

Bruce, F. F. *The Epistles to the Colossians, to Philemon, and to the Ephesians.* NICNT. Grand Rapids, MI: Eerdmans, 1984.

─────. *The Epistles to the Colossians, to Philemon, and to the Ephesians.* Grand Rapids, MI: Eerdmans, 2020.

Byrne, Brendan. *Romans.* Sacra Pagina Series. Collegeville, Minn.: Liturgical, 2007.

Byron, John. "Slave of Christ of Willing Servant?: Paul's Self-Description in 1 Corinthians 4:1-2 and 9:16-18." *Neotestamentica* 37/2, 2003: 179-98.

Campbell-Reed, Eileen R. "Should Wives 'Submit Graciously'?: A Feminist Approach to Interpreting Ephesians 5:21-33." *Review & Expositor* 98/2, 2001: 263-76.

Campbell, Constantine R. *Paul and Union with Christ: An Exegetical and Theological Study.* Grand Rapids, MI: Zondervan, 2012.

Cardozo Mindiola, Cristian. "God the Father, Lord Jesus Christ and Their

Interrelationship: 1 Corinthians 8:6 as a Test Case." *Theologica Xaveriana* 69, 2019: 1-27.

Carson, D. A. *A Call to Spiritual Reformation: Priorities from Paul and His Prayers.* Grand Rapids, MI: Baker Book House, 1992.

Cho, Bernardo. "Subverting Slavery: Philemon, Onesimus, and Paul's Gospel of Reconciliation." *The Evangelical Quarterly* 86/2, 2014: 99-115.

Clark, Stephen B. *Man and Woman in Christ: An Examination of the Roles of Men and Women in Light of Scripture and the Social Sciences.* Bloomington: Warhorn Media, 2021.

Clarke, Andrew D. "'Be Imitators of Me': Paul's Model of Leadership." *TB* 49/2, 1998: 329-60.

Cohen, Shaye J. D. *The Beginnings of Jewishness: Boundaries, Varieties, Uncertainties.* Hellenistic Culture and Society. Berkeley: University of California Press, 1999.

Collins, C. John. "1 Corinthians 8:6 and Romans 11:36: A Pauline Confession with a Hellenistic Setting." *Presbyterion* 43/2, 2017: 55-68.

——————. "Ephesians 5:18: What Does Πληροῦσθε ἐν Πνεύματι Mean?". *Presbyterion* 33/1, 2007: 12-30.

Collins, John J. *The Scepter and the Star : Messianism in Light of the Dead Sea Scrolls.* 2nd ed. Grand Rapids, MI: Eerdmans, 2010.

Coloe, Mary L. "Temple Imagery in John." *Interpretation* 63/4, 2009: 368-81.

Coulson, John. "Jesus and the Spirit in Paul's Theology: The Earthly Jesus." *CBQ* 79/1, 2017: 77-96.

Cranfield, Charles E. B. "'The Works of the Law' in the Epistle to the Romans." *JSNT* 14, 1991: 89-101.

Crump, David. *Knocking on Heaven's Door: A New Testament Theology of Petitionary Prayer.* Grand Rapids, MI: Baker Academic, 2006.

Dahl, Nils Alstrup. "Cosmic Dimensions and Religious Knowledge." In *Studies in*

Ephesians : Introductory Questions, Text- & Edition-Critical Issues, Interpretation of Texts and Themes, edited by Nils Alstrup Dahl, 365-88. Tübingen: Mohr Siebeck, 2000.

————. *Jesus in the Memory of the Early Church: Essays*. Minneapolis: Augsburg Pub. House, 1976.

Dahl, Nils Alstrup, David Hellholm, Vemund Blomkvist, and Tord Fornberg. *Studies in Ephesians: Introductory Questions, Text- & Edition-Critical Issues, Interpretation of Texts and Themes*. WUNT I/131. Tübingen: Mohr Siebeck, 2000.

Darko, Daniel K. *No Longer Living as the Gentiles: Differentiation and Shared Ethical Values in Ephesians 4.17-6.9*. London: T & T Clark, 2008.

Dawes, Gregory W. *The Body in Question: Metaphor and Meaning in the Interpretation of Ephesians 5:21-33*. Leiden ; Boston: Brill, 1998.

Dockery, David S. "Introduction to the Epistle and Paul's Defense of His Apostleship (Galatians 1:1-2:14)." *Review & Expositor* 91/2, 1994: 153-64.

Dudrey, Russ. "'Submit Yourselves to One Another': A Socio--Historical Look at the Household Code of Ephesians 5:15-6:9." *RQ* 41/1, 1999: 27-44.

Dunn, James D. G. *Beginning from Jerusalem*. Christianity in the Making. Grand Rapids, MI: Eerdmans, 2008.

————. *The Epistles to the Colossians and to Philemon: A Commentary on the Greek Text*. NIGTC. Grand Rapids, MI: Eerdmans, 1996.

————. *Jesus Remembered*. Christianity in the Making. Grand Rapids, MI: Eerdmans, 2003.

————. "Once More: Pistis Christou." In *SBL Seminar Papers*, edited by Eugene H. Lovering Jr., 730-44. Atlanta: Scholars, 1991.

————. *The Partings of the Ways: Between Christianity and Judaism and Their Significance for the Character of Christianity*. Philadelphia: Trinity, 1991.

————. *Paul and the Mosaic Law*. Grand Rapids, MI: Eerdmans, 2001.

————. *The Theology of Paul the Apostle*. Grand Rapids, MI: Eerdmans, 1998.

————. *Unity and Diversity in the New Testament: An Inquiry into the Character of Earliest Christianity*. 2nd ed. London: SCM Press, 1990.

————. "Yet Once More — 'the Works of the Law': A Response." *JSNT* 14, 1992: 99-117.

Easter, M. C. "The Pistis Christou Debate: Main Arguments and Responses in Summary." *Currents in Biblical Research* 9/1, 2010: 33-47.

Edwards, Robert G. T. "Proverbs 8, Christological Controversies, and the Pre-Existence of the Son and Torah in the Third and Fourth Centuries." *Journal for the Study of Judaism in the Persian, Hellenistic and Roman Period* 51/1, 2020: 67-96.

Ehrman, Bart D. *The New Testament: A Historical Introduction to the Early Christian Writings*. 5th ed. New York: Oxford University, 2012.

————. *The Orthodox Corruption of Scripture: The Effect of Early Christological Controversies on the Text of the New Testament*. Updated and with a new afterword. ed. New York: Oxford University, 2011.

Engberg-Pedersen, T. "The Concept of Paraenesis." In *Early Christian Paraenesis in Context*, edited by T. Engberg-Pedersen and James M. Starr, 47-72. Berlin; New York: Walter de Gruyter, 2004.

————. "Ephesians 5:12-13: Elenchein and Conversion in the New Testament." *ZNW* 80/1-2, 1989: 89-110.

Esler, Philip F. "Paul and Stoicism: Romans 12 as a Test Case." *NTS* 50, 2004: 106-24.

Fanning, Buist M. *Verbal Aspect in New Testament Greek*. Oxford, England: Oxford University, 1990.

Faust, Eberhard. *Pax Christi Et Pax Caesaris: Religionsgeschichtliche, traditionsgeschichtliche und sozialgeschichtliche Studien zum Epheserbrief*. Göttingen: Vandenhoeck & Ruprecht, 1993.

Fee, Gordon D. *God's Empowering Presence: The Holy Spirit in the Letters of Paul.* Peabody, Mass.: Hendrickson, 1994.

―――――. *Pauline Christology: An Exegetical-Theological Study.* Peabody, Mass.: Hendrickson, 2007.

―――――. "The Spirit as the Renewed Presence of God." *Crux* 44/2, 2008: 2-7.

Fitzmyer, Joseph A. *Romans: A New Translation with Introduction and Commentary.* New York: Doubleday, 1993.

Flexsenhar, Michael, III. "The Provenance of Philippians and Why It Matters: Old Questions, New Approaches." *JSNT* 42/1, 2019: 18-45.

Forbes, Christopher. *Prophecy and Inspired Speech in Early Christianity and Its Hellenistic Environment.* Peabody, Mass.: Hendrickson, 1997.

Foster, Paul. "The First Contribution to the Πίστις Χριστοῦ Debate: A Study of Ephesians 3.12." *JSNT* 24/3, 2002: 75-96.

Fredrickson, David E. "Parresia in the Pauline Letters." In *Friendship, Flattery, and Frankness of Speech : Studies on Friendship in the New Testament World,* edited by John T. Fitzgerald, Leiden; New York: E.J. Brill, 1996: 163-83.

Frey, Jörg. "Die paulinische Antithese von 'Fleisch' und 'Geist' und die palästinisch-jüdische Weisheitstradition." *ZNW* 90, 1999: 45-77.

Friesen, Steven J. *Imperial Cults and the Apocalypse of John: Reading Revelation in the Ruins.* Oxford ; New York: Oxford University Press, 2001.

Gathercole, Simon J. "What Did Paul Really Mean?: 'New Perspective' Scholars Argue That We Need, Well, a New Perspective on Justification by Faith." *Christianity Today* 51, 2007: 22-28.

―――――. *Where Is Boasting?: Early Jewish Soteriology and Paul's Response in Romans 1-5.* Grand Rapids, MI: Eerdmans, 2002.

Gaventa, Beverly Roberts. "Which Humans? What Response?: A Reflection on Pauline Theology." *Ex Auditu* 30, 2014: 50-64.

Gehring, Roger W. *House Church and Mission: The Importance of Household*

Structures in Early Christianity. Peabody, Mass.: Hendrickson, 2004.

Gignilliat, Mark S. "A Servant Follower of the Servant: Paul's Eschatological Reading of Isaiah 40-66 in 2 Corinthians 5:14-6:10." *Horizons in Biblical Theology* 26/1, 2004: 98-124.

Gnilka, Joachim. *Der Epheserbrief: Auslegung*. Herders Theologischer Kommentar Zum Neuen Testament. Freiburg im Breisgau; Basel; Wien: Herder, 1971.

Gombis, Timothy G. "Being the Fullness of God in Christ by the Spirit: Ephesians 5:18 in Its Epistolary Setting." *TB* 53/2, 2002: 259-71.

———. "Cosmic Lordship and Divine Gift-Giving: Psalm 68 in Ephesians 4:8." *NovT* 47/4, 2005: 367-80.

———. "A Radically New Humanity: The Function of the Haustafel in Ephesians." *Journal of the Evangelical Theological Society* 48/2, 2005: 317-30.

Goodrich, John K. "From Slaves of Sin to Slaves of God: Reconsidering the Origin of Paul's Slavery Metaphor in Romans 6." *BBR* 23/4, 2013: 509-30.

Gosnell, Peter W. "Ephesians 5:18-20 and Mealtime Propriety." *TB* 44/2, 1993: 363-71.

———. "Honor and Shame Rhetoric as a Unifying Motif in Ephesians." *BBR* 16/1, 2006: 105-28.

———. "Networks and Exchanges: Ephesians 4:7-16 and the Community Function of Teachers." *Biblical Theology Bulletin* 30, 2000: 135-53.

Greever, Joshua M. "The Typological Expectation of Psalm 68 and Its Application in Ephesians 4:8." *TB* 71/2, 2020: 253-79.

Gromacki, Gary. "The Foundational Gifts of Apostle and Prophet in Ephesians." *The Journal of Ministry & Theology* 17/2, 2013: 5-32.

———. "Paul's Ecclesiology of Ephesians." *The Journal of Ministry & Theology* 19/1, 2015: 82-115.

Gudorf, Michael E. "The Use of Palē in Ephesians 6:12." *JBL* 117/2, 1998: 331-35.

Harding, Mark. "Kyrios Christos: Johannine and Pauline Perspectives on the Christ Event." In *Paul and the Gospels: Christologies, Conflicts, and Convergences*, edited by Michael F. Bird and Joel Willitts, 169-96. London ; New York: T & T Clark, 2011.

Harrill, J. Albert. "Coming of Age and Putting on Christ: The Toga Virilis Ceremony, Its Paraenesis, and Paul's Interpretation of Baptism in Galatians." *NovT* 44/3, 2002: 252-77.

——. *Slaves in the New Testament : Literary, Social, and Moral Dimensions.* Minneapolis: Fortress Press, 2006.

Harris, Murray J. *Jesus as God : The New Testament Use of Theos in Reference to Jesus.* Grand Rapids, MI: Baker, 1992.

——. *The Second Epistle to the Corinthians: A Commentary on the Greek Text.* NIGTC. Grand Rapids, MI: Eerdmans, 2005.

Harris, W. Hall. *The Descent of Christ: Ephesians 4:7-11 and Traditional Hebrew Imagery.* Grand Rapids, MI: Baker Books, 1998.

Harris, W. Hall, III. "'The Heavenlies' Reconsidered: Ouranos and Epouranios in Ephesians." *Bibliotheca Sacra* 148, 1991: 72-89.

Harris, William V. *Restraining Rage: The Ideology of Anger Control in Classical Antiquity.* Cambridge, Mass.: Harvard University, 2001.

Harrison, J. R. "The Erasure of Distinction: Paul and the Politics of Dishonour." *TB* 67/1, 2016: 63-86.

——. *Paul's Language of Grace in Its Graeco-Roman Context.* WUNT II/172. Tübingen: Mohr Siebeck, 2003.

Harrison, James R., and L. L. Welborn. *The First Urban Churches.* Atlanta: SBL, 2015.

Harrison, Jim. "In Quest of the Third Heaven: Paul & His Apocalyptic Imitators." *Vigiliae Christianae* 58/1, 2004: 24-55.

Hay, David M., and E. Elizabeth Johnson. *Pauline Theology.* V 4: SBL Symposium

Series. 4 vols. Minneapolis: Fortress Press, 1997.

Hays, Richard B. *The Faith of Jesus Christ: The Narrative Substructure of Galatians 3:1-4:11.* 2nd ed. Grand Rapids, MI: Eerdmans, 2002.

―――――. *The Moral Vision of the New Testament: Community, Cross, New Creation: A Contemporary Introduction to New Testament Ethics.* San Francisco: HarperSanFrancisco, 1996.

Head, Peter M. "Named Letter-Carriers among the Oxyrhynchus Papyri." *JSNT* 31/3, 2009: 279-99.

Heil, John Paul. "Ephesians 5:18b: 'But Be Filled in the Spirit'." *CBQ* 69/3, 2007: 506-16.

Heine, Ronald E., Origen, and Jerome. *The Commentaries of Origen and Jerome on St. Paul's Epistle to the Ephesians.* Oxford; New York: Oxford University, 2002.

Helton, Stanley N. "Ephesians 5:21: A Longer Translation Note." *RQ* 48/1, 2006: 33-41.

Hemphill, Ken. *Spiritual Gifts: Empowering the New Testament Church.* Nashville, Tenn.: Broadman Press, 1988.

Hengel, Martin. *Studies in Early Christology.* T & T Clark Academic Paperbacks. London ; New York: T&T Clark International, 2004.

Highfield, Ron. "Man and Woman in Christ: Theological Ethics after the Egalitarian Revolution." *RQ* 43/3, 2001: 129-46.

Hoehner, Harold W. *Ephesians : An Exegetical Commentary.* Grand Rapids, MI: Baker Academic, 2002.

Hooker, Morna D. "On Becoming the Righteousness of God: Another Look at 2 Cor 5:21." *NovT* 50/4, 2008: 358-75.

―――――. "'The Sanctuary of His Body': Body and Sanctuary in Paul and John." *JSNT* 39/4, 2017: 347-61.

Hübner, Hans. *An Philemon, an Die Kolosser, an Die Epheser.* Handbuch Zum

Neuen Testament. Tübingen: Mohr Siebeck, 1997.

Hultin, Jeremy F. *The Ethics of Obscene Speech in Early Christianity and Its Environment*. Leiden; Boston: Brill, 2008.

Hurtado, L. 'Lord'. *DPL*, 560-69.

Jeal, Roy R. *Integrating Theology and Ethics in Ephesians: The Ethos of Communication*. Lewiston, N.Y.: E. Mellen, 2000.

Jewett, Robert. *Paul's Anthropological Terms; a Study of Their Use in Conflict Settings*. Leiden: Brill, 1971.

Johnson, Luke Timothy. *The First and Second Letters to Timothy*. The Anchor Bible. New York: Doubleday, 2001.

Jolivet, Ira. "Christ the Telws in Romans 10:4 as Both Fulfillment and Termination of the Law." *RQ* 51/1, 2009: 13-30.

Jong, Marinus de. "Heaven Down Here: The Presence of the Spirit in Reformed and Charismatic Worship." *Journal of Reformed Theology* 9/4, 2015: 375-95.

Kartzow, Marianne Bjelland. "'Asking the Other Question': An Intersectional Approach to Galatians 3:28 and the Colossian Household Codes." *Biblical Interpretation* 18/4-5, 2010: 364-89.

Kim, Seyoon. *Paul and the New Perspective: Second Thoughts on the Origin of Paul's Gospel*. Grand Rapids, MI: Eerdmans, 2001.

Kirby, John C. *Ephesians, Baptism and Pentecost; an Inquiry into the Structure and Purpose of the Epistle to the Ephesians*. Montreal,: McGill University Press, 1968.

Kirk, J. R. Daniel. "Mark's Son of Man and Paul's Second of Adam." *Horizons in Biblical Theology* 37/2, 2015: 170-95.

Kobelski, Paul J. "The Letter to the Ephesians." In *The New Jerome Bible Commentary*, edited by Brown, Fitzmyer and Murphy, 1990: 883-90.

Kooten, Geurt Hendrik van. *Cosmic Christology in Paul and the Pauline School: Colossians and Ephesians in the Context of Graeco-Roman Cosmology, with a*

New Synopsis of the Greek Texts. WUNT II/171. Tübingen: Mohr Siebeck, 2003.

Köstenberger, Andreas J. "The Mystery of Christ and the Church: Head and Body, 'One Flesh'." *Trinity Journal* 12/1, 1991: 79-94.

Kreitzer, L. Joseph. "'Crude Language' and 'Shameful Things Done in Secret' (Ephesians 5.4, 12): Allusions to the Cult of Demeter/Cybele in Hierapolis?". *JSNT* 21, 1999: 51-77.

Kümmel, Werner Georg. *Introduction to the New Testament.* Rev. and enl. English ed. Nashville, New York,: Abingdon Press, 1975.

Lampe, Peter, and Marshall D. Johnson. *From Paul to Valentinus: Christians at Rome in the First Two Centuries.* Minneapolis: Fortress Press, 2003.

Lategan, Bernard C. "Reconsidering the Origin and Function of Galatians 3:28." *Neotestamentica* 46/2, 2012: 274-86.

Lee, Michelle V. *Paul, the Stoics, and the Body of Christ.* SNTSMS 137. Cambridge: Cambridge Univ., 2006.

Lee, Simon S. *Jesus' Transfiguration and the Believers' Transformation: A Study of the Transfiguration and Its Development in Early Christian Writings.* WUNT II/265. Tübingen, Germany: Mohr Siebeck, 2009.

Lincoln, Andrew T. *Ephesians.* WBC. Dallas, Tex.: Word Books, 1990.

————. "Ephesians 2:8-10: A Summary of Paul's Gospel?". *CBQ* 45/4, 1983: 617-30.

————. "The Use of the OT in Ephesians." *JSNT* 4, 1982: 16-57.

Lindemann, Andreas. *Die Aufhebung der Zeit: Geschichtsverständnis und Eschatologie im Epheserbrief.* Studien Zum Neuen Testament. Gütersloh: Gütersloher Verlagshaus Mohn, 1975.

Longenecker, Richard N. *The Epistle to the Romans: A Commentary on the Greek Text.* NIGTC. Grand Rapids, MI: Eerdmans, 2016.

————. *The Road from Damascus: The Impact of Paul's Conversion on His Life,*

Thought, and Ministry. Grand Rapids, MI: Eerdmans, 1997.

MacDonald, Margaret Y. *Colossians and Ephesians.* Sacra Pagina Series. Collegeville, Minn.: Liturgical Press, 2000.

Malan, F. S. "Church Singing According to the Pauline Epistles." *Neotestamentica* 32/2, 1998: 509-24.

Malbon, Elizabeth Struthers. "Narrative Christology and the Son of Man: What the Markan Jesus Says Instead." *Biblical Interpretation* 11/3-4, 2003: 373-85.

Malherbe, Abraham J. "Ethics in Context: The Thessalonians and Their Neighbors." *RQ* 54/4, 2012: 201-18.

―――――. "Ethics in Context: The Thessalonians and Their Neighbours." *HTS Theological Studies* 68/1, 2012: 1-10.

Malina, Bruce J. "Eyes-Heart." In *Biblical Social Values and Their Meaning*, edited by John J. Pilch and Bruce J. Malina, Peabody, MA: Hendrickson, 1993: 63-67.

Marshall, Jill E. "Community Is a Body: Sex, Marriage, and Metaphor in 1 Corinthians 6:12-7:7 and Ephesians 5:21-33." *JBL* 134/4, 2015: 833-47.

Martin, Ralph P. *A Hymn of Christ: Philippians 2:5-11 in Recent Interpretation & in the Setting of Early Christian Worship.* Downers Grove, Ill.: InterVarsity, 1997.

Mayer, Annemarie C. *Sprache der Einheit im Epheserbrief und in der Ökumene.* WUNT II/150. Tübingen: Mohr Siebeck, 2002.

McHugh, J. "A Reconsideration of Ephesians 1.10b in the Light of Irenaeus." In *Paul and Paulinism: Essays in Honor of C.K. Barrett*, edited by M.D. Hooker and S.G. Wilson, London: SPCK, 1982: 302-9.

McKnight, Scot. "Was Paul a Convert?". *Ex Auditu* 25, 2009: 110-32.

McRae, Rachel M. "Eating with Honor: The Corinthian Lord's Supper in Light of Voluntary Association Meal Practices." *JBL* 130/1, 2011: 165-81.

Meeks, Wayne A. *The First Urban Christians: The Social World of the Apostle Paul.* New Haven: Yale University, 1983.

Merkle, Benjamin L. "The Start of Instruction to Wives and Husbands: Ephesians 5:21 or 5:22?". *Bibliotheca Sacra* 174, 2017: 179-92.

Metzger, Bruce Manning. *A Textual Commentary on the Greek New Testament: A Companion Volume to the United Bible Societies' Greek New Testament (Fourth Revised Edition).* 2nd ed. Stuttgart: Deutsche Bibelgesellschaft, 1994.

Moloney, Francis J. "Constructing Jesus and the Son of Man." *CBQ* 75/4, 2013: 719-38.

Moo, Douglas J. *The Letter to the Romans.* NICNT. 2nd ed. Grand Rapids: Eerdmans, 2018.

Morgan, Teresa. *Roman Faith and Christian Faith: Pistis and Fides in the Early Roman Empire and Early Churches.* Oxford; New York, NY: Oxford University, 2015.

Moritz, Thorsten. *A Profound Mystery: The Use of the Old Testament in Ephesians.* Leiden; New York: E.J. Brill, 1996.

Mouton, Elna. "Reimagining Ancient Household Ethos?: On the Implied Rhetorical Effect of Ephesians 5:21-33." *Neotestamentica* 48/1, 2014: 163-85.

Moxnes, Halvor. "From Canon to Context: Reading Paul in a Time of Cultural Complexity." *Studia Theologica* 71/1, 2017: 51-68.

Muddiman, John. *A Commentary on the Epistle to the Ephesians.* Black's New Testament Commentaries. London: Continuum, 2001.

Neufeld, Thomas R. *Ephesians.* Believers Church Bible Commentary. Waterloo, Ont. ; Scottdale, Pa.: Herald Press, 2002.

—. *Put on the Armour of God: The Divine Warrior from Isaiah to Ephesians.* JSNTS 140. Sheffield, England: Sheffield Academic, 1997.

Newman, Carey C. "Election and Predestination in Ephesians 1:4-6a: An Exegetical-Theological Study of the Historical, Christological Realization of God's Purpose." *Review & Expositor* 93/2, 1996: 237-47.

Novenson, Matthew V. "The Jewish Messiahs, the Pauline Christ, and the Gentile

Question." *JBL* 128/2, 2009: 357-73.

O'Brien, Peter T. "Divine Analysis and Comprehensive Solution: Some Priorities from Ephesians 2." *The Reformed Theological Review* 53/3, 1994: 130-42.

————. *The Epistle to the Philippians: A Commentary on the Greek Text.* NIGTC. Grand Rapids, MI: Eerdmans, 1991.

————. *Gospel and Mission in the Writings of Paul: An Exegetical and Theological Analysis.* Grand Rapids, MI: Baker Books, 1995.

Oepke, A. "λούω." *TDNT.* 4:295-307.

Olson, Robert C. "The Gospel as the Revelation of God's Righteousness: Paul's Use of Isaiah in Romans 1:1-3:26." Doctoral thesis. University of Nottingham, 2016.

Oropeza, B. J. "Justification by Faith in Christ or Faithfulness of Christ?: Updating the Πίστις Χριστοῦ Debate in Light of Paul's Use of Scripture." *JTS* 72/1, 2021: 102-24.

Ortlund, Dane C. "The Insanity of Faith: Paul's Theological Use of Isaiah in Romans 9:33." *Trinity Journal* 30/2, 2009: 269-88.

Ortlund, Raymond C. *Whoredom: God's Unfaithful Wife in Biblical Theology.* Grand Rapids, MI: Eerdmans, 1996.

Oss, Douglas A. "A Note on Paul's Use of Isaiah." *BBR* 2, 1992: 105-12.

Oswalt, John. *The Book of Isaiah. Chapters 40-66.* NICOT. Grand Rapids, MI: Eerdmans, 1998.

Owen, Paul. "The 'Works of the Law' in Romans and Galatians: A New Defense of the Subjective Genitive." *JBL* 126/3, 2007: 553-77.

Page, Sydney H. T. *Powers of Evil: A Biblical Study of Satan and Demons.* Grand Rapids, MI: Baker Books, 1995.

————. "Whose Ministry?: A Re-Appraisal of Ephesians 4:12." *NovT* 47/1, 2005: 26-46.

Pao, David W. *Thanksgiving: An Investigation of a Pauline Theme.* Downers Grove,

Ill.: InterVarsity, 2003.

Paretsky, Albert. "'You Are the Seal of My Apostleship in the Lord': Paul's Self-Authenticating Word." *Review & Expositor* 110/4, 2013: 621-31.

Pelikan, Jaroslav, Valerie R. Hotchkiss, and Jaroslav Pelikan. *Creeds & Confessions of Faith in the Christian Tradition.* 4 vols. New Haven: Yale University Press, 2003.

Perkins, Pheme. *Ephesians.* Abingdon New Testament Commentaries. Nashville, TN: Abingdon Press, 1997.

Perriman, A.C. "The Head of a Woman: The Meaning of Kepale in 1 Cor 11:3." *Journal of Theological Studies* 45, 1994: 602-22.

Peterson, David. *Engaging with God : A Biblical Theology of Worship.* Grand Rapids, MI: Eerdmans, 1993.

————. *Possessed by God: A New Testament Theology of Sanctification and Holiness.* Grand Rapids, MI: Eerdmans, 1995.

Pokorný, Petr. *Der Brief des Paulus an die Epheser.* Theologischer Handkommentar Zum Neuen Testament. Leipzig: Evangelische Verlagsanstalt, 1992.

Porter, Stanley E. "Iste GinōSkontes in Ephesians 5,5: Does Chiasm Solve a Problem?". *ZNW* 81/3-4, 1990: 270-76.

————. *Verbal Aspect in the Greek of the New Testament: With Reference to Tense and Mood.* New York: P. Lang, 1989.

Price, S. R. F. *Rituals and Power: The Roman Imperial Cult in Asia Minor.* Cambridge Cambridgeshire; New York: Cambridge University Press, 1984.

Qualls, Paula Fontana, and John D. W. Watts. "Isaiah in Ephesians." *Review & Expositor* 93/2, 1996: 249-59.

Rapske, Brian. *The Book of Acts and Paul in Roman Custody.* Grand Rapids, MI: Eerdmans, 1994.

Rayor, Diane J. *Homeric Hymns: A Translation, with Introduction and Notes.* updated ed. Berkeley: University of California, 2014.

Reitzenstein, Richard. *Hellenistic Mystery-Religions: Their Basic Ideas and Significance.* Pittsburgh: Pickwick, 1978.

Reumann, John Henry Paul. *Philippians: A New Translation with Introduction and Commentary.* The Anchor Yale Bible. New Haven: Yale University, 2008.

Reynier, Chantal. *Evangile et Mystère : Les Enjeux théologiques de L'épître aux Ephésiens.* Paris: Editions du Cerf, 1992.

Richards, E. Randolph. *Paul and First-Century Letter Writing: Secretaries, Composition, and Collection.* Downers Grove, Ill.: InterVarsity Press, 2004.

Roon, A. van. *The Authenticity of Ephesians.* Leiden: Brill, 1975.

Rosner, Brian S. *Greed as Idolatry: The Origin and Meaning of a Pauline Metaphor.* Grand Rapids, MI: Eerdmans, 2007.

Rosscup, James E. "The Importance of Prayer in Ephesians." *The Master's Seminary Journal* 6/1, 1995: 57-78.

Roth, Ulrike. "Paul, Philemon, and Onesimus: A Christian Design for Mastery." *ZNW* 105/1, 2014: 102-30.

Ryan, Scott C. "'The Deliverer Will Come': Investigating Paul's Adaptation of Divine Conflict Traditions in Romans." *Interpretation* 76/4, 2022: 303-13.

Saller, Richard P. *Patriarchy, Property, and Death in the Roman Family.* New York: Cambridge University, 1994.

Sanders, Karl Olav. "Prophet-Like Apostle: A Note on the 'Radical New Perspective' in Pauline Studies." *Biblica* 96/4, 2015: 550-64.

Schnabel, Eckhard J. *Early Christian Mission.* 2 vols. Downers Grove, Ill: InterVarsity Press, 2004.

Schnackenburg, Rudolf. *Ephesians: A Commentary.* Edinburgh: T&T Clark, 1991.

Schreiner, Thomas R. *Paul, Apostle of God's Glory in Christ: A Pauline Theology.* 2nd ed. Downers Grove, Ill: IVP, 2020.

Schuele, Andreas. "The Spirit of Yhwh and the Aura of Divine Presence." *Interpretation* 66/1, 2012: 16-28.

Schwindt, Rainer. *Das Weltbild des Epheserbriefes: Eine religionsgeschichtlich-exegetische Studie.* WUNT I/148 Tübingen: Mohr Siebeck, 2002.

Scott, James M. *Adoption as Sons of God: An Exegetical Investigation into the Background of [Huiothesia] in the Pauline Corpus.* WUNT II/48. Tübingen: J.C.B. Mohr, 1992.

Sellin, Gerhard. *Der Brief an die Epheser.* Göttingen: Vandenhoeck und Ruprecht, 2008.

Shum, Shiu-Lun. *Paul's Use of Isaiah in Romans: A Comparative Study of Paul's Letter to the Romans and the Sibylline and Qumran Sectarian Texts.* WUNT II/156. Tübingen: Mohr Siebeck, 2002.

Smillie, Gene R. "Ephesians 6:19-20: A Mystery for the Sake of Which the Apostle Is an Ambassador in Chains." *Trinity Journal* 18/2, 1997: 199-222.

Smith, Murray J., and Ian J. Vaillancourt. "Enthroned and Coming to Reign: Jesus's Eschatological Use of Psalm 110:1 in Mark 14:62." *JBL* 141/3, 2022: 513-31.

Smith, Philip C. "God's New Covenant Faithfulness in Romans." *RQ* 50/4, 2008: 235-48.

Snodgrass, Klyne. *Ephesians.* Grand Rapids, MI: Zondervan, 1996.

Starling, David Ian. "Putting on the New Self: Costume and Character in Eph 4:22-24." *NovT* 61/3, 2019: 289-307.

Stegman, Thomas. "Paul's Use of Dikaio-Terminology: Moving Beyond N. T. Wright's Forensic Interpretation." *Theological Studies* 72/3, 2011: 496-524.

Stettler, Christian. *Der Kolosserhymnus: Untersuchungen zu Form, traditionsgeschichtlichem Hintergrund und Aussage von Kol 1,15-20.* WUNT II/131. Tübingen: Mohr Siebeck, 2000.

Stevens, Gerald L. "The Righteousness of God: Frontiers of Pauline Research." *Criswell Theological Review* 12/2, 2015: 47-69.

Still, Todd D. "Pauline Theology and Ancient Slavery: Does the Former Support or Subvert the Latter?". *Horizons in Biblical Theology* 27/2, 2005: 21-34.

Strecker, Georg, and Friedrich Wilhelm Horn. *Theology of the New Testament.* Louisville, Ky.: Westminster John Knox Press, 2000.

Strelan, Rick. *Paul, Artemis, and the Jews in Ephesus.* Beihefte zur Zeitschrift für die neutestamentliche Wissenschaft und die Kunde der ælteren Kirche,. Berlin; New York: W. de Gruyter, 1996.

Sullivan, P. Steven. *The Isaianic New Exodus in Romans 9-11: A Biblical and Theological Study of Paul's Use of Isaiah in Romans.* Silvertton, OR.: Lampion, 2017.

Sumney, Jerry L. "Paul's 'Weakness': An Integral Part of His Conception of Apostleship." *JSNT* 16, 1993: 71-91.

Surburg, Mark P. "Rectify or Justify?: A Response to J. Louis Martyn's Interpretation of Paul's Righteousness Language." *Concordia Theological Quarterly* 77/1-2, 2013: 45-77.

Taylor, Richard A. "The Use of Psalm 68:18 in Ephesians 4:8 in Light of the Ancient Versions." *Bibliotheca Sacra* 148, 1991: 319-36.

Thielman, Frank. *Ephesians.* Baker Exegetical Commentary on the New Testament. Grand Rapids, MI: Baker Academic, 2010.

————. "God's Righteousness as God's Fairness in Romans 1:17: An Ancient Perspective on a Significant Phrase." *Journal of the Evangelical Theological Society* 54/1, 2011: 35-48.

————. *Theology of the New Testament: A Canonical and Synthetic Approach.* Grand Rapids, MI: Zondervan, 2005.

Thiselton, Anthony C. *The First Epistle to the Corinthians: A Commentary on the Greek Text.* NIGTC. Grand Rapids, MI: Eerdmans, 2000.

Thomas, Rodney. "The Seal of the Spirit and the Religious Climate of Ephesus." *RQ* 43/3, 2001: 155-66.

Thrall, Margaret E. *A Critical and Exegetical Commentary on the Second Epistle to the Corinthians*. The International Critical Commentary on the Holy Scriptures of the Old and New Testaments. 2 vols. Edinburgh: T&T Clark, 1994.

—. *Greek Particles in the New Testament: Linguistic and Exegetical Studies*. Grand Rapids, MI: Eerdmans, 1962.

Thurston, Bonnie Bowman. "'Caught up to the Third Heavens' and 'Helped by the Spirit': Paul and the Mystery of Prayer." *Stone-Campbell Journal* 11/2, 2008: 223-33.

Trebilco, Paul R. *The Early Christians in Ephesus from Paul to Ignatius*. WUNT I/166. Tübingen: Mohr Siebeck, 2004.

—. *Self-Designations and Group Identity in the New Testament*. Cambridge, UK; New York: Cambridge University, 2012.

Turner, Max. "Spiritual Gifts and Spiritual Formation in 1 Corinthians and Ephesians." *Journal of Pentecostal Theology* 22/2, 2013: 187-205.

van der Horst, Pieter W. "Is Wittiness Un-Christian?". In *Miscellanea Neotestamentica* edited by Tjitze Baarda, Albertus Frederik Johannes Klijn and W. C. van Unnik, 155-77. Leiden: Brill, 1978.

Waetjen, Herman C. "Logos Προς Τον Θεον and the Objectification of Truth in the Prologue of the Fourth Gospel." *CBQ* 63/2, 2001: 265-86.

Wallace, Daniel B. *Greek Grammar Beyond the Basics: An Exegetical Syntax of the New Testament*. Grand Rapids, MI: Zondervan, 1996.

—. "Orgizesthe in Ephesians 4:26: Command or Condition?". *Criswell Theological Review* 3, 1989: 353-72.

Wallace, David Robert. "Friendship in Philemon." *BBR* 30/4, 2020: 561-82.

Walters, J. Edward. "How Beautiful Are My Feet: The Structure and Function of Second Isaiah References in Paul's Letter to the Romans." *RQ* 52/1, 2010: 29-39.

Watts, Rikki E. "The Lord's House and David's Lord: The Psalms and Mark's

Perspective on Jesus and the Temple." *Biblical Interpretation* 15/3, 2007: 307-22.

Webster, Jane S. "Sophia: Engendering Wisdom in Proverbs, Ben Sira and the Wisdom of Solomon." *JSOT* 23, 1998: 63-79.

Wedderburn, A. J. M. *Baptism and Resurrection: Studies in Pauline Theology against Its Graeco-Roman Background.* WUNT I/44 Tübingen: J.C.B. Mohr, 1987.

Weima, Jeffrey A. D. "The Pauline Letter Closings: Analysis and Hermeneutical Significance." *BBR* 5, 1995: 177-97.

Welzen, Huub. "The Transformation of the Temple in the Fourth Gospel." *HTS Theological Studies* 72/4, 2016: 1-8.

Westerholm, Stephen. *Perspectives Old and New on Paul: The "Lutheran" Paul and His Critics.* Grand Rapids, MI: Eerdmans, 2004.

Whitlark, Jason A. "Enabling Ξαρις: Transformation of the Convention of Reciprocity by Philo and in Ephesians." *Perspectives in Religious Studies* 30/3, 2003: 325-57.

Wiedemann, Thomas E. J. *Greek and Roman Slavery.* London: Croom Helm, 1981.

Wilder, Terry L. *Pseudonymity, the New Testament and Deception: An Inquiry into Intention and Reception.* Lanham, Md.: University Press of America, 2004.

Wilson, Walter T. *The Sentences of Pseudo-Phocylides.* Commentaries on Early Jewish Literature. New York: Walter de Gruyter, 2005.

Wink, Walter. *Naming the Powers: The Language of Power in the New Testament.* Philadelphia: Fortress, 1984.

Wise, Michael Owen, Martin G. Abegg, and Edward M. Cook. *The Dead Sea Scrolls: A New Translation.* Rev. ed. San Francisco: HarperSanFrancisco, 2005.

Woodcock, Eldon. "The Seal of the Holy Spirit." *Bibliotheca Sacra* 155, 1998: 139-

63.

Wright, Richard A. "Drinking, Teaching, and Singing: Ephesians 5:18-19 and the Challenges of Moral Instruction at Greco-Roman Banquets." *Lexington Theological Quarterly (Online)* 47/3-4, 2017: 85-104.

Yee, Tet-Lim N. *Jews, Gentiles, and Ethnic Reconciliation: Paul's Jewish Identity and Ephesians.* Cambridge; New York: Cambridge University, 2005.

Yuh, Jason N. "Analysing Paul's Reference to Baptism in Galatians 3.27 through Studies of Memory, Embodiment and Ritual." *JSNT* 41/4, 2019: 478-500.

Zerwick, Max, and Mary Grosvenor. *A Grammatical Analysis of the Greek New Testament.* 4 ed. Rome: Biblical Institute Press, 1993.

Ziesler, J. A. *The Meaning of Righteousness in Paul: A Linguistic and Theological Enquiry.* 1st pbk. ed. Cambridge ; New York: University Press, 2004.

권연경. "에베소서의 종말론과 성령."『신약논단』25/1, 2018: 145-180.

이승현. "누가와 바울이 본 성령과 교회의 탄생."『영산신학저널』36, 2016a: 229-59.

————. "'하나님과 동등 됨'의 의미에 대한 고찰과 빌립보서 2:6-11 해석."『성경원문연구』39, 2016b: 203-22.

————. "고린도전서 11:23의 Παρεδίδετο의 번역 재고."『성경원문연구』42, 2018a: 45-67.

————.『성령』. 용인: 킹덤북스, 2018b.

————. "아브라함과 이방인의 회심, 그리고 하나님의 영에 대한 바울과 필로의 이해 비교."『신약논단』25/3, 2018c: 795-830.

————. "신약성서와 신학함, 그리고 신약학."『신약논단』26/3, 2019a: 853-908.

————. "빌립보서 2:6-11을 통해서 본 바울의 기독론적 구약 사용."『신약논단』26/1, 2019b: 215-56.

————. "바울의 복음에 대한 로마서 1:18의 Γάρ와 하박국 2:4의 해석학적 기능, 그리고 새 관점."『신약논단』27/3, 2020a: 643-87.

————. 『바울의 아담 기독론과 새 관점』. 감은사, 2020b.

————. "아브라함과 성령을 통해서 본 갈라디아인들의 칭의 이해." 『신약논단』 27/1, 2020c: 229-69.

————. "바울의 Πίστις 이해: 신뢰, 믿음, 혹은 순종? - 모건(T. Morgan)의 Πίστις 이해에 대한 비판을 중심으로." 『성경원문연구』 49, 2021a: 168-95.

————. "창세기 1:26의 신적인 '우리'에 대한 해석학적 전통과 바울." 『성경원문연구』 48, 2021b: 124-50.

————. "『새한글성경 신약과 시편』의 Πίστις 번역에 대한 분석과 제언: 갈라디아서를 중심으로." 『성경원문연구』 51, 2022: 327-52.